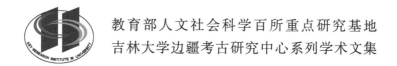

教育部人文社会科学百所重点研究基地
吉林大学边疆考古研究中心系列学术文集

先秦时期的人群与社会

——考古学视角的多维探索

滕铭予　著

科学出版社

北京

内 容 简 介

《先秦时期的人群与社会——考古学视角的多维探索》收入滕铭予学术论文31篇，涉及秦文化研究、中原文化研究、北方文化及其与中原文化的互动和自然科学方法在考古学中的应用等四个主题。上述主题涉及不同的研究领域，应用的方法既有考古学研究中最为基础的地层学、类型学，也包括了统计学、环境科学、地理信息系统等自然科学的方法和技术。作者在建立考古学文化时空框架的基础上，尝试运用多种方法对考古学资料进行观察和分析，以便获得更多的运用传统方法所不能或难发现的新现象与新规律，并将对考古学资料研究的结果上升到史学研究的高度。作者始终把探索中国古代从封国向帝国转变这一重要历史过程中政权更替与文化传统的关系、人群结构与社会组织的变化等作为学术目标，将这一理念贯穿在其所涉及的所有研究领域，以尝试从考古学的视角诠释中国古代从以宗法制度为基础的血缘政治，转向以非血缘关系为基础的地缘政治，即从封国走向帝国的这一重大历史过程。

本书可供考古学、历史学领域专家学者阅读参考。

图书在版编目（CIP）数据

先秦时期的人群与社会：考古学视角的多维探索 / 滕铭予著. --北京：科学出版社，2024. 12. --（教育部人文社会科学百所重点研究基地吉林大学边疆考古研究中心系列学术文集）. -- ISBN 978-7-03-080402-0

Ⅰ. K233.03

中国国家版本馆CIP数据核字第20241EC498号

责任编辑：王琳玮 / 责任校对：邹慧卿
责任印制：赵 博 / 封面设计：陈 敬

科 学 出 版 社 出版

北京东黄城根北街 16 号
邮政编码：100717
http://www.sciencep.com

北京厚诚则铭印刷科技有限公司印刷
科学出版社发行 各地新华书店经销

*

2024年12月第 一 版 开本：787×1092 1/16
2025年 6 月第二次印刷 印张：41 1/4
字数：978 000

定价：368.00 元
（如有印装质量问题，我社负责调换）

目　录

一、秦文化研究

二、中原文化研究

三、北方文化及其与中原文化的互动

四、自然科学方法在考古学中的应用

一、秦文化研究

秦文化的考古学发现与研究

史载西周中期孝王时，秦之先祖"非子居犬丘，好马及畜，善养息之。犬丘人言之周孝王，孝王召使主马于汧渭之间，马大蕃息。……于是孝王曰：'昔伯翳为舜主畜，畜多息，故有土，赐姓嬴。今其后世亦为朕息马，朕其分土为附庸。'邑之秦，使复续嬴氏祀，号曰秦嬴。"[1]始有"秦"之称。非子所居"犬丘"与邑"秦"之地望，研究者多认为在今天的甘肃省东部[2]。但嬴秦之先祖中潏早在商时就已"在西戎，保西垂"[3]，"西垂"的地望亦被认为在今陇东地区[4]，1982～1983年甘肃省甘谷县毛家坪遗址发现了上限可至西周早期的秦文化遗存[5]，从考古学上证明了嬴秦一族活动于陇东地区的历史，应早于"邑秦"之时。

秦始皇统一天下，建立了中国历史上第一个中央集权制国家。十五年后，秦王朝遭覆灭。西汉政府在其初年实行的郡国并行制，使当时的中国又处于一种半分裂状态。诸种考古学资料表明，到西汉武帝以后，中国南北各地区的考古学文化面貌才开始趋向一致。从这个意义上讲，秦始皇所创统一大业，至汉武帝时期才真正完成。

由此，本文所论"秦文化"，其时间范围上限包括西周中期"邑秦"之前，下限至汉武帝时期，其内涵是指嬴秦一族在这一历史阶段中，在其生息、活动所至范围里，创造、使用、遗留至今并已被科学的考古工作所发现的古代遗存。那些与嬴秦族有着紧密关系，并深受其文化影响的人群，在同样的时期、同样的地域里所使用的、与秦文化具有同样风格的古代遗存亦属于本文所论"秦文化"范畴之内。在秦文化研究中，长期被历史学者和考古学者极为关注的关于"秦人起源"的讨论，因尚缺乏能够说明问题的考古学资料，不在论述范围之内。

一

对于秦文化的科学田野考古工作，始于20世纪30年代中期北平研究院在陕西宝鸡斗鸡台遗址沟东区对"屈肢葬墓"的发掘，到今天已有六十余年的历史。在此期间，秦文化的考古学发现与研究大体经历了以下三个阶段。

1. 发现与界定

当年发掘宝鸡斗鸡台的"屈肢葬墓"时，并未明确认定其为秦墓，苏秉琦先生只是指出：这种屈肢葬墓"与中原的古代传统习惯不合……似当是一种新的外来文化……"[6] 20世纪50年代，中国社会科学院考古研究所在西安半坡和沣西客省庄，分别清理了112座和71座东周时期墓葬[7]，发掘者也只是讨论了这些墓葬的年代，均未涉及墓葬的国别及性质。

到了60年代中期，陕西省考古研究所、陕西省文物管理委员会等有计划地对曾为秦都的咸阳故城遗址[8]、雍城遗址[9]、栎阳故城遗址[10]以及秦始皇陵园[11]进行了勘查，开始了目的明确的、针对秦文化的考古工作。同时对宝鸡附近的福临堡[12]、秦家沟[13]二处春秋墓地进行了清理，并因其所在地在春秋时期属秦国所辖而论及可能为秦国墓葬。由此可知，这一时期对秦文化的认识是从确认遗存所在地的国别开始的。

70年代到80年代，是秦文化考古资料发现和积累的时期。陕西省考古研究所重点对雍城和咸阳进行了大规模的田野工作，发现了与秦都城有关的宫殿、宗庙、陵园以及城郊的墓地等大量遗存[14]。由于兵马俑坑的发现，对秦始皇陵园的勘查和发掘工作亦全面展开[15]。在宝鸡[16]、陇县[17]、长武[18]、户县[19]、铜川[20]、大荔[21]和甘肃东部[22]也发现了较多的秦文化墓葬，对秦文化的各种考古学遗存的认定也因其均地处秦国统治范围而明确无疑。首次被研究者确认为秦国墓地的即是在雍城南郊发掘的八旗屯墓地[23]，由于该墓地在墓葬形制、葬式、随葬器物等方面都带有强烈的、可区别于同时期其他地区考古学文化的特征，因此八旗屯墓地以及在雍城南郊发现的诸墓地，便成为此后研究者界定秦墓的重要标准。

这一时期，在湖北云梦[24]、四川荥经和青川[25]、湖南溆浦和汨罗[26]、河南泌阳[27]和三门峡[28]、内蒙古[29]等地，亦发现了大量带有秦文化特点的遗存。

2. 分期与编年

到20世纪80年代初期，秦文化的考古发现已初具规模，积累了有关城址、建筑、陵园、墓葬的大批资料，必然会引起对其研究的进一步深入。在此基础上，始有学者对已发现的秦文化墓葬进行了分期与编年的研究，标志着秦文化研究已经从对其面貌的确认上升到将其作为一个历史进程而对其进行进化式的研究。韩伟在《略论陕西春秋战国秦墓》中，根据随葬器物的形制和组合，将关中地区的中小型秦墓分为七期，并将各期秦墓的特点进行了归纳和总结，提出了秦文化墓葬的发展序列和编年[30]。叶小燕在《秦墓初探》中，将秦墓分为五个阶段，虽然在分期问题上较韩文简约，但其所论不仅涉及秦文化的分期，而且还将其与外部文化进行了比较，讨论了其在征服六国的过程中，与其他文化的关系[31]。陈平所作《试论关中秦墓青铜容器的分期问题》，对秦墓青铜容器进行了形制的排比以及分期与年代的讨论[32]。其后亦有学者对秦文化墓葬进行过分期研究，但其结果大体没有超出上述范畴。

上述对秦文化的分期与编年的研究，都是以已经界定的秦文化自身的特征为出发点，其目的是搞清秦文化自身发展的逻辑序列和年代序列，并兼及与外部文化之间的关系。其结果为秦文化、尤其是秦墓的研究提供了一个分期与年代学的标尺。此后每有新发现的秦墓资料，发掘者大多以上述研究结果为标准，将新资料与之进行比较后将其纳入其中的某一位置之中。

3. 源流与结构

对任何考古学文化的研究，当已建立起其自身发展的逻辑序列和年代序列后，研究者的目光往往会指向这一序列的两端，即起源和流向。秦文化的考古学研究也不例外，实际上叶小燕在《秦墓初探》中已论及进入西汉初年后，在全国各地所见到的大量带有秦文化因素的墓葬，亦可视为对秦文化流向的讨论。其后又有宋治民《略论四川的秦人墓》[33]、刘曙光《三门峡上村岭秦人墓的研究》[34]、高至喜《论湖南秦墓》[35]、陈振裕《试论湖北地区秦墓的年代分期》[36]等，亦多涉及秦文化征服六国后与当地文化的关系，以及秦文化在进入汉代以后的流向。

早在20世纪80年代初期，已有学者开始涉及对秦文化渊源的探索，主要是对春秋战国时期秦墓中出现的屈肢葬、洞室墓和铲脚袋足鬲进行分析，俞伟超先生曾指出这些特点是秦文化的典型因素，都与西北地区的古代文化相近，进而认为秦文化起源于西北地区的西戎文化[37]；韩伟则认为这些特点出现在秦墓中是有条件的，并非是秦文化的传统因素，进而否认秦文化起源于西北地区的西戎文化[38]，刘庆柱则明确提出秦文化源于甘青地区的辛店文化[39]。这几种观点都因缺乏年代更早的考古资料而显得说服力不足。80年代中期在甘肃省甘谷县毛家坪遗址发掘了两周时期的秦文化遗址和墓葬，从而为探索秦文化的渊源提供了新线索[40]。赵化成在《甘肃东部秦和羌戎文化的考古学探索》[41]和《寻找秦文化渊源的新线索》[42]中，通过与丰镐地区的西周文化以及春秋战国时期关中地区的秦文化进行比较，对秦文化进行了界定，并在分析其文化因素构成的前提下，讨论秦文化的渊源。在后文中提出"毛家坪西周时期秦文化的构成主要有两方面的因素。一是墓葬的葬俗……可能与甘青地区古代文化有关，二是陶器的基本组合与器形与周人有关。"亦表明作者试图用文化因素分析的方法去追溯秦文化的渊源。

90年代初期，笔者作《关中秦墓研究》，在对随葬器物进行类型学分析的基础上，讨论其所存在的不同文化因素，以探求秦文化自身的内部结构，虽未直接讨论秦文化的源流问题，但已指出：对随葬器物所作的某些类型学分析，或"暗示出秦文化与周文化有着某种联系"，或"表明秦文化在汉文化形成过程中的重要作用。"[43]最近有牛世山作《秦文化渊源与秦人起源探索》，在分析了西周时期秦文化的各文化因素后，提出秦文化起源于先周文化，并为西周文化的一支地方类型[44]。

上述讨论，已不再把秦文化作为一个封闭的单线进化结构来对待，而是将其视为一个开放的多元谱系结构，并且在对其文化因素进行分析的基础上讨论秦文化的渊源和结构问题，表明秦文化的考古学研究进入了一个新的阶段。

划分阶段的目的是想借此使研究者清楚秦文化研究所走过的道路，以及研究目的与研究层次间的关系。各阶段的划分不是绝对的，每一后起阶段都是以前一阶段的工作为基础，正如张忠培先生所说："学科的历史，如同不断的河流，存在着沉淀和扬弃，在它向前涌淌，提出新课题并着力研究的时候，是以前一阶段的研究成果为基石，又要回头观察前段应解决而未曾研究的问题，甚至还得重新检讨以往看来似已解决的问题。"[45]

<h1 style="text-align:center">二</h1>

综上文所述，秦文化的考古学发现与研究在六十余年的历程中，是以城址和墓葬为中心进行的，因此到目前为止对秦文化较深入和系统的研究也多以城址和墓葬为中心而展开。下文将对秦文化城址和墓葬的研究现状进行论述[46]。

1. 城址与建筑

据文献记载，秦自"邑秦"之后，曾屡迁其都，有"襄公二年，徙都汧"[47]、文公"四年，至汧渭之会，……即营邑之""宁公（宪公）二年，公徙居平阳""德公元年，……卜居雍""献公二年，城栎阳""孝公十二年，作为咸阳"[48]等。目前经过田野考古工作并已确认的秦都城遗址有雍城、栎阳和咸阳故城遗址。

（1）雍城遗址

雍城是秦国历史上为都时间最长者，据《史记·秦本纪》记载，自秦德公元年（公元前677年）"初居雍城大郑宫"时始，一直到献公二年（公元前383年）"城栎阳"止，长达294年。秦迁都栎阳后，这里仍为秦国西方一个重要的城市[49]。自20世纪70年代后期以来，雍城考古队围绕雍城遗址做了大量的田野工作。目前已确认雍城遗址在今凤翔县城南，雍水北岸，总面积约十平方千米。在城内中部偏西南地区发掘的马家庄一号建筑群，被认定为秦都雍城时的宗庙遗址[50]；在姚家岗清理的建筑基址，被认定为德公元年初居雍时的大郑宫遗址[51]，或认为是春秋时期的雍高寝[52]；在其附近还发现了储冰用的"凌阴"遗址[53]和青铜建筑构件的窖藏[54]；经过钻探的马家庄三号建筑遗址，被认定为秦的朝寝建筑[55]；在中部偏北处的高王寺、凤尾村一带，发现了战国时期的青铜器窖藏，被认为是该地点为战国时期宫殿区的重要线索[56]；在城内北部勘探出一个近长方形的封闭式空间遗址，被认为是秦"市"[57]。在雍城的南郊还发现了多处建筑遗址，可能为雍城的离宫别馆和祭祀场所[58]。另外在雍城的南郊还发现了大型陵园和中小型墓地[59]。

在认定上述诸遗存的性质和用途的基础上，可知雍城坐北朝南、平面略呈方形，其平面布局基本同于《周礼·考工记》中"左祖右社，面朝后市"的记载[60]，其宗庙建筑亦可与文献记载之"祖庙、昭庙、穆庙"的三庙制度相对应[61]。

（2）栎阳遗址

《史记·秦本纪》记载，秦献公二年（公元前383年）"城栎阳"，至秦孝公十二年（公元前350年）迁都咸阳，栎阳作为秦都的时间仅有30余年。此后栎阳一直作为都城咸阳通向东方的主要门户，是当时军事、经济、交通的中心之一。秦末项羽三分关中之地，栎阳曾为塞王司马欣之都城[62]，汉初刘邦曾以栎阳为临时政治中心[63]，东汉初年，栎阳城废弃。因此现将栎阳称为秦汉栎阳故城。

20世纪80年代初，中国社会科学院考古研究所对秦汉栎阳故城做了较大规模的勘探和发掘工作，现已确知栎阳故城遗址在临潼县武屯乡关庄和王宝屯一带，石川河流经故城北部和中部。已做的工作涉及城墙、城门、道路、城内的多处遗迹及城西北、东南和东北的墓地等。大多数遗存的年代为战国晚期到西汉前期，只是在城址内出土的少量遗物及城东南墓地的部分墓葬，年代可以早到战国中期[64]。因此目前所了解的栎阳故城的形制、平面布局等，都很难说就是秦都栎阳时的原貌。

（3）咸阳遗址

据文献记载，秦孝公十二年（公元前350年）"作为咸阳，筑冀阙，秦徙都之"，秦统一后，仍以咸阳为都，并在渭水南岸修建了大量的离宫别馆[65]，一直到二世亡秦（公元前206年），项羽"屠咸阳，烧其宫室"[66]，在长达140多年的时间里，咸阳作为秦战国中晚期和秦代的都城所在地，在诸秦都中以至中国古代城市发展史上都占有相当重要的地位。

对咸阳城的考古工作始于20世纪50年代末，后经70年代到80年代，陕西省考古研究所秦都咸阳考古工作站陆续对渭水北岸和南岸做过较大规模的勘探和发掘。现知咸阳故城遗址在今咸阳市东北渭河北岸的咸阳塬上。因渭水不断北移，使城址遭到了严重的破坏。在渭水北岸窑店乡牛羊村北塬上发掘了第一号、第二号、第三号宫殿遗址[67]，首次发现了秦的壁画。据推测这几座宫殿可能是当时"咸阳宫"的一部分。但尚不能说明其具体用途和性质[68]。在咸阳遗址中出土的大量陶文，以及在部分地区调查所发现的遗迹现象，为探索城内手工业作坊区提供了线索[69]；在咸阳故城附近发现以及发掘的一些建筑遗址，为研究城郊的离宫别馆提供了资料[70]。不过由于咸阳故城被破坏严重，所以到目前为止的考古工作，还不能为讨论咸阳城的范围、形制、平面布局、整体面貌等提供足够的资料。

（4）其他

除了对上述三个都城遗址所做的考古工作外，在其他一些地点发现的遗存为探索其他秦都提供了重要的线索。

在陇县边家庄及其附近多次发现随葬有成套青铜礼器的春秋早期墓葬和春秋时期的城址[71]，为秦都"汧"邑提供了线索。在宝鸡县杨家沟乡太公庙村出土了秦武公时铸造的秦公镈、秦公钟[72]，在其附近1千米左右的西高泉村发现了出有青铜礼器的春秋早期墓葬[73]，此处很可能与秦都平阳有关。只是目前两处都还缺乏足够的考古学资料，尚难以对其做出更明确的认定。

2. 中小型墓葬

对秦文化中小型墓葬所做的工作，一直是秦文化考古中的重要部分，对秦文化的界定、分期与编年等研究多是在对中小型墓葬中的随葬器物进行研究的基础上完成的。目前普遍认为中小型墓葬为秦普通国人的墓葬。从20世纪30年代北平研究院发掘宝鸡斗鸡台"屈肢葬墓"开始，到现在已发掘的秦文化普通墓地有近五十处，清理的中小型墓葬近千座，已经具备了对其进行深入系统研究的条件。

对秦文化中小型墓葬进行分期与年代的推定是对其进行深入研究的基础工作。目前通过对墓葬形制、随葬器物的组合与形制进行排比而确认的秦墓的逻辑发展序列，基本已达成共识。只是对于春秋早、中期的部分墓葬与秦统一后的部分墓葬的绝对年代，尚有一些不同的认识[74]。

据目前对秦墓的研究，已知蜷屈厉害的屈肢葬、战国中期以后出现的洞室墓以及独具特点的仿铜陶礼器和日用陶器等，是秦墓区别于其他国家和地区墓葬的典型特征。其中最引人注目的是其葬式，或认为"'跽式葬'应是秦国奴隶们的一种固定葬式"[75]；或认为"仿象'鬼之所恶'的'窑卧'"，以"防止鬼物侵扰"[76]；或认为"当出于某种灵魂托转的宗教信仰"[77]。而笔者最近提出正是由于大多数秦墓的葬式为屈肢葬，所以其出现的直肢葬更应具有特殊的意义[78]。

秦墓中的洞室墓亦是秦文化研究者们所关注的问题，由于在50年代首次大批量发掘的半坡战国墓地90%以上为洞室墓，所以往往把洞室墓看成是秦墓中特有的墓葬形制，并多认为战国中晚期在关东诸国出现以及汉代以后流行的洞室墓，均发端于秦[79]。笔者曾作《论关中秦墓中洞室墓的年代》一文，指出秦墓中的洞室墓是在战国中期后段出现的，其在关中地区的流向是由东向西的[80]。

对关中秦墓中随葬器物的研究，有陈平作《试论关中秦墓青铜容器的分期问题》，将秦墓中的青铜容器分春秋型秦铜容器群和战国型秦铜容器群，前者又分为三期七组，后者又分二期三组，在此基础上概括了各群、期、组的总体面貌与文化特征，以及二群内各期组间的承继关系，为关中秦墓青铜容器的分期与年代提供了可比较的标准[81]。笔者所作《关中秦墓研究》，是从秦墓中出现的独具特点的仿铜陶礼器和日用陶器出发，通过对其形制所做的类型学分析，揭示出秦文化所具有的多元结构，以及秦文化在与外部文化的交往过程中，与之所发生的不同层次的关系[82]。

赵化成《寻找秦文化渊源的新线索》和笔者《关中秦墓研究》二文中，都提出了依随葬器物种类的有无对秦墓进行分类的思想，并指出墓地中所存在的不同类别的墓，反映出使用墓地的人群可划分为不同的层次。后者还提出根据墓地所含墓葬类别的不同，将墓地分为不同的等级，并进而分析与墓地相关的居址的等级。而不同等级的墓地和居址，在秦文化的发展过程中所起的作用和意义亦不相同。

3. 大型陵园

大型陵园是秦国君的聚葬之地。据《史记·秦始皇本纪》记载，秦自襄公"始国"至二世亡秦，享国国君共三十二代，死后葬地有西垂、雍城、毕陌、芷阳和骊山等几大陵园[83]。目前经过考古工作可确认的有雍城、芷阳和秦始皇骊山陵园。

（1）秦始皇陵园

秦大型陵园中最引人注目的发现就是秦始皇陵园。据史籍记载，秦始皇陵园在嬴政即位之初就开始修建，直到秦始皇三十七年入葬止，前后历时三十七年之久[84]。20世纪50年代陕西省文物管理委员会曾对其进行过调查，70年代以兵马俑坑的发现为契机，开始了对其全面的、大规模的田野考古工作[85]。

秦始皇陵园位于临潼县东5千米处的骊山北麓，北临渭河南岸，包括了陵墓、地面礼制建筑、陵城和庞大的从葬区、陪葬区等，占地面积达50多平方千米。陵城位于陵园西部，为南北长、东西窄、平面呈回字形的双重陵城。其中南部为秦始皇陵墓所在地，现地面尚存有高大的封土堆，陵城北部为礼制建筑和园寝建筑，另外在封土周围、内外城墙之间，还分布有马厩坑、铜车马坑和珍禽异兽坑等。在陵城外东部主要是从葬区和陪葬区，分别有兵马俑坑、马厩坑和陪葬墓区等。在有关秦始皇陵园的考古工作中，以兵马俑坑的发现与研究最为世人瞩目。目前的认识为兵马俑坑象征着秦始皇的御用军队，各俑坑为排列有序的、具有不同功用的队阵。由于兵马俑坑所涉及到的研究领域相当广泛，包含了从葬制度、手工业技术、艺术、服饰，甚至人种学等多方面，现有相当数量的研究者专注于兵马俑的研究，秦俑学亦已成为秦文化考古中一个相对独立的研究领域。

（2）雍城陵区

雍城秦公陵区位于雍城南郊雍岭一带，为秦都雍城时期的国君陵园，年代与雍城为都相始终，大体上从春秋中期到战国早期，自20世纪70年代中期到80年代中期，陕西省考古研究所对雍城秦公陵区做了大量的田野工作[86]，对其有了比较清楚的了解。已探明其中包括13座分陵园。每座分陵园内由不同数目的大型墓葬和车马坑组成。大型墓葬的平面有中字形，甲字形、刀形三种，车马坑为凸字形和目字形两种。其中部分墓葬有墓上建筑。在整个陵区外部、每座分陵园和部分墓葬的周围，分别有用以区划的"兆沟"[87]。

陕西省考古研究所还对一号分陵园内的一号大墓进行了全面清理，该墓为有东西向墓道的中字形墓，椁室外积炭并填白膏泥，填土经夯打。墓室内有主、侧两个椁室，主椁室又分成前后二室。墓室上部有宽阔的生土二层台，埋殉人166个。地面有墓上建筑。该墓经后世近百次的盗掘，随葬器物已被盗走破坏殆尽，由劫余的石磬所刻文字中有"天子匽喜龚趄是嗣……"[88]分析，该墓的墓主人应是秦共公、秦桓公的嗣君秦景公。由于被盗掘严重，仅据劫余资料，已不能了解该墓的详细情况。

（3）芷阳陵区

芷阳陵区于20世纪80年代中后期发现，位于临潼县韩峪乡西南、骊山西麓的霸水右岸，是秦都咸阳后期的秦国君陵区，目前认为即文献中所记秦"东陵"[89]。经陕西省考古研究所的勘查和钻探，已发现4座分陵园，各分陵园周围都有人工或利用天然沟壑围起的"兆沟"。各分陵园内有数目不等的亚字形、中字形或甲字形大墓，以及陪葬坑、陪葬墓和地面建筑等[90]。据推测这座陵区可能始建于秦昭襄王时期，包括昭襄王和唐太后、孝文王与华阳太后、庄襄王与帝太后以及悼太子的陵园[91]。

秦都雍之前的秦公陵园，尚无明确地望，近年在甘肃礼县大堡子村发掘了三个车马坑和一座大墓[92]，资料尚未发表，但由最近流散海外的传出于这里的金饰片分析，此处很可能为秦立国之前、"邑秦"之时的秦仲或秦庄公的陵园[93]。

三

纵观秦文化考古学发现与研究的历程及现状，虽已取得很大成果，但若要使研究深入，则不仅需要考古学资料的进一步积累，更重要的还有赖于研究方法和解释理论的变革。笔者认为下述问题应是秦文化研究者引起注意并积极进行思考的课题。

1. 关于秦文化的界定

目前对于东周时期秦文化的界定均以在雍城附近发现的中小型墓地为出发点。正如对殷墟的确认认定了殷墟文化一样，这种方法无疑是科学的，也是有效的，但随着考古学研究的深入，现已知一个遗址的等级越高，与其他外部文化发生交往的机会就越多，其所包含的文化因素就越复杂。殷墟是这样，西周的丰镐遗址是这样，雍城亦不能例外。因此通过雍城近郊墓地所反映出来的文化面貌，并不一定是单纯的秦文化，亦不能笼统地将其全部视为秦文化的典型因素。因此对于秦文化的界定，还有必要对已知的东西做进一步的文化因素分析，以清楚哪些是秦文化传统的、典型的因素，哪些是在与外部文化发生交往时以某种方式接受的外来文化因素，哪些是前者与后者融合后产生的新因素等。也只有在此基础上，才具备进一步分析秦文化的谱系结构、文化源流等更高层次问题的基础。

2. 关于秦文化的时空框架

秦文化的活动地域，自西周时期起，就处于不断地变动之中，大体上是实现了一个自西向东的过程。在这个文化不断东移的表象之后，是秦文化在其所到之处，因当地文化传统、地理环境以及自身需要的不同，与原有文化间所发生的不同层面与层次的关系，或排斥、或吸收、或融合。因此秦文化的发展，会因其时间与空间的变化，而呈现出不同的文化结构和文化面貌。所以建立秦文化的时空框架，就不能将其视为一个单线、静态、封闭的系统，排列出单一的序列，而应将其视为一个多元的、动态的、开放的系统，建立一个多空间、多线索的时空框架，以便研究在不同时间、不同空间上的各个环节之间的差别与关系。

3．关于秦文化与外部文化的关系

这种研究的实质不是去说明在秦文化发展过程中与哪些外部文化发生了什么样的关系，而是要说明和解释在秦文化的发展过程中，为什么会与外部文化发生不同层面与层次的关系。到目前为止的研究往往只是指出秦文化曾与很多外部文化发生过关系，并受到了外部文化的影响，但任何一个考古学文化，若能接受外部文化的影响，必定会有其外部和内部的原因，秦文化也不例外。其外部的原因是外部文化通过什么样的渠道、在什么样的条件下对秦文化加以影响。这可以是文化载体的迁徙，或进入秦文化的活动区域、或因军事、经济、社会等原因与秦文化形成某种关系，如占领与被占领、贸易、联姻等。而作为秦文化内部的原因更应引起注意，即秦文化自身是以什么样的前提接受这些外部文化的影响，或是由于其自身的平衡机制失调，或是出于政治上的需要，或是由于二者在生态环境、生业经济、生产技术等方面有相近之处等。而基于不同的内部原因所接受的外来文化的影响，对秦文化自身及其发展所起的作用亦不相同。

4．关于秦文化的层次结构

所谓层次结构，是指在考古学文化中由存在于不同层次上的遗存所形成的结构，如高台建筑和小型居址、大型陵园和中小型墓葬、青铜礼器和日用陶器等就可视为处于不同层次上的遗存。在秦文化的诸种考古学遗存中，以墓葬最能体现其层次结构，将墓葬划分为不同类别的实质，就在于划分秦文化的层次结构。不同类别的墓葬反映墓主人生前不同的社会身份或地位，因而文化的层次结构反映了该文化的人群处于不同的社会层次之中。所以探讨秦文化的层次结构，是探索秦文化社会结构的重要途径。若能把对秦文化的层次结构的分析与文化结构的分析结合起来，则可进一步考察秦文化中处于不同层次的人群，在秦文化发展过程中所起到的不同作用。

5．如何从考古学研究走向史学研究

由于秦在中国历史上所占有的重要地位，秦文化研究一直是历史学者所关注的重大课题。而考古学研究的最终目的，仍可归入广义史学研究的范畴之内。所以对秦文化的考古学研究，最终仍需上升到史学研究的高度。无疑考古学研究的成果中，必然会有部分与史学研究的成果相吻合，或可对其做出部分的修正，但是考古学研究的成

果，也必然会包含有史学研究以及文献记载中所无法解释或阙如的部分，也正是由于有这样一部分的存在，考古学才具有其独特的魅力。因此对秦文化的考古学研究，必须也必然上升到史学研究的高度，说明解释史学研究以及文献记载中难以解决、或未能解决、或不曾解决的问题。也只有这样，才能使秦文化的考古学研究走向深入，走向更高的层次。

注　释

［ 1 ］　《史记·秦本纪》，中华书局，1959年。

［ 2 ］　林剑鸣：《秦史稿》，上海人民出版社，1981年，33页，注（16）；赵化成：《寻找秦文化渊源的新线索》，《文博》1987年第1期；王学理等著：《秦物质文化史·第三章都邑》，三秦出版社，1994年。

［ 3 ］　《史记·秦本纪》，中华书局，1959年。

［ 4 ］　《史记·秦本纪》，中华书局，1959年。

［ 5 ］　甘肃省文物工作队、北京大学考古系：《甘肃甘谷毛家坪遗址发掘报告》，《考古学报》1987年第3期。

［ 6 ］　苏秉琦：《斗鸡台沟东区墓葬（节选）·第五章年代与文化》，《苏秉琦考古学论文选集》，文物出版社，1984年。

［ 7 ］　金学山：《西安半坡的战国墓葬》，《考古学报》1957年第3期；中国科学院考古研究所：《沣西发掘报告》，文物出版社，1962年。

［ 8 ］　陕西省社会科学院考古研究所渭水队：《秦都咸阳故城遗址的调查和试掘》，《考古》1962年第6期。

［ 9 ］　陕西省社会科学院考古研究所凤翔队：《秦都雍城遗址勘查》，《考古》1963年第8期。

［10］　陕西省文物管理委员会：《秦都栎阳遗址初步勘探记》，《文物》1966年第1期。

［11］　陕西省文物管理委员会：《秦始皇陵调查简报》，《考古》1962年第8期。

［12］　中国科学院考古研究所宝鸡发掘队：《陕西宝鸡福临堡东周墓葬发掘记》，《考古》1963年第10期。

［13］　陕西省文物管理委员会：《陕西宝鸡阳平镇秦家沟村秦墓发掘记》，《考古》1965年第7期。

［14］　对雍城所做工作包括凤翔文化馆等：《凤翔先秦宫殿试掘及其铜质建筑构件》，《考古》1976年第2期；陕西省雍城考古队：《陕西凤翔春秋秦国凌阴遗址发掘简报》，《文物》1978年第3期；陕西省雍城考古队吴镇烽等：《陕西凤翔八旗屯秦国墓葬发掘简报》，《文物资料丛刊》（3），文物出版社，1980年；雍城考古队：《凤翔县高庄战国秦墓发掘简报》，《文物》1980年第9期；雍城考古队吴镇烽、尚志儒：《陕西凤翔高庄秦墓地发掘简报》，《考古与文物》1981年第1期；陕西省雍城考古队韩伟：《凤翔秦公陵园钻探与试掘

简报》，《文物》1983年第7期；雍城考古队：《凤翔马家庄一号建筑群遗址发掘简报》，《文物》1985年第2期；雍城考古队：《秦都雍城钻探试掘简报》，《考古与文物》1985年第2期；雍城考古队尚志儒、赵丛苍：《〈凤翔马家庄一号建筑群遗址发掘简报〉补正》，《文博》1986年第1期；雍城考古队：《陕西凤翔西村战国秦墓发掘简报》，《考古与文物》1986年第1期；陕西省雍城考古队：《陕西凤翔八旗屯西沟道秦墓发掘简报》，《文博》1986年第3期；陕西省雍城考古队：《一九八一年凤翔八旗屯墓地发掘简报》，《考古与文物》1986年第5期；陕西省雍城考古队：《凤翔秦公陵园第二次钻探简报》，《文物》1987年第5期；陕西省考古研究所雍城工作站：《凤翔邓家崖秦墓发掘简报》，《考古与文物》1991年第2期。

对咸阳所做工作包括陕西省博物馆等：《秦都咸阳故城遗址发现的窑址和铜器》，《考古》1974年第1期；秦都咸阳考古工作站：《秦都咸阳第一号宫殿建筑遗址发掘简报》，《文物》1976年第11期；王学理等：《秦都咸阳发掘报道若干补正意见》，《文物》1979年第2期；咸阳市文管会等：《秦都咸阳第三号宫殿建筑基址发掘简报》，《考古与文物》1980年第2期；陈国英：《咸阳长陵车站一带考古调查》，《考古与文物》1985年第3期；秦都咸阳考古队：《咸阳市黄家沟战国墓葬发掘简报》，《考古与文物》1986年第2期；秦都咸阳考古工作站：《秦都咸阳第二号建筑遗址发掘简报》，《考古与文物》1986年第4期。

［15］始皇陵秦俑坑考古发掘队：《临潼县秦俑坑试掘第一号简报》，《文物》1975年第11期；始皇陵秦俑坑考古发掘队：《秦始皇陵东侧第二号兵马俑坑钻探试掘简报》，《文物》1978年第5期；秦俑坑考古队：《秦始皇陵东侧第三号兵马俑坑清理简报》，《文物》1979年第12期；临潼县博物馆赵康民：《秦始皇陵北二、三、四号建筑遗迹》，《文物》1979年第12期；秦俑考古队：《临潼上焦村秦墓清理简报》，《考古与文物》1980年第2期；秦俑考古队：《秦始皇陵东侧马厩坑钻探清理简报》，《考古与文物》1980年第4期；秦俑考古队：《秦始皇陵园陪葬坑钻探清理简报》，《考古与文物》1982年第1期；始皇陵秦俑坑考古发掘队：《秦始皇陵西侧赵背户村秦刑徒墓》，《文物》1982年第3期；秦俑考古队：《秦始皇陵二号铜车马清理简报》，《文物》1983年第7期；秦始皇陵考古队：《秦俑一号坑第二次发掘简讯》，《文博》1987年第1期；秦始皇陵考古队：《秦始皇西侧骊山飤官建筑遗址清理简报》，《文博》1987年第6期。

［16］宝鸡市博物馆卢连成等：《陕西宝鸡县太公庙发现秦公钟、秦公镈》，《文物》1978年第11期；王光永：《宝鸡市渭滨区姜城堡东周墓》，《考古》1979年第6期；宝鸡市博物馆等：《宝鸡县西高泉村春秋秦墓发掘记》，《文物》1980年第9期；王红武等：《陕西宝鸡凤阁岭公社出土一批秦代文物》，《文物》1980年第9期；何欣云：《宝鸡李家崖秦国墓葬清理简报》，《文博》1986年第4期；高次若等：《宝鸡县甘峪发现一座春秋早期墓葬》，《文博》1988年第4期。

［17］　尹盛平、张天恩：《陕西陇县边家庄一号春秋墓》，《考古与文物》1986年第6期；陕西省考古研究所等：《陕西陇县边家庄五号春秋墓发掘简报》，《文物》1988年第11期；肖琦：《陕西陇县边家庄出土春秋铜器》，《文博》1989年第3期。

［18］　陕西省考古研究所：《陕西长武上孟村秦国墓葬发掘简报》，《考古与文物》1984年第3期。

［19］　陕西省文管会秦墓发掘组：《陕西户县宋村春秋秦墓发掘简报》，《文物》1975年第10期；曹发展：《陕西户县南关春秋秦墓清理记》，《文博》1989年第2期。

［20］　陕西省考古研究所：《陕西铜川枣庙秦墓发掘简报》，《考古与文物》1986年第2期；陕西省考古研究所、北京大学考古实习队：《铜川市王家河墓地发掘简报》，《考古与文物》1987年第2期。

［21］　陕西省文管会、大荔县文化馆：《朝邑战国墓葬发掘简报》，《文物资料丛刊》（2），文物出版社，1978年。

［22］　甘肃省博物馆文物队、灵台县文化馆：《甘肃灵台县两周墓葬》，《考古》1976年第1期；刘得桢等：《甘肃灵台景家庄春秋墓》，《考古》1981年第1期；甘肃省文物工作队等：《甘肃甘谷毛家坪遗址发掘报告》，《考古学报》1987年第3期；中国社会科学院考古研究所甘肃工作队：《甘肃天水西坪秦汉墓发掘纪要》，《考古》1988年第5期。

［23］　陕西省雍城考古队吴镇烽等：《陕西凤翔八旗屯秦国墓葬发掘简报》，《文物资料丛刊》（3），文物出版社，1980年。

［24］　湖北孝感地区第二期亦工亦农文物考古训练班：《湖北云梦睡虎地十一号秦墓发掘简报》，《文物》1976年第6期；湖北孝感地区第二期亦工亦农文物考古训练班：《湖北云梦睡虎地十一座秦墓发掘简报》，《文物》1976年第9期；云梦文物工作组：《湖北云梦睡虎地秦汉墓发掘简报》，《考古》1981年第1期。

［25］　荥经古墓发掘小组：《四川荥经古城坪秦汉墓葬》，《文物资料丛刊》（4），文物出版社，1981年；四川省博物馆、青川文化馆：《青川县出土秦更修田律木牍》，《文物》1982年第1期。

［26］　湖南省博物馆等：《湖南溆浦马田坪战国西汉墓发掘报告》，《湖南考古辑刊》（第2集），岳麓书社，1984年；湖南省博物馆：《汨罗县东周、秦、西汉、南朝墓发掘报告》，《湖南考古辑刊》（第3集），岳麓书社，1986年。

［27］　驻马店地区文管会、泌阳县文教局：《河南泌阳秦墓》，《文物》1980年第9期。

［28］　黄士斌、宁景通：《上村岭秦墓和汉墓》，《中原文物》1981年特刊。

［29］　内蒙古语文历史研究所崔璿：《秦汉广衍故城及其附近的墓葬》，《文物》1977年第5期。

［30］　韩伟：《略论陕西春秋战国秦墓》，《考古与文物》1981年第1期。

［31］　叶小燕：《秦墓初探》，《考古》1982年第1期。

［32］　陈平：《试论关中秦墓青铜容器的分期问题》，《考古与文物》1984年第3、4期。

〔33〕 宋治民：《略论四川的秦人墓》，《考古与文物》1984年第2期。

〔34〕 刘曙光：《三门峡上村岭秦人墓的研究》，《中原文物》1985年第4期。

〔35〕 高至喜：《论湖南秦墓》，《文博》1990年第1期。

〔36〕 陈振裕：《试论湖北地区秦墓的年代分期》，《江汉考古》1991年第2期。

〔37〕 俞伟超：《古代"西戎"和"羌"、"胡"考古学文化归属问题的探讨》，《青海考古学会会刊》1980年第1期。

〔38〕 韩伟：《关于秦人族属及文化渊源管见》，《文物》1986年第4期。

〔39〕 刘庆柱：《试论秦之渊源》，《人文杂志——先秦史论文集》1982年增刊。

〔40〕 甘肃省文物工作队、北京大学考古系：《甘肃甘谷毛家坪遗址发掘报告》，《考古学报》1987年第3期。

〔41〕 赵化成：《甘肃东部秦和羌戎文化的考古学探索》，《考古类型学的理论与实践》，文物出版社，1989年。

〔42〕 赵化成：《寻找秦文化渊源的新线索》，《文博》1987年第1期。

〔43〕 滕铭予：《关中秦墓研究》，《考古学报》1992年第3期。

〔44〕 牛世山：《秦文化渊源与秦人起源探索》，《考古》1996年第3期。

〔45〕 张忠培：《中国考古学史的几点认识》，《中国考古学：实践·理论·方法》，中州古籍出版社，1994年。

〔46〕 在秦简、货币、长城、金属工业等方面，亦有学者进行过较深入的整理和研究，由于各自都具有自己的研究方法和理论，因而上述各研究都已成为相对独立的研究领域。

〔47〕 《史记·秦本纪》襄公二年下张守节《正义》注："《帝王世纪》云秦襄公二年徙都汧。"

〔48〕 《史记·秦本纪》，中华书局，1959年。

〔49〕 《史记·秦本纪》记秦迁都栎阳后，尚有孝公、德公在雍建橐泉宫、蕲年宫等，《史记·秦始皇本纪》记秦王行王冠之礼亦在雍进行。

〔50〕 韩伟：《马家庄秦宗庙建筑制度研究》，《文物》1985年第2期。

〔51〕 王学理等著：《秦物质文化史·第三章都邑》，三秦出版社，1994年。

〔52〕 韩伟、焦南峰：《秦都雍城考古发掘研究综述》，《考古与文物》1988年第5、6期合刊。

〔53〕 陕西省雍城考古队：《陕西凤翔春秋秦国凌阴遗址发掘简报》，《文物》1978年第3期。

〔54〕 凤翔县文化馆、陕西省文管会：《凤翔先秦宫殿试掘及其铜质建筑构件》，《考古》1976年第2期。

〔55〕 韩伟：《秦公朝寝钻探图考释》，《考古与文物》1985年第2期。

〔56〕 韩伟、焦南峰：《秦都雍城考古发掘研究综述》，《考古与文物》1988年第5、6期合刊。

〔57〕 王学理等著：《秦物质文化史·第三章都邑》，三秦出版社，1994年。

〔58〕 王学理等著：《秦物质文化史·第三章都邑》，三秦出版社，1994年。

［59］　见［14］中对雍城所做工作中的有关资料。

［60］　王学理等著：《秦物质文化史·第三章都邑》，三秦出版社，1994年。

［61］　韩伟：《马家庄秦宗庙建筑制度研究》，《文物》1985年第2期。

［62］　《史记·项羽本纪》记："故司马欣为塞王，王咸阳以东至河，都栎阳。"

［63］　《汉书·高帝纪》记：汉王二年，冬十一月"汉王还归，都栎阳。"

［64］　中国社会科学院考古研究所栎阳发掘队：《秦汉栎阳城遗址的勘探和试掘》，《考古学报》1985年第3期。

［65］　《史记·秦始皇本纪》记"……始皇以为咸阳人多，先王之宫庭小，……乃营作朝宫渭南上林苑中……"

［66］　《史记·项羽本纪》："项羽引兵西屠咸阳，杀秦降王子婴，烧秦宫室，火三月不灭，收其货宝妇女而东。"

［67］　秦都咸阳考古工作站：《秦都咸阳第一号宫殿建筑遗址发掘简报》，《文物》1976年第11期；秦都咸阳考古工作站：《秦都咸阳第二号建筑遗址发掘简报》，《考古与文物》1986年第4期；咸阳市文管会等：《秦都咸阳第三号宫殿建筑基址发掘简报》，《考古与文物》1980年第2期。

［68］　王学理等著：《秦物质文化史·第三章都邑》，三秦出版社，1994年。

［69］　陈国英：《咸阳长陵车站一带考古调查》，《考古与文物》1985年第3期。

［70］　尹盛平：《泾阳县秦都咸阳望夷宫遗址》，《中国考古学年鉴·1985》，文物出版社，1985年；张海云：《芷阳遗址调查简报》，《文博》1985年第3期；左忠诚等：《渭南发现秦大型宫殿遗址》，《陕西日报》1990年12月2日第1版。

［71］　张天恩：《边家庄春秋墓与汧邑地望》，《文博》1990年第5期。

［72］　宝鸡市博物馆卢连成、宝鸡县文化馆杨满仓：《陕西宝鸡县太公庙发现秦公钟、秦公镈》，《文物》1978年第11期。

［73］　宝鸡市博物馆、宝鸡县图博馆：《宝鸡县西高泉村春秋秦墓发掘记》，《文物》1980年第9期。

［74］　滕铭予：《论关中秦墓中洞室墓的年代》，《华夏考古》1993年第2期。

［75］　韩伟：《试论战国秦的屈肢葬仪渊源及其意义》，《中国考古学会第一次年会论文集》，文物出版社，1979年。

［76］　王子今：《秦人屈肢葬仿象"窀卧"说》，《考古》1987年第12期。

［77］　戴春阳：《秦墓屈肢葬管窥》，《考古》1992年第8期。

［78］　滕铭予：《论秦墓中的直肢葬及相关问题》，《文物季刊》1997年第1期。

［79］　叶小燕：《秦墓初探》，《考古》1982年第1期。

［80］　滕铭予：《论关中秦墓中洞室墓的年代》，《华夏考古》1993年第2期。

［81］　陈平：《试论关中秦墓青铜容器的分期问题》，《考古与文物》1984年第3、4期。

［82］　滕铭予：《关中秦墓研究》，《考古学报》1992年第3期。

［83］　参见《史记·秦始皇本纪》中的有关记载。

［84］　陕西省文物管理委员会：《秦始皇陵调查简报》，《考古》1962年第8期。

［85］　始皇陵秦俑坑考古发掘队：《临潼县秦俑坑试掘第一号简报》，《文物》1975年第11期；始皇陵秦俑坑考古发掘队：《秦始皇陵东侧第二号兵马俑坑钻探试掘简报》，《文物》1978年第5期；秦俑坑考古队：《秦始皇陵东侧第三号兵马俑坑清理简报》，《文物》1979年第12期；临潼县博物馆赵康民：《秦始皇陵北二、三、四号建筑遗迹》，《文物》1979年第12期；秦俑考古队：《临潼上焦村秦墓清理简报》，《考古与文物》1980年第2期；秦俑考古队：《秦始皇陵东侧马厩坑钻探清理简报》，《考古与文物》1980年第4期；秦俑考古队：《秦始皇陵园陪葬坑钻探清理简报》，《考古与文物》1982年第1期；始皇陵秦俑坑考古发掘队：《秦始皇陵西侧赵背户村秦刑徒墓》，《文物》1982年第3期；秦俑考古队：《秦始皇陵二号铜车马清理简报》，《文物》1983年第7期；秦始皇陵考古队：《秦俑一号坑第二次发掘简讯》，《文博》1987年第1期；秦始皇陵考古队：《秦始皇西侧骊山飤官建筑遗址清理简报》，《文博》1987年第6期。

［86］　陕西省雍城考古队韩伟：《凤翔秦公陵园钻探与试掘简报》，《文物》1983年第7期；陕西省雍城考古队韩伟、焦南峰、田亚岐、王保平：《凤翔秦公陵园第二次钻探简报》，《文物》1987年第5期。

［87］　陈伟：《凤翔、临潼秦陵壕沟作用试探》，《考古》1995年第1期。

［88］　王学理等著：《秦物质文化史·第七章陵墓》，三秦出版社，1994年。

［89］　王学理等著：《秦物质文化史·第七章陵墓》，三秦出版社，1994年。

［90］　陕西省考古研究所等：《秦东陵第一号陵园勘查记》，《考古与文物》1987年第4期；陕西省考古研究所等：《秦东陵第二号陵园调查钻探简报》，《考古与文物》1990年第4期。

［91］　王学理等著：《秦物质文化史·第七章陵墓》，三秦出版社，1994年。

［92］　韩伟：《论甘肃礼县出土的秦金箔饰片·后记》，《文物》1995年第6期。

［93］　韩伟：《论甘肃礼县出土的秦金箔饰片·后记》，《文物》1995年第6期。

（原刊于《华夏考古》1998年第4期）

论 秦 釜

陶釜作为一种炊器，是关中地区战国时期秦墓的典型随葬器物之一，以釜、盂、罐为代表的一套日用陶器为同时期关东诸国墓葬所不见。一般认为，陶釜是由陶鬲蜕尽三足演变而来，其直接的缘由是由于灶的使用而使鬲的三足失去了实用意义。有学者指出，自商代以来，在长江流域和黄河流域的广大地区，从鬲到釜的转变曾经历了三次反复，前两次均由于某些原因而中止，只有第三次才在秦国最终完成，并且从秦国把釜逐渐推广到了全国[1]。笔者以为这种观点只是指出了春秋战国时期日用炊器变化发展的逻辑序列，而在实际过程中，问题却不是这样简单。本文拟对关中地区秦墓中出现的陶釜做进一步的探讨。

一

到目前为止，在关中地区秦墓中发现并见诸报道的陶釜已近90件，现分区予以叙述[2]。

宝鸡地区出土有陶釜的墓葬与墓地的情况如下。

（1）宝鸡谭家村墓地发现春秋时期秦墓13座，出土3件陶釜，同墓地还出土了5件陶鬲。M24陶釜、陶鬲共出[3]。据简报报道，出有鬲的M23和M24都共出青铜武器。

（2）宝鸡茹家庄墓地清理春秋秦墓7座，出土1件陶釜，同墓地还出土了3件陶鬲。出土有釜的M6还共出1件陶鬲，以及1件仿铜陶鼎[4]。

（3）凤翔西村墓地，共清理春秋战国秦墓42座，出土陶釜9件，同墓地还出陶鬲29件。在该墓地，不见鬲和釜共出于同一墓葬的现象，但分别与鬲和釜共出的其他日用器物，如盂、罐等形制相同[5]。

（4）宝鸡斗鸡台墓地，共清理战国秦墓11座，出陶釜5件，同墓地还出有铲脚袋足鬲。鬲、釜不共出，但分别与鬲、釜共出的其他日用器物形制相同[6]。

（5）凤翔八旗屯墓地年代跨度较大，从春秋早期到秦统一之后，三次发掘共出土陶釜4件，陶鬲20件。其中83凤西M19出土1件红陶陶釜，同墓共出有铁釜[7]。

（6）凤翔高庄墓地共清理春秋到秦统一以后的墓葬46座，出土陶釜2件，陶鬲7件，鬲、釜不共出。所出陶釜均为红陶[8]。

西安地区出土有陶釜的墓葬和墓地的情况如下。

（1）西安半坡墓地共清理战国秦墓112座，出土14件陶釜，4件陶鬲，未见鬲、釜共出[9]。

（2）长安客省庄墓地共清理战国秦墓71座，共出土陶釜2件，陶鬲17件，鬲、釜不共出[10]。

（3）咸阳黄家沟墓地清理战国到秦统一以后的墓葬48座，共出土有4件陶釜，没有出土陶鬲。据文字介绍其中2件为有耳釜，因未附线图或图版，具体形制不明[11]。

（4）蓝田泄湖墓地共清理战国秦墓5座，出土陶釜4件，陶鬲1件。鬲、釜不共出[12]。

（5）咸阳西北林学院墓地，共清理战国晚期到秦统一以后的墓葬17座，出土14件陶釜，未见陶鬲。原报告所分A型Ⅰ式、A型Ⅲ式、B型Ⅰ式釜各为1件，且A型Ⅰ式、A型Ⅲ式釜与A型Ⅱ式釜共出，B型Ⅱ式釜与B型Ⅰ式釜共出，因此该地出土的釜可基本分成二式，即原报告的A型Ⅱ式和B型Ⅰ式，前者为夹砂红陶，后者为夹砂灰陶。有3座墓与铁釜或铁鍪共出[13]。

（6）临潼上焦村墓地共发掘8座秦代墓葬，出土2件陶釜[14]。

铜川地区仅在王家河墓地发现1件陶釜[15]。

大荔地区仅发掘1处战国时期的秦墓地，共清理墓葬26座，出土22件陶釜[16]，未见陶鬲。

已发现的陶釜，除了铜川王家河M13：2为双耳釜，形制特殊，咸阳黄家沟墓地出土的釜形制不明外，余者可根据其外部形态不同，分为A、B二型。A型，敞口，圆腹，圜底，下腹多拍印横绳纹或大麻点纹。B型，小口，有肩，浅腹，多尖底，下腹多拍印方格纹或大麻点纹。A型陶釜又可根据最大腹径与腹深之比的不同分为二亚型，Aa型为腹径等于或小于腹深，Ab型为腹径大于腹深。各地区陶釜的发展序列见图一。

二

Aa型陶釜主要见于宝鸡地区，出现的时间早于B型陶釜，目前所见最早可到春秋早期。由于发现的材料所限，现知的3件Aa型陶釜之间年代距离较大，其间显然存在着缺环，但仍可看出其发展的大致趋势。唇部由不加修整的圆唇到加以修整的方唇，颈部从无到有，圆腹始终保持不变。

Ab型陶釜出现的时间在战国中期偏晚阶段，其腹部虽较Aa型浅，但仍为圆腹、圜底。

B型陶釜出现的时间，据目前所知在战国中期偏晚阶段，最早是在西安地区，战国晚期大荔地区亦多见，宝鸡地区不见。其区别于A型釜的显著特征是有凸出的肩和尖凸的底，且肩部越来越明显，由有肩到凸出，最后到平端，底部则越来越尖，到秦代时已成为一倒置的钝角三角形状。如果说B型釜在其出现之初与A型釜的区别还不是很明

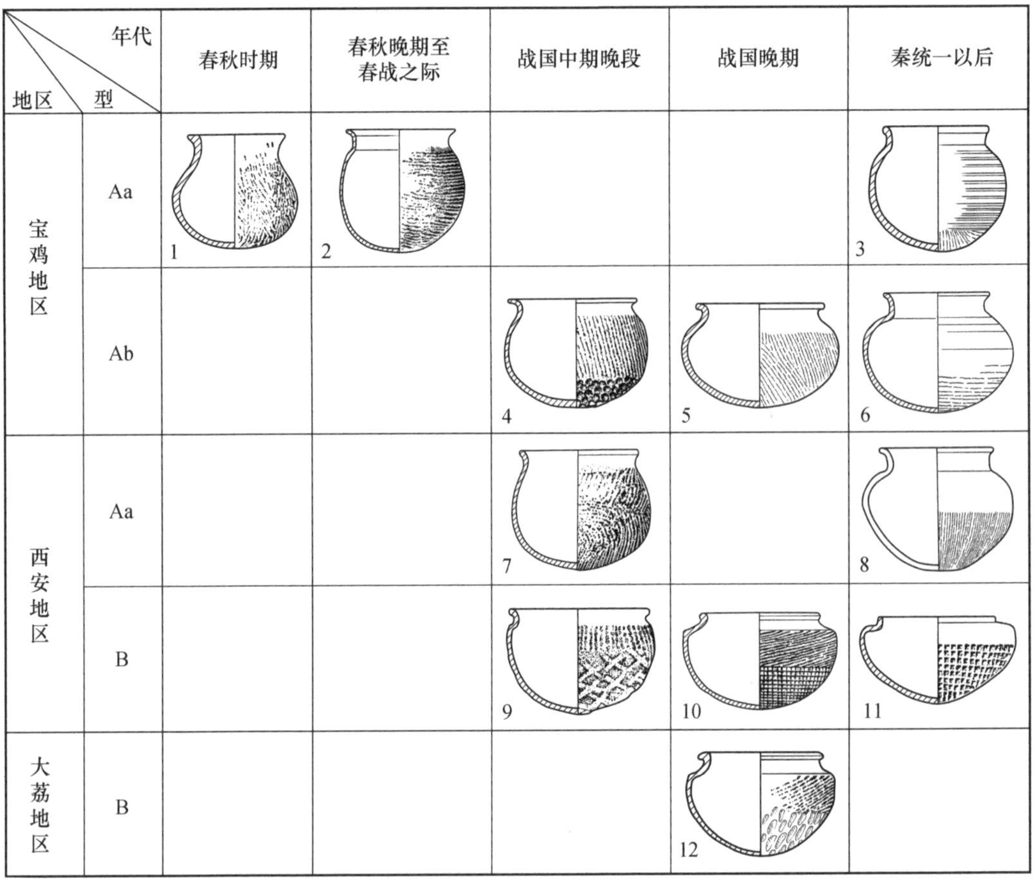

地区＼年代＼型	春秋时期	春秋晚期至春战之际	战国中期晚段	战国晚期	秦统一以后
宝鸡地区 Aa	1	2			3
宝鸡地区 Ab			4	5	6
西安地区 Aa			7	8	
西安地区 B			9	10	11
大荔地区 B				12	

图一　各地区陶釜的发展序列

1. 宝鸡谭家村M23：2　2. 宝鸡茹家庄M6：9　3. 凤翔八旗屯西道沟M19：1　4. 凤翔西村79M40：3
5. 凤翔西村79M19：2　6. 凤翔高庄M6：5　7. 西安半坡M66：1　8. 咸阳西北林学院M13：2
9. 西安半坡M9：3　10. 蓝田泄湖M14：4　11. 临潼上焦村M11：16　12. 大荔朝邑M103：1

显，其自身凸肩、尖底的特征还不是很突出的话，那么到了这一时期，二者在形态上的差别已极为突出，除了在墓葬中出土的材料之外，陕西省淳化县出土的2件带有“云市”陶文的陶釜，可视为A、B二型陶釜，在其各自发展道路上走向终点时的极端形态（图二，2、4）[17]，二者的区别是显而易见的。有意思的是，在关中地区西汉初年墓葬中出现的陶釜和铁釜，亦有圜底和尖底之分（图二，1、3、5）[18]应该是受到了A、B二型陶釜影响的结果。

　　A、B二型陶釜不仅自身在形态上存在着明显的区别，而且各自与同时期秦墓中出土的陶鬲形态关系亦不相同。A型釜敞口外侈，球形腹深而圆（图三，4、5），而同时期秦墓中出土的陶鬲则是直口，颈微束，腹较直（图三，1、2），二者的上半部没有什么共同点。B型釜的上半部小口、束颈、凸肩的特点却与同时期秦墓中出土的陶鬲的上半部相似（图三，3、6）。

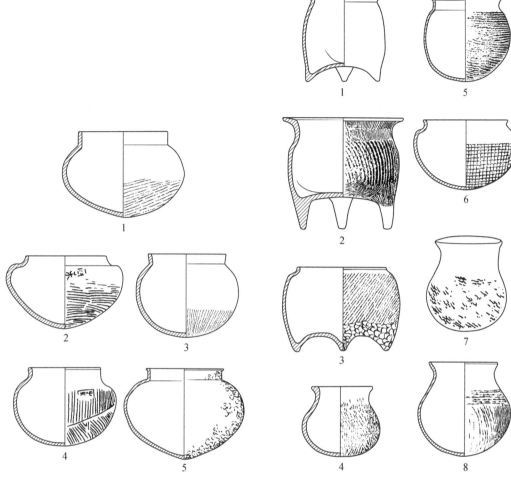

图二　A、B型陶釜的发展形态
1.汉代陶釜（陕西省饲料加工厂M37：6）　2、4.淳
化秦汉时期"云市"陶文陶釜　3.汉代陶釜
（陕西省饲料加工厂M34：9）　5.汉代铁釜
（陕西省饲料加工厂M38：5）

图三　A、B型陶釜与同时期陶鬲的比较
1.春秋早期陶鬲（宝鸡谭家村M24：9）　2.春秋
晚期到春秋战国之际陶鬲（宝鸡茹家庄M7：8）
3.战国中期陶鬲（蓝田泄湖M12：2）　4.春秋
早期陶釜（宝鸡谭家村M23：2）　5.春秋晚期
到春秋战国之际陶釜（宝鸡茹家庄M6：9）
6.战国中期陶釜（蓝田泄湖M8：2）　7.巴蜀
文化春秋时期陶釜（忠县井沟）　8.巴蜀文化
战国时期陶釜（犍为金井M5：19）

　　各时期秦墓中出土陶釜的数量、与同时期秦墓出土陶鬲的比例以及与其他器物的共出关系等均不相同。春秋时期，宝鸡地区在使用日用陶器随葬的墓葬中，大部分使用陶鬲，使用陶釜的墓葬数量很少，并且有共出陶鬲的现象，即釜与鬲共出于一座墓中。如属于春秋早期的宝鸡谭家村M24，属于春秋晚期的宝鸡茹家庄M6，都是陶鬲与A型釜共出。且出土陶釜的墓葬等级较高，多为B类墓[19]。到了战国中期晚段以后，在

宝鸡地区、西安地区和大荔地区，墓葬中用釜随葬的数量增加，与同墓地所出陶鬲的比例也发生了变化，往往是陶釜所占比例较大，这一点在西安地区和大荔地区比较明显，不仅出现了用釜不用鬲的墓葬，甚至有些墓地只见用釜随葬而未见有鬲[20]，如朝邑大荔墓地。也不见一墓中鬲、釜共出的现象。出土釜的墓葬多为C类墓，有相当数量的墓只出一件陶釜或共出一两件小件器物。

到了秦统一以后，釜的使用已经相当普遍，墓葬中已不出鬲，有些墓葬还出现了陶釜与铁釜共出的现象，如咸阳林学院墓地、凤翔八旗屯西道沟墓地等。值得注意的是，在凤翔高庄墓地，共出土了6件铁釜，据墓葬登记表，有5座出铁釜的墓葬未见有陶釜伴出，根据共出的其他器物分析，这5座墓葬的年代可到西汉早期[21]。

<h1 style="text-align:center">三</h1>

A型釜出现的时间大大早于B型釜，且春秋时期只在宝鸡地区有所发现，显然要探求关中地区陶釜的源头，应该从宝鸡地区的A型釜入手，A型釜的源头亦是关中地区秦釜之源。

陶釜和陶鬲同为炊器，功能相同，只是使用方法有别。陶鬲可以以三足支撑，在鬲足下的空间进行加热，而陶釜则是架在灶上，由灶内的火源对其进行加热，所以二者的区别是在于下半部。如果A型釜确是由关中地区的陶鬲发展而来，那么二者具有同样功用的上半部，应该相近或是具有发展演变的关系。但是事实上，春秋时期的A型釜，其上半部在形态上不同于同时期同地区秦墓中出现的陶鬲，二者之间在形制上很难看出有发展或承继关系的线索，显然A型釜不是由宝鸡地区同时期的陶鬲演变而来，因此可以肯定A型釜的源头不在宝鸡地区。西安地区没有发现春秋时期的釜[22]，出现A型釜已是在战国中期晚段以后，因此A型釜的源头也不在西安地区，亦不可能越过西安地区在其以东的大荔地区。位于关中平原北缘的铜川地区不出A型釜，只出有极少数的带耳釜，甚至到了汉代初年，这一带及其以北地区还使用带耳釜[23]，亦应排除其为A型釜起源地的可能性。关中平原以西的甘青地区，目前只在甘谷毛家坪春秋战国之际的秦墓中发现2件A型釜，在其他地区的春秋战国秦墓中也不见A型釜[24]，所以也很难认为A型釜的源头在甘青地区。

综上所述，A型釜最早见于宝鸡地区，但并不是由宝鸡地区的陶鬲发展而来，也就是说A型釜的源头不在宝鸡地区，也不在宝鸡地区的东、西、北三方，因此只能到宝鸡地区以南的地方去寻找。

宝鸡地区地处关中平原西部，恰在六盘山南部余脉与秦岭之间的山谷地带，南下不远即到嘉陵江上游，沿嘉陵江而下，可直达四川盆地。古代秦蜀交往多沿此线进行，沿此线修建的宝成铁路，至今仍是秦蜀之间主要的铁路通道。四川境内春秋战国时期的巴蜀文化，是用釜而不用鬲的。这里春秋战国时期墓葬中出土的陶釜与宝鸡地区的

A型釜有诸多的共同点，亦为夹砂灰陶，敞口，深圆腹，圜底（图三，7、8）[25]，从二者在形态上相近这一点看，二者应该有着某种关系。如果事实确实如此，那么秦蜀之间的交往早在春秋早期就已发生，考虑到关中地区春秋时期的陶釜多出在等级较高的墓葬中，所以这种交往还应与一定范围的、地位较高的人群有关。不过到目前为止，在这一地区还没有发现明确属于春秋早期的陶釜，还说不清楚这里春秋战国时期墓葬中出土的陶釜与宝鸡地区春秋早期的A型釜之间到底是一种什么样的关系。

B型釜最早见于西安地区战国中期晚段的墓葬中，其上半部小口、耸肩等特点不同于A型釜，很难认为是由A型釜发展而来，但是这些特点却与同时期秦墓中出土陶鬲的上半部相近，加上西安地区也出现过少量的A型釜，所以认为B型釜是西安地区在受到A型釜的影响下，对秦鬲进行改造而成的，应该是符合事实的。

春秋时期只有宝鸡地区的秦墓出有陶釜，数量非常少，并且多出于等级较高的墓葬中，这些现象表明陶釜的使用还不普遍，很可能还局限在一定的人群范围内。而陶鬲与陶釜共出于一墓的现象，则表明这一时期，釜尚没有具备与鬲相同的功能，或者说这时的使用者还没有把釜看作是可以代替鬲的一种炊器，还没有完全接受这种器物，这也从另一角度说明此时此地的釜不是土生土长的。到了战国中期晚段，大量的C类墓用陶釜随葬，同一墓地中出土的陶鬲和陶釜的比例也发生了变化，陶釜所占比例增加，釜的种类也多样化，表明此时陶釜的使用已经相当普及，这是真正意义上的用釜时期的开始。其不与陶鬲共出于同一墓葬中，说明在当时釜和鬲的作用已经相同，但是在同一墓地中，分别与鬲、釜共出的陶器基本相同的事实表明，在实际生活中，釜还没有完全代替鬲，二者在相当一段时间内是并行发展的。到了秦统一以后，又出现了陶釜与铁釜共出于一墓的现象，则表明在西汉初期普及使用铁釜之前，应该有一个陶釜与铁釜共同使用的阶段，而铁釜在形制上可看出的A、B二型陶釜的影响，说明了西汉时期出现的铁釜与秦墓中的陶釜有着形态上的亲缘关系。

A、B二型陶釜不同的分布范围，还说明了陶釜在关中地区传播的方向。春秋时期只在宝鸡地区发现有A型釜，到了战国时期，在宝鸡地区和西安地区都出现了A型釜，表明了A型釜由西向东的流向。西安地区和大荔地区都发现有B型釜，而宝鸡地区不见，则表明了B型釜没有向西发展。

四

通过对秦墓中出土陶釜进行的分析，可以得到如下的认识。

（1）关中地区秦墓中出现的陶釜，依其形态不同可分为A、B二型，二者在流行时间、分布地域以及在秦统一以后所表现出来的极端形态，都表现出极大的不同，因此二者当有不同的源头及其各自的发展轨迹。

（2）春秋早期秦墓中出现的A型陶釜并不是秦鬲自然演变的结果，而是在与外界某个用釜文化，很可能是四川地区巴蜀文化的交流和影响中产生的。

（3）正由于A型陶釜是在受到外界文化的影响下产生的，所以在其产生之后的很长一段时间里，都没有能够代替陶鬲，使用者也局限在一定的范围之内。

（4）到了战国中期晚段，在受到由A型釜传递的用釜思想的启发下，出现了用秦鬲加以改造制成的B型釜。B型釜一出现后很快就与陶鬲具有了同样的功能，成为秦墓中的典型随葬器物之一。

（5）A、B二型陶釜在关中地区秦墓中的传播方向是由西向东的，这与春秋战国时期秦国的发展方向是一致的。

（6）A、B二型陶釜在进入汉代以后的流向表明秦文化并没有随着秦代政治上的灭亡而彻底地销声匿迹，其某些文化因素作为汉文化的有机组成部分又继续存在了相当长的一段时间。

附记：笔者曾在拙作《关中秦墓研究》（《考古学报》1992年第3期）一文中论及秦釜，因当时的材料所限，秦墓中出土的秦釜年代最早者定在春秋战国之际，加之篇幅所限，也未能对秦釜做更系统、更深入的讨论。本文可看作是笔者对《关中秦墓研究》一文中有关秦釜论述的补充和发展。

注　释

［1］　陈平：《说釜——兼论釜、鬴、䰞、鍑、鏊诸器之关系》，《考古与文物》1982年第5期。

［2］　关于关中地区秦墓的分区，参见滕铭予：《关中秦墓研究》，《考古学报》1992年第3期。

［3］　宝鸡市考古工作队：《宝鸡市谭家村春秋及唐代墓》，《考古》1991年第5期。

［4］　宝鸡市博物馆、宝鸡市渭滨区文化馆：《陕西宝鸡市茹家庄东周墓葬》，《考古》1979年第5期。

［5］　雍城考古队吴镇烽、李自智：《陕西凤翔西村战国秦墓发掘简报》，《考古与文物》1981年第1期。

［6］　苏秉琦：《斗鸡台沟东区墓葬（节选）》，《苏秉琦考古学论述选集》，文物出版社，1984年。

［7］　陕西省雍城考古队吴镇烽、尚志儒：《陕西凤翔八旗屯秦国墓葬发掘简报》，《文物资料丛刊》（3），文物出版社，1980年；陕西省雍城考古队：《一九八一年凤翔八旗屯墓地发掘简报》，《考古与文物》1986年第5期；陕西省雍城考古队尚志儒、赵丛苍：《陕西凤翔八旗屯西沟道秦墓发掘简报》，《文博》1986年第3期。

［8］　陕西省雍城考古队吴镇烽、尚志儒：《陕西凤翔高庄秦墓地发掘简报》，《考古与文物》1981年第1期。

［9］　金学山：《西安半坡的战国墓葬》，《考古学报》1957年第3期。

[10] 中国社会科学院考古研究所：《沣西发掘报告》，文物出版社，1962年。

[11] 秦都咸阳考古队：《咸阳市黄家沟战国墓发掘简报》，《考古与文物》1982年第6期。

[12] 中国社会科学院考古研究所陕西六队：《陕西蓝田泄湖战国墓发掘简报》，《考古》1988年第12期。

[13] 咸阳市文管会：《西北林学院古墓清理简报》，《考古与文物》1992年第2期。

[14] 秦俑考古队：《临潼上焦村秦墓清理简报》，《考古与文物》1980年第2期。

[15] 陕西省考古研究所、北京大学考古实习队：《铜川市王家河墓地发掘简报》，《考古与文物》1987年第2期。

[16] 陕西省文管会、大荔县文化馆：《朝邑战国墓葬发掘简报》，《文物资料丛刊》（2），文物出版社，1978年。

[17] 姚生民：《陕西淳化出土秦汉市亭陶文陶器》，《考古与文物》1984年第3期。据原报告作者，这批器物伴有人骨出土，可能出自一墓葬，其年代下限不晚于西汉初期。

[18] 陆国英、孙铁山：《陕西省饲料加工厂周、汉墓葬发掘简报》，《考古与文物》1989年第5期；陕西省雍城考古队：《一九八一年凤翔八旗屯墓地发掘简报》，《考古与文物》1986年第5期，据简报，该墓地M6出土铁釜1件，直口，短颈，圆底，但未发表线图或图版。

[19] 关于对秦墓的分类，参见滕铭予：《关中秦墓研究》，《考古学报》1992年第3期。

[20] 如咸阳黄家沟墓地、西北林学院墓地和大荔朝邑墓地，均只有釜，而不见鬲。一般情况是年代偏晚的墓地多出有釜，而年代偏早的墓地多出有鬲。

[21] 关于这些墓葬的年代，参见滕铭予：《论关中秦墓中洞室墓的年代》，《华夏考古》1993年第2期。

[22] 西安地区目前只在咸阳任家嘴发现了一处春秋时期的秦墓地，共清理了24座春秋期的墓葬，出土了13件鬲，未见有釜。参见咸阳市文物考古研究所：《咸阳任家嘴春秋墓清理简报》，《考古与文物》1993年第3期。

[23] 内蒙古语文历史研究所崔璿：《秦汉广衍故城及其附近的墓葬》，《文物》1977年第5期。

[24] 甘肃省文物工作队、北京大学考古学系：《甘肃甘谷毛家坪遗址发掘报告》，《考古学报》1987年第3期；刘得祯、许俊臣：《甘肃庆阳春秋战国墓葬的清理》，《考古》1988年第5期；甘肃省博物馆文物队、灵台县文化馆：《甘肃灵台两周墓葬》，《考古》1976年第1期；甘肃省博物馆魏怀珩：《甘肃平凉庙庄的两座战国墓》，《考古与文物》1982年第5期。

[25] 四川省文物管理委员会：《四川犍为金井乡巴蜀土坑墓清理简报》，《文物》1990年第5期；四川省文物管理委员会赵殿增：《巴蜀文化的考古学分期》，《中国考古学会第四次年会论文集》，文物出版社，1985年。

（原刊于《考古》1995年第8期）

论关中秦墓中洞室墓的年代

关中地区的秦人墓葬以其独特的随葬品形制、组合和蜷曲特甚的屈肢葬式，有别于同时期其他地区和国家的墓葬，不仅展示出秦国与关东诸国不同的文化面貌，也使诸多的学者以此为线索去追溯秦文化之源。关中秦墓中出现的洞室墓同样也引起考古界的注意。有学者提出，洞室墓最早见于关中地区的秦墓中，是战国时期秦墓的主要特点之一，在战国末年秦统一六国的过程中，又影响到关东地区，使这一地区在战国末年亦出现洞室墓[1]。关于洞室墓的年代，虽然尚没有学者做过专门的讨论，但也有学者提出最早可到战国早期，其延续时间的下限到秦代[2]。

笔者在对关中地区的秦墓进行综合研究中，发现确定关中地区秦墓中洞室墓的年代对于研究秦文化的发展、对其他地区的影响以及进入汉代以后秦文化的流向等问题有着极为重要的意义。本文将在对已发现的关中地区秦墓中的洞室墓进行划分型式的基础上，对洞室墓的年代进行重新讨论。

一

关中地区已发现的秦墓中，被认定属于战国、秦时期的洞室墓共有170余座，其中76凤翔八旗屯墓地[3]1座[4]，77凤翔高庄墓地21座[5]，79凤翔高庄墓地2座[6]，西安半坡墓地101座[7]，咸阳黄家沟墓地24座[8]，临潼刘庄墓地5座[9]，蓝田泄湖墓地2座[10]，耀县1座[11]，大荔朝邑墓地15座[12]，宝鸡凤阁岭2座[13]，凤翔西村墓地1座[14]，长安洪庆村2座[15]。

上述墓葬，除宝鸡凤阁岭2座，76凤翔八旗屯1座已被破坏，形制不清外，其余的洞室墓可根据洞室开凿的位置，将其分为二型。

A型　洞室开凿于竖穴式墓道长边的一侧。根据洞室的中轴线与竖穴墓道的中轴线之间的关系，可分为二亚型。

Aa型　二者平行，或称之为平行式[16]。主要见于西安半坡墓地和77凤翔高庄墓地等。

Ab型　二者垂直，或称之为垂直式[17]。主要见于西安半坡墓地。

B型　洞室开凿于竖穴式墓道短边的一侧，洞室的中轴线与竖穴墓道的中轴线基本为一直线，或称之为直线式[18]。根据墓道宽度与洞室宽度比例的不同，可将其分为二式。

　　BⅠ式　墓道宽度与洞室宽度之比大于1，主要见于大荔朝邑墓地、咸阳黄家沟墓地、西安半坡墓地、蓝田泄湖墓地和79凤翔高庄墓地等。

　　BⅡ式　墓道宽度与洞室宽度之比等于1或小于1，主要见于临潼刘庄墓地、77凤翔高庄墓地和凤翔西村墓地等。

　　各墓地洞室墓的分型情况见表一。

表一　各墓地洞室墓的分型情况

	A型洞室墓		B型洞室墓	
	a	b	Ⅰ	Ⅱ
大荔朝邑			15	
西安半坡	89	10	2	
咸阳黄家沟	1		22	1
蓝田泄湖			2	
临潼刘庄			3	2
长安洪庆村				2
耀县	1			
77凤翔高庄	√*			√*
79凤翔高庄			2	
凤翔西村				1

　*因原报告只介绍了该墓地的墓葬有几种形制，但没有介绍各种形制墓葬的具体数量，因此表中未列出具体数字。

　　关中秦墓中洞室墓的人骨葬式根据下肢是否弯曲可分为直肢葬和屈肢葬二类。屈肢葬中其下肢弯曲的角度有所不同。大部分下肢股骨与胫骨间的夹角小于30°，显然是人死后立即加以捆绑形成的，这是秦人特有的一种葬式，可称之为秦式屈肢葬。还有一部分下肢呈自然弯曲，同于同时期其他国家和地区流行的人骨葬式，可称之为自然弯曲式屈肢葬。据此，关中秦墓中洞室墓的人骨葬式共有三种形式，即秦式屈肢葬、自然弯曲式屈肢葬和直肢葬。

　　各型式洞室墓中人骨葬式的情况见表二。

表二　各型式洞室墓中人骨葬式的情况

洞室墓形制		秦式屈肢葬	自然弯曲式屈肢葬	直肢葬	不明*
A型	a	86**		3	4
	b	8		1	1
B型	Ⅰ	16	10	13	7
	Ⅱ			10***	3

　*不明一栏包括原报告中葬式不详和原报告中只介绍为屈肢葬，但不知属何种屈肢葬的墓葬。

　**因77凤翔高庄墓地各种形制墓葬的具体数字不详，此表中涉及该墓地的数字只包括了明确墓葬形制的墓葬。

　***包括原报告中葬式不详，但棺长在3米以上的墓葬。

二

Aa型洞室墓主要集中在西安半坡墓地，其中有44座无任何随葬品，有19座仅出1件铜（铁）带钩或共出一两件小饰物，有2座仅出小料珠。上述65座墓葬无法判断其准确的年代。其余24座均随葬有日用陶器，主要有鬲、釜、茧形壶、罐、盂等。有14座只出1件陶器，其余的10座出2件或3件陶器。由于这些墓葬组合较少，大部分器物时代特征不明显，只能根据个别器物大致判断其年代。其中M115出土的鬲，直口，凸肩、裆已近平，形态接近于江陵天星观M1盗洞中出土的秦鬲，其年代当在战国晚期到秦统一之际[19]。M88、M10出土的2件陶鬲均为分裆铲脚袋足鬲，这种鬲在宝鸡地区和铜川地区战国中期晚段到战国晚期的秦墓中出现过[20]，这里出土的这种鬲裆部已较低，其年代大体相当于战国晚期。出土的茧形壶、釜等，也都是该地区战国中期晚段以后出现的器物。

值得注意的是M89，头向北，人骨葬式为直肢葬，随葬器物为2件盒、2件壶、1件铜带钩和1面铜镜。陶盒是关东地区战国晚期墓葬中的典型器物，M89的头向、人骨葬式也与该墓地其他Aa型洞室墓不同，而与同时期关东地区诸国墓葬相近。因此，M89不仅明确地指示出Aa型洞室墓的年代下限可到战国晚期，同时也反映了西安半坡墓地所受到的关东地区墓葬的影响。

据此，西安半坡墓地Aa型洞室墓的年代基本集中在战国中期晚段到战国晚期。该墓地其他不出任何随葬品以及仅出一两件小饰物的Aa型洞室墓，估计其年代应与之大体相当。

耀县M11为一座Aa型洞室墓，人骨葬式为秦式屈肢葬，头向西，出茧形壶、壶、釜、钵等一套日用陶器，年代大体与西安半坡墓地的Aa型洞室墓相当。

77凤翔高庄墓地已知明确属于Aa型洞室墓的M5、M15，均头向西。M5为屈肢葬，出1件罐、2件铜带钩和唅等，基本同于西安半坡墓地的Aa型洞室墓，年代亦应大体与之相当。M15为直肢葬，仅出1件铜带钩。咸阳黄家沟M5也属Aa型洞室墓，头向东，直肢葬，仅出1件玉璧和1件唅。考虑到这2座墓的人骨葬式为直肢葬，其年代应与西安半坡墓地的M89相当，大体可定在战国晚期。

Ab型洞室墓目前还只见于西安半坡墓地。其中有3座无任何随葬品，4座仅出一两件铜带钩或共出几件小饰物。其余3座墓葬，随葬有日用陶器，亦以釜、茧形壶为主。从其分布地域以及墓葬的整体情况来看，与该墓地的Aa型洞室墓基本相同，所以其年代也应与Aa型洞室墓相当，至少与部分Aa型洞室墓的年代相当。

BⅠ式洞室墓主要集中在大荔朝邑墓地和咸阳黄家沟墓地。

大荔朝邑墓地的15座BⅠ式洞室墓，人骨葬式均为秦式屈肢葬，除2座无随葬品外，其余13座以随葬釜、甑、盆、罐等一套秦式日用陶器为主。其中M103还共出1件铜盒、1件铜匝。大荔朝邑墓地的年代大体在战国中期晚段到秦统一以后[21]，其中BⅠ式洞室墓的年代与之相始终。需要指出的是，原报告中发表的2座汉代洞室墓中，M202的形制亦同于BⅠ式洞室墓，随葬器物中的陶蒜头壶（M202：2）短颈、无圈足，呈现出早期特点，陶瓿（M202：4）、陶盆（M202：5）与该墓地战国晚期的M203随葬的瓿（M203：3）、盆（M203：4）形态相同，因此，M202的年代亦应在战国晚期。

咸阳黄家沟的22座BⅠ式洞室墓，除M31墓葬登记表仅注明为"仰身"外，余者可据其人骨葬式分为屈肢葬和直肢葬二组。屈肢葬组有10座墓，股骨、胫骨间夹角大于90°，为自然弯曲式屈肢葬。其中有3座无任何随葬品，2座仅出1件陶罐或共出几件小件饰物，1座出陶罐、陶茧形壶各1件，原报告论述该墓地共出土3件茧形壶，有圜底和小圈足二种，但未明确说明各墓所出茧形壶的具体形制，因此，这座墓出土的茧形壶属哪一种，尚不清楚。还有4座墓出一套鼎、盒、长颈壶。原报告未发表任何陶器的线图或图版，很难根据器物形态与其他地区的材料进行比较。不过，可以肯定的是，这些BⅠ式洞室墓的人骨葬式，显然不是秦式屈肢葬，而是同时期关东地区常见的自然弯曲式，其中4座墓葬出土的一套鼎、盒、壶的组合，与关东地区战国晚期墓葬的随葬陶器组合相同。因此，该墓地BⅠ式洞室墓中的屈肢葬组，显然是受到了关东地区战国晚期墓葬的影响，其年代应在战国晚期。

咸阳黄家沟BⅠ式洞室墓中的直肢葬组共有11座墓葬，有7座随葬陶罐（壶）、漆（陶）盒，或共出带钩、玉环等其他小件器物，1座随葬陶罐和铜带钩，1座随葬2件陶单耳釜和铜带钩，根据原报告中的文字描述，陶单耳釜应是战国晚期秦墓中常见的鍪，1座随葬铜带钩和其他几件小件饰物，1座随葬陶罐、茧形壶、铁釜、半两钱等。直肢葬组应该引起注意的是，绝对不见屈肢葬组中鼎、盒、长颈壶的组合，而是普遍使用了漆盒。这表明，该墓地BⅠ式洞室墓中的两组墓葬之间既有相同之处，也存在着非常明显的差别。产生这一差别的原因，可能是由于不同的文化传统，即屈肢葬组中随葬鼎、盒、长颈壶的墓葬是受到了关东地区的影响而出现的，而直肢葬组则是继续了秦人的文化传统。但是，秦人文化传统的葬式应是蜷曲特甚的秦式屈肢葬，而直肢葬组恰恰不同于这一点。因此，二组墓葬之间的差别，很可能出于文化传统以外的原因。

在湖北云梦睡虎地发掘了一批秦统一前后到汉初的秦人士兵墓葬，随葬器物具有明显的秦文化传统，但人骨葬式均为直肢葬[22]。这些情况表明，从战国末年到汉初，随着秦人与关东地区的交往，秦人墓葬的人骨葬式也受到了关东地区的影响，由秦式屈肢葬向直肢葬转化，显然直肢葬应晚于秦式屈肢葬。因此，咸阳黄家沟BⅠ式洞室墓中屈肢葬组与直肢葬组之间的不同，应该是反映了二者在年代上的差别。直肢葬组的年代应晚于屈肢葬组的年代，大体应在秦统一以后。

西安半坡墓地的2座BⅠ式洞室墓，其中M24头向北，屈肢，出土1件铜杖头，为关中地区秦墓所仅有，该墓的文化性质尚难说清楚。M29为秦式屈肢葬，出陶釜和无圈足的茧形壶，年代应与该墓地的Aa型洞室墓相当。

蓝田泄湖墓地2座BⅠ式洞室墓，原报告将其年代定在战国中期[23]。M11为直肢葬，M8方向、葬式不明，二墓均随葬釜、盆、罐等一组日用陶器，M11共出漆盒、铜镜及其他小件饰物。这2座墓随葬的陶釜（M8∶3）、陶盆（M11∶3）等与大荔朝邑战国晚期墓葬中出土的陶釜（M103∶1）、盆（M209∶3）相近。因此，蓝田泄湖墓地2座BⅠ式洞室墓的年代上限不会超过战国晚期。

临潼刘庄墓地的3座BⅠ式洞室墓，葬式不详。其中M1随葬器物为一套仿铜陶礼器鼎、盒、壶和陶罐[24]，器物组合同于咸阳黄家沟的BⅠ式洞室墓中的屈肢葬组，M2、M18随葬器物为瓮、罐、盆。其罐（应为小口瓮，无器物号）、盆（无器物号）的形态与临潼上焦村秦墓出土的瓮（M18∶4）[25]、大荔朝邑墓地战国晚期墓葬M209出土的盆（M209∶3）相近，其年代应大体在战国晚期到秦统一前后。

79凤翔高庄墓地的2座BⅠ式洞室墓，其M1出土了有纪年的中山国铜鼎和战国晚期的卫国铜鼎及漆盒[26]，M2未出铜器，但出土的陶鼎，弧形盖、深腹、小柱足等特点亦与关东地区战国晚期墓葬随葬的陶鼎相近。因此这2座墓的年代均可定在战国晚期。

BⅡ式洞室墓主要见于77凤翔高庄墓地和临潼刘庄墓地。

77凤翔高庄墓地已知明确属于BⅡ式洞室墓的有M1、M6、M17、M33、M46、M47[27]。其中除M6、M17葬式不明外，余者均为直肢葬。M6棺长不明，椁长3.8米，M17棺长2.9、椁长4.3米，根据其棺椁的长度，这2座墓也应是直肢葬。

这些BⅡ式洞室墓的随葬器物或出一套铜礼器（M17、M46、M47），或出一套仿铜陶礼器（M1），或出一套日用陶器（M6、M33）。

除了上述随葬器物外，这些墓葬还共出陶缶、陶钫、半两钱、铁釜等。这些器物不见于同墓地竖穴墓和Aa型洞室墓中。各墓出土这些器物的情况见表三。

表三　77凤翔高庄BⅡ式洞室墓出土器物情况

墓号	陶缶	陶钫	半两钱	铁釜	备注
M1		√	√		盗
M17	√	√（铜）			
M46	√		√		
M47	√	√（铜）		√	盗
M6	√		√		盗
M33	√		√	√	

77凤翔高庄墓地还有6座洞室墓（M7、M21、M31、M32、M39、M45），原报告未明确介绍其墓葬形制，这些墓的人骨葬式清楚者均为直肢葬。另外，M7人骨葬式不明，但棺长为2.9米，亦应为直肢葬；M31人骨葬式不明，棺长1.74米，该墓地屈肢葬墓的葬具棺长均在1.1～1.6米，因此，M31的人骨葬式也很可能是直肢葬，或为自然弯

曲式屈肢葬。这6座洞室墓随葬器物的组合基本同于该墓地的BⅡ式洞室墓。M31、M39各出一套仿铜陶礼器，M7、M21、M32、M45各出一套日用陶器，并且也共出陶缶、陶钫、半两钱、铁釜等器物。这6座墓出土这些器物的情况见表四。

表四　77凤翔高庄其他洞室墓出土器物情况

墓号	陶缶	陶钫	半两钱	铁釜	备注
M31	√	√			
M39		√			
M7	√		√		盗
M21	√		√	√	
M32	√		√	√	
M45	√		√	√	

由此可知，77凤翔高庄墓地未明确介绍形制的这6座洞室墓，其葬式和随葬器物基本同于该墓地的BⅡ式洞室墓，二者年代应该相当。

原报告认为这些墓葬的年代为战国晚期到秦代[28]。

77凤翔高庄墓地BⅡ式洞室墓中出土的鼎（M39：11）、钫（M39：13）、鍑（M39：4）、罐（M17：25）的形态，与1986年在陕西新安机砖厂清理的一座大型积炭墓中出土的同类器物几近完全相同。该墓根据墓葬形制、随葬器物以及墓中出土的封泥等，初步判定这是一座西汉初年列侯等级的墓葬[29]。

M39出土的陶盒（M39：10）与西安郊区大白杨M4出土的陶盒（M4：11）相近，后者共出五铢钱[30]，其年代的上限不会超过西汉武帝时期。

M6出土的陶釜（M6：5）与陕西省饲料加工厂M34出土的陶釜（M34：9）相近，后者也共出五铢钱[31]，其年代的上限亦不会超过西汉武帝时期。

77凤翔高庄墓地BⅡ式洞室墓中多见的缶（如M6：1），则与陕西新安机砖厂的汉初积炭墓、西安郊区大白杨M34中出土的缶相近。

77凤翔高庄墓地BⅡ式洞室墓中还普遍出现了铁釜。铁釜作为一种炊具，是每家每户都必备的器物，只有在铁器生产达到了相当普遍的水平，才能满足这种广泛的需求。根据考古发现，在关东地区，铁釜大量地进入人们的家庭是在西汉中期以后[32]。BⅡ式洞室墓随葬的铁器的数量也较同墓地的竖穴墓有所增加，随葬的铁器有剑、舌、锯、凿、削等，而后者仅在个别墓中见到铁带钩，这也应该是在铁器生产相当普遍的前提下才会出现的现象。根据现有的材料，关东、关中地区只有到了西汉以后，铁器生产才会达到上述水平[33]。

77凤翔高庄墓地的BⅡ式洞室墓中还出土了大量的半两钱。根据报告发表的拓片看，既有大半两，也有小到直径只有1.17厘米的"榆荚半两"。因报告未发表每枚半两的出土单位，只知最大者出自M1，最小者出自M7，但又不知道大半两是否与小半两共出。历史上见诸记载的铸行这种"榆荚半两"的只有吕后二年。目前在明确已知属秦代的墓葬、遗迹中还没有发现这种"榆荚半两"[34]。因此，这种"榆荚半两"的年代定在西汉早期比较合适。

综上所述，77凤翔高庄墓地的BⅡ式洞室墓的随葬器物，大部分都呈现出西汉早期的特点，因此，这些墓葬的年代定在西汉早期比较合适。当然，其中个别墓葬的年代也可能早到秦代。

79凤翔西村M17，亦为一座BⅡ式洞室墓，该墓已被盗掘一空，方向为南北向，葬式不明，该墓棺长为1.8米，同墓地其他屈肢葬的墓葬棺长多在1~1.5米之间。因此79M17的葬式应为直肢葬或自然弯曲式屈肢葬。因此墓已无器物，无法判断其年代，根据墓葬的形制，估计其年代应大致与77凤翔高庄墓地的BⅡ式洞室墓相当，在西汉早期。

临潼刘庄墓地的2座BⅡ式洞室墓均为砖室墓，人骨葬式不清。但从其砖室的长度在3~4米左右这一点看，应为直肢葬。其中M3带有耳室。原报告作者认为这2座墓的年代都在战国晚期，并提出这种砖室墓在关中地区的秦文化中也是前所未有的[35]。

小砖作为建墓的材料，在关东地区出现是在西汉中期，在这里，小砖逐步代替空心砖的过程可以看得很清楚。在洛阳西郊发现的一座西汉中期（西汉武帝到昭宣时期）的墓葬M3057，是一座两次修建的双棺室墓。两个棺室分别用空心砖和小砖修建。从棺室的形制可以明显看出用空心砖修建的棺室早于用小砖修建的棺室[36]。M3057是在关东地区目前所能见到的最早用小砖作为建墓材料的墓葬。根据目前材料，关中地区在西汉初年的墓葬，大部分还是土洞室墓和空心砖墓，大量出现小砖室墓的年代也是到西汉中期以后[37]。

临潼刘庄M3的随葬器物主要是日用陶器，有瓮、罐、甑、釜、熏、灶等。其出土的釜[38]，小直口、圆肩、平底，与战国晚期到秦代关中地区秦墓中出土的圜底陶釜形态迥然不同，而与77凤翔高庄墓地BⅡ式洞室墓中出土的铁釜（M32：2）形态相近。临潼刘庄墓地BⅡ式洞室墓中出土的陶瓮（M19：02、M3）[39]，与凤翔高庄墓地BⅡ式洞室墓中出土的同类器物相近（M7：9）。考虑到其墓室用小砖修筑，亦呈现出比较晚的时代特征，因此，这2座墓的年代上限亦不会早于西汉前期。

咸阳黄家沟M24为一座双棺室的BⅡ式洞室墓，两具人骨均为头向西，直肢葬，各出漆盒、陶罐、铁器等。随葬器物组合同于该墓地的BⅠ式洞室墓中的直肢葬组。其年代应与后者相当或稍晚之，其上限不会早于秦统一以后。考虑到其他地区BⅡ式洞室墓的年代，M24很可能晚到西汉早期。

长安洪庆村的2座BⅡ式洞室墓，人骨葬式都不清，各出1件陶釜，M86还共出陶盆。M118出土的陶釜（M118：2）与陕西省饲料加工厂武帝时期墓葬M34出土的陶釜相近[40]。据此，估计这2座墓的年代大体可到西汉早期。

各地区、各阶段出现的洞室墓型式见表五。

表五　各地区、各阶段出现的洞室墓型式

地区	战国中期晚段	战国晚期	秦代	西汉早期
大荔	ＢⅠ（秦屈）*	ＢⅠ（秦屈）		
西安	Aa（秦屈）Ab（秦屈）	Aa（秦屈、直）ＢⅠ（自屈）	ＢⅠ（直）	ＢⅡ（直）
宝鸡		Aa（直）		ＢⅡ（直）

*括号内为各种葬式的简称，秦屈为秦式屈肢葬，自屈为自然弯曲式屈肢葬，直为直肢葬。

三

曾有学者指出，A型洞室墓是由关中秦墓中带壁龛的竖穴墓发展而来，ＢⅠ式洞室墓则是Aa型洞室墓的发展形态[41]。由表五可看出，在战国中期晚段，在西安地区和大荔地区同时出现了A型和ＢⅠ式洞室墓，出现后二者并行了一段时间。其中A型洞室墓出现以后，流行的地区和时代比较集中，主要集中在西安地区的战国中期晚段到战国晚期。ＢⅠ式洞室墓最早见于大荔地区，出现以后，不仅延续的时间比较长，而且分布的地区也由东向西发展，人骨葬式则经历了由秦式屈肢葬到直肢葬的过程。考虑到二者在墓道和洞室的关系上完全不同，即洞室分别开在墓道的长边和短边一侧，因此，认为这二种不同形制的洞室墓的产生有其各自的源头和契机，很可能是接近事实的。只是根据目前掌握的材料，还很难说清楚它们各自的源头。

ＢⅡ式洞室墓主要存在于西安地区和宝鸡地区，其墓道和洞室的关系与ＢⅠ式洞室墓完全相同，只是ＢⅡ式洞室墓的洞室更加宽大。人骨葬式均直肢葬，年代基本上晚于ＢⅠ式洞室墓，绝大部分可到西汉早期。显然，ＢⅡ式洞室墓是由ＢⅠ式洞室墓发展而来。需要指出的是，在出现ＢⅡ式洞室墓的墓地中，ＢⅡ式洞室墓与其他形制的墓葬之间在分布上没有明确的区域界限，而是属于一个整体，同时ＢⅡ式洞室墓的随葬器物也表现出了与其他墓葬之间在文化上的同一性。显然使用ＢⅡ式洞室墓的人应与同墓地使用其他形制墓葬的人属于同一群体。

四

本文对于关中秦墓中洞室墓年代的讨论，可以得到以下几点认识：

（1）关中地区最早出现洞室墓的年代是在战国中期晚段，最早出现洞室墓的地区是西安地区和大荔地区。

（2）关中秦墓中的Aa型洞室墓和ＢⅠ式洞室墓是同时产生的，这两种不同形制洞室墓的出现很可能有其各自的源头。

（3）关中秦墓中的ＢⅡ式洞室墓，大部分年代已到西汉早期，由此可看出秦文化进入汉代以后，并没有随着秦代政治上的消亡而消失，其中部分文化因素保存下来，并成为汉文化的组成部分之一。

（4）有些墓地中BⅡ式洞室墓与战国、秦代的墓葬共处的事实表明，在有些地区，秦人的某些群体在进入汉代以后，仍然保持了一定的完整性。

注　　释

［1］　叶小燕：《秦墓初探》，《考古》1982年第1期。

［2］　参见陕西省文管会、大荔县文化馆：《朝邑战国墓葬发掘简报》，《文物资料丛刊》（2），文物出版社，1978年；雍城考古队吴镇烽、尚志儒：《陕西凤翔高庄秦墓地发掘简报》，《考古与文物》1981年第1期中有关年代的论述。

［3］　墓地前冠以数字者为发掘年份。

［4］　陕西省雍城考古队吴镇烽、尚志儒：《陕西凤翔八旗屯秦国墓葬发掘简报》，《文物资料丛刊》（3），文物出版社，1980年。

［5］　雍城考古队吴镇烽、尚志儒：《陕西凤翔高庄秦墓地发掘简报》，《考古与文物》1981年第1期。

［6］　雍城考古工作队：《凤翔高庄战国秦墓发掘简报》，《文物》1980年第9期。

［7］　金学山：《西安半坡的战国墓葬》，《考古学报》1957年第3期。

［8］　秦都咸阳考古队：《咸阳市黄家沟战国墓发掘简报》，《考古与文物》1982年第6期。

［9］　陕西省考古研究所秦陵工作队、临潼县文物管理委员会：《陕西临潼刘庄战国墓地调查清理简报》，《考古与文物》1989年第5期。

［10］　中国社会科学院考古研究所陕西六队：《陕西蓝田泄湖战国墓发掘简报》，《考古》1988年第12期。

［11］　马建熙：《陕西耀县战国、西汉墓葬清理简报》，《考古》1959年第3期。

［12］　陕西省文管会、大荔县文化馆：《朝邑战国墓葬发掘简报》，《文物资料丛刊》（2），文物出版社，1978年。

［13］　王红武、吴大焱：《陕西宝鸡凤阁岭公社出土一批秦代文物》，《文物》1980年第9期。

［14］　雍城考古队李自智、尚志儒：《陕西凤翔西村战国秦墓发掘简报》，《考古与文物》1986年第1期。

［15］　陕西省文物管理委员会：《陕西长安洪庆村秦汉墓第二次发掘简记》，《考古》1959年第12期。

［16］　参见韩伟：《略论陕西春秋战国秦墓》，《考古与文物》1981年第1期中有关的论述。

［17］　韩伟：《略论陕西春秋战国秦墓》，《考古与文物》1981年第1期。

［18］　韩伟：《略论陕西春秋战国秦墓》，《考古与文物》1981年第1期。

[19] 湖北省荆州地区博物馆：《江陵天星观1号楚墓》，《考古学报》1982年第1期。

[20] 参见滕铭予：《关中秦墓研究》，《考古学报》1992年第3期中关于关中地区秦墓分区以及分期的论述。

[21] 参见滕铭予：《关中秦墓研究》，《考古学报》1992年第3期中关于大荔朝邑战国墓地年代的论述。

[22] 孝感地区第二期亦工亦农考古训练班：《湖北云梦睡虎地十一号秦墓发掘简报》，《文物》1976年第6期；湖北孝感地区亦工亦农考古训练班：《湖北云梦睡虎地秦墓发掘简报》，《文物》1976年第9期；云梦县文物工作组：《湖北云梦睡虎地秦汉墓发掘简报》，《考古》1981年第1期。

[23] 中国社会科学院考古研究所陕西六队：《陕西蓝田泄湖战国墓发掘简报》，《考古》1988年第12期。

[24] 原报告第二部分介绍出土文物中只有1件盒，为M2所出，但在第一部分介绍墓葬形制及葬具时，只有M1随葬有盒，M2没有盒。因此，这件盒应出于M1。

[25] 秦俑考古队：《临潼上焦村秦墓清理简报》，《考古与文物》1980年第2期。

[26] 雍城考古工作队：《凤翔高庄战国秦墓发掘简报》，《文物》1980年第9期；李学勤：《秦国文物的新认识》，《文物》1980年第9期。

[27] 确认这些洞室墓的形制，一部分（M1、M17、M33、M47）是根据原报告中发表的线图，一部分（M6、M46）是根据韩伟：《略论陕西春秋战国秦墓》，《考古与文物》1981年第1期一文中发表的线图。

[28] 雍城考古队吴镇烽、尚志儒：《陕西凤翔高庄秦墓地发掘简报》，《考古与文物》1981年第1期。

[29] 郑洪春：《陕西新安机砖厂汉初积炭墓发掘报告》，《考古与文物》1990年第4期。

[30] 陕西省考古研究所：《西安北郊大白杨秦汉墓葬发掘简报》，《考古与文物》1987年第2期。

[31] 陈国英、孙铁山：《陕西省饲料加工厂周、汉墓葬发掘简报》，《考古与文物》1989年第5期。

[32] 笔者在北京大学进修时，曾听俞伟超先生介绍过，在对汉代河南县城进行发掘时，西汉早期的地层中，有很多陶釜的碎片，而西汉中期以后的地层中，则很少见到陶釜的碎片，其直接原因就是因为铁釜的普及。

[33] 李众：《中国封建社会前期钢铁冶炼技术发展的探讨》，《考古学报》1975年第2期。

[34] 始皇陵秦俑考古发掘队：《临潼县秦俑坑试掘第一号简报》，《文物》1975年第11期；始皇陵秦俑考古发掘队：《秦始皇陵东侧第二号兵马俑坑钻探试掘简报》，《文物》1978年第5期；秦俑坑考古队：《秦始皇陵东侧第三号兵马俑坑清理简报》，《文物》1979年第12期；始皇陵秦俑坑考古发掘队：《秦始皇陵西侧赵背户村秦刑徒墓》，《文物》1982年第3期。

［35］　陕西省考古研究所秦陵工作队、临潼县文物管理委员会：《陕西临潼刘庄战国墓地调查清理简报》，《考古与文物》1989年第5期。

［36］　中国科学院考古研究所洛阳发掘队陈久恒、叶小燕：《洛阳西郊汉墓发掘报告》，《考古学报》1963年第2期。

［37］　咸阳秦都考古工作站：《秦都咸阳汉墓清理简报》，《考古与文物》1986年第6期。

［38］　根据原报告的文字介绍和线图对照，这件釜为M18所出，但从文字描述看，M3所出釜为平底，M18所出釜为圜底，可能是排图时出现误差。

［39］　原报告中M3出土的陶瓮无器物号。

［40］　陈国英、孙铁山：《陕西省饲料加工厂周、汉墓葬发掘简报》，《考古与文物》1989年第5期。

［41］　韩伟：《略论陕西春秋战国秦墓》，《考古与文物》1981年第1期。

（原刊于《华夏考古》1993年第2期）

论秦墓中的直肢葬及相关问题

1982～1983年，由甘肃省文物工作队和北京大学考古学系联合发掘了甘肃省甘谷毛家坪遗址[1]，发现了两周时期的秦文化遗存。其中引人注目的发现是32座秦墓。这批墓葬的年代从西周中期到战国早期，随葬器物的发展变化一脉相承，其中有2座墓随葬了仿铜陶礼器，包括耳足重合的秦式鼎[2]，余者多随葬一套日用陶器，多为鬲、盆、豆、罐，鬲均为联裆鬲；仅有一墓有腰坑，无殉狗；葬式全部为屈肢葬，且大部为非自然弯曲、蜷曲极为严重的屈肢葬。暂不论这批墓葬对于探索春秋以前的秦文化面貌以及秦文化渊源等问题所具有的意义，可以确认的是，至少从西周中期开始，秦墓中使用仿陶铜礼器的B类墓和使用日用陶器的C类墓中[3]，就已有使用这种独特葬式的墓葬。陕西关中地区已发现秦墓的年代，最早是在春秋早期，也出现了这种屈肢葬，如宝鸡西高泉M1[4]、宝鸡阳平秦家沟M1[5]、凤翔八旗屯BM15[6]等，使用者包括了可以随葬青铜礼器的A类墓和使用日用陶器的C类墓，而且一直到战国中期晚段，这种独特的屈肢葬式在秦墓的各类墓中都普遍存在，以至成为区别秦人墓与其他国家和地区墓葬的明确标志。由此可知，这种蜷曲非常厉害的屈肢葬，是至少从西周中期以来秦墓的传统葬式，使用者包括了秦人中处于各种不同层次、地位的群体。正因为秦墓中的屈肢葬所具有的独特性，因而不断有学者对"屈肢葬"问题进行讨论[7]。虽然目前对于屈肢葬的渊源和意义还存在着不同的说法，但各家均认为这种蜷曲特甚的屈肢葬是关中地区秦墓中最普遍、最流行、也是最具代表性的一种葬式。然而值得注意的是，并非所有被认定为秦墓的墓葬都采取了这种葬式，事实上还有一部分墓葬为直肢葬。笔者以为，正是由于屈肢葬是秦人的传统葬式，所以在秦墓中出现的直肢葬才更应引起注意，当然有些学者在讨论屈肢葬问题时，亦论及直肢葬，认为是奴隶主贵族的葬仪，并且"这种贵族葬仪直到秦末也没有改变"，或是"秦宗室则又流行东向直肢葬"等[8]。笔者意在前人研究的基础上，对秦墓中的直肢葬及相关问题做进一步的探讨。

一

在关中地区及陇东地区发现并见诸报道、被认定是秦墓的墓葬中，可辨别葬式的直肢葬有70余座，主要见于宝鸡地区和西安地区。在铜川地区和大荔地区[9]，至目前发现的材料中，未见直肢葬墓。已发现的直肢葬墓见表一和表二。

表一 宝鸡地区直肢葬墓统计表（含陇县及长武县）

墓葬编号	类别	形制	方向（°）	性别	殉人	车马坑	年代	备注	注释
陇边M5	A	竖穴	北	女	无	无	春秋早期	墓室分为上、下二层，上层为椁室，内置随葬器物和一辆兵车，下层为墓室	《文物》1988.11
陇边M1	A	?	?	?	?	无	春秋早期	此墓破坏严重，仅存一角	《考古与文物》1986.6
76凤八BM27	A	竖穴	292	男（?）	无	有	春秋中期	共出有青铜兵器	《文物资料丛刊》（3）
76凤八CM2	A	竖穴	288	?	2	无	春秋中期		同上
76凤八AM9	A	竖穴	298	?	1	无	春秋中期	被盗	同上
76凤八BM102	A	竖穴	280	?	3	有	春秋中期	被盗	同上
76凤八CM3	A	竖穴	291	?	2	有	春秋中期	被盗	同上
76凤八AM5	B	竖穴	298	?	无	无	春秋中期	被盗	同上
长上M27	A	竖穴	282	男	无	有（?）	春秋中期	腰坑，狗骨架2	《考古与文物》1984.3
长上M16	C	竖穴	304	男	无	无	春秋中期	狗骨架1	同上
凤邓M3	B	竖穴	西	?	无	无	春战之际	无墓葬登记表	《考古与文物》1991.2
凤邓M1	B	竖穴	西	?	无	无	战国早期	无墓葬登记表	同上
凤邓M2	B（?）	竖穴	西	?	无	无	战国早期	无墓葬登记表	同上
凤邓M5	B	竖穴	西	?	无	无	战国早期	无墓葬登记表	同上
凤邓M6	B	竖穴	西	?	无	无	战国早期	无墓葬登记表	同上
凤邓M4	A	竖穴	西	?	无	无	战国中期（?）	无墓葬登记表	同上
凤邓M7	A	竖穴	西	?	无	无	战国中期（?）	无墓葬登记表	同上
76凤八BM29	B	竖穴	295	?	无	无	战国晚期	被盗	《文物资料丛刊》（3）

续表

墓葬编号	类别	形制	方向(°)	性别	殉人	车马坑	年代	备注	注释
77凤高M24	B	洞室	270	?	无	无	战国晚期		《考古与文物》1981.1
77凤高M15	D	洞室	293	?	无	无	战国晚期（？）		同上
77凤高M46	A	洞室	287	?	无	无	秦统一后		同上
77凤高M47	A	洞室	351	?	无	无	秦统一后		同上
77凤高M1	B	洞室	282	?	无	无	秦统一后	被盗	同上
77凤高M21	B	洞室	210	?	无	无	秦统一后		同上
77凤高M39	B	洞室	112	?	无	无	秦统一后		同上
77凤高M32	C	洞室	289	?	无	无	秦统一后		同上
77凤高M33	C	洞室	274	?	无	无	秦统一后		同上
77凤高M45	C	洞室	93	?	无	无	秦统一后		同上
凤西沟M10	C	洞室	287	?	无	无	秦统一后		《文博》1986.3

注：墓号前的文字为发掘地点的简称。陇边为陇县边家庄，凤八为凤翔八旗屯，长上为长武上孟村，凤邓为凤翔邓家崖，凤高为凤翔高庄，凤西沟为凤翔西沟道墓地的简称。如在一个地点进行过二次以上的发掘，则在墓号前加上发掘年份，76凤八AM2即为1976年在凤翔八旗屯A区发掘的M2。

表二　西安地区直肢葬墓统计表

墓葬编号	类别	形制	方向(°)	性别	殉人	车马坑	年代	备注	材料出处
卢米M3	A	竖穴	100	?	4	有	春秋早期	墓主人骨架已朽，据殉人骨架均为直肢，推测墓主人亦为直肢	《文物》1975.10
咸任M40	B	竖穴	东西	?	无	无	春秋中晚期	无墓葬登记表	《考古与文物》1993.3
蓝泄M12	C	竖穴	110	?	无	无	战国中期晚段	无墓葬登记表	《考古》1988.12
蓝泄M11	C	洞室	330	?	无	无	战国晚期	无墓葬登记表	同上

续表

墓葬编号	类别	形制	方向(°)	性别	殉人	车马坑	年代	备注	材料出处
西半M9	C	竖穴	21	?	无	无	战国中期晚段	随葬中原式陶壶1件	《考古学报》1957.3
西半M49	D	洞室	240	?	无	无	?		同上
西半M89	C	洞室	23	?	无	无	战国晚期	随葬中原式陶盒1件	同上
西林M2	C	竖穴	8	男	无	无	战国晚期		《考古与文物》1992.3
西林M5	C	竖穴	8	男	无	无	战国晚期		同上
西林M13	C	竖穴	183	男	无	无	战国晚期		同上
西林M18	C	竖穴	8	?	无	无	战国晚期		同上
西林M3	C	洞室	263	?	无	无	秦统一后		同上
西林M4	C	洞室	280	?	无	无	秦统一后	随葬铁兵器	同上
西林M9	C	洞室	185	男	无	无	秦统一后		同上
西林M11	C	洞室	180	男	无	无	秦统一后	随葬铁兵器	同上
西林M21	C	洞室	263	?	无	无	秦统一后		同上
西林M22	C	洞室	270	?	无	无	秦统一后		同上
西林M26	C	洞室	86	男	无	无	秦统一后		同上
咸黄M5	D	洞室	94	?	无	无	?		《考古与文物》1982.6
咸黄M3	D	竖穴	西	?	无	无	?		同上
咸黄M14	?	竖穴	北	?	无	无	?	被盗	同上
咸黄M15	D	竖穴	95	?	无	无	?		同上
咸黄M19	D	洞室	东	?	无	无	?		同上

续表

墓葬编号	类别	形制	方向(°)	性别	殉人	车马坑	年代	备注	材料出处
咸黄M30	D	竖穴	268	?	无	无	?		同上
咸黄M2	C	竖穴	273	?	无	无	战国晚期		同上
咸黄M11	C	竖穴	95	?	无	无	战国晚期	有腰坑	同上
咸黄M27	C	洞室	南	?	无	无	战国晚期		同上
咸黄M29	C	竖穴	266	?	无	无	战国晚期?		同上
咸黄M32	C	竖穴	265	?	无	无	战国晚期?		同上
咸黄M37	C	竖穴	277	?	无	无	战国晚期?	有腰坑	同上
咸黄M18	C	洞室	东	?	无	无	秦统一后		同上
咸黄M24南	C	竖穴	265	?	无	无	秦统一后	双人合葬墓	同上
咸黄M24北	C	竖穴	265	?	无	无	秦统一后	双人合葬墓	同上
咸黄M34	C	洞室	南	?	无	无	秦统一后		同上
咸黄M36	C	洞室	188	?	无	无	秦统一后		同上
咸黄M38	C	洞室	175	?	无	无	秦统一后		同上
咸黄M40	C	洞室	78	?	无	无	秦统一后		同上
咸黄M44	C	洞室	78	?	无	无	秦统一后		同上
咸黄M45	C	洞室	97	?	无	无	秦统一后	随葬铁兵器	同上
咸黄M47	C	洞室	170	?	无	无	秦统一后	随葬铁兵器	同上
咸黄M48	C	竖穴	260	?	无	无	秦统一后	随葬铁兵器	同上
咸黄M49	C	洞室	286	?	无	无	秦统一后	随葬铁兵器	同上
咸黄M50	C	竖穴	86	?	无	无	秦统一后		同上

注：户未为户县东村，咸任为咸阳任家嘴，蓝泄为蓝田泄湖，西半为西安半坡，西林为西北林学院，咸黄为咸阳黄家沟墓地的简称。

从表一和表二可知：

（1）春秋早期的直肢葬墓主要发现于户县宋村和陇县边家庄墓地，均为A类墓。

（2）春秋中期的直肢葬墓主要发现于凤翔八旗屯A区墓地、B区墓地、C区墓地和长武上孟村墓地，以A类墓为主。

（3）从春秋晚期、春秋战国之际一直到战国中期都持续出现直肢葬的只有凤翔邓家崖墓地，以A类墓和B类墓为主。

（4）到了战国中期晚段以后，尤其是在战国晚期以后，在宝鸡地区和西安地区都出现了数量远较此前为多的直肢葬墓，自此一直到秦统一以后，持续不断，墓葬类别大部分属于较低的C类墓和D类墓。

关于战国中期晚段以后在关中地区秦墓中出现的直肢葬墓，应与秦国在出征关东六国的过程中不断地受到关东诸国文化的影响有关，关于这一点，笔者曾在其他论文中涉及[10]，在此不再加以讨论。笔者以为，在春秋时期秦墓中出现的直肢葬墓，与战国中期以后的直肢葬墓，就其出现的原因和背景，有着本质的不同，因此本文重点对1～3中所涉及的直肢葬墓进行讨论。

二

（一）户县宋村墓地

户县宋村墓地位于户县县城东南约15千米的秦岭脚下，北距沣西西周遗址15千米，附近有东周时期的遗址，沣河上源太平河从遗址东侧流过。20世纪60年代，在该墓地曾二次出土过春秋时期的青铜器，有礼器、兵器和车马器等。1974年，由陕西省文管会秦墓发掘组在该墓地发掘了一批春秋时期的墓葬，并报道了其中的M3和被认为是属于M3的一座殉葬坑[11]。

户县宋村M3墓主人的人骨已朽，葬式不明，但殉葬的4人，均为肢解后摆放成直肢葬式，由此推断，墓主人葬式亦应为直肢。该墓有腰坑，坑内有殉狗，另在二层台上还有一只殉狗，墓中出一组青铜礼器，有鼎5、簋4、壶2、甗1、盘1、匜1，礼器中鼎和簋为制造粗糙、薄壁、素面的明器，壶、盘、匜和甗则均为实用器。共出有陶豆2、陶罐5及玉圭、玉戈等。殉葬坑内埋1人、12匹马、1只狗以及青铜兵器、车马器和2件陶罐等。

宋村M3随葬的青铜礼器，从形制看与同时期宝鸡地区的秦墓无别，但其殉人采用了直肢葬，并由此而推测其墓主人也为直肢葬，这一点却与秦的传统葬俗相悖。墓底挖腰坑，坑内有殉狗，原是商人葬俗，到武王克商后，在西周所辖地区，包括丰镐地区在内的西周墓葬中都较多地出现了这一现象[12]，亦非秦人传统葬俗所见。

户县地近西周丰镐地区，西周时这里是周文化的腹地，两周之际这一带为丰王所居，史载西周末年，秦襄公曾以其妹妻丰王[13]，表明当时秦与这一地区已经有着较密切的关系。至秦武王元年（公元前698年，相当于春秋早期晚段），秦伐彭戏戎至华山时[14]，此地可能已服属于秦。据《商周彝器通考》，清光绪年间，在户县曾出土过著名的宗妇组铜器，有鼎7、簋6、壶2、盘1，皆有铭文，器物的整体风格与宋村M3出土的青铜礼器相同[15]。对于宗妇组铜器，俞伟超、高明二位先生曾指出："从铭文字体和器形特征看，都是典型的秦国风格，当是平王东迁后秦国势力已达到宗周之地时一个受秦文化控制支配的鄋国之器，时代属春秋初。"[16]还有学者认为："宗妇诸器……很可能是秦武公元年伐彭戏戎、秦的势力征服今户县一带以后，服属于秦的丰王王子的宗妇所作。铭中之鄋国当是与丰通婚之与国，即宗妇的父母之邦。"[17]由此推之，户县宋村M3虽然随葬的青铜礼器从形制看应属广义的秦文化系统[18]，但其葬式为直肢，墓底有腰坑，坑内有殉狗等现象，表明该墓存在着较多的非秦文化因素，结合户县的历史背景考虑，宋村M3很可能并非秦人墓，而是与秦有着较密切关系的另一方国或人类集团、即丰国或丰人的墓葬[19]。

（二）陇县边家庄墓地和凤翔八旗屯墓地

在陇县边家庄墓地和凤翔八旗屯墓地发现的直肢葬墓的年代有所差别，但二者都处于秦都或秦较大的城邑附近，在此放在一起进行讨论。陇县边家庄位于县城东南4千米处千河西南岸的台地上，村西北有一条小河自南向北流入千河，村南是一范围较大的春秋时期的墓地，多年来常有春秋时期的车马器和兵器出土。据调查，1929年在村南春秋时期墓地内出了30件青铜器，当时即被陇县福音堂的瑞士传教士购去。另据原报告，在墓地的附近还发现了一座春秋时期的城址，尚存夯土和城墙，并发现有春秋早期的陶片。边家庄墓地在1979年和1986年分别发掘了M1和M5[20]。

陇县边家庄M5，北向，墓室分为上、下二室。原报告作者认为上室为椁室，置一辆木车，车衡两端各有一高目深鼻的木俑。下室为棺室，墓主人骨架保存基本完好，为仰身直肢。墓中随葬一组青铜礼器，有鼎5、簋4、壶2、甗1、盘1、盉1，还共出有大量的铜车马器和玉石器等。

M1因破坏严重，已不明墓主人葬式，墓中亦出土一组青铜礼器，除了比M5多一件镬鼎外，其组合与形制均与M5相同，同时共出有青铜兵器和车马器。因其与M5共处一个墓地，随葬器从组合到形制又多有相同之处，推测其葬式亦应与M5相同，为直肢葬。两墓随葬的青铜礼器均器形较小，壁较薄，最大的一件鼎通高为17.5厘米，最小的一件鼎通高只有11厘米，但花纹制作还比较精细。

据原报告称，在边家庄墓地附近发现了春秋时期的城址，而在其附近发现的边家庄M5是到目前为止秦墓中发现青铜礼器数量最多、级别最高的一座墓，所以这一带很有可能是秦襄公所都之汧[21]。根据城址的年代和在这里发现了边家庄这样较高级别的墓地，即使这里不是秦襄公所都之汧，也应是春秋时期秦的一个重要城邑。不过仔细分析边家庄M5，就会发现其表现出的与秦人传统葬俗的区别是显而易见的，墓葬方向与常见的秦墓方向不同，为北向，葬具形制较为特殊，墓室上层放置一辆木车，却又无马，而是放置了两个高目深鼻的陶俑作为拉车人俑，而这种现象就目前所知的秦墓亦为仅见。因此可知边家庄M5中包含了一些与秦文化有别的因素。

凤翔八旗屯墓地北距凤翔县城4千米，位于雍水河南岸，其北与秦都雍城隔河相望，南部为春秋时期的秦公陵园[22]。

八旗屯墓地分为A、B、C三区，因原报告未对分区的根据进行任何说明，亦未发表与分区有关的墓区分布示意图，因此不能确知三个区在八旗屯墓地中的具体位置以及相互之间的平面关系，从而也不能确知八旗屯墓地被划分为三个区的实际意义。对八旗屯墓地共进行了三次发掘。1976年对三个区都作了工作，1981和1983年又分别在A区和C区进行了发掘[23]。A区共发掘墓葬18座[24]、车马坑1座，B区共发掘墓葬24座[25]、车马坑3座，C区共发掘墓葬35座、车马坑1座。

76AM9已被盗，劫余器物中尚有铜鼎1、铜盂1、铜瓶1，同时共出有一套仿铜陶礼器鼎2、盘1、匜2，以及2件分裆袋足鬲和3件陶罐。此外还有一些玉石器等。该墓有一殉人，屈肢。

76BM27未被盗，无殉人，有车马坑，出一套青铜礼器，有铜鼎3、瓶1、盂1，共出有青铜兵器、玉石器和漆器等。

76CM2未被盗，有殉人2，均为屈肢。出一套青铜礼器，有鼎3、簋1、盘1、匜1、瓶1，共出4件分裆袋足鬲和6件陶罐，还有一些玉石器和骨角饰等。

以上三墓根据出土器物的形制观察，其年代大体在春秋中期[26]。

76AM5已被盗，劫余器物中有陶鼎1，形制与76AM9的陶鼎相同，余者为铜铃、石圭、玉及不明形制的陶罐等。仅根据残余的陶鼎推测，其年代大体也在春秋中期。

76BM102，已被盗，有殉人3，均屈肢，有车马坑。劫余的器物只有残玉、陶器残片和石环等，缺乏能明确判定年代的器物。

76CM3，已被盗，有殉人2，均屈肢，有车马坑。根据劫余的器物难以判定其年代。原报告认为上述二墓年代与前述三墓相同，亦应属本文中所说的春秋中期。

还需说明的是76MB32，该墓为B区最大的一座墓，墓室长5.9米，宽3.4米，有殉人5，均为屈肢，有腰坑，内有殉狗，车马坑埋有三辆车，为该墓地所见最大者。被盗，劫余器物多为玉石器，此外还有1件分裆袋足鬲和4件陶罐。据墓室的长度推测，此墓很可能也是直肢葬墓。从该墓随葬有与76AM9、76CM2相同的陶鬲这一点看，时代大体也在春秋中期。

根据1983年发掘的八旗屯墓地C区（凤翔八旗屯西沟道墓地）墓地平面图可以看出，1983年的发掘区位于西沟道的两侧及沟底，南北呈长条状，最窄处的东西宽度只有不到30米，两侧均为断崖[27]，显然断崖不是墓地当时的边缘，现所揭露出来的墓地亦非当时墓地的原貌。从墓葬的平面分布还可以看出在已发掘的有些墓葬之间存在着较大的空白地带，表明这些墓葬原来也不都属于同一个墓群。根据对已发现的商周时期墓地所做的研究，可知当时在一个大的墓地内，往往还可以根据墓葬的分布情况分成不同的墓区，墓区内又分为不同的墓群，在每一个墓群内，又能分为不同的组[28]。而在墓地中所反映出的这种不同层次的区分，往往指示出当时处于不同关系、不同层次中的人群。

由于发表材料有限，对于八旗屯墓地，还不能确知分为A、B、C三个区的根据、已发掘三个区在墓地中的位置、三个区在空间上的关系、各区内墓葬的平面分布以及这些直肢葬墓在墓地中的分布、与其他墓葬在平面上的关系等，这样对于八旗墓地所出现的直肢葬墓的分析亦只能限于这些墓葬本身。

凤翔八旗屯墓地A区、B区和C区中所出现的直肢葬墓年代明确者均在春秋中期。据已发表材料，三个墓地都未见与之同时的其他墓葬。这些直肢葬墓多为有车马坑、有殉人、随葬青铜礼器的A类墓，而且最具特点的是殉人都是屈肢葬，而墓主人为直肢葬。其中76BM32有腰坑，坑内有殉狗。应该引起注意的是在76AM9、76BM27和76CM2中，在随葬青铜礼器的同时，都随葬了一组日用陶器，即鬲和罐，其鬲的形制都是分裆袋足鬲，其余各直肢葬墓中未见用陶鬲随葬。

从甘谷毛家坪西周时期的秦墓一直到关中地区春秋时期，以至战国时期的秦墓中，除了在战国中晚期由于受到西北地区古代文化的影响，曾出现了分裆铲脚袋足鬲以外[29]，最常见的是一种联裆鬲。这种联裆鬲在其早期尚可看出与周鬲的渊源关系，到春秋晚期以后，则已形成小口、耸肩、低平裆等独特的风格，以至于到后来对其下部进行改造发展出现了秦式釜[30]。这种联裆鬲从早到晚发展的轨迹在陇东和关中地区的秦墓中反映得十分清楚，应是秦墓亦即秦文化的传统器物。而直肢葬墓中随葬的分裆袋足鬲，就目前发现的材料看，不见于春秋早期以前的秦墓，在其后的秦墓中，也没有见到这种鬲的发展形态。虽然目前还说不清楚这种鬲的源和流，但显然不能把它与秦文化联系起来，只能说是在某种背景下出现的一种与秦文化有别的另一种文化因素。而在八旗屯墓地，在直肢葬的墓中凡是使用陶鬲随葬的墓都无一例外地使用了这种与秦文化有别的陶鬲，加之直肢葬墓中最大的一座76BM32还有腰坑和殉狗，也就是说，在凤翔八旗屯墓地中的直肢葬墓中，都同时出现了两种以上的非秦文化因素。

陇县边家庄墓地和凤翔八旗屯墓地中出现的这些级别较高但又程度不同的存在着非秦文化因素的墓葬，过去都因为其地处秦国腹地、随葬有秦式器物而被普遍认定为秦人的贵族墓。这里实际是涉及了墓葬的族属和墓主人地位两个问题。由于直肢葬的墓都出土有成套的青铜礼器，所以墓主人身份为贵族是没有疑问的。但是否就一定是秦人的贵族阶层，考虑到户县宋村墓墓主人的族属以及新近发现的宝鸡益门村戎王墓[31]，则不能不就这些人的族属和为什么会使用直肢葬及诸种非秦文化因素的现象提出几种可能。

第一种可能，这些墓主人或原为当地居民中的权力者，或是一些因与秦人有着某种利害关系而与秦人关系极为密切的人群中的上层人物，所以在其墓葬中既表现出与秦文化有一些相同之处，又保留着某些自己原有文化的特点。

第二种可能，这些墓主人是秦人，由于各种原因接受并使用了较多的非秦文化因素。

不管是哪一种可能，都表明了秦文化及秦人的一种包容性和多元性。若为第一种可能，这种包容就体现出对非秦文化和非秦人集团中部分成员的接纳。若为第二种可能，则体现在对外来文化因素的接纳，而这种接纳又集中表现在秦人的一些高级贵族中。其中凤翔八旗屯墓地直肢葬墓随葬有分裆袋足鬲，又似乎指示出其与使用分裆袋足鬲的文化间的某种联系。陇县边家庄墓地和凤翔八旗屯墓地都处在秦都或较大城邑的周围，而在都城及附近越发能显示出其文化上的开放性和多元性的现象，并非秦文化独有，至少在西周时期丰镐地区的周文化墓葬中就表现得已经非常明显了[32]。

（三）长武上孟村墓地

长武上孟村墓地共清理了28座墓葬，1座车马坑，1959年时曾在同一墓地发掘了2座车马坑。该墓地有随葬青铜礼器的A类墓和随葬仿铜陶礼器的B类墓，是一级别较高的墓地[33]。

M27为该墓地此次发掘中规模最大的一座墓，出铜鼎1、铜甗1，还出有陶鼎2件及日用陶器等。有腰坑，坑内有殉狗。从墓地平面图看，此次发掘范围可分为南、北两个部分，M27位于北部墓群的中心位置，并被年代不明的M28叠压。另一座直肢葬墓M16出有陶鬲1、陶大口罐2、陶盆1、石圭等。亦有狗骨架。而该墓地其他墓葬中均未见有狗骨架。原报告作者提出该墓地的年代为春秋晚期到战国早期，但从发表的铜器及陶器形制来看，其年代可以早到春秋中期。

长武县一带已发表的与秦墓或秦文化有关的资料较少，还不能就这2座直肢葬墓进行更多的讨论，但考虑到其与边家庄墓地和凤翔八旗屯墓地的相同之处，即都程度不同地存在着与同墓地其他墓葬不同的非秦文化因素这一点来看，恐怕不能将其视为偶然因素。亦不排除这2座墓的墓主人属于与秦人有别的其他人类集团的可能性。

（四）凤翔邓家崖墓地

凤翔邓家崖墓地北距凤翔县城3千米，位于雍河北岸、秦都雍城的南部近郊，南边隔雍河与八旗屯墓地相望。1988年，抢救性清理了7座墓葬[34]。7座墓葬全部为直肢葬，其中2座为出有青铜礼器的A类墓，余者均为出有仿铜陶礼器的B类墓。出土的青铜礼器均为制作粗糙的明器，有鼎、豆、盘、匜、甗等，出土的仿铜陶礼器主要为鼎、豆、壶、盘、匜。从其发表的器物形制看，7座墓的年代大体上从春秋晚期到战国中期早段。

凤翔邓家崖墓地的情况比较特殊，已发现的墓葬全部为直肢葬，且年代从春秋晚期一直到战国中期。因发表材料所限，不能确知这些墓葬的排列顺序、平面布局以及它们与整个墓地的关系。作为一种抢救性的发掘，所清理的墓葬应该具有相当大的偶然性。但就是在这极具偶然性的发现中，却出现了所清理的墓葬全部为直肢葬这一现象，其中应蕴含着一定的必然性，即邓家崖墓地很可能是一处与其他同时期秦墓不同的、采用直肢葬或以直肢葬为主的墓地。而使用邓家崖墓地的人群，亦应是既与秦人有着某些相同点、或有密切关系但又在某些方面与秦人有别的人群。邓家崖墓地地处雍河北岸，较八旗屯、高庄等墓地距秦都雍城更近，所以使用邓家崖墓地的这一人群，生前亦应居住在雍城之中。雍城是春秋中期到战国中期的秦都，其中居住着这样一些与秦人有别的人群，亦能说明作为当时秦国宗教、政治和文化中心的雍城所表现出来的在文化上的包容性、开放性和多元性。

三

本文的论述可归纳为以下几点：

（1）户县宋村墓地所出现的直肢葬墓，应是当时臣属于秦的、并与秦有着姻缘关系的丰王或丰国贵族之墓。

（2）陇县边家庄和凤翔八旗屯墓地所出现的直肢葬墓，其墓主人的族属有两种可能，即当地居民中的权势者或是接受较多外来文化因素的秦人贵族。凤翔八旗墓地直肢葬墓当与使用分裆袋足鬲的文化有着某种联系。

（3）邓家崖墓地已发现的直肢葬墓，应是在春秋晚期到战国中期，在秦都雍城居住的、与秦人关系极为密切但又有所区别的一个人群。

（4）已发现的秦墓中的直肢葬墓，无论属于上述哪一种情况，出于任何一种原因，都表述出秦文化在其形成、发展过程中所具有的开放性、包容性和多元性。而由于使用直肢葬的墓多为A、B类墓，则表明这种对不同文化因素的包容性在秦人的高级贵族中表现得更为明显。

本文只是通过分析秦墓中存在的不同葬式，从而指出秦文化在发展过程中所存在的这样一种特性，而在这一由秦墓葬式所反映出的文化现象背后，必定存在着使其如此的更深刻的社会机制和历史背景。

注　释

[1]　甘肃省文物工作队、北京大学考古学系：《甘肃甘谷县毛家坪遗址发掘报告》，《考古学报》1987年第3期。

[2]　关于耳足重合式鼎为秦式鼎的论述，参见滕铭予：《关中秦墓研究》，《考古学报》1992年第3期。

[3]　笔者在《关中秦墓研究》一文中，曾根据墓葬中随葬器物各类别的有无，将秦墓分为A、B、C、D四类，下文表中所涉及的类别，亦与此相同。

[4]　宝鸡县博物馆、宝鸡县图书馆：《宝鸡县西高泉村春秋秦墓发掘记》，《文物》1980年第9期。宝鸡西高泉村M1的年代属春秋早期，在清理时已被破坏，葬式不明，但原报告指出"据称骨架屈肢"。

[5]　陕西省文物管理委员会：《陕西宝鸡阳平镇秦家沟村秦墓发掘记》，《考古》1965年第7期。

[6]　陕西省雍城考古工作队吴镇烽、尚志儒：《陕西凤翔八旗屯秦国墓葬发掘简报》，《文物资料丛刊》（3），文物出版社，1980年。

[7]　韩伟：《试论战国秦的屈肢葬仪渊源及其意义》，《中国考古学年会第一次年会论文集》，文物出版社，1980年；王子今：《秦人屈肢葬仿象"窑卧"说》，《考古》1987年第12期；戴春阳：《秦墓屈肢葬管窥》，《考古》1992年第8期。

[8]　韩伟：《试论战国秦的屈肢葬仪渊源及其意义》，《中国考古学年会第一次年会论文集》，文物出版社，1980年；戴春阳：《秦墓屈肢葬管窥》，《考古》1992年第8期。

[9]　关于关中秦墓的分区，参见滕铭予：《关中秦墓研究》，《考古学报》1992年第3期。

[10]　参见滕铭予：《论关中秦墓中洞室墓的年代》，《华夏考古》1993年第2期中有关战国中期晚段以后秦墓中直肢葬的论述。

[11]　陕西省文管会秦墓发掘组：《陕西户县宋村春秋秦墓发掘简报》，《文物》1975年第10期。

[12]　滕铭予：《丰镐地区西周墓葬的若干问题》，《考古学文化论集》（三），文物出版社，1993年。

[13]　《史记·秦本纪》："（秦）襄公元年以女弟缪嬴为丰王妻。"

[14]　《史记·秦本纪》："武公元年伐彭戏氏至于华山下。"

[15]　转引自陈平：《试论关中秦墓青铜容器的分期问题（上）》，《考古与文物》1984年第3期。

[16]　转引自陈平：《试论关中秦墓青铜容器的分期问题（上）》，《考古与文物》1984年第3期。

[17]　陈平：《试论关中秦墓青铜容器的分期问题（上）》，《考古与文物》1984年第3期。

[18]　所谓广义的秦文化系统不仅包括由秦人创造并使用的狭义的秦文化，还包括那些使用者并非秦人，但在文化面貌上与秦文化有诸多相同之处，在时间、地域上与秦文化有某些重合的文化。

[19]　关于丰人的族属问题，文献中有些记载，如《史记会注考证附校补·卷五》在"襄公元年以女弟为丰王妻"条下有考证："周广业曰：丰王疑是戎王号，荐居岐丰，因称丰王，与亳王一例。"但在考古材料中尚无能够说明问题的证据。

[20]　尹盛平、张天恩：《陕西陇县边家庄一号春秋秦墓》，《考古与文物》1986年第6期；陕西省考古研究所宝鸡工作站、宝鸡市考古工作队：《陕西陇县边家庄五号春秋墓发掘简报》，《文物》1988年第11期。

［21］ 《史记·秦本纪·正义》引《帝王世纪》："秦襄公二年徙都汧。"

［22］ 韩伟、焦南锋：《秦都雍城考古综述》，《考古与文物》1988年第5、6期。

［23］ 1976年发掘的资料参见陕西省雍城考古工作队吴镇烽、尚志儒：《陕西凤翔八旗屯秦国墓葬发掘简报》，《文物资料丛刊》（3）；1981年的发掘资料参见陕西省雍城考古队：《一九八一年凤翔八旗屯墓地发掘简报》，《考古与文物》1986年第5期；1983年发掘资料参见陕西省雍城考古队尚志儒、赵丛苍：《陕西凤翔八旗屯西沟道秦墓发掘简报》，《文博》1986年第3期。

［24］ 据原发掘报告，1976年在A区发掘墓葬9座，但在发表于《考古与文物》1986年第5期的此次发掘的墓葬登记表中，属于A区的墓葬只有8座，加上1981年发掘的10座，共应为18座。

［25］ 据原发掘报告，1976年在B区发掘墓葬20座，但据发表于《考古与文物》1986年第5期的墓葬登记表，属于B区的墓葬有23座，另外还有BM35，不见于墓葬登记表中，但在原报告中有关于该墓有车马坑的论述。故B区的墓葬应为24座。

［26］ 原报告将此三墓划归该墓地的第一期，年代为春秋早期。后来有学者指出："这三个铜器墓的年代均可晚到春秋中期。"参见陈平：《试论关中秦墓青铜容器的分期问题（上）》，《考古与文物》1984年第3期。笔者在《关中秦墓研究》一文中也把此3座铜器墓的年代划归春秋中期。

［27］ 陕西省雍城考古队尚志儒、赵丛苍：《陕西凤翔八旗屯西沟道秦墓发掘简报》，《文博》1986年第3期。

［28］ 参见山西省考古研究所：《上马墓地·第八章第一节 墓地布局及埋葬规律的探讨》中有关论述，文物出版社，1994年。

［29］ 滕铭予：《关中秦墓研究》，《考古学报》1992年第3期。

［30］ 滕铭予：《论秦釜》，《考古》1995年第8期。

［31］ 据陈平：《试论宝鸡益门村二号墓的短剑及有关问题》，《考古》1995年第4期，宝鸡益门村M2应为"迁到秦国腹地的原西戎诸国中某国的国王"的墓葬。

［32］ 滕铭予：《丰镐地区西周墓葬的若干问题》，《考古学文化论集》（三），文物出版社，1993年。

［33］ 陕西省考古研究所负安志：《陕西长武上孟村秦国墓葬发掘简报》，《考古与文物》1984年第3期。

［34］ 陕西省考古研究所雍城工作队：《凤翔邓家崖秦墓发掘简报》，《考古与文物》1991年第2期。

（原刊于《文物季刊》1997年第1期）

关中秦墓研究

自20世纪30年代北平研究院发掘宝鸡斗鸡台的"屈肢葬墓"开始，至今在关中地区发掘并被认定是秦国墓葬的主要有以下几批材料：1934~1937年在宝鸡斗鸡台发掘的11座"屈肢葬墓"[1]；1955年在长安客省庄发掘的71座东周墓葬[2]；1954~1957年在西安市半坡发掘的112座战国墓葬[3]；1959~1960年在宝鸡市福临堡发掘的10座东周墓葬及1座车马坑[4]；1963~1964年在宝鸡县阳平秦家沟发掘的5座秦墓[5]；1967年在宝鸡市茹家庄发掘的7座东周墓葬[6]；1974年在大荔县朝邑发掘的26座战国墓葬[7]；1976年在凤翔县八旗屯发掘的40座秦国墓葬及4座车马坑[8]；1975~1977年在咸阳市黄家沟发掘的48座战国墓葬[9]；1976~1977年在临潼县上焦村发掘的8座秦墓[10]；1977年在凤翔县高庄发掘的46座秦墓[11]；1978年在宝鸡县西高泉村发掘的3座春秋秦墓[12]；1979年在凤翔县高庄发掘的2座战国秦墓[13]；1979~1980年在凤翔县西村发掘的42座战国秦墓及2座车马坑[14]；1981年在凤翔县八旗屯发掘的10座墓葬及1座车马坑[15]；1984年在铜川市枣庙发掘的25座秦墓[16]；1984年在咸阳市任家嘴发掘的1座殉人秦墓[17]；1986年在凤翔县南指挥西村发掘的2座秦墓[18]；1986~1987年在蓝田县泄湖发掘的4座战国墓葬[19]等。这些材料为系统地研究关中地区的秦墓提供了较好的基础。但在80年代以前，只有个别学者根据当时所发现的材料，对某些问题做过初步的探讨。80年代初期，始有学者对关中秦墓进行比较系统的研究，涉及秦墓的分期、年代、随葬器物的特点、秦文化的源流等问题。本文拟在上述工作的基础上对关中秦墓的分区、各区墓葬特点、秦文化在其发展过程中与其他地区考古学文化的关系等问题做进一步的探讨。

一

已发现的关中秦墓，主要集中在以下四个地区（图一）。

（1）宝鸡地区：包括宝鸡市、宝鸡县、凤翔县等，位于关中平原的西部。

（2）西安地区：包括西安市、咸阳市、长安县、临潼县、蓝田县等，位于关中平原的中部。

（3）铜川地区：位于关中平原的北部，黄土高原的南部边缘。该地区只在王家河、枣庙两地发掘了二十几座秦墓，数量过少，作为一个地区处理，材料稍显单薄。

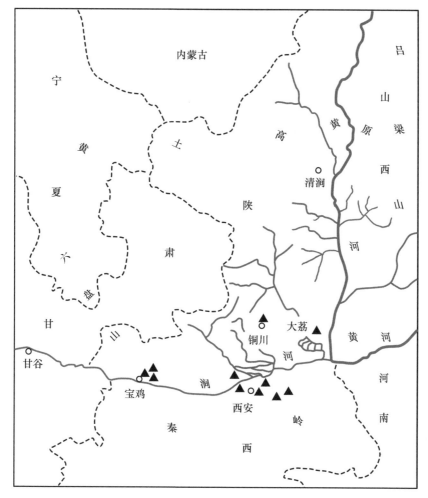

图一　关中地区秦墓分布图

但从该地区已发掘的墓葬材料看，与其他地区的秦墓相比既有共同之处，又有自己的特点，在讨论秦文化与其他地区古代文化的关系上，具有较重要的意义。因此，本文亦将其作为一个独立的地区处理。

（4）大荔地区：位于黄河西岸，关中平原的东部。该地区只在朝邑一地发掘了二十几座秦墓，数量较少。但经钻探，该墓地共发现战国墓葬六百七十余座，所以仍可将其作为一个地区看待。

宝鸡地区已发表的秦墓材料数量较多，年代上起春秋早期，下至秦统一以后，其间基本没有缺环。过去讨论关中秦墓的分期、年代等问题，大都以该地区的材料为主[20]（图二～图四）。

图二各段的年代分别相当于：第1期为春秋早期；第2期为春秋中期；第3期为春秋战国之际到战国早期；第4期为战国中期；第5期为战国晚期；第6期为秦统一以后[21]。

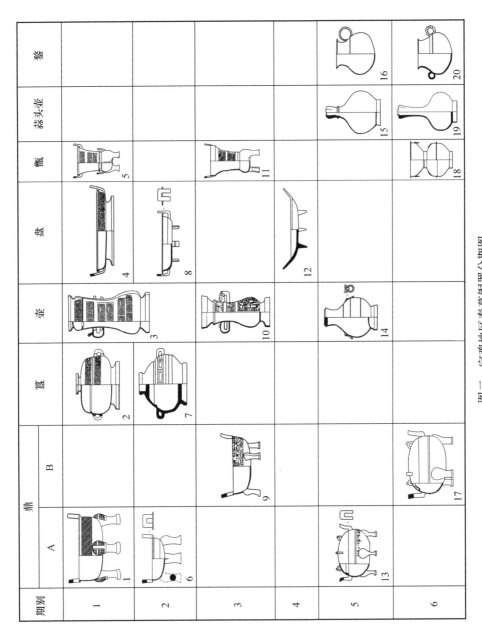

图二　宝鸡地区秦墓铜器分期图

1～5. 福临堡M1　6、8.阳平秦家沟M2　7.姜城堡M1　9～11.77凤翔高庄M10　12.81凤翔八旗屯M14

13～16.79凤翔高庄M1　17.77凤翔高庄M16　18、19.77凤翔高庄M46　20.77凤翔高庄M33

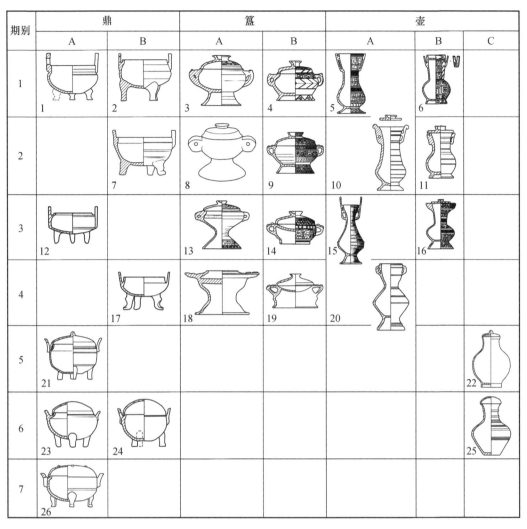

图三　宝鸡地区秦墓仿铜陶礼器分期图

1.宝西M3：3　2.宝西M2：1　3.宝西M2：3　4.76凤八BM11：4　5.宝福M6　6.76凤八BM11：6　7.宝茹M6：1
8.81凤八M2：7　9.77凤高M12：3　10.81凤八M2：4　11.81凤八M7：7　12.77凤高M48：5　13.77凤高M18：12
14.77凤高M10：12　15.宝茹M5：6　16.76凤八CM4：4　17.76凤八BM103：1　18.宝茹M3：2　19.凤八
BM103：2　20.76凤八CM9：17　21.77凤高M27：1　22.77凤高M27：6　23.79凤高M2：4
24.76凤八BM29：1　25.76凤八BM29：3　26.77凤高M39：1

（宝西为宝鸡西高泉村、凤八为凤翔八旗屯、宝福为宝鸡福临堡、宝茹为宝鸡茹家庄、凤高为凤翔高庄的
省称，因有些地点经多次发掘，在其前加发掘年份以示区别）

图三各段的年代分别相当于：第1期为春秋中期；第2期为春秋晚期到春秋战国之
际；第3期为战国早期晚段；第4期为战国中期早段；第5期为战国中期晚段；第6期为
战国晚期；第7期为秦统一之后。

图四各段的年代分别相当于：第1期为春秋早期；第2期为春秋中期；第3期为春秋

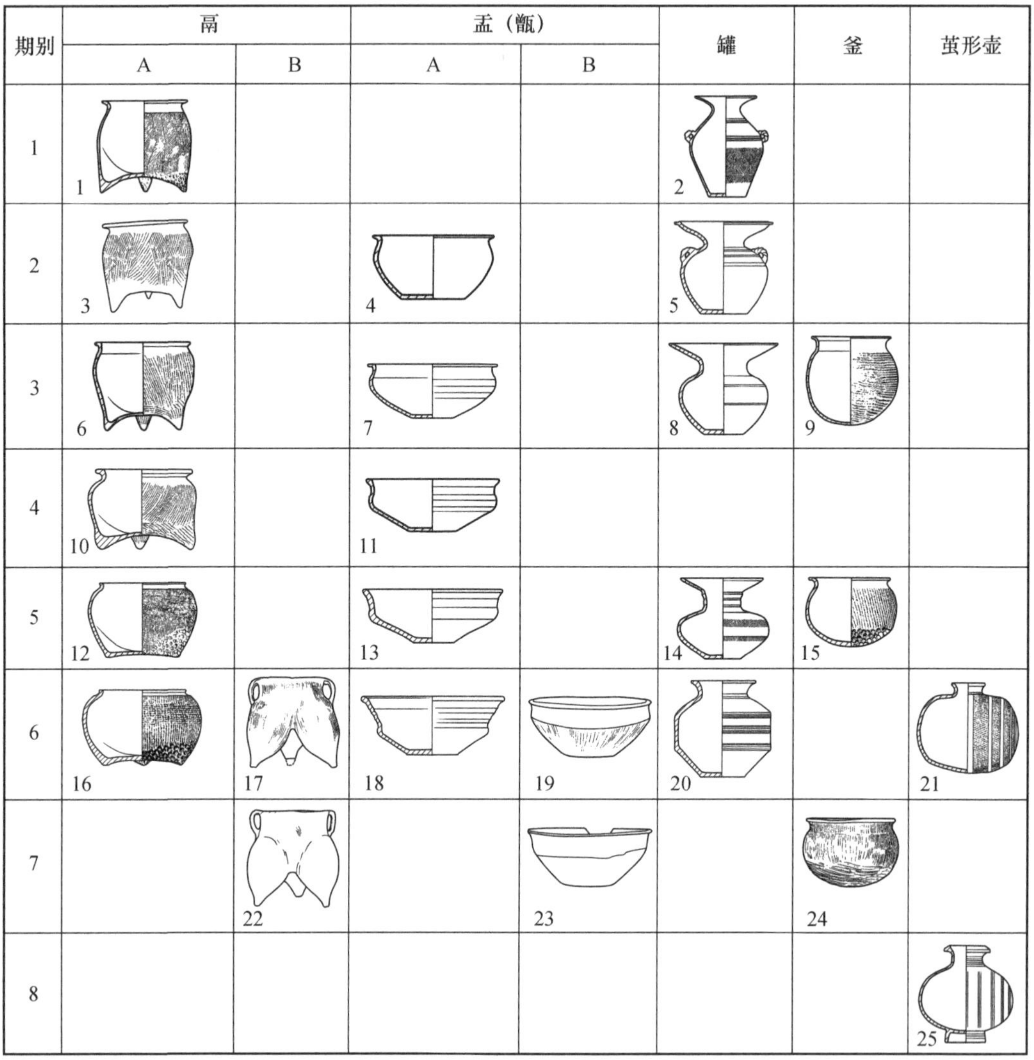

期别	鬲		盂（瓶）		罐	釜	茧形壶
	A	B	A	B			
1	1				2		
2	3		4		5		
3	6		7		8	9	
4	10		11				
5	12		13		14	15	
6	16	17	18	19	20		21
7		22		23		24	
8							25

图四　宝鸡地区秦墓日用陶器分期图

1. 76凤八BM15：3　2. 76凤八CM12：4　3. 宝西M2：10　4. 宝西M2：5　5. 宝西M3：12　6. 77凤高M12：1
7. 77凤高M19：13　8. 77凤高M12：3　9. 宝茹M6：9　10. 77凤高M28：10　11. 77凤高M28：12
12. 76凤八CM9：10　13. 76凤八CM9：5　14. 76凤八CM9：24　15. 凤西M40：3　16. 凤高M43：5
17. 宝斗A3　18. 凤西M66：3　19. 宝斗A3　20. 81凤八M14：4　21. 凤西M43：5　22. 宝斗K10
23. 宝斗12　24. 宝斗12　25. 77凤高M39：5
（宝斗为宝鸡斗鸡台、凤西为凤翔南指挥西村的省称，余同图三）

晚期到春秋战国之际；第4期为战国早期晚段；第5期为战国中期早段；第6期为战国中期晚段；第7期为战国晚期；第8期为秦统一以后[22]。

西安地区已发表的秦墓数量最多，但年代比较集中。目前在该地区还没有发现年代明确属于春秋时期的秦墓，大部分秦墓的年代在战国中期以后（图五）。

铜川地区已发表的秦墓数量较少，年代上起春秋战国之际，下至秦代（图六）。

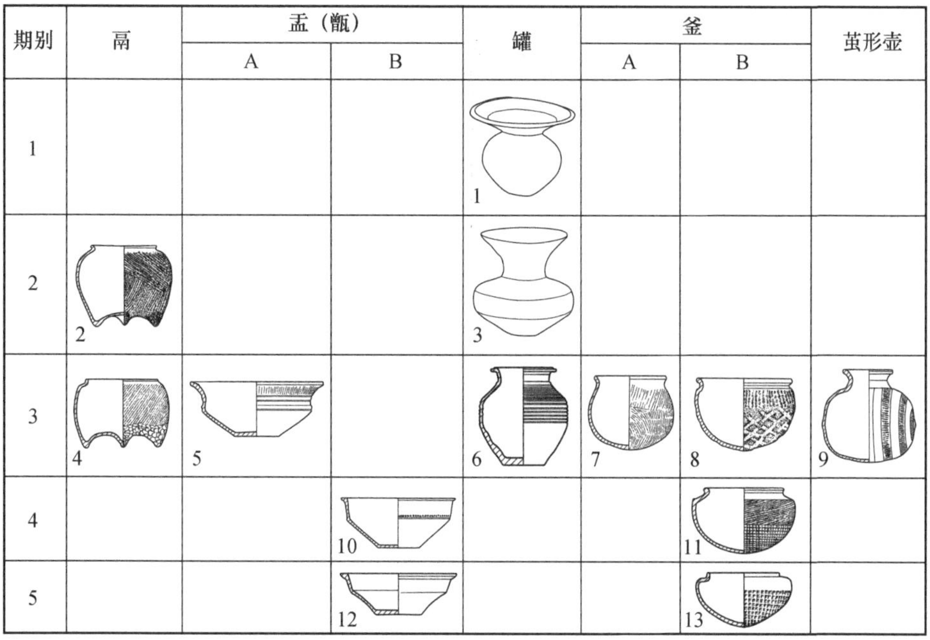

期别	鬲	盂（瓿） A	盂（瓿） B	罐	釜 A	釜 B	茧形壶
1				1			
2	2			3			
3	4	5		6	7	8	9
4			10			11	
5			12			13	

图五　西安地区秦墓陶器分期图

1.长客M11：1　2.西半M67：1　3.长客M210：3　4.蓝泄M12：5　5.西半M66：2　6.西半M115：3　7.西半M66：1　8.西半M9：3　9.西半M19：1　10.蓝泄M11：5　11.蓝泄M14：4　12.临上M18：02　13.临上M11：6
（长客为长安客省庄、西半为西安半坡、蓝泄为蓝田泄湖、临上为临潼上焦村的省称）

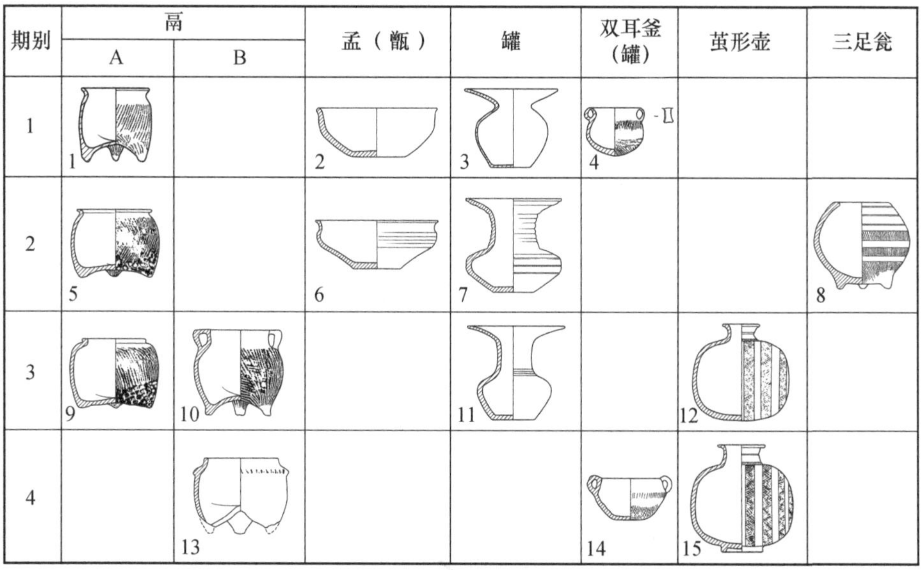

期别	鬲 A	鬲 B	盂（瓿）	罐	双耳釜（罐）	茧形壶	三足瓮
1	1		2	3	4		
2	5		6	7			8
3	9	10		11		12	
4		13			14	15	

图六　铜川地区秦墓陶器分期图

1.铜王M1：1　2.铜枣M1：3　3.铜王M1：3　4.铜王M13：2　5.铜枣M7：2　6.铜枣M10：3　7.铜枣M18：1　8.铜枣M10：5　9.铜枣M12：3　10.铜枣M2：1　11.铜枣M17：3　12.铜枣M17：1　13.铜枣M6：3　14.铜枣M23：1　15.铜枣M6：2
（铜王为铜川王家河、铜枣为铜川枣庙的省称）

　　大荔地区朝邑墓地已发掘秦墓的年代比较集中。原报告将该墓地的年代定在战国早期到战国末期。大荔朝邑的战国墓地经钻探共发现战国墓葬六百七十余座，墓葬集中在几大块地区，分布密集，排列整齐，随葬器物形态接近。只有死者生前在较长的时间里生活稳定，无重大变迁的情况下，才会出现这样连续使用的墓地。大荔地区在春秋时期为大荔戎的活动范围，大荔戎曾在临晋（今朝邑一带）筑有王城（《后汉书·西羌传》）。秦穆公以后，这一带时而服秦，时而归戎，时而属魏。一直到战国中期，秦孝公迁都咸阳之后，这一地区才比较稳定地处于秦的控制范围之内（《史记·魏世家》）。因此，朝邑战国墓地的年代，其上限不会超过战国中期秦穆公迁都咸阳、尽收河西之地之时，当始自战国中期[23]（图七）。

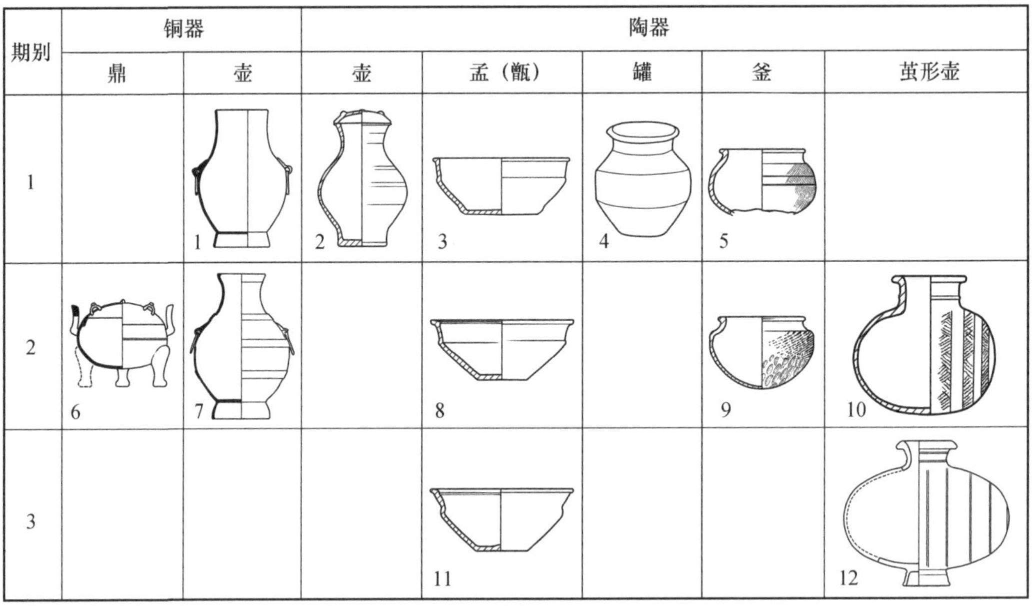

期别	铜器		陶器				
	鼎	壶	壶	盂（甑）	罐	釜	茧形壶
1		1	2	3	4	5	
2	6	7		8		9	10
3				11			12

图七　大荔地区秦墓铜器、陶器分期图

1. 朝邑M107：2　2. 朝邑M107：6　3. 朝邑M107：5　4. 朝邑M105：3　5. 朝邑M107：3　6. 朝邑M203：2

7. 朝邑M203：1　8. 朝邑M209：3　9. 朝邑M103：1　10. 朝邑M211：1　11. 朝邑M202：5　12. 朝邑M202：2

　　西安、铜川、大荔地区秦墓的年代，均可据其各期所出典型器物与宝鸡地区秦墓的分期进行对照（表一）。

表一　各地区秦墓分期对应表

宝鸡地区	西安地区	铜川地区	大荔地区	绝对年代
1				春秋早期
2				春秋中期
3	1	1		春秋晚期至春战之际
4		2		战国早期晚段
5	2			战国中期早段

宝鸡地区	西安地区	铜川地区	大荔地区	绝对年代
6	3	3	1	战国中期晚段
7	4		2	战国晚期
8	5	4	3	秦统一以后

二

如图二~图七所示，关中秦墓的随葬器物主要有青铜礼器、仿铜陶礼器和日用陶器三类，另外还有一些带钩、石圭等小件器物。

（1）青铜礼器，在春秋早期，形态非常接近同时期关东诸国的周式青铜礼器（下文简称关东式青铜礼器）。从春秋中期开始向明器化发展，器形小、器壁薄、花纹简化、制作粗糙，开始形成秦式青铜礼器的独特风格。到战国中期晚段，出现了一些形制与关东式青铜礼器相同的器物，其中有些就是关东诸国之器，另外还出现了一些关东诸国不见或少见的铜器，如蒜头壶等。上述问题已多有论述，这里不再讨论。

值得注意的是，关中秦墓出土的铜鼎，根据其耳和足的位置，可分为二型：A型，两耳位于与两足之间连线平行的中心线上；B型，一耳位于一足之上，若俯视之，则耳足位置重合（下文称之为耳足重合式鼎）。

（2）仿铜陶礼器，主要见于宝鸡地区。在战国中期以前（含战国中期早段），以鼎、簋、壶为主，均仿同时期的秦式青铜礼器，为其他地区所不见，可称之为秦式仿铜陶礼器。在战国中期晚段，出现了一批形制同于关东诸国的仿铜陶礼器，有带盖鼎、盖豆、盒、铺首壶等。

仿铜陶鼎同铜鼎一样，也可据其耳足位置的不同分为二型：A型陶鼎同于A型铜鼎，B型亦然。仿铜陶簋，据其圈足的高矮可分为二型：A型，高圈足；B型，矮圈足。一直到出现假腹簋之后，从圈足的外部形态仍可看出或高或矮的区别。仿铜陶壶均为方口，据其是否有束颈可分为二型：A型，有束颈；B型，无束颈，直口或敞口。

在宝鸡地区可供考察不同型的仿铜陶鼎、簋、壶之间的搭配关系的墓葬中，可发现不同型的簋、壶之间的组合具有一定的规律，而A、B两型陶鼎与簋、壶之间没有固定的搭配方式（表二）。

表二　宝鸡地区秦墓仿铜陶礼器组合情况统计表

	鼎		簋		壶	
	A	B	A	B	A	B
宝鸡福临堡	Ⅰ	Ⅱ	Ⅰ、Ⅱ、Ⅲ		Ⅱ	Ⅰ
M3	√		√			√

续表

	鼎		簋		壶	
	A	B	A	B	A	B
M6		√	√			√
M7		√	√			√
宝鸡茹家庄			I、II		II、III	
M3			√		√	
M5			√		√	
凤翔八旗屯	III	I、II、IV		I、II、III	IV	I、II、III
76BM9				√		√
76M11		√		√		√
76BM12		√		√		√
76CM4		√		√		√
76AM2		√		√		√
76AM3		√		√		
76AM6		√		√	√	√
76BM103		√		√		√
凤翔八旗屯	II、III	I	I、III	II	I、III、IV	II
81M2		√	√	√	√	
81M3	√		√		√	
81M5	√			√		√
81M7	√			√		√
77凤翔高庄	II	I	III	I、II	II	I
M3		√		√		√
M10				√		√
M12		√		√		√
M18		√	√			√
M19		√		√	√	
M28		√	√		√	
M43	√		√		√	
M48	√		√		√	
M49			√		√	

注：76凤翔八旗屯墓地出土的II式陶簋，没有发表线图，从其图版及说明文字看，II式簋是以B型簋为主体并受到A型簋影响的一种混合型，因其主要特征同于B型簋，因此将其划归B型簋。

如表二所示，在可供考察的26座墓葬中，除宝鸡福临堡M3、77凤翔高庄M18为A型簋配B型壶、77凤翔高庄M19为B型簋配A型壶、81凤翔八旗屯M2为A、B二型簋共出外，其余22座墓葬均为A型簋配A型壶、B型簋配B型壶，呈现出比较固定的组合方式。A、B二型鼎既与A型簋、壶共出，又与B型簋、壶共出，还找不出陶鼎与陶簋、陶壶之间的搭配规律。

（3）以鬲、釜、盂、罐为代表的日用陶器，同样为同时期关东诸国所不见。其中最引人注目的是陶釜。到战国时期尤其是战国中期以后，釜已经成为秦墓日用陶器的典型器物之一。曾有人提出，陶釜是由陶鬲演变而来，其产生的缘由是因为灶的应用使鬲的空足部分失去了实用意义，从鬲到釜的转变最终是在秦国完成的[24]。由此也可反映出秦墓中陶釜所具有的特殊意义。

从图四~图七中可看出，关中地区的陶釜最早出现在宝鸡地区春秋晚期到春秋战国之际的秦墓中。从这时起，一直到秦统一之后，在宝鸡、西安、大荔等地区都相继出现了大量的陶釜。这些陶釜依其外部形态的不同，可分为二型：A型，敞口、深圆腹、圜底、下腹拍印横绳纹，见于宝鸡、西安地区；B型，小口、耸肩、浅腹、尖底、下腹多拍印方格纹，见于西安、大荔地区。同时还可看出，在宝鸡、西安地区出现陶釜的同时以及以后相当长的一段时间里，仍然存在着大量的陶鬲，在大荔地区则只出陶釜不出陶鬲。

在宝鸡、西安和铜川地区战国中期的秦墓中，都出现了一种双耳铲脚袋足鬲，与秦墓中常见的小口耸肩联裆鬲无任何共同点。同这种鬲共出的器物，多为秦墓中常见的器物，其墓葬形制、葬具及葬式等，与同时期的秦墓相比，也无任何特别之处。这种鬲在秦墓中出现的时间很短，战国晚期到秦统一之后的墓葬中，很少见到这种鬲，也找不到这种鬲的发展形态，其出现和消失都是很突然的。

铜川地区秦墓中出现的双耳釜、双耳罐和三足瓮，为其他地区所不见。

三

根据随葬器物各类别的有无，可将关中秦墓分为以下四类（表三）。

表三　关中秦墓类别统计表

墓地		墓葬数量	年代	墓葬类别				
				A	B	C	D	不明
宝鸡地区	宝鸡市福临堡	10	春早~春晚	1	5	1	3	
	宝鸡县阳平秦家沟	5	春早~战中	2	1	2		
	宝鸡县西高泉村	3	春早~春中	1	2			
	宝鸡市斗鸡台	11	战中、战晚			11		

续表

墓地		墓葬数量	年代	墓葬类别				
				A	B	C	D	不明
宝鸡地区	76凤翔八旗屯	40	春早、战晚	11	14	6		9
	77凤翔高庄	46	春战之际～秦代	10	13	23		
	81凤翔八旗屯	10	春战之际～战中	1	6	3		
	凤翔县西村	42	战中、战晚	1		34		7
西安地区	西安市半坡	112	战中、战晚			64	48	
	长安县客省庄	71	春战之际～战晚	1		38	26	6
	咸阳市黄家沟	48	战中、战晚	1	4	38	4	1
铜川市枣庙		24	春战之际～秦代		3	21		
大荔县朝邑		26	战中～秦代	2		24		

A类墓：随葬青铜礼器，或共出有仿铜陶礼器、日用陶器，或有车马坑。

B类墓：随葬仿铜陶礼器，或共出日用陶器。

C类墓：随葬日用陶器，或共出带钩、石圭等其他小件物品，或无日用陶器，只出小件器物。

D类墓：无任何随葬品。

从表三中可以看出：一是不同地区的墓地，其包含的墓葬类别不同。例如宝鸡地区包含了A、B、C、D四类墓葬，而铜川地区只有B、C两类墓葬，大荔地区只有A、C两类墓葬。二是同一地区不同的墓地所包含的墓葬类别也不同。例如宝鸡地区的宝鸡斗鸡台墓地只含C类墓，凤翔县西村墓地除一座A类墓外，余皆为C类墓，宝鸡县西高泉村墓地包含A、B两类墓，其余各墓地都包含了A、B、C三类墓，甚至四类墓都有。

根据墓地中所包含的墓葬类别不同，可将各地区几个主要的墓地，划分为不同的两个级别：第一级，墓地中至少同时包括A、B两类墓葬，或共有C、D类墓葬；第二级，墓地中只包括或主要包括C、D类墓葬。根据上述原则，宝鸡地区的宝鸡福临堡、宝鸡阳平秦家沟、宝鸡西高泉村、凤翔八旗屯、凤翔高庄，西安地区的咸阳黄家沟等墓地应归属于第一级别；宝鸡地区的宝鸡斗鸡台、凤翔南指挥西村，西安地区的西安半坡、长安客省庄，铜川地区的铜川枣庙、大荔地区的朝邑等墓地应归属于第二级别。

四

关中秦墓的墓葬形制主要有长方形竖穴墓和洞室墓两大类，葬式主要有直肢葬和屈肢葬两大类，墓向可分为东西向和南北向两大类（表四～表九）。

表四　A类墓墓葬形制、葬式、方向明细表

地区	墓号	春秋早期	春秋中期	战国早期	战国中期	战国晚期	秦统一以后
宝鸡地区	宝鸡福临堡M1	竖、?、西					
	宝鸡西高泉村M1	竖、?、?					
	宝鸡阳平秦家沟M1	竖、屈、北					
	76凤翔八旗屯CM2		竖、直、西				
	宝鸡阳平秦家沟M2		竖、屈、北				
	76凤翔八旗屯BM27		竖、直、西				
	77凤翔八旗屯AM9		竖、直、西				
	77凤翔高庄M10			竖、屈、西			
	77凤翔高庄M18			竖、屈、西			
	77凤翔高庄M48			竖、?、西			
	76凤翔八旗屯CM9				竖、?、西		
	76凤翔八旗屯BM31				竖、屈、西		
	81凤翔八旗屯M14				竖、屈、西		
	79凤翔高庄M1					洞、屈、东西	
	77凤翔高庄M16					竖、?、东	
	77凤翔高庄M17						洞、?、西
	77凤翔高庄M46						洞、直、西
	77凤翔高庄M47						洞、直、北
西安地区	长安客省庄M202			竖、屈、西			
	咸阳黄家沟M43					竖、屈、东	
大荔地区	大荔朝邑M107				竖、屈、西		
	大荔朝邑M203					竖、屈、西	

注：（1）各栏内三项分别表示墓葬形制、葬式、方向；方向中"东西"为东西向墓，若只一字即指头向，据原报告作者分析，以下各表同；

（2）西安地区还有临潼上焦村发掘的八座墓葬，据其墓葬规模、出土器物应属A类墓，为秦始皇陵的公子、公主墓，考虑到其特殊性，未归入此表统计。

表五　宝鸡地区B类墓墓葬形制、葬式、方向明细表

墓号	春秋中期	春晚～春战之际	战国早期	战国中期	战国晚期
宝鸡福临堡M3	竖、？、西				
宝鸡福临堡M7	竖、屈、西				
宝鸡西高泉村M2	竖、？、北				
宝鸡西高泉村M3	竖、屈、北				
宝鸡福临堡M6	竖、屈、西				
76凤翔八旗屯BM11	竖、？、西				
宝鸡茹家庄M6		竖、？、东西			
宝鸡福临堡M11		竖、？、西			
宝鸡阳平秦家沟M3		竖、屈、西			
77凤翔高庄M12		竖、屈、西			
77凤翔高庄M19		竖、屈、西			
81凤翔八旗屯M2		竖、屈、西			
81凤翔八旗屯M5		竖、屈、西			
81凤翔八旗屯M7		竖、？、西			
81凤翔八旗屯M15		竖、屈、西			
凤翔西村M1		竖、？、东西			
凤翔西村M2		竖、？、东西			
宝鸡茹家庄M5			竖、屈、东西		
76凤翔八旗屯CM14			竖、屈、西		
77凤翔高庄M28			竖、屈、西		
81凤翔八旗屯M3			竖、屈、西		
81凤翔八旗屯M15			竖、屈、西		
77凤翔高庄M27				竖、？、屈	
凤翔西村M8				竖、屈、西	
宝鸡茹家庄M3				竖、？、东西	
76凤翔八旗屯BM103				竖、屈、西	
76凤翔八旗屯BM29					竖、直、西
77凤翔高庄M24					洞、直、西
79凤翔高庄M2					洞、？、东西

注：宝鸡茹家庄M6在原报告墓葬登记表中为北向，但墓葬平面图及正文介绍中，此墓为东西向。

表六 宝鸡地区C类墓墓葬形制、葬式、方向明细表

墓号	春秋早期	春秋中期	春秋晚期～春战之际	战国中期	战国晚期	秦统一以后
76凤翔八旗屯BM15	竖、屈、西					
宝鸡茹家庄M7		竖、？、西				
宝鸡福临堡M4			竖、屈、东西			
宝鸡阳平秦家沟M4				竖、屈、西		
77凤翔高庄M9				竖、屈、北		
宝鸡斗鸡台K10				竖、屈、东西		
宝鸡斗鸡台N2				竖、屈、东西		
宝鸡斗鸡台A3				竖、屈、东西		
凤翔西村M43				竖、屈、西		
凤翔西村M19				竖、屈、北		
凤翔西村M66				竖、屈、北		
81凤翔八旗屯M9				竖、屈、西		
宝鸡斗鸡台12					竖、屈、东西	
宝鸡斗鸡台13					竖、屈、东西	
宝鸡斗鸡台H16					竖、屈、东西	
77凤翔高庄M6						洞、？、西
77凤翔高庄M7						洞、直、西
77凤翔高庄M33						洞、直、西

注：76凤翔八旗屯CM2，据其出土器物可定为春秋早期，但原报告墓葬登记表中无此墓，故未列入此表。

表七 西安地区C类墓墓葬形制、葬式、方向明细表

墓号	春战之际	战国中期早段	战国中期晚段	战国晚期
长安客省庄M11	竖、屈、西			
长安客省庄M210		竖、屈、西		
西安半坡M67		竖、屈、西		
长安客省庄M203			竖、屈、北	
长安客省庄M208			竖、屈、北	
长安客省庄M209			竖、屈、西	

墓号	春战之际	战国中期早段	战国中期晚段	战国晚期
长安客省庄M211			竖、？、东	
长安客省庄M213			竖、屈、西	
蓝田泄湖M12			竖、直、东	
西安半坡M66			竖、屈、西	
西安半坡M9			竖、直、南	
西安半坡M19			洞、屈、西	
西安半坡M115			洞、屈、西	
长安客省庄M221				竖、屈、西
西安半坡M53				洞、屈、南
蓝田泄湖M11				洞、直、南

表八　铜川地区B、C类墓墓葬形制、葬式、方向明细表

类别	墓号	春战之际	战国早期	战国中期	战晚～秦代
B	铜川枣庙M8			竖、屈、西	
	铜川枣庙M22			竖、屈、西	
C	铜川王家河M1	竖、屈、西			
	铜川王家河M13	竖、屈、西			
	铜川枣庙M1		竖、屈、西		
	铜川枣庙M7		竖、屈、东西		
	铜川枣庙M9		竖、屈、西		
	铜川枣庙M18		竖、屈、东西		
	铜川枣庙M2			竖、屈、西	
	铜川枣庙M6			竖、屈、西	
	铜川枣庙M10			竖、屈、西	
	铜川枣庙M12			竖、屈、南北	
	铜川枣庙M16			竖、屈、西	
	铜川枣庙M17			竖、屈、西	
	铜川枣庙M23				竖、屈、西

表九　大荔地区C类墓墓葬形制、葬式、方向明细表

墓号	战国中期晚段	战国晚期~秦代	墓号	战国中期晚段	战国晚期~秦代
朝邑M113	洞、屈、西		M104		竖、屈、西
M114	洞、屈、西		M205		洞、屈、西
M115	洞、屈、北		M209		洞、屈、西
M208	洞、屈、北		M211		洞、屈、西
M105		洞、屈、西	M204		竖、屈、西
M103		洞、屈、北	M202		洞、屈、西

从表四可知：一是A类墓的墓葬形制，从春秋早期一直到战国中期，均为长方形竖穴墓，战国晚期出现了洞室墓[25]，同时仍有竖穴墓；竖穴墓的葬式以屈肢葬为主，洞室墓的葬式以直肢葬为多；墓葬方向均以东西向占绝大多数。二是目前已知的春秋早期的A类墓多集中在宝鸡地区的南部至宝鸡一带，春秋中期以后的A类墓则多在凤翔一带，除春秋晚期有缺环外，宝鸡地区A类墓的年代一直延续到秦统一以后。西安地区从战国早期开始出现A类墓，大荔地区在战国中期开始出现A类墓。

从表五可知：一是宝鸡地区的B类墓，从春秋中期到战国中期，均为长方形竖穴墓，葬式除不明者外均为屈肢葬；到战国晚期出现了洞室墓，葬式以直肢葬为主；墓葬方向以东西向占绝对多数。二是宝鸡地区春秋中期的B类墓多集中在宝鸡一带，春秋晚期以后的B类墓多集中在凤翔一带。

从表六可知：一是宝鸡地区的C类墓从春秋早期到战国晚期，均为长方形竖穴墓，葬式除一例不明外，余者均为屈肢葬；秦统一后出现洞室墓，葬式除一例不明外，余者均为直肢葬；墓葬方向以东西向占绝对多数。二是宝鸡地区春秋时期C类墓数量较少，到战国中期数量有所增加。

从表七可知：西安地区大量出现C类墓的年代是在战国中期晚段，战国中期晚段以前（含战国中期晚段）的C类墓大部为长方形竖穴墓，在战国中期晚段出现了少量的洞室墓；屈肢葬数量较多；墓葬方向以东西向占绝对多数。

从表八可知：一是铜川地区B类墓数量较少，年代集中，均为东西向的长方形竖穴墓。二是铜川地区的C类墓从春秋战国之际一直到秦统一以后均有，绝大多数为东西向的长方形竖穴墓，全部为屈肢葬。

从表九可知：大荔地区C的类墓最早出现在战国中期晚段，一直到秦代，洞室墓数量较多，均为屈肢葬，墓葬方向以东西向为绝对多数。

五

在对关中秦墓进行分区、分期的基础上，对其在随葬器物、墓葬形制、墓葬等级

等方面存在的若干现象进行讨论，可得到如下的认识。

（一）关于随葬器物

（1）如前所述，关中秦墓出土的铜鼎和仿铜陶鼎，依其耳足位置不同可分为A、B二型。A型鼎的耳足位置与周式鼎以及同时期关东诸国的鼎相同，显然二者之间存在着某种联系。B型鼎以其耳足重合的独特风格，表现出与关东式鼎的明显差别。但是，就目前已知的材料来看，B型铜鼎出现的时间要晚于B型陶鼎。前者最早见于春秋战国之际，而后者最早见于宝鸡地区春秋中期的墓葬中，在甘肃甘谷毛家坪一座春秋中期的秦墓中，也出土了一件B型陶鼎[26]。鉴于陶鼎均模仿同时期的铜鼎制作，因此B型铜鼎出现的时间实际上应早于目前已知的时间，应与B型陶鼎同时或更早。到战国中期晚段以后，在秦墓中出现的关东式鼎中，也可依其耳足位置的不同分为A、B二型，反映了秦式鼎对关东式鼎的影响。这种影响所及的范围不仅限于关中地区，在关东诸国同时期的墓葬里也出现过耳足重合式鼎，在河南安阳大司空村属战国中晚期的M277[27]，山西长治分水岭属战国中晚期的M21、M28[28]，河南郑州岗杜属战国晚期的M154[29]等墓葬中，都出现了带盖、深腹的耳足重合式鼎。这些鼎除耳足重合外，其他特点均同于同地区同时期的关东式鼎。一直到西汉时期，在关中、关东各地仍可见到这种耳足重合式鼎。1982年在咸阳市发掘的西汉墓葬M5、M7[30]，20世纪50年代在河南洛阳烧沟发掘的西汉墓葬M136A[31]中，都出土了带盖、深腹、附耳的耳足重合式陶鼎，反映了关中秦墓的B型鼎进入汉代以后的流向。到东汉以后，随着仿铜陶礼器的衰落，这种耳足重合式鼎也就销声匿迹了。

（2）如表二所示，关中秦墓中以鼎、簋、壶为代表的一套秦式仿铜陶礼器，在使用时，不同型的簋、壶之间具有一定的搭配规律。考虑到A、B二型陶鼎既与A型簋、壶共出，又与B型簋、壶共出，因此认为在关中秦墓中，可以使用仿铜陶礼器的墓葬，在使用陶鼎方面基本没有差别，但在使用簋、壶方面却有较严格的规定，基本上是符合客观实际的。根据使用不同型的簋、壶，可把这些墓葬分为不同的两组。这种组与组之间的差别，要小于根据随葬器物类别有无而划分的类与类之间的差别[32]，前者应隶属于后者。

（3）陶釜是关中秦墓中典型的日用陶器之一。如前所述，根据其外部形态的差别，可划分为A、B二型，两型釜出现的时间、分布的范围均有不同，更重要的是，两型陶釜在形态上的显著差别，指示出二者应具有不同的源头。

A型釜出现的年代早于B型釜，最早见于宝鸡地区春秋晚期到春秋战国之际的墓葬中，其上半部敞口、下腹深圆的特点与该地区同时期或较之稍早时出现的陶鬲没有任何共同点，二者在形制上也找不到有发展或演变关系的线索。可以肯定，A型釜的源头不在宝鸡地区，当然也不在关中平原。A型釜在宝鸡地区一直延续使用到战国晚期，并成为该地区秦墓中的典型器物之一。

B型釜最早见于西安地区战国中期晚段的墓葬中，其上半部小口、耸肩的特点不同于A型釜，却与同时期秦墓中出土的鬲的上半部相近。考虑到西安地区出现B型釜的年代晚于宝鸡地区出现A型釜的年代，加之西安地区也出现过少量的A型釜，因此可以认为西安地区出现的B型釜，是在受到由宝鸡地区传入的A型釜的影响之后，用秦鬲加以改造而成的。

大荔地区不出鬲只见B型釜的事实，似乎表明大荔地区的秦墓没有经过从鬲到釜的过渡，而是一开始就接受了西安地区生成的B型釜，并以其作为随葬日用陶器中的主要器物之一。这也暗示出大荔朝邑秦墓的年代应在西安地区生成B型釜之后[33]。

上述分析表明，关中秦墓中出现的陶釜，并非是关中秦墓中的陶鬲自然演变的结果，很可能是受到其他地区某个用釜文化的影响和冲击而产生的。不过，因材料有限，目前还不能明确地指出A型釜的源头。正因为这里釜的产生是由于受到外力作用的结果，因此关中秦墓出现陶釜之后，并未能马上代替陶鬲，陶鬲的使用一直持续到战国晚期以后[34]。陶釜完全代替陶鬲已在汉代以后。

（4）秦墓中出现的双耳铲脚袋足鬲，年代集中在战国中晚期，数量少、消失快，几乎没有留下任何痕迹。已有学者指出，这种陶鬲来自西北地区的戎人文化[35]。在甘肃甘谷毛家坪东周时期的墓葬中，出土了多件铲脚袋足鬲，这些鬲多无双耳，而是在沿下领部有两鸡冠状鋬，只有极个别者为双耳[36]。甘谷毛家坪以双鋬铲脚袋足鬲为代表的文化应是当时存在于西北地区的一支戎人文化，这种文化长期活跃在秦国以西地区。在秦墓中出现的双耳铲脚袋足鬲也应是来自西北地区的戎人文化，但这种文化与甘谷毛家坪以双鋬铲脚袋足鬲为代表的文化既有共性又有区别，二者应是西北地区诸戎中不同的、但关系又非常密切的两支戎人文化。这种双耳铲脚袋足鬲在关中秦墓中出现的时间很短，也很突然，是随着戎人东进而来的文化交往的一种反映。

（5）铜川地区的秦墓在春秋战国之际出现了双耳釜。从出现釜的年代看，基本同于宝鸡地区，但釜的形制却与宝鸡地区同时期的A型釜风格迥异。从目前已发表的材料看，该地区属战国时期的墓葬用鬲而不用釜，找不到双耳釜在这里延续使用的迹象，比较周围同时期的其他文化，也找不到这种釜的来源。实际上就出现釜这种器物而言，可能是受到宝鸡地区使用A型釜的影响，论其形制，其双耳则不见于宝鸡地区。该地区在秦统一前后还出现了一种双耳罐，也少见于其他地区[37]。黄土高原和西北地区的古代文化中，双耳器比较发达，在陕北清涧李家崖和甘肃甘谷毛家坪的东周墓葬中，都出现较多的双耳器[38]。铜川地区双耳釜和双耳罐的出现当与上述地区的古代文化有关。

铜川地区战国中期的秦墓中出现了三足瓮。三足瓮主要见于以吕梁山为中心，包括内蒙古南部、山西西部、陕西北部的黄土高原东端的黄河沿岸地区。自夏代出现以后，一直存在发展，连绵不断，是这一地区古代文化的典型器物，到西周时期又影响到丰镐地区。铜川地区秦墓中出现的三足瓮，指示出该地区与上述地区古代文化之间存在着联系。

铜川地区在秦统一前后出现了双錾铲脚袋足鬲，与甘谷毛家坪出土的同类器物在形态上不尽相同，因材料过少，不便进行深入的讨论，只能说二者之间存在着某种亲缘关系。

铜川地区位于关中平原的北端，也是黄土高原的南缘。在秦人占领该地区以前，这里一直是戎狄的活动范围，史载春秋时期的彭戏戎就活动在这一带（《史记·秦本纪》）。其北方的黄土高原自古以来就是戎狄的"老家"，这里的古代文化与中原地区的古代文化有着明显的差别。由于铜川地区这种特殊的地理位置，在这里的秦墓中出现了较多的外来文化影响，是完全可以理解的。

铜川地区秦墓中所表现出的同时与其东方、西方的古代文化的关系，还把黄土高原东端的黄河沿岸地区与黄土高原西端的渭水上游地区连接起来，使这一广大的地理范围成为一个有机的组合体，表明在这广大的地域里活动的诸种古代文化，其间存在着非常密切的交往。铜川地区为了解这些交往提供了一个窗口。

（二）关于墓葬形制

在很长的一段时间里，考古界都认为洞室墓是战国时期关中秦墓的主要特点之一，随着秦人出征关东，洞室墓开始进入关东诸国。这种观点在很大程度上是来自20世纪50年代发掘的西安半坡战国墓地。从今天对秦墓的认识水平来看，这个墓地并不具有代表性。首先这批墓葬的年代基本集中在战国中、晚期，其中以战国晚期墓为绝大多数；其次，该墓地45%的墓葬没有随葬品，有随葬品的墓所出土的随葬陶器又全部为日用陶器；最后，有2座墓葬的人骨分别在胸部、头部刺入铜镞，很可能是镞伤致死，这2座墓葬的意义目前还说不清楚，但与上述现象综合起来考虑，应表明西安半坡墓地所具有的特殊性。这批墓葬以洞室墓占绝大多数，由于当时工作的局限，就把这批今天看起来并不具有代表性，甚至有些特殊性的墓葬材料作为认识秦墓的唯一参照标准，从而得出洞室墓是关中秦墓主要特点之一的观点。

目前已发现的大批秦墓材料所提供的认识对于上述观点有所修正。如前所述，关中地区从春秋早期到战国中期早段的各类秦墓均为口大底小的长方形竖穴墓。在战国中期晚段，大荔地区和西安地区开始出现洞室墓，到战国晚期，宝鸡地区也相继出现了洞室墓[39]。因此，作为关中秦墓自身固有的墓葬形制应是口大底小的长方形竖穴墓，大量出现洞室墓的年代是在战国晚期，而且其分布情况是东早西晚。

值得注意的是，在关中地区大量出现洞室墓的同时，在关东地区的某些地方也出现了洞室墓。河南洛阳烧沟的战国墓地共发掘59座墓葬，其中就有16座为洞室墓，洞室的形制与关中秦墓中的洞室基本相同[40]。其中M614、M650、M655无任何随葬器物，M618只出一盆，M622只出一钵一碗，无法判定这些墓葬的年代，其余11座墓葬均出一套仿铜陶礼器鼎、豆、壶（其中M601出豆、壶，M621出鼎、豆），而不出战国晚期该地区墓葬普遍使用的鼎、盒、壶。其年代显然应早于该地区使用鼎、盒、壶的墓葬，下限不会超过战国晚期。关中、关东两地在战国中晚期同时出现的洞室墓，表明了两个地区在文化上的交往和相互的影响。

（三）关于墓葬等级

上文根据墓地中所包含的墓葬类别，将墓地划分为不同的级别。实际上，墓地间级别的不同是反映了使用墓地的人群构成的差别，而不同的人群构成，在其生前所居住的居址亦应有所差别，可相应地划分为不同的等级。不同等级的居址，在一个国家或地区中占据的地位不会相同，居址的等级越高其地位越重要，等级越低其地位也相应降低。使用第一级别墓地的人群构成应比较复杂，至少包括了当时可以使用青铜礼器和仿铜陶礼器的地位高或比较高的人，与之相应，这些人居住的居址等级亦较高。使用第二级别墓地的人群构成比较单纯，主要包括了当时不能使用青铜礼器和仿铜陶礼器的人，与之相应的居址等级显然低于前者。

宝鸡地区第一级别的墓地明显多于其他地区的事实，指示出宝鸡地区的重要性。

《史记·秦本纪》《后汉书·西羌传》载周平王东迁，因秦襄公护送有功，封其为诸侯，赐其"岐以西之地"，始有秦国。当时的秦国，活动中心尚在"西垂"，据考在今甘肃天水一带[41]，关中平原则被戎狄所占领。秦文公十六年（公元前750年），秦国取得了第一次伐戎的胜利，占领了宝鸡以东的岐山地区。秦宪公二年（公元前714年）迁于平阳，秦德公元年（公元前677年）迁都于雍，即今凤翔县的周原地区，一直到秦孝公十二年（公元前350年）迁都咸阳，在长达三百多年的时间里，秦国的政治、文化、经济的中心一直在宝鸡地区。

宝鸡地区春秋早期的A类墓多集中在南部宝鸡一带，目前学术界多认为秦国早期都城平阳就在今宝鸡县东平阳村一带[42]，在这里曾发现了有名的秦公镈、秦公钟[43]。不过尚没有发现有关秦都平阳的其他遗存。宝鸡一带春秋早期多A类墓的事实则为此提供了间接的证据，应与秦都平阳有关。

宝鸡地区北部的凤翔一带已发现的墓地年代多在春秋中期以后，多属第一级别，包含了较多的A类墓和大量的B类墓，这种情况一直持续到战国晚期以后。这说明该地的居址等级在春秋中期以后较高，应与秦都雍城有关。上述事实还表明，在秦都咸阳以后，尽管凤翔一带已非秦都，但一直都是秦国的一个重要地点。

西安地区只在咸阳一带发现了第一级别的墓地和少量零散的A类墓，而在渭河南岸的西安、长安一带，只发现了第二级别的墓地，反映了西安地区渭河两岸即咸阳一带和西安、长安一带在居址等级上的差别。咸阳一带居址等级较高，应与秦都咸阳有关。

目前铜川地区和大荔地区发现的秦墓材料较少，可以考察的墓地分别只有一个，因此本文不对其进行墓地级别与居址等级间关系的讨论。

六

本文对关中秦墓某些问题的认识可概括为以下几点。

（1）关中地区已发现的秦墓，据其分布情况和各自的特点可分为四个地区，各区秦墓因其地理环境、历史地位、文化传统等方面的差异，其发展是不平衡的。其中值得注意的是宝鸡地区和铜川地区。前者发现材料多，时代连贯，秦文化的发展脉络在这里看得比较清楚，是研究秦文化起源和发展的重要地点。铜川地区由于地处中原地区与黄土高原的交界地带，研究该地区秦文化与其周边地区尤其是北方地区古代文化的交流与联系，实际也是研究"中原古文化"与"北方地区古文化"这一重大课题的有机组成部分。

（2）春秋早期关中秦墓中出现的A型鼎和西汉时期各地出现的耳足重合式鼎，为研究秦文化的源流提供了重要线索。前者暗示出秦文化与周文化有着某种联系，后者表明秦文化在汉文化形成过程中的重要作用。

（3）由关中秦墓所反映的秦文化，在其发展过程中不断地与其周围地区的古代文化发生交流并互相影响，而各地区古代文化对秦文化本身所起的作用是不同的。有些影响极为强烈，例如釜的传入，使秦文化由无釜而有釜，并且成为秦文化的典型器物之一。有些影响则是一般性的，仅仅存在于某个阶段，例如战国中期以后出现的双耳铲脚袋足鬲，在秦墓中出现的时间极为短暂，战国晚期以后很少见到。也有一些影响表现为外来文化的因素与秦文化固有的东西较长时间的共存，例如关东式随葬器物自战国中期晚段出现后，一直存在到秦代灭亡，其中耳足重合式鼎还把两种文化因素集于一身之上。

（4）关中秦墓的传统墓葬形制是长方形竖穴墓，在战国中期晚段开始出现洞室墓。洞室墓的年代在关中地区呈现出东早西晚的趋势，表明洞室墓在关中地区的流向是由东向西的。

（5）关中秦墓各墓地级别的不同，为研究该墓地所在地区在秦国发展史上的地位提供了新的线索。

注　释

［1］　苏秉琦：《斗鸡台沟东区墓葬（节选）》，《苏秉琦考古学论述选集》，文物出版社，1984年。

［2］　中国社会科学院考古研究所：《沣西发掘报告》，文物出版社，1962年。

［ 3 ］ 金学山：《西安半坡的战国墓葬》，《考古学报》1957年第3期。

［ 4 ］ 中国科学院考古研究所宝鸡发掘队：《陕西宝鸡福临堡东周墓葬发掘记》，《考古》1963年第10期。

［ 5 ］ 陕西省文物管理委员会：《陕西宝鸡阳平镇秦家沟村秦墓发掘记》，《考古》1965年第7期。

［ 6 ］ 宝鸡市博物馆、宝鸡市渭滨区文化馆：《陕西宝鸡市茹家庄东周墓葬》，《考古》1979年第5期。

［ 7 ］ 陕西省文管会、大荔县文化馆：《朝邑战国墓葬发掘简报》，《文物资料丛刊》（2），文物出版社，1978年。

［ 8 ］ 陕西省雍城考古工作队吴镇烽、尚志儒：《陕西凤翔八旗屯秦国墓葬发掘简报》，《文物资料丛刊》（3），文物出版社，1980年。

［ 9 ］ 秦都咸阳考古队：《咸阳市黄家沟战国墓发掘简报》，《考古与文物》1982年第6期。

［10］ 秦俑考古队：《临潼上焦村秦墓清理简报》，《考古与文物》1980年第2期。

［11］ 雍城考古队吴镇烽、尚志儒：《陕西凤翔高庄秦墓地发掘简报》，《考古与文物》1981年第1期。

［12］ 宝鸡县博物馆、宝鸡县图书馆：《宝鸡县西高泉村春秋秦墓发掘记》，《文物》1980年第9期。

［13］ 雍城考古工作队：《凤翔高庄战国秦墓发掘简报》，《文物》1980年第9期。

［14］ 雍城考古队李自智、尚志儒：《陕西凤翔西村战国秦墓发掘简报》，《考古与文物》1986年第1期。

［15］ 陕西省雍城考古队：《一九八一年凤翔八旗屯墓地发掘简报》，《考古与文物》1986年第5期。

［16］ 陕西省考古研究所：《陕西铜川枣庙秦墓发掘简报》，《考古与文物》1986年第2期。

［17］ 咸阳市博物馆：《咸阳任家嘴殉人秦墓清理简报》，《考古与文物》1986年第6期。

［18］ 田亚岐、王保平：《凤翔南指挥两座小型秦墓的清理》，《考古与文物》1987年第6期。

［19］ 中国社会科学院考古研究所陕西六队：《陕西蓝田泄湖战国墓发掘简报》，《考古》1988年第12期。

［20］ 韩伟：《略论陕西春秋战国秦墓》，《考古与文物》1981年第1期；尚志儒：《秦国小型墓的分析与分期》，《陕西省考古学会第一届年会论文集》，《考古与文物》编辑部，1983年；叶小燕：《秦墓初探》，《考古》1982年第1期。

［21］ 本文中使用的"秦统一以后"，主要指秦统一以后建立的秦王朝一代，但其中部分墓葬的年代可晚到西汉早期。有关这些墓葬年代的详细讨论，参见滕铭予：《论关中秦墓中洞室墓的年代》，《华夏考古》1993年第2期。

［22］ 本文对宝鸡地区秦墓的分期基本同于韩伟等人对关中秦墓的分期。

［23］ 陕西省文管会、大荔县文化馆：《朝邑战国墓葬发掘简报》，《文物资料丛刊》（2），文物出版社，1978年。简报认为该墓地的M107年代可早到战国早期，M107出一铜鼎，据报道此鼎形制同于M203出土的铜鼎。M203出土的铜鼎与79凤翔高庄M1出土的战国中期晚段制作的中山鼎（见《文物》1980年第9期）、河南泌阳M3出土的战国晚期的卫国平安君鼎（见《文物》1980年第9期，17页图6；图版叁，3）形制相近。M107出土的铜壶与陶壶，其形态接近关东地区战国中晚期之际的同类器物。因此M107的年代上限不会超过战国中期晚段。

［24］ 陈平：《说釜——兼论釜、鬲、𨰀、鍑、鏊诸器之关系》，《考古与文物》1982年第5期。该文这种观点只是指出了春秋战国时期炊器发展的逻辑序列，而在实际过程中，问题却远没有这样简单。

［25］ 笔者曾对关中各地区已报道的洞室墓，逐一进行了年代的检讨，在大荔地区、宝鸡地区和西安地区没有发现一座年代明确早到战国中期早段的洞室墓。参见滕铭予：《论关中秦墓中洞室墓的年代》，《华夏考古》1993年第2期。

［26］ 甘肃省文物工作队、北京大学考古系：《甘肃甘谷毛家坪遗址发掘报告》，《考古学报》1987年第3期。

［27］ 马得志等：《一九五三年安阳大司空村发掘报告》，《考古学报》（第九册），1955年。

［28］ 山西省文管会、山西省考古所：《山西长治分水岭战国墓第二次发掘》，《考古》1964年第3期。

［29］ 河南文物工作队第一队：《郑州岗杜附近古墓葬发掘简报》，《文物参考资料》1955年第10期。

［30］ 咸阳秦都考古工作站：《秦都咸阳汉墓清理简报》，《考古与文物》1986年第6期。

［31］ 洛阳区考古发掘队：《洛阳烧沟汉墓》，科学出版社，1959年。

［32］ 参见本文对关中秦墓所作的分类。

［33］ 参见本文一及［23］中关于大荔朝邑战国墓地年代的讨论。

［34］ 在湖北江陵地区天星观M1的盗洞中，出土了一件秦鬲，其年代当在秦将白起拔郢（公元前278年），秦人占领该地区以后，即战国晚期以后。可见到了战国晚期以后，秦人仍然使用鬲。

［35］ 俞伟超：《古代"西戎"和"羌"、"胡"考古学文化归属问题的探讨》，《先秦两汉考古学论文集》，文物出版社，1985年。

［36］ 甘肃省文物工作队、北京大学考古系：《甘肃甘谷毛家坪遗址发掘报告》，《考古学报》1987年第3期。

［37］ 在宝鸡地区战国晚期以后的墓葬中，也见到一种双耳的绳纹罐。

［38］ 甘肃省文物工作队、北京大学考古系：《甘肃甘谷毛家坪遗址发掘报告》，《考古学报》1957年第3期；陕西省考古研究所、陕北考古工作队：《陕西清涧李家崖东周、秦墓发掘简

报》,《考古与文物》1987年第3期。

［39］ 参见本文四及［25］中关于洞室墓年代的论述。

［40］ 王仲殊:《洛阳烧沟附近的战国墓葬》,《考古学报》(第8册),1954年。

［41］ 林剑鸣:《秦史稿》,上海人民出版社,1981年,25、26页。

［42］ 林剑鸣:《秦史稿》,上海人民出版社,1981年,40页。

［43］ 宝鸡市博物馆卢连成、宝鸡市文化馆杨满仓:《陕西宝鸡县太公庙发现秦公钟、秦公镈》,
《文物》1978年第11期。

(原刊于《考古学报》1992年第3期)

店子墓地的形成与发展及相关问题讨论

　　墓地作为人类一种特定行为的遗存，墓葬形制、人骨葬式、随葬器物的种类、组合和形态以及墓葬在墓地中的分布等，往往受埋入该墓地的人群构成、墓主人生前所从事过的活动及所属社会阶层、其拥有的文化传统、社会时尚、埋葬习俗以及地区、时间差别等多方面因素的影响。因此一个墓地可以为研究者提供诸种角度的切入点。可以通过墓葬和随葬器物的形制，去研究一个文化的面貌、特征、结构以至于文化的分期与编年，甚至可以据此建立一个文化的时空框架；可以通过墓葬所具有的墓穴形制、葬具、葬式以及随葬器物，以及墓地中墓葬的排列等，去研究一个文化的埋葬习俗，墓葬的埋葬规律，以至于当时的埋葬制度；可以通过墓葬的分类去研究墓主人生前所处的群体和社会地位，以至于了解当时社会的人群结构和阶层结构；可以通过墓葬的各个方面所表现出来的各种不同的文化因素，去研究该文化在其发展过程中与其他文化间所发生的处于不同层面上的交往；还可以通过埋入一个墓地墓葬的数量和级别去研究该墓地的墓主人生前居住活动的居址的规模与等级等。但是上述各种研究，都需要一个前提，就是一个保存基本完好的墓地，科学的田野考古工作，并有尽可能完整地发表所获资料的田野报告书。陕西省陇县店子秦墓地就基本具备了上述条件。

　　店子秦墓地位于陕西省陇县城关乡店子村西，经钻探和发掘知该墓地面积约为50万平方米，其北部、西部和南部三面边缘基本完整，东部因靠近现代村落和砖瓦厂而遭到一些破坏。陕西省考古研究所为配合国家八五重点项目宝中铁路的建设，从1991年到1993年，对该墓地进行了发掘，共发掘东周到秦统一后的秦文化墓葬224座，并由陕西省考古研究所编著的《陇县店子秦墓》做了较为详尽的报道[1]，为对店子墓地进行进一步的研究提供了重要的条件。本文拟在上述工作的基础上，对店子墓地的形成与发展及有关问题进行进一步的探讨。

一

　　《陇县店子秦墓》对店子墓地出土的随葬陶器进行的类型学研究，以及对墓地的分期与年代的推定，是本文研究的基础。不过需要说明的是，本文对店子墓地秦墓的分类，仍沿用了笔者曾采用的对秦墓的分类原则，即将随葬有青铜礼器或共出仿铜陶礼器、随葬有仿铜陶礼器或共出日用陶器、仅随葬日用陶器、无随葬器物的墓葬，分别称为A类、B类、C类和D类墓[2]，并认为不同类别墓葬的墓主人生前所处的社会阶层有所不同，A类墓为当时的统治集团成员，B类墓为中间阶层的墓葬，C、D类墓为平民阶层[3]。另外对于部分墓葬期别的归属，根据笔者对随葬器物的观察和对类型学研究的理解，与报告所分存在一些差别。

店子墓地未见有随葬青铜礼器的A类墓，D类墓因没有时代特征明显的随葬陶器，而难以对其进行分期。因此本文对店子墓地的讨论，主要是以B类墓和C类墓为对象进行的。在《陇县店子秦墓》对店子墓地分期的基础上，本文将B类墓分为5组，各组典型墓葬见图一，将C类墓分为7组，各组典型墓葬见图二。

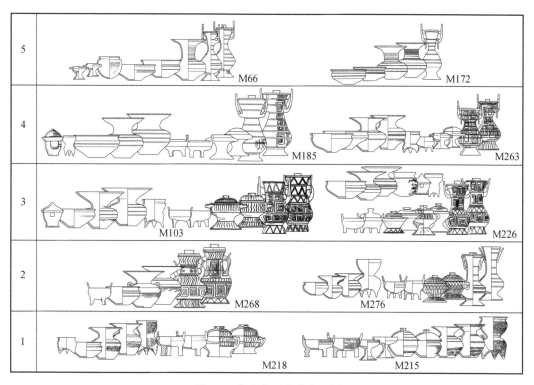

图一　B类墓典型墓葬分组图

因B类墓中大多共出一套或几件日用陶器，因此可将B类墓与C类墓的各组对应并分为六期如表一。

表一　B类墓与C类墓分组对应分期

墓地分期	B类墓分组	C类墓分组	墓地分期	B类墓分组	C类墓分组
第六期		7	第二期	3	3
第五期		6	第一期	2	2
第四期	5	5		1	1
第三期	4	4			

各期组所含墓葬基本情况请见店子墓地墓葬分期统计表（表二）。

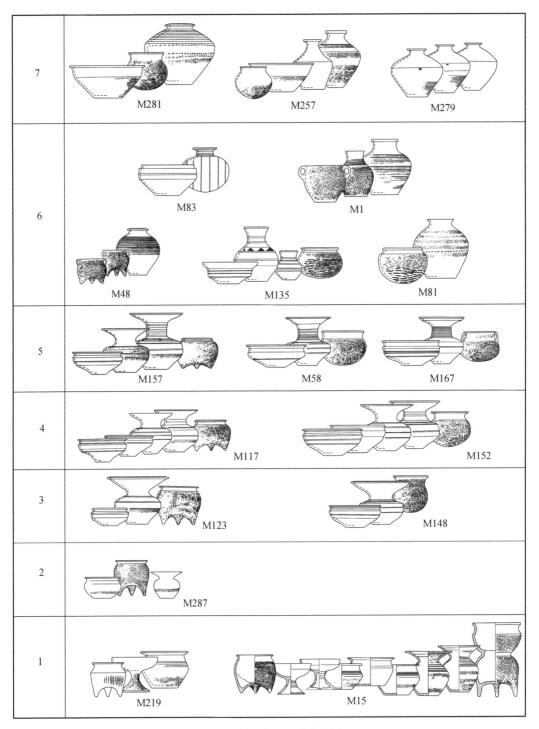

图二　C类墓典型墓葬分组图

表二 店子墓地墓葬分期统计表

期	组	墓号	类	方向(°)	墓制	葬式	性别	年龄(岁)	主要随葬陶器	其他
一	1	M218	B	255	竖穴	屈	男	50	鼎簋瓿豆盆高领盆喇叭口罐	
一	1	M215	B	235	竖穴	屈	?	?	鼎瓿盆豆喇叭口罐	石圭
一	1	M15	C	260	竖穴	屈	男	40	高盆豆喇叭口罐	石圭
一	1	M212*	C	265	竖穴	屈	女	60	高盆豆	石圭
一	1	M219	C	240	竖穴	屈	男	50~55	高盆豆	
一	2	M267	B	265	竖穴	屈	男	45	鼎簋壶高领盆喇叭口罐	陶器(火候低)
一	2	M268	B	275	竖穴	屈	?	?	鼎簋高领盆喇叭口罐缶	
一	2	M276	B	270	竖穴	屈	男	50	鼎簋壶瓶盆喇叭口罐	石圭铜戈铜铃
一	2	M198	C	112	竖穴	屈	女	55	高盆豆罐	石圭
一	2	M199	C	230	竖穴	屈	男	50	高豆	
一	2	M270	C	270	竖穴	屈	男	50	高盆	石圭
一	2	M272	C	270	竖穴	屈	男	55	高	石圭
一	2	M282	C	270	竖穴	屈	男	40~45	喇叭口罐	石圭铜戈
一	2	M287	C	268	竖穴	屈	女	45	高盆喇叭口罐	石圭
二	3	M47	B	270	竖穴	屈	男	60	鼎簋壶豆盘瓿瓶盆喇叭口罐等	铜戈铜铃
二	3	M101	B	260	竖穴	?	?	?	鼎簋盘高盆瓿盆喇叭口罐	石圭
二	3	M103	B	260	竖穴	屈	男	60	鼎簋壶豆瓶瓿盆喇叭口罐	
二	3	M110	B	260	竖穴	屈	?	?	壶豆瓿盆盘喇叭口罐	石圭
二	3	M111	B	265	竖穴	?	?	?	鼎簋壶豆盘瓿盆喇叭口罐	
二	3	M112	B	265	竖穴	屈	?	?	鼎簋壶豆盆喇叭口罐	石圭
二	3	M113	B	270	竖穴	屈	?	?	鼎簋壶瓿瓶盆喇叭口罐	石圭

续表

期	组	墓号	类	方向（°）	墓制	葬式	性别	年龄（岁）	主要随葬陶器	其他
二	3	M114	B	273	竖穴	屈	男	55~60	鼎簋壶豆盘匜瓿两盆喇叭口罐	
二	3	M118	B	275	竖穴	?	?	?	鼎簋豆喇叭口罐	石圭铜铃铜削
二	3	M121	B	270	竖穴	屈	男	50	鼎簋壶豆盆喇叭口罐	石圭铜戈铜铃陶纺轮
二	3	M122	B	266	竖穴	屈	?	?	鼎簋壶豆匜喇叭口罐	石圭
二	3	M132	B	100	竖穴	屈	男	45~50	鼎簋壶瓿喇叭口罐	石圭铜戈
二	3	M137*	B	280	竖穴	屈	男	?	簋壶豆盆匜	石圭
二	3	M149	B	270	竖穴	屈	男	55~60	鼎簋壶豆盘匜瓿两盆喇叭口罐	石圭铜戈
二	3	M161	B	268	竖穴	屈	男	50~55	鼎簋壶豆盘瓿两盆喇叭口罐	石圭铜戈
二	3	M163*	B	270	竖穴	屈	男	55~60	鼎簋壶豆瓿两盆喇叭口罐	
二	3	M169	B	269	竖穴	屈	男	55~60	鼎簋壶匜两盆喇叭口罐等	石圭铜戈铜铃
二	3	M171	B	270	竖穴	屈	男	55~60	鼎簋壶豆盘匜两盆喇叭口罐	石圭铜戈
二	3	M174	B	265	竖穴	屈	男	50~55	鼎簋壶豆盘盆喇叭口罐	石圭铜铃
二	3	M176	B	255	竖穴	屈	男	55	鼎簋壶豆盘盆喇叭小口罐	
二	3	M177*	B	270	竖穴	屈	女	40~45	簋壶豆瓿盆喇叭口罐	石圭
二	3	M191	B	260	竖穴	屈	女	55~60	鼎簋壶豆移口圆腹罐	石圭
二	3	M193	B	265	竖穴	屈	男	50	鼎簋壶豆盘盆匜喇叭口罐	铜镳勾石圭
二	3	M226	B	262	竖穴	屈	男	50~55	鼎簋壶豆盘盆两盆喇叭口罐	石圭铜戈铜铃
二	3	M250	B	267	竖穴	屈	男	55	鼎簋壶豆盘盆喇叭口罐	石圭铜戈
二	3	M252	B	270	竖穴	屈	男	40~45	鼎簋壶瓿盆喇叭口罐	石圭铜镳勾
二	3	M253	B	270	竖穴	屈	男	55	壶豆匜两盆喇叭口罐	石圭铜铃
二	3	M254	B	270	竖穴	屈	男	50	鼎簋壶豆盘匜瓿两盆	

续表

期	组	墓号	类	方向(°)	墓制	葬式	性别	年龄(岁)	主要随葬陶器	其他
二	3	M264	B	265	竖穴	屈	?	?	鼎簋壶豆盘瓿瓶瓮盆	
二	3	M266	B	270	竖穴	屈	男	50	簋壶豆盘瓿瓶瓮大口罐	石圭
二	3	M271	B	260	竖穴	屈	男	50	瓶高盆喇叭口罐	石圭
二	3	M275	B	260	竖穴	屈	男	50	鼎簋壶豆盘瓿瓶高盆喇叭口罐等	石圭
二	3	M280	B	264	竖穴	屈	男	45~50	鼎簋壶豆瓿釜盆高盆喇叭口罐	铜戈
二	3	M25	C	268	竖穴	屈	男	45~50	高盆喇叭口罐口罐等	
二	3	M31	C	264	竖穴	屈	?	?	高盆喇叭口罐	
二	3	M71	C	260	竖穴	屈	男	50~60	釜盆喇叭口罐	石圭
二	3	M99	C	260	竖穴	屈	男	45~50	高盆壶	
二	3	M105*	C	267	竖穴	屈	男	?	瓶高盆喇叭口罐	石圭铜铃
二	3	M120*	C	270	竖穴	屈	男	60	盆喇叭口罐	
二	3	M115	C	260	竖穴	屈	男	45~50	高盆喇叭口罐等	
二	3	M116	C	270	竖穴	屈	?	50~55	盆喇叭口罐	
二	3	M123	C	265	竖穴	屈	男	45	高盆喇叭口罐	石圭
二	3	M129	C	250	竖穴	屈	男	50	高盆喇叭口罐	
二	3	M133	C	253	竖穴	屈	男	40	高盆喇叭口罐	骨笄
二	3	M148	C	252	竖穴	屈	男	50	釜盆喇叭口罐	石圭
二	3	M162*	C	270	竖穴	屈	男	40~45	高盆喇叭口罐	石圭
二	3	M168*	C	250	竖穴	屈	?	?	釜盆喇叭口罐	石圭
二	3	M184*	C	265	竖穴	屈	女	50	高盆喇叭口罐	
二	3	M222*	C	270	竖穴	屈	男	20~25	高	

续表

期	组	墓号	类	方向（°）	墓制	葬式	性别	年龄（岁）	主要随葬陶器	其他
二	3	M248	C	258	竖穴	屈	男	50	盆喇叭口罐	石圭
二	3	M249	C	270	竖穴	屈	女	50	釜盆喇叭口罐等	石圭
二	3	M260*	C	270	竖穴	屈	女	55	鬲盆喇叭口罐	石圭
二	3	M274*	C	265	竖穴	屈	女	30~35	盆	
三	4	M26	B	270	竖穴	屈	男	50	鼎簋壶豆匜两盆喇叭口罐	石圭
三	4	M38	B	258	竖穴	屈	男	45	鼎簋壶豆盘匜两盆喇叭口罐	石圭铜戈铜铃
三	4	M49	B	265	竖穴	屈	?	?	簋壶豆匜两盆喇叭口罐	石圭铜镜铜铃
三	4	M74	B	260	竖穴	屈	女	50~55	簋壶豆盘匜两盆高盆喇叭口罐等	石圭铜铃
三	4	M104	B	260	竖穴	屈	男	50~55	鼎簋壶豆匜两盆喇叭口罐	
三	4	M141	B	235	竖穴	屈	?	?	鼎簋壶豆匜小口扁腹罐	石圭
三	4	M166	B	265	竖穴	屈	?	?	鼎簋壶豆匜两盆喇叭口罐	
三	4	M170*	B	265	竖穴	屈	男	60~65	簋壶豆匜两盆高盆喇叭口罐等	石圭
三	4	M185	B	270	竖穴	屈	女	50~55	鼎簋壶豆盘匜两盆喇叭口罐	
三	4	M263	B	270	竖穴	屈	?	?	鼎簋壶豆盘匜甑两盆喇叭口罐	
三	4	M30*	C	262	竖穴	屈	女	45	高盆喇叭口罐	
三	4	M53	C	260	竖穴	屈	男	30	釜盆壶	
三	4	M54	C	240	竖穴	屈	男	50	釜盆喇叭口罐	
三	4	M64	C	272	竖穴	屈	男	45	釜盆侈口圆腹罐	
三	4	M67	C	244	竖穴	屈	男	60~65	两盆喇叭口罐	
三	4	M68	C	345	竖穴	屈	女	60	盆喇叭口罐	
三	4	M73*	C	245	竖穴	屈	女	55~60	两盆高盆喇叭口罐	铜铃铜镯等

续表

期	组	墓号	类	方向(°)	墓制	葬式	性别	年龄(岁)	主要随葬陶器	其他
三	4	M76	C	250	竖穴	屈	女	45~50	釜盆喇叭口罐	铜带饰铜锛
三	4	M87*	C	250	竖穴	屈	女	45~50	盆喇叭口罐	
三	4	M117	C	270	竖穴	屈	男	?	高盆喇叭口罐	石圭
三	4	M134*	C	253	竖穴	屈	?	?	高盆喇叭口罐	
三	4	M139	C	270	竖穴	屈	男	65	高盆喇叭口罐	石圭
三	4	M152	C	245	竖穴	屈	女	60	釜盆喇叭口罐	
三	4	M153	C	250	竖穴	屈	男	60	釜盆喇叭口罐	
三	4	M156	C	282	竖穴	屈	女	55~60	盆喇叭口罐	
三	4	M214*	C	330	竖穴	屈	?	?	高盆	
三	4	M224	C	270	竖穴	屈	?	?	高钵大口罐小口罐等	
三	4	M241	C	261	竖穴	屈	女	?	釜盆	
四	5	M61	B	250	竖穴	屈	男	50~55	壶瓶釜盆喇叭口罐	
四	5	M66	B	250	竖穴	屈	男	55	簋壶豆盘釜盆喇叭口罐	
四	5	M96	B	260	竖穴	屈	?	?	鼎簋壶豆盘匜高盆喇叭口罐	
四	5	M106	B	255	竖穴	屈	男	50	簋壶豆盘匜瓿高盆喇叭口罐等	铜铃石圭
四	5	M172	B	255	竖穴	屈	?	?	壶釜盆喇叭口罐	石圭
四	5	M262	B	265	竖穴	屈	女	45	簋壶豆盘匜盆喇叭口罐	
四	5	M12*	C	290	竖穴	屈	?	?	高盆喇叭口罐	
四	5	M19	C	248	竖穴	屈	?	?	高盆喇叭口罐	
四	5	M36	C	268	竖穴	屈	男	50	盆喇叭口罐	
四	5	M55	C	248	竖穴	屈	女	65	釜盆喇叭口罐	

续表

期	组	墓号	类	方向(°)	墓制	葬式	性别	年龄（岁）	主要随葬陶器	其他
四	5	M56	C	255	竖穴	屈	男	55	双耳盆釜喇叭口罐	
四	5	M57	C	235	竖穴	屈	男	45～50	鬲盆喇叭口罐	
四	5	M58	C	255	竖穴	屈	男	40	釜盆喇叭口罐	
四	5	M62	C	240	竖穴	屈	男	45	直口圆腹罐	
四	5	M65*	C	275	竖穴	屈	男	50	盆喇叭口罐	
四	5	M69*	C	340	竖穴	屈	女	50	釜盆喇叭口罐	铜带钩陶圭
四	5	M72	C	257	竖穴	屈	男女	55～60	鬲盆喇叭口罐	铜带钩（合葬墓）
四	5	M88	C	265	竖穴	屈	男	55	鬲盆喇叭口罐	铜铃
四	5	M92	C	330	竖穴	屈	女	50～55	釜盆侈口圆腹罐	
四	6	M138	C	280	竖穴	屈	男	60～65	鬲盆大口罐	铜带钩石圭
四	5	M150*	C	255	竖穴	屈	?	?	釜盆喇叭口罐	
四	5	M151	C	278	竖穴	屈	男	55	鬲盆喇叭口罐	
四	5	M154	C	80	竖穴	屈	男	55	盆釜喇叭口罐	
四	5	M157	C	250	竖穴	屈	女	55～60	鬲盆喇叭口罐	
四	5	M167	C	270	竖穴	屈	?	?	双耳盆釜喇叭口罐	
四	5	M183	C	235	竖穴	屈	女	20～25	鬲盆喇叭口罐	
四	5	M190	C	245	竖穴	屈	女	?	鬲盆	铜带钩铜鬲陶石纺轮
四	5	M202	C	260	竖穴	屈	男	40	鬲盆	铜带钩铜鬲铜削铜镞
四	5	M206	C	247	竖穴	屈	?	40	鬲盆	
四	5	M207*	C	247	竖穴	屈	男	?	鬲盆	
四	5	M208*	C	250	竖穴	屈	男	50～55	釜盆喇叭口罐	

续表

期	组	墓号	类	方向（°）	墓制	葬式	性别	年龄（岁）	主要随葬陶器	其他
四	5	M209	C	247	竖穴	屈	男	55	高盆喇叭口罐	
四	5	M211	C	260	竖穴	屈	男	50	高盆喇叭口罐	
四	5	M217	C	240	竖穴	屈	男	40~45	高盆喇叭口罐	铜带钩铜铃铜削石圭
四	5	M223	C	255	竖穴	屈	女	40~46	小口圆腹罐	
四	5	M256*	C	270	竖穴	屈	女	50	双耳釜盆喇叭口罐	铜削
四	5	M261	C	258	竖穴	屈	女	50	盆喇叭口罐	铜铃
五	6	M1	C	285	竖穴	屈	女		双耳罐侈口圆腹罐小口圆肩罐	
五	6	M20	C	345	竖穴	直	女	55	大口罐侈口圆腹	铁削
五	6	M23	C	267	竖穴	屈	男	45	双耳铲足鬲	铁铲
五	6	M27	C	286	竖穴	屈	女	25	双耳铲足鬲	铁铲
五	6	M33	C	245	洞室	屈	女	35	双耳罐盆敞口圆肩罐	
五	6	M40	C	259	竖穴	屈	男	45	釜盆小口圆肩罐	铜铃铁铲
五	6	M48	C	350	竖穴	屈	男	45	双耳铲足鬲小口圆肩罐	
五	6	M50	C	270	竖穴	屈	女	55	双耳铲足鬲小口圆肩罐	
五	6	M75*	C	330	洞室	屈	男	60	小口圆肩罐	
五	6	M81	C	345	竖穴	屈	男	45	釜小口圆肩罐	
五	6	M83	C	245	竖穴	屈	男	60	盆（无盖盒）茧形壶	
五	6	M84*	C	345	竖穴	直	男	45~50	侈口圆腹罐	
五	6	M89	C	348	竖穴	屈	女	60	双耳铲足鬲小口圆腹罐	
五	6	M90*	C	340	竖穴	屈	男	50	小口圆肩罐	陶纺轮
五	6	M91	C	85	洞室	直	男	45	双耳罐小口圆肩罐	铜带钩

续表

期	组	墓号	类	方向（°）	墓制	葬式	性别	年龄（岁）	主要随葬陶器	其他
五	6	M93	C	260	竖穴	屈	男	55	单耳罐	铜镜铜铃
五	6	M94*	C	255	洞室	屈	女	60		
五	6	M95*	C	255	竖穴	直	男	45	小口圆肩罐	铜带钩
五	6	M97	C	270	竖穴	屈	男	45	双耳铲足鬲	
五	6	M127	C	260	洞室	屈	男	55	壶	
五	6	M135	C	270	竖穴	屈	?	60	釜盆壶	铁纺轮石圭
五	6	M158*	C	80	竖穴	屈	男	40~45	小口圆肩罐	
五	6	M160*	C	255	洞室	屈	男	40~45		铜带钩铁器
五	6	M213	C	250	竖穴	屈	?	?	直口圆腹罐	铜带钩
五	6	M229*	C	70	竖穴	直	男	50	小口圆肩罐	
五	6	M231	C	262	竖穴	屈	女	50	小口圆肩罐瓮	
五	6	M232	C	100	竖穴	直	男	45~50	小口圆肩罐多口圆腹罐	
五	6	M233*	C	85	竖穴	屈	男	45	小口圆肩罐	
五	6	M234	C	80	竖穴	屈	女	50	小口圆肩罐	
五	6	M235*	C	265	竖穴	直	男	40~45	小口圆肩罐	
五	6	M238*	C	83	竖穴	屈	男	45	小口圆肩罐	
五	6	M239	C	170	竖穴	直	男	50	直口圆腹罐	
五	6	M240	C	176	竖穴	直	?	?	小口圆腹罐	
五	6	M245*	C	100	竖穴	屈	男	50~55	小口圆腹罐	
五	6	M258*	C	350	竖穴	屈	男	55	釜盆小口圆肩罐	
五	6	M259	C	350	竖穴	屈	女	55	双耳罐直口圆腹罐	

续表

期	组	墓号	类	方向（°）	墓制	葬式	性别	年龄（岁）	主要随葬陶器	其他
六	7	M5	C	264	竖穴	直	男	50	小口圆肩罐	铁削铜带钩
六	7	M77	C	260	竖穴	屈	男	50	小口圆肩罐偏腹鼎	
六	7	M146	C	285	竖穴	屈	女	40~45	釜小口圆肩罐	铁釜
六	7	M225	C	270	竖穴	?	?	?	小口圆肩罐缶	铁釜
六	7	M236	C	260	竖穴	屈	男	45~50	小口圆肩罐	铁釜
六	7	M237	C	265	洞室	屈	男	55	小口圆肩罐瓮	铁釜铜铃漆器
六	7	M242*	C	?	洞室	屈	?	?	小口圆肩罐	漆器
六	7	M251	C	265	竖穴	屈	男	40~45	釜小口圆肩罐	
六	7	M257	C	255	洞室	屈	男	45~50	釜小口圆肩罐长颈广肩壶	
六	7	M265	C	345	竖穴	屈	男	45	釜小口圆肩罐	铁釜铜镜铜铃
六	7	M269	C	255	竖穴	屈	?	50	小口圆肩罐	
六	7	M278	C	255	洞室	屈	男	45	盆小口圆肩罐	
六	7	M279	C	274	洞室	屈	?	?	缶	铁釜铁钎铁锸铜匜漆器
六	7	M281	C	263	洞室	屈	男	45	釜盆缶	
六	7	M283	C	270	洞室	屈	男	40~45	小口圆肩罐瓮	铜带钩
六	7	M284	C	355	洞室	屈	男	50	缶壶	铜带钩

*表示在报告中没有发表该墓器物的测绘图或图版，本表是根据报告墓葬登记表中各墓随葬器物种类的型式划分，将其归入某一期段中。

　　根据已有的对关中地区中小型秦墓的分期与年代学的研究，店子墓地第一期至第六期的年代分别相当于春秋中期、春秋晚期、战国早期、战国中期、战国晚期到秦代、西汉初年。需说明的有两点，其一是第一期第1段M15和M219所出的盆折肩，与上村岭虢国墓地所出的折肩盆相近，M15随葬的喇叭口罐整体较高，亦表现出较早的时代特点，因此第一期中部分墓葬的年代或可早到春秋早期。其二是在第六期中，有5座墓随葬了铁釜，铁釜作为一种家家户户必需的炊器，其出现应是铁器已比较普及的标志，目前所知在中原地区应是进入西汉以后的事情[4]。另外在咸阳塔儿坡发掘的战国晚期到秦代的381座墓葬中，虽然出土了125件铁器，但大量为带钩、削等小件器物，而无一件铁釜[5]，这也表明随葬有铁釜的墓葬年代较晚。因此本文对第六期墓葬年代的推定晚于报告中所定的年代，向后延至西汉初年。

<h1 style="text-align:center">二</h1>

　　根据上文对店子墓地的分期，可将各期墓葬概括如下[6]。

　　店子墓地第一期墓葬含B类墓5座，C类墓9座，二者数量比为0.6∶1。主要分布在墓地的南缘和东北角两个不相连的区域内（图三），因该墓地的南部、北部和西部边缘基本未遭破坏，已发掘部分应为墓地边缘的原貌，墓地东部已遭破坏，而以后诸期墓葬多分布在墓地的中部且南北相连，因此即使被破坏的墓地东部包含有第一期墓葬，很可能也是分布在南部和东北角两处，数量亦不会很多。墓葬均为长方形竖穴，除1例外均西向，人骨葬式为蜷曲程度较为严重的屈肢葬。可鉴定性别的墓葬中，男性9例，女性3例，不明2例，男女性比为3∶1，死亡年龄均为成年[7]。第1组B类墓随葬的仿铜陶礼器不成组，到第2组时出现了鼎、簋、壶，但尚未形成日后秦墓中常见的以一组炊器、盛器加酒器，即鼎、簋、壶为主，或加豆、盘、匜、甗的组合。C类墓多数都沿袭了西周晚期以来的鬲、盆、豆、罐的组合，或仅出其中的一两件，亦没有形成日后秦墓中常见的以鬲、敛口凸肩盆和喇叭口罐为主的组合。B类墓和C类墓各有1座随葬了铜戈。流行随葬石圭。

　　第二期墓葬含B类墓33座，C类墓20座，二者数量比约为1.65∶1。主要分布在墓地的东半部，除东北部外，与第一期墓葬分布范围基本不重合（图四）。墓葬形制方向与人骨葬式与第一期同。可鉴定性别的墓葬中，男性36例，女性6例，不明11例，男女性比为6∶1。B类墓所出仿铜陶礼器已形成较稳定的鼎、簋、壶以及豆、盘、匜、甗的组合，多数墓葬还共出有日用陶器，多为鬲、盆、喇叭口罐。有19座墓中随葬有陶囷，占B类墓的57.6%左右。还有10座墓随葬有铜戈，占B类墓的30%左右，其分布相对集中于北半部。C类墓的随葬陶器以鬲、盆和喇叭口罐为主。在B类墓和C类墓中都出现了用釜的现象，未见鬲与釜共出，并且用釜的墓葬相对集中。流行随葬石圭。

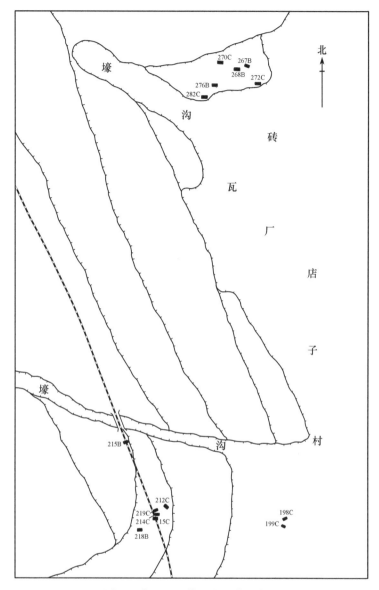

图三 店子墓地第一期墓葬分布图

第三期墓葬含B类墓10座，C类墓18座，二者数量比约为0.56：1。大多分布在墓地的南半部，少数在中部。与第二期墓葬分布范围有重合（图五）。墓葬形制、方向和人骨葬式与前同。可鉴定性别的墓葬中，男性11例，女性10例，不明7例，男女性比为1.1：1。B类墓所出仿铜礼器组合与第二期同，仍有8座墓出有陶囷，占B类墓的70%，仅有1座墓随葬有铜戈。C类墓仍以一套鬲、盆、喇叭口罐或釜、盆、喇叭口罐为主。流行随葬石圭。

第四期墓葬含B类墓6座，C类墓31座，二者数量比为0.19：1，主要分布在墓地的南半部，与第三期墓葬分布范围有重合（图六）。墓葬形制、方向和人骨葬式与

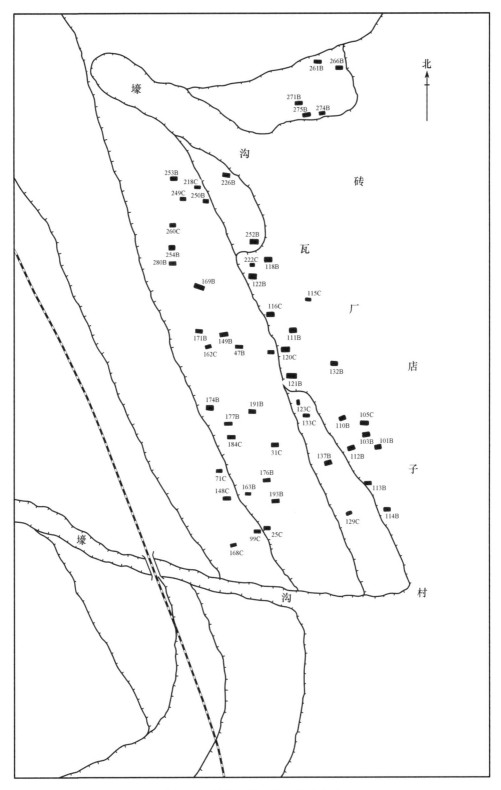

图四　店子墓地第二期墓葬分布图

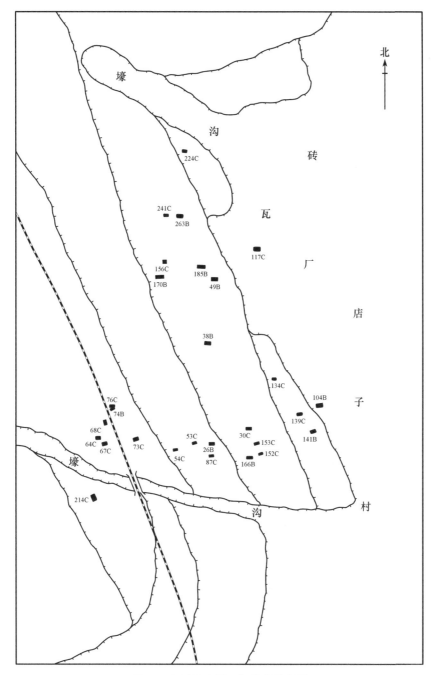

图五　店子墓地第三期墓葬分布图

前同。可鉴定性别的墓葬中，男性20例，女性11例（M72为男、女骨架各一具的合葬墓），不明7例，男女性比为1.8∶1。B类墓所出仿铜陶礼器多不成组合，不见陶囷。C类墓仍以鬲、盆、喇叭口罐或釜、盆、喇叭口罐为主，但出现了双耳釜和小口圆腹罐等。随葬石圭的墓葬减少。没有见到随葬铜戈的墓葬。

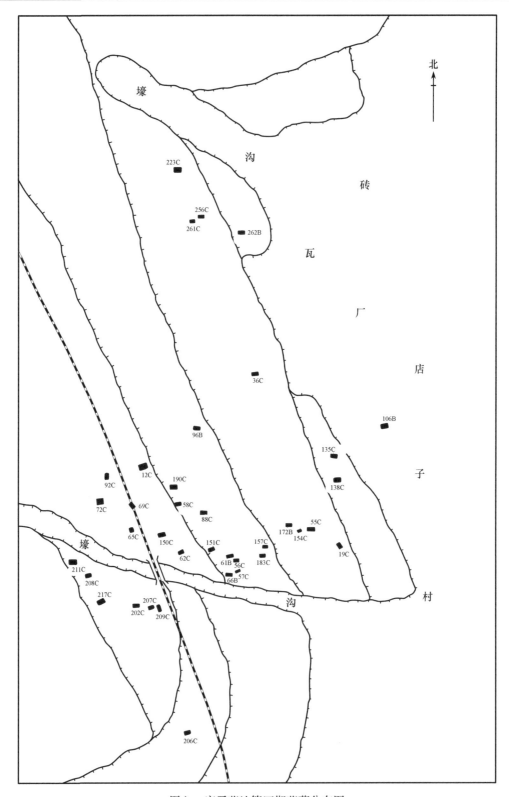

图六　店子墓地第四期墓葬分布图

　　第五期墓葬含36座C类墓，已不见B类墓，主要分布在墓地的西半部，与第四期墓葬分布范围基本不重合（图七）。出现了洞室墓，墓葬方向也多有东向和南向者，并出现了直肢葬。可鉴定性别的墓葬中，男性为23例，女性为10例，不明3例，男女性比为2.3∶1。随葬陶器已不见鬲、盆、喇叭口罐或釜、盆、喇叭口罐的组合，多为一件或

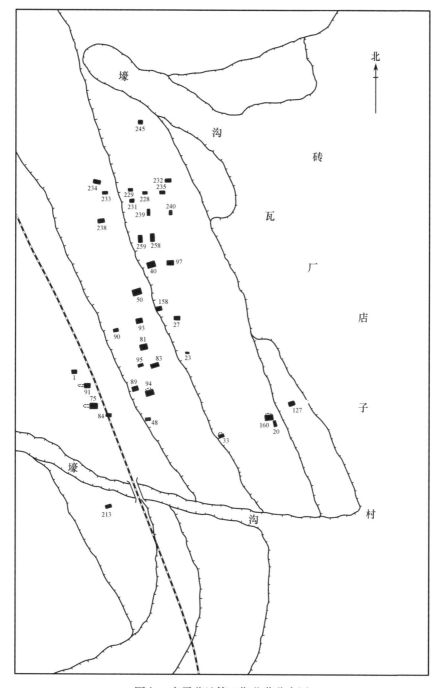

图七　店子墓地第五期墓葬分布图

数件形制不同的罐或瓮，或加一件釜、盆等。出现了双耳铲足鬲。或有一两件小件铁器，不见有石圭。

第六期墓葬含C类墓16座，主要分布在墓地的北半部，与第五期墓葬分布范围基本不重合（图八）。半数为洞室墓，墓葬方向除2座为南向，1座不清外，其余均为西向。人骨葬式仅1例为直肢葬。可鉴定性别的墓葬中，男性为11例，女性仅1例，不明

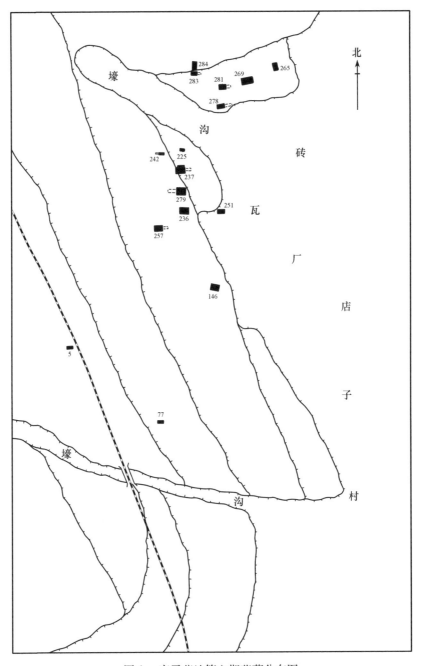

图八 店子墓地第六期墓葬分布图

4例，男女性比为11∶1。随葬器物以小口圆肩罐为主，或有釜、缶等。新出现的随葬器物有铁釜和漆器。

<h1 style="text-align:center">三</h1>

　　店子墓地第一期即春秋中期时，墓葬数量较少，墓葬分布相对集中于南部和东北部两个地区而形成两个墓群，或可称之为两个墓地，各自都包含有B类墓和C类墓。仿铜陶礼器尚未形成日后那种规范化的组合，尤其是在第1组时这种现象更为突出。

　　店子墓地第二期即春秋晚期时，从墓葬形制和随葬器物的形态看，与第一期墓葬有着诸多的相同之处和紧密的发展关系，其文化的归属与第一期墓葬没有区别，可视为是第一期墓葬的延续。但墓葬数量的突然增加，埋葬区域的变化，却很难将其看成是第一期埋入人群的自然延续，也就是说第二期墓葬埋入的人群中，应有一部分是进入该地点的新移民。与新移民的进入同时出现的最突出的一个现象是男性数量远远多于女性，这种男女性比例相差的悬殊程度，已超出了目前已知的所有能够解释男女性比失调的正常范围[8]，很可能这些新移民是以某种主要由男性组成的社会群体而不是以自然的家庭作为基本单位进入这一地区的。B类墓中有30%的墓随葬铜戈，其分布范围集中于北半部，且全部为男性，表明这些墓主人生前曾参与过与军事有关的活动。由此推测这些新移民很可能是作为与军事有关的社会群体的一员进入该地区，而进入该地区的原因亦可能与军事活动有关。而B类墓的数量多于C类墓又似乎表明，在新移民中，大部分人都可以使用仿铜陶礼器随葬，而这种权力的获得也应与他们生前所属的社会集团及其所参与的军事活动有关。另外在一些B类墓和C类墓中，都有用釜随葬的现象，没有发现釜和鬲共出，因而二者在功能上是相同的。笔者曾作《论秦釜》一文[9]，指出在宝鸡地区春秋早期的秦墓中，就因受巴蜀文化的影响出现了陶釜，并且在此后很长一段时期内作为秦文化的一种代表性器物与陶鬲共存[10]。店子墓地使用陶釜的时间始于第二期即春秋晚期而晚于其他地区，且用釜的墓葬分布相对集中，似乎也表明用釜随葬的墓葬间存在着较其与用鬲随葬的墓葬间更为紧密的联系，亦从另一角度说明了店子墓地第二期的埋入者不都是原有人群的自然延续，其中应包含了从其他地点进入该地区的新移民。

　　到第三期时，墓葬形制和随葬器物，都延续了第二期的传统，但墓葬数量趋于减少，分布范围大多在南半部，与第二期的分布有重合，数量亦相当，应该是第二期埋入这里的人群在社会生活较稳定的情况下自然延续的结果。值得注意的是，第二期埋入南半部的墓葬是不出铜戈的，而在第二期用铜戈随葬的墓葬集中分布的北半部，该期墓葬数量较少，从分布上没有表现出南半部所具有的延续性，加之第三期用铜戈随葬的墓葬仅有1例，以及B类墓所占比例下降，似乎表明到第三期时，生前曾参加过军事活动的人，以及使用仿铜陶礼器的人数量较第二期明显减少。釜和鬲仍不共出于一个墓葬，但用釜的墓葬不再相对集中于几个地点，而是和用鬲的墓葬交错存在，表明分别用釜和用鬲的人之间已不再有关系的亲疏之别。这一时期男女性比例相当，则说明埋入的人群生前处于一种正常的社会生活之中。不过根据所见的两性墓葬分布情况，还很难确认此时出现了某种方式的夫妻合葬。

第四期墓葬数量较三期有所增加，但B类墓数量锐减，虽然B类墓随葬的仿铜陶礼器组合已不规范，形制亦极度简化，但仍可看出是第三期同类器物的发展形态。C类墓随葬的日用陶器延续了第三期的组合，器物形态的变化亦符合其自身的发展轨迹。新出现了一种双耳釜，显然不是这一地区此前使用的陶釜的发展，可视为一种新进入的外来文化因素。但这种双耳釜在其使用上只是代替了此前已有的陶釜，而未表现出与之相配的新的器物组合，表明其仅仅是作为一种因素进入这一地区。这一期墓葬主要集中于墓地南部，其范围与第三期墓葬部分重合又表现出向西部的延伸。男性所占比例虽然较高于女性，但仍未超出先秦时期一般墓地的男女性比[11]。出现了1座男女同穴合葬墓，但对于其他的墓葬仍然难以确认存在着夫妻合葬的现象。第四期墓葬整体上还是表现出与第三期墓葬间的自然而紧密的联系，应是第三期墓葬的自然延续。

第五期墓葬没有随葬仿铜陶礼器的B类墓，新出现了洞室墓、直肢葬，随葬的日用陶器已基本不见传统的鬲或釜、盆、喇叭口罐的组合，代之以双耳铲足鬲或折沿釜，或加上折腹盆、小口圆肩罐等，亦可零星见到同时期在关中其他地区多见的茧形壶，以及受到关东地区影响的中原式壶和盒等，不见随葬石圭。墓葬主要分布在墓地的西部，与第四期墓葬的分布范围大部不重合，并有打破早期墓葬的现象。这些表明店子墓地的第五期墓葬并没有完全延续第四期的传统而发生了一些变化。男性所占比例较前期有所增加，加之直肢葬、双耳铲足鬲等此前从未出现的因素，似乎指示有新的人群进入这一地点是发生变化的原因之一。不过据已有的对秦墓的研究成果，这些变化也见于关中其他地区同时期的秦墓中，因此亦不能排除出现上述变化的原因是当时秦文化发展的大趋势。值得注意的是在关中其他地区同时期的秦墓中，都出现了较多的中原文化因素，如在咸阳塔儿坡发掘的381座战国晚期到秦代的墓葬中，有39座为B类墓，都随葬有中原式的仿铜陶礼器，如带盖鼎、盒和壶等，C类墓中也有随葬中原式的带盖盒或无盖盒。而在店子墓地第五期墓葬中，仅有1座墓随葬了中原式的无盖盒和该墓地唯一的1件茧形壶。

第六期墓葬数量较少，竖穴墓或洞室墓的墓道面积均有所增大，多超过3米，并且流行用河卵石铺在墓室底部；随葬器物中出现了铁釜或其他铁器以及漆器等；墓葬主要分布在墓地的北半部，与第五期墓葬不重合，并且有打破早期墓葬的现象；男女性比例相差悬殊。随葬器物的组合与第五期相近，器物形制亦与第五期间具有明显的连续性。这些现象表明第六期墓葬之所以有变化并非由于与第五期墓葬间有较长的时间上的间隔，而是埋入的人群发生了变化，可能有该地点以外的人群进入。由于在随葬器物方面所表现出来的延续性，即使有新的人群进入，其文化属性并未发生变化，亦应归属于秦文化。

四

根据上文对店子秦墓地的观察和分析，可勾勒出店子秦墓地形成与发展的大致过程。

店子墓地第一期即春秋中期时，规模小且可分为两个不同的小墓群，表明埋入者生前亦应分属于不同的人群，B类墓所代表的中间阶层处于刚刚出现的阶段。

店子墓地第二期即春秋晚期时，因埋入了以某种军事活动为媒介，以某种社会集团为基本单位进入的人群而规模有所增加，新移民中中间阶层所占比例较大，与平民阶层间的区别明显，且随葬的仿铜陶礼器规范化。新移民的进入并没有使该地点秦文化的发展偏离原有的轨迹，亦没有见到随之而来的外来文化因素，因此新移民的文化归属与第一期相同。从这个意义上讲，店子墓地第二期时，其埋入的人群虽然有所变化，但并没有带来文化结构的改变。

店子墓地第三、四期即战国早、中期，埋入的人群、墓葬的类别以及所表现出的文化面貌，都是在第二期墓葬的基础上自然延续的结果，这一时期墓地处于一种稳定的持续发展状态，除了在第四期出现1座男女合葬墓外，不能确认出现了可以认定为是夫妻合葬的小家族墓地。

店子墓地第五期即战国晚期到秦代，与关中其他地区相同出现了较多此前未见的文化因素，但其中绝少有中原文化因素，表明在战国晚期秦文化大量吸收中原文化而使其自身发生诸多变化的大趋势中，店子墓地虽然也表现出一定的开放性，但与其他地点相比则相对封闭或保守。

店子墓地第六期即进入西汉初期以后，很可能存在着从其他地点进入该墓地的人群，而非第五期墓葬墓主人的自然延续。随着这些人群的进入，墓地亦出现了一些较为显著的变化，但与此前诸期相同的墓葬形制、人骨葬式以及形态相承的随葬陶器，表明这些新进入的人群其文化的归属同于此前诸期，仍然属于秦文化的范畴，即该地点秦文化的传统并没有因秦王朝的灭亡而终止。

五

已有的研究成果表明，东周时期的秦文化，曾经历了一个由弱到强，自西向东的发展与扩张过程。在春秋早中期时，主要是以军事活动为媒介与北方地区的古代文化相接触，秦文化中也因此出现了一些北方文化因素。到春秋晚期以后，在关中地区各地的秦墓中，由于秦文化东进的大势以及对中原列国文化的认同，都比较普遍地出现了来自黄河东岸中原列国的文化因素，这种趋势一直持续到秦统一以后[12]。而店子墓地在其形成和发展过程中所呈现的阶段性变化，似乎与关中其他地点东周时期的秦文化不甚相符，最主要的区别在于店子秦墓地中，一直没有出现大量的中原列国文化因素。店子墓地所在陇县地处黄土高原的西南隅，沿千河谷地上溯，可到甘肃的平凉地区，其西南隔陇山与甘肃省天水地区相邻，目前所发现的春秋早期秦墓大都在此地区[13]，可知这一带是秦文化出陇东向关中平原扩展经由的早期驿站，亦一度成为秦文化发展中的重要地点[14]。春秋晚期后在秦文化向东发展的形势下，这里成为秦文化的后方阵地，尤其是在店子墓地这样一个始终未有A类墓的低等级墓地中，感受不到秦文化在东进的大势中所带来的中原文化的影响，保持稳定甚至处于一种保守封闭的态势，是可以理解的。可能正是由于在秦文化的后方地区，处于中低阶层的人群的稳定与保守，才为秦文化的向东发展提供了基础。或许也是由于同样的原因，在店子墓地中秦文化的传统才一直保持到西汉初期。笔者曾提出对秦文化的研究应该把对人群的层次结构与文化结构的分析结合起来，以考察秦文化中处于不同层次的人群，在秦文化发展的过程中所起到的作用[15]。从这个意义上讲，店子墓地应该是提供了秦文化中位于其后方地区的中低阶层人群在东周时期秦文化的发展过程中所表现的基本模式，即稳定与保守。

注　释

［ 1 ］　陕西省考古研究所：《陇县店子秦墓》，三秦出版社，1998年。

［ 2 ］　滕铭予：《关中秦墓研究》，《考古学报》1992年第3期。

［ 3 ］　滕铭予：《论东周时期秦文化的发展与扩张》，《中国考古学的跨世纪反思》，商务印书馆（香港）有限公司，1999年。

［ 4 ］　参见滕铭予：《论关中秦墓中洞室墓的年代》，《华夏考古》1993年第2期中的有关论述。

［ 5 ］　咸阳市文物考古研究所：《塔儿坡秦墓》，三秦出版社，1998年。

［ 6 ］　店子墓地所作的分期，主要是以随葬陶器形制和组合的变化为线索进行的。但是今天我们所认识的陶器形制的发展变化规律，实际上只是陶器外部形态发展变化的逻辑序列，即每一种形制的器物被开始制作出来的时间上的早晚关系。而在实际生活中，一种形制的陶器出现后，往往会持续使用一段时间，以至于在其基础上有所发展变化而产生的新形制出现后，还会与其并行使用一段时间。因此基于器物形制的逻辑发展序列对墓地进行的分期，其每一期所含墓葬间一定都存在着时间上的早晚关系。就目前对店子墓地类型学的研究，还达不到对所分各期内的墓葬进行排序的程度，也就不具备以同一期内墓葬间早晚关系为基础进行各种讨论的条件。因此本文对店子墓地所做的研究，都是以期为单位进行的。

［7］ 根据《陇县店子秦墓》墓葬登记表，所鉴定的人骨最小死亡年龄为20岁，均为成年。因此下文不再说明死亡年龄。

［8］ 据吉林大学考古学系朱泓教授见告，在先秦时期可能是由于人为地控制人口而采取了一些措施，使很多墓地中的人骨鉴定结果都呈现出一定的性比失调现象，男女性比大多在2∶1左右。而店子墓地第二期男性与女性间高达6∶1的悬殊比例，则很难归结为人为控制人口这一原因。参见朱泓：《东灰山墓地人骨的研究》，《民乐东灰山考古》附录二，科学出版社，1998年。

［9］ 滕铭予：《论秦釜》，《考古》1995年第8期。

［10］ 这种共存是指在同时期的墓葬中，既有随葬陶鬲者，也有随葬陶釜者，而在一个墓葬中则很少有釜与鬲共出的现象。

［11］ 朱泓：《东灰山墓地人骨的研究》，《民乐东灰山考古》附录二，科学出版社，1998年。

［12］ 滕铭予：《论东周时期秦文化的发展与扩张》，《中国考古学的跨世纪反思》，商务印书馆（香港）有限公司，1999年。

［13］ 张天恩、尹盛平：《陕西陇县边家庄一号春秋墓》，《考古与文物》1986年第6期；陕西考古研究所宝鸡工作站：《陕西陇县边家庄五号春秋墓发掘简报》，《文物》1988年第11期；肖琦：《陕西陇县边家庄出土春秋铜器》，《文博》1989年第3期。

［14］ 张天恩：《边家庄春秋墓地与汧邑地望》，《文博》1990年第5期。

［15］ 滕铭予：《秦文化的考古学发现与研究》，《华夏考古》1998年第4期。

（原刊于《考古与文物》2002年增刊）

咸阳塔儿坡秦墓地再探讨

咸阳塔儿坡秦墓地位于秦都咸阳西南10千米处的渭河第二阶台地上，1995年经咸阳市文物考古研究所发掘，发掘资料已由咸阳市文物考古研究所编著的《塔儿坡秦墓》发表[1]。

塔儿坡墓地是到目前为止在关中地区发现的秦文化墓地中数量最多、报道最为及时并详尽的墓地之一，为秦文化研究提供了非常重要的资料。报告在对墓葬形制、随葬器物、陶文等进行客观报道的基础上，就墓葬的分类、墓地的分期，以及墓主人身份与来源、墓葬的分布规律、秦文化与外部文化的交流等问题进行了讨论。本文意在上述工作的基础上，对塔儿坡墓地的有关问题做进一步的探讨。

一

咸阳塔儿坡墓地共发掘了381座墓葬，随葬器物以陶器为主，可分为仿铜陶礼器和日用陶器两大类。仿铜陶礼器以带盖鼎、盒或盖豆、圆壶为主，与战国中期以前秦文化墓葬中随葬的以无盖鼎、簋和方壶为主的一套仿铜陶礼器迥然有异，却与三晋两周地区同时期的同类器物完全相同。不过部分仿铜陶礼器上有记录生产地的戳印陶文，如"咸阳××""咸×里×"等，可知这些在形制上完全同于三晋两周地区的仿铜陶礼器，是在秦国本地生产的[2]。日用陶器则以一套炊器、盛食器和水器为主。炊器中釜的数量占据了主要地位，部分釜的上部形态，如小口、凸肩等特点，都可看出与传统的秦式鬲间所存在的嬗变关系[3]，盛食器以无盖盒为主，还有部分折腹直口的盆（盂），水器有壶，另外还有一些小口广肩缶和大口瓮等。与仿铜陶礼器不同，大部分日用陶器都是秦文化自身的传统器物。

《塔儿坡秦墓》在分别对仿铜陶礼器和日用陶器进行类型学排比的基础上，将整个墓地分为三期，分别为战国晚期早段、战国晚期晚段和秦统一，其中战国晚期早段和战国晚期晚段又分别划分为两段。这是目前所见到的对战国晚期到秦代的秦文化遗存所建立的最为细化的分期，无疑为这一时期秦文化遗存的进一步研究提供了良好的基础。

不过目前战国秦汉时期的考古学分期研究，对于大部分资料来说，每一期、段的年代跨度大体上都在八十年到一百年左右。造成这种现状不仅仅是由于资料发现和研究水平的局限所致，其中更重要的原因应该与类型学分析的基本原理有关。通过类型学的排比和分析所得到的器物形制的发展变化规律，只是器物外部形态发展变化的逻辑序列，即每一种形制的器物被开始制作出来的时间上的早晚关系。而在实际生活中，一种形制的器物出现后，往往会持续使用一段时间，以至于在其基础上有所发展变化而产生的新形制出现后，还会与其并行使用一段时间，这个时间因具体情况或长或短。正如俞伟超先生所指出的，"演化序列研究的合理性，仅仅在于找出物品形态变化的逻辑轨道。所谓逻辑轨道，就是对历史过程的一种认识和提炼，但不一定和历史过程完全重合。在形态学研究中，如果将逻辑轨道和历史的具体过程简单地等同起来，必将看不到若干人工制品有多种类型的形态交错存亡的事实。"[4] 在对考古学资料进行分期时，如果每一期的时间跨度较长，因器物的逻辑序列和实际使用所产生的时间差就可以忽略不计，但如果把分期的刻度细化到像秦代这样一个只有十五年的短暂区间里，就会不可避免地出现一个墓葬其随葬器物的形制可能早于或晚于秦代的标准器物，但其真实的埋葬年代是晚于或早于秦代，或者正值秦代。正是出于这种原因，也由于咸阳塔儿坡墓地各期墓葬的随葬器物从形制上看都极为接近，因此本文是在将塔儿坡墓地置于战国晚期到秦代这样一个大的时间区段里的前提下，对其做进一步的分析。

二

塔儿坡墓地有36座墓中随葬的91件陶器上有戳印或刻印文字共99处，还有6处可见戳印方框，但文字不辨。报告作者指出，咸阳塔儿坡墓地所出陶文带有物勒工名的性质，其所记录的是生产作坊或生产者的名字，其产品应该是已经进入流通领域的商品。只是报告作者认为所有陶文均为民营制陶作坊所有[5]，而有的研究者认为陶文中的"咸阳巨杢""咸阳巨昌"和"咸原少公"应是咸阳市府经营的制陶作坊的标志[6]。

《塔儿坡秦墓》第五章中已将陶文按内容分类进行了详细的统计[7]，通过报告发表的统计表可看出，印有同一陶文的器物器类大多相同或相近，如"咸阳巨杢"以鼎为多，还有带盖盒、带盖壶等仿铜陶礼器；"咸阳巨昌"亦以生产鼎和带盖盒等仿铜陶礼器为主；而"咸蒲里奇"则以生产无盖盒、无盖壶和小罐等日用陶器和明器为主，这些现象表明当时不同的制陶生产作坊生产的产品多以某一种或某一类器物为主，如"咸阳巨杢"应该是以生产仿铜陶礼器为主的制陶作坊，而"咸蒲里奇"则是以生产日用陶器和明器为主的制陶作坊[8]。通过对统计表的观察，同时还可以发现出于同一个墓葬的随葬器物上戳印的陶文往往会有不同。表一即是在原报告附表五的基础上，以墓葬为单位对各墓葬出土器物上戳印陶文的统计。

表一　咸阳塔儿坡墓地各墓出土有陶文器物统计表

墓葬编号	器物名称	器物编号	陶文内容	陶文位置	备注
M18124	鼎	12	咸阳巨夽	盖顶外壁，器身底部	两处
	缶	16	咸郊里㤰	腹壁下部	
M26381	鼎	5	咸阳巨夽	器身底部	
	盒	6	同上	底外壁	
M34223	鼎	8	□	腹壁上部	陶文不识
	盆	15		底内壁	仅有戳记，字不识
	小罐	11		腹壁上部	同上
	小罐	13	咸蒲里奇	腹壁上部	
	小罐	14		腹壁上部	阳文四字不识
M43200	盒	2	咸郊里欣	底内壁	
	小罐	1	同上	底内壁	
	釜	3	咸重成鸟	腹壁上部	
M22009	壶	4	咸郊里欣	腹壁上部	
	釜	3	咸重成	腹壁上部	
M23352	小罐	2	咸郊里欣	腹壁中部	
	釜	1	□重□□	腹壁上部	
	盆	3	咸里斃阳	腹壁下部	
	盆	4	咸□	腹壁下部	
M48289	鼎	5	咸阳巨夽	盖顶外壁，器身底部	盖顶两处
	盒	4	咸寏里高	盖顶内壁，器身底部	两处
M33171	鼎	8	咸阳巨夽	盖顶外壁，器身底部	两处
	盒	6	咸寏里高	盖顶内壁	
	壶	7	同上	底外壁	
	釜	5	咸□里□	腹壁上部	印在绳弦纹上
M27063	鼎	12	咸彣里辰	盖顶内壁，腹壁上部	两处
	盒	7	同上	盖顶外壁，器身底部	两处
	盒	13	咸阳巨夽	腹壁底部	
	盒	5	咸蒲里奇	器底内壁	无盖
	壶	14	同上	腹壁上部	
	盆	10	咸原少公	内壁	
	盆	8	同上	内壁	
	瓮	11	咸郚里队	腹壁下部	
	瓮	9	咸郚小有	腹壁上部	
	缶	6	咸重成放	腹壁下部	
M43177	盒	2	咸彣里辰	盖顶内壁，器身底部	两处
	茧形壶	4	咸西更	肩部正面	
	釜	3	咸芮里臣	肩部	

续表

墓葬编号	器物名称	器物编号	陶文内容	陶文位置	备注
M34227	鬲	3	咸郦里宣	腹壁上部	
	盆	5	咸□里林	底内部	
M34226	瓮	1	咸郦里逋	腹壁	
	盒	6	咸蒲里奇	底内壁	无盖
	小罐	5	□□□□	腹部上部	阳文四字不识
M28057	鼎	4	咸平浃黉	腹壁上部	
	盒	2	同上	腹壁近底部	
	盒	3	咸阳巨夅	底外壁	
M47394	鼎	5	咸阳巨昌	盖顶内壁	
	盒	4	同上	盖顶内壁，器身底部	一阴文一阳文
	壶	3	咸里甘周	器底外壁	
M24135	釜	3	咸间器犯	腹壁上部	
	茧形壶	5	咸西臣辟	腹壁上部	
	小罐	2	咸蒲里奇	腹壁下部	
M22012	缶	8	咸完里□	腹壁下部	
	瓮	9	咸间里陵	腹壁下部近底部	
M28022	瓮	1	咸郊里□	腹壁中部	
	盆	2	□□□志	内壁下部	
M34240	盒	4	咸平浃黉	腹壁近底部	
	小罐	5		腹部上部	仅有戳记，字不识
M34233	盒	3	反里戌遝	腹壁近底部	
	壶	4		腹壁上部	仅有戳记，字不识
M34226	盒	4	□□□□	底内部	阳文四字不识
	小罐	1	同上	腹壁上部	同上
M32350	盒	10	咸蒲里奇	器底内壁	
	壶	7	咸阳巨夅	腹壁下部	
M43189	盒	3	咸寊里高	盖顶外壁，器身底部	两处
	壶	4	咸郊里欣	腹壁上部	
M41345	盒	5	咸□里□	盖顶内壁	
M28203	茧形壶	1	咸西□亘	腹侧部	该墓另有一件小口罐戳印博局纹
M18044	缶	1	咸商里若	腹部近底处	
M15101	盆	4	□□□□	底内壁	阴文四字不识
M34238	小罐	3	咸□里□	腹壁上部	
M35264	鼎	3	咸阳巨夅	盖顶外壁，器身底部	两处
M17395	鼎	3	咸阳巨夅	盖顶外壁，器身底部	两处
M23090	瓮	3	咸郦里宣	腹壁上部	
M43191	瓮	3	咸郦里致	腹壁下部近底处	

续表

墓葬编号	器物名称	器物编号	陶文内容	陶文位置	备注
M33199	小罐	3	咸郄里欣	腹壁上部	
M28051	缶	1	咸郄里朾	腹壁下部	
M24136	缶	1	咸郄□□	腹壁下部	
M23196	盆	1	咸重成放	腹壁下部	
M23008	盆	2	咸原少公	内壁	
M35262	盆	4	□□□志	内壁下部	
M17390	缶	1	咸□□里道器	肩部	
M27070	缶	1	□□□阎	腹壁下部	
M48293	缶	4	咸完里逞	腹壁下部近底处	
M25103	盂	2	咸樊阳戏	腹壁下部	

从表一可知，至少有20座墓葬中的随葬器物来自不同的制陶作坊，其中最典型的是M27063，陶鼎（M27063：12）和有盖陶盒（M27063：7）上的戳印陶文相同，为"咸彡里辰"；陶壶（M27063：14）和无盖盒（M27063：5）上的戳印陶文相同，为"咸蒲里奇"；另有有盖盒（M27063：13）、瓮（M27063：9）、瓮（M27063：11）、缶（M27063：6）和2件盆（M27063：8、10）等，分别为"咸阳巨耷""咸郿小有""咸郿里队""咸重成放"和"咸原少公"等。也许正是由于不同的制陶生产作坊生产的陶器有所不同，使用者为了满足对不同种类陶器的需要，会通过商业行为购买自己所需的器物，因此在一个墓葬中才会出现由不同制陶作坊生产的陶器。不过目前尚不清楚的是，来自不同生产作坊的器物，是由使用者分别购自不同的生产作坊，抑或是购自集中了不同制陶作坊生产的器物、集中进行商业活动的地方。

三

塔儿坡墓地的381座墓葬中，共有197座墓随葬有各类陶器共662件，包括仿铜陶礼器、日用陶器和一些小型明器，其中有1座墓还随葬有青铜礼器。按照作者以往对秦墓分类的原则[9]，应将这些墓葬划分为随葬青铜礼器的A类墓，随葬仿铜陶礼器的B类墓，随葬日用陶器的C类墓，以及不随葬陶器，但伴出有带钩类服饰用器的D类墓。由于A类墓仅有1座，同时该墓中还共出有仿铜陶礼器鼎、盒、壶，因此可将其归入B类墓一并进行讨论。

塔儿坡墓地的墓葬在墓葬形制、墓葬方向、葬式等各种构成墓葬的基本因素都有不同的表现形式，如墓葬形制有竖穴墓和洞室墓，墓葬方向有东西向和南北向，葬式有屈肢葬和直肢葬等，分别对全部墓葬和B类墓、C类墓、D类墓，就上述墓葬因素进行统计，得到表二，根据表二可以得到图表一。

表二 咸阳塔儿坡墓地各类墓葬统计表

墓葬类别	墓葬数量	墓葬形制（数量，百分比）						墓葬方向（数量，百分比）		性别（数量，百分比）				葬式（数量，百分比）				备注
		竖穴			洞室			东西	南北	性别清楚			不清	可辨葬式			不清	
			有椁	无椁		偏	直				男	女			屈肢	直肢		
全部墓葬	381	100,26.2%	43,43%	57,57%	281,73.8%	66,23.5%	215,76.5%	298,78.2%	83,21.8%	236,61.9%	160,67.8%	76,32.2%	145,38.1%	312,81.9%	267,85.6%	45,14.4%	69,18.1%	含9座瓮棺葬
B类墓	39	13,33.3%	8,61.5%	5,38.5%	26,66.7%	1,3.8%	25,96.2%	31,79.5%	8,20.5%	15,38.5%	13,86.7%	2,13.3%	24,61.5%	29,74.4%	16,55.2%	13,44.8%	10,25.6%	含1座瓮棺葬
C类墓	158	50,31.6%	22,44%	28,56%	108,68.4%	28,26%	80,74%	121,76.6%	37,23.4%	106,67.1%	69,65.1%	37,34.9%	52,32.9%	136,86.1%	120,88.2%	16,11.8%	22,13.9%	含5座瓮棺葬
D类墓	184	37,20.1%	13,35.1%	24,64.9%	147,79.9%	37,5.2%	110,74.8%	140,76.1%	44,23.9%	115,62.5%	78,67.8%	37,32.2%	69,37.5%	149,81%	132,88.6%	17,11.4%	35,19%	含3座瓮棺葬

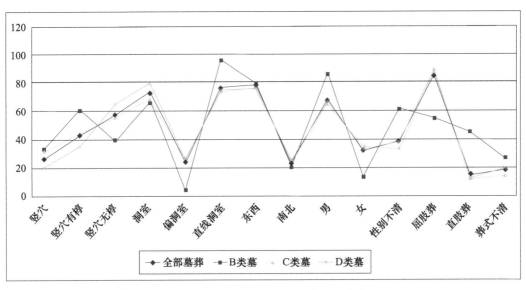

图表一　咸阳塔儿坡墓地各类墓葬比较曲线图

通过对图表一的分析，可知：

（1）从全部墓葬的比值（下文称为基本值）可以知道，咸阳塔儿坡墓地在墓葬形制上倾向于使用洞室墓，在洞室墓中倾向于使用直线形洞室，在墓葬方向上以东西向为多，在能够鉴定性别的墓葬中，男女性别比大约为2：1，在葬式上以屈肢葬为主。

（2）B、C、D各类墓葬在墓葬方向上没有区别，在使用竖穴墓和洞室墓的比例上较为接近。

（3）B类墓在使用竖穴墓、竖穴墓中使用椁、在洞室墓中使用直线洞室墓、已鉴定性别的墓葬中男性比例以及使用直肢葬等方面的比例均明显高于基本值。

（4）C类墓在使用竖穴墓和洞室墓的比例上与B类墓相近，与基本值稍有不合，但在竖穴墓中是否用椁、洞室墓形制方面以及其余各项都与基本值相近。

（5）D类墓在使用竖穴墓方面低于基本值，但竖穴墓中不用椁的比例较高，使用洞室墓的比例高于基本值，但洞室墓不同形制的比例与基本值相近。

由于塔儿坡墓地的年代比较集中，因此该墓地在墓葬形制、墓葬方向、葬式以及随葬器物上的非单一性，以及由上述统计所表现出的各类墓的特点，不应该是由于时代不同引起的，很可能与墓主人生前所属的社会阶层、文化传统以及人群构成有关。

由于（1）是对全部墓葬就各因素的不同表现形式进行的统计，所得到的比例值是墓地各项因素中不同形式所占比例的基本值，应该反映了咸阳塔儿坡墓地的整体趋势。

由于将墓葬划分为B、C、D不同类别的根据是随葬器物的种类和组合，因此由（2）可知，不同的墓葬形制和墓葬方向与随葬器物的种类和组合没有必然的联系。

　　由（3）可知，B类墓的墓主人以男性为主，在使用竖穴墓中倾向于用椁，在使用洞室墓中倾向于使用直线型洞室墓，使用直肢葬的比例高于其他类墓葬。由于在前一阶段秦文化中出现过以使用直肢葬为主的墓地[10]，另外在秦周边地区的其他文化也多使用直肢葬，如三晋两周地区，因此B类墓中出现的使用直肢葬的墓主人，既可能是原来秦文化中使用直肢葬的人群；亦可能是来自其他外部文化的、原来就使用直肢葬的人群；也有可能是原来使用屈肢葬的人群由于某种原因使用了直肢葬。而B类墓随葬的仿铜陶礼器从形制到组合全部为三晋两周地区文化的特点，同时一部分B类墓在随葬了一套仿铜陶礼器之外，还共出一套秦文化的日用陶器，这表明一部分墓主人在表现出对三晋两周地区文化的认同的同时，还继续了秦文化自身的传统。综上述分析，咸阳塔儿坡墓地中使用仿铜陶礼器随葬的B类墓的墓主人生前所属群体，其构成可能是比较复杂的，很可能是一个包含了不同人群的集合体。

　　由（4）与（5）可知，C类墓和D类墓除了在竖穴墓和洞室墓的比例上稍有差别外，其余各方面均与全部墓葬的基本值相当，表明C类墓和D类墓这两类墓的墓主人在各方面比较接近。

　　C类墓中使用的陶釜是从秦式鬲变化而来，其组合多为秦文化墓葬中日用陶器的规范组合，使用的屈肢葬式又是秦文化墓葬中的传统葬式，因此可以推测C类墓的墓主人中，较多的人地继承了秦文化的墓葬习俗，很可能原来即是属于秦文化的人群。不过在这些墓葬中，也有部分墓葬随葬了三晋两周地区式的器物，如无盖的陶盒、圈足或平底的陶壶等，或随葬属于西北地区文化因素的铲脚袋足鬲等，表明C类墓的部分墓主人亦接受了三晋两周地区文化和西北地区古代文化的影响，或者其中有些人本来即来自这些地区。因此C类墓的墓主人生前所属群体很可能也融入了不同来源的人群。

　　D类墓尽管没有随葬器物，但由于在各方面都表现出与C类墓相近，因此D类墓的墓主人中同样可能包含有不同来源的人群。

　　由于在塔儿坡墓地随葬的仿铜陶礼器、日用陶器中，都发现了陶文，表明这些随葬器物是分别由不同的制陶作坊生产并进入商品流通领域后，由使用者根据自身需要进行购买的。那么各类墓葬间的差别，其实质是由于使用者购买的器物种类和数量不同。由于B类墓使用椁的比例较高，墓主人以男性为主，并包含了较多的使用直肢葬的人群，因此不能排除当时在是否能够购买和使用仿铜陶礼器方面，在社会地位、性别和人群来源方面还存在着一定的限制。随葬一套日用陶器的C类墓与没有随葬陶器的D类墓在墓葬的各个方面都很接近，同时在是否用椁、洞室墓形制等方面都表现出与B类墓间存在着一定的差别。只是由于在B类墓中也有女性，也有屈肢葬者，C、D类墓也有使用椁、直肢葬者，因此这些差别都没有形成绝对的对应关系。由此可以推测塔儿坡墓地中的各类墓葬在随葬器物的类别和组合方面的不同，与墓主人生前的社会地位可能具有一定的关联，但并不存在着绝对的对应关系。

四

　　咸阳塔儿坡墓地位于秦都咸阳遗址西10千米左右处，在咸阳故址的西侧还分布着黄家沟、任家嘴等秦人墓地，塔儿坡墓地是距离咸阳最远者。据目前资料不能肯定埋入塔儿坡墓地的死者生前一定是居住在咸阳城内，但由于该墓地是战国晚期到秦代相对较短时期内集中使用的墓地，埋入该墓地的死者生前当具有某种关系。如前文所述，塔儿坡墓地的墓葬根据随葬器物的种类和组合不同可以划分为不同的类别，而不同类别墓葬的墓主人之间，尽管可能有社会阶层或身份地位的差别，但由于随葬器物已商品化，尤其是各类墓在墓葬形制、葬式上表现出来的多样化，表明埋入塔儿坡墓地的死者生前可能属于不同的人群或不同的文化传统。因此该墓地既不同于邓家崖[11]、店子墓地[12]那样由于死者生前属于相同的人群，或是具有共同的文化传统聚族而葬，亦很难说是因为这些死者生前属于相同的社会阶层而埋入同一个墓地，也不同于汉代以后出现的因死者经济实力相当而埋在一起的买卖墓地[13]。之所以能够将上述这些在墓葬类别、形制、葬式以及随葬器物的组合上所表现出多样性的、来源不同的死者埋入同一个墓地，其背后所隐含的应该是这些死者生前居住在同一个具有凝聚力的聚落共同体内，属于同一个地缘组织的历史事实，将他们联系在一起的纽带当是一种地缘关系。

注　　释

[1]　咸阳市文物考古研究所：《塔儿坡秦墓》，三秦出版社，1998年。

[2]　咸阳市文物考古研究所：《塔儿坡秦墓·第五章》，三秦出版社，1998年。

[3]　关于秦墓中所出陶釜的形制与不同形制陶釜发展变化的序列，参见滕铭予：《论秦釜》，《考古》1995年第8期。

[4]　俞伟超：《考古学新理解论纲》，《考古学是什么》，中国社会科学出版社，1996年。

[5]　咸阳市文物考古研究所：《塔儿坡秦墓·第五章》，三秦出版社，1998年，196页。

[6]　王辉：《秦文字释读订补（八篇）》，《考古与文物》1997年第5期。

[7]　咸阳市文物考古研究所：《塔儿坡秦墓·第五章》，三秦出版社，1998年，199～204页，附表五。

[8]　咸阳市文物考古研究所：《塔儿坡秦墓·第五章》，三秦出版社，1998年，196页。

[9]　关于对秦墓进行分类的思想，参见滕铭予：《关中秦墓研究》，《考古学报》1992年第3期。

[10]　在凤翔雍城南郊的邓家崖墓地，已发现的全部墓葬均为直肢葬，可视为是一个只使用直肢葬的墓地。墓地年代大体上从春秋晚期到战国中期，墓地的随葬器物，无论是青铜礼器、仿铜陶礼器，还是日用陶器，从组合到形制与秦文化完全相同，表明埋入该墓地的人群就墓葬中

使用的随葬器物看，已经接受并使用了秦文化，但就其来源看应与秦文化有所不同，在葬式上仍然保留着自身的传统，并且在死后埋入单独的墓地实行聚族而葬。参见陕西省考古研究所雍城工作站：《凤翔邓家崖秦墓发掘简报》，《考古与文物》1991年第2期。

［11］ 陕西省考古研究所雍城工作站：《凤翔邓家崖秦墓发掘简报》，《考古与文物》1991年第2期。

［12］ 滕铭予：《店子墓地的形成与发展及相关问题讨论》，《考古与文物》2002年增刊。

［13］ 俞伟超：《考古学中的汉文化问题》，《考古文明与历史》，"中研院"历史语言研究所傅斯年汉学讲座，1997年。

（原刊于《北方文物》2004年第4期）

任家咀秦墓地相关问题研究

任家咀墓地位于陕西省咸阳市渭城区渭阳镇东的高台塬上，西铜铁路过其北，南约1千米为渭河。1984年曾在这里发现1座秦墓[1]，1990年咸阳市文物考古研究所在这里发掘了285座墓葬，其中242座为秦墓。所有秦墓的资料已由咸阳市文物考古研究所编著的《任家咀秦墓》作了较为详尽的报道[2]。

在20世纪五六十年代修建西安到铜川的铁路时，任家咀墓地北部既遭破坏，1990年长庆石油集团公司在此地修建工厂时，亦对部分墓葬造成了破坏。从原报告发表的墓地平面图观察，墓地北侧为西铜铁路，东、西、南三侧均有断崖，已发掘的墓葬均位于台地之上。发掘报告也指出，墓地顶部保存较好，周边破坏较严重，部分墓葬已被挖到底部[3]。因此现已发掘的墓地很可能已不是墓地原有范围。不过在已发掘的约2万平方米的范围内，共发现秦墓242座，其分布疏密有间，延续时间从春秋中期一直到秦代，仍然为讨论该墓地的分期、形成过程以及相关的一些问题提供了较好的基础。《任家咀秦墓》中，就通过对墓地出土的随葬陶器进行的类型学研究，对墓地的分期与年代进行了推定；对墓地中出现的外来文化因素，以及由其所反映的秦文化与楚、晋、周和北方文化的交流进行了讨论；对墓葬中随葬的陶囷及其所隐含的历史背景进行了分析；报告还指出该墓地中分别使用仿铜陶礼器和使用日用陶器随葬的墓葬以及瓮棺葬各有自己的分布区域，墓地应由专人管理等[4]。本文拟在上述工作的基础上，对任家咀墓地的形成与发展及相关问题做进一步的探讨。

一

任家咀墓地秦墓的随葬器物，以仿铜陶礼器和日用陶器为大宗，也有极少数的墓葬随葬了青铜礼器。本文将沿用笔者对秦墓进行分类的原则，将随葬青铜礼器或共出仿铜陶礼器、随葬仿铜陶礼器或共出日用陶器、仅随葬日用陶器、无随葬器物的墓葬，分别称为A类、B类、C类和D类墓[5]，并认为不同类别墓葬的墓主人生前所处的社会阶层有所不同，A类墓为当时的统治集团成员、B类墓为中间阶层的墓葬、C和D类墓为平民阶层。

原报告对随葬器物进行的类型学研究，以及在此基础上对墓葬的分期与年代所进行的推定，为讨论该墓地的形成与发展提供了很好的基础，不过对于部分墓葬期别的归属，根据笔者对随葬器物的观察和对类型学研究的理解，与报告所分存在一些差别。本文将墓地分为五期，各期典型墓葬及器物见图一。

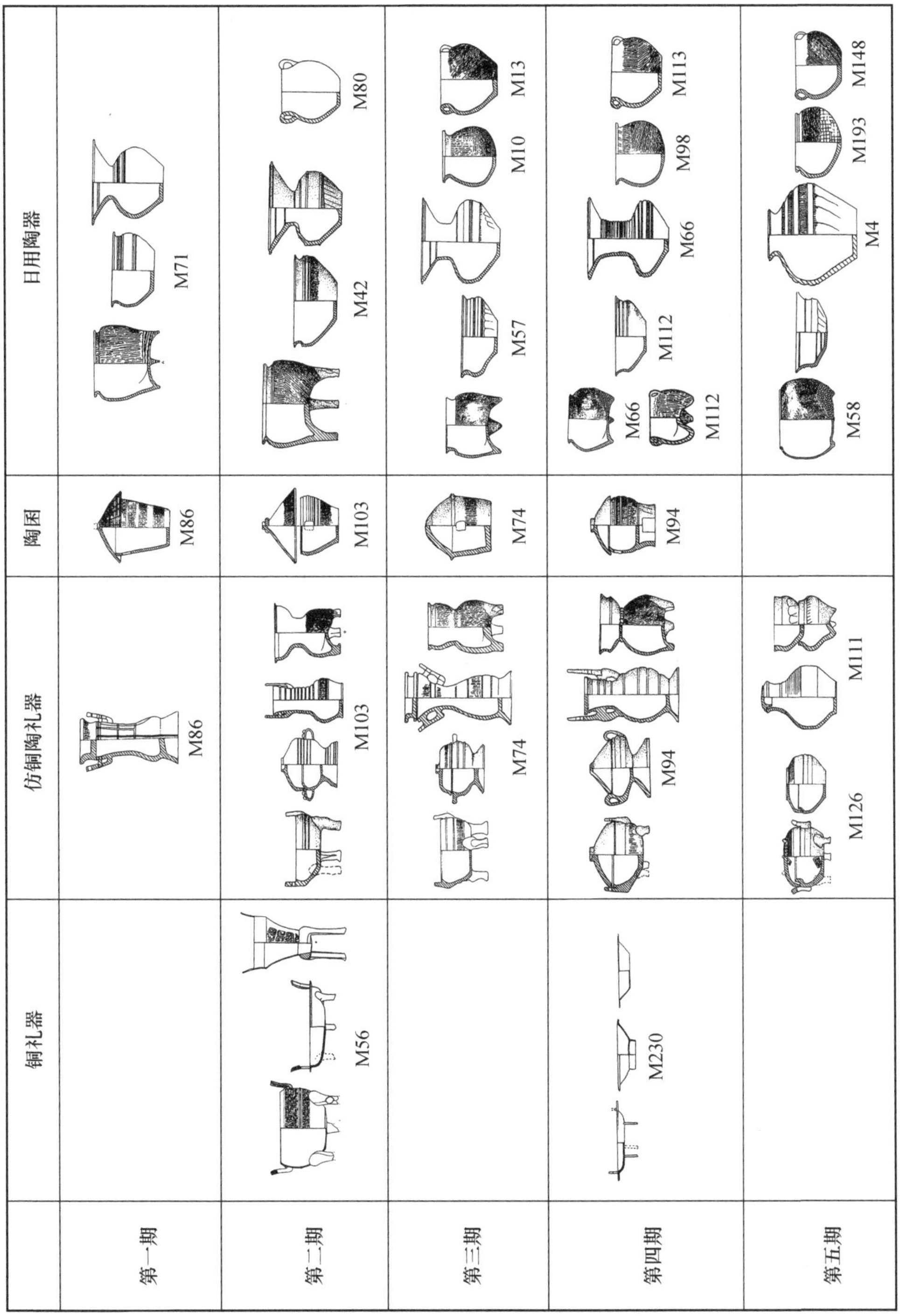

图一　任家咀墓地典型墓葬分期示意图

　　根据已有的对关中地区中小型秦墓的分期与年代学的研究，本文所分任家咀墓地第一期至第五期的年代分别相当于春秋中期、春秋晚期、战国早期、战国中期、战国晚期到秦代。需说明的是，原报告将任家咀墓地分为六期，本文所分前四期同于报告中的前四期，而报告中第五期的年代为战国晚期，第六期的年代为秦代，不同于本文所分。笔者曾就将战国晚期和秦代划归一期的原因进行过讨论，主要有三：第一，秦代只有十五年的时间，而目前对于这一阶段的考古学资料面貌的把握以及在此基础上进行的考古学分期，都还很难把时间刻度细化到十五年这样短的区间范围里。第二，目前的分期多是根据类型学的研究而进行，而通过类型学的排比和分析所得到的器物形制的发展变化规律，实际上只是器物外部形态发展变化的逻辑序列，即每一种形制的器物被开始制作出来的时间上的早晚关系。而在实际生活中，一种形制的器物出现后，往往会持续使用一段时间，以至于在其基础上有所发展变化而产生的新形制出现后，还会与其并行使用一段时间，这个时间因具体情况或长或短。如果把分期的刻度细化到秦代只有十五年的短暂区间里，就会不可避免地出现某一墓葬其随葬器物的形制可能早于或晚于秦代的标准器物，但其真实的埋葬年代是晚于、或早于秦代，或者正值秦代。第三，提供划分秦代墓葬的最主要资料来自湖北云梦睡虎地。云梦一带原为楚国疆域，为秦人占领后，由于秦文化的进入使这里的文化面貌发生了重大的变化，并且集中表现在墓葬中。而任家咀墓地地处秦都咸阳附近，在战国晚期到秦代，这里不存在统治族群的变换，也不存在外来文化强制性的进入，秦文化仍然延续着其原有的发展轨迹，很难将其作为单独的一期划分出来[6]。本文所分各期所含墓葬基本情况见任家咀墓地分期统计表（表一）。

二

　　第一期墓葬可确认年代者仅有B类墓和C类墓各1座，分布在墓地中部（图二）。虽然该墓地北缘由于西铜铁路已被破坏，但从已发掘范围的北半部没有发现第一期墓葬来看，即使原墓地可能在其北侧还有墓葬，亦与已发现的这2座墓不属于同一墓地。B类墓M86随葬有仿铜方壶的彩绘陶方壶，共出有陶囷和铜器残片。C类墓M71是一双棺合葬墓，人骨性别、葬式、年龄等已均不能辨认。该墓随葬了鬲、盂、大喇叭口罐各2件，以及1件石圭。

　　第二期墓葬的数量较第一期有所增加，可确认者共14座。其中可确认类别者有A类墓1座，B类墓6座，C类墓6座。另M179被M252和M257打破，随葬器物仅余1件陶囷，应已不是原有的器物组合。考虑到在第二期墓葬中共有6座墓随葬有陶囷，其中4座墓均为A、B类墓，因此M179很可能属B类墓，只是因被严重破坏已不知共有的其他随葬器物。第二期墓葬主要分布在墓地中部偏南，基本都分布在第一期墓葬的西北、东北

表一　任家咀秦墓各期墓葬统计表

分期	墓号	分类	方向(°)	墓制	葬式	年龄(岁)	性别	铜容器和陶器	其他随葬器物	备注
1	M86	B	267	竖穴口底同大	屈0	?	?	陶方壶、囷	铜器残片	有棚木痕
1	M71	C	255	竖穴口底同大	?	?	?	陶鬲、盂、喇叭口罐	石圭	
2	M56	A	285	竖穴口底同大	?	?	?	铜鼎、瓿、陶茧形壶、小罐、囷	陶圭、铜带饰、环首刀、玉环、玉串珠、玉璏、玉黄、石佩、蚌壳、蚌纺轮	
2	M35	B	274	竖穴口底同大	直	50	男	陶方壶、盂、豆、双耳钵	铜襟钩、石圭	
2	M36	B	270	竖穴口底同大	屈145	45~50	?	陶簋、方壶、盘、匜、鬲、盅罐		有棚木
2	M103	B	290	竖穴口底同大	屈	?	?	陶鼎、簋、方壶、盘、匜、囷、豆	石圭、玉圭	
2	M108	B	267	竖穴口底小大	屈20	?	男	陶鼎、簋、方壶、瓿、囷、豆	玉圭	
2	M123	B	267	竖穴口小底大	屈	?	?	陶鼎、簋、方壶、囷、盂、喇叭口罐	玉环、石圭	
2	M210	B	268	竖穴口底同大	屈15	50~55	女	陶簋、方壶、盘、匜、瓿、盂、喇叭口罐	玉含、石圭、陶圭	
2	M179	B?	257	竖穴口底同大	屈0	35~40	男	陶鬲		被M252、M257打破
2	M30*	C	270	竖穴口底同大	屈35	?	?	陶盆	铜带饰	
2	M42	C	273	竖穴口底同大	屈120	?	?	陶鬲、盂、喇叭口罐	铜襟钩、铜圈、石圭	有枕木1根
2	M121	C	300	竖穴口底同大	屈0	?	女	陶鬲、盂、钵、喇叭口罐	玉璧	仅存墓室
2	M168	C	22	竖穴口大底小	屈32	?	?	陶鬲、盆、豆	铜带饰	
2	M213*	C	300	竖穴口底同大	屈0	30~35	男	陶囷		有棚木
2	M231	C	288	竖穴口底同大	屈20	45~50	男	陶盆		

续表

分期	墓号	分类	方向（°）	墓制	葬式	年龄（岁）	性别	铜容器和陶器	其他随葬器物	备注
3	M232	A	290	竖穴口底同大	屈15	?	?	铜盘、陶盆、甑、陶釜、盆、喇叭口罐	铜环首刀、镯、铁带钩	
3	M26	B	280	竖穴口底同大	屈0	35~45	男	陶方壶、囷、高、盆、豆	铜带饰、镯	
3	M74	B	270	竖穴口底同大	屈0	?	?	陶鼎、簋、方壶、瓶、盂、匜、喇叭口罐、小罐	铜构件、玉圭、玉玦、石圭	
3	M80	B	275	竖穴口底同大	?	?	?	陶簋、匜、瓶、盆、双耳罐	铜剑、环首刀、带饰、铁镯、玉璜骨锥	
3	M96	B	275	竖穴口底同大	屈0	25~30	男	陶鼎、簋、瓶、高、盆	玉璧	有兽骨
3	M101	B	270	竖穴口底同大	屈25	?	?	陶簋、方壶、盆、匜、囷、瓶、豆、小罐	玉圭、石圭	
3	M105	B	274	竖穴口底同大	屈	?	?	陶方壶、盆、匜、高、盆、罐	铜带饰、石圭	
3	M180	B	263	竖穴口底同大	屈43	40	男	陶鼎、簋、盂、壶	铜镦、盖弓帽、石圭	有兽骨、棚木
3	M196	B	216	竖穴口小底大	屈0	?	男	陶鼎、簋、匜、瓶、高、盆、钵、罐、三足罐	石圭	被汉墓M204打破，棺内有兽骨
3	M211	B	294	竖穴口底同大	?	?	?	陶鼎、方壶、囷	铜带钩、陶圭	
3	M212	B	257	竖穴口底同大	屈37	50~55	男	陶鼎、簋、囷、直领罐	陶圭、石圭、玉圭	人骨左侧有兽骨
3	M70*	B	275	竖穴口底同大	屈0	?	?	陶壶、釜、豆	石圭、玉圭	
3	M130*	B?	275	竖穴口底同大	屈35	?	男	陶簋		
3	M3*	C	275	竖穴口底同大	屈40	40~45	女	陶盆		被M177、M275打破

续表

分期	墓号	分类	方向（°）	墓制	葬式	年龄（岁）	性别	铜容器和陶器	其他随葬器物	备注
3	M9*	C	5	竖穴口底同大	屈10	?	女	陶盆	铜带饰2	
3	M10	C	280	竖穴口底同大	屈20	?	男	陶盆、盆、罐、小罐	铜带钩、镞、戈	
3	M13	C	15	竖穴口底同大	屈10	?	女	陶盆、罐、双耳罐		
3	M14*	C	180	竖穴口底同大	屈0	50	?	陶鬲、盆		头厢有兽骨
3	M17*	C	295	竖穴口底同大	屈36	45~50	女	陶鬲	铜带饰、环首刀、铁镯、玉环、璧饰、石圭	
3	M21	C	278	竖穴口底同大	屈0	35	男	陶釜、盆		
3	M27	C	282	竖穴口底同大	屈40	45~50	女	陶鬲、盆		
3	M29*	C	258	竖穴口底同大	屈25	?	?	陶鬲、盂、豆、喇叭口罐、小罐		报告墓地平面图此墓为南北向
3	M33	C	275	竖穴口底同大	屈35	60±	男	陶鬲、盆、喇叭口罐	铜带饰	
3	M34*	C	0	竖穴口底同大	屈0	45	男	陶豆	铜带钩	有棚木
3	M37*	C	301	竖穴口底同大	屈30	?	男	陶鬲、盆		
3	M38*	C	10	竖穴口底同大	屈0	?	男	陶鬲		
3	M43	C	265	竖穴口底同大	?	?	?	陶鬲、盆、罐	铜环首刀、陶纺轮、锥形器、铁带钩、镯	有枕木2根
3	M48	C	290	竖穴口小底大	屈0	?	?	陶鬲、豆	铜带钩	被M188打破，有棚木
3	M49	C	285	竖穴口底同大	屈0	?	男	陶盆、喇叭口罐、双耳罐		有棚木和枕木
3	M53	C	270	竖穴口底同大	屈30	?	?	陶鬲、盆、罐	铜带饰、石璧	有立柱
3	M57	C	219	竖穴口底同大	?	?	?	陶鬲、盆、喇叭口罐	石圭	
3	M59	C	272	竖穴口底同大	屈0	40~45	女	陶鬲、盆、囷	铜环首刀、玉饰	有枕木2组，有兽骨

续表

分期	墓号	分类	方向（°）	墓制	葬式	年龄（岁）	性别	铜容器和陶器	其他随葬器物	备注
3	M64	C	270	竖穴口底同大	屈0	40	男	陶鬲、盆		有棚木
3	M67	C	275	竖穴口底同大	屈0	?	?	陶鬲、盆		棺板及头厢内有兽骨
3	M68	C	273	竖穴口底同大	屈25	40	女	陶鬲、盂、喇叭口罐		
3	M69	C	278	竖穴口底同大	屈0	40	男	陶鬲、盂	石圭	
3	M79	C	270	竖穴口底同大	?	?	?	陶鬲、盂		
3	M85*	C	270	竖穴口大底小	屈0	?	男	陶鬲、盆	铜环首刀，玉串饰，卵石	
3	M89*	C	280	竖穴口底同大	屈0	?	?	陶鬲、盆		头厢有兽骨
3	M91	C	265	竖穴口底同大	屈0	50	男	陶双錾铲足鬲、盆	陶圭	
3	M95*	C	290	竖穴口底同大	?	?	?	陶鬲、盆		
3	M102	C	271	竖穴口底同大	屈15	45±	男	陶盂、喇叭口罐	玉含，梯形石制品	
3	M107	C	278	竖穴口底同大	屈0	?	?	陶鬲、盆、罐、囷	铜镞、凿、环首刀、带钩、玉饰，串饰，石圭	头厢有兽骨
3	M109	C	280	竖穴口大底小	屈0	?	?	陶鬲		打破M51
3	M125	C	282	竖穴口底同大	屈0	55	男	陶鬲、钵、豆、罐	铜带钩，玉凿	
3	M133	C	284	竖穴口底同大	?	?	?	陶釜、盆、罐		
3	M134	C	276	竖穴口底同大	屈30	35~45	女	陶鬲、盆、喇叭口罐	铜带钩	
3	M140	C	276	竖穴口底同大	屈0	35~45	男	陶鬲、盆		
3	M141	C	5	竖穴口底同大	?	?	男	陶鬲、盆、直领罐		
3	M155	C	290	竖穴口小底大	屈30	35~45	男	陶鬲、钵		
3	M158*	C	293	竖穴口底同大	屈0	50	女	陶鬲、盆、钵		有棚木
3	M159	C	285	竖穴口底同大	屈0	30~45	女	陶鬲、钵、喇叭口罐		
3	M166	C	290	竖穴口底同大	屈0	35~45	男	陶鬲、盆、罐	铜带钩，骨器	

续表

分期	墓号	分类	方向(°)	墓制	葬式	年龄(岁)	性别	铜容器和陶器	其他随葬器物	备注
3	M167	C	275	竖穴口小底大	屈	?	?	陶鬲	石圭	有兽骨
3	M172	C	260	竖穴口底同大	屈27	?	男	陶鬲、盆、喇叭口罐		有兽骨，被M247打破
3	M173*	C	265	竖穴口小底大	屈150	?	?	陶鬲	铜带饰、镞、石圭、玉圭	有棚木
3	M194*	C	274	竖穴口小底大	屈30	50	男	陶鬲、喇叭口罐	铜带饰、带钩、镞、玉圭	椁底板痕迹
3	M201*	C	14	竖穴口小底大	屈	?	?	陶鬲		
3	M214	C	9	竖穴口底同大	屈0	?	?	陶鬲、盆、罐	玉璧	
3	M216*	C	270	竖穴口底同大	屈	45~50	男	陶鬲、喇叭口罐	玉柱	
3	M225	C	290	竖穴口底同大	屈0	?	男	陶釜、盆、罐、小瓶	铜带饰、环首刀、镞、器座	被M260、M263打破
3	M226	C	290	竖穴口小底大	屈32	?	女	陶鬲、盆		
3	M227	C	270	竖穴口底同大	屈0	?	女	陶鬲		被M264打破
3	M229	C	5	竖穴口底同大	屈40	50±	男	陶鬲、盆、三足罐	玉串饰、玉饼	
3	M234	C	277	竖穴口底同大	屈0	?	?	陶鬲、盆、罐		
3	M243	C	270	竖穴口底同大	屈40	?	?	陶鬲、盆、罐	铜带钩、玉合	
3	M244*	C	280	竖穴口底同大	屈10	45±	男	陶鬲、盆		
3	M255	C	260	竖穴口底同大	屈0	?	?	陶罐	玉合	
3	M265	C	280	竖穴口底同大	屈0	45~50	男	陶鬲、盆、豆	铜带钩、环首刀	
3	M267	C	275	竖穴口底同大	屈0	55±	男	陶鬲、盆	铜带钩、石圭	
4	M230	A	285	竖穴口底同大	屈0	40±	男	铜鼎、盆、陶鬲、盆、罐	铜带饰、铜镯	被M90打破
4	M94	B	275	竖穴口底同大	屈35	?	男	陶鼎、盆、筐、方壶、囷、瓶、盆、豆、喇叭口罐、小罐	铜镞、环首刀、陶车轮、陶圭、管形饰、有孔石饰	

续表

分期	墓号	分类	方向(°)	墓制	葬式	年龄（岁）	性别	铜容器和陶器	其他随葬器物	备注
4	M131	B	0	竖穴口小底大	屈0	?	?	陶鼎、簋、方壶、囷、瓿	铜带钩、石研磨器	棺外墓主人头上方有兽骨左上方有兽骨
4	M171	B	270	竖穴口小底大	屈0	50	男	陶鼎、簋、壶、匜、囷、瓿、罐	铜带饰、环首刀、石圭、镞	
4	M117*	B?	187	竖穴口底同大	?	25~30	?	陶方壶		椁内墓主人头骨处有兽骨
4	M129	B?	275	竖穴口底同大	屈15	?	女	陶环耳壶、盆	玉璧饰	
4	M5	C	2	竖穴口底同大	屈0	?	女	陶鬲、盆、单耳钵、罐	铜带饰、带钩	
4	M6	C	14	竖穴口底同大	屈0	?	?	陶釜、盆、罐	铜镞、印	有兽骨
4	M11	C	280	竖穴口底同大	?	?	?	陶盆、罐、双耳罐	铜带钩	被M111打破
4	M12*	C	0	竖穴口底同大	?	?	?	陶鬲、盆	铜带钩	
4	M15	C	272	竖穴口底同大	屈88	50	?	陶盆、罐、双耳罐	铜带钩、石锥、斧	
4	M16	C	5	竖穴口底同大	屈0	?	男	陶釜、盆、双耳罐	铜带钩	
4	M25*	C	283	竖穴口底同大	屈40	50	女	陶鬲、盆、罐	铜带饰	
4	M39	C	290	竖穴口底同大	?	?	?	陶鬲、盂、豆、喇叭口罐	铜带饰	有棚木
4	M40*	C	285	竖穴口底同大	屈0	?	男	陶罐	铜带饰	
4	M45*	C	277	竖穴口底同大	屈0	?	?	陶釜、盆	铜带饰	被M41打破
4	M46	C	300	竖穴口底同大	屈0	?	男	陶鬲、盆、罐、瓿、瓶	铜带饰、带钩、镞、环首刀、有孔石饰	有棚木，记录被M41打破，但墓地平面图距离M41很远
4	M47	C	293	竖穴口底小	屈0	?	男	陶鬲、盆	铜带钩	
4	M50*	C	285	竖穴口底同大	屈0	50	男	陶鬲、盆、喇叭口罐	石圭	

续表

分期	墓号	分类	方向（°）	墓制	葬式	年龄（岁）	性别	铜容器和陶器	其他随葬器物	备注
4	M52*	C	282	竖穴口底同大	屈53	45～50	男	陶盆、喇叭口罐		头厢有兽骨
4	M54	C	273	竖穴口底同大	屈30	40	男	陶鬲、盆	铜带饰、环首刀	
4	M55	C	280	竖穴口底同大	屈0	?	?	陶鬲、盆、小罐、小瓶		
4	M60	C	257	竖穴口底同大	屈0	40～45	女	陶鬲、小罐		头骨处有兽骨
4	M66	C	250	竖穴口底同大	屈0	?	?	陶鬲、喇叭口罐	泥器	
4	M72*	C	274	竖穴口底同大	屈15	40	女	陶釜、盂、小罐	石祖、石圭	
4	M75	C	259	竖穴口底同大	屈	?	?	陶盆、罐	铜带饰、玉璧饰	
4	M78	C	290	竖穴口底同大	屈0	40	男	陶鬲、盆	陶兽、陶环、铜铃、蚌壳	有枕木
4	M98	C	295	竖穴口底同大	屈0	25～35	男	陶釜、盆	铜镞、石圭	
4	M100*	C	270	竖穴口底同大	屈25	30～35	女	陶鬲、罐	铜带饰	有棚木、瓮内有鸡骨
4	M104	C	267	竖穴口底同大	屈0	45	男	陶釜、盆、罐		
4	M110	C	262	竖穴口底同大	屈0	40～45	男	陶鬲、直领罐		被M58打破
4	M112	C	280	竖穴口底同大	屈0	?	?	陶双耳袋足鬲、盆		
4	M113	C	269	竖穴口底同大	屈0	40	男	陶盆、喇叭口罐、双耳罐		
4	M120	C	270	竖穴口底同大	屈0	?	?	陶釜	石环饰	
4	M124	C	285	竖穴口底同大	屈7	35±	男	陶双耳罐、直口罐	料珠	被M251叠压
4	M128	C	300	竖穴口底同大	?	?	?	陶鬲、盆、茧形壶	玉含、石圭	
4	M132	C	268	竖穴口底同大	屈25	?	男	陶鬲、盆		
4	M136	C	280	竖穴口底同大	屈28	?	?	陶鬲、盆、罐		
4	M137*	C	290	竖穴口底同大	屈0	55	男	陶喇叭口罐		有立柱痕
4	M139	C	271	竖穴口底同大	屈0	30～35	?	陶鬲、罐		

续表

分期	墓号	分类	方向(°)	墓制	葬式	年龄（岁）	性别	铜容器和陶器	其他随葬器物	备注
4	M142	C	115	竖穴口底同大	屈15	35~45	男	陶鬲、盆、罐		
4	M144	C	110	竖穴口底同大	屈15	?	男	陶鬲、罐、釜		
4	M145*	C	267	竖穴口底同大	屈0	50	男	陶鬲、盆		被M32打破
4	M146	C	257	竖穴口底同大	屈0	?	女	陶盆、罐		有棚木
4	M149	C	210	竖穴口底同大	屈0	?	男	陶鬲		被M193打破
4	M152*	C	10	竖穴口小底大	屈145	?	?	陶鬲		
4	M157	C	285	竖穴口小底大	屈45	40	男	陶盆、罐、双耳罐		有枕木和棚木
4	M161*	C	277	竖穴口大底小	屈20	25~30	女	陶鬲	铜带饰、残玉饰	
4	M163	C	288	竖穴口底同大	屈35	?	?	陶盆、钵	石圭	
4	M165	C	10	竖穴口小底大	屈28	55~60	女	陶鬲		被M239打破，有枕木
4	M169	C	5	竖穴口小底大	屈0	?	?	陶鬲、盆、喇叭口罐	铜带饰	
4	M183	C	283	竖穴口底同大	屈0	40~45	女	陶盆、喇叭口罐、豆	铜带饰	
4	M185	C	280	竖穴口小底大	?	?	?	陶鬲、钵、罐		
4	M215	C	287	竖穴口底同大	屈22	?	男	陶盆、罐、双耳罐		
4	M218	C	20	竖穴口底同大	屈0	40±	男	陶鬲、盆	玉含	
4	M219*	C	285	竖穴口底同大	屈0	?	?	陶釜、盆、直领罐		
4	M220	C	295	竖穴口底同大	屈0	?	男	陶双耳罐	铜带钩	棺内人骨头部有兽骨
4	M221	C	285	竖穴口底同大	屈42	50±	男	陶鬲、盆、罐		
4	M222	C	283	竖穴口底同大	屈0	?	男	陶鬲、盆		
4	M223*	C	285	竖穴口底同大	屈0	?	?	陶盆、罐、双耳罐	铜带钩	
4	M224	C	357	竖穴口底同大	屈0	?	?	陶鬲、盆、罐		

续表

分期	墓号	分类	方向(°)	墓制	葬式	年龄(岁)	性别	铜容器和陶器	其他随葬器物	备注
4	M228	C	280	竖穴口底同大	屈15	?	?	陶鬲、盆、罐	铜带钩、玉串饰	有大量棚木和枕木
4	M235	C	272	竖穴口底同大	屈15	?	男	陶鬲、盆、罐	石圭	
4	M241	C	20	竖穴口底同大	?	?	?	陶鬲、盆、罐	铜带饰、镯、双龙形环、玉环	无头骨
4	M274	C	273	竖穴口底同大	屈45	?	男	陶鬲		无头骨
4	M275*	C	280	竖穴口底同大	屈0	?	?	陶釜、盆、罐	铜带钩	打破M3，有棚木和陶壁板
4	M280	C	278	竖穴口底同大	屈0	?	男	陶盆罐		
5	M18	B	268	竖穴口底同大	?	?	?	陶鼎、壶、罐		打破M147
5	M20	B	284	竖穴口底同大	?	?	?	陶鼎、壶、蒜头壶		
5	M111	B	70	竖穴口底同大	?	?	?	陶鼎、盆、壶、瓿		打破M111
5	M181	B	6	竖穴口大底小	屈0	?	?	陶鼎、盒、蒜头壶、罐、小瓿 小罐		有立柱痕
5	M182	B	255	竖穴口大底小	屈30	35~45	女	陶鼎、盆、缶	铜镜	
5	M282	B	?	竖穴	?	?	?	陶鼎、壶、缶		被推土机破坏
5	M283	B	?	竖穴	?	?	?	陶鼎、盒、蒜头壶		被推土机破坏
5	M32	B	266	洞室	直	?	?	陶鼎、盒、蒜头壶、瓿、盂、小罐		打破M145，墓门用土坯封门
5	M97	B	90	洞室	直	?	?	陶鼎、盒、壶、缶	铜带钩	
5	M126	B	180	洞室	直	25~35	女	陶鼎、盒、壶、缶		打破M114
5	M177	B	275	洞室	屈	?	?	陶鼎、盒、蒜头壶、缶		打破M3，M19
5	M247	B	275	洞室	?	?	?	陶鼎、盒、缶、蒜头壶、鍪	铜器残片、器架、鍪	打破M172
5	M257	B	268	洞室	直	?	男	陶鼎、盒、豆、缶	铜镞残片	打破M252

续表

分期	墓号	分类	方向（°）	墓制	葬式	年龄（岁）	性别	铜容器和陶器	其他随葬器物	备注
5	M258	B	270	洞室	直	35~40	男	陶鼎、盒、罐		打破M178
5	M250	B	?	瓮棺	?	婴儿		陶鼎、盒	铜带钩	
5	M251	B	78	瓮棺	?	?		陶鼎、盒、壶		叠压于M124之上
5	M264	B	270	瓮棺	?	?	?	陶鼎、盒、壶		打破M227
5	M261	C	0	洞室	?	?		陶罐、缶		打破M143
5	M193	C	218	瓮棺	?	婴儿		陶釜、盒、小罐、小瓶		打破M149
5	M217	C	285	瓮棺	?	?		陶罐		打破M153
5	M249	C	275	瓮棺	屈	婴儿		陶釜		
5	M2	C	345	竖穴口底同大	屈21	?	男	陶盆、罐	铜带钩、玉含	
5	M4	C	285	竖穴口底同大	屈0	?	男	陶釜、盆、罐	玉含	陶釜中有兽骨
5	M19*	C	275	竖穴口底同大	屈25	?	女	陶釜、盆、直领罐	石环饰	有棚木
5	M58	C	262	竖穴口底同大	屈35	?	?	陶釜、盆、钵		打破M110
5	M143	C	0	竖穴口底同大	屈25	45~50	女	陶豆		被M261打破
5	M148	C	303	竖穴口底同大	屈0	?	?	陶钵、罐、双耳罐		有枕木有兽骨
5	M240	C	0	竖穴口小底大	直	?	不清	陶罐		
5	M246	C	80	竖穴口底同大	直	?	?	陶盂、罐		
5	M260	C	290	竖穴口底同大	屈	?	?	陶罐	铜带钩	打破M225
5	M263	C	106	竖穴口底同大	屈0	?	?	陶罐、小罐	石器	打破M225
5	M285	C	?	竖穴	?	?	?	陶豆、缶		
5	M90	C?	72	洞室	屈30	?	?		铜带钩、镜	打破M267

*表示在报告中没有发表该墓全部器物的测绘图或图版，本表是根据发表的个别器物以及原报告各墓随葬器物种类的型式划分，将其归入人某一期段中。

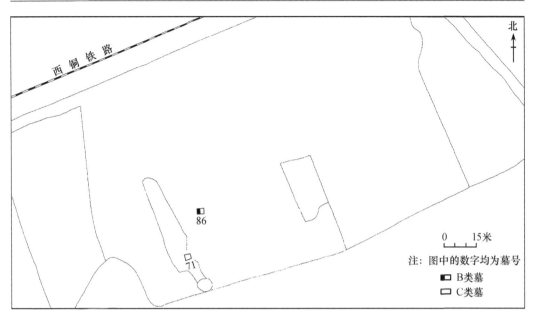

图二 任家咀墓地第一期墓葬分布图

和北部，但与北部已发掘范围的边缘间还存在着很大的空白地带。因此，如果在墓地北侧被西铜铁路破坏的部分还有第二期墓葬，也应该属于另外的埋葬区域（图三）。

竖穴墓中有11座为口底同大，2座为口小底大，1座为口大底小。墓葬方向仅1座为北向偏东，余者均为西向。人骨葬式中11座都为蜷曲很严重的屈肢葬。也出现了直肢葬，以及股骨和胫骨间夹角达到120度甚至145度的、屈肢程度极轻的屈肢葬式。可鉴定性

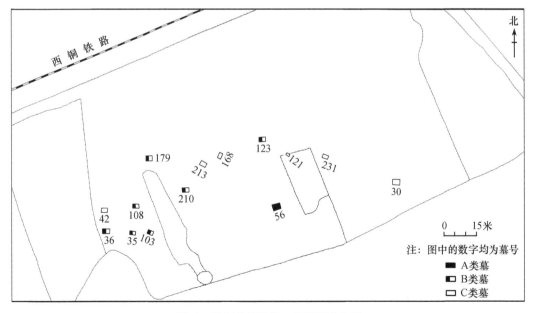

图三 任家咀墓地第二期墓葬分布图

别的墓葬中，B类墓男性3例、女性1例，C类墓中男性2例、女例1例。A类墓M232随葬铜鼎3件、甗1件，同时共出有陶困、茧形壶和小罐，以及侧视呈S状的铜带饰，环首刀，还有大量的玉器和石圭等。B类墓所出仿铜陶礼器已出现鼎、簋、方壶组合，或共出有豆、盘、匜、甗。亦有只出其中2件如鼎和方壶，或簋和方壶的墓葬。其中随葬有陶鼎的3座墓中均随葬有陶困，而仿铜礼器组合中没有陶鼎的墓葬则不见陶困。B类墓葬还有共出日用陶器者，多为鬲、盆/盂、喇叭口罐。C类墓的随葬陶器以鬲、盆/盂和喇叭口罐为主，也有鬲、盆、豆的组合，或仅出其中1件者。B类墓流行随葬石圭。C类墓仅有1座墓随葬有石圭。

　　第三期墓葬数量较第二期有大幅增加，可确认年代者共70座。其中含A类墓1座，B类墓12座，C类墓57座。第三期墓葬的分布遍及墓地已发掘范围的全部（图四）。墓葬形制除3例为口大底小、9例为口小底大外，余者均为口底同大的长方形竖穴墓。墓葬方向中有3例为南向，7例为北向，其余均为西向。人骨葬式除了无法判断的墓葬以外，仅1座墓为股骨与胫骨间夹角为150度的蜷曲程度极轻的屈肢葬，余者均为蜷曲非常严重的屈肢葬。可鉴定性别的墓葬中，B类墓男性6例，C类墓男性24例，女性12例。A类墓随葬了非常明器化的青铜盘、甗各1件，同时还共出陶釜、盆和喇叭口罐，以及铜环首刀，铜镯和铁带钩。B类墓有2例所出仿铜陶礼器为鼎、簋、方壶组合，余者组合多不完整，只出其中2件，甚至1件。这些墓或共出有豆、盘、匜、甗、困。有些墓葬还共出有日用陶器，多为鬲、盆/盂、喇叭口罐，还有双耳罐、直领罐、三足罐等。C类墓的随葬陶器以鬲/釜、盆/盂、喇叭口罐为主，或只出其中的1或2件。B类墓和C类墓都有随葬青铜兵器、铜带钩、铜带饰和玉石圭的现象。

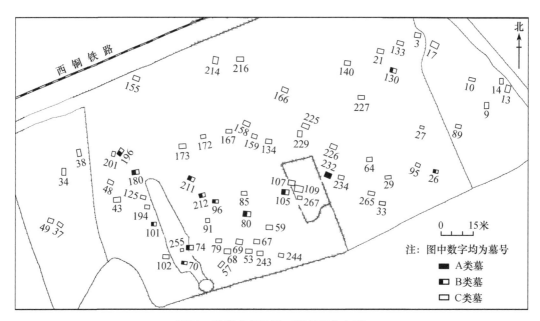

图四　任家咀墓地第三期墓葬分布图

　　第四期墓葬可确认年代者共67座，含A类墓1座，B类墓5座，C类墓61座。墓葬分布虽遍及已发掘范围的全境，但在墓地的东半部有集中的分布（图五）。墓葬形制除2例为口大底小、7例为口小底大外，余者均为口底同大的长方形竖穴。墓葬方向中有2例为东向，11例为北向，2例为南向外，其余均为西向。人骨葬式除了无法判断的墓葬以外，1座为股骨与胫骨间夹角为145度的蜷曲程度极轻、1座为股骨与胫骨间夹角为近90度的蜷曲程度较轻的屈肢葬，余者均为蜷曲非常严重的屈肢葬。可鉴定性别的墓葬中，A类墓为男性，B类墓男性2例，女性1例，C类墓男性28例，女性9例。A类墓随葬了极度明器化的青铜鼎、甑各1件，盘2件，同时还共出陶鬲、盆、罐，以及铜带饰和铜镯。B类墓有3例所出仿铜陶礼器为鼎、簋、方壶组合，均共出甗和囷，或共出有盆、豆、罐等。M129随葬了1件形制较为特殊的彩绘环耳壶，另有釜、盆和玉饰。C类墓的随葬陶器以鬲/釜、盆/盂、喇叭口罐为主，或只出其中的1或2件。有9座墓随葬了双耳罐，另出现了双耳铲足鬲。C类墓亦有随葬铜带钩、铜带饰和玉石圭的现象。有3座墓随葬了铜镞。

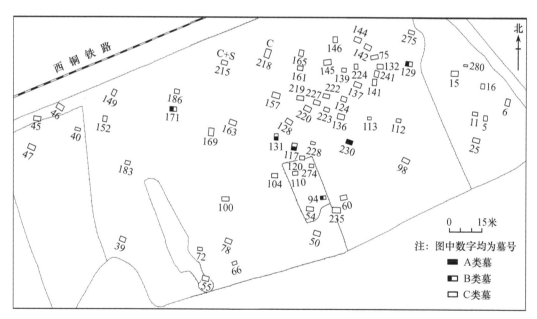

图五　任家咀墓地第四期墓葬分布图

　　第五期墓葬可确认年代者共33座，含B类墓17座，C类墓16座，B类墓与C类墓的比例约为1.06：1，除了已发掘范围的西端和南缘没有此期墓葬外，其他地点均有此期墓葬呈零散的分布，且多打破早期墓葬（图六）。出现了洞室墓和瓮棺葬。竖穴墓形制清楚的墓葬中，除了口大底小和口小底大各1例外，均为口底同大。9座洞室墓均为墓室中轴线与墓道中轴线为相重合的直线式，另有M28为墓室中轴线与墓道中轴线平行的平行式，虽因没有随葬器物不能判断年代，但考虑该墓地在此前未见洞室墓，因此亦应属于这一期。墓葬方向清楚者6例为东向，5例为北向，2例为南向，余者为西向。

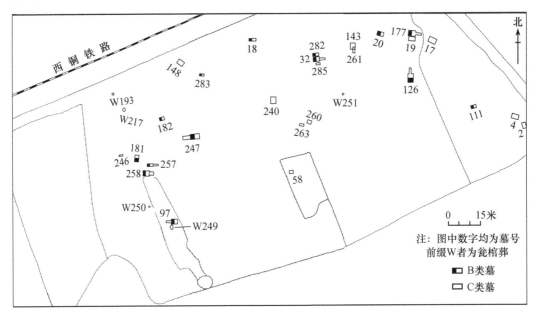

图六　任家咀墓地第五期墓葬分布图

人骨葬式中出现了直肢葬。可鉴定性别的墓葬中，男性为4例，女性为4例，另有3例瓮棺葬为婴儿。B类墓随葬的仿铜陶礼器以盖鼎、盒、圆壶为主，或用蒜头壶代替圆壶。共出的日用陶器以罐、缶为主，仅1例共出有鬲。少量墓随葬有铜镜或铜带钩，不见石圭。C类墓随葬器物以罐为主，或共出有釜、鬲、盆、缶、双耳罐等。少量墓随葬有铜带钩、铜镜、玉含等，不见有石圭。

三

　　任家咀墓地第一期即春秋中期时，仅发现B类墓和C类墓各1座，集中分布在中部偏南处。B类墓M86为蜷曲非常严重的屈肢葬，随葬的仿铜陶礼器还未形成日后那种规范化的组合，但已共出有陶囷。C类墓M71为一双棺同穴合葬墓，已不能辨认人骨架的性别与年龄，除了可以知道当时随葬日用陶器的组合是以鬲、盂、喇叭口罐为主外，亦很难对其进行更进一步的分析。该墓没有发现二次埋葬的迹象，随葬的同类器物形制又极为相近，因此双棺应是同时下葬。考虑到在此后的各期墓葬都未见到这类合葬墓，因此M17这种合葬方式，很可能是特殊情况下的特殊处理方式，而不能视之为当时普遍存在的埋葬习俗。

　　任家咀墓地第二期即春秋晚期时，墓葬数量有所增加，A、B两类墓与C类墓的比例为1.3∶1，前者略高于后者。墓葬大多分布在第一期墓葬的周边。其中B类墓多靠近第一期墓葬的西侧，间有C类墓散在其中，很像是第一期墓葬的延续。第二期墓葬的大多数墓葬都为口底同大的西向竖穴墓，人骨葬式为蜷曲很严重的屈肢葬，随葬的陶鬲多为小口、凸肩或凸腹、低裆、锥状足跟的秦式鬲，与第一期墓葬间有着诸多的相同之处和发展关系，其文化属性当与第一期墓葬没有区别。不过第二期墓葬还有一些值得注意的现象：一是分布在西端的B类墓M35为直肢葬，M36为股骨和胫骨间夹角145度的屈肢程度极轻的屈肢葬式，C类墓M42为股骨和胫骨间夹角120度的屈肢程度很轻的屈肢葬，其中M42还随葬了1件长柱足的鬲。此3座墓的人骨葬式显然与秦墓中最多见的那种股骨和胫骨间夹角小于30度，甚至二者相叠的屈肢葬不同。二是A类墓M56分布在墓地中部偏东处，距第一期墓葬较远，随葬的青铜礼器中除了有一组极为明器化的典型秦式青铜礼器外，还有1件铜鼎[7]，由其具有子母口可知原为有盖鼎，其弧腹，圜底近平，口沿下和腹部饰两周有云雷地纹的蟠螭纹，附耳稍外撇，侧面饰绹纹，蹄状足较细长等特点，与洛阳中州路M2729出土的铜鼎相近，是三晋两周地区春秋晚期铜鼎较为常见的形制[8]。考虑上述现象，即出现了直肢葬[9]与来自三晋地区的青铜礼器，第二期墓葬埋入的人群很可能不全是第一期墓葬人群的自然延续，其中应包含了从其他地点进入该地区的新移民。其中使用直肢葬和蜷曲自然的屈肢葬的墓葬相聚成群，表明这些新进入的人群在埋葬上保持着一定的集群性。

任家咀墓地第三期即战国早期时，墓葬数量大幅度增加，是第二期墓葬的5倍。其A、B两类墓与C类墓的比例约为0.23∶1，前者远少于后者。分布遍及已知墓地范围的全部，但西部较东部数量偏多。其中1座A类墓和10座B类墓的分布范围与第一、二期墓葬重合，另有2座B类墓M26和M130分布在几乎没有第一、二期墓葬分布的东部。大量的C类墓既有靠近第二期墓葬分布范围者，在此前没有墓葬分布的东、西两端和北半部，以及中部偏南处，也都有分布。第三期墓葬的墓葬形制与第二期相近，都是以口底同大的竖穴墓为主，墓葬方向中出现了部分北向和南向者。人骨葬式中除了1座为蜷曲程度极轻的屈肢葬外，都是蜷曲很严重的屈肢葬。由于第三期墓葬中的A类墓和绝大多数B类墓，以及一部分C类墓在分布上大体上与第二期墓葬重合，或在其附近，因此将这些第三期墓葬看成是第二期墓葬埋入人群的自然延续，应是较为合理的推测。第三期墓葬中值得注意的现象有：一是B类墓中有M26、M74、M96、M101、M211、M212共6座，C类墓有M59、M107共2座墓都随葬了陶鬲，其中可辨性别者男性3座、女性1座，这些随葬陶鬲的墓葬只有M26这1座B类墓位于墓地的东部，余者都位于第二期墓葬的附近。二是B类墓有M80、M180共2座，C类墓有M10、M107、M173、M194、M225共5座用青铜兵器随葬，除M10这1座C类墓分布于墓地的最东端以外，其余6座墓都分布在墓地中部第二期墓葬附近。三是A类墓M232，B类墓M70，C类墓M10、M21、M43、M133和M225都随葬了陶釜，且不与鬲共出，其中有M232、M70、M43和M225共4座墓分布在第二期墓葬的附近，余3座墓都集中分布在墓地的东北角。四是M80、M13、M49等3座墓和M91分别随葬了属西北地区古代文化因素的双耳罐和双銎铲足鬲，分别在墓地的中部和东西两端。五是除了1座北向的C类墓M229分布在墓地中部第二期墓葬的附近外，其余北向和南向者，有4座分布在第三期墓葬分布范围的西北角[10]，

3座分布在东端，还有2座分别分布在北部边缘和南部边缘。上述现象可以说明，在第三期墓葬中出现的随葬陶困、青铜兵器的现象，基本属于第二期墓葬自然发展的结果；而此期出现的随葬陶釜和双耳罐的现象，都有部分墓葬不在上述分布范围，加之与大部西向墓不同的南向、北向墓，也不在上述范围内，因此可以推测第三期墓葬中那些不在第二期墓葬分布范围或附近的、即分布在第三期墓葬发掘范围的东西两端以及北部的墓葬，很可能不是第二期墓葬埋入人群的自然延续，而是从其他地点进入该地区的新移民，同时还保留着一定的集群性。这些新移民的墓葬中以只随葬日用陶器的C类墓为主，有少数墓葬方向与这里传统的西向不同，个别墓葬可以随葬仿铜礼器和青铜兵器。

第四期墓葬数量与第三期相当。A、B两类墓与C类墓的比例约为0.1∶1，C类墓仍然占据绝大多数。第四期墓葬的分布范围与第三期墓葬基本重合，只是分布重心偏向东部。其中A类墓M230和M131、M117、M94等3座B类墓都分布在墓地中部，其余2座B类墓分别在墓地发掘范围的北部偏东和偏西的地方。A类墓和B类墓随葬的青铜礼器和仿铜陶礼器，基本都延续了第三期同类器物的风格并表现出一定的嬗变关系。因此第四期墓葬基本上应是第三期墓葬埋入人群的自然延续。第四期墓葬中值得注意的现象是：一是除M131、169这2座北向墓和M117这座南向墓分布在墓地中部，与东西向墓杂处以外，其余的9座北向墓和1座南向墓都分布在墓地的北缘或东部。二是1座B类墓和11座C类墓随葬了陶釜，均不与鬲共出，其中除了M45和M47位于墓地发掘范围的西北角外，M72、M100、M104、M120、M219等5座墓基本分布在墓地中部，M6、M129、M275和M98等4座墓分布在墓地东部，除M98外，余者均与第三期墓葬中随葬陶釜的墓葬相邻。三是有9座C类墓都随葬了双耳罐，除M215分布在墓地的北缘外，余者都分布在墓地的东部，并集中在两个区域，M157、M220、M223、M124、M113等5座墓在墓地中部稍偏北处，墓向均为西偏北，呈西北向东南带状分布；还有M15、M16、M11等3座墓集中分布在墓地东端第三期随葬了双耳罐的M13的西侧，其中2座为西向，1座为北向墓，位于最东端。上述现象表明，虽然随葬陶釜的大部分墓葬、随葬双耳罐的部分墓葬都与第三期随葬同类器物的墓葬相邻，但从第四期墓葬中较多的北向墓，以及部分随葬双耳罐的墓葬，都表现出较为集中的分布区，似表明这些墓葬间仍然存在着较于其他墓葬更为亲近的关系。

第五期墓葬的数量较第四期有所减少，但B类墓的数量大幅增加，已超过C类墓。分布范围除了墓地的西端和南端外，遍及发掘范围的其他地区，但以中部以北地区分布较为密集。第五期墓葬中值得注意的现象是：一是新出现了洞室墓、瓮棺葬和直肢葬等现象，9座洞室墓中有7座为B类墓，其中有5座为直肢葬，余1例屈肢，1例不清。二是有17座墓都打破或叠压早期墓葬，其中既有洞室墓，也有竖穴墓，也含有瓮棺葬。三是B类墓随葬的仿铜陶礼器一反此前B类墓仿铜陶礼器的形制和组合，为带盖鼎、盒、圆壶/蒜头壶。四是C类墓随葬的日用陶器中仍然可以见到传统的鬲/釜、盆、罐的组合，也出现了仅随葬陶罐、或共出缶的组合。五是从第一期到第四期墓葬中都存在的随葬石圭的现象，在这一期没有发现。从C类墓中随葬的鬲、釜、盆、罐的形制看，与第四期的同类器物间存在着明显的发展演变关系，因此第五期墓葬就其文化属性看应与第四期墓葬无别，亦应归属于秦文化墓地。而B类墓随葬的仿铜陶礼器的变化，据已有的研究结果，应是受到了三晋两周地区文化影响的结果，与关中地区其他同时期秦墓中仿铜陶礼器的变化相同，如在咸阳塔儿坡发掘的381座战国晚期到秦代的墓葬中，有39座为B类墓，都随葬有带盖鼎、盒和圆壶等[11]，因此亦不能排除出现这种变化的原因是当时秦文化发展的大趋势。但是第五期墓葬中B类墓数量的陡增，其中直肢葬占绝大多数，近半数以上的墓葬都打破了早期墓葬等，似乎指示有新的人群进入这一地点亦是发生变化的原因之一。

四

根据上文对任家咀墓地不同期别墓葬的分析，可推测任家咀墓地形成与发展的大致过程。

任家咀墓地第一期即春秋中期时，因墓葬数量太少而很难进行较深入的分析，只能知道此时墓地规模甚小，但已出现了随葬仿铜陶礼器和陶囷的B类墓与只用日用陶器随葬的C类墓。

任家咀墓地第二期即春秋晚期时，由于有部分新移民进入了该地点而使墓地规模有所扩大。新移民的墓葬中出现了使用青铜礼器随葬的A类墓，B类墓的数量有所增加，随葬的仿铜陶礼器亦开始出现规范的组合，表明新移民中的多数人应属于当时秦文化社会的中间阶层。由于在第二期墓葬中也出现了个别的直肢葬、北向墓，以及高裆的柱足鬲、三晋地区的铜鼎等现象，表明第二期墓葬埋入的人群在来源上可能有所不同，在文化结构上也反映出一定的开放性。

任家咀墓地第三期即战国早期时，显然有更多的新移民进入了该墓地，其中大部分都为仅用日用陶器随葬的C类墓。新移民的进入虽然没有使该地点秦文化的发展偏离原有的轨迹，但也出现了一些新现象。如在B类墓和C类墓中都出现了少量随葬青铜兵器的墓葬，表明这些新移民中都有少数人与军事行动有关。新出现的本属于西北地区古代文化因素的双耳罐和双銴铲足鬲，则进一步表明第三期进入的新移民在来源上的多样化。

任家咀墓地第四期即战国中期时，从墓葬的数量、分布的范围等方面看都基本是第三期墓葬自然延续的结果。其中B类墓数量大幅下降的现象，也发生在关中地区其他的秦文化墓地，如陇县店子墓地，其第四期即战国中期时，其B类墓的数量与C类墓的数量比为0.19∶1[12]，亦较此前同墓地B类墓的数量明显减少。这些现象似乎表明，到了战国中期原来那些可以用仿铜陶礼器随葬的人群中，有相当一部分人开始只使用日用陶器随葬。至于产生这种现象的原因尚不能说得很清楚，很可能与秦文化原有的社会阶层发生了较大的变动有关。不过从第三期到第四期墓葬间的发展看，就整体而言，墓地还是处于一种稳定的持续发展状态。从其中一些随葬较特殊器物的墓葬集中分布的现象看，似乎有些人群仍然保留着一定的集群性。

任家咀墓地第五期，即战国晚期到秦代时，仍然存在着与此前诸期相同的墓葬形制、人骨葬式以及形态相承的随葬陶器，表明第五期墓葬的文化归属同于此前诸期，仍然属于秦文化的范畴。但是又一波新移民的进入则给墓地带来了较大的变化，新的墓葬形制，新的人骨葬式，新的随葬器物，多打破早期墓葬等，似乎表明这些新进入的人群与原有埋入人群在人群的来源上存在区别。另外第五期墓葬中出现的使用直肢葬的墓葬，在墓葬形制、墓葬方向、墓葬类别等方面，虽有一定的倾向性，但并不具有绝对的对应关系，其中既有洞室墓，也有竖穴墓；既有东向、南向和北向者，也有传统的西向；既有B类墓，也有C类墓；既有女性，也有男性，在分布上也没有见到明显的同类墓葬的集群，表现出这些新进入的人群同时在文化上也表现出一定的多元性。

五

任家咀墓地地处秦都咸阳西南8千米，隔西铜铁路与塔儿坡墓地相望，其东北约7千米处为黄家沟墓地。这是在秦都咸阳附近发掘的最重要的三处墓地，埋葬在这三个墓地中的人群，其生前也应生活在这一带。不过塔儿坡墓地和黄家沟墓地的年代都集中在战国晚期以后，只有任家咀墓地年代跨度较长，可从春秋中期一直到秦代。同时任家咀墓地以B类墓和C类墓为主，仅有个别的A类墓，因此任家咀墓地的形成与发展，不仅可揭示出咸阳地区秦文化的发展变化过程，亦可说明秦文化中低阶层人群的构成以及发展变化过程。

任家咀墓地年代最早的墓葬为春秋中期，表明秦文化的分布范围在春秋中期时已到达这里。史载秦宣公和秦穆公时都曾与晋有过以争夺河西之地的战争，并且穆公十五年时"秦地东到河"[13]，即春秋中期时秦的势力已到达西安以至更东一带。不过从目前已发现的资料看，这一地区属于春秋中期的秦文化遗存相当少见，这里在春秋中期时很可能只是秦文化分布的东部边缘地带。

此后在春秋晚期、战国早期都有新的人群埋入任家咀墓地，反映出随着秦文化不断地东进，这里亦开始由原来的边缘地带逐渐成为秦文化分布的中心区域。如前所述，这一时期的墓葬中只有少数人随葬了青铜兵器，表明军事活动并不是新人群进入这个墓地的主要原因。这一期出现了少量的主要是来自西北地区和三晋地区的文化因素，指示出这些新进入的人群在文化上具有一定的开放性。史载这一时期的秦国，在经历了穆公称霸西戎的辉煌以后，在东方主要是与晋之间展开了以争夺河西之地为主要目的的拉锯战，对于畿内之地，仍以伐戎为主[14]。到献公二年（公元前383年）徙都栎阳[15]，表明秦文化已经稳定地占据了这一地区。因此任家咀墓地这一阶段新移民在文化上表现出的开放性，其中既可能存在着秦文化居民由于人群的交往、军事行动等原因，吸纳了一些外来文化因素，也可能有些人原本并不属于秦文化的居民，只是在秦文化发展的过程中或因原居住地被纳入秦的疆域，或因与秦人有着密切的交往而接受了秦文化并进入该墓地。

到战国中期，尽管任家咀墓地反映出当时的社会阶层发生了较大的变动，但仍然保持了自然的延续和稳定的发展，表明秦文化社会阶层的变动并没有对人群和文化的自然延续与发展带来影响。战国中期秦孝公任用商鞅变法，并迁都咸阳[16]，显然是这种稳定的发展为秦迁都咸阳打下了良好的基础。而其中有些仅随葬日用陶器的墓葬还保持着一定的聚集性，则说明当时在某些低阶层的人群之间还保持着较于其他人群更紧密的关系。

战国晚期又一次有大量的新人群进入任家咀墓地，并且使该墓地表现出文化的多元性和人群的多源性。史载惠文王更元九年（公元前316年）司马错灭蜀，始将秦岭以外的广大西南地区作为自己的大后方，并从此开始了征伐六国的战争，到秦王政二十六年统一六国，建立了中央集权制的秦王朝。由任家咀墓地所映出的文化的多元性和人群的多源性，亦应与秦这一阶段为统一六国进行的战争，以及由此产生的与多种文化和人群的互动相关。相似的情况也出现在塔儿坡墓地。笔者曾对塔儿坡墓地进行过讨论，指出塔儿坡墓地是战国晚期到秦代相对较短时期内集中使用的墓地，其所包含的B类墓和C类墓，在墓葬形制、墓葬方向、人骨葬式上都表现出多样化，因此埋入塔儿坡墓地的死者生前可能属于不同的人群或不同的文化传统。而之所以能够将上述这些在墓葬类别、形制、方向、人骨葬式以及随葬器物的组合上表现出多样性的、来源不同的死者埋入同一个墓地，其背后所隐含的应该是这些死者生前居住在同一个具有凝聚力的地理空间范围里，属于同一个地缘组织的历史事实，将他们联系在一起的纽带当是一种地缘的关系[17]。战国晚期到秦代的任家咀墓地应是这种以地缘关系为纽带而将埋入的人群凝聚在一起的又一例证。

注　释

［1］　咸阳市博物馆：《咸阳任家嘴殉人秦墓清理简报》，《考古与文物》1986年第6期。

［2］　咸阳市文物考古研究所编著：《任家咀秦墓》，科学出版社，2005年。

［3］　咸阳市文物考古研究所编著：《任家咀秦墓》，科学出版社，2005年，3～5页。

［4］　咸阳市文物考古研究所编著：《任家咀秦墓》，科学出版社，2005年，288～291页。

［5］　滕铭予：《秦文化：从封国到帝国的考古学观察·第二章第一节》，学苑出版社，2002年，21～28页。

［6］　滕铭予：《秦文化：从封国到帝国的考古学观察·第二章第二节》，学苑出版社，2002年，
　　　　28～30页。

［7］　原报告在描述此件鼎时，编号为M56:2，但在M56平面图的说明中，第2号和24号器物为明
　　　　器铜鼎，第4号器物为铜鼎。查墓葬平面图，4号铜鼎形体亦较2号铜鼎为大。因此依墓葬平
　　　　面图，将此件铜鼎的编号改为M56:4。

［8］　朱凤瀚：《古代中国青铜器》，南开大学出版社，1995年，944页，图一二·二四，1。

［9］　有研究者认为秦墓中使用直肢葬的墓葬均为秦宗室或秦贵族，而使用屈肢葬的墓葬墓主人为
　　　　土著秦人或平民，或者是周遗民。比较集中的论述参见刘军社：《关于春秋时期秦国铜器墓
　　　　的葬式问题》，《文博》2000年第2期。由于在关中地区的秦墓中使用直肢葬和屈肢葬的墓
　　　　葬，在墓葬类别上并没有严格的对应关系，有大量的屈肢葬墓随葬有青铜礼器，甚至有殉
　　　　人，而直肢葬墓既有随葬青铜礼器者，也有随葬仿铜礼器和仅随葬日用陶器者，并且还发现
　　　　有全部使用直肢葬的墓地。因此笔者认为，对于直肢葬和屈肢葬的墓主人在人群归属和社会
　　　　地位上的讨论，虽然还没有形成共识，但仍可以说明使用这些不同葬式的人在其来源上有所
　　　　区别。

［10］　其中分布在第三期墓葬范围西北部的M196，据墓葬登记表其方向为216度，应为南偏西，但
　　　　据原报告19页图八M196平面、剖面图测量，方向为是267度，应为西偏南。

［11］　咸阳市文物考古研究所编著：《塔儿坡秦墓》，三秦出版社，1998年。

［12］　滕铭予：《店子墓地的形成与发展及相关问题讨论》，《考古与文物》2002年增刊。

［13］　据《史记·秦本纪》记载，宣公四年"与晋战河阳，胜之。"穆公五年秋，"自将伐晋，
　　　　战于河曲……十五年……与晋惠公夷吾合战于韩地……穆公虏晋君以归……是时秦地东至
　　　　河。"参见《史记·秦本纪》，中华书局，1959年，185、189页。

［14］　据《史记·秦本纪》记载，在穆公三十七年，"用由余谋伐戎王，益国十二，开地千里，
　　　　遂霸西戎"之后，还有过多次的伐戎与伐晋之战。参见《史记·秦本纪》，中华书局，1959
　　　　年，195～200页。

［15］　《史记·秦本纪》记："（献公）二年，城栎阳。"中华书局，1959年，201页。

［16］　据《史记·秦本纪》记：秦孝公"三年，卫鞅说孝公变法修刑，内务耕稼，外劝战死之赏
　　　　罚，孝公善之……十二年，作为咸阳，筑冀阙，秦徙都之。"中华书局，1959年，203页。

［17］　滕铭予：《秦文化：从封国到帝国的考古学观察·第六章第五节》，学苑出版社，2002年，
　　　　138～146页。

（原刊于《新果集——庆祝林沄先生七十华诞论文集》，
科学出版社，2009年）

宝鸡建河墓地的年代及相关问题

　　宝鸡建河墓地位于陕西省西部陇山南麓深山中的渭河北岸，宝兰铁路之南，向西不到1千米即进入甘肃省境内，是目前在陕西省境内发现的处于最西端的秦文化墓地。2001年为配合修建陇—海铁路宝—兰复线，由陕西省文物勘探有限责任公司在铁路复线路基下进行了勘探，并由陕西省考古研究所对在建河村发现的墓地进行发掘。发掘资料由陕西省考古研究所编著的《宝鸡建河墓地》做了详尽的报告[1]。

　　墓地位于建河村之西渭河北岸的第一级台地上，共发掘了48座墓葬，其中有39座墓葬被认定属于秦墓。原报告根据随葬器物的形制与组合，对其中的34座墓葬进行了分期和年代的推断。其中第一期包括5座墓，年代为战国中期晚段。第二期分为早、晚两段，早段含9座墓，年代为战国晚期早段；晚段含19座墓，年代为战国晚期晚段。第三期仅1座墓，年代为秦代。报告还指出，宝鸡建河墓地随葬的陶器大多数为陶罐，尤其是单耳罐和双耳罐等器物的风格和质地都较为原始，并指出产生这种现象的原因是由于该墓地所在地交通不畅，使得各方面比起发达的秦人地区就显得相对滞后[2]。由于该墓地所处地理位置已近甘肃，而此前在甘肃境内发现的秦墓资料均较为零散[3]，因此宝鸡建河墓地对于了解这一时期秦文化在其西部地区的状况就显得非常重要。原报告对墓葬的分期以及对墓葬特点的概括，对于讨论这样一个处于较特殊位置的墓地，都提供了很好的研究基础。本文拟通过对宝鸡建河墓地随葬器物的观察，及其与相关遗存的比较，对其部分墓葬的年代以及与之有关的问题做进一步的探讨。

一

　　原报告将宝鸡建河墓地分为三期四段，其中第三期仅有1座墓M4，年代为秦代。

　　M4为东西向长方形土坑竖穴墓，有生土二层台，墓室底呈南北方向铺9块木板，棺置板上。人骨虽已朽，但从痕迹可观察为西向，下肢屈，胫骨与股骨间夹角约90度。随葬陶器有9件小口圆肩绳纹陶罐和1件陶盆以及10个小铜铃、1件铜环、2件铁器和1件骨环。原报告指出M4随葬的陶盆、罐均与临潼上焦村秦代墓葬的同类器物相近，因此其年代与上焦村秦墓相同。将两者进行比较，可以看到两墓出土的同类器物间确实表现出极大的相似性。不过若把眼光投向稍晚的西汉初年，就会发现在关中地区西汉初年墓葬中随葬的同类器物，其形制与建河墓地M4随葬的器物更为相近。建河M4出土的大陶盆（M4：10）口径为35厘米，平沿外折，折腹处较低，下腹急收，圈足。盆内壁上部饰波折纹，下部饰鱼纹，底中心饰方格纹。除方格纹和鱼纹为刻划纹外，余均为暗纹。这种饰有鱼纹图案的大陶盆，虽见于上焦村秦代墓葬[4]，但在西汉早期的墓葬中也多有发现，典型者如西安医疗设备厂M27：3[5]。如果将建河墓地M4：10、上焦村M17：02，以及西安西北医疗设备厂M27：3随葬的3件大陶盆进行比较，就会发现若根据形制和花纹的变化将此3件陶盆进行排比，可找到一连续发展的序列，建河墓地M4：10和上焦村M17：02是该序列的两端，而医疗设备厂M27：3则应位于序列的中间（图一）。虽然西安西北医疗设备厂M27没有随葬可明确指示年代的器物，但该墓共出1件前方后圆、三个灶眼的马蹄形灶，在同墓地中共有15座墓随葬了与之相同或相近的陶灶，这15座墓中有6座墓随葬了西汉前期的榆荚半两、四铢半两或八铢半两，其中M49还随葬了四乳简化蟠螭纹镜，M54随葬了内向连弧缘的草叶纹镜，这两种铜镜均为典型的汉式铜镜（图二）。因此原报告亦明确判定西安西北医疗设备厂墓地除了M10的年代在秦末汉初以外，余者的年代均在文景到武帝初年[6]。由此可以确定3件陶盆发展序列的方向，即上焦村M17：02最早，建河墓地M4：10最晚，明显的变化是，口沿由平折到逐渐外折；底由平底到小圈足；原报告没有介绍上焦村M17：02的纹饰的绘法，建河墓地M4：10和西安西北医疗设备厂M27：3均用暗纹画出主题花纹，鱼纹图案由简洁到繁缛。

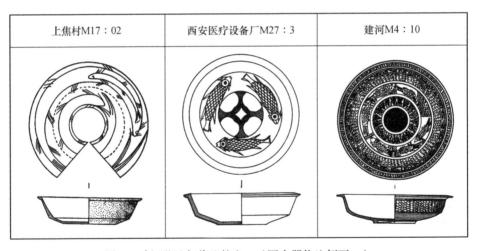

图一 建河墓地年代比较之一（图中器物比例不一）

M4随葬器物中可与上焦村秦墓随葬器物进行比较的还有小铜铃。建河墓地共有3座墓出土了小铜铃，建河M4出土了10件（M4：11～20），另有M11和M46各1件（M11：1、M46：5），均上窄下宽，口呈弧形，扁体。建河M11：1体表饰倒心形纹，余者体表均饰菱形格，格内填小乳丁纹。相类的小铜铃不仅见于上焦村M15，在河南陕

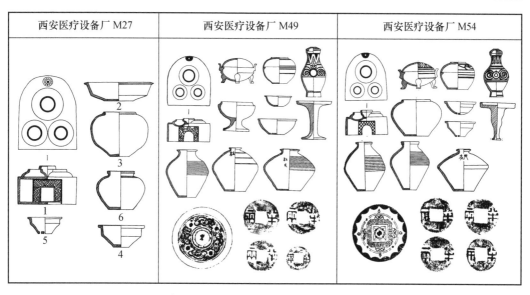

图二　建河墓地年代比较之二（图中器物比例不一）

县后川M2001中也有发现[7]（图三）。仔细进行观察就可以发现，尽管这些铜铃表现出极大的相似性，但从铃体的形制和花纹，还是可以找到些许的差别。若将铃体看成一上窄下宽的梯形，其两腰的延长线形成的夹角，以及铃体表面所饰花纹都有规律可循（表一）。

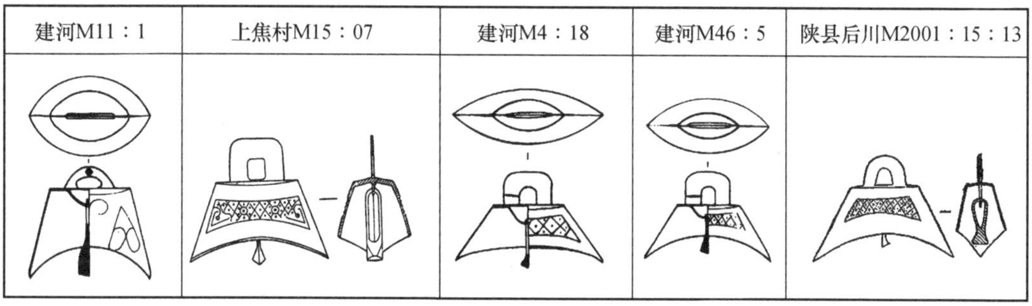

建河M11：1	上焦村M15：07	建河M4：18	建河M46：5	陕县后川M2001：15：13

图三　建河墓地年代比较之三（图中器物比例不一）

表一　建河墓地与相关墓地出土小铜铃比较表

器物号	两腰延长线夹角（度）	铃体花纹
建河M11：1	30	倒心形纹
上焦村M15：07	41	主体为菱格纹内填乳丁，花纹带中部有两圆形乳丁纹，两角各有一心形纹
建河M4：11～20	42、44、53、54、55、58、61、71（2件）*	菱格纹内填乳丁，其中有3件在花纹带两角各有一斜心形纹

器物号	两腰延长线夹角（度）	铃体花纹
陕县后川 M2001：15：13	56	菱格纹内填乳丁
建河 M46：5	62	菱格纹内填乳丁

*原报告只发表了M4出土10件铜铃中的9件，因此只有9个角度值。

从表一可以看出，铃体两腰延长线的夹角以建河M11：1最小，上焦村M15：07次之，建河M4所出10件角度不同，但均大于上焦村M15：07，陕县M2001：15：13和建河M46：5也都远大于上焦村M15：07。铃体花纹也经历了从弧线的倒心形纹，到菱格内填乳丁加弧线心形纹，到仅有菱格内填乳丁纹的变化过程。陕县后川M2001共出有直径2.6~2.8厘米、重4克左右的半两，还有粗疏地纹的简化蟠螭纹镜，因此陕县后川M2001的年代应为西汉初年[8]。

综合考虑上述因素，建河M4的年代应晚于秦代，当已进入西汉初年，而出土有扁体铜铃的M11和M46，鉴于铜铃的发展序列，M11的年代当早于M4，同样也早于上焦村M15，大致可到战国晚期，而M46的年代应与M4相当，同为西汉初年的墓葬。

二

建河墓地除了M4和M46的年代可以晚到西汉初年以外，原报告中认定为战国晚期的墓葬中，也有部分墓葬的年代还可以讨论。

原报告认定为战国晚期的墓葬中，共有4座墓随葬了双耳绳纹罐，其中M5：12、M34：4、M26：9的双耳均低于罐口，位于领肩部。同样的双低耳绳纹罐也见于凤翔高庄墓地M7、M47[9]。高庄M47除了双低耳绳纹罐以外，还随葬了铜带盖鼎、钫各1件，陶缶3件、小口绳纹罐或小喇叭口长颈壶7件[10]、盆1件，铁釜1件、铁剑2件。M7已被盗扰，在劫余的随葬器物中，除了双低耳绳纹罐以外，还有陶盆3件、缶3件、大口罐5件、小口绳纹罐或小喇叭口长颈壶1件、瓮4件、三个灶眼的马蹄形灶1件，铁舌1件，以及半径仅有1.15厘米、重0.2克的榆荚半两（图四）。笔者曾做《论关中秦墓中洞室墓的年代》一文，对以高庄M7、M47为代表的一批墓葬进行了详尽的讨论，指出这两座墓随葬的铜鼎、铜钫、陶缶等，均与关中地区西汉早期墓葬中出土的同类器物相同；其铁釜、铁剑都应是在西汉时期铁器生产相当普遍的前提下出现的现象；榆荚半两更是不见于秦代或战国时期的秦墓中，应是西汉早期才铸造发行的铸币。因此凤翔高庄M47和M7的年代都应在西汉早期[11]。其实由本文第一节的讨论，还可以知道M7随葬的前方后圆的马蹄形灶，也是关中地区进入西汉时期以后流行的器物。建河墓地M5、M26、M34都随葬了与凤翔高庄M47和M7形制几近相同的双低耳绳纹罐，因此其年代已进入西汉时期应是比较合理的推断。

建河墓地	凤翔高庄M7*	凤翔高庄M47**
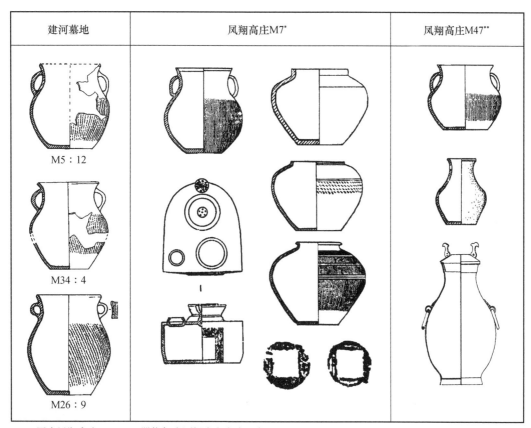		

*、**图中凤翔高庄M7、M47器物仅为原报告发表线图者

图四　建河墓地年代比较之四（图中器物比例不一）

三

宝鸡建河墓地除了上述年代可以进入到西汉时期的墓葬以外，其余的墓葬亦可通过与关中地区秦文化墓葬同类器物的比较而大致判断其年代。

原报告认定属于战国中期的5座墓葬中，M1、M25、M35中都随葬了小喇叭口长颈壶。小喇叭口长颈壶主要见于陇东地区和关中地区西部的陇县店子墓地，此外仅在凤翔高庄西汉初年的墓葬中有少量发现[12]。建河M25随葬的小喇叭口长颈壶与陇县店子M257随葬的同类器物形制相近[13]，因此建河M25的年代可参考店子M257的年代进行推定。陇县店子M257共出盆、釜、小口绳纹罐各1件。其盆为折腹，上腹外倾形成敞口，与之形制相同的盆在咸阳塔儿坡战国晚期秦墓中非常多见，如M34227、M22370、M25086等[14]，应是战国晚期以后流行的器物。其釜敞口、圆腹、圜底稍尖，同样形制的釜也见于凤翔西沟道M19[15]，凤翔西沟道M19共出有铁釜、铁灯、铁削等汉代才普遍流行的铁器[16]，共出的陶缶下腹向内凹折，在上文提到的属于西汉文景到武帝初

年的西北医疗设备厂M54也有发现[17]（图五）。综合考虑以上因素，陇县M257的年代
应已进入西汉初年，这种小喇叭口长颈壶流行的年代亦应在西汉初年前后。建河M25除
了随葬有这种小喇叭口长颈壶以外，还有1件陶釜，以及1件素面双耳罐、4件小口绳纹
罐和1件小素面罐。其共出的陶釜敞口、圆腹、圜底，但腹较深，其年代应比陇县店子
M257的陶釜稍早，因此认为建河M25的年代大体在战国晚期到秦代，应是比较合理的
推测。建河M1、M35随葬的小喇叭口长领壶，形制与建河M25所出相近，年代亦应在
战国晚期到秦代前后。

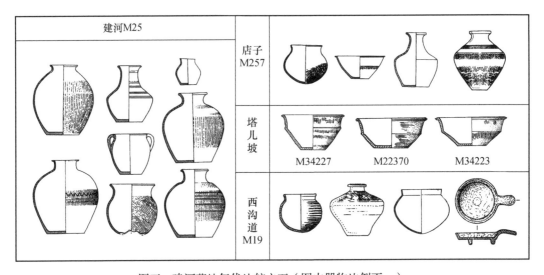

图五　建河墓地年代比较之五（图中器物比例不一）

原报告认定为战国中期的M12和M44，没有随葬小喇叭口长领壶，不过M44随葬了
1件素面双耳罐，形制与M25所出相近，年代亦应相当。M12仅随葬了1件小口绳纹罐和
1件残素面单耳罐，时代特征并不明显，不过M12在墓地中的位置似乎提供了该墓年代
的些许信息。M12为一南向的竖穴土坑墓，同样为南向竖穴土坑墓的M11在其东与之并
列，M11随葬了与M25相近的小喇叭口长领壶，以及1件亦为战国晚期始在秦墓中出现
的双耳鍪[18]，因此M11的年代应为战国晚期到秦代。M11和M12是建河墓地中仅有的
2座南向的土坑竖穴墓，两墓东西并列，间距不足3米，二者间当有较为紧密的关系，
年代亦应相当，因此M12的年代大体在战国晚期应是比较合理的判断。

原报告认定为战国晚期的墓葬中，或随葬有小喇叭口长领壶，或有上腹外倾形成
敞口的折腹盆，或有素面双耳罐，或有关中地区战国晚期秦墓中常见的蒜头壶、双耳
铲脚袋足鬲等[19]，少量墓葬不见上述可对比器物，但都出土了数件小口绳纹罐。关中
地区战国晚期以前的秦墓中也随葬有小口绳纹罐，但通常与鬲/釜、盆/盂等各1件构成
一套日用陶器的组合。而建河墓地随葬小口绳纹罐的墓葬多随葬2件以上，如M20随葬
1件陶釜，9件小口绳纹罐；M38随葬1件陶釜，5件小口绳纹罐；M48随葬1件陶釜，3件

小口绳纹罐；M32随葬2件小口绳纹罐；只有M37仅随葬1件小绳纹罐。考虑到那些年代可以明确定为战国晚期以后的墓葬，多随葬2件以上的小口绳纹罐，因此随葬多件小口绳纹罐很可能也是该地区战国晚期以后墓葬的特点。M37虽然仅随葬1件小口绳纹罐，但其墓葬形制为墓室开在墓道窄边并偏向一侧，即墓道中轴线与墓室中轴线不重合的洞室墓。这种洞室墓在建河墓地共有17座，是该墓地最多的墓葬形制，年代都在战国晚期到秦代，或已进入西汉时期。因此M37的年代应该也在战国晚期以后。由此原报告中认定为战国晚期的墓葬，年代大体上应在战国晚期到秦代，亦不排除其中部分墓葬的年代已进入西汉初期。

四

由上文的讨论可知，宝鸡建河墓地的年代大体上起自战国晚期，历经秦代，部分墓葬的年代已进入西汉时期。而此前的研究者将已进入西汉初年的墓葬年代推定在战国晚期或秦代，主要是因为这些墓葬带有太多的秦文化的特点。实际上像这种在文化面貌上保持着秦文化墓葬的特点，其时代已进入到西汉时期的墓葬还有许多。如笔者在《论关中秦墓中洞室墓的年代》一文中，就指出在凤翔高庄、临潼刘庄、咸阳黄家沟、长安洪庆村等墓地原认定为战国晚期或秦代的墓葬中，都有部分墓葬的年代已进入西汉初年[20]。笔者曾做《店子墓地的形成与发展及相关问题讨论》一文，指在店子墓地中，也有部分墓葬的年代已进入西汉初年[21]。另以笔者对近年发表的西安附近的秦墓的观察，其中亦有部分墓葬的年代已进入西汉时期（将另文讨论）。因此在以往被认为是战国晚期或秦代的秦墓中，实际上有部分墓葬的年代已进入西汉时期应是历史的真实。

综观这些此前被认为是战国晚期或秦代但实际已进入西汉时期的墓葬，大都存在着以下的特点。

（1）这些墓葬均为仅随葬日用陶器的C类墓。随葬器物与战国晚期或秦代墓葬中的同类器物虽也表现出一定的区别，但形制上还是非常接近，如小口釜、折腹盆、绳纹罐等。在很多墓地中的分布是与战国晚期到秦代的墓葬共处。

（2）人骨葬式既包括秦墓中常见的蜷曲得很严重的屈肢葬，也有屈肢程度不高、较自然的屈肢葬，还有直肢葬。

（3）墓葬形制既有竖穴墓，也有洞室墓，洞室墓中既有墓室中轴线与墓道中轴线平行的平行式，也有墓室中轴线与墓道中轴线重合或基本重合的直线式。

这些墓葬在上述各方面都或多或少地保留了战国晚期到秦代秦文化墓葬的诸多特点，表明在进入西汉时期以后，原居住在这些地点的秦文化居民，在埋葬习俗、文化传统上并没有立刻随之发生变化，而是延续了秦文化的传统。

就宝鸡建河墓地而论，之所以产生这种现象，很可能与建河墓地地处陕西省西端的偏远山区有关。建河墓地所在地已近甘肃，其北为陇山，南与秦岭夹渭水相隔，有研究者指出，陇山和秦岭"这两座大山在陕甘之间筑起一道天然屏障，有许多河段，河水下切花岗岩山体深达400米，形成了一条狭窄得几乎难以通行的水道，这种狭窄的河谷一直延伸到宝鸡。"[22] 由此可知墓地所在地点虽然与当时秦或西汉位于关中平原中部的政治中心间的直线距离并不远，但很可能是由于交通的险阻，使得这里的秦文化居民在秦代灭亡、进入西汉时期以后，并没有受到政权变化的影响而改变文化面貌，使原有的文化传统得以延续。

还有一些墓地与建河墓地相似，如店子墓地，位于陕西省西端陇山东南麓，交通亦相对不便，产生这种现象很可能也是由于交通阻隔的原因。但有些地点的情况却不尽相同，如凤翔高庄，位于春秋中期到战国早期的秦都雍城附近，这里在战国中期以后虽然已不是秦都城所在地，但仍然是秦西方一个重要的城市[23]；咸阳黄家沟位于战国晚期到秦代的都城咸阳附近，长安洪庆村、临潼刘庄等地也都距当时的咸阳不远。因此这些地点的秦文化居民在秦代灭亡、进入西汉时期之后，仍然还保留、延续着一定的秦文化的传统，其原因当不是由于地处偏远、交通闭塞所致。由于这些墓葬全部为仅随葬日用陶器的C类墓，在秦文化的层次结构中处于较低层次[24]，其墓主人亦属于当时社会的低层次人群，因此产生这种现象的原因或许是由于这些低阶层人群与政治变革间并没有紧密的联系，从而使得他们所拥有的与人们日常生活息息相关的低层次文化具有更强的生命力，使得秦文化在秦代灭亡以后，其部分文化传统或文化因素还能够得以保留。由于这些墓葬在墓地中大多与战国晚期到秦代的墓葬共处，因此这些墓葬的墓主人很可能是秦文化居民的某些群体在进入汉代以后的自然延续。这也表明在有些地点，秦文化居民中某些处于低阶层的人群在进入汉代以后，仍然保持了自己的延续与发展。

也许正是由于这些原因，才使此前的研究中将这些墓葬的年代推定为战国晚期或秦代。确认这些墓葬的真实年代，才可能对战国晚期到秦并天下，以及西汉王朝建立这一最重要的中国历史进程中，人群和文化与政治变革之间的关系给予正确的理解和说明。

注　释

[1]　陕西省考古研究所编著：《宝鸡建河墓地》，陕西科学技术出版社，2006年。

[2]　陕西省考古研究所编著：《宝鸡建河墓地·第二章》，陕西科学技术出版社，2006年，157、158页。

[3]　主要的材料有：甘肃省文物工作队、北京大学考古系：《甘肃甘谷毛家坪遗址发掘报告》，《考古学报》1987年第3期；中国社会科学院考古研究所甘肃工作队：《甘肃天水西山坪秦汉墓发掘科报》，《考古》1988年第5期；甘肃省文物考古研究所、天水市北道区文化馆：

《甘肃天水放马滩战国秦汉墓群的发掘》，《文物》1989年第2期；甘肃省文物考古研究所：《甘肃秦安上袁家秦汉墓葬发掘》，《考古学报》1997年第1期；甘肃省博物馆文物队、灵台县文化馆：《甘肃灵台县两周墓葬》，《考古》1976年第1期；刘得桢、朱建唐：《甘肃灵台景家庄春秋墓》，《考古》1981年第4期；甘肃省博物馆魏怀珩：《甘肃平凉庙庄的两座战国墓》，《考古与文物》1982年第5期。

[4] 秦俑考古队：《临潼上焦村秦墓清理简报》，《考古与文物》1980年第2期。

[5] 西安市文物保护考古研究所编著：《西安龙首原汉墓》，西北大学出版社，1999年，49页。

[6] 西安市文物保护考古研究所编著：《西安龙首原汉墓》，西北大学出版社，1999年，243页。

[7] 中国社会科学院考古研究所编著：《陕县东周秦汉墓》，科学出版社，1994年，145页，图一一四，9。

[8] 中国社会科学院考古研究所编著：《陕县东周秦汉墓》，科学出版社，1994年，157页。

[9] 雍城考古队吴镇烽、尚志儒：《陕西凤翔高庄秦墓地发掘简报》，《考古与文物》1981年第1期。

[10] 原报告的墓葬登记表中记M47出有小口罐7件，在发表的线图或图片中未见该墓随葬的小口罐。正文中介绍的小口罐，从发表的图看，应包括了小口绳纹罐和小喇叭口长颈壶两种。

[11] 滕铭予：《论关中秦墓中洞室墓的年代》，《华夏考古》1993年第2期。

[12] 据原报告发表的线图，高庄M47随葬了小喇叭口长颈壶，参见雍城考古队吴镇烽、尚志儒：《陕西凤翔高庄秦墓地发掘简报》，《考古与文物》1981年第1期，21页，图十，15。关于高庄M47年代的讨论，参见滕铭予：《论关中秦墓中洞室墓的年代》，《华夏考古》1993年第2期。

[13] 陕西省考古研究所编著：《陇县店子秦墓》，三秦出版社，1998年，142页。

[14] 咸阳市文物考古研究所编著：《塔儿坡秦墓》，三秦出版社，1998年，219页，图一五三；222页，图一五六；223页，图一五七。

[15] 陕西省雍城考古队：《陕西凤翔八旗屯西沟道秦墓发掘简报》，《文博》1986年第3期。

[16] 关于铁釜的流行年代，参见滕铭予：《论关中秦墓中洞室墓的年代》，《华夏考古》1993年第2期。

[17] 这种形制的陶缶在西安龙首原发现的汉墓中大量出现，如西北医疗设备厂M54与这种陶缶共出的器物中有前方后圆的马蹄形灶、铁灯、内向连弧缘的草叶纹镜，以及径不足2.5厘米，重量不足3克的小半两，其年代显然已进入西汉时期。

[18] 这种双耳鍪是来自巴蜀地区的文化因素，其在秦墓中的出现与惠文王更元九年（公元前316年）司马错灭蜀有关，由于这一历史事件，战国晚期以后在秦墓中出现了较多的巴蜀文化因素，其中最典型的有单耳或双耳的铜鍪和大口、无领、圜底的双耳铜釜等。相关论述参见滕铭予：《秦文化：从封国到帝国的考古学观察·第六章》，学苑出版社，2002年，136、137页。

［19］ 关于蒜头壶、双耳铲脚袋足鬲的年代，参见滕铭予：《秦文化：从封国到帝国的考古学观察·第二章》，学苑出版社，2002年，28～42页。

［20］ 滕铭予：《论关中秦墓中洞室墓的年代》，《华夏考古》1993年第2期。

［21］ 滕铭予：《店子墓地的形成与发展及相关问题讨论》，《考古与文物》2002年增刊。

［22］ 李峰：《西周的灭亡——中国早期国家的地理和政治危机》，上海古籍出版社，2007年，044页。

［23］ 据《史记·秦本纪》记载，秦从雍城迁都栎阳后，尚有孝公、德公在雍建橐泉宫、蕲年宫等，《史记·秦始皇本纪》记秦王行王冠之礼亦在雍进行。

［24］ 关于对秦文化层次结构的讨论，参见滕铭予：《秦文化：从封国到帝国的考古学观察·第二章》，学苑出版社，2002年，21页。

［原刊于《边疆考古研究》（第8辑），科学出版社，2009年］

秦雍城马家庄宗庙遗址祭祀遗存的再探讨

　　自秦德公元年（公元前677年）"初居雍城大郑宫"时始，一直到献公二年（公元前383年）"城栎阳"止，雍城作为秦国春秋中期到战国早期时的都城长达294年[1]。秦迁都栎阳后，这里仍为秦国西方一个重要的城市[2]。通过对雍城所做的大量田野考古工作，已确认雍城遗址即在今凤翔县城南，雍水北岸。城址平面为不规则方形，方向北偏西14度，南北长约3200米，东西长约3300米，总面积约10平方千米[3]。城中部是当时的宗庙区，已经发掘的马家庄一号建筑遗址，是春秋中晚期的宗庙建筑。该建筑遗址平面呈长方形，由门塾、中庭、主体建筑和东西侧建筑组成，四周环以围墙，形成一个全封闭式的大型建筑群。其中主体建筑和东西侧建筑呈品字形布局，被认为与文献中所记载的诸侯宗庙中的祖庙、昭庙和穆庙相对应[4]。位于其东部的马家庄二号建筑遗址，仅存门塾、隔墙和围墙等，因其与马家庄一号宗庙建筑东西并列，相隔仅15米，因此二者关系当十分密切，性质相当[5]。而位于其东方的四号建筑遗址虽然被破坏严重，但残存有夯土墙基、散水石和祭祀坑等，其性质亦可能与宗庙建筑有关[6]。

　　马家庄一号建筑遗址是迄今为止所发现的规模最大、保存最好的先秦时期宗庙建筑遗址，因此对于马家庄一号遗址的研究，不仅对于了解雍城的城市布局具有重要的意义，在其中庭发现的大量祭祀坑，亦为了解该建筑的性质和年代提供了重要依据，同时也为探索当时的祭祀制度以及与宗庙有关的其他问题提供了线索。尤其值得注意的是埋在祖庙建筑内，且打破建筑的地面甚至墙基的4个人坑，现研究者对其所做的解释，似乎都还存在着进一步讨论的必要。

一

　　马家庄一号宗庙遗址发现的祭祀坑，除了中庭东部由于被晚期遗迹扰动而使当时的遗存受到一定破坏外，在中庭的南、西、北部的祭祀坑保存得相当完整。共发现了181个坑，其中埋入牛、羊、车、人的坑153个，包括人羊同坑1个，牛羊同坑1个，另外还有28个"空坑"（图一）。据原报告，祭祀坑的开口层位"高低不一，有的在踩踏面以下，有的在当时实用地面上，有的还打破建筑的夯土台基或室内地面"，许多坑之间还存在着打破关系，"这说明坑之间年代上有早晚之别。早的应为一号建筑落成时的牺牲，晚的当是建筑废弃后举行的祭祀，而大多数是建筑使用时的遗迹。"[7]

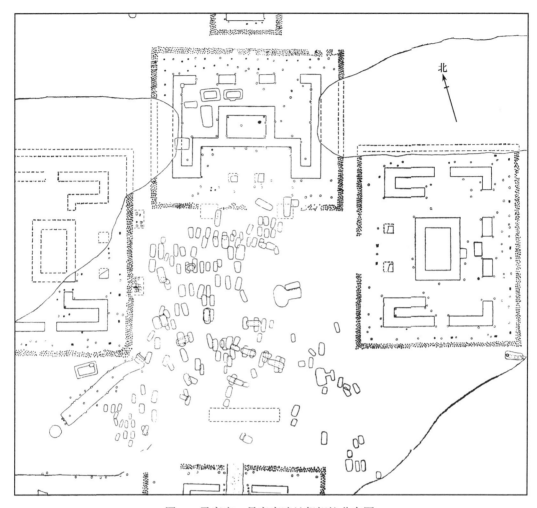

图一　马家庄一号宗庙遗址祭祀坑分布图

（根据雍城考古队尚志儒、赵丛苍：《〈凤翔马家庄一号建筑群遗址发掘简报〉补正》，《文博》1986年第1期
中的"凤翔马家庄一号建筑遗址平面图"修改而成，图二至图四均据此）

　　根据《凤翔马家庄一号建筑群遗址发掘简报》中发掘者的文字描述和发表的遗址平面图看，分布在西侧建筑南面的一部分祭祀坑与踩踏面间存在着层位的叠压或打破关系，而中庭由于在活动面上极少踩踏痕迹[8]，所以上文所引一部分祭祀坑的坑口"有的在踩踏面以下"，应该是指分布在南部的那些祭祀坑。但在《〈凤翔马家庄一号建筑群遗址发掘简报〉补正》一文中发表的改正过的平面图中，在标记为踩踏面的范围内，没有一座祭祀坑[9]。因此可以认为，除了有5个"人坑"、3个"空坑"和1个羊坑是打破了主体建筑的地面、或墙基、或夯土台基外，所有的祭祀坑都应开口于当时的实用地面即活动面上，亦应该是该建筑在使用期间进行祭祀活动的遗存。

二

　　这些祭祀坑，由于坑与坑间存在着若干组打破关系，因此它们有埋入时间上的早晚。在使用羊、牛等牺牲的方式上亦不相同，有完整、部分碎骨或零星碎骨等差别。下文即对使用不同牺牲的坑分别进行讨论。

1. 羊坑

　　羊坑主要成群分布在最北端和西南角，中间地区为散见（图二）。绝大多数坑排列有序，根据其平面分布并结合埋入牺牲方式可将其分为若干组。羊坑分组情况见表一。

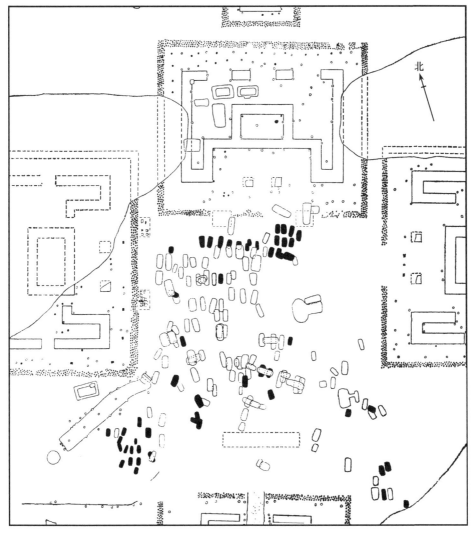

图二　马家庄一号宗庙遗址祭祀坑中的羊坑（涂黑者）

表一　马家庄一号宗庙遗址祭祀坑羊坑分组统计表

组序	坑号	方向	位置及相互关系	埋入牺牲方式	备注
1	K149	南北	位于中庭最北端，东西并列，间距相近	基本完整	
	K152	南北		基本完整	
	K150	南北		基本完整	
	K151	南北		基本完整	
2	K144	南北	位于1组南侧，三坑东西并列，间距相近	基本完整	
	K145	南北		基本完整	
	K116	南北		基本完整	
3	K131	南北	位于2组西南侧，东西并列	部分碎骨	
	K132	南北		部分碎骨	
4	K133	南北	紧靠3组东侧，东西并列	基本完整	K140与K135间隔K138且打破K141
	K135	南北		基本完整	
	K140	南北		基本完整	
5	K138	南北	位于4组东侧	部分碎骨	
	K141	南北		部分碎骨	
	K142	南北		部分碎骨	
6	K179	南北	位于2组南侧	零星碎骨	
	K178	南北		零星碎骨	
7	K119	东西	位于6组东侧	部分碎骨	K119打破K178和K118
	K118	东西		部分碎骨	
8	K62	南北	位于中庭中部偏南，东西并列	无头，基本完整	
	K63	南北		无头，基本完整	
9	K175	南北	位于西侧"穆庙"建筑的东南侧，东西并列	块状	位置上稍有前后
	K176	南北		块状	
10	K172	南北	位于9组西南侧，南北相接	完整	
	K171	南北		完整	
11	K173	南北	北接9组，东西并列	完整	
	K165	南北		完整	
	K166	南北		完整	

组序	坑号	方向	位置及相互关系	埋入牺牲方式	备注
12	K163	南北	位于10组西侧，东西并列	零星骨块	
	K164	南北		零星骨块	
13	K160	南北	位于10组南侧，东西并列	零星骨块	
	K161	南北		零星骨块	
14	K159	南北	位于12组南侧，东西并列	零星骨块	两坑间有3米左右的距离
	K162	南北		零星骨块	
15	K6	南北	位于昭庙建筑南侧，门塾建筑东侧，东西并列	基本完整	
	K7	南北		部分碎骨	
16	K2	南北	位于15组南侧，东西并列	基本完整	两坑间隔一"空坑"
	K4	南北		基本完整	

除上述在平面分布上基本并列或成群的各组外，还有一些坑零散分布各处。其中在8组K62、K63周围零散分布的K53、K51、K43三坑在方向和埋入牺牲方式上均同于8组，埋入的是基本完整的骨架。位于9组东侧的K28东西向，打破均为南北向的K26、K27，同时K27打破K26。其中K27、K28埋入部分碎骨，K26因埋入的骨架全朽，不清楚其原埋入牺牲方式。

从羊坑的平面位置及埋入牺牲方式看，除了个别情况以外，绝大部分成组分布的羊坑方向相同，排列有序，埋入羊骨的方式亦相同，因此推测上述各组应该分别是在短时间内形成的一组祭祀遗存，或可进一步推测每一次祭祀只使用一种埋入牺牲方式。而3、4、5三组东西并列呈一排分布，由于埋入基本完整骨架的4组中的K140打破了埋入部分碎骨的5组中的K141，也表明使用不同埋入牺牲方式的各组间存在着相对的早晚关系。同时由于分布在最北端的这几组遗存在方向、埋入牺牲方式上相同，可能是连续几次的祭祀活动留下的遗存。而分布在中庭以南西侧建筑和门塾间的几组坑，在埋入牺牲方式上或完整，或碎骨，亦可能是连续祭祀活动的遗存，其与北端的几组在埋入牺牲方式上存在的差别，很可能是由于埋入时间或祭祀对象不同而形成的。

2. 牛坑

牛坑大部分都分布在中庭，个别在南端门塾建筑以北（图三）。大部分可以根据平面的分布或并列、或成群，并结合埋入牺牲方式而分为22组。还有一些坑零散分布各处。牛坑分组情况见表二。

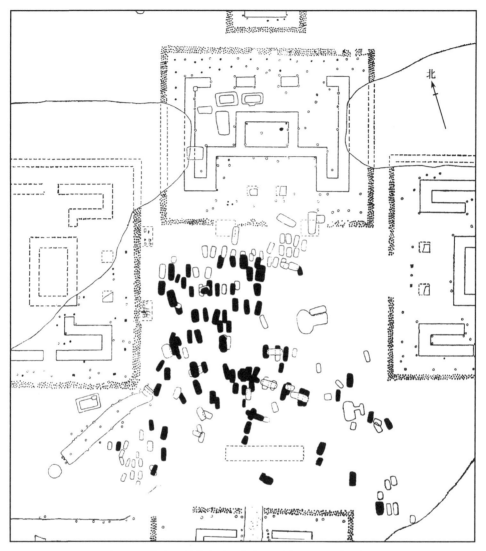

图三　马家庄一号宗庙遗址祭祀坑中的牛坑（涂黑者）

表二　马家庄一号宗庙遗址祭祀坑牛坑分组统计表

组序	坑号	方向	位置及相互关系	埋入牺牲方式	备注
1	K134	南北	牛坑中位于最北端的坑，在羊坑4、5组的南侧，东西并列	部分碎骨	四坑分别打破羊坑K133、K135、K138和K142
	K136	南北		无头，基本完整	
	K139	南北		部分碎骨	
	K143	南北		基本完整	
2	K112	南北	位于1组南侧，东西并列	基本完整	分别打破K139和K143
	K114	南北		部分碎骨	
3	K128	南北	位于2组西侧，东西并列	基本完整	两坑间隔一"空坑"K129
	K130	南北		基本完整	

组序	坑号	方向	位置及相互关系	埋入牺牲方式	备注
4	K85	南北	位于3组南侧，东西并列	基本完整	两坑间隔一"空坑"K100
	K101	南北		部分碎骨	
5	K106	南北	位于4组东侧，东西并列	部分碎骨	与4组间隔一羊坑K107
	K108	南北		基本完整	
6	K126	南北	位于4组西北方，东西并列	部分碎骨	
	K127	南北		无头，其余完整	
7	K105	南北	位于5组东南方，东西并列	基本完整	
	K103	南北		基本完整	
	K104	南北		部分碎骨	
8	K78	南北	位于8组西南方，东西并列	部分碎骨	
	K79	南北		部分碎骨	
9	K92	南北	位于9组东侧，东西并列	基本完整	
	K111	南北		部分碎骨	
10	K93	南北	位于9组南，东西并列	基本完整	K93打破K92
	K110	南北		基本完整	
11	K94	南北	位于10组南，两坑几乎完全重叠	部分碎骨	K94打破K95
	K95	南北		部分碎骨	
12	K88	南北	位于9组西南方，东西并列	无头，其余完整	
	K80	南北		基本完整	
	K81	南北		基本完整	
13	K87	南北	位于13组南，南北相接	部分碎骨	K87打破K83及13组的K88
	K83	南北		无头，其余完整	
14	K82	南北	位于14组西南，东西并列	无头，其余完整	
	K35	南北		无头，其余完整	
15	K31	南北	位于15组东侧，东西并列	基本完整	
	K34	南北		无头，其余完整	
16	K57	南北	位于12组东方，东西并列	基本完整	
	K55	南北		部分碎骨	
	K54	南北		无头，其余完整	
17	K37	南北	位于16组东方，东西并列	部分碎骨	K37被另外一牛坑K36打破
	K59	南北		基本完整	
18	K60	南北	位于17组东侧，东西并列	基本完整	K60和K46均打破17组K59
	K46	南北		基本完整	
	K58	南北		基本完整	

续表

组序	坑号	方向	位置及相互关系	埋入牺牲方式	备注
19	K38	南北	位于17、18组南，东西并列	部分碎骨	
	K50	南北		无头，其余完整	
	K44	南北		基本完整	
20	K49	南北	位于19组东侧，部分重叠	部分碎骨	K49打破K47
	K47	南北		基本完整	
21	K42	南北	位于20组东侧，部分重叠	无头，其余完整	K42打破K66
	K66	南北		部分碎骨	
22	K29	南北	位于19组西南侧，部分重叠	基本完整	K29打破K30
	K30	南北		基本完整	

牛坑各组所表现出的情况与羊坑稍有不同，不仅有方向和埋入牺牲方式都相同，且排列有序的组；也有方向相同，排列有序，但埋入牺牲方式不同的组。前者应该是一次祭祀活动形成的遗存，而后者中有些坑大小相近，方向一致，间距也极为靠近，但却没有发生任何叠压或打破关系，如5组、9组、16组、17组等，因此这些坑虽然在埋入牺牲方式上存在不同，但很可能也是在短时间内形成的遗存。因此在使用牛作为牺牲时，存在着既有在一次祭祀中仅使用一种埋入牺牲方式，也有在一次祭祀中使用不同埋入牺牲方式的可能性。另外从有打破关系的20、21、22组来看，存在打破关系的两个坑方向几乎完全一样，亦均为长边部分相重叠。尚不能肯定这样的一组坑是由于不同时间进行祭祀活动而形成了打破关系，抑或仅是在一次祭祀活动中有意发生打破关系的结果。

绝大多数羊坑集中分布在北部和西南部，中间地带仅有零星的埋入，而绝大多数的牛坑都埋在中庭中部，显然羊坑和牛坑分别有各自的主要分布区域。虽然在某些地点有羊坑和牛坑交叉分布，但很难确认这些羊坑和牛坑是互相配合同时埋入的。因此应该存在着一次祭祀行为只使用一种牺牲的可能性，或者说一定有仅使用羊或仅使用牛作为牺牲的祭祀行为。

另有K15位于中庭东南角，同时埋入了保存均为基本完整的羊与牛各一，因仅发现1例牛羊同坑，难以对其进行进一步的解释与说明。

3. 车坑

仅发现有2个车坑，均在中庭东部，车辕向东。K17有车无马，K121因盗扰车被严重破坏，出有部分车马器及少量马骨，推测原应埋有马匹。由于仅在中庭的东部发现了车坑，在发现大量祭祀坑的西部没有发现车坑，同时在两个车坑周围祭祀坑也较少，K121与其西部的祭祀坑间甚至存在空白地带。因此可以推测，尽管中庭东部因被晚期墓葬及近代遗迹所扰动，现存祭祀坑较少，但从上述现象观察，车坑的埋入应是有其自己单独的区域。正因为如此，也很难判断车坑与其他祭祀坑间的关系。

4. "空坑"

28个"空坑"散见于各处（图四）。

有12个坑与其他坑间发生了打破关系，其中11个坑为东西向。这些"空坑"与发生打破关系者的位置多呈现出规整的十字形或丁字形，并且在其周围很少有其他的任意一种坑与之并列。其余16个坑未与其他坑发生打破关系，其中14个为南北向，并且多与羊坑或牛坑东西并列。已有研究者对出现"空坑"的原因作出推测，认为可能是使用血祭或肉祭而未能留下牺牲骨骼痕迹而形成的[10]，因此这种"空坑"并非真实意义上的空坑，只是由于使用牺牲的方式不同而没有在坑内留下痕迹。可以推测，东西向"空坑"的出现可能有两种情况，一种是单独使用，其使用的时间不与其他坑同时，因而会与其他的坑发生打破关系；另一种则可能是在埋入羊坑或牛坑后，再挖出"空坑"，其牺牲的性质与埋入的位置都是一次祭祀活动的有机组成部分。南北向的

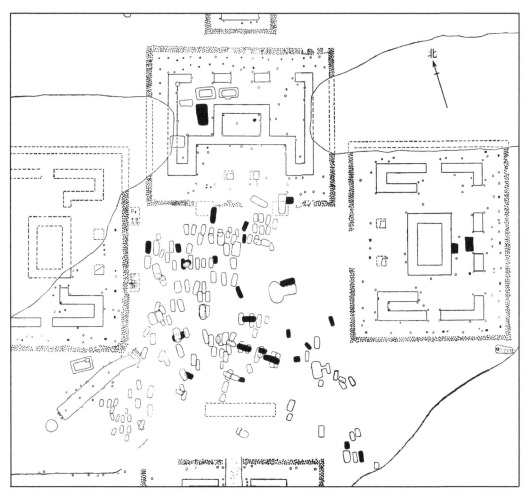

图四　马家庄一号宗庙祭祀遗址祭祀坑中的空坑（涂黑者）

"空坑"因很少与其他坑发生打破关系，且多与其他坑东西并列，间距多极为接近却未发生打破关系，因此推测南北向的"空坑"可能是同与其并列的其他坑同时进行的一次祭祀活动的遗留。当然也不排除周围没有其他坑而单独存在的"空坑"，也存在着单独埋人的可能性。因此就"空坑"而言，无论其是由于什么原因而形成的，其与埋入羊或牛作为牺牲的坑之间的关系存在着三种可能性：一是作为独立的祭祀方式单独使用，或打破其他坑，或单独在一处；二是与埋入其他牺牲的坑以方向不同并发生打破关系的方式相结合一次使用；三是与埋入其他牺牲的坑以方向相同且东西并列的方式相结合一次使用。

5. 人坑

共发现8个人坑（图五）。K86和K96基本位于中庭的中部，均为南北向，并程度

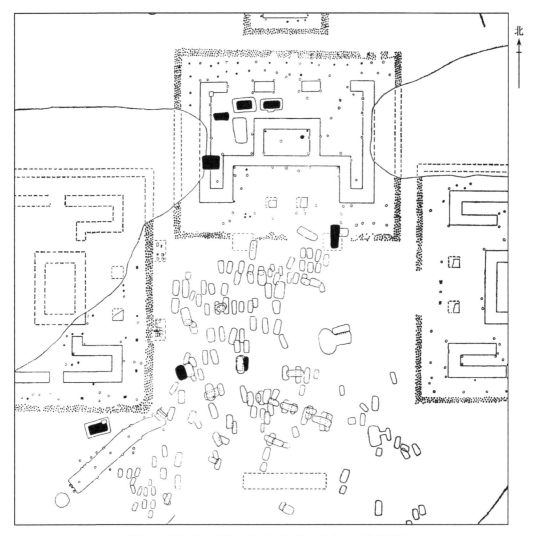

图五　马家庄一号宗庙遗址祭祀坑中的人坑（涂黑者）

不同地与其他坑发生打破关系。保存的人骨均仅有两段肢骨，均未见有其他共出器
物。这2个坑埋入的时间与分布在中庭的其他祭祀坑应大体相近。K147打破了主体建
筑的散水和夯土台基，同时打破"空坑"K148，仅保存有头骨，但共出有蟠螭纹首的
铜削，其埋入的时间以及埋入的原因当与K86、K96不同。其余的人坑中，有4个分布
在主体建筑内，1个位于西侧建筑南侧，均为东西向，都共出有数量不等的器物，有
3个坑有生土二层台，其中有2个共出有陶器，还有1个因被盗扰，是否有陶器已不清
楚。出土的陶器与同时期秦文化中小型墓中所出的同类器物相同（图六）。显然位于
主体建筑内并打破主体建筑地面或墙基的K153、K155、K156和K158，其埋入的时间是
在该建筑废弃之后，与其他祭祀坑不应处于同一时间段内。而K181位于西侧建筑散水
南部，与其他祭祀坑之间相隔一半地穴式建筑[11]，其埋入时间也应与其他祭祀坑有
较大的间隔。因此这几个人坑就埋入时间和埋入的原因应该与埋在中庭的K86和K96
不同。

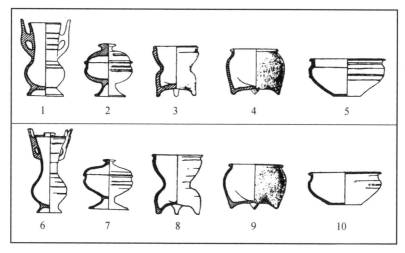

图六　祭祀坑出土陶器与墓葬随葬陶器对比图
1、3、4.凤翔马家庄K158　2、5.凤翔马家庄K3　6、7.凤翔高庄M3
8.凤翔高庄M18　9.凤翔高庄M28　10.凤翔高庄M12
（根据韩伟：《马家庄秦宗庙建筑制度研究》文中的图七修改而成）

另有K146位于主体建筑南端，打破散水，东西向，埋入无头人骨一具及少量羊
骨。从其位置及打破主体建筑散水来看，其埋入的时间和性质当有别于其他的羊坑或
牛坑。

三

综上文对马家庄一号宗庙遗址中发现的祭祀坑进行的分析可以推测：

（1）每一次祭祀活动以使用一种牺牲为主，当使用羊作为牺牲时，多采用同一种埋入牺牲方式，当使用牛作为牺牲时，或使用一种埋入牺牲方式，或同时使用两种或两种以上的埋入牺牲方式。

（2）除了使用牛或羊作为牺牲外，还可能使用血祭或肉祭，这种埋入牺牲方式或单独使用，或与其他牺牲同时使用；在同时使用时，或与埋入其他牺牲的坑以方向不同并发生打破关系的方式相结合同时使用，或与埋入其他牺牲的坑以方向相同且东西并列的方式相结合同时使用。

（3）除了牛坑羊坑外，当时还在单独的区域使用车坑进行祭祀。

（4）打破宗庙主体建筑的人坑，其埋入的时间、性质与目的，当与分布在中庭的牛坑、羊坑以及车坑有别。

四

马家庄宗庙遗址中打破建筑墙基的人坑，不仅提供了马家庄宗庙建筑废弃的时间，似乎还表明当这一宗庙建筑废弃以后，在相当短的时间里，曾有过在这里掩埋死者的活动。发掘者认为，打破主体建筑的人坑，应该是该建筑废弃后仍然在这里进行祭祀活动留下的遗存[12]。类似的现象在晋国都城新田遗址的呈王路宗庙建筑群26号地点也有发现，在该地点发现有一部分祭祀坑打破了建筑基址，研究者推测是建筑物废弃后在这里举行祭祀活动留下的遗存[13]。但在呈王路建筑群遗址中打破建筑基址的祭祀坑，在形制、大小、牺牲等方面均与其他祭祀坑无别。而打破马家庄宗庙建筑的这些人坑无论是在坑的方向、大小、形制以及共出器物等方面，都与其他祭祀坑间存在着明显差别，却表现出与同时期秦文化小型墓葬相似，如东西向长方形竖穴，或有生土二层台，共出陶器的形制和组合等，不过由于在该建筑遗址附近，以至整个雍城城内都没有发现过东周时期的秦人墓葬，所以没有足够的证据可以认定这些人坑一定属于墓葬。目前能够确认的是这些人坑的性质以及埋入的目的，当与其他祭祀坑有别。

虽然目前不能认定这些人坑就是普通的墓葬，但即使这些人坑仍然具有祭祀宗庙的性质，但由于其数量过少，时间集中，似乎也表明当这个宗庙建筑废弃以后，很快就失去了曾经作为宗庙建筑而存在的意义。

注　　释

[1]　《史记·秦本纪》，中华书局，1959年，184、201页。

[2]　《史记·秦本纪》记，秦迁都栎阳后，尚有孝公、德公在雍建橐泉宫、蕲年宫等。《史记·秦始皇本纪》记，秦王行王冠之礼亦在雍进行。

［ 3 ］ 韩伟、焦南峰：《秦都雍城考古发掘研究综述》，《考古与文物》1988年第5、6期合刊。

［ 4 ］ 陕西省雍城考古队：《凤翔马家庄一号建筑群遗址发掘简报》，《文物》1985年第2期；韩
伟：《马家庄秦宗庙建筑制度研究》，《文物》1985年第2期。

［ 5 ］ 关于马家庄二号建筑遗址的情况，未见有正式发掘资料报道，参见韩伟、焦南峰：《秦都雍
城考古发掘研究综述》，《考古与文物》1988年第5、6期合刊一文中的有关描述。

［ 6 ］ 陕西省雍城考古队：《秦都雍城钻探试掘简报》，《考古与文物》1985年第2期。

［ 7 ］ 陕西省雍城考古队：《凤翔马家庄一号建筑群遗址发掘简报》，《文物》1985年第2期。

［ 8 ］ 陕西省雍城考古队：《凤翔马家庄一号建筑群遗址发掘简报》，《文物》1985年第2期。

［ 9 ］ 雍城考古队尚志儒、赵丛苍：《〈凤翔马家庄一号建筑群遗址发掘简报〉补正》，《文博》
1986年第1期。

［10］ 陕西省雍城考古队：《凤翔马家庄一号建筑群遗址发掘简报》，《文物》1985年第2期。另
在山西侯马晋国祭祀遗址中也发现数量较多的"空坑"，许多"空坑"的坑底土色呈黑褐色
或夹有小白点，推测是与肉类腐朽有关。参见山西省考古研究所侯马工作站：《侯马晋国
祭祀遗址发掘报告》，《晋都新田》，山西人民出版社，1996年，267页。推测"空坑"亦
可能为血祭者，参见山西省考古研究所侯马工作站：《侯马呈王路建筑群遗址发掘简报》，
《考古》1987年第12期。

［11］ 雍城考古队尚志儒、赵丛苍：《〈凤翔马家庄一号建筑群遗址发掘简报〉补正》，《文博》
1986年第1期。

［12］ 陕西省雍城考古队：《凤翔马家庄一号建筑群遗址发掘简报》，《文物》1985年第2期。

［13］ 山西省考古研究所侯马工作站：《侯马呈王路建筑群遗址发掘简报》，《考古》1987年第
12期。

（原刊于《华夏考古》2003年第3期）

秦文化起源及相关问题再探讨

本文所论秦文化，就其命名和界定的原则与史前以及商周时期的大多数考古学文化并无区别，亦是在一定时间、一定地域范围内的一组具有自身特点的人类活动遗存，由于这样一组遗存很可能与文献记载中的"秦"有关，而用文献记载中的族名或国名为与这个族群或国家有关的考古学文化命名，亦是历史时期考古学的通例。尽管将文献记载中的族群与实际发现的考古学文化相对应，是一件非常复杂而又极难操作的事情，但在先秦考古学中对秦文化的界定已基本取得共识。所以本文所涉及的秦文化，即是作者以往所表述的，为史载的"嬴秦一族"在建立秦国前、建立秦国后以及到统一六国建立中国历史上第一个中央集权制的秦王朝这一历史时期内，在其活动所至范围里，创造、使用、遗留至今并已被科学的考古工作所发现的古代遗存[1]。

秦文化的考古学发现最早虽可追溯到20世纪30年代北平研究院发掘宝鸡斗台11座屈肢葬墓[2]，但对于秦文化的起源进行系统的研究，是80年代以后的事。80年代初，始有考古学者涉及对秦文化渊源的探索，大多研究者着眼于东周时期秦墓中所特有的洞室墓、屈肢葬和铲脚袋足鬲等与中原地区迥然有异的文化特征，将其视为秦文化与西北地区古代文化的天然联系，提出秦文化起源于西北地区的古代文化[3]；80年代中期在甘肃甘谷毛家坪遗址确认的"西周时期"秦文化遗存[4]，由于其表现出与关中地区西周文化的相似性，又有研究者指出秦文化是西周文化的一支地方类型[5]；还有研究者结合古文字、文献与考古学的研究成果，认为古文字中的"𪊨"即为秦族或其一支，在周原地区发现的商代后期扶风壹家堡类型文化即为"𪊨"族所遗留的考古学文化，亦即商时期的秦文化[6]。毛家坪遗址的重要意义在于首次确认了西周时期的秦文化，为探索秦文化起源提供了一个更早、更可靠的基点，并使大多数研究者把追溯秦文化起源的目光指向了东方。本文拟在已有研究成果的基础上，以毛家坪遗址"西周时期"的秦文化遗存，即早期秦文化遗存为切入点，对秦文化起源以及相关问题做进一步的探讨，而不涉及该遗址东周时期的遗存。

一

甘谷毛家坪遗址是20世纪40年代后期裴文中先生在渭河流域进行调查时发现的[7]；50年代甘肃省文物工作部门对全省进行的文物古迹普查工作中，又对该遗址进行了复查[8]；1982年和1983年，甘肃省文物工作队与北京大学考古系在此进行了两次发掘，并将其中的A组遗存认定为秦文化遗存，包括居址和墓葬两部分，共发现灰坑37个，房址2个，鬲棺葬4组，土坑墓22座[9]。

赵化成先生在《甘肃甘谷毛家坪遗址发掘报告》（下文简称《报告》）和《甘肃东部秦和羌戎文化的考古学探索》（下文简称《探索》）中，都对甘谷毛家坪遗址秦文化遗存进行了分期和绝对年代的推定，其居址和墓葬分期的对应关系及绝对年代如表一[10]。

表一 甘谷毛家坪遗址居址及墓葬分期对应表

居址（含鬲棺葬）		墓葬（含居址内土坑墓）		绝对年代
一期	1段（④B、H29、H36）*		缺	西周早期
二期	2段（H31、LM7）	一期	1段（M1、M2、M6、M10）	西周中期
			2段（M4）	
	3段（④A）	二期	3段（TM5、M3、M9）	西周晚期
三期	4段（H19、H21、H27、LM6）	三期	4段（M14）	春秋时期
			5段（M8、M11、M12）	
		四期	6段（M5、TM9、TM10）	
四期	5段（③、LM4）	五期	7段（M6、M7、M17、M19、M20）	战国早期（或可晚至战国中期）
			8段（M13、M18）	
	6段（H2、82H1）		缺	战国晚期

*据《探索》中对居址的分期，原属于第一期第1段的单位还有H32、H33；属于第二期的单位还有H30、H35；属于第三期第4段的单位共有第3层下的17个灰坑（未注明灰坑号），其出土的陶片相近，复原器较少；属于第四期第5段的单位还有LM3；属于第四期第6段的单位还有H3。表中所列仅为在《报告》中发表有器物者。

上述对毛家坪遗址秦文化遗存的居址和墓葬所作的分期在逻辑序列上是正确的，遗址中东周时期的遗存与关中地区的秦文化几无区别，由于以往的秦文化研究多集中于东周时期，所以在此基础上对该遗址东周时期遗存年代的认定也是可靠的。只是被认定为"西周时期"的诸遗存中，个别单位的年代还有进一步讨论的必要。

划归居址第一期第1段的第4B层和H29，是目前所确认的最早的秦文化遗存，因此对其年代的推定对于讨论秦文化的起源问题就显得尤为重要。《报告》和《探索》将其与沣西西周早期遗址中出土的器物进行比较，认为二者年代大体相当，为西周早期。但若把二者的同类陶器进行形制上的比较，就会发现，它们在形态上还是存在着一些差异。20世纪80年代中期，扶风壹家堡、武功郑家坡等商代遗存的发现[11]，则提供了可与毛家坪一期秦文化遗存进行对比的更理想的资料（图一）。

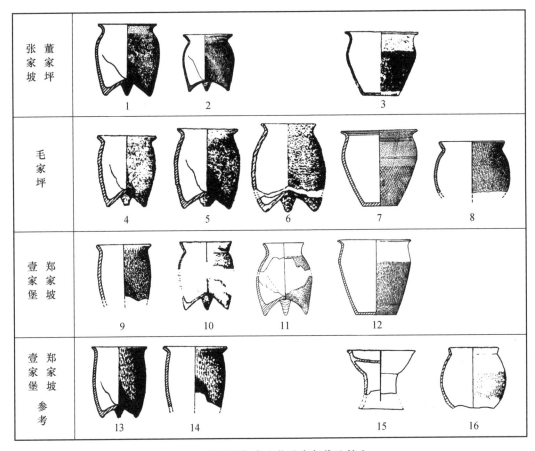

张家坡 董家坪	1　　　　　2	3
毛家坪	4　　　5　　　6	7　　　8
壹家堡 郑家坡	9　　10　　11	12
壹家堡 郑家坡 参考	13　　　14	15　　16

图一　毛家坪早期秦文化遗存年代比较之一

1. 董家坪83TG001（采）　2. 张家坡H301　3. 张家坡H201　4. 毛家坪 H29：1　5. 毛家坪T1④B：1
6. 毛家坪TI④B：29　7. 毛家坪T3④B：4　8. 毛家坪TI④B：22　9. 郑家坡H4：34　10. 壹家堡
T31③G：59　11. 壹家堡T31③：86　12. 壹家堡T31③C：49　13. 郑家坡H2：5
14. 郑家坡H9：16　15. 壹家堡T23⑤：34　16. 壹家堡T23⑤：46

　　如图一所示，毛家坪T1④B：29（图一，6），小口，最大腹径偏下，整体瘦长，
与壹家堡遗址四期5段所出的B型鬲T31③：86（图一，11）形态接近，只是后者足跟
略长；毛家坪H29：1、T1④B：1（图一，4、5）形态相近，均为长体筒状，宽沿外
侈，腹部平缓，绳纹细而乱，壹家堡遗址四期5段所出的T31③G：59（图一，10）以
及与壹家堡遗址四期年代相当的武功郑家坡遗址晚期所出的H4：34（图一，9），虽
下部有残，但从其上部形态观察，与毛家坪T1④B：1、H29：1几多相近之处，而且这
种长筒状、腹部平缓的瘪裆陶鬲，在郑家坡遗址中并不少见，在其早、中期遗存中亦
有出现，如H2：5、H9：16（图一，13、14）等。毛家坪遗址出土的绳纹盆T3④B：4
（图一，7），深腹，其器高与最大径之比接近1，为0.97，口微折，肩部折曲，肩以
下饰绳纹，亦与壹家堡四期5段之T31③C：49（图一，12）相近。而《报告》和《探
索》中在确定年代时与之进行比较的沣西遗址属西周早期的H301Ⅲ式鬲（图一，2）和

T174：4AⅣ式鬲，整体稍矮，腹部亦较圆鼓，更近于在天水董家坪遗址采集到的同类型陶鬲（图一，1），而H201Ⅱ式尊（实为绳纹盆，图一，3），腹部稍浅，其器高与最大径之比为0.81[12]。若考虑到此后西周时期的陶鬲大都表现出由高到矮，盆亦由深腹到浅腹的这样一种发展趋势，毛家坪一期秦文化遗存应该是表现出了较早的特征。另毛家坪出土的圆腹罐T1④B：22（图一，8），尽管有研究者指出其应属于巴蜀文化因素[13]，但相类的器物在壹家堡遗址一期中与商文化的假腹簋（图一，15、16）共存，亦从另一角度说明毛家坪一期秦文化遗存的年代较早。由此已发表的毛家坪一期秦文化遗存的陶器均可在壹家堡遗址晚期阶段甚至更早的遗存中以及与之年代相当的郑家坡遗址晚期遗存中找到形态相似者，其年代亦应相当。

已有研究者指出，壹家堡遗址四期遗存与郑家坡遗址晚期遗存年代相当，大体在殷墟文化四期前后；其文化性质亦与之相同，目前多将这一类遗存称为郑家坡类型，是商代晚期的先周文化[14]。

<h1 style="text-align:center">二</h1>

先周文化这一概念自20世纪60年代初北京大学考古教研室编写商周考古教材时提出后[15]，一直是商周考古研究中一个重要的课题，对先周文化的内涵、来源、分期、年代等问题直到现在尚有诸多不同的看法[16]。但分布于关中地区的郑家坡类型是先周文化，其晚期阶段年代大体相当于殷墟四期到商周之际，基本是大多数研究者的共识。如前所述以毛家坪遗址第4B层和H29为代表的秦文化遗存，其文化面貌、年代基本同于郑家坡类型晚期阶段，因此了解关中地区殷墟四期到商周之际郑家坡类型晚期遗存的分布格局及结构，应是探索早期秦文化起源的重要途径之一。

目前所了解的郑家坡类型晚期遗存主要分布在西到宝鸡地区，东至丰镐地区的范围里，为研究者所瞩目并具代表性的遗址有：宝鸡斗鸡台[17]，凤翔西村[18]、扶风北吕[19]、壹家堡[20]、岐山贺家村[21]，武功郑家坡[22]、黄家河[23]、岸底[24]，丰镐遗址[25]等。

1. 宝鸡斗鸡台

斗鸡台墓地发掘于20世纪30年代，有15座墓年代相当于殷墟四期到商周之际[26]。全部为长方形土坑竖穴墓，无腰坑，南北向，均直肢葬，随葬陶器或一鬲一罐，或仅一鬲、仅一罐，除K4所出陶鬲为高领乳状袋足鬲外，其余均为联裆鬲。从K区内还有K7、K9等随葬联裆鬲的墓葬来看，可知在斗鸡台墓地，至少在K区里，随葬乳状袋足鬲和随葬联裆鬲的墓葬是同时存在的[27]。目前不了解与斗鸡台墓地同时期的居址的文化面貌，但从墓地中随葬两种陶鬲的墓葬共处的现象可以推定，在居址中亦是乳状袋足鬲和联裆鬲二种文化因素共存。

2. 凤翔西村

凤翔西村墓地共发掘先周中期到西周中期的墓葬210座，均为长方形土坑竖穴墓，或口底同大，或口大底小，有熟土二层台，未见有腰坑，均为直肢葬。60%左右的墓仅随葬一件陶鬲，37%左右的墓葬随葬一鬲一罐，另有少量的墓仅随葬一件陶罐或共出有簋。其中年代属于殷墟四期到商周之际的墓葬中[28]，79M44、M45、M50、M69、M76、80M2、M18、M83、M87、M131、M147、M148等12座墓出土斗鸡台类型乳状袋足鬲，虽然有二三座相对集中的现象，但从整体看，这些墓基本散见于墓地各处[29]。没有发现与该墓地同时期的居址，不过由于墓地中随葬两种不同类型陶鬲的墓交错分布，居址中亦应是两种文化因素共存。

3. 扶风北吕

北吕墓地包括北吕村北部的北山、东山、窑院三个地点，共发掘出先周到西周中晚期的墓葬283座，均为长方形土坑竖穴墓，大部分墓口底相等，少数口小底大，多有熟土二层台，没有发现腰坑，葬式为仰身直肢葬。其中42%的墓随葬陶器为一鬲，33%的墓随葬一鬲一罐，4%的墓随葬一罐，另有少量墓共出有尊、簋和盂。北吕墓地从商代晚期到西周初年的墓葬中[30]，仅有BM21随葬1件属于斗鸡台类型的乳状袋足鬲，并共出有尊、盂各1件，其余各墓所出陶鬲均为联裆鬲，共出的陶器有折肩罐和肩部有弦纹的圆肩罐。因原简报未发表各地点的墓葬分布图，因而不能确知BM21在墓地内的确切位置，及与其他墓葬之间在平面上的关系。但从简报所述该墓位于"北山墓地最西"，至少可以确认BM21不是杂处于随葬联裆鬲的墓葬之间。从这个意义上讲，北吕墓地应是一处表现出较单纯文化面貌的墓地。

4. 扶风壹家堡

壹家堡遗址包括居址、窑场和墓地几个部分，1986年北京大学考古系发掘所获资料主要是来自居址。原报告将壹家堡遗址分为四期，并认为其中第二期和第四期遗存属郑家坡类型。第四期遗存包括4、5、6三段，年代相当于殷墟文化三期末到殷墟文化四期，即商王文丁到帝乙时期。据孙华《陕西扶风县壹家堡遗址分析——兼论晚商时期关中地区诸考古学文化的关系》一文，在壹家堡遗址四期遗存中，占主导地位的为郑家坡类型文化因素，同时共存有其他一些文化因素，如双耳乳状袋足鬲（H21∶7）为典型的刘家文化因素，而三足蛋形瓮（T31③∶41）、素面圆肩罐（T31③B∶47）、素面折肩盆（T31③A∶44）等，则或许是来自陕北、河套地区的古代文化因素[31]。

5. 岐山贺家村

贺家村墓地自20世纪50年代以来已经过多次发掘[32]，其中年代相当于殷墟四期到商周之际或西周初年的墓葬主要有1963年发掘的54座墓葬，均为长方形竖穴，大多口小底大，或口底相等，个别口大底小，多有熟土二层台，墓底无腰坑，均为直肢葬。随葬陶器以鬲、罐为主，仅个别墓出有壶、缶、瓮等。随葬的陶鬲中有20%左右为高领乳袋足鬲，其余均为联裆鬲。从墓葬的平面分布观察，随葬乳状袋足的墓散见于墓地各处。

6. 武功郑家坡

郑家坡遗址包括居址和墓葬两部分，但已发表的材料均来自居址[33]。因该遗址中出土的大量极具特点的长筒形联裆鬲、绳纹深腹盆、绳纹折肩罐是同类遗存中最具代表性者，从而将这一类遗存命名为郑家坡类型。原报告将其分为早、中、晚三期，在其中期阶段已经出现的属斗鸡台类型的高领乳状袋足鬲，表明在郑家坡遗址的居址中，至少有一段时间，郑家坡类型与斗鸡台类型是共存的。不过在郑家坡遗址发现的基本与居址同时期的墓地中，墓葬均为长方形土坑竖穴，无腰坑，仰身直肢，随葬器物组合以一鬲或一鬲一罐为主，陶鬲均为联裆鬲，表现出极为单纯的文化面貌[34]。

7. 武功黄家河

黄家河遗址包括居址和墓地两部分。黄家河墓地共发现先周时期和西周中期的墓葬49座，车马坑2座[35]，黄家河墓地的墓葬均为长方形竖穴墓，口略小于底，有生土或熟土二层台，未见腰坑，人骨葬式均为仰身直肢，随葬陶器为一鬲或一鬲一罐。鬲均为联裆鬲，罐有绳纹折肩罐和肩腹部有弦纹或方格纹的圆肩罐。黄家河墓地所表现出的这些特点是代表了单纯的周人文化，基本是商周考古研究者的共识。

8. 武功岸底

岸底遗址发掘于20世纪90年代初期，包括居址和墓地两部分，已经报道的材料均来自居址。据发掘简报，岸底遗址属于先周时期的遗存可分为早、中、晚三期[36]，后参加发掘者牛世山又将其分为四期七段，其中第四期（含6、7两段）的年代相当于殷墟文化四期到商周之际，文化面貌以郑家坡类型典型的联裆鬲、深腹盆和绳纹折肩罐为主，同时亦有斗鸡台类型的高领乳状袋足鬲，以及来自陕北、河套地区北方古代文化的三足蛋形瓮和来自商文化的折腹簋等[37]。

9. 丰镐遗址

自20世纪50年代以来，以探索西周文化为主要目的，考古工作者在丰镐地区进行了长期的发掘和研究，涉及大量的居址和墓地。丰镐地区发现的周文化墓葬可分为四期8段，其中第一期第1段的年代为殷墟文化四期[38]，另在马王村发现的H11，因其叠压在出有西周时期铸铜陶范的H10之下，因此其年代也可早到先周时期[39]。丰镐地区先周时期的周文化遗存，除了有大量的联裆鬲、深腹盆等典型的郑家坡类型文化因素外，不仅有斗鸡台类型的高领乳状袋足鬲，还可见到商文化的强烈影响，如墓葬有腰坑、随葬铜器组合为爵和觯、陶器中有殷墟文化常见的折腹簋等[40]，表现出较为复杂的文化面貌。

宝鸡斗鸡台、凤翔西村、岐山贺家村墓地，因没有发现与墓地同时期的居址材料，不能确知居址的文化结构，但从这两个墓地中都是随葬联裆鬲和随葬高领乳状袋足鬲，可以推定居址中也应是两种类型的文化因素共存。在武功黄家河和郑家坡遗址的墓地中，既没有发现同时随葬有联裆鬲和乳状袋足鬲的墓葬，也没有发现随葬不同类型陶鬲的墓葬在墓地中交错存在的现象，都只是发现了随葬联裆鬲的墓葬，应是表现出非常单纯的郑家坡类型文化面貌。北吕墓地的情况应基本同于黄家河和郑家坡墓地。扶风壹家堡、武功岸底都只发表了居址的材料，文化结构较为复杂，不能确知在与居址同时使用的墓地中，是否有随葬不同文化因素陶器的墓葬交错存在的现象。丰镐遗址则不论在居址，还是在墓葬中，都表现出较为复杂的文化面貌。

上述各遗址就其文化结构，大体可分为两大类。第一类以郑家坡类型文化为主，同时又包含有斗鸡台类型或刘家文化的因素，主要有宝鸡斗鸡台、凤翔西村、岐山贺家村等遗址；或还同时包含有其他文化因素，如扶风壹家堡、武功岸底、丰镐遗址等，分布于从宝鸡地区到丰镐地区的关中平原中西部。第二类只包括了单纯的郑家坡类型文化，有武功黄家河、郑家坡和扶风北吕墓地，集中分布在周原地区。尽管出现第一类遗址的原因可能会有多种，但都表明到了这一阶段，郑家坡类型与斗鸡台类型、刘家文化间有着广泛的共处，亦有可能在某些地点发生融合；而第二类遗址的存在则表明，尚有一部分使用郑家坡类型文化的人群尽管在居址中可能与使用斗鸡台类型和刘家文化的人群共处，但在埋入墓地时却与之分离并保持了自己单纯的文化面貌。

甘谷毛家坪属于先周时期的秦文化遗存只发表了居址的材料，没有见到上述第一类遗址中常见的斗鸡台类型、刘家文化以至于商文化的因素，毛家坪遗址进入西周时期以后的墓葬中也没有见到上述外来文化因素，因此可以推测与一期居址同时的墓地在文化结构上与居址相同。即毛家坪遗址不论在居址中还是在墓葬中，都表现出比较单纯的与郑家坡类型相近的文化面貌。表明毛家坪一期秦文化遗存就其文化性质来说，应属于郑家坡类型，其源头亦应到郑家坡类型中去寻找。

已有的研究成果表明，郑家坡类型在其早期阶段主要是分布在漆水河下游[41]，后向西、向东扩展。在宝鸡地区、丰镐地区都见到以郑家坡类型晚期遗存为主，兼有斗鸡台类型、刘家文化、商文化因素的遗址，除了因有些遗址级别较高而文化构成较复杂外，还有一个很重要的原因，就是郑家坡类型在其向西、向东传播或发展的过程中，与所接触到的其他文化有所交流并产生融合的结果。

据现有发掘资料还难以判断甘谷毛家坪遗址的级别，但该遗址西周时期以后的墓葬中没有见到随葬青铜礼器的墓葬,随葬仿铜陶礼器的墓葬也只有1座,估计该遗址级别较低。目前也还不能断定在陇东地区是否存在着较高等级的秦文化遗址,以及在这样的遗址中文化结构单纯抑或复杂,但可以知道在商代晚期到商周之际的陇东地区,在毛家坪这种等级较低的秦文化遗址中,是表现出较单纯的与郑家坡类型相近的文化面貌。毛家坪遗址地处陇东,隔六盘山脉与关中西部的宝鸡地区相邻,而毛家坪一期秦文化遗存所表现出的这种文化结构,不是同于距离较近的宝鸡斗鸡台、凤翔西村等遗址,而是隔宝鸡地区与周原地区的黄家河、郑家坡墓地相同。显然毛家坪一期秦文化不是和已与斗鸡台类型、刘家文化或其他文化接触并有所交流或融合后的郑家坡类型有关,而是源自周原地区具有比较单纯文化面貌的郑家坡类型。之所以会产生这种在分布上跨越地域式的相似,似乎很难用文化的自然传播和扩展的过程来解释,很可能是有一支使用郑家坡类型文化的人群由于某种原因由周原地区向陇东地区迁徙,或者是由于迁徙的时间很短促,以至于来不及与其所遭遇的其他文化发生关系,或者是由于这一支人群具有一定的保守性,以至于在迁徙过程中以及到达陇东地区后,都保持着原有的文化面貌。从这个意义上讲,以甘谷毛家坪为代表的早期秦文化应源于郑家坡类型,即起源于先周文化[42]。

三

　　毛家坪遗址西周时期的秦文化遗存,包括居址和墓葬两部分,《报告》和《探索》对其进行的分期和年代的认定基本是准确的,只是个别单位的年代尚可进一步讨论。M1和M6为毛家坪西周墓葬中年代最早者,原报告将其与沣西张家坡的西周墓葬进行对比后,认定其年代应在西周中期。M1和M6随葬的鬲,大口,腹部圆缓,豆为方折盘,豆把较粗且无棱,罐为大口,圆折肩,或有绳纹等特点,均为较早的特征,分别与沣西张家坡M81、M33的同类器物相近(图二)。笔者曾将丰镐地区的周文化墓葬分为四期8段,其中张家坡M81、M33二墓归属于二期3段,年代为西周早期的成康时期[43]。毛家坪M1和M6的年代应与之相当,亦应在西周早期。毛家坪M9原划归于其墓葬的二期3段,年代在西周晚期,只是所出陶鬲肩部明显,大喇叭口罐的口径已大于最大肩径,豆为折盘棱把,与陇县店子M15所出同类器物相近(图三)。M15是店子墓地中年代最早者,大体在春秋早期或春秋早中期之际[44],毛家坪M9的年代应与之相当,即已进入春秋时期。因此本文所讨论的毛家坪西周时期秦文化遗存主要包括居址中的H31、LM7和第4A层以及墓葬中的M1、M2、M6、M10、M4、TM5、M3等单位。

　　甘谷毛家坪西周时期的秦文化遗存,表现出与关中地区西周文化的诸多相似性。毛家坪遗址所出的联裆鬲、绳纹深腹盆、折肩盂/甑、肩部带鸟形鋬的绳纹罐(图四,1~4)等,均与丰镐地区西周时期遗址中所出的同类型器物极为相近

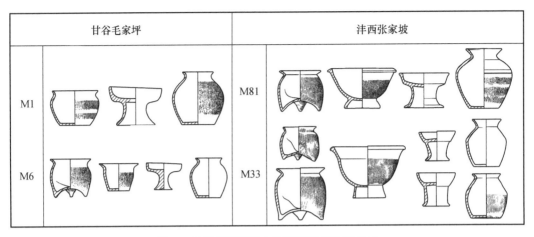

图二　毛家坪早期秦文化遗存年代比较之二

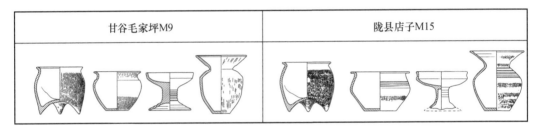

图三　毛家坪早期秦文化遗存年代比较之三

（图四，5~8），而这些器物正是关中地区西周文化中最具代表性的典型器物。因此有研究者提出，可将甘谷毛家坪西周时期的秦文化遗存称为西周文化的一个地方类型[45]。另外，毛家坪遗址出土的石斧、石刀、纺轮（图四，9~12）等与从事农业生产活动有关的工具，其形制亦与关中地区西周文化遗址所出的同类器物相同（图四，13~16），表明二者具有相同的以农业为主的经济类型。在埋葬习俗方面，毛家坪遗址也表现出与同时期西周文化一定的相似性，但同时还存在着某些差异。如墓葬形制虽然都是长方形土坑竖穴墓，有熟土或生土二层台，但关中地区的西周墓葬因受商文化影响在墓底多挖有腰坑并在坑内殉狗，而毛家坪仅有一座墓有腰坑，且未有殉狗（图五）。随葬陶器都是以一组炊煮器、盛食器和盛水器为基本组合，但西周墓葬在西周中期以前用鬲、簋、豆、罐，而毛家坪秦墓用盆而不用簋，且多为红陶器（图二）；西周中期晚段以后毛家坪秦墓以随葬鬲、盂、豆、罐为主，其器类组合与西周墓葬相同，但二者在器物的具体形制上却有所区别，如西周墓葬随葬的鬲有联裆鬲、分裆鬲、仿铜鬲等，但毛家坪秦墓中仅见联裆鬲；同样是豆，西周墓葬中所出多为折盘细棱把，而毛家坪秦墓中的豆把短粗且无棱；二者使用的陶罐亦有区别，西周墓葬所出多为弦纹折肩罐或圆肩罐等，而秦墓中的喇叭口罐，尽管其同类器物见于西周文化的遗址中，却少见于随葬（图五）。在毛家坪西周时期秦文化与关中地区西周

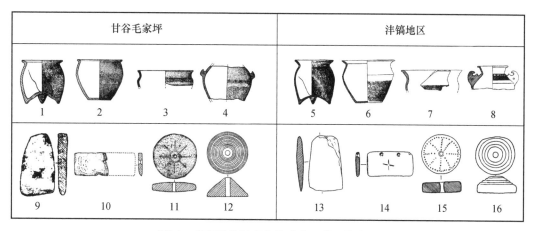

图四　毛家坪早期秦文化遗存面貌比较之一

1. 毛家坪T2④A1：1　2. 毛家坪H31：1　3. 毛家坪T84④A：18　4. 毛家坪T34④A：5　5. 沣西张家坡H301
6. 沣东白家庄F1：40　7. 沣东白家庄F1：43　8. 沣东白家庄F1：41　9. 毛家坪TI4④A：10　10. 毛家坪
T6④A：8　11. 毛家坪T2④A：19　12. 毛家坪T4④A：20　13. 沣西张家坡T1564B：26
14. 沣西张家坡H168：23　15. 沣西张家坡TT412：48　16. 沣西张家坡T124：4：14

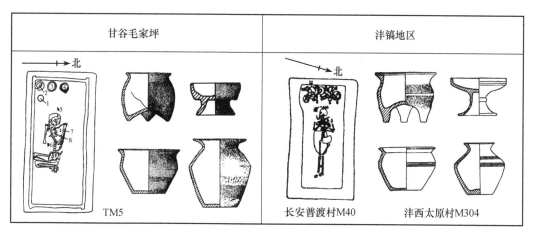

图五　毛家坪早期秦文化遗存面貌比较之二

文化间最明显也是最重要的差别在于墓葬中的人骨葬式，即绝大多数为关中地区西周墓葬所不见的蜷曲十分严重的屈肢葬，已有许多研究者对这种独特的人骨葬式进行过讨论[46]，不论其起因有多少种，但有一点是肯定的，即必须在人死后立即对尸体进行捆绑才可获得如此的效果。这种特殊的尸体处理方式应该与特定的族群相关。从这个意义上讲，作为毛家坪西周时期秦文化载体的族群，应与关中地区使用直肢葬的周人族群有所区别。而这种屈肢葬式是关中地区东周时期以后秦人墓的最重要标志，因此作为甘谷毛家坪西周时期秦文化载体的这一族群，应该即是此后文献记载中的嬴秦族的一支。

四

　　甘谷毛家坪遗址地处陇东渭河上游谷地，苏秉琦先生曾指出，从陇东到陇西的这一地区，其东部与中原地区相连，西部与中亚地区相连，既是中国东西两半块间的中间模糊地带，也是二者间的界限所在，亦是自新石器时代以来以农业经济为主的古代文化与兼有畜牧经济的古代文化的分界线[47]。

　　在陇东地区能够确认的西周时期秦文化遗址除甘谷毛家坪外，仅有天水董家坪[48]和礼县大堡子山[49]。但正如《探索》一文所指出，当甘谷毛家坪早期秦文化遗存被确认以后，许多研究者都注意到，过去在陇东地区进行考古调查时发现的所谓"西周时期"遗址，很可能有相当一部分属于秦文化遗存[50]。从这类"西周时期"遗址的分布范围看，其向西不过兰州一线，没有越过新石器时代既已存在的中原系统文化分布的西限（图六）。从毛家坪早期秦文化遗存所反映的文化面貌看，与同时期分布于

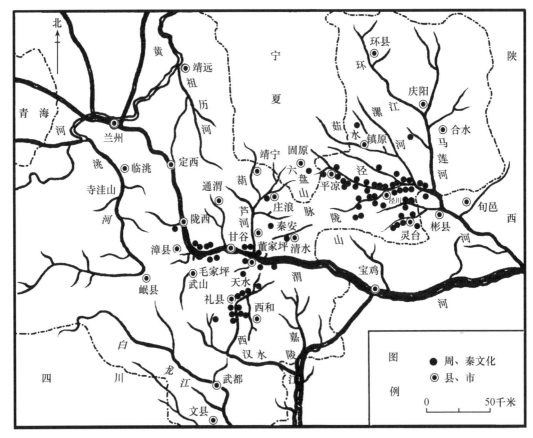

图六　陇东地区秦及"西周时期"遗址分布示意图
（根据赵化成：《甘肃东部秦和羌戎文化的考古学探索》之图一修改而成）

该地区及西邻的、被认为是西北地区古代羌戎文化的寺洼文化、辛店文化等几无相近之处（图七）[51]。即使是过去被研究者认为是秦文化中属于西北地区古代文化因素的洞室墓、铲脚袋足鬲和屈肢葬式，前二者也不见于毛家坪早期秦文化遗存中[52]。屈肢葬虽然是西北地区自新石器时代以来的半山、马厂、齐家等文化中所使用的葬式之一，但不见于与毛家坪早期秦文化基本同时的寺洼文化墓葬中[53]，在辛店文化墓葬中亦较少见[54]，加之其与二者在文化面貌上所存在的显著差异，所以很难确认毛家坪秦墓所使用的屈肢葬式，就一定是来自于西北地区的古代文化。显然苏秉琦先生提出的这条位于中国东西两半块间的分界线，一直到商周时期仍然具有其存在的意义。

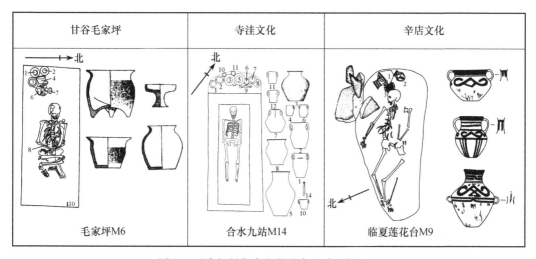

甘谷毛家坪	寺洼文化	辛店文化
毛家坪M6	合水九站M14	临夏莲花台M9

图七　毛家坪早期秦文化遗存面貌比较之三

考古学文化作为"分布于一定地域、存在于一定时间、具有共同特征的人类活动遗存"[55]，在其表象背后所隐含的一定是某一特定人群的活动。本文所讨论的秦文化的起源，与在中国历史学界和考古学界长期以来颇引人注目的关于秦人起源的问题，从考古学的角度看，虽然是两个不同的概念，但二者间应该存在着紧密的联系。关于秦人的起源问题，目前主要有两种意见：一种依王国维之说，认为秦人起源于西方，与西戎有着密切的联系，或许就是西戎的一支；另一种依司马迁之说，认为秦人起源于东方，后由东向西迁到陇东地区，然后由西再向东发展进而统一中国[56]。近年又有学者将秦人起源与秦文化起源结合起来，提出秦人和秦文化"源于东而兴于西"的二源说[57]。另外在秦人东来说中，关于秦人西迁的时间和迁徙过程，目前基本倾向于在夏末商初、商代晚期和西周初年，秦人曾分别有过由济、淮流域迁到关中西部、由汾河流域迁到陇东天水地区以及由东方迁到现西安一带的三次西迁[58]。严格地讲，本文的讨论对于追溯秦人的起源以及上面所提到的任何一次迁徙过程，都不能提供直接的考古学上的证据，但是仍然可以从中了解使用毛家坪早期秦文化的这一支嬴秦族在商代晚期以至于西周时期的活动轨迹，并且知道这支人群在到达陇东地区后，其分布范围没有越过自新石器时代以来既已存在的中原系统文化分布的西限，在其使用的考古学文化面貌上亦与分布于其西部地区的古代文化极少相近之处。考虑上述诸种因素，这一支嬴秦族群的起源似不可能来自西方。

五

本文的讨论，可以得到以下几点认识：

（1）以甘谷毛家坪一期遗存为代表的早期秦文化，其文化面貌基本同于被认定为先周文化的郑家坡类型，其年代与郑家坡类型晚期阶段相当，大体在殷墟四期到商周之际。

（2）毛家坪遗址隔宝鸡地区与周原地区郑家坡类型文化的部分遗址相同，具有较单纯的文化结构，因此毛家坪遗址的早期秦文化应源于周原地区的郑家坡类型文化。其文化载体应是一支使用郑家坡类型文化的族群，这支族群由于某种原因在商代晚期向西进入陇东地区，并且在迁徙过程中基本上保持了已有的文化面貌。

（3）毛家坪遗址西周时期的秦文化，就其在文化面貌上所表现出的与同时期关中地区西周文化的相似性而论，可视之为西周文化的一支地方类型。但其在埋葬习俗，尤其是在人骨葬式上所具有的自身特点，则表明作为西周时期秦文化载体的族群，应有别于关中地区使用不同葬式的周人族群。由于这种特殊的葬式与东周以后关中地区秦人墓的葬式相同，所以这支族群应该即是此后文献记载中的嬴秦族的一支。

（4）以毛家坪遗址早期遗存为代表的早期秦文化，其分布范围向西没有越过自新石器时代以来中原系统文化分布的西限，其文化面貌亦与分布于其西部地区的寺洼文化和辛店文化没有相近之处。从这个意义上讲，使用毛家坪早期遗存为代表的秦文化的这一支嬴秦族，不可能来自西方。

注　释

[1]　参见滕铭予：《论东周时期秦文化的发展与扩张》，《中国考古学的跨世纪反思》，商务印书馆（香港）有限公司，1999年；滕铭予：《秦文化的考古学发现与研究》，《华夏考古》1998年第4期中有关的论述。

[2]　苏秉琦：《斗鸡台沟东区墓葬（节选）》，《苏秉琦考古学论述选集》，文物出版社，1984年。

[3]　俞伟超：《古代"西戎"和"羌"、"胡"考古学文化归属问题的探讨》，《青海考古学会会刊》1980年第1期；刘庆柱：《试论秦之渊源》，《人文杂志——先秦史论文集》，1982年。

[4] 甘肃省文物工作队、北京大学考古系：《甘肃甘谷毛家坪遗址发掘报告》，《考古学报》
1987年第3期。

[5] 牛世山：《秦文化渊源与秦人起源探索》，《考古》1996年第3期。

[6] 刘军社：《壹家堡类型文化与早期秦文化》，《秦文化论丛》（第三辑），西北大学出版
社，1994年。

[7] 裴文中、米泰桓：《甘肃史前考古报告初稿》，1948年。转引自甘肃省文物工作队、北京大
学考古系：《甘肃甘谷毛家坪遗址发掘报告》，《考古学报》1987年第3期，359页脚注1。

[8] 甘肃省文物管理委员会：《渭河上游天水、甘谷两县考古调查简报》，《考古通讯》1958年
第5期；甘肃省博物馆：《甘肃古文化遗存》，《考古学报》1960年第2期。

[9] 甘肃省文物工作队、北京大学考古系：《甘肃甘谷毛家坪遗址发掘报告》，《考古学报》
1987年第3期。

[10] 甘肃省文物工作队、北京大学考古系：《甘肃甘谷毛家坪遗址发掘报告》，《考古学报》
1987年第3期；赵化成：《甘肃东部秦和羌戎文化的考古学探索》，《考古类型学的理论与
实践》，文物出版社，1989年。

[11] 北京大学考古系商周组：《陕西扶风县壹家堡遗址1986年度发掘报告》，《考古学研究》
（二），北京大学出版社，1994年；宝鸡市考古工作队：《陕西武功郑家坡先周遗址发掘简
报》，《文物》1984年第7期。

[12] 中国科学院考古研究所编：《沣西发掘报告》，文物出版社，1963年。

[13] 牛世山：《秦文化渊源与秦人起源探索》，《考古》1996年第3期。

[14] 孙华：《陕西扶风县壹家堡遗址分析——兼论晚商时期关中地区诸考古学文化的关系》，
《考古学研究》（二），北京大学出版社，1994年。

[15] 北京大学历史系考古专业中国考古学编写组编著：《中国考古学·第三编商周——青铜时
代》，1960年。

[16] 对于先周文化的讨论主要是集中在两个问题上：其一，哪些遗存属于先周文化；其二，先周
文化的分期与年代。对于问题之一，目前学术界大体有以下几种观点：一是只有郑家坡类型
是先周文化，代表性论著有尹盛平、任周芳：《先周文化的初步研究》，《文物》1984年第
7期；刘军社：《郑家坡文化与刘家文化的分期及其性质》，《考古学报》1994年第1期。二
是郑家坡类型和斗鸡台类型是先周文化，代表性论著有李峰：《先周文化的内涵及其渊源
探讨》，《考古学报》1991年第3期；牛世山：《先周文化探索》，《文物季刊》1998年第2
期。三是郑家坡类型和刘家文化均为先周文化，而斗鸡台类型属于刘家文化的一支，代表性
论著有胡谦盈：《试谈先周文化及相关问题》，《中国考古学研究——夏鼐先生考古五十年
纪念论文集》（二），科学出版社，1986年。饭岛武次：《先周文化陶器研究》，《考古学
研究》（一），文物出版社，1992年。四是刘家文化为先周文化，斗鸡台类型属于其发展的

一个阶段，代表性论著有卢连成：《扶风刘家先周墓地剖析》，《考古与文物》1985年第2期。五是斗鸡台类型为先周文化，代表性论著有张长寿、梁星彭：《关中先周青铜文化的类型与周文化的渊源》，《考古学报》1989年第1期。本文的论述是在认同第一种观点，即只有郑家坡类型是先周文化的基础上进行的。对于问题之二，讨论的歧点主要是在于各种被认定为先周文化的遗存年代的上限，主要观点有：一是二里头文化晚期到二里岗下层，代表性论著有宝鸡市考古队：《陕西武功郑家坡先周遗址发掘简报》，《文物》1984年第7期；刘军社：《郑家坡文化与刘家文化的分期及其性质》，《考古学报》1994年第1期。二是殷墟文化二期，代表性论著有孙华：《关中商代诸遗址的新认识》，《考古》1993年第5期；牛世山：《先周文化探索》，《文物季刊》1998年第2期。三是殷墟文化三期，代表性论著有胡谦盈：《试谈先周文化及相关问题》，《中国考古学研究——夏鼐先生考古五十年纪念论文集》（二），科学出版社，1986年；邹衡：《再论先周文化》，《周秦汉唐考古与文化国际学术会议论文集》，《西北大学学报（哲学社会科学版）》1988年增刊；李峰：《先周文化的内涵及其渊源探讨》，《考古学报》1991年第3期。而对于先周文化年代的下限，少数研究者认为郑家坡类型已进入西周时期，代表性论著为张长寿、梁星彭：《关中先周青铜文化的类型与周文化的渊源》，《考古学报》1989年第1期；大部分都认为以郑家坡类型晚期遗存为代表的先周文化晚期的年代大体在殷墟文化四期到商周之际。

［17］　苏秉琦：《斗鸡台沟东区墓葬（节选）》，《苏秉琦考古学论述选集》，文物出版社，1984年。

［18］　雍城考古队韩伟、吴镇烽：《凤翔南指挥西村周墓的发掘》，《考古与文物》1982年第4期。

［19］　扶风县博物馆：《扶风北吕周人墓地发掘简报》，《文物》1984年第7期。

［20］　北京大学考古系商周组：《陕西扶风县壹家堡遗址1986年度发掘报告》，《考古学研究》（二），北京大学出版社，1994年。

［21］　陕西省考古研究所徐锡台：《岐山贺家村周墓发掘简报》，《考古与文物》1980年第1期。

［22］　宝鸡市考古队：《陕西武功郑家坡先周遗址发掘简报》，《文物》1984年第7期。

［23］　中国社会科学院考古研究所武功发掘队：《1982—1983年陕西武功黄家河遗址发掘简报》，《考古》1988年第7期。

［24］　陕西省考古研究所：《陕西武功岸底先周遗址发掘简报》，《考古与文物》1993年第3期。

［25］　丰镐遗址是指西周都邑丰、镐所在地，范围包括今天沣河两岸的客省庄、张家坡、大原村、马王村、新旺村、普渡村、花园村等村庄一带，参见胡谦盈：《丰镐地区诸水道的踏查——兼论周都丰镐位置》，《考古》1963年第4期；中国科学院考古研究所：《沣西发掘报告》，文物出版社，1962年。

［26］　孙华：《关中商代诸遗址的新认识——壹家堡遗址发掘的意义》，《考古》1993年第5期。

[27]　斗鸡台墓地发掘时未能揭露整个墓地，而是"先自靠近沟底处开始试探，后乃向东、北、南三方延展"，从而形成了以A—M所划分的十三个大小不等的发掘区。现在我们只能从墓葬编号前的英文字母得知该墓位于哪一区内，而不能确知该墓的具体位置及与其他墓葬的平面关系。

[28]　原简报将西村墓地分为四期，孙华将该墓地与壹家堡遗址进行比较，对部分墓葬的年代作适当调整，将西村墓地商代晚期至商周之际的墓葬划分为三期，其中第二期年代约当殷墟四期，第三期为商周之际。参见孙华：《关中商代诸遗址的新认识——壹家堡遗址发掘的意义》，《考古》1993年第5期。

[29]　参见雍城考古队韩伟、吴镇烽：《凤翔南指挥西村周墓的发掘》，《考古与文物》1982年第4期，但未能在墓葬平面图中找到随葬有刘家类型双耳乳状袋足鬲的80M187。

[30]　原简报将北吕墓地分为五期，第一期年代下限为"文王作邑于丰之前"，上限早不过太王迁岐；第二期年代"相当于作邑于丰的时期"。孙华在讨论关中地区商代遗址时曾指出，北吕墓地的第二、三两期因墓葬中所出的"陶器特征比较一致，难于再细分，故合并为一期"，其年代"上限推定在商代末期，即文王作邑于丰前后，下限推定在西周初期，即成、康之际"。参见孙华：《关中商代诸遗址的新认识——壹家堡遗址发掘的意义》，《考古》1993年第5期。

[31]　孙华：《陕西扶风县壹家堡遗址分析——兼论晚商时期关中地区诸考古学文化的关系》，《考古学研究》（二），北京大学出版社，1994年。

[32]　陕西省博物馆、陕西省文物管理委员会：《陕西岐山贺家村西周墓葬》，《考古》1976年第1期；陕西省考古研究所徐锡台：《岐山贺家村周墓发掘简报》，《考古与文物》1980年第1期；陕西周原考古队：《陕西岐山贺家村西周墓发掘报告》，《文物资料丛刊》（8），文物出版社，1983年。

[33]　宝鸡市考古队：《陕西武功郑家坡先周遗址发掘简报》，《文物》1984年第7期。

[34]　刘军社：《武功县郑家坡周人墓地》，《中国考古学年鉴·1987》，文物出版社，1988年。

[35]　原报告将其分为二期，认为其早期年代基本属于西周初年，个别可早到先周末年，第二期年代为西周中期。后孙华据扶风壹家堡遗址的分期与年代学的研究，认为"黄家河遗址的商时期遗存年代很集中，均与壹家堡第四期后段年代相当或略晚"，"另有少量为西周中期，二者间尚有缺环"。参见孙华：《关中商代诸遗址的新认识——壹家堡遗址发掘的意义》，《考古》1993年第5期的正文及文后注40。

[36]　陕西省考古研究所：《陕西武功岸底先周遗址发掘简报》，《考古与文物》1993年第3期。

[37]　牛世山：《陕西武功县岸底商代遗存分析》，《考古求知集》，中国社会科学出版社，1997年。

[38]　滕铭予：《丰镐地区西周墓葬的若干问题》，《考古学文化论集》（三），文物出版社，

1993年。

［39］ 徐锡台：《早周文化的特点及其渊源的探索》，《文物》1979年第10期。

［40］ 参见滕铭予：《丰镐地区西周墓葬的若干问题》，《考古学文化论集》（三），文物出版社，1993年一文中的有关论述。

［41］ 宝鸡市考古工作队：《关中漆水下游先周遗址调查简报》，《考古与文物》1989年第6期。

［42］ 这种现象也从另一角度表明郑家坡类型与斗鸡台类型、刘家文化应分属于不同性质的考古学文化，而不能根据它们在居址共存而认为其同属于先周文化。因为如果如此，既不会出现像黄家河、郑家坡那样单纯的郑家坡类型文化的墓地，亦不会有远在陇东地区却保持了较单纯的郑家坡类型文化面貌的毛家坪早期秦文化遗存。

［43］ 滕铭予：《丰镐地区西周墓葬的若干问题》，《考古学文化论集》（三），文物出版社，1993年。

［44］ 陕西省考古研究所：《陇县店子秦墓》，三秦出版社，1998年；滕铭予：《店子墓地的形成与发展及相关问题的讨论》，《考古与文物》2002年增刊。

［45］ 牛世山：《秦文化渊源与秦人起源探索》，《考古》1996年第3期。

［46］ 关于秦墓中屈肢葬的讨论，参见韩伟：《试论战国秦的屈肢葬仪渊源及其意义》，《中国考古学年会第一次年会论文集》，文物出版社，1980年；王子今：《秦人屈肢葬仿象"窋卧"说》，《考古》1987年第12期；戴春阳：《秦墓屈肢葬管窥》，《考古》1992年第8期。

［47］ 参见苏秉琦：《西南地区考古》和《"大地湾会"讲话提要》等文章中的论述，均载于《华人·龙的传人·中国人》，辽宁大学出版社，1994年。

［48］ 赵化成：《甘肃东部秦和羌戎文化的考古学探索》，《考古类型学的理论与实践》，文物出版社，1989年。

［49］ 韩伟：《论甘肃礼县出土的秦金箔饰片》，《文物》1995年第6期。

［50］ 赵化成：《甘肃东部秦和羌戎文化的考古学探索》，《考古类型学的理论与实践》，文物出版社，1989年。

［51］ 关于寺洼文化、辛店文化的分布、年代及特征等，参见赵化成：《甘肃东部秦和羌戎文化的考古学探索》，《考古类型学的理论与实践》，文物出版社，1989年；南玉泉：《辛店文化序列及其与卡约、寺洼文化的关系》，《考古类型学的理论与实践》，文物出版社，1989年；张学正、水涛、韩羽中飞：《辛店文化研究》，《考古学文化论集》（三），文物出版社，1993年；北京大学考古系王占奎、甘肃省文物考古研究所水涛：《甘肃合水九站遗址发掘报告》，《考古学研究》（三），科学出版社，1997年。

［52］ 已有的对秦文化的发现与研究结果，表明秦墓中出现洞室墓和铲脚袋足鬲的年代要晚到战国中期晚段，参见滕铭予：《关中秦墓研究》，《考古学报》1992年第3期；滕铭予：《论关

中秦墓中洞室墓的年代》，《华夏考古》1993年第2期。

［53］ 寺洼文化墓葬主要流行仰身直肢葬、部分解体葬、二次葬和火葬。参见赵化成：《甘肃东部秦和羌戎文化的考古学探索》，《考古类型学的理论与实践》，文物出版社，1989年。

［54］ 辛店文化墓葬主要流行仰身直肢葬、乱骨葬和二次葬，另在永靖姬家川遗址发现的1座墓葬（M2）为与秦墓相同的屈肢葬式，但就发表的该墓所出的陶罐看，并非辛店文化的典型器物。参见张学正、水涛、韩羽中飞：《辛店文化研究》，《考古学文化论集》（三），文物出版社，1993年。

［55］ 张忠培：《研究考古学文化需要探索的几个问题》，《中国考古学：实践·理论·方法》，中州古籍出版社，1994年。

［56］ 关于主倡秦人"西来说"和"东来说"的代表性学者及论著，参见黄留珠：《秦文化二源说》，《西北大学学报（哲学社会科学版）》，1995年第3期中的有关论述，另有秦史专家林剑鸣先生著：《秦人早期历史探索》，《西北大学学报》1978年第1期，亦主张秦人东来说。

［57］ 黄留珠：《秦文化二源说》，《西北大学学报（哲学社会科学版）》1995年第3期。

［58］ 段连勤：《关于嬴秦的西迁和秦嬴的起源地、族属问题》，《人文杂志——先秦史论集》，1982年；尚志儒：《早期嬴秦西迁史迹的考察》，《中国史研究》1990年第1期。

（原刊于《中国考古学跨世纪的回顾与前瞻》，科学出版社，2000年）

中国古代从封国到帝国的考古学观察

——以秦文化的研究为中心

秦在西周时期本为居于陇东一隅的附庸小邦，东周初年立国后，逐渐东向，经春秋战国间的发展壮大，最终统一六国，建立了秦王朝。正是由于秦王朝的建立，使中国古代的社会结构和政体开始从西周时期的"封建制"转变为对地方进行郡县管理的中央集权制[1]，实现了中国古代从封国到帝国的转变。曾有学者指出，秦始皇统一中国的事业在中国历史上的意义，不论做出多么高的评价都不过分[2]。因此探讨并说明秦是如何从弱小走向强大，最终完成统一大业，实现中国古代从封国到帝国的转变，不仅是众多历史学者所关注的课题，也成为考古学者孜孜以求的学术目标。

一、从封国到帝国的历史学考察

本文中的封国，是指西周时期实行封建制度所形成的诸侯国。尽管有学者认为中国古代的封建制并非始于西周[3]，但西周时期的封建制度造就了中国古代最具代表性、最典型的封国，已是大多学者的共识。西周时期实行的封建制，其目的是"封建亲戚以蕃屏周"[4]，借此建立周王朝有效的统治。其采取的具体措施是，以姬姓和与之联姻的姜姓为主体作为分封诸国的统治族群[5]，同时分以殷民旧族，到那些周王朝所征服的地区，尤其是那些殷商故地以及东方各旧姓居住的地区，建立起可以成为周王室藩屏的封国。许倬云先生指出，在这种模式下建立起来的各封国，已容纳了不同来源的族群，遂成为一种地缘性的政治单位[6]。但是这些封国，由于其一方面须与西周王室保持密切的关系，休戚相关，以为藩屏；另一方面，分封而去的统治族群，由于进入到新的环境，并处于当地土著居民之中，因此也必须保持族群内部的密切联系，来稳定以少数统治者凌驾于多数被统治者之上的地位，从而也加强了周室诸姬及异姓亲戚的族群意识和族群组织，以及维系这种族群意识和统治秩序的宗法制度[7]，因此亦有学者将这种封建制度称为"宗法封建"[8]。作为这种封国统治集团的成员，仍是以姬姓族群以及异姓亲族中的世袭贵族为主[9]，而其最基本的社会组织，仍为聚族而居，且聚族而葬，即生活在一个聚落共同体中的人们仍以血缘关系来维系[10]。

随着平王东迁，王室衰微，遂失去了对诸侯的约束力，同时诸侯也失去了封建之初原本可以依恃的来自周王室的安全保障，导致一些诸侯国以兼并弱小来争得自身的强大。出于对兼并所得地区以及边境边远地区的有效控制，对这些地区进行统治和管理的人员往往由国君直接任命，这就是最早的多由楚、晋、秦等大国设置的"县""郡"制。尽管在这些"县""郡"的统治集团成员中，也有因传子而实同世袭者，而后到了战国时期，当秦国最早在全国一体实行郡县制时，其郡县的统治集团成员则都由国君视其才能而直接任命。此后秦始皇统一六国，将这种郡县制推向全国，导致了西周封建制的解体，建立了统一的中央集权郡县制的帝国[11]。在这样一个转变过程中，各封国亦由于自身社会的发展，地域的扩大，以及由于军事、工商业活动等各方面原因而导致社会成员的来源日趋复杂，使其社会基本组织的构成发生了很大的变化，生活在同一个聚落共同体的人群，已包含了来自不同族群的人，他们之间主要是以一种地缘关系来维系。而实际上春秋战国时期出现的"郡""县"等新的行政区划的统治集团成员从世袭到选贤的变化，亦是适应社会基层组织日渐地缘化的结果。也正是由于这样一个原因，众多学者在评价秦的统一事业时，在认为其是顺应了春秋战国时期社会发生转变的这一大趋势的同时，都将中国古代历史所发生的这一变化高度概括为是中国古代社会结构和政体从血缘封建关系向中央集权地缘关系的转变，或称为是中国历史从血缘政治向地缘政治的转变[12]。

　　不过秦在这样一个大的历史过程中是处在一种较为特殊的地位。秦并非西周初年由于封建而建立的国家，当西周初年各封国的统治者带着所分的异族，到分封地进行带有殖民性质的建国时，秦不过是一个地处西隅的小族，其始封亦是由于特殊的历史事件，因分封而得到的实际上既没有人民，也没有土地，只是一个诸侯的称号而已。也许正是由于秦的始封与西周初年的"封建亲戚，以蕃屏周"并没有直接的关系，却是与周王室的衰微密切相关，因此秦对于周王室的依附关系较其他诸侯国更为微弱，从而使秦对于宗法和血缘关系的重视程度远低于其他诸侯国；也许正是由于始封之时秦并没有得到由周王室赐予的异族人民，因此没有必要以保持族群内部的血缘关系来加强族群意识和族群组织，也缺乏对维系这种族群意识和统治秩序的宗法制度的迫切需要，从而其社会基本组织中的血缘关系的"解纽"就来得较其他诸国更早；同样也许正是由于始封之时秦并没有得到土地，其疆土多是在立国之后，一步步从戎狄手中夺得，因此才会有秦的置"县"，并且不以世袭贵族，而是由中央派官吏来管理这些纳入秦国版图的新地区，从而出现了迥异于世袭贵族等级制度的二十等爵制。因此，秦作为一个封国，虽然其始封晚于其他诸侯国，亦没有其他封国那种与生俱来的作为地缘性政治单位的特质，但是在春秋战国时期这样一个从"封建"到"郡县"转变过程的大的历史环境中，秦不仅很快地融入了当时社会发展的大趋势中，而且很快走在这一发展趋势的前端，并最终由秦统一了六国，建立了中央集权制的秦王朝。

　　综此，秦始皇统一六国，建立中国历史上第一个中央集权制的帝国，实现了中国古代国家制度从封国到帝国的转变，使中国从以宗法制度为基础的血缘封建政治，向以非血缘关系为基础的地缘政治转变，其主要表现就是不以血缘关系来处理政治问题,除最高统治者外,不按血缘关系的远近亲疏来决定统治集团的其他成员,选择统治集团成员的途径由世袭转向选贤。而产生这种转变的前提应该是社会基本组织的变化,即由以血缘关系为基础的血缘组织向以地缘关系为基础的地缘组织转变,具体表现是社会基本组织的成员由原来的秦的主体族群组成,转变为包含有不同来源的人群,即由于社会基本组织的变化而导致了政治制度的变化。因此,从血缘政治到地缘政治的转变,可以通过对社会基本组织和统治集团这两个方面的考察去寻找其变化的轨迹。

已有考古学家指出,上述从血缘政治到地缘政治的转变,也可以从考古资料上反映出来。俞伟超先生曾经说过,"实现考古学文化的人们共同体,在历史上曾经历过从血缘纽带到地缘纽带的变化,考古学文化的形成途径及其文化的组成成分和内容,亦因而发生相应变化。"[13]因此可以在分析文化内部谱系结构的基础上,讨论其社会基本组织的构成,是以血缘关系为基础,抑或是以地缘关系为基础。而通过对文化内部层次结构的分析,可以讨论秦文化社会的不同阶层间,是封闭还是开放的,其统治集团的成员构成,及其得到政治权力的途径,是通过世袭,还是由于个人行为或能力得到的。下文即以秦文化中由考古学资料所反映出的这两方面的变化为切入点,对中国古代国家制度从封国向帝国的转变进行考古学观察与说明。

二、考古学意义上的秦文化

本文中的秦文化,是指考古学意义上的秦文化,即秦的考古学文化。

界定考古学文化的基本原则,是"分布于一定区域、存在于一定时间、具有共同特征的人类活动遗存"[14],并大多以首次发现的地点或典型遗址的名字对一考古学文化进行命名。对于秦文化的命名并没有遵从以上原则,没有将其称为"斗鸡台文化"[15]或"八旗屯文化"[16],而是将其命名为"秦文化",是因为这样一种文化遗存被认为与文献记载中的"秦"有关。尽管将文献记载中的某一名称与实际发现的考古学文化相对应,是一件非常复杂而又极难操作的事情,然而使用文献记载中的某一个族群、国家或王朝的名称为相应的考古学文化命名,不仅是对进入历史时期的考古学文化命名的通则,亦表明了考古学文化是"反映了人类活动遗存的类别或不同群体的区分与联系,以及由它所表述的人们共同体的历史演进过程"[17]。因此对于秦文化的界定,其实质是对于"秦"所包含的内涵进行界定。

史载西周中期孝王时,秦之祖"非子居犬丘,好马及畜,善养息之"[18]。非子所居"犬丘"的地望,一直是早期秦文化研究中被着重讨论的问题,并由于近年来在甘肃东部开展的早期秦文化调查而越发受到关注。由于甘肃礼县大堡子山秦公墓地及其附近周秦遗址的发现,研究者亦从此前认为犬丘在陇东而进一步推定应在大堡子山附近[19]。后"犬丘人言之周孝王，孝王召使主马于汧渭之间，马大蕃息"。"汧渭之间"的地望大多学者都认为在今陕西宝鸡附近，并由于近年来在陕西凤翔孙家南头遗址的发现而使这一观点愈显其合理性[20]。后"孝王曰：'昔伯翳为舜主畜，畜多息，故有土，赐姓嬴。今其后世亦为朕息马，朕其分土为附庸。'邑之秦[21]，使复续嬴氏祀，号曰秦嬴"，至此始有"秦"嬴连称，"秦"也由过去的一个地名而开始具有了族群和文化的意义[22]。非子所封之"秦"的地望，或在今天的甘肃省东部[23]，或在陕西陇县一带[24]。后秦"襄公以兵送周平王，平王封襄公为诸侯……襄公于是始国"[25]，而有秦国。作为诸侯国的秦国，其疆域范围随时间而有所变化，大体上经历了一个由西向东的发展过程，其中心的活动范围应以关中和陇东地区为主。到秦王政二十六年"初并天下……分天下以为三十六郡"建立了统一的秦帝国，"……地东至海暨朝鲜，西至临洮、羌中，南至北向户，北据河为塞，并阴山至辽东"[26]，到秦王子婴"系颈以组，白马素车，奉天子玺符，降轵道旁……秦竟灭矣"[27]。由此文献记载中所见之"秦"，应包含了秦立国之前居于"犬丘"，后又活动在"汧渭之间"的非子之族，即作为人们共同体的嬴秦族，"始国"后作为诸侯国的秦国和统一天下后建立的秦王朝。

不过文献中又记载嬴秦之祖中潏在商时就已"在西戎，保西垂"[28]，"西垂"所指至今尚有争议，或以为是具体地名，地在今甘肃省东部[29]，或认为是泛指周或商之西部边陲，具体地望或在陇东，或在渭水流域[30]。1982～1983年甘肃省甘谷毛家坪遗址发现的A组遗存，由于其墓葬中的人骨葬式与此后东周时期关中地区秦人墓的葬式相同，为蜷曲非常严重的屈肢葬，因此被多数发掘者以及研究者认为属于秦文化[31]。毛家坪A组遗存的年代最早可到商代晚期[32]，则从考古学上提供了嬴秦一族活动于陇东地区的历史可能要早于西周中期非子"邑秦"的线索。

秦始皇统一六国，建立了中国历史上第一个中央集权制的帝国，秦文化亦随着秦帝国的建立推向了帝国版图的几乎全部地区。但是正如秦帝国的统一并没有立即带来列国文化的统一一样，当十五年后，秦王朝覆灭，秦文化亦没有戛然而止，进入西汉时期以后，秦文化因素在各地尚有存留，并且在西汉前期的六七十年里，与其他列国文化一起，成为汉文化形成的主要因素之一。诸种考古学资料表明，一直到汉武帝时期，中国南北各地的考古学资料所呈现出的文化面貌才趋向一致，形成了完整形态的汉文化[33]。

文献中还记述了秦自襄公始国后，于文公十六年，"以兵伐戎，戎败走，于是文公遂收周余民有之……"[34]，到秦穆公三十七年时，"用由余谋伐戎王，益国十二，开地千里，遂霸西戎。"[35]这些记述表明秦在由西向东发展的过程中，在扩展疆土的同时，也不断地将其他族群纳入自己的统治范围。

因此，就考古学意义上的"秦文化"的内涵而言，其时间上限可以早到商代晚期，下限亦应进入西汉初年，即在这长达八百多年的历史阶段中，早于秦国存在的嬴秦族，作为秦国、秦王朝主体族群的嬴秦族[36]，在其生息、活动所至范围里，创造、使用、遗留至今并已被科学的考古工作所发现的古代遗存。那些在秦的发展过程中由于各种原因被纳入秦国或秦王朝统治范围的，与嬴秦族有着密切关系，并基本接受嬴秦族文化的其他人群，在同样的时期，同样的地域里所使用的，与秦文化面貌相同或相近的古代遗存，亦应属于"秦文化"范畴。

三、考古学所见秦文化的形成与发展

从考古学所观察到的秦文化，年代上从商代晚期[37]一直到汉代初年，经历了由西向东，由弱到强，最后被融合在汉文化中的发展过程。根据秦文化在这一发展过程中不同时期内所呈现出的阶段性变化，可以看到秦文化大体经历了四个发展阶段[38]。

（一）第一阶段

第一阶段，商代晚期到西周时期。

由于考古学资料的匮乏，对于襄公始国以前的秦文化、即西周时期秦文化的了解，在很长一段时间内基本处于空白状态。1982～1983年由甘肃省文物工作队和北京大学考古系在甘肃省甘谷毛家坪遗址进行了发掘，并将该遗址发现的遗存分为A、B两组[39]。毛家坪遗址的A组遗存，既有居址，也有墓葬。其属于东周时期的墓葬不仅随葬器物与关中地区同时期秦墓的随葬器物相同，而且人骨葬式也是同时期关中地区秦墓中那种蜷曲非常严重的屈肢葬，因此可以认定东周时期的毛家坪A组遗存属于秦文化遗存。毛家坪遗址西周时期A组遗存墓葬的人骨亦为蜷曲非常严重的屈肢葬，其随葬器物虽与同时期的周文化有相近之处，但也表现出自身的一些特点，并且与该遗址东周时期秦文化墓葬中的陶器在形制上前后相承，因此发掘者提出了西周时期的毛家坪A组遗存亦属于秦文化的认识[40]。尽管有研究者对于毛家坪A组遗存早期的文化性质存在着不同的看法，但毛家坪遗址已存在着西周时期的秦文化遗存却是基本的共识[41]。后笔者通过将毛家坪遗址西周早期的秦文化遗存与商代晚期关中地区的遗存进行比较，认为其年代可早到商代晚期[42]。近年由甘肃省文物考古研究所、陕西省考古研究所、中国国家博物馆考古部、北京大学考古文博学院、西北大学考古系等组成的早期秦文化联合考古队，从2004年起在甘肃省东部以礼县为中心的西汉水流域进行了以寻找早期秦文化为中心的田野调查工作，在礼县大堡子山周围发现了"六八图—费家庄""大堡子山—赵坪""雷神庙—石沟坪"三个周秦文化活动的重点区域[43]。虽然调查所获资料的详细报告尚未发表，但参与此次工作的研究者指出，在以上三个区域内都发现了西周早期、西周中期和西周晚期的秦文化遗存[44]。

根据到目前为止的考古工作，已发现的属于这一阶段的秦文化遗存主要分布在甘肃东部的天水地区（图一），其中经过科学发掘并已见诸报道的只有甘谷毛家坪遗址[45]。这一阶段秦文化的日常生活用器以联裆鬲、绳纹深腹盆、折肩盂（甑）、绳纹罐以及折盘豆为主，共出有石斧、石刀、纺轮等与从事农业生产活动有关的工具，墓葬均为口底相当的直壁长方形土坑竖穴墓，头向西，屈肢葬，随葬器物以一套日用陶器鬲、盆（盂）、豆、罐为主（图二）。

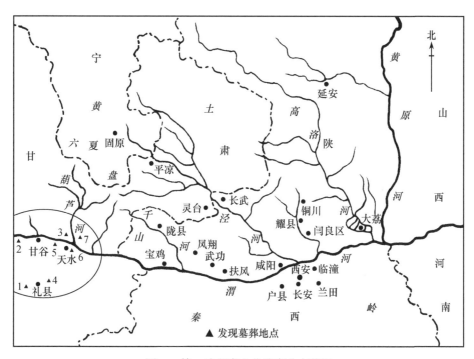

图一　第一阶段秦文化遗存分布范围

1. 礼县大堡子山　2. 甘谷毛家坪　3. 天水董家坪　4. 礼县永兴乡　5. 天水西山坪　6. 天水放马滩　7. 秦安上袁家

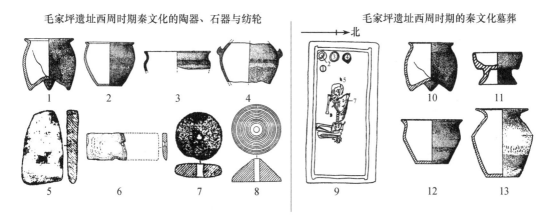

图二　第一阶段秦文化遗存的器物与墓葬

1、10. 鬲　2. 盆　3、12. 盂　4. 肩耳罐　5. 石斧　6. 石刀　7、8. 陶纺轮　9. 墓葬TM5　11. 豆　13. 罐

（10～13为TM5随葬器物）

　　毛家坪A组遗存由于是目前已知年代最早的秦文化遗存，为探索秦文化的起源与形成提供了宝贵资料[46]。其最早遗存的文化面貌基本同于先周文化的郑家坡类型（图三），很可能就起源于周原地区的郑家坡类型文化。同时以毛家坪遗址早期遗存为代表的早期秦文化，其分布范围向西没有越过自新石器时代以来中原系统文化分布的西限[47]，其文化面貌亦与分布于其西部地区的寺洼文化和辛店文化没有相近之处（图四），因此使用毛家坪早期秦文化的这一人群，也不可能来自西方。

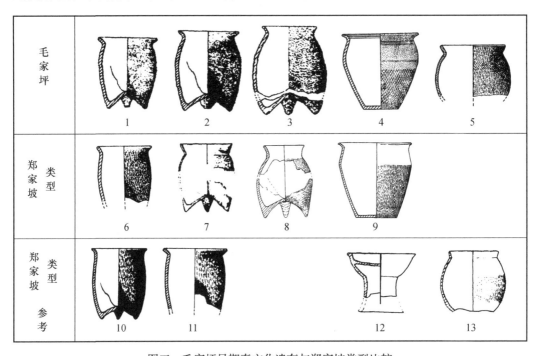

图三　毛家坪早期秦文化遗存与郑家坡类型比较
1、2、6、7、10、11.深腹鬲　3、8.小口鼓腹鬲　4、9.深腹盆　5、13.圆腹罐　12.假腹豆
（1~5.毛家坪遗址　6、10、11.郑家坡遗址　7~9、12、13.壹家堡遗址）

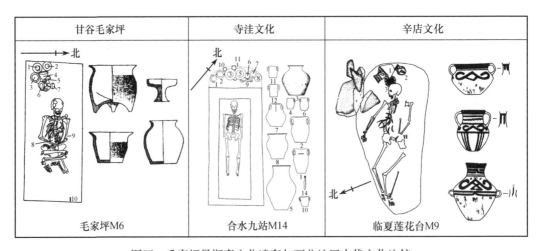

图四　毛家坪早期秦文化遗存与西北地区古代文化比较

毛家坪遗址西周时期的秦文化遗存中，陶器如联裆鬲、绳纹深腹盆、折肩盂（甗）、肩部带鸟形錾的绳纹罐等，与丰镐地区西周时期遗址中所出的同类型器物极为相近，这些器物都是关中地区西周文化中最具代表性的典型器物。毛家坪遗址出土的石斧、石刀、纺轮等与从事农业生产活动有关的工具，其形制亦与关中地区西周文化遗址所出的同类器物相同，表明二者具有相同的以农业为主的经济类型（图五，上）。在埋葬习俗方面，除了人骨葬式以外，也表现出与同时期西周文化一定的相似性，如墓葬形制都是长方形土坑竖穴墓，有熟土或生土二层台，随葬陶器都是以鬲、盆、豆、罐为基本组合（图五，下）。因此有研究者提出，可将甘谷毛家坪遗址西周时期的秦文化遗存视为西周文化的一个地方类型[48]。

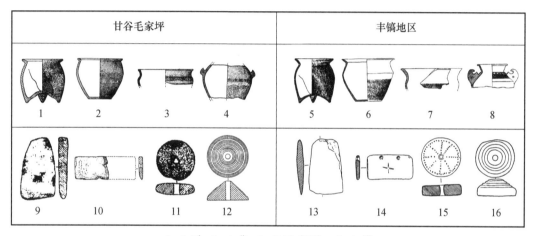

甘谷毛家坪				丰镐地区			
1	2	3	4	5	6	7	8
9	10	11	12	13	14	15	16

1、5.鬲　2、6.盆　3、7.盂（甗）　4、8.罐
9、13.石斧　10、14.石刀　11、12、15、16.纺轮

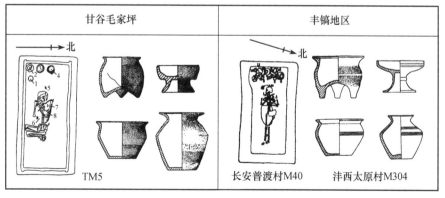

甘谷毛家坪	丰镐地区
TM5	长安普渡村M40　　沣西太原村M304

图五　毛家坪西周时期秦文化遗存与西周文化之比较
上：日用陶器与生产工具　下：墓葬形制与随葬器物

综上所述，在秦文化发展的第一阶段，已可以从考古遗存中确认秦文化的存在，在文化面貌上表现出与周文化极大的相似性，可视为是秦文化的起源与形成阶段。由考古学资料所反映的秦文化的这些信息，与文献中的有关记载亦相符合。文献中有关

这一时期秦的记载并不多，世系亦时断时续，但仍可知道，处于这一阶段的嬴秦一族居于陇东一隅，与西戎结为姻亲，同时与周王室有着密切的关系。而秦人与周王室以及西戎间的关系亦可从文献中找到些许的线索。《史记·秦本纪》载，当周孝王因非子为其主马有功，欲以其代替申侯之女所生嫡子成继承大骆之嗣时，引起了申侯的不满，于是"申侯乃言孝王曰：'昔我先骊山之女，为戎胥轩妻，生中潏，以亲故归周，保西垂，西垂以其故和睦。今我复与大骆妻，生适子成。申骆重婚，西戎皆服，所以为王。王其图之。'"于是孝王分土与非子为附庸，"邑之秦，使复续嬴氏祀，号曰秦嬴。亦不废申侯之女子为骆适者，以和西戎。"到西周晚期时，"周厉王无道，诸侯或叛之。西戎反王室，灭犬丘大骆之族。周宣王即位，乃以秦仲为大夫，诛西戎。西戎杀秦仲……周宣王乃召庄公（秦仲长子）昆弟五人，与兵七千人，使伐西戎，破之。"[49] 从上述文献记载中可以知道，当秦人与姜姓的申侯一族通婚、即秦戎通婚时[50]，则西戎和睦，周王亦因此得以为王；同时周孝王为了保持与西戎间的友好关系，亦保持申侯之女所生子为秦大骆族之嗣；而当周厉王无道，西戎反周王室时，遂灭掉当时居住在犬丘的秦人大骆之族；此后当周王室欲征伐西戎时，则任以秦人为首领。这些记载表明，在当时的西戎眼中，将秦人视与周王室等同，在周王室的眼中，则是把秦人当作可以为自己对抗西戎的力量，而在秦人眼中，自己与西戎的关系或敌或友，则是与周王室与西戎的关系息息相关。

（二）第二阶段

第二阶段，大体上从春秋初年到春秋中期，相当于平王东迁（公元前770年）到春秋中期的秦穆公三十九年（公元前621年）约150年左右的时间。

进入春秋时期以后，秦文化开始从天水地区沿两条路线向东发展，一条越六盘山进入千河上游，一条沿渭水东进。目前已发现的属于这一阶段的秦文化遗存，其分布除天水地区外，向东扩大到长陇地区和宝鸡地区，分布地点多集中于黄土高原的南缘和渭水北岸一线（图六），另外在西安地区亦有少量发现[51]。已发现的秦文化遗存包括在甘肃礼县大堡子山发现的秦国最高统治者秦公的墓地和大量的中小型墓葬。中小型墓葬中又可区分为以随葬青铜礼器为主、随葬仿铜陶礼器为主和仅随葬日用陶器的墓葬[52]。从这些墓葬规模和随葬器物种类与数量的不同，可以反映出秦文化已具有了多层次的阶层结构[53]。

礼县大堡子山秦公墓地于20世纪90年代初期被盗掘，墓中器物大部流落海外。经上海博物馆从香港古玩坊肆购回了四鼎二簋，在破获盗墓案件后由公安机关追缴并藏入甘肃省博物馆的七鼎四簋，以及在纽约所见的一对铜壶，这些器物中可见铭文者均为"秦公"作器[54]（图七）。后甘肃省考古研究所在礼县大堡子山秦公墓地清理了中字形大墓2座，曲尺形车马坑2座，小墓9座[55]。众多学者根据通过各种途径得到

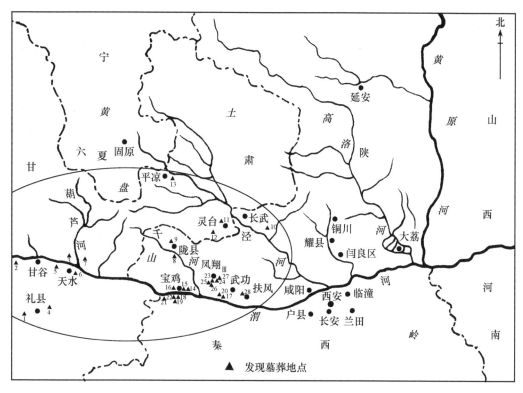

图六　第二阶段秦文化遗存分布范围

1.礼县大堡子山　2.甘谷毛家坪　3.天水董家坪　4.礼县永兴乡　5.天水西山坪　6.天水放马滩　7.秦安上袁家
8.陇县边家庄　9.陇县店子　10.长武上孟村　11.灵台景家庄　12.灵台洞山　13.平凉庙底　14.宝鸡斗鸡台
15.宝鸡李家崖　16.宝鸡福临堡　17.阳平秦家沟　18.宝鸡姜城堡　19.宝鸡茹家庄　20.宝鸡西高泉村
21.宝鸡甘峪　22.宝鸡谭家村　23.凤翔八旗屯　24.凤翔高庄　25.凤翔西村　26.凤翔南指挥村
27.凤翔邓家崖　28.武功赵家来

的有关该墓地的信息[56]，对大堡子山秦公墓地的年代及墓主进行了讨论，或认为年代在西周晚期，是秦仲和庄公之陵园[57]；或认为属秦秋早期襄公与文公之墓[58]；或认为是文公和宪公之墓[59]；或认为是襄公和出子之墓[60]；或认为该墓地仅埋葬一位秦公，或为襄公，或为宪公[61]；也有研究者认为该墓地已被盗掘的墓葬分属襄公、文公，同时该墓地还应埋有静公和宪公，即共有四代秦公，甚至还应有其夫人同葬于此地[62]。其实不论埋入该墓地的是哪一代或几代秦公，都应是两周之际到春秋早期秦文化统治集团中最高成员墓葬的典型代表[63]。中字形、带腰坑的墓葬形制基本上承袭了商周以来高级贵族的墓葬制度，人骨葬式采用了直肢葬式，随葬的青铜礼器以成组的鼎、簋、壶相配，亦近于西周文化之用鼎制度。不过上述秦公诸器，在形制上承袭了西周晚期周文化同类器物特点的同时，已开始出现一些独特的风格[64]。另秦公墓以多人殉葬，亦为同时期其他地区和文化所不见，表现出较为原始的特点。
2004年以来在甘肃礼县进行的以早期秦文化为主要目的的田野调查和发掘，除了在礼县大堡子山发现了大型宫殿类建筑基址和一座大型的青铜乐器祭祀坑以外，还在其周

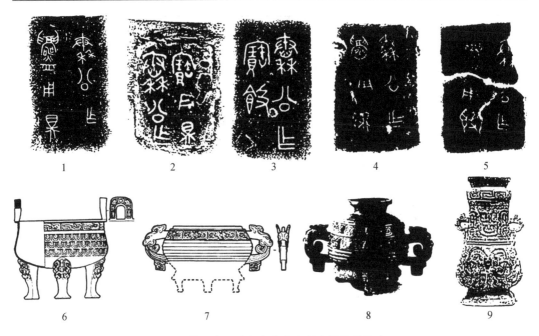

图七　礼县大堡子山秦公墓地所出器物及铭文
1.秦公鼎二铭文　2.秦公鼎三铭文　3.秦公簋一铭文　4.鼎M3采：1铭文　5.簋M3采：8铭文
6.鼎M3采：1　7.簋M3采：8　8.秦公簋　9.纽约所见秦公壶

围发现了早期秦文化活动的三个相对独立、又互有联系的大遗址群，以及一座早期秦文化城址[65]。虽然目前尚不能确定秦早期都城所在位置，但这些重要的发现都为寻找秦早期都邑和秦公陵园，探索秦文化在进入春秋时期以后的发展进程等提供了重要的资料[66]。

在甘肃东部的天水、礼县，陕西西部的长武、陇县、宝鸡以及凤翔地区都发现了秦文化的中小型墓葬。出现了口大底小的土坑竖穴墓，头向以西为主，如甘肃甘谷毛家坪墓地[67]、礼县圆顶山墓地[68]，陕西陇县店子墓地[69]、凤翔八旗屯墓地[70]；亦有少量北向者，如陕西陇县边家庄墓地[71]、宝鸡晁峪墓地[72]。葬式以屈肢葬为主，如甘谷毛家坪墓地、陇县店子墓地、宝鸡晁峪墓地等；也有少量直肢葬，如陇县边家庄墓地、凤翔孙家南头墓地[73]。出现了随葬无盖鼎、簋、方壶、盘、匜等青铜礼器的墓葬，青铜礼器已表现出明器化的趋势。出现一套仿自青铜礼器的仿铜陶礼器。日常生活用器主要有小口圆肩鬲、深腹折肩盆（盂）、折盘豆、大口罐等（图八）。在这一阶段的秦文化遗存中，可以见到较多的外来文化因素，其中以周文化和北方文化因素为主，如来自周文化的青铜礼器、带扉棱的鬲、三足罐、墓葬有腰坑等，来自北方文化的直刃匕首式短剑和铜鍑，以及来自巴蜀地区的陶釜等（图九）。

从文化面貌看，春秋早期还可以看到周文化的若干影响，如青铜礼器在器类、形制、花纹等方面都表现出与西周晚期周文化同类器物的相似，同时也可观察到与其他地区的若干差别，如仍然使用春秋中期三晋两周地区已基本不见的无盖鼎、带圈足的

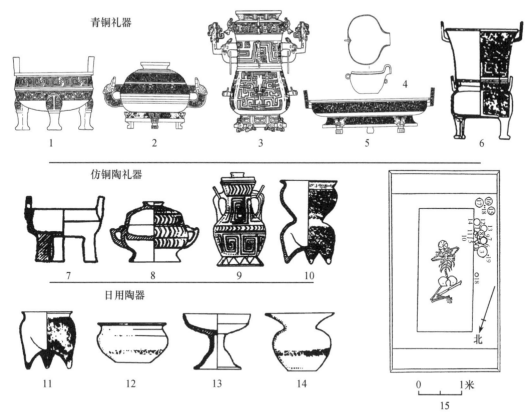

图八　第二阶段秦文化遗存

青铜礼器　1.无盖鼎　2.簋　3.方壶　4.匜　5.盘　6.甗

（1~5.礼县圆顶山98LDM2　6.陇县边家庄M1）

仿铜陶礼器　7.无盖鼎　8.假腹簋　9.方壶　10.甗

（7、8.陇县店子M218　9.陇县店子M268　10.陇县店子M215）

日用陶器　11.鬲　12.盂　13.豆　14.喇叭口大口罐

（11~13.陇县店子M287　14.陇县店子M215）

墓葬：15.宝鸡秦家沟M2

簋和方壶。这一阶段还出现了仿自同时期的秦式青铜礼器的成套的仿铜陶礼器，而同时期的其他地区如三晋两周地区，要晚到战国早期才普遍地使用成组的仿铜陶礼器随葬。日用陶器中的大口罐，虽然从形态上仍可找到与西周时期同类器物间的承继性，但在丰镐地区的西周文化遗存中，大口罐作为一种实用器物仅出于遗址，而不见于墓葬。到了春秋中期，大口罐则成为秦文化区别于其他地区文化的、最具自身特点的器物。

综上所述，随着秦文化的向东扩展，秦文化的文化面貌虽仍然表现出与西周文化间具有一定的相似性，也出现了较多的外来文化因素，但已开始形成可区别于同时期其他国家和地区文化的自身特点，因此这一阶段是秦文化的确立阶段。由考古资料所反映出的这一阶段的特点，亦与文献记载相互映照。据文献记载，这一阶段秦为了夺

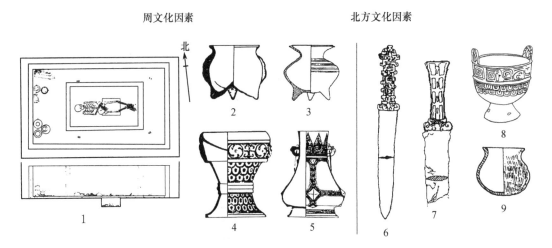

图九　第二阶段秦文化中所见外来文化因素

1.带腰坑的墓葬（长武上孟村M27）　2.陶鬲（凤翔八旗屯CM2）　3.三足罐（宝鸡谭家村M23）　4.铜豆（宝鸡西高泉村M1）　5.铜壶（宝鸡西高泉村M1）　6.直刃匕首式短剑（凤翔八旗屯BM27）　7.直刃匕首式短剑（灵台景家庄M1）　8."秦公鎛"（甘肃省博物馆所藏）　9.陶釜（宝鸡谭家村M23：2）

得由周王分封给自己但实际上是被戎狄占领的土地[74]，开始逐步向关中地区扩展，其间曾有文公卜居汧渭之会[75]，宪公徙居平阳[76]，德公居雍[77]，并多次伐诸戎，收周余民[78]，与晋争夺河西之地[79]，直至穆公时"开地千里，遂霸西戎"，才真正在关中地区站稳了脚跟，拥有了自己的土地与人民，其开拓疆土的事业也得到了周王室的认同[80]。

（三）第三阶段

第三阶段，大体上从春秋晚期到战国中期，相当于自秦穆公卒、康公即位始（公元前620年）到秦惠文王称王止（公元前325年）近300年左右的时间。

从春秋晚期一直到战国中期，秦文化已经进入到关中平原的大部地区，除大荔地区以外，继长陇地区、宝鸡地区，在西安地区和铜川地区都发现了大量的秦文化遗存（图一〇），尤其是在凤翔秦都雍城遗址，不仅发现了大量的中小型墓葬，而且还发现了秦都雍城时的宫殿、宗庙，以及秦公陵园等。

自秦德公元年（公元前677年）"初居雍城大郑宫"时始，一直到献公二年（公元前383年）"城栎阳"止，雍城作为秦国春秋中期到战国早期时的都城长达294年[81]。秦迁都栎阳后，这里仍为秦国西方一个重要的城市[82]。雍城是通过考古工作能够确认的秦都中年代最早者。雍城遗址位于今凤翔县城南，雍水北岸，城址平面为不规则方形，方向北偏西14度，南北长约3200米，东西长约3300米，总面积约10平方千米（图一一）[83]。已有的考古工作探明城中部偏西今姚家岗一带是春秋时期的宫殿区[84]，在其东部为朝寝建筑[85]，城中部马家庄一带是当时的宗庙区[86]。城北部可

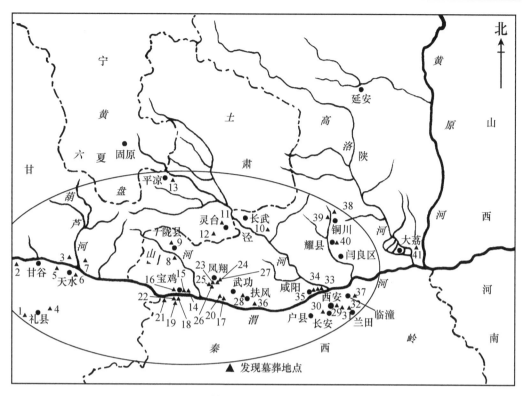

图一〇　第三阶段秦文化遗存分布范围

1.礼县大堡子山　2.甘谷毛家坪　3.天水董家坪　4.礼县永兴乡　5.天水西山坪　6.天水放马滩　7.秦安上袁家
8.陇县边家庄　9.陇县店子　10.长武上孟村　11.灵台景家庄　12.灵台洞山　13.平凉庙庄　14.宝鸡斗鸡台
15.宝鸡李家崖　16.宝鸡福临堡　17.阳平秦家沟　18.宝鸡姜城堡　19.宝鸡茹家庄　20.宝鸡西高泉村
21.宝鸡甘峪　22.宝鸡谭家村　23.凤翔八旗屯　24.凤翔高庄　25.凤翔西村　26.凤翔南指挥村
27.凤翔邓家崖　28.武功赵家来　29.西安半坡　30.长安客省庄　31.长安洪庆村　32.蓝田泄湖
33.咸阳黄家沟　34.咸阳任家咀　35.咸阳塔儿坡　36.咸阳西北林学院　37.临潼刘庄
38.铜川枣庙　39.铜川王家河　40.耀县城东　41.大荔朝邑

能是战国时期的宫殿区[87]。此外，在城内北部勘探出一个近长方形的封闭式空间遗址，被认为是雍城的"市"[88]。在雍城的南郊还发现了多处可能为雍城的离宫别馆和祭祀场所的建筑遗址[89]，以及大型的秦公陵园和中小型墓地[90]。

秦都雍城时的秦公陵园，位于雍城南郊的三畤原上，占地面积约20平方千米，是迄今为止发现的最大一处先秦时期诸侯国王室陵区[91]。据《史记·秦本纪》的记载，秦都雍城期间，共有十九位国君和一位未享国而死的太子，都葬在该陵区内[92]。整个陵区外围以兆沟为域，是为外兆。其内共发现有14座陵园，周围多以规整的中兆为区划[93]。每座陵园内由数量不等的主墓及车马坑组成。主墓均有墓道，或呈中字形，或呈甲字形，墓葬方向以墓道为准均为坐西朝东。在主墓地表均发现有墓上建筑废弃后留下的绳纹瓦片。车马坑或为凸字形，或目字形，或呈刀字形（图一二）。从整体布局看，该陵园基本上还属于自商周时期就流行的将多代国君集中埋葬于同一墓地的

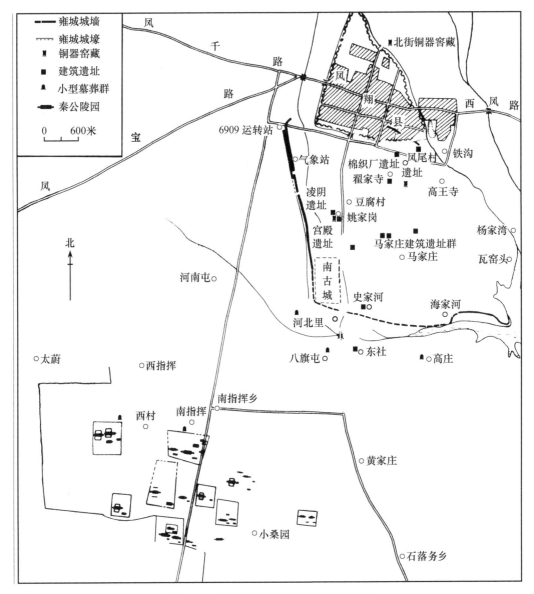

图一一 秦都雍城遗址考古发现示意图

（采自焦南峰:《秦都雍城考古发掘研究综述》《考古与文物》1988年第5、6期合刊，112页）

"集中公墓制"，但其中部分秦公陵园以兆沟与其他秦公陵园区分开的现象，已开启了向"独立陵园制"的过渡[94]。

　　这一阶段的秦文化中小型墓葬，墓葬形制仍为长方形土坑竖穴墓，其中既有口底相当者，也有口大底小者，仅在西安地区战国中期偏晚时出现了少量的洞室墓。头向以西向为主，绝大部分人骨葬式为蜷屈非常严重的屈肢葬，但也发现了仅使用直肢葬的墓地，如凤翔邓家崖墓地[95]。青铜礼器仍以一套无盖鼎、簋、方壶、盘、匜为主，但器壁薄，器形小，制作粗糙，花纹也愈见简化，到战国中期时，明器化已达到令人

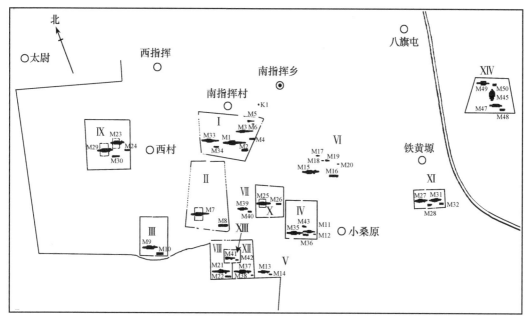

图一二　雍城南郊的秦公陵园

（据《凤翔秦公陵园第二次钻探简报》，《文物》1987年第5期，55页，图一修改而成。

Ⅰ～ⅩⅣ为陵园编号，第ⅩⅣ号陵园的位置及墓葬编号源自西北大学2005年硕士学位论文田有钱：

《秦"公墓"制度研究》，12页，图二"雍城秦公陵园平面遗迹分布图"）

难以置信的程度，一组青铜礼器完全可握于一手之中。有些墓葬在随葬一套秦式青铜礼器的同时，还随葬有东方列国式的青铜礼器（图一三）[96]。仿铜陶礼器在春秋晚期和战国早期时，仍然以一套仿自同时期青铜礼器的无盖鼎、簋、方壶为主，到战国中期则呈现出衰落的趋势，大多数已不见有规律的组合。战国中期少数墓中出现了以带盖鼎和盖豆为代表的东方列国式的仿铜陶礼器（图一四，上）。日用陶器以鬲、釜、盆和大口罐为主，釜渐多，鬲渐少，个别墓葬中出现了双耳釜（图一四，下）。除了来自三晋两周地区的文化因素外，还可以见到来自楚、吴越、巴蜀以及北方地区的文化因素（图一五）。

　　秦文化在沿着自己的轨迹稳定发展的同时，也表现出对东方列国文化，尤其是三晋两周地区文化的认同与接纳。秦公陵园中的主墓均为带有两条墓道的中字形墓，周围有车马坑，是继续了商周时期以来高级贵族的葬制[97]。秦都雍城宫殿区设在大城郭之内[98]，宫殿与宗庙已分为不同的建筑，与同时期的中原其他国家和地区亦多有相似之处[99]。雍城马家庄宗庙建筑遗址的形制亦与文献中所载诸侯宗庙相同[100]，在宗庙中进行祭祀的行为，亦见于同时期三晋两周地区的宗庙建筑遗址中[101]。墓葬中使用三晋两周地区的青铜礼器、兵器、仿铜陶礼器和服饰用品随葬，这些器物都是同时期三晋两周地区墓葬中最具代表性的器物，部分器物很可能就是来自三晋两周地区。

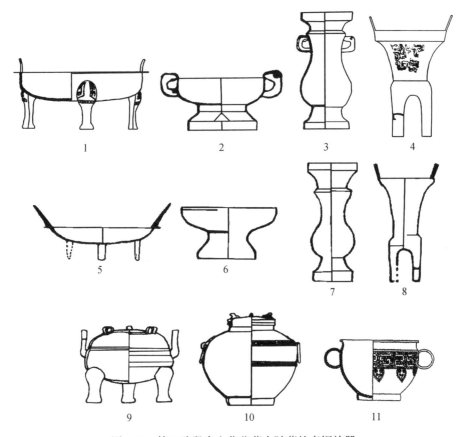

图一三　第三阶段秦文化墓葬中随葬的青铜礼器
1、5. 无盖鼎　2、6. 簋　3、7. 方壶　4、8. 甗　9. 盖鼎　10. 缶　11. 舟
（1~4. 长安客省庄M202　5~11. 凤翔西沟道M26）

综上所述，这一阶段的秦文化中出现了较多的东方六国地区的文化因素，但是这些外来文化因素的进入，并没有给秦文化自身的文化面貌带来质的变化，其文化结构和层次结构都相对稳定，并将其自身的文化特点发展到极致，应该是秦文化稳定发展的阶段。据文献记载，在经历了穆公称霸西戎的辉煌以后，秦国在东方主要是与晋之间展开了以争夺河西之地为主要目的的拉锯战，致使河西之地时而属秦，时而属魏。同时对于畿内之地，则仍以伐戎为主。因此这一阶段的秦无论是对晋的战争，还是对戎的征伐，都是以稳定和巩固自己的疆域为目的。甚至到战国中期秦孝公任用商鞅变法，迁都咸阳时[102]，虽然已经表现出东向之心，但从当时的咸阳城建于渭河北岸来看，尚无向东过河之意，其目的亦只是"复穆公之故地"，洗"诸侯卑秦"之耻[103]。随着商鞅变法施行了一系列的改革政策，使秦国在政治、经济和军事上强大起来，以至到秦孝公十九年时，天子致霸，二十年时则诸侯毕贺，秦会诸侯以朝天子[104]。经过这一阶段的发展，秦终于得到了东方诸侯国的认同，并成为战国诸雄中的强者。

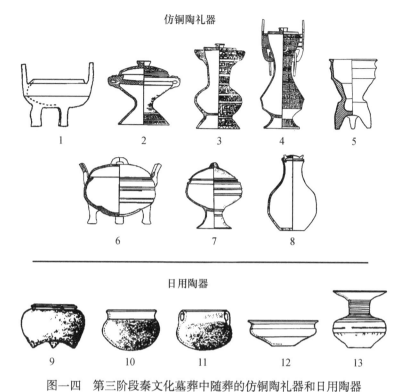

图一四　第三阶段秦文化墓葬中随葬的仿铜陶礼器和日用陶器

1. 无盖鼎（陇县店子M185）　2. 假腹簋（凤翔高庄M18）　3. 方壶（凤翔八旗屯CM4）　4. 方壶（凤翔高庄M48）
5. 甗（宝鸡茹家庄M5）　6. 盖鼎　7. 盖豆（79凤翔高庄M1）　8. 圆壶（凤翔八旗屯BM31）　9. 鬲　10. 釜
11. 双耳釜（陇县店子M167）　12. 盂（陇县店子M58）　13. 大口罐（陇县店子M157）

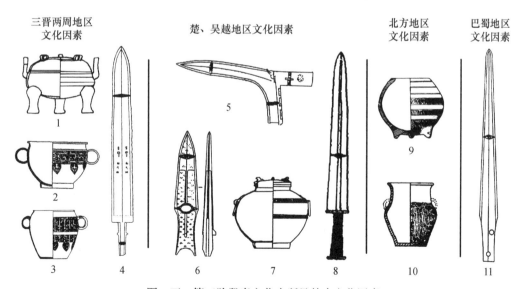

图一五　第三阶段秦文化中所见外来文化因素

1. 盖鼎　2. 舟　3. 罐　4. 剑（凤翔八旗屯CM9）　5. 戈（凤翔高庄M10）　6. 曲骹矛
7. 缶（凤翔西沟道M26）　8. 剑（甘谷毛家坪M10）　9. 三足瓮（铜川枣庙M10）
10. 双耳罐（甘谷毛家坪M18）　11. 柳叶形剑（凤翔高庄M18）

（四）第四阶段

第四阶段，大体从战国晚期，经秦代到西汉初年，始自秦灭巴蜀（秦惠文王更元九年，公元前316年），经秦始皇统一建立秦王朝，一直到西汉初年。

到了战国晚期，秦文化遗存的分布范围不仅遍及整个陇东及关中地区（图一六），同时在三晋两周地区、巴蜀地区、江汉地区、渤海湾地区等，也都发现了秦文化以及与秦文化相关的遗存。其中有些地点秦文化遗存的年代已经进入西汉初年。该阶段的秦文化遗存主要有在上述地区发现的大量的中小型墓葬，秦公"芷阳"陵区和秦始皇陵园，秦都栎阳和咸阳故城，宫殿建筑遗址，秦长城等，还有在湖北云梦睡虎地、龙岗等地墓

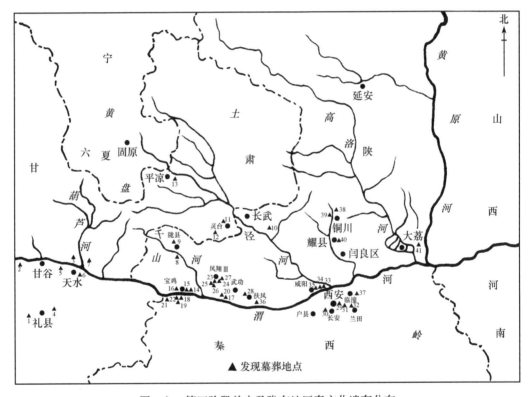

图一六　第四阶段关中及陇东地区秦文化遗存分布

1.礼县大堡子山　2.甘谷毛家坪　3.天水董家坪　4.礼县永兴乡　5.天水西山坪　6.天水放马滩　7.秦安上袁家
8.陇县边家庄　9.陇县店子　10.长武上孟村　11.灵台景家庄　12.灵台洞山　13.平凉庙庄　14.宝鸡斗鸡台
15.宝鸡李家崖　16.宝鸡福临堡　17.阳平秦家沟　18.宝鸡姜城堡　19.宝鸡茹家庄　20.宝鸡西高泉村
21.宝鸡甘峪　22.宝鸡谭家村　23.凤翔八旗屯　24.凤翔高庄　25.凤翔西村　26.凤翔南指挥村
27.凤翔邓家崖　28.武功赵家来　29.西安半坡　30.长安客省庄　31.长安洪庆村　32.蓝田泄湖
33.咸阳黄家沟　34.咸阳任家咀　35.咸阳塔儿坡　36.咸阳西北林学院　37.临潼刘庄
38.铜川枣庙　39.铜川王家河　40.耀县城东　41.大荔朝邑

葬和湘西里耶古井中出土的秦简，以及在秦代官署遗址发现的秦代封泥等文字资料。

史载秦献公二年（公元前383年）"城栎阳"，至秦孝公十二年（公元前350年）迁都咸阳[105]，栎阳作为秦都的时间仅30余年[106]。栎阳故城遗址在今临潼县武屯乡关庄和王宝屯一带，石川河流经故城北部和中部。已做的考古工作涉及城墙、城门、道路、城内的多处遗迹及城西北、东南和东北的墓地等，大多数遗存的年代为战国晚期到西汉前期[107]，因此目前还不能了解秦都栎阳时的城址形制、平面布局等。

秦孝公十二年（公元前350年）由栎阳迁都咸阳，一直到秦王朝灭亡（公元前206年），在近一百五十年的时间里，咸阳作为秦国和秦王朝的都城，始终是秦政治、军事和文化的中心。咸阳故址位于咸阳市渭河区东部，渭河北岸到咸阳原之间的开阔地带，由于渭河改道不断北移，已对咸阳故城遗址造成了极大的破坏。在渭水北岸窑店乡牛羊村北塬上发掘的第一号、第二号、第三号宫殿遗址，可能是当时"咸阳宫"的一部分，均为筑有高大阶梯夯土台基的、由多个不同用途的建筑空间组合而成的高台建筑，在部分建筑空间的墙壁上还画有壁画[108]。咸阳故城遗址的西部曾发现与手工业生产有关的水井、窑址等遗迹，以及大量陶文，可能是当时的手工业作坊区[109]。在咸阳城西的黄家沟、任家咀、塔儿坡等地都发现了较大规模的墓地[110]（图一七）。阿房宫遗址位于渭河南岸西安市以西的三桥镇西南，与咸阳城隔河相望。遗址分布在龙首原向西南延伸的台地上，在6平方千米的范围内，至今还保留在地表的夯土台址有20余处，其中前殿遗址最为宏大，现在地表仍存有东西长1119米，南北宽400米左右，高约7米的夯土台基[111]。除阿房宫外，在咸阳原上还发现了一些建筑遗址，应为咸阳城郊的离宫别馆[112]。

在河北省秦皇岛市和辽宁省绥中县发现了秦统一后修建的大型行宫遗址，该遗址北起绥中县的止锚湾、瓦子地、石碑地和黑山头，沿渤海湾向南到秦皇岛市的老龙头和金山嘴，绵延近40千米[113]。其中濒临海岸的石碑地、黑山头、止锚湾遗址，都出土了形制相同的大型空心砖和较大的云纹瓦当，而未见生产、生活用器物，因此这些遗址可能与祭祀有关。而位于石碑地遗址以北的瓦子地遗址，出土了大量生活用器物，可能是行宫的生活区。行宫遗址规模宏大，气势雄伟，出土直径52厘米的夔纹瓦当和直径42厘米的卷云纹瓦当，都与咸阳宫殿遗址和秦始皇陵出土的瓦当相同，是目前已知在咸阳以外最东方的一处秦行宫，被学界认定应与秦始皇东巡碣石有关，或许就是"碣石宫"的遗址（图一八）[114]。

秦都栎阳时的秦公陵园，因未做过考古工作，不能确知其位置[115]。秦都咸阳后秦惠文王的公陵和悼武王的永陵，据称都在咸阳原上，已知地表都有高大的封土堆，但陵园情况不清[116]。秦都咸阳后期的秦国君陵区，即文献中所记的秦"芷阳"陵区[117]，亦称为秦东陵，则做过较多的田野考古工作。"芷阳"陵区位于临潼县韩峪乡西南、骊山西麓的霸水右岸两个相邻的山前冲积扇面上，现知占地面积1.5平方千米。在其外围没有发现用于区划的外兆沟。陵区内已发现四座陵园，均是利用

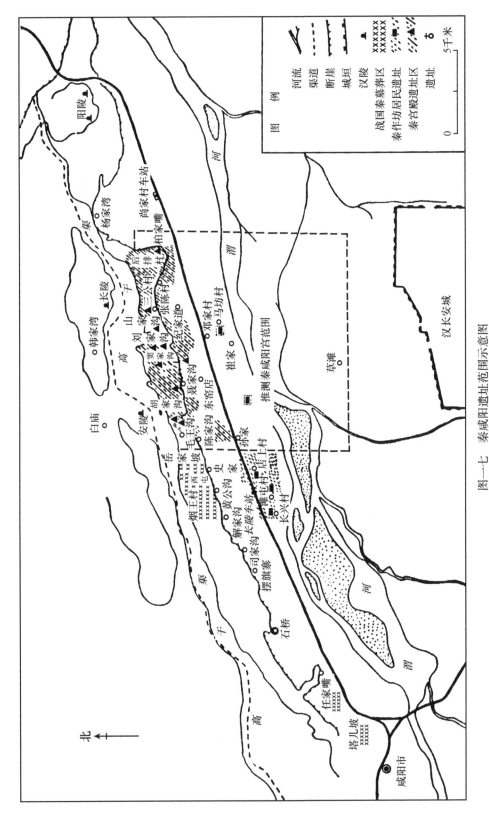

图一七　秦咸阳遗址范围示意图

（根据徐苹芳：《考古学上所见秦帝国的形成与统一》，《台大历史学报》1999年第23期，326页，图八修改而成）

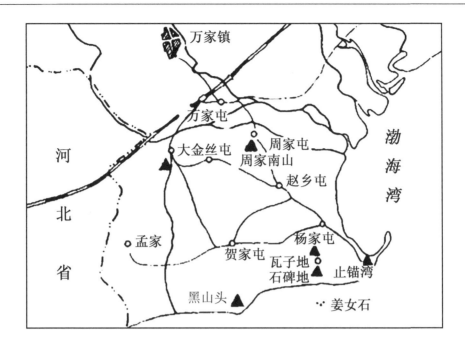

图一八　渤海湾发现的秦行宫遗存

上：渤海湾秦汉遗址分布示意图（采自《辽宁绥中县"姜女石"秦汉建筑群址石碑地遗址的勘探与试掘》，

《考古》1997年第10期，36页，图一）

下：石碑地遗址出土的秦代瓦当（采自徐苹芳：《考古学上所见秦帝国的形成与统一》，

《台大历史学报》1999年第23期，329页，图十二）

自然形成的沟壑稍加修整以及人工开凿的壕沟作为区划每座陵园的兆沟。每座陵园内
由数量不等的主墓及陪葬坑、陪葬墓区和地面建筑组成。主墓地表有高大的封土堆，
均有墓道。陪葬坑多为长方形，其中有一部分是车马坑。陪葬墓区内有数量不等的墓
葬。地面建筑位于主墓或陪葬区附近，可能为寝殿遗址（图一九）[118]。研究者对于

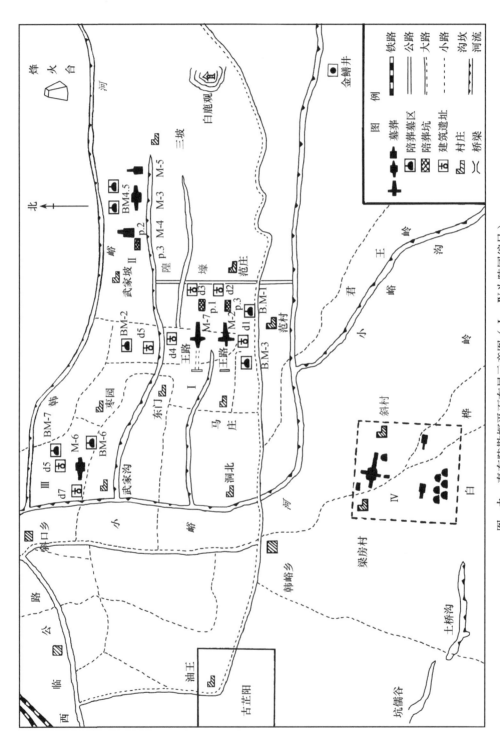

图一九　秦东陵勘探平面布局示意图（Ⅰ～Ⅳ为陵园编号）

（据韩伟、程学华：《秦陵概论》，《考古学研究》，三秦出版社，1993年，560页，图六修改而成）

葬入"芷阳"陵区的秦王多有争议,大体分为两种意见:一是葬入该陵区的有昭襄王和唐太后、孝文王与华阳太后、庄襄王与帝太后以及悼太子[119];二是葬入该陵区的有昭襄王和唐太后、庄襄王与帝太后、宣太后以及悼太子,孝文王与华阳太后葬于别处[120]。从文献记载可知,秦惠文王后,每代国君的陵园都有自己的名称,已带有强烈的"独立陵园制"的色彩,但芷阳陵区在文献中又被统称为"东陵",还带有"集中公墓制"的一些特征[121]。

史载秦始皇初即位(公元前246年),即开始修建他的陵园——"丽山",直到秦始皇去世(公元前210年),前后长达37年的时间[122]。秦始皇陵园位于临潼县东5千米的骊山北麓,北临渭河南岸,包括了陵城、陵墓、地面建筑和庞大的从葬区、陪葬区等,占地面积达50多平方千米(图二〇)。陵城位于陵园西部,为南北长、东西窄、平面呈回字形的双重陵城,其中外城南北长2165米,东西宽940米,四面各一门;内城南北长1355米,东西宽580米,南、东、西各一门,北面二门。内城南部为秦始皇陵墓所在地,在地表夯筑有高大的封土堆,现存高度76米左右。在封土的顶部没有发现任何与建筑有关的遗迹。封土下发现有地宫的宫墙和墓道等。在封土北侧发现被认为是供秦始皇灵魂饮食起居的寝殿遗址,在封土的北侧、西侧和南侧都发现有陪葬坑,其中封土西侧北端的巾形陪葬坑出土了两乘彩绘铜车马。内城的北部被一曲尺形隔墙分为两部分,隔墙东部为陪葬墓区,在隔墙西部、寝殿遗址北部发现了便殿建筑遗址。在内城和外城之间的西部,由北向南依次发现了被认为是园寺吏舍和飤官的建筑遗址、陪葬墓区、珍禽异兽坑和马厩坑等。在内城和外城之间的东部,发现了随葬石质铠甲、百戏俑、铜鼎等器物的陪葬坑。在陵城外东部主要是从葬区和陪葬区,分别有兵马俑坑、马厩坑和陪葬墓区等[123],在陵城外东北部发现了动物陪葬坑和青铜水禽坑,后者出土了46只造型极为生动的青铜天鹅、鸿雁和鹤[124]。研究者对于秦始皇陵的布局,结构,陪葬坑的性质,兵马俑的性质等问题,都还存有争议。对于秦始皇陵园的布局结构,或认为是仿当时的都城咸阳而建[125],或认为是当时宫城建筑的一般象征[126];对于陵园的方向亦有"坐西朝东"说[127]和"坐南向北"说;还有学者根据文献记载认为在墓上封土中建有宫观之类的建筑[128];对于分布在陵园中的各种各样的陪葬坑,大多数学者认为应属于秦始皇陵的外藏系统,只是对其中部分陪葬坑所象征的意义尚有歧义[129];对于兵马俑的性质,大多认为是象征着秦帝国的军队或宿卫军的"军阵"[130],也有学者提出兵马俑应该是象征皇帝出行时的"仪仗卤簿",并指出这种在陵前以陶俑再现皇帝出行之威的做法,一直为后世所沿用[131]。秦始皇陵园有独立的名称和独立的管理机构,是已确立了"独立陵园制"的标志,而汉代帝陵继承并完善了这一陵园制度,并成为此后中国近两千年帝王陵园制度的基础[132]。

战国晚期昭襄王在伐义渠戎,占陇西、北地、上郡之后,为了加强对西北地方的防御,在其西北边境修建了长城[133]。现在在甘肃临洮、渭源、环县以及内蒙古鄂尔多斯高原上都有保存较好的地上遗迹[134]。秦始皇统一中国后,为了加强北部边境的

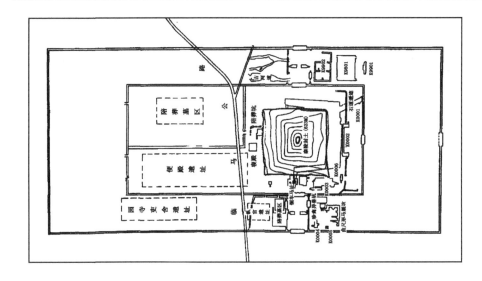

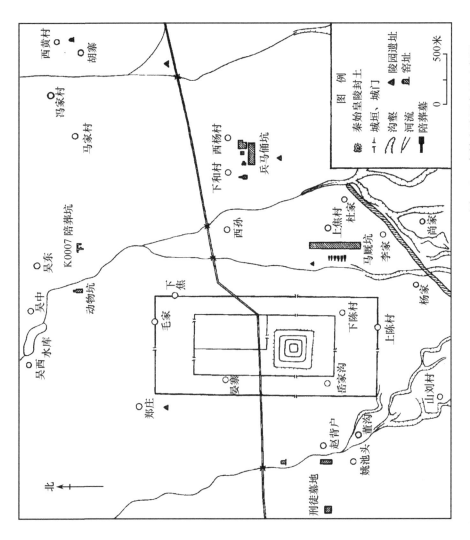

图二〇　秦始皇陵园布局示意图

左：陵园遗迹分布示意图［据《秦始皇帝陵园考古报告（1999）》，2页，图一修改而成］

右：陵城内遗迹分布示意图（据《秦始皇陵园2000年度勘探简报》，《考古与文物》2002年第2期，4页，图一修改而成）

防务，又在三十三年（公元前214年）再一次修建了长城[135]。经过考古工作已知秦始皇所修筑的长城部分利用了战国时期秦、赵、燕所修的长城，西部起自临洮，沿黄河北上至河套地区，进入大青山，经呼和浩特市北，向东过内蒙古中南部，以及河北北部，再入内蒙古赤峰地区，后进入辽宁西部，东过辽河向南，经新宾、宽甸进入朝鲜半岛（图二一）[136]。

20世纪70年代到80年代，陆续在湖北云梦睡虎地[137]、四川青川郝家坪[138]、湖北龙岗[139]、甘肃天水放马滩[140]等地发现了秦简，其中最为重要、内容最为丰富的是睡虎地秦简中的法律文书，包括《秦律十八种》《校律》《秦律杂抄》《法律答问》《封诊式》等，涉及刑法、民法、诉讼法、军法、行政法、经济立法等各个方面，是我国目前发现的年代最早、条目最全、内容最丰富的成文法典。从《秦律》与现存《汉律》零星条文的对比，还可以看出秦律与汉律的异同和中国古代法制的演变轨迹。睡虎地秦简中还有《编年记》，逐年记载了上起秦昭王元年（公元前306年）到秦始皇三十年（公元前217年）秦统一六国中的战争大事及墓主人的生平，可以订正、补充和印证《史记·秦本纪》《史记·六国年表》及有关史记《世家》《列传》中关于秦的统一战争的若干年代、地区和具体经过。睡虎地秦简中的《南郡守腾文书》，反映了秦始皇时期的政治、军事形势，以及用人制度、地方行政系统、官吏职权范围以及传达文书的制度等。2002年在湖南湘西龙山县里耶古城1号井内又出土了秦代简牍三万余枚，其内容包括政令、各级政府之间的往来公文、司法文书、吏员簿、物资（含罚没财产）登记和转运、里程书，涉及秦的内史、南郡、巴郡、洞庭郡、苍梧郡等[141]。里耶秦简为研究秦时的历史地理、行政管理、文书制度、邮驿制度等，都提供了非常珍贵的材料[142]。20世纪90年代，以北京路氏梦斋公布其所藏的上千枚秦代封泥为契机，考古工作者在西安北郊相家巷发掘出土秦代封泥数百枚[143]。这批秦封泥的内容极为丰富，涉及当时政治、经济、文化等各个方面，特别是有关秦时职官制度、用印制度、文字发展、地理状况等多方面的内容都填补了文献记载的空白[144]。

与前一阶段相比，由中小型墓葬所反映的文化面貌发生了较为重大的变化。墓葬形制以口大底小的长方形土坑竖穴为主，同时在西安地区和大荔地区出现了较多的洞室墓，而在关中地区西部的宝鸡和长陇地区洞室墓的数量则较少[145]。人骨头向虽然仍以西向为多，但已出现了部分北向、东向和南向的墓葬。葬式中屈肢葬仍然占主要地位，但也有较多的墓葬使用了直肢葬[146]。随葬器物中，已完全不见原有的、非常明器化的秦式青铜礼器，代之以来自东方列国的青铜礼器，有鼎、壶、钫等，同时还随葬有日用铜器如蒜头壶、鏊和上甑下釜的分体甗等。大多数墓葬随葬的青铜礼器已不见此前那种固定的、规律性的组合。仿铜陶礼器在形制上完全同于三晋两周地区同时期的同类器物，以带盖鼎、盖豆或盒、壶为主。部分仿铜陶礼器上有记录生产地的戳印陶文，如"咸阳××""咸×里×"等，可知这些在形制上完全同于三晋两

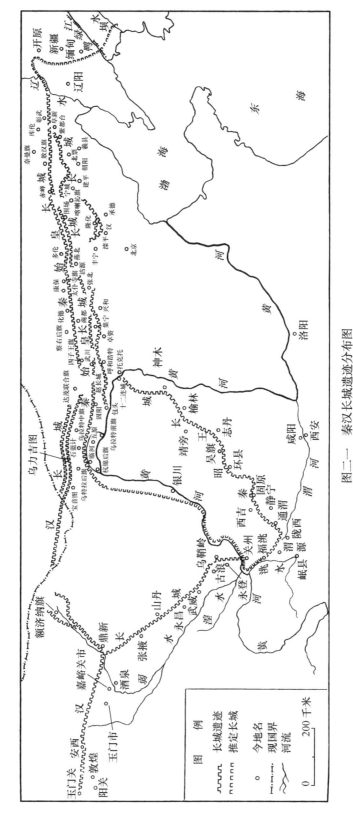

图二一 秦汉长城遗迹分布图

（采自徐苹芳：《考古学上所见秦帝国的形成与统一》，《台大历史学报》1999年第23期，331，332页，图十四）

周地区的仿铜陶礼器，是在秦国本地生产[147]。日用陶器仍以一套炊器、盛器和水器为主，但在器物种类上表现出多样化的趋势，炊器中釜的数量占据了主要地位，几乎代替了原有的秦式鬲，不过部分釜的上部形态，如小口、凸肩等特点，还可看出与传统的秦式鬲间所存在的嬗变关系[148]；出现了双耳或双錾的铲脚袋足鬲，盆（盂）为折腹直口，基本不见大喇叭口罐，代之以形态多样的小口绳纹罐、小口广肩缶和大口瓮，以及形态较为特殊的茧形壶、细颈壶和蒜头壶等。部分日用陶器上亦有记录生产地的戳印陶文，内容同于仿铜陶礼器，可知这些日用陶器均为秦国本地生产（图二二）[149]。

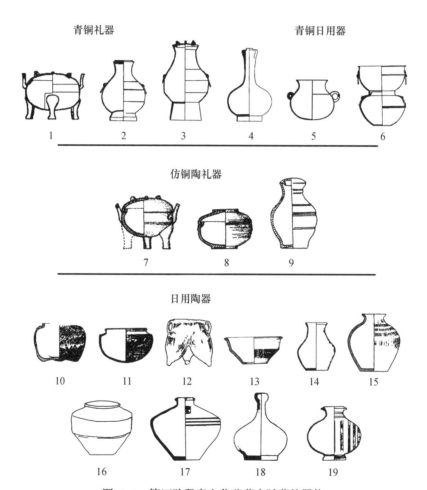

图二二　第四阶段秦文化墓葬中随葬的器物

1、7.盖鼎　2.圆壶　3.钫（咸阳黄家沟M43）　4.蒜头壶　5.鍪（79凤翔高庄M1）　6.分体瓿（凤翔高庄M46）　8.盒　9.圆壶（咸阳塔儿坡M28057）　10.鬲　11.釜（蓝田泄湖M14）　12.铲脚袋足鬲（宝鸡斗鸡台A3）　13.盆（咸阳塔儿坡M34223）　14.弦纹罐（凤翔高庄M47）　15.绳纹罐（陇县店子M81）　16.瓮（耀县城东M8）　17.缶（凤翔高庄M6）　18.蒜头壶（大荔朝邑M202）　19.茧形壶（凤翔高庄M39）

除了在关中地区以外，在东方列国地区，如三晋两周地区的山西侯马[150]、河南三门峡[151]和郑州岗杜[152]等地，巴蜀地区的成都附近和四川东北部[153]，原为楚地的江汉平原的云梦、江陵、宜昌、襄樊、麻城等地[154]，也都发现了战国晚期到秦代的秦文化墓葬，或者是受到秦文化影响的墓葬（图二三）。

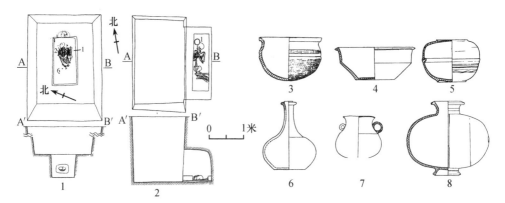

山西侯马乔村墓地：1. 竖穴墓（M443） 2. 洞室墓（M4172） 3. 陶釜（M4240） 4. 陶盆（M441）
5. 陶盒（M453） 6. 陶蒜头壶（M1263） 7. 铜鍪（M4238） 8. 陶茧形壶（M310）

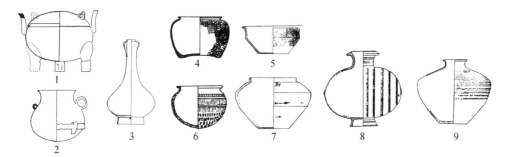

河南三门峡地区：1. 铜鼎（陕县 M3002） 2. 铜鍪（陕县 M2001） 3. 铜蒜头壶（陕县 M3410）
4. 陶鬲（司法局 M16）5. 陶盆（陕县 M4015）6. 陶釜（上村岭秦墓）
7. 陶瓮（陕县 M3411） 8. 陶茧形壶（陕县 M3101） 9. 陶缶（陕县 M3002）

四川青川郝家坪墓地：1. 铜鼎（M1） 2. 铜鍪（M26） 3. 陶釜（M50） 4. 陶盒（M40）
5. 陶盆（M17） 6. 陶瓮（M50） 7. 陶蒜头壶（M64）

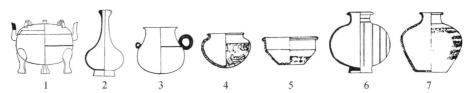

湖北云梦睡虎地墓地：1. 铜鼎（M11） 2. 铜蒜头壶（M9） 3. 铜鍪（M11） 4. 陶釜（M36）
5. 陶盆（M11） 6. 陶茧形壶（M9） 7. 陶缶（M11）

图二三　其他地区所见秦文化遗存

由于秦文化在这一阶段大规模向外扩张并最终建立了秦帝国，一方面将自身文化带入其势力所及地区和帝国版图范围之内；另一方面则大规模吸收所到之处的当地文化，从而使自身的文化面貌和性质都发生明显的变化，因此是秦文化的转型阶段。称其为转型阶段，还因为当秦王朝灭亡后，在各地存留的秦文化因素，在西汉前期的六七十年里，与其他各地的列国文化一起，成为汉文化形成的主要因素之一。据文献记载，秦自商鞅变法以后，国势渐强，继齐、魏称王之后于惠文君十三年改称王[155]，到秦武王时，则"欲容车通三川，窥周室"，已形成其统一天下之志[156]。惠文王更元九年司马错灭蜀，遂将秦岭以外的广大西南地区作为自己的大后方，并开始了征伐六国的战争，到秦王政二十六年终于统一六国，建立了中央集权制的秦王朝。秦王朝建立后，政治上推行郡县制，经济上统一货币和度量衡，文化上统一文字，军事上则加强了对北方与西北边境的防御。秦王朝覆灭后，西汉王朝虽然有过短暂的对历史的"复辟"，但最终还是"汉承秦制"，并由汉武帝最终完成了秦的统一大业。

四、秦文化社会基本组织成员构成的变化

在对秦文化发展全过程进行的考古学研究中，可以看到，由考古资料所反映的社会基本组织曾经历了以下几种状态。

在秦文化发展的第一阶段，秦文化遗存仅发现于陇东地区，由于资料过少，还难以据此对其进行社会最基本组织构成的分析，只是知道在甘谷毛家坪西周时期的居址中没有发现与秦文化共处的其他外来文化，而西周时期的墓葬，在墓葬形制、人骨葬式和随葬器物等方面也都表现出极大的一致性。表明西周时期生活在甘谷毛家坪遗址的人群就其构成来说是相当单纯的。

在秦文化发展的第二阶段，即春秋早中期时，尚缺乏能够说明其社会基本组织成员构成的资料，不过在这一阶段的秦文化遗存中，可以见到较多的外来文化因素，其中以周文化和北方文化因素为主。据此可知当时在秦的统治区域内，很可能已经包含有周余民以及秦文化到达这些地区时当地的占领者[157]。

到了秦文化发展的第三阶段，在甘谷毛家坪遗址春秋偏晚时期到战国时期的居址中，不论是在同一地层中，抑或是在同一灰坑中，都发现有秦文化遗存与属于西北地方古代文化的毛家坪B组遗存这两种完全不同的文化遗物共存[158]。这种现象表明毛家坪B组遗存在春秋偏晚以后是与秦文化一起共存于毛家坪居址中。居址中除了发现有文化层、房址和灰坑外，还发现有土坑竖穴墓和掩埋婴孩的瓮棺葬。土坑竖穴墓全部属于秦文化墓葬。瓮棺葬中属于秦文化的土坑瓮棺葬，其埋葬方式为先挖一不规则形的平底土坑，然后埋入盛放婴孩骨架的瓮或瓶。属于B组遗存的瓮棺葬，因发掘时未见坑埋痕迹，推测当时是以瓮或罐的残片覆盖婴孩骨架，在其上培土掩埋而不挖坑，即采用了与秦文化瓮棺葬完全不同的掩埋方式（图二四）。由此亦可以推测，毛家坪B组遗

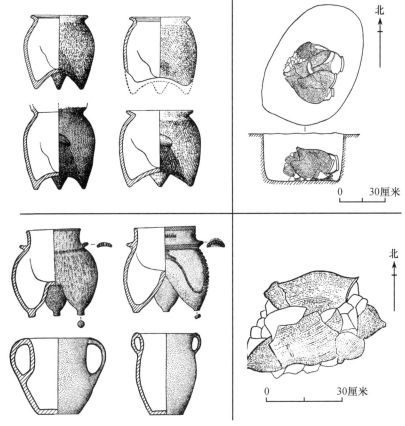

图二四　毛家坪秦文化遗存与毛家坪B组遗存
上左：毛家坪遗址所出秦文化陶器
上右：毛家坪遗址秦文化的瓮棺葬
下左：毛家坪B组遗存陶器
下右：毛家坪B组遗存的瓮棺葬

存应该有自己单独的墓地。这种现象表明分别使用秦文化和毛家坪B组遗存的人群，当时已经共同生活在同一个聚落共同体范围内，只是由于某种原因使得人群本身并没有产生文化上的交流和融合，并且还保留着聚族而葬。至于他们是否已经同属于一个社会基本组织，仅靠目前的资料还难以说明，不过可以明确的是，使用这两种文化的人群，已经在一定的聚落共同体内共处，他们之间如果说存在着什么关系的话，那就只能是一种地缘关系。

　　邓家崖墓地北距凤翔县城3千米，位于雍河北岸、秦都雍城的南部近郊。1988年，因当地农民烧砖取土，暴露出7座墓葬，由陕西省考古研究所雍城工作站进行了抢救性发掘。所发掘的7座墓全部为直肢葬，年代大体上从春秋晚期到战国中期。有2座墓随葬有制造粗糙的青铜礼器，有鼎、豆、盘、匜、瓶，余者5座墓出土有仿铜陶礼器鼎、簋、壶、盘、匜等，日用陶器有鬲、大喇叭口罐等[159]。上述随葬器物与同时期秦文化墓葬中所出完全相同（图二五）。因发表材料所限，不能知道这7座墓的排列顺序、平面布局，在整个墓地中的位置，以及同一个墓地中是否还有屈肢葬的墓葬，但作为抢救性的发掘，所清理的这7座墓应该具有极大的偶然性。但就在这极具偶然性的发现中，却出现所清理的墓葬全部为直肢葬这一现象。由于在同时期其他墓地的秦墓中，人骨葬式全部为蜷屈非常严重的屈肢葬，因此在这种偶然性中必然蕴含着一定的必然性，即邓家崖墓地，很可能是一处与其他同时期秦墓所不同的，全部采用直肢葬或以直肢葬为主的墓地。而埋入邓家崖墓地的人群，他们在随葬器物上所使用的都是与秦人无别的典型秦式器物，但在死后埋葬时，却使用了与秦人有别的葬式，这应是一个既与那些使用屈肢葬的秦人有着某些相同点、或有密切关系，但又在某些方面与之有别的人群。邓家崖墓地位于雍河北岸，距当时秦都雍城仅3千米，所以埋入邓家崖墓地的这一人群，生前亦应居住在雍城之中或雍城附近。从这一人群死后在雍城南郊有自己的墓地，以及墓地中包含有随葬青铜礼器和仿铜陶礼器的墓来看，这一人群与其他使用屈肢葬的人群间并没有地位或等级上的差别。这些采用不同葬式的人群，似乎应该有着不同的来源，他们生前可能与那些使用屈肢葬的秦人共同居住在一个聚落共同体中，除了还保留着属于自己的墓地和人骨葬式外，已经在其他各方面完全接受了秦文化，即在使用秦文化的人们共同体中，已经包含了一个使用直肢葬的人群。

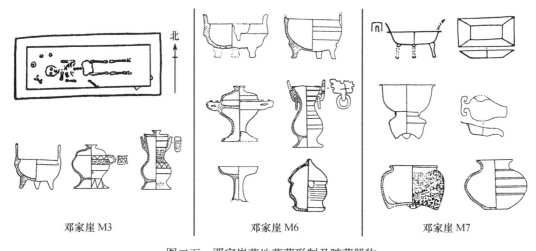

图二五　邓家崖墓地墓葬形制及随葬器物

　　处于秦文化发展第四阶段的咸阳塔儿坡墓地位于秦都咸阳遗址西10千米左右处，是战国晚期到秦代相对较短时期内集中使用的墓地[160]。塔儿坡墓地的381座墓葬中，墓葬形制有竖穴墓和洞室墓，墓葬方向有东西向和南北向，人骨葬式有屈肢葬和直肢葬等。随葬器物除1座墓随葬有青铜礼器外，其余有197座墓随葬有各类陶器，包括仿铜陶礼器、日用陶器和小型明器等（图二六），因大部陶器上有表明生产作坊的陶文，可知这些陶器均为商品。尽管这些墓葬根据随葬器物的种类和组合不同可以

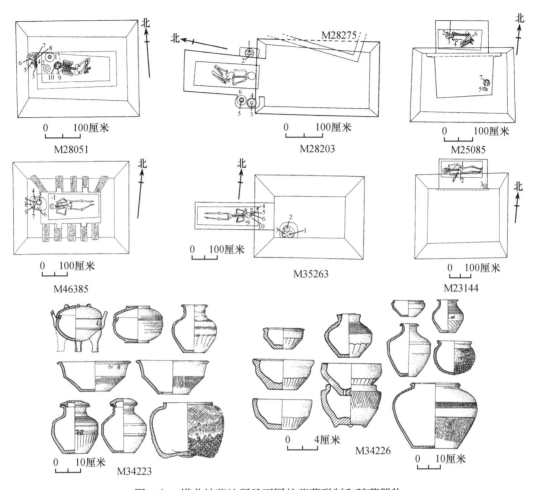

图二六　塔儿坡墓地所见不同的墓葬形制和随葬器物

划分为不同的层次，其墓主人之间可能有社会阶层或身份地位的差别，但由于随葬器物已商品化，尤其是各类墓在墓葬形制、人骨葬式上表现出来的多样化，表明埋入塔儿坡墓地的死者之间的差别，可能更多的是来自墓主人所具有不同的文化背景和来源[161]。因此该墓地既不同于邓家崖墓地那样由于死者生前属于相同的人群，或者是因具有共同的文化传统聚族而葬，亦很难说是因为这些死者生前属于相同的社会阶层而埋入同一个墓地，也不同于汉代以后出现的因死者经济实力相当而埋在一起的买卖墓地。这些在墓葬类别、形制、人骨葬式以及随葬器物的组合上表现出多样性的，来源不同的死者之所以埋入同一个墓地，其背后所隐含的应该是这些死者生前居住在同一个具有凝聚力的地理空间范围里，属于同一个地缘组织的历史事实，将他们联系在一起的纽带当是一种地缘的关系。同样的现象也出现在同时期的其他墓地中，如陇县店子[162]、凤翔高庄[163]、咸阳任家咀[164]等。这些具有不同来源的人群可以埋入同一个墓地，不仅充分表现出秦文化所具有的开放性和包容性，同时也表明这些具有不同来源的人群生前已经与秦人居住在同一个聚落共同体中，已经融入秦文化社会的最基本组织中。

综上所述，秦文化的社会基本组织，到春秋晚期以后，开始有不同文化传统和来源的人群居住在同一个聚落共同体中，不能肯定他们是否仍然是聚族而居，但却保持着聚族而葬，只是秦文化与其他人群间，或者在文化上各自保持自身传统，或者是其他人群接受秦文化；到战国晚期，则已经出现了不同文化传统和来源的人群，共同居住在同一个聚落共同体中，死后埋入同一个墓地的现象，表明秦文化的社会最基本组织中，来自不同文化传统和来源的人群已经融合在一起，由他们已经不是聚族而葬可以推测，他们亦非聚族而居了，这样的聚落共同体显然已经是一个由地缘关系来维系的地缘组织了。

五、秦文化统治集团成员构成的变化

秦文化的社会成员大体可分为两大群，即统治者和被统治者，统治者中包括有秦公和一般的统治集团成员。秦公作为秦国的最高统治者，从始国的襄公，经春秋战国时期一直到建立秦王朝的秦始皇，都是通过世袭传承的[165]，因此对秦文化统治集团成员构成的讨论，主要是针对一般的统治集团成员进行的。通过对秦文化中小型墓葬进行的分析，可以确认那些使用青铜礼器随葬的墓主人应该是秦文化统治集团中除了秦公以外的主要成员[166]。当秦文化从陇东地区开始沿着千河上游和渭水向东发展时，是这些人构成了秦文化对其所到地区进行控制与领导的统治集团。

在秦文化发展的第一阶段，没有发现能够说明秦文化社会结构的资料，因此对于西周时期秦文化中处于较高层次的人群及其构成等问题，难以进行讨论和说明。

到了秦文化发展的第二阶段，即进入春秋时期以后，通过对随葬有青铜礼器的墓葬进行分析，可以知道春秋早中期时秦文化中进入统治集团的成员，至少是由三部分人构成。一部分如礼县圆顶山98LDM1、98LDM2、2000LDM4[167]，陇县边家庄M1、M5[168]，阳平秦家沟M1、M2[169]，宝鸡福临堡M1[170]，宝鸡姜城堡秦墓[171]，宝鸡南阳村M1[172]等墓葬的墓主人（表一），他们按规范使用青铜礼器，随葬了鼎、簋、壶、盘、匜（盘、匜或缺），或以盉代替匜，有的还共出甗，包括了煮（盛）肉器、盛黍稷器、酒器和水器等一整套青铜礼器；各种礼器的数目都呈规律性搭配，一般鼎为奇数，簋、壶为偶数，盘、匜、盉、甗各1件。这些墓葬的墓主人因其所随葬的青铜礼器规整且有规律，表现出对自西周以来以宗法制度为核心，以维护贵族身份和地位为目的的用鼎制度的重视，似说明这一人群之所以能够获得使用青铜礼器的权力，与他们生前所具有的贵族地位有关。而这种地位的获得应与以血缘关系为基础的宗法制度有关，可能为世袭而得，因此这一群人应该是秦文化中原有的基于血缘关系而

表一　第二阶段青铜礼器墓随葬器物一览表

墓葬	方向(°)	棺椁	葬式	性别及年龄	青铜礼器	仿铜陶礼器	其他	备注
礼县圆顶山98LDM1	275	一棺一椁	不清	不清	无盖鼎5盖鼎1簋2方壶2圆壶1盘1匜1盂1方盒2		玉石圭玉鱼铜铃玉石器棺饰等	被盗，南北有生土二层台，3殉人于墓室南北壁壁龛内，墓底中部有腰坑，内有殉狗
礼县圆顶山98LDM2	275	一棺一椁	不清	不清	无盖鼎4盖鼎1簋2方壶2圆壶1盘1匜1簋1盂1等		直刃匕首式铜柄铁剑4铜铲4铜削2铃8玉圭玉石器等	被盗，四壁有生土二层台，7殉人于墓室北东南壁壁龛内，墓底有腰坑，填土内有殉狗
礼县圆顶山2000LDM4	275	不清	不清	不清	鼎5簋4方壶2甗1簋1圆盒1		玉圭玉鱼玉石器等	被盗破坏严重
陇县边家庄M1	不清	不清	不清	不清	鼎6簋4壶2盘1醽1盉1		铜矛2铜戈2铜镞4车马器71	被破坏，可能有车马坑
陇县边家庄M5	335	一棺一椁	直	不清	鼎5簋4壶2盘1盉1		车马器铜铃玉器棺饰等	二层墓室，上层置车马
阳平秦家沟M1	南偏东	一棺一椁	屈	不清	鼎3簋4壶2盘1匜1		铜铃玉鱼玉圭车马器饰等	二层台有棚木有殉狗
阳平秦家沟M2	南偏东	一棺一椁	屈	不清	鼎3簋4壶2盘1匜1		陶圭贝饰品等	二层台有棚木有殉狗
宝鸡福临堡M1	西	一棺一椁	不清	不清	鼎3簋2壶2盘1匜1甋1盆1		石圭玉鱼玉饰铜铃车马器等	基建发现，墓葬及人骨情况不清
宝鸡姜城堡春秋墓	不清	不清	不清	不清	鼎3簋2壶2盘1盉1		戈矛车马器饰	
宝鸡南阳村M1	15	不清	不清	不清	鼎3簋2方壶2盘1匜1			被破坏
陇县边家庄春秋墓	不清	不清	不清	不清	鼎5簋4		直刃匕首式铜柄铁剑车马器等	参见张天恩《边家庄春秋墓地与㳬邑地望》，《文博》1990年第5期，227页

续表

墓葬	方向(°)	棺椁	葬式	性别及年龄	青铜礼器	仿铜陶礼器	其他	备注
宝鸡西高泉M1	不清	不清	屈	不清	豆1壶1甬钟1		直刃匕首式短剑戈铜鱼铜削铜斧车马器	被破坏
灵台景家庄M1	220	一棺一椁	屈	不清	鼎3瓶1		直刃匕首式铜戈铜柄铁剑匕铜铃石圭戈石饰	棺下有一圆形腰坑，内有一猫骨架，另有牛头羊头骨狗骨架及鸡骨等，附近有马坑
凤翔八旗屯BM27	292	一棺重椁	直	不清	鼎3瓶1盆1		陶磬石圭璧玉璜直刃匕首式铜剑戈矛盾弓箭斤海贝铜铃石器等	有车马坑
礼县圆顶山98LDM3	275	一棺一椁	不清	不清	鼎1盂1	鼎3	直刃匕首式短剑铜戈璋牙等	
凤翔八旗屯CM2	288	一棺重椁	直	不清	鼎3簋1盘1匜1瓿1		分档袋足高4石圭玉玦玉璜铜铃等	铜铃置于椁四角陶棻2人
凤翔八旗屯AM9	298	一棺一椁	直	不清	鼎1瓿1盆1	鼎2盘1匜2	分档袋足高2石圭石璋玉玦骨笄铜铃壳等	被盗殉葬1人
宝鸡南阳村M2	305	一棺一椁	直	不清	鼎2	鼎3簋4壶2豆2盘1盉1	铜戈1石圭铃等	有腰坑
宝鸡南阳村M3	295	一棺一椁	直	不清	鼎5	鼎5簋4壶2豆1盘1盉1瓿1	铜戈1石圭铃等	有腰坑
长武上孟村M27	282	一棺一椁	直	男，年龄不清	鼎1瓶1	鼎2	铜铃石圭贝饰贝壳珠	有腰坑殉狗和殉狗

进入统治集团的世袭贵族。一部分人如宝鸡西高泉村M1[173]、灵台景家庄M1[174]、凤翔八旗屯BM27[175]、陇县春秋墓[176]、礼县圆顶山98LDM3[177]等墓葬的墓主人（表一），他们随葬青铜礼器的种类和数目表现出很大的随意性，没有规范的组合，随葬有北方系直刃匕首式短剑[178]的同时，都还共出有其他的青铜兵器，并可见到较多的外来文化因素。这一部分人虽然也用青铜礼器随葬，但并不重视用鼎制度，因此其之所以能够获得使用青铜礼器的权力，原因当有别于第一部分人。这一组墓葬中均随葬有北方系直刃匕首式短剑，同时又共出有其他的青铜兵器，因此可以认为这一群人是因某种与北方文化有关的军事活动而获得了使用青铜礼器的权力。他们应该是秦文化在其发展扩张过程中，凭借与外部文化，尤其是北方文化间所发生的军事行为而获得了进入统治集团的军事权贵。还有一部分人如凤翔八旗屯CM2、AM9[179]，宝鸡南阳村M2、M3[180]和长武上孟村M27[181]等墓葬的墓主人（表一），他们随葬的青铜礼器或加上仿铜陶礼器后有较规范的组合，同时表现出较多的来自周文化的因素，未发现有青铜兵器随葬。墓主人葬式均为直肢葬。这些人因为比较重视用鼎制度，他们之所以有使用青铜礼器的权力，可能与其生前原有的身份或地位有关。应该是秦文化扩张所到地区的当地住民中的原统治集团成员。由于在这些墓葬中发现了较多的与周文化相关的文化因素，因此这一部分人很可能与周遗民有关[182]。由此可以得知，秦文化在进入春秋时期以后，其统治集团成员至少是由三部分人构成，即秦文化中原有的基于血缘关系的世袭贵族，因军事行为获得得贵族身份的军事贵族和拓疆所至地区原住民中的统治集团成员。而这样一种统治集团，与西周时期那种以血缘关系为基础、以宗法制度为核心、由世袭贵族构成的统治集团相比已经发生了重要的变化。

到了秦文化发展的第三阶段，即春秋晚期到战国早中期时，秦文化统治集团成员的构成仍然包括了几部分人。一部分人如凤翔高庄M10、凤翔高庄M49[183]、凤翔西沟道M26[184]、凤翔八旗屯CM9[185]和长安客省庄M202[186]等墓葬的墓主人（表二），他们随葬有秦式青铜礼器，虽然这些礼器愈显明器化，但多包含有煮（盛）肉器、盛黍稷器和酒器，或再加上水器，只是各种青铜礼器的数目已不见前一阶段中那么有规律的搭配。或不出仿铜陶礼器，或共出除陶鼎以外的其他仿铜陶礼器[187]。墓葬中的外来文化因素以三晋两周地区的青铜礼器和青铜兵器为多[188]。由此可推测这些墓的墓主人，可能是秦文化中本来就使用青铜礼器的人群，在与主要是三晋两周地区文化发生交往的过程中，表现出程度不同的对外来文化因素的接受和认同，由于多共出有青铜兵器，所以发生的交往中应包括了军事行为。另一部分人如凤翔高庄M48、M18[189]，武功赵家来M1[190]，凤翔邓家崖M7、M4[191]，凤翔八旗屯BM31[192]、81M14[193]，咸阳任家咀M56[194]等墓葬的墓主人（表二），他们在随葬青铜礼器上较为随意，且多有来自其他地区的青铜礼器。其中年代在战国早期的凤翔高庄M48、M18，武功赵家来M1等，都随葬了一套基本呈完整组合的仿铜陶礼器，包括了鼎、簋、壶，或者加上盘、匜、甗。所见到的外来文化因素中，主要表现在仿铜陶礼器和

表二　第三阶段青铜礼器墓随葬器物一览表

墓葬	方向(°)	棺椁	葬式	性别及年龄	青铜礼器	仿铜陶礼器	其他	备注
凤翔高庄M10	274	一棺一椁	屈，屈	不清	鼎3盆1壶2瓿1舟1罐1	簋2壶2匜1	铜戈铜削铜铃钩铜带钩玉襟钩玉块玉璜玉串饰玉甲金箔铜陶车轮等	双棺，为合葬墓，殉葬2人，
凤翔高庄M49	280	一棺一椁	屈，屈	不清	鼎2壶2瓿1匜1瓿1盆1	簋2壶2豆1盆1匜1	铜带钩铜襟钩铜削铜铃铃石饰等	
凤翔西沟道M26	292	一棺一椁	屈	男年龄不清	鼎3豆2壶2盆3匜1瓿1罐1缶1		铜戈铜剑铜镞铜铍铁带饰铁铜泡环石圭玉璧玉饰等	铜鼎中有1件为中原式礼器铜缶为楚文化器
凤翔八旗屯CM9	285	一椁	不清	不清	鼎3豆2壶2盆1瓿1鬲形鼎1	壶2	铜剑铜削铜泡铜环铁环石圭玉璧	被盗铜剑有错金铭文"吉为乍元用"，鬲形鼎为实用器
长安客省庄K202	280	一棺一椁	屈	不清	鼎2簋2壶2盆1匜1鬲1鉴2		铜剑带饰石圭	
凤翔高庄M48	282	一棺一椁	屈	不清	鼎1盘1匜1瓿1鬲形鼎1	鼎1簋2壶2豆2盘1匜1瓿1	铜带钩铜襟钩铜削铜铃石饰	
凤翔高庄M18	272	一棺一椁	屈	不清	匜1三足盆1鬲形鼎1	鼎2簋2壶2豆2盘1匜1瓿1豆1	铜戈柳叶形剑铜曲鉴多（附镦）铜钩铜襟钩铜铃钩铜铃钩石圭石饰等	殉葬3人
武功赵家来M1	100	一棺重椁	屈	不清	鼎3圆底盆1	鼎1簋2壶2豆2瓿1	铜带钩石圭	
凤翔邓家崖M7	西	一棺	直	不清	鼎1盘1匜1瓿1		削	
凤翔邓家崖M4	西	一棺	直	不清	鼎1盘1豆1		铜带钩	
凤翔八旗屯BM31	295	一椁	屈	不清	盘1匜1瓿1	带盖鼎2壶3豆1	石圭石带钩铜环	
凤翔八旗屯81M14	290	一棺一椁	屈	不清	鼎1盘1匜1瓿1盆1		铜带形饰铜削铜铃铜镯铁带形饰	
咸阳任家咀M56	285	一棺一椁	不清	不清	鼎3瓿1		陶圭石圭环首刀铜带饰玉石器等	铜鼎中有1件为中原式礼器
咸阳任家咀M230	285	一棺一椁	屈	男40岁左右	鼎1盆1瓿2鬲1		铜饰	
咸阳任家咀M232	290	一棺一椁	屈	不清	瓿3盘1		铜削铁铜带钩等	

青铜兵器方面，如凤翔八旗屯BM31随葬的三晋两周式的带盖鼎，凤翔高庄M18随葬的吴越式带鼻戈和曲銎矛，同时还共出巴蜀式铜剑，该墓值得注意的是，除了上述青铜兵器外，还共出有秦式戈。据此可以推测，这一人群可能其原本已拥有的只是使用仿铜陶礼器的权力，但由于这些人在秦文化与其他文化的交往中，尤其是以军事活动为媒介的交往中，担任了较为重要的角色，并因此而获得了使用青铜礼器的权力，或者是获得了部分其他文化的青铜礼器，并将其作为随葬器物放入墓中。这表明在春秋早中期时因军事活动而获得了使用青铜礼器的权力的军事贵族，在这一时期仍然存在，但与之发生军事交往的则是以三晋两周地区的列国文化为主。而战国中期时秦青铜礼器的衰落，三晋两周式青铜礼器的出现，不仅表明使用这些青铜礼器的人对三晋两周地区文化的认同，似乎也说明了原来使用秦式青铜礼器的人群对于使用秦式青铜礼器能够体现的地位或权力的观念的转变。同时由于这些来自其他文化的青铜礼器不可能是通过血缘关系世袭而得，因此这些现象或许还能表明原有的通过世袭而获得使用秦式青铜礼器并以其表明身份和地位的人群自身在走向衰落。

到了战国晚期以至于秦统一后，秦文化中可以使用青铜礼器的人群，在随葬青铜礼器上已完全不见规范的组合，并且完全放弃了使用传统的秦式青铜礼器，转而主要使用了三晋两周地区的青铜礼器。如凤翔高庄79M1随葬的铜鼎，是中山国生产的铜器[195]，而大荔朝邑M203[196]、上袁家M6随葬的扁球形鼎[197]，平凉庙庄M6随葬的鼎形鬲[198]，大荔朝邑M203和平凉庙庄M6随葬的铺首圆壶，以及上焦村M18随葬的上甑下釜的分体甗等[199]，其形制与三晋两周地区的同类器物极为相近，很可能也是来自三晋两周地区，或是受到这些地区同类器物的影响而出现的（表三）。这表明以秦式青铜礼器代表墓主人身份和地位的观念已经消失。而这些墓葬在随葬外来文化青铜礼器的同时，还普遍地使用了来自巴蜀文化的青铜日用容器，其中以作为炊器使用的鍪和釜为主，而很少见到巴蜀文化中用以表明墓主身份和地位的青铜兵器。作为炊器的青铜鍪和釜与陶制炊器相比，最大的优点就是便于携带和不易损坏，这恰是军旅生活对炊器的基本要求。因此能够获得这些来自其他文化的青铜礼器，青铜日用器的人，其自身一定直接或间接参与了统一六国的军事行为，也使得秦文化中进入统治集团的人员，更多地具有了军事行为的色彩。

综上所述，秦文化中处于统治集团这一阶层的人群，从春秋时期开始，就已经打破了原有的血缘关系的束缚，出现了一些与血缘关系无涉，凭借个人的行为或能力而进入的特殊人群，这一特殊人群亦成为秦文化对于其新开拓地区进行控制和统治的力量之一。因为资料所限，不能肯定这样一个人群的出现一定是始于春秋时期，但是可以肯定的是，春秋时期在秦文化中已经出现了这样一些不是通过世袭，而是凭借个人能力而进入统治集团的人群，也正是由于这样一个人群的出现，开启了从以宗法制度为基础的血缘统治向以地缘关系为基础的地缘统治转变的进程。这个进程历经春秋晚期、战国早期、战国中期，一直都没有间断过。到了战国晚期以至于秦统一后，统治

表三　第四阶段青铜礼器墓墓随葬器物一览表

墓葬	方向(°)	棺椁	葬式	性别及年龄	青铜礼器	仿铜陶礼器	其他	备注
凤翔高庄79M1	西	一棺	屈	不清	鼎1壶1鋬1勺2套杯6蒜头壶1		铜带钩铜襻钩铜镜	洞室墓，铜鼎为中山园器，罐有陶文"亭"字，墓室两侧有小龛
大荔朝邑M203	西	一棺	屈	不清	鼎1壶1鋬1		铜带钩铜鼎铁匕首镞	鼎与泾阳秦墓所出"平安君鼎"相同
秦安上袁家M6	355	不清	直	女老年	鼎2	鼎3	漆厄铜钏4带钩4铜镜1铁锸1铁匕1	鼎为三晋两周式礼器，附葬车马及大量牛羊马狗骨
平凉庙庄M6	东西向	不清	直	不清	鼎形甗1壶2盉1匜1		铜戈铜镞铁矛及大量铜铁车马器，牛羊头骨等	被盗，墓室前部附葬车马坑，置漆车1马4
平凉庙庄M7	东西向	不清	直	不清	鼎1壶1盘1		铜鼎形灯铜镞铜带钩铜玺印铁削金环各种玉饰及大量车马器，羊头骨及肢骨	墓室前部附葬车马，置漆车1马4
上焦村M18	东西	一棺一椁	不清	不清	分体甑鍑1勺1		铜剑铜镞铁铧	未发现人骨

集团已经具有了极大的开放性，进入统治集团的大部分成员已经不是通过血缘关系，而是通过个人能力而获得这样的权力，从而使血缘统治向地缘统治的转变进程趋近完成。

六、结　语

综上所述，秦文化在其近九百年的发展过程中，维系其社会最基本组织的关系经历了一个从血缘到地缘的变化，到战国晚期时，已经出现了由咸阳塔儿坡墓地所揭示的包含有不同来源人群的地缘组织；而社会成员进入统治集团的途径也由以血缘关系为主，转向了崇尚个人能力，尤其是军事能力，而导致统治集团的成员构成以军功贵族为主。如果说这些为建立由中央派官吏对地方进行郡县管理的中央集权制奠定了社会与政治的基础，那么由于社会基本组织的日渐地缘化而使秦文化在战国晚期以后所表现出的开放性和包容性，则为其建立统一的、超越文化圈的秦帝国奠定了文化上的基础[200]。

由于秦并非西周初年因周王室分封而建立的国家，因此较其他诸侯国似乎更少了一些对西周"封建制"赖以存在的血缘政治的依存，从而导致世袭贵族政治较早的衰落；由于东周初年秦之受封所得到的仅是一张空头支票，所以才使得与戎狄的战争在其立国之初起到了决定性的作用，并由此而产生因个人能力进入统治集团的军功贵族，并由这些人对新占领地区进行管理和统治；由于秦在其发展壮大的过程中，不断地与其周边的其他人群，以及其所占领地区的原住民发生各种各样的交往，社会的最基本组织较早地向以地缘关系维系的地缘组织转变，因此使得秦文化较其他国家和地区的文化更具有包容性和开放性。而以血缘关系为基础的世袭贵族政治的衰落，统治集团成员由世袭到选贤，地缘组织的出现以及文化上的包容和开放性，无一不是建立以郡县制为基础的中央集权制帝国所需要的基本条件。而秦文化正是由于在战国晚期时已经具备了这些基础条件，才使得秦在东周时期，尤其是在战国时期七雄鼎立、逐鹿中原的大局势中最终统一六国，建立了秦帝国，从而开启了中国古代国家制度从封国到帝国的转变过程。

注　释

[1]　这里所说的封建制，与中国古史分期研究中通常所指的"封建社会"不同，是指西周时期所实行的、为建立周王朝有效的统治秩序而实行的封邦建国之制。下文中所使用的封建制，均同于此意。参见何怀宏：《世袭社会及其解体——中国历史上的春秋时代》，生活·读书·新知三联书店，1996年，29页。

[2]　徐苹芳：《考古学上所见秦帝国的形成与统一》，《台大历史学报》1999年第23期。

［3］ 如顾颉刚曾指出，据殷墟所出甲骨文，至少在武丁之世就已经有了许多封国，如将有功的武将封出去，称"侯×"，将儿子封出去，称"子×"，将夫人封出去，称"妇×"，将承认商朝宗主权的邻国，亦依其原有国名给一个封号，如"周侯""井伯""虎伯"等，并因此而认为在商代后期，已经有了很完备的封建制度。参见何怀宏：《世袭社会及其解体——中国历史上的春秋时代》，生活·读书·新知三联书店，1996年，5页。当然亦有学者认为在商时并不存在类于西周时期的那种分封制度，林沄先生曾指出，甲骨文中所见的"×侯""×伯"等，是商代存在的方国联盟中的诸方国，其与商王朝的关系，是联盟中的盟国与联盟盟主的关系，而这种联盟的产生主要是出于军事上的需要，而不同于后来西周时期以建立周王朝的统治秩序为目的的封邦建国。参见林沄：《甲骨文中的商代方国联盟》，《林沄学术文集》，中国大百科全书出版社，1998年。

［4］ （晋）杜预：《春秋左传集解·僖公二十四年》，上海人民出版社，1977年，345页。

［5］ 据顾栋高著：《春秋列国爵姓及存灭表》，《清经解续编》（第一册），上海书店，1988年，春秋时期共有封国204，其中知其姓者130，而姬姓为53，居各姓之首，姜姓为12，高居第二。转引自何怀宏：《世袭社会及其解体——中国历史上的春秋时代》，生活·读书·新知三联书店，1996年，10、11、26页，注26。

［6］ 许倬云：《西周史》，生活·读书·新知三联书店，1994年，150页。

［7］ 许倬云：《西周史》，生活·读书·新知三联书店，1994年，161页。

［8］ 管东贵：《秦汉封建与郡县由消长到统合过程中的血缘情结》，《燕京学报》（新五期），1998年。

［9］ 统治集团成员当包括周天子、诸侯，以及王室和各诸侯国内的卿、大夫等处于不同层次的各级统治者。王国维曾在《殷周制度论》中提出"天子诸侯世，而天子诸侯之卿、大夫、士皆不世"的观点［王国维：《观堂集林》（第二册），中华书局，1984年，472页］，但此说多为学者所不同。何怀宏在《世袭社会及其解体——中国历史上的春秋时代》（生活·读书·新知三联书店，1996年，104页）一书中指出："士阶层的是否世袭以士在当时只能担任卑官小吏而言并不重要，关键的在于担任重要官职的卿大夫是否世袭，且如果理解此世袭从对象而言不必是世职——即世世代代担任某一固定官职；从主体而言不必是某一家庭的世袭，而可以是从一个大家族乃至从整个大夫阶层中选拔，只是这一阶层之外的人绝对无法觊觎，那么，如此较宽泛意义上的世卿士大夫看来就确实不仅有确凿的证据可证明普遍存在于春秋时代，也有相当的证据和理由使我们能推测它亦存在于春秋以前的社会，包括存在于西周时代。"

［10］ 这里使用的聚落共同体，是指因某种关系而使一些人居住在一起的、相对独立的一个地理空间。参见杜正胜：《编户齐民·第五章　聚落的人群结构》，台湾联经出版事业公司，1990年，187～288页。

［11］　管东贵：《秦汉封建与郡县由消长到统合过程中的血缘情结》，《燕京学报》（新五期），
　　　　　1998年，17页，注5。

［12］　徐苹芳：《考古学上所见秦帝国的形成与统一》，《台大历史学报》1999年第23期；俞伟
　　　　　超：《考古学中的汉文化问题》，《考古文明与历史》，"中研院"历史语言研究所傅斯年
　　　　　汉学讲座，1997年。

［13］　俞伟超：《考古学中的汉文化问题》，《考古文明与历史》，"中研院"历史语言研究所傅
　　　　　斯年汉学讲座，1997年。

［14］　张忠培：《研究考古学文化需要探索的几个问题》，《中国考古学——走近历史真实之
　　　　　道》，科学出版社，1999年。

［15］　在斗鸡台遗址，首次科学发掘了秦文化墓葬，当时虽未能认定其为秦文化墓葬，但已经认识
　　　　　到其与西周墓葬间的差别。

［16］　八旗屯位于秦都雍城遗址附近，在这里发现了东周时期最具代表性的秦文化墓地。

［17］　张忠培：《研究考古学文化需要探索的几个问题》，《中国考古学——走近历史真实之
　　　　　道》，科学出版社，1999年。

［18］　由于《史记·秦本纪》又有"庄公居其故西犬丘"的记述，所以亦有学者认为犬丘有东、西
　　　　　之分，非子所居犬丘应为东犬丘。参见王学理：《东西两犬丘与秦人入陇》，《考古与文
　　　　　物》2006年第4期。不过大部分学者认为非子所居"犬丘"与后来庄公所居"西犬丘"应为
　　　　　一地。参见徐卫民：《秦都城研究》，陕西人民教育出版社，1999年，37页。

［19］　张天恩：《甘肃礼县秦文化调查的一些认识》，《考古与文物》2004年第6期。

［20］　田亚岐等：《陕西凤翔孙家南头周秦墓地考古取得重大收获》，《中国文物报》2004年9月
　　　　　8日第1版。

［21］　《史记·秦本纪》，中华书局，1959年，177页。

［22］　卜辞中已有"秦"字，或以为是地名，商时已有。但已有学者指出，卜辞中出现的"秦"字
　　　　　当为祭名，而此时"秦"字本意应为一种适合于酿酒的谷类。参见史党社：《秦人早期历
　　　　　史的相关问题》，《秦文化论丛》（第六辑），西北大学出版社，1998年；祝中熹：《地域
　　　　　名"秦"说略》，《秦文化论丛》（第七辑），西北大学出版社，1999年。西周金文中亦见
　　　　　"秦"字，如师酉簋中的"秦夷"，询簋中的"秦夷""成秦人"等，有研究者指出两器中
　　　　　"秦夷"之"秦"为地名，即非子所邑之"秦"地，只是师酉簋的年代早于非子邑秦之时，
　　　　　因此其铭文中的秦夷与后来邑此的秦人无关；而询簋中的成秦人应指为周成边的秦人。参
　　　　　见史党社：《秦人早期历史的相关问题》，《秦文化论丛》（第六辑），西北大学出版社，
　　　　　1998年。也有学者据西汉桓宽《盐铁论·结和》所记"大夫"之言"伯翳之始封秦地为七十
　　　　　里"，认为"秦"之称谓正式出现是在伯翳之时，其故城在今河南范县，非子所邑之"秦"
　　　　　只是复续伯嬴之号。参见黄留珠：《秦文化二源说》，《西北大学学报》1995年第3期。然

《盐铁论》晚出于《史记》，所记之事又早于《史记》，不足以引之为信。

[23] 林剑鸣：《秦史稿》，上海人民出版社，1981年，33页；赵化成：《寻找秦文化起源的新线索》，《文博》1987年第1期；祝中熹：《秦人早期都邑考》，《陇右文博》1996年第1期。

[24] 祝中熹：《秦人早期都邑考》，《陇右文博》1996年第1期。

[25] 《史记·秦本纪》，中华书局，1959年，179页。

[26] 《史记·秦始皇本纪》，中华书局，1959年，235～239页。

[27] 《史记·秦始皇本纪》，中华书局，1959年，275页。

[28] 《史记·秦本纪》，中华书局，1959年，174页。

[29] 王国维：《观堂集林卷十二·秦都邑考》，中华书局，1959年，529～533页；段连勤：《关于夷族的西迁和秦嬴的起源地、族属问题》，《人文杂志——先秦史论文集》，1982年；王学理等著：《秦物质文化史·第三章　秦都邑》，三秦出版社，1994年，64页；祝中熹：《秦人早期都邑考》，《陇右文博》1996年第1期。

[30] 郭沫若：《两周金文辞大系图录考释》（下），上海书店出版社，1999年，291页；林剑鸣：《秦史稿》，上海人民出版社，1981年，23页；何汉文：《嬴秦人起源于东方和西迁情况初探》，《求索》1981年第4期。

[31] 甘肃省文物工作队、北京大学考古系：《甘肃甘谷毛家坪遗址发掘报告》，《考古学报》1987年第3期；赵化成：《甘肃东部秦与羌戎文化的考古学探索》，《考古类型学的理论与实践》，文物出版社，1989年；赵化成：《寻找秦文化渊源的新线索》，《文博》1987年第1期。

[32] 关于甘谷毛家坪早期秦文化遗存的年代，原报告认为其最早者在西周早期，后笔者作《秦文化起源及相关问题再探讨》（《中国考古学跨世纪的回顾与前瞻》，1999年西陵国际学术研讨会文集，科学出版社，2000年），指出毛家坪遗址早期遗存的面貌与郑家坡遗址晚期遗存相当，年代可以早到商代晚期。

[33] 徐苹芳：《考古学上所见秦帝国的形成与统一》，《台大历史学报》1999年第23期；俞伟超：《考古学中的汉文化问题》，《考古　文明与历史》，"中研院"历史语言研究所傅斯年汉学讲座，1997年。

[34] 《史记·秦本纪》，中华书局，1959年版，179页。

[35] 《史记·秦本纪》，中华书局，1959年版，195页。

[36] 关于主体族群的论述请参见俞伟超先生：《考古学中的汉文化问题》，《考古　文明与历史》，"中研院"历史语言研究所傅斯年汉学讲座，1997年。

[37] 也有学者结合古文字、文献与考古学等研究成果，认为古文字中的"卓"即为秦族或其一支。同时提出在周原地区发现的年代从二里岗上层到殷墟一、二期的扶风壹家堡类型文化，其以商文化因素为主，同时包含有一定的郑家坡类型和刘家文化的因素，是"卓"族所遗留

的考古学文化，亦即商时期就到达关中地区的秦人所使用的文化。参见刘军社：《壹家堡类型文化与早期秦文化》，《秦文化论丛》（第三辑），西北大学出版社。由于在周原地区没有见到可与壹家堡文化相继发展的同类型文化，更找不到其与后来东周时期可以认定为秦文化遗存之间的联系，而研究较为充分的毛家坪A组遗存，则可以找到其与东周时期秦文化之间的相承关系，本着从已知求未知的原则，本文仍将毛家坪遗址A组遗存视为目前已发现的最早的秦文化遗存。

［38］　关于秦文化的分期与年代，参见滕铭予：《秦文化：从封国到帝国的考古学观察·第二章》，学苑出版社，2002年。

［39］　甘肃省文物工作队、北京大学考古系：《甘肃甘谷毛家坪遗址发掘报告》，《考古学报》1987年第3期。

［40］　赵化成：《甘肃东部秦与羌戎文化的考古学探索》，《考古类型学的理论与实践》，文物出版社，1989年；赵化成：《寻找秦文化渊源的新线索》，《文博》1987年第1期。

［41］　张天恩：《早期秦文化特征形成的初步考察》，《炎帝与汉民族论集》，三秦出版社，2003年。张文认为早期秦文化的形成是在西周晚期后段，不过在该文中也指出毛家坪遗址的二期和一、二期墓葬中陶器所表现出来的文化面貌，已与西周同类器物不同，而具有东周秦器的因子。

［42］　滕铭予：《秦文化起源及相关问题再探讨》，《中国考古学跨世纪的回顾与前瞻》，1999年西陵国际学术研讨会文集，科学出版社，2000年。

［43］　早期秦文化联合考古队：《西汉水上游周代遗址考古调查简报》，《考古与文物》2004年第6期。

［44］　张天恩：《甘肃礼县秦文化调查的一些认识》，《考古与文物》2004年第6期。

［45］　张天恩在《早期秦文化特征形成的初步考察》（《炎帝与汉民族论集》，三秦出版社，2003年）一文中，把西周时期甘肃东部的文化遗存划分为三个类型，其一为"西河滩类型"，属于周文化；其二为毛家坪类型，是东周时期秦墓中西高泉模式的来源，但与嬴秦公族文化并不同源，即否认毛家坪类型为秦文化；其三为大堡子山类型，为秦国嬴姓公室贵族葬制。不过张天恩文中提到的"西河滩类型"的材料尚未正式发表，只见于其他研究者的论文中，大堡子山目前发现的秦文化遗存年代最早为春秋早期，尚不能确知其西周时期的文化面貌。加之东周秦墓在墓葬方向、人骨葬式、是否有腰坑等方面都存在着较为复杂的状况，且有相当多的材料尚未正式发表，因此笔者认为在目前尚不具备对西周时期的秦文化遗存和东周时期的秦墓进行全面梳理的条件，亦很难对东周时期秦文化的文化结构、谱系，及其与西周时期秦文化的关系进行更深入的讨论。由于毛家坪遗址西周时期墓葬中的人骨葬式与此后东周时期关中地区秦人墓的葬式相同，为蜷曲非常严重的屈肢葬，陶器亦表现出与西周时期的同类器物的差别而与东周时期秦文化的陶器有一定的相关，因此本文仍以毛家坪遗址西周时期遗

址作为西周时期秦文化的代表以进行西周时期秦文化面貌的讨论。

[46] 关于秦文化起源的研究，史学界和考古学界都有不同的看法。参见徐苹芳：《考古学上所见秦帝国的形成与统一》，《台大历史学报》1999年第23期；滕铭予：《秦文化起源及相关问题再探讨》，《中国考古学跨世纪的回顾与前瞻》，1999年西陵国际学术研讨会文集，科学出版社，2000年。

[47] 苏秉琦先生曾指出，从渭水上游到秦安一线，是新石器时代的仰韶文化与洮河流域的马家窑文化的分界线，也是中国西部地区与中原地区的分界线。而从陇东到陇西这一地区，其东部与中原地区相连，西部与广阔的中亚大陆相连，因此也可以看成是中国西部地区与中原地区之间的模糊地带，从这个意义上理解，这一线也可以看成是自新石器时代以来的以农业经济为主的古代文化与兼有畜牧经济的古代文化的分界线。

[48] 牛世山：《秦文化渊源与秦人起源探索》，《考古》1996年第3期。

[49] 《史记·秦本纪》，中华书局，1959年。

[50] 申为姜姓之国，姜族又被称为"姜戎"，《左传·隐公元年》："初郑武公娶于申，曰武姜。"可知申为姜姓。《左传·襄公十四年》：晋范宣子曾对戎子驹支说："来，姜戎氏。昔秦人迫逐乃祖吾离于瓜州。"可知姜姓族又被称为"姜戎"，于史均有明载，而"姜戎"源于西北地方的"羌戎"，亦为许多研究者的共识，典型论述参见尹盛平、任周芳：《先周文化的初步研究》，《文物》1984年第7期；刘军社：《郑家坡文化与刘家文化的分期及其性质》，《考古学报》1994年第1期。

[51] 咸阳市文物考古研究所：《任家咀秦墓》，科学出版社，2005年。

[52] 关于对秦文化中小型墓葬进行分类的研究，参见滕铭予：《秦文化：从封国到帝国的考古学观察·第二章》，学苑出版社，2002年，21~28页。

[53] 关于文化的层次结构的划分与解读，参见滕铭予：《秦文化：从封国到帝国的考古学观察·第二章》，学苑出版社，2002年，21页。

[54] 礼县大堡子山秦公墓地所出器物之集大成者，参见礼县博物馆、礼县秦西垂文化研究会：《秦西垂陵区》，文物出版社，2004年。

[55] 戴春阳：《礼县大堡子山秦公墓地及有关问题》，《文物》2000年第5期。

[56] 对礼县大堡子山秦公墓非正式发掘资料所作的刊布和研究有：李学勤、艾兰：《最新出现的秦公壶》，《中国文物报》1994年10月30日第3版；李学勤：《探索秦国的发祥地》，《中国文物报》1995年2月19日第3版；韩伟：《论甘肃礼县出土的秦金箔饰片》，《文物》1995年第6期；陈昭容：《谈新出秦公壶的时代》，《考古与文物》1995年第4期；白光琦：《秦公壶应为东周初期器》，《考古与文物》1995年第4期；李朝远：《上海博物馆新获秦公器研究》，《上海博物馆集刊》（第七期），上海书画出版社，1996年；陈平：《浅谈礼县秦公墓地遗存与相关问题》，《考古与文物》1998年第5期；王辉：《也谈礼县大堡子山

秦公墓地及其铜器》，《考古与文物》1998年第5期；祝中熹：《大堡子山秦西陵墓主及其他》，《陇右文博》1999年第1期；戴春阳：《礼县大堡子山秦公墓地及有关问题》，《文物》2000年第5期；梁云：《西新邑考》，《北京大学古代文明研究通讯》（总第三十一期），2006年。

[57] 韩伟：《论甘肃礼县出土的秦金箔饰片》，《文物》1995年第6期。

[58] 王辉：《也谈礼县大堡子山秦公墓地及其铜器》，《考古与文物》1998年第5期；陈昭容：《论甘肃礼县大堡子山秦公墓地及出土文物》，《秦系文字研究·第二部分　第一章》，"中研院"历史语言研究所专刊之一零三。

[59] 陈平：《浅谈礼县秦公墓地遗存与相关问题》，《考古与文物》1998年第5期。

[60] 杨惠福、侯红伟：《礼县大堡子山秦公墓主之管见》，《考古与文物》2007年第6期。

[61] 戴春阳：《礼县大堡子山秦公墓地及有关问题》，《文物》2000年第5期；梁云：《西新邑考》，《北京大学古代文明研究通讯》（总第三十一期），2006年。

[62] 张天恩：《试说秦西山陵区的相关问题》，《考古与文物》2003年第3期。

[63] 大多学者根据已流散的据传出自礼县秦公大墓的有铭青铜器，指出所有的"秦公"器可以分为"从臼之秦"的秦公器和"省臼之秦"的秦公器两组，并从器物形制、文字变化等角度，讨论两组秦公器间存在的年代关系，认为在礼县大堡子山应存在着两代秦公的陵园，只是其主人的归属尚有争议。不过已有学者指出两组秦公器铭文中其他字，如"公"字的写法并不能判断孰早孰晚［李朝远：《上海博物馆新藏秦器研究》，《上海博物馆馆刊》（第九集），引自礼县博物馆、礼县春西垂文化研究会：《秦西垂文化论集》，文物出版社，2005年］，同时考虑到西周金文中已有"秦"字省臼的写法，再加上除了由甘肃省西和县公安局收缴的7件秦字为省臼写法的秦公鼎，据盗墓者指认为出自M3以外，尚无其他证据表明两组秦公器分出于两个大墓，也没有办法判断"各自的所出"［李朝远：《上海博物馆新获秦公器研究》，《上海博物馆集刊》（第七期），上海书画出版社，1996年］。因此笔者认为以目前的资料，仍很难判断大堡子两座秦公大墓墓主人的归属。

[64] 秦公鼎从口沿到腹部满布纹饰，尤其是在腹部饰多重垂鳞纹的做法，为其他地区所少见；秦公簋在盖沿和口沿处所饰的多组浮雕状兽头，均为上下两两口口相对，亦为其他地区所不见。参见李朝远：《上海博物馆新获秦公器研究》，《上海博物馆集刊》（第七期），上海书画出版社，1996年。

[65] 早期秦文化联合考古队：《西汉水上游周代遗址考古调查简报》，《考古与文物》2004年第6期；早期秦文化联合考古队：《2004年甘肃礼县鸾亭山遗址发掘》，《中国历史文物》2005年第5期；早期秦文化考古联合课题组：《甘肃礼县大堡子山早期秦文化遗址》，《考古》2007年第7期。

[66] 最近有学者提出礼县大堡子山是《史记·秦始皇本纪》后附《秦纪》中所记载的秦宪公所居

之"西新邑"，出子所居之"西陵"，亦为秦宪公和出子的葬地"衙"。参见梁云：《西新邑考》，《北京大学古代文明研究通讯》（总第三十一期），2006年。

［67］ 甘肃省文物工作队、北京大学考古系：《甘肃甘谷毛家坪遗址发掘报告》，《考古学报》1987年第3期。

［68］ 甘肃省文物考古研究所、礼县博物馆：《礼县圆顶山98LDM2、2000LDM4春秋秦墓》，《文物》2005年第2期；甘肃省文物考古研究所、礼县博物馆：《礼县圆顶山春秋秦墓》，《文物》2002年第2期。

［69］ 陕西省考古研究所：《陇县店子秦墓》，三秦出版社，1998年。

［70］ 陕西省雍城考古工作队吴镇烽等：《陕西凤翔八旗屯秦国墓葬发掘简报》，《文物资料丛刊》（3），文物出版社，1980年；陕西省雍城考古队：《陕西凤翔八旗屯西沟道秦墓发掘简报》，《文博》1986年第3期。

［71］ 已见诸报道的有：尹盛平、张天恩：《陕西陇县边家庄一号春秋墓》，《考古与文物》1986年第6期；陕西省考古研究所宝鸡工作站、宝鸡市考古工作队：《陕西陇县边家庄五号春秋墓发掘简报》，《文物》1988年第11期；肖琦：《陕西陇县边家庄出土春秋铜器》，《文博》1989年第3期。墓葬均为南北向，其中边家庄M5为直肢葬，其余葬式不清。

［72］ 陕西省考古研究所：《陕西宝鸡晁峪东周秦墓发掘简报》，《考古与文物》2001年第4期。

［73］ 田亚岐、王颢、景宏伟、刘阳阳、刘思哲：《陕西凤翔孙家南头周秦墓地考古取得重大收获》，《中国文物报》2004年9月8日第1版。

［74］ 《史记·秦本纪》，襄公七年"周避犬戎难，东徙雒邑，襄公以兵送周平王。平王封襄公为诸侯，赐之岐以西之地。曰：'戎无道，侵夺我岐、丰之地，秦能攻逐戎，即有其地。'与誓，封爵之。襄公于是始国，与诸侯通使聘享之礼。"《史记·秦本纪》，中华书局，1959年，179页。

［75］ 《史记·秦本纪》，文公"三年……以兵七百人东猎。四年，至汧渭之会。曰：'昔周邑我先秦嬴于此，后卒获为诸侯。'乃卜居之，占曰吉，即营邑之。"《史记·秦本纪》，中华书局，1959年，179页。

［76］ 据《史记·秦本纪》，"宁公二年，公徙居平阳。"《史记·秦本纪》，中华书局，1959年，181页，但在《史记·秦始皇本纪》和《汉书·古今人表》中，记载秦文公之后的继位者均为宪公，与《史记·秦本纪》不合，孰对孰错，长期以来得不到解决。1978年在陕西宝鸡杨家沟太公庙发现的秦公钟和秦公镈，因铭文中记有秦公世系，方确知宁公实为宪公之误。参见宝鸡市博物馆卢连成、宝鸡县文化馆杨满仓：《陕西宝鸡县太公庙村发现秦公钟、秦公镈》，《文物》1978年第11期。

［77］ 据《史记·秦本纪》，"德公元年，初居雍城大郑宫。"《史记》，中华书局，1959年，184页。

［78］《史记·秦本纪》记载的秦伐戎之战有"文公以兵伐戎，戎败走。于是文公遂收周余民有之，地至岐，岐以东献之周"，以及武公"元年伐彭戏戎，至于华山下……十年，伐邽、冀戎，初县之"等。

［79］据《史记·秦本纪》记载，宣公四年"与晋战河阳，胜之。"穆公五年秋，"自将伐晋，战于河曲……十五年……与晋惠公夷吾合战于韩地……穆公虏晋君以归……是时秦地东至河。"《史记》，中华书局，1959年，184～189页。

［80］据《史记·秦本纪》，穆公"三十七年，秦用由余谋伐戎王，益国十二，开地千里，遂霸西戎。天子使召公过贺缪公以金鼓。"《史记》，中华书局，1959年，194页。

［81］《史记·秦本纪》，中华书局，1959年，184、201页。

［82］《史记·秦本纪》记，秦迁都栎阳后，尚有孝公、德公在雍建橐泉宫、蕲年宫等，《史记·秦始皇本纪》记，秦王行王冠之礼亦在雍进行。

［83］韩伟、焦南峰：《秦都雍城考古发掘研究综述》，《考古与文物》1988年第5、6期合刊。

［84］凤翔县文化馆、陕西省文管会：《凤翔先秦宫殿试掘及其铜质建筑构件》，《考古》1976年第2期；陕西省雍城考古队：《陕西凤翔春秋秦国凌阴遗址发掘简报》，《文物》1978年第3期；王学理等着：《秦物质文化史·第三章　都邑》，三秦出版社，1994年；韩伟、焦南峰：《秦都雍城考古发掘研究综述》，《考古与文物》1988年第5、6期合刊。

［85］韩伟：《秦公朝寝钻探图考释》，《考古与文物》1985年第2期。

［86］陕西省雍城考古队：《凤翔马家庄一号建筑群遗址发掘简报》，《文物》1985年第2期；韩伟：《马家庄秦宗庙建筑制度研究》，《文物》1985年第2期；韩伟、焦南峰：《秦都雍城考古发掘研究综述》，《考古与文物》1988年第5、6期合刊；陕西省雍城考古队：《秦都雍城钻探试掘简报》，《考古与文物》1985年第2期。

［87］陕西省雍城考古队：《一九八二年凤翔雍城秦汉遗址调查简报》，《考古与文物》1984年第2期；韩伟、曹明檀：《陕西凤翔高王寺战国铜器窖藏》，《文物》1981年第1期；韩伟、焦南峰：《秦都雍城考古发掘研究综述》，《考古与文物》1988年第5、6期合刊。

［88］王学理等著：《秦物质文化史·第三章　都邑》，三秦出版社，1994年，90～92页。

［89］王学理等著：《秦物质文化史·第三章　都邑》，三秦出版社，1994年，75～78页。

［90］陕西省雍城考古工作队吴镇烽、尚志儒：《陕西凤翔八旗屯秦国墓葬发掘简报》，《文物资料丛刊》（3），文物出版社，1980年；陕西省雍城考古队：《一九八一年凤翔八旗屯墓地发掘简报》，《考古与文物》1986年第5期；陕西省雍城考古队：《陕西凤翔八旗屯西沟道秦墓发掘简报》，《文博》1986年第3期；雍城考古工作队：《凤翔高庄战国秦墓发掘简报》，《文物》1980年第9期；雍城考古队吴镇烽、尚志儒：《陕西凤翔高庄秦墓地发掘简报》，《考古与文物》1981年第1期；雍城考古队李自智、尚志儒：《陕西凤翔西村战国秦墓发掘简报》，《考古与文物》1986年第1期；田亚岐、王保平：《凤翔南指挥两座小型秦

墓的清理》，《考古与文物》1987年第6期；陕西省考古研究所雍城工作站：《凤翔邓家崖秦墓发掘简报》，《考古与文物》1991年第2期。

[91] 陕西省雍城考古队韩伟：《凤翔秦公陵园钻探与试掘简报》，《文物》1983年第7期；陕西省雍城考古队：《凤翔秦公陵园第二次钻探简报》，《文物》1987年第5期。

[92] 王学理等著：《秦物质文化史·第七章 陵墓》，三秦出版社，1994年，256页。

[93] 陕西省雍城考古队：《凤翔秦公陵园第二次钻探简报》，《文物》1987年第5期；王学理等著：《秦物质文化史·第七章 陵墓》，三秦出版社，1994年，267页；徐苹芳：《考古学上所见秦帝国的形成与统一》，《台大历史学报》1999年第23期。

[94] 赵化成：《从商周"集中公墓制"到秦汉"独立陵园制"的演化轨迹》，《文物》2006年第7期。

[95] 陕西省考古研究所雍城工作站：《凤翔邓家崖秦墓发掘简报》，《考古与文物》1991年第2期。

[96] 如凤翔高庄M10，同时随葬有东方列国式的铜舟和铜罐各1件，参见雍城考古队吴镇烽、尚志儒：《陕西凤翔高庄秦墓地发掘简报》，《考古与文物》1981年第1期；凤翔西沟道M26共出有东方列国式的铜鼎和铜缶各1件，参见陕西省雍城考古队：《陕西凤翔八旗屯西沟道秦墓发掘简报》，《文博》1986年第3期。

[97] 在山西天马—曲村遗址北赵晋侯墓地已发掘了8组16座晋侯及夫人的墓葬，各墓墓主及年代尚有争议，但大多研究者认为其中有些墓葬的年代已到春秋初年，或认为M8的年代可能已进入春秋早期（朱凤瀚：《古代中国青铜器》，南开大学出版社，1995年，800页），或认为M62、M63、M64这一组晋侯与夫人的墓年代在两周之际〔北京大学考古系、山西考古研究所、天马—曲村遗址考古队：《天马—曲村遗址晋侯墓地及相关问题》，《三晋考古》（第一辑），山西人民出版社，1994年〕。参见北京大学考古系、山西省考古研究所：《天马—曲村遗址北赵晋侯墓地第二次发掘》，《文物》1994年第1期；山西省考古研究所、北京大学考古系：《天马—曲村遗址北赵晋侯墓地第四次发掘》，《文物》1994年第8期。这些年代可以到春秋早期的晋侯及夫人墓都是带有两条墓道或一条墓道的中字形或甲字形墓。

[98] 如东周王城的宫城一般认为在郭城之内（许宏：《先秦城市考古学研究》，北京燕山出版社，2000年，80、126页）；曲阜鲁故城东周时期的宫殿区也位于大城郭之内（山东省文物考古研究所等：《曲阜鲁国故城》，齐鲁书社，1982年，11～15、54～55页）；郑韩故城东西两城的布局虽然形成于春秋时期，但亦有研究者指出西城是春秋时期的郑都，亦是在外郭之内建有宫城（许宏：《先秦城市考古学研究》，北京燕山出版社，2000年，126页）。

[99] 春秋时期宫殿和宗庙的关系由此前的"宫庙一体"而逐渐变化为宫殿与宗庙相分离。如晋都新田，在牛村古城和平望古城内的较高处都发现了被认为是当时宫殿所在的高大台基，而位于品字形宫城以东的呈王路一带发现的大型夯土基址和在其附近的盟书遗址，则被认为是晋

都新田时的宗庙所在（山西省考古研究所侯马工作站：《晋都新田》，山西人民出版社，1996年）。郑韩故城在东城的中部和西南部发现了春秋时期的青铜礼乐器坑、殉马坑等，亦被认为与祭祀有关（蔡全法、马俊才：《新郑郑韩故城金城路考古取得重大成果》，《中国文物报》1994年1月2日第1版；蔡全法、马俊才：《郑韩故城考古又获重大成果》，《中国文物报》1997年2月23日第1版）。如果这种祭祀是与宗庙相关的话，那么春秋时期的郑都，其宫殿与宗庙亦已分离并且宗庙已移至当时的郭城之外。

［100］ 韩伟：《马家庄秦宗庙建筑制度研究》，《文物》1985年第2期。

［101］ 山西省考古研究所侯马工作站：《侯马晋国祭祀遗址发掘报告》，《晋都新田》，山西人民出版社，1996年；山西省考古研究所侯马工作站：《侯马呈王路建筑群遗址发掘简报》，《考古》1987年第12期。

［102］ 据《史记·秦本纪》记：秦孝公"三年，卫鞅说孝公变法修刑，内务耕稼，外劝战死之赏罚，孝公善之……十二年，作为咸阳，筑冀阙，秦徙都之。"《史记》，中华书局，1959年，203页。

［103］ 据《史记·秦本纪》记："孝公元年……秦僻在雍州，不与中国诸侯之会盟，夷翟遇之。孝公于是布惠，振孤寡，招战士，明功赏。下令国中曰：'昔我穆公自岐雍之间，修德行武，东平晋乱，以河为界，西霸戎翟，广地千里，天子致伯，诸侯毕贺，为后世开业，甚光美。会往者厉、躁、简公、出子之不宁，国家内忧，未遑外事，三晋攻夺我先君河西地，诸侯卑秦，丑莫大焉。献公即位，镇抚边境，徙治栎阳，且欲东伐，复穆公之故地，修穆公之政令。寡人思念先君之意，常痛于心……'"《史记》，中华书局，1959年，202页。

［104］ 据《史记·秦本纪》记：孝公"十九年，天子致伯。二十年，诸侯毕贺。秦使公子少官率师会诸侯逢泽，朝天子。"《史记》，中华书局，1959年，203页。

［105］ 《史记·秦本纪》，中华书局，1959年，201～203页。

［106］ 秦末项羽三分关中之地，栎阳曾为塞王司马欣之都城，汉初刘邦曾以栎阳为临时政治中心，东汉初年，栎阳城废弃。参见《史记·项羽本纪》记："故司马欣为塞王，王咸阳以东至河，都栎阳。"《汉书·高帝纪》记：汉王二年，冬十一月"汉王还归，都栎阳"。

［107］ 中国社会科学院考古研究所栎阳发掘队：《秦汉栎阳城遗址的勘探和试掘》，《考古学报》1985年第3期。

［108］ 秦都咸阳考古工作站：《秦都咸阳第一号宫殿建筑遗址发掘简报》，《文物》1976年第11期；秦都咸阳考古工作站：《秦都咸阳第二号建筑遗址发掘简报》，《考古与文物》1986年第4期；咸阳市文管会、咸阳市博物馆、咸阳地区文管会：《秦都咸阳第三号宫殿建筑基址发掘简报》，《考古与文物》1980年第2期。

［109］ 咸阳秦都考古工作队陈国英：《咸阳长陵车站一带考古调查》，《考古与文物》1985年第3期。

［110］ 陕西省考古研究所：《秦都咸阳考古报告·第六章》（下编），科学出版社，2004年，575~664页；咸阳市文物考古研究所：《塔儿坡秦墓》，三秦出版社，1998年；咸阳市文物考古研究所：《任家咀秦墓》，科学出版社，2005年。

［111］ 西安市文物局文物队、西安市文物保护考古所：《秦阿房宫遗址考古调查报告》，《文博》1998年第1期；中国社会科学院考古研究所、西安市文物保护考古所、阿房宫考古工作队：《西安市阿房宫遗址的考古新发现》，《考古》2004年第4期；中国社会科学院考古研究所、西安市文物保护考古所：《阿房宫前殿遗址的考古勘探与发掘》，《考古学报》2005年第2期。

［112］ 尹盛平：《泾阳县秦都咸阳望夷宫遗址》，《中国考古学年鉴·1985》，文物出版社，1985年；张海云：《芷阳遗址调查简报》，《文博》1985年第3期；左忠诚等：《渭南发现秦大型宫殿遗址》，《陕西日报》1990年12月2日第1版。

［113］ 河北省文物研究所等：《金山嘴秦代建筑遗址发掘报告》，《文物春秋》1992年增刊；辽宁省文物考古研究所：《辽宁绥中县"姜女石"秦汉建筑遗址发掘简报》，《文物》1986年第8期；辽宁省文物考古研究所：《辽宁绥中县"姜女石"秦汉建筑群址石碑地遗址的勘探与试掘》，《考古》1997年第10期；辽宁省文物考古研究所：《辽宁绥中石碑地秦汉宫城遗址1993—1995年发掘简报》，《考古》1997年第10期。

［114］ 辛占山、华玉冰：《辽宁绥中姜女石遗址的发现与研究》，《远望集——陕西省考古研究所华诞四十周年纪念文集》，陕西人民美术出版社，1998年；徐苹芳：《考古学上所见秦帝国的形成与统一》，《台大历史学报》1999年第23期。

［115］ 据王学理：《秦都咸阳·第二章》，陕西人民出版社，1985年，57页，注13，秦献公葬"嚣圉"，孝公葬"弟圉"，推测在栎阳城东。转引自徐苹芳：《考古学上所见秦帝国的形成与统一》，《台大历史学报》1999年第23期。

［116］ 袁仲一：《秦始皇陵考古纪要》，《考古与文物》1988年第5、6期合刊。

［117］ 陕西省考古研究所、临潼县文管会：《秦东陵第一号陵园勘查记》，《考古与文物》1987年第4期；陕西省考古研究所、临潼县文物管理委员会：《秦东陵第二号陵园调查钻探简报》，《考古与文物》1990年第4期；陕西省考古研究所秦陵工作站：《秦东陵第四号陵园调查钻探简报》，《考古与文物》1993年第3期；韩伟、程学华：《秦陵概论》，《考古学研究——纪念陕西省考古研究所成立三十周年》，三秦出版社，1993年。

［118］ 有关秦东陵的原始资料、相关论文中所述各陵园内的主墓、陪葬坑、陪葬墓区的部分编号与原简报中发表的陵区平面示意图不符。此资料据王学理所著《秦物质文化史·第七章》，三秦出版社，1993年。

［119］ 王学理著：《秦物质文化史》，三秦出版社，1993年，279页。

［120］ 赵化成：《秦东陵刍议》，《考古与文物》2000年第3期。

［121］ 赵化成：《从商周"集中公墓制"到秦汉"独立陵园制"的演化轨迹》，《文物》2006年第7期。

［122］ 《史记·秦始皇本纪》："始皇初即位，穿治郦山，及并天下，天下徒送诣七十余万人，穿三泉，下铜而致椁，宫观百官奇器珍怪徙藏满之。令匠作机弩矢，有所穿者辄射之。以水银为百川江河大海，机相灌输，上具天文，下具地理。以人鱼膏为烛，度不灭者久之。"《史记》，中华书局，1959年，265页。

［123］ 陕西省考古研究所、秦始皇兵马俑博物馆编著：《秦始皇帝陵园考古报告（1999）》，科学出版社，2000年，6～32页；王学理著：《秦始皇陵研究》，上海人民出版社，1994年；袁仲一：《秦始皇陵考古纪要》，《考古与文物》1988年第5、6期合刊。

［124］ 陕西省考古研究所、秦始皇兵马俑博物馆：《秦始皇陵园K0007陪葬坑发掘简报》，《文物》2005年第6期。

［125］ 袁仲一：《秦始皇陵考古纪要》，《考古与文物》1988年第5、6期合刊；杨宽：《中国古代都城制度史研究》，上海古籍出版社，1993年，104页。

［126］ 赵化成：《秦始皇陵园布局结构的再认识》，《远望集——陕西省考古研究所华诞四十周年纪念文集》，陕西人民美术出版社，1998年。

［127］ 徐苹芳：《中国秦汉魏晋南北朝时代的陵园和茔域》，《考古》1981年第6期；袁仲一：《秦始皇陵考古纪要》，《考古与文物》1988年第5、6期合刊。

［128］ 瓯燕：《始皇陵封土上建筑之探讨》，《考古》1991年第2期；杨鸿勋：《战国中山王陵及兆域图研究》，《考古学报》1980年第1期。

［129］ 段清波、张颖岚：《秦始皇帝陵的外藏系统》，《考古》2003年第11期；焦南峰：《左弋外池——秦始皇陵园K0007陪葬坑性质蠡测》，《文物》2005年第12期。

［130］ 王学理著：《秦始皇陵研究》，上海人民出版社，1994年；王学理著：《秦俑专题研究》，三秦出版社，1994年；袁仲一：《秦始皇陵考古纪要》，《考古与文物》1988年第5、6期合刊；赵化成：《秦始皇陵园布局结构的再认识》，《远望集——陕西省考古研究所华诞四十周年纪念文集》，陕西人民美术出版社，1998年。

［131］ 徐苹芳：《考古学上所见秦帝国的形成与统一》，《台大历史学报》1999年第23期。

［132］ 赵化成：《从商周"集中公墓制"到秦汉"独立陵园制"的演化轨迹》，《文物》2006年第7期。

［133］ 《史记·匈奴列传》中记秦昭襄王时（公元前271年），"秦有陇西、北地、上郡，筑长城以拒胡"。中华书局，1959年，2885页。

［134］ 盖山林、陆思贤：《内蒙古境内战国秦汉长城遗迹》，《中国考古学会第一次年会论文集》，文物出版社，1980年；史念海：《黄河中游战国及秦时诸长城遗迹的探索》，《中国长城遗迹调查报告集》，文物出版社，1981年；宁夏回族自治区博物馆、固原县文物工作

站：《宁夏境内战国、秦、汉长城遗迹》，《中国长城遗迹调查报告集》，文物出版社，1981年；史念海：《鄂尔多斯高原东部战国时期秦长城遗迹探索记》，《中国长城遗迹调查报告集》，文物出版社，1981年；姬乃军：《延安发现战国时期秦长城》，《中国文物报》1988年3月25日第2版；甘肃省定西地区文化局长城考察组：《定西地区战国秦长城遗迹考察记》，《文物》1987年第7期；叶小燕：《中国早期长城的探索及存疑》，《文物》1987年第7期。

[135] "使蒙恬将三十万众北逐戎狄，收河南，筑长城，用险制塞，起临洮，至辽东，延袤万余里。"《史记·蒙恬列传》，中华书局，1959年，2565、2566页。

[136] 关于秦始皇所筑长城的分段及走向，主要参见徐苹芳：《考古学上所见秦帝国的形成与统一》，《台大历史学报》1999年第23期；叶小燕：《中国早期长城的探索及存疑》，《文物》1987年第7期中的有关论述。

[137] 睡虎地秦墓竹简整理小组：《睡虎地秦墓竹简》，文物出版社，1990年。

[138] 四川省博物馆、青川县博物馆：《青川县出土更修田律木牍——四川青川县战国墓发掘简报》，《文物》1982年第1期。

[139] 湖北省文物考古研究所：《云梦龙岗6号秦墓及出土简牍》，《考古学集刊》（8），科学出版社，1994年。

[140] 甘肃省文物考古研究所、天水市北道区文化馆：《甘肃天水放马滩战国秦汉墓群的发掘》，《文物》1989年第2期。

[141] 湖南省文物考古研究所、湘西土家族苗族自治州文物处、龙山县文物管理所：《湖南龙山里耶战国——秦代古城一号井发掘简报》，《文物》2003年第1期；湖南省文物考古研究所：《湖南龙山县里耶战国秦汉城址及秦代简牍》，《考古》2003年第7期。

[142] 李学勤：《初读里耶秦简》，《文物》2003年第1期；凌文超：《近年来龙山里耶秦简研究综述》，《湖南科技学院学报》2006年第2期。

[143] 周晓陆、路东之、庞睿：《秦封泥的重大发现——梦斋藏秦封泥的初步研究》，《考古与文物》1997年第1期；中国社会科学院考古研究所长安城考古队：《西安相家巷遗址秦封泥的发掘》，《考古学报》2001年第4期。

[144] 刘庆柱、李毓芳：《西安相家巷遗址秦封泥考略》，《考古学报》2001年第4期；刘瑞：《1997—2002年间西安相家巷出土秦封泥研究综述》，《中国史研究动态》2002年第9期；王辉：《秦封泥的发现及其研究》，《文物世界》2002年第2期；周晓陆、刘瑞、李凯、汤超：《在京新见秦封泥中的中央职官内容——纪念相家巷秦封泥发现十周年》，《考古与文物》2005年第5期；周晓陆、陈晓捷、汤超、李凯：《于京新见秦封泥中的地理内容》，《西北大学学报（哲学社会科学版）》2005年第4期。

[145] 滕铭予：《论关中秦墓中洞室墓的年代》，《华夏考古》1993年第2期。

［146］滕铭予：《论秦墓中的直肢葬及相关问题》，《文物季刊》1997年第1期。

［147］咸阳市文物考古研究所：《塔儿坡秦墓》，三秦出版社，1998年。

［148］关于秦墓中所出陶釜的形制与不同形制陶釜发展变化的序列，参见滕铭予：《论秦釜》，《考古》1995年第8期。

［149］咸阳市文物考古研究所：《塔儿坡秦墓》，三秦出版社，1998年。

［150］山西省考古研究所侯马工作站编：《晋都新田·下编　侯马乔村墓地述要》，山西人民出版社，1996年；山西省文物管理委员会：《侯马战国奴隶殉葬墓的发掘》，《文物》1972年第1期；俞伟超：《方形周沟墓与秦文化之关系》，《中国历史博物馆馆刊》1993年第2期。

［151］三门峡市文物工作队：《三门峡市司法局、刚玉砂厂秦人墓发掘简报》，《华夏考古》1993年4期；三门峡市文物工作队：《三门峡市三里桥秦人墓发掘简报》，《华夏考古》1993年第4期；黄士斌：《上村岭秦墓和汉墓》，《中原文物特刊》，1981年；中国社会科学院考古研究所：《陕县东周秦汉墓》，科学出版社，1994年；刘曙光：《三门峡市上村岭秦人墓的初步研究》，《华夏考古》1993年第4期；叶小燕：《秦墓初探》，《考古》1982年第1期；梁云：《中原地区秦人墓研究》，西北大学硕士学位论文。

［152］河南文物工作队第一队：《郑州岗杜附近古墓葬发掘简报》，《文物参考资料》1955年第10期；张辛：《郑州地区的周秦墓研究》，《考古学研究》（二），北京大学出版社，1994年。

［153］四川省博物馆、青川县文化馆：《青川县出土秦更修田律木牍》，《文物》1982年第1期；四川省文物考古研究所、什邡市文物保护管理所：《什邡市城关战国秦汉墓》，《四川考古报告集》，文物出版社，1998年；四川省文管会、大邑县文化馆：《四川大邑县五龙乡土坑墓清理简报》，《考古》1987年第7期；荥经古墓发掘小组：《四川荥经古城坪秦汉墓葬》，《文物资料丛刊》（4），文物出版社，1981年；四川省文管会、雅安地区文化馆、荥经县文化馆：《四川荥经曾家沟战国墓群一、二次发掘》，《考古》1984年第12期；于豪亮：《释青川秦墓木牍》，《文物》1982年第1期；李昭和：《青川出土木牍文字简考》，《文物》1982年第1期。关于四川地区秦墓的分期及各期特点等，参见宋治民：《略论四川秦人墓》，《考古与文物》1984年第2期。

［154］云梦睡虎地秦墓编写组：《云梦睡虎地秦墓》，文物出版社，1978年；湖北省博物馆：《1978年云梦秦汉墓发掘报告》，《考古学报》1986年第4期；云梦县文物工作组：《湖北云梦睡虎地秦汉墓发掘简报》，《考古》1981年第1期；湖北省文物考古研究所：《云梦龙岗秦汉墓第一次发掘简报》，《江汉考古》1990年第3期；湖北省文物考古研究所：《湖北云梦龙岗秦汉墓地第二次发掘简报》，《江汉考古》1993年第1期；湖北省文物考古研究所：《云梦龙岗6号秦墓及出土简牍》，《考古学集刊》（8），科学出版社，1994年；云梦县博物馆：《湖北云梦木匠坟秦墓发掘简报》，《江汉考古》1987年第4期；江陵地区博

物馆：《江陵王家台15号秦墓》，《文物》1995年第1期；湖北省荆州地区博物馆：《江陵扬家山135号秦墓发掘简报》，《文物》1993年第8期；湖北省博物馆：《宜昌前坪战国两汉墓》，《考古学报》1976年第2期；湖北省文物考古研究所、襄樊市博物馆：《湖北襄樊郑家山战国秦汉墓》，《考古学报》1999年第3期；杨权喜：《襄阳山湾十八号秦墓》，《考古与文物》1983年第3期；楚皇城考古发掘队：《湖北宜城楚皇城战国秦汉墓》，《考古》1980年第2期；武汉大学历史系考古专业、宜城县博物馆：《宜城雷家坡秦墓发掘简报》，《江汉考古》1986年第4期；湖北省文物考古研究所、谷城县博物馆：《谷城过山战国西汉墓葬》，《江汉考古》1990年第3期；武汉大学历史系考古教研室：《湖北麻城栗山岗战国秦汉墓清理简报》，《考古》1990年第11期。

［155］据《史记·六国年表》记：秦惠文君十三年"四月戊午，君为王。"《史记》，中华书局，1959年，730页。

［156］据《史记·秦本纪》记：秦武王"二年，武王谓甘茂曰：'寡人欲容车通三川，窥周室，死不恨矣。'"《史记》，中华书局，1959年，209页。

［157］滕铭予：《论东周时期秦文化的发展与扩张》，《中国考古学的跨世纪反思》，商务印书馆（香港）有限公司，1999年。

［158］关于毛家坪B组遗存的文化性质，参见甘肃省文物工作队、北京大学考古系：《甘肃甘谷毛家坪遗址发掘报告》，《考古学报》1987年第3期；赵化成：《甘肃东部秦与羌戎文化的考古学探索》，《考古类型学的理论与实践》，文物出版社，1989年。

［159］陕西省考古研究所雍城工作站：《凤翔邓家崖秦墓发掘简报》，《考古与文物》1991年第2期。

［160］咸阳市文物考古研究所：《塔儿坡秦墓》，三秦出版社，1998年。

［161］滕铭予：《咸阳塔儿坡秦墓地再探讨》《北方文物》2004年第4期。

［162］陕西省考古研究所：《陇县店子秦墓》，三秦出版社，1998年。

［163］雍城考古队吴镇烽、尚志儒：《陕西凤翔高庄秦墓地发掘简报》，《考古与文物》1981年第1期。

［164］咸阳市文物考古研究所：《任家咀秦墓》，科学出版社，2005年。

［165］林剑鸣：《秦史稿·附录一秦世系表》，上海人民出版社，1981年，447、448页。

［166］根据墓葬中随葬器物类别的不同可以对秦文化的墓葬进行分类，不同类别的墓葬代表了秦文化社会中处于不同阶层的成员，具体论述参见滕铭予：《秦文化：从封国到帝国的考古学观察·第二章》，学苑出版社，2002年，21～28页。

［167］甘肃省文物考古研究所、礼县博物馆：《礼县圆顶山春秋秦墓》，《文物》2002年第2期；甘肃省文物考古研究所、礼县博物馆：《甘肃礼县圆顶山98LDM2、2000LDM4春秋秦墓》，《文物》2005年第2期。

［168］尹盛平、张天恩：《陕西陇县边家庄一号春秋秦墓》，《考古与文物》1986年第6期；陕西省考古研究所宝鸡工作站、宝鸡市考古工作队：《陕西陇县边家庄五号春秋墓发掘简报》，《文物》1988年第11期。

［169］陕西省文物管理委员会：《陕西宝鸡阳平镇秦家沟秦墓发掘记》，《考古》1965年第7期。

［170］中国科学院考古研究所宝鸡发掘队：《陕西宝鸡福临堡东周墓葬发掘记》，《考古》1963年第10期。

［171］王光永：《宝鸡市渭滨区姜城堡东周墓葬》，《考古》1979年第6期。

［172］宝鸡市考古工作队、宝鸡县博物馆：《陕西宝鸡县南阳村春秋秦墓的清理》，《考古》2001年第7期。

［173］宝鸡市博物馆、宝鸡县图博馆：《宝鸡县西高泉村春秋秦墓发掘记》，《文物》1980年第9期。

［174］刘得祯、朱建唐：《甘肃灵台景家庄春秋墓》，《考古》1981年第4期。

［175］陕西省雍城考古工作队吴镇烽、尚志儒：《陕西凤翔八旗屯秦国墓葬发掘简报》，《文物资料丛刊》（3），文物出版社，1980年。

［176］张天恩：《边家庄春秋墓地与汧邑地望》，《文博》1990年第5期。

［177］甘肃省文物考古研究所、礼县博物馆：《礼县圆顶山春秋秦墓》，《文物》2002年第2期。

［178］秦墓中所出这种直刃匕首式短剑的性质在学界尚没有形成共识，但都不排除这种短剑的出现是与北方地区的古代文化有着直接的关系，因此可将其视为北方地区古代文化因素，或与北方地区古代文化的影响有关。

［179］陕西省雍城考古工作队吴镇烽、尚志儒：《陕西凤翔八旗屯秦国墓葬发掘简报》，《文物资料丛刊》（3），文物出版社，1980年。

［180］宝鸡市考古工作队、宝鸡县博物馆：《陕西宝鸡县南阳村春秋秦墓的清理》，《考古》2001年第7期。

［181］陕西省考古研究所负安志：《陕西长武上孟村秦国墓葬发掘简报》，《考古与文物》1984年第3期。

［182］滕铭予：《论东周时期秦文化的发展与扩张》，《中国考古学的跨世纪反思》，商务印书馆（香港）有限公司，1999年。

［183］雍城考古工作队：《凤翔高庄战国秦墓发掘简报》，《文物》1980年第9期。

［184］陕西省雍城考古队：《陕西凤翔八旗屯西沟道秦墓发掘简报》，《文博》1986年第3期。

［185］陕西省雍城考古工作队吴镇烽、尚志儒：《陕西凤翔八旗屯秦国墓葬发掘简报》，《文物资料丛刊》（3），文物出版社，1980年。

［186］中国科学院考古研究所：《沣西发掘报告》文物出版社，1962年，131～140页。

［187］凤翔西沟道M26和长安客省庄M202没有共出仿铜陶礼器，凤翔八旗屯CM9被盗，共出的仿铜

陶礼器仅有1件陶壶，已不知是否为器物组合之原貌，凤翔高庄M10、M49都还共出有簋、壶、豆、盘、匜等仿铜陶礼器，但都缺少其中最重要的鼎。

［188］ 凤翔高庄M10随葬的铜舟和铜罐，凤翔西沟道M26随葬的铜盖鼎，凤翔八旗屯CM9随葬的铜鬲形鼎和铜剑，均为同时期三晋两周地区常见的器物。也有来自吴越地区的青铜兵器，如凤翔高庄M10随葬了1件吴越式的铜戈，凤翔西沟道M26随葬了1件可能是来自吴越地区的铜剑。

［189］ 雍城考古工作队：《凤翔高庄战国秦墓发掘简报》，《文物》1980年第9期。

［190］ 中国社会科学院考古研究所武功发掘队：《陕西武功县赵家来东周时期的秦墓》，《考古》1996年第12期。

［191］ 陕西省考古研究所雍城工作站：《凤翔邓家崖秦墓发掘简报》，《考古与文物》1991年第2期。

［192］ 陕西省雍城考古工作队吴镇烽、尚志儒：《陕西凤翔八旗屯秦国墓葬发掘简报》，《文物资料丛刊》（3），文物出版社，1980年。

［193］ 陕西省雍城考古队：《一九八一年凤翔八旗屯墓地发掘简报》，《考古与文物》1986年第5期。

［194］ 咸阳市文物考古研究所：《任家咀秦墓》，科学出版社，2005年。

［195］ 雍城考古工作队：《凤翔高庄战国秦墓发掘简报》，《文物》1980年第9期。

［196］ 陕西省文管会、大荔县文化馆：《朝邑战国墓葬发掘简报》，《文物资料丛刊》（2），文物出版社，1978年。

［197］ 甘肃省文物考古研究所：《甘肃秦安上袁家秦汉墓葬发掘》，《考古学报》1997年第1期。

［198］ 甘肃省博物馆魏怀珩：《甘肃平凉庙庄的两座战国墓》，《考古与文物》1982年第5期。

［199］ 秦俑考古队：《临潼上焦村秦墓清理简报》，《考古与文物》1980年第2期。

［200］ 许倬云先生在1997年夏为吉林大学所作的学术讲演中曾指出，帝国是以军事征服为手段，以扩张为目的，帝国是超越文化圈的。参见许倬云：《古代国家形成的比较》，《北方文物》1998年第3期。

（原刊于《中国史新论——古代文明的形成分册》，联经出版社，2016年）

二、中原文化研究

也谈弓形器的形制及相关问题

本文讨论的弓形器，是指在殷墟时期出现，一直到西周前期都存在的一种中部有弓背形弧，两端有弧形臂的青铜器。尽管对于这种器物的功能和使用方法还存在诸多不同意见，但因其形状似弓，所以原始报告在描述这种器物时多使用"弓形器"一名，许多学者在讨论这种器物时也多沿用"弓形器"之名，因此"弓形器"已成为这种器物的专有名称[1]。

到目前为止，对于弓形器的功能和使用方法都还存在着不同看法。主要的观点有两种：一种认为其使用与弓有关，最为典型的是认为弓形器是装在弓背中部，即弓弣部位，具有装饰及功能性的器物，以石璋如、高去寻、唐兰、黄铭崇等诸位先生为代表[2]；另一种则认为这种器物的使用与弓无涉，而是吊挂在腰带上，是驭手或骑手为了解放双手而用来挂缰的"挂缰钩"，林沄先生最早提出这一观点并撰写了系列论文对其进行了深入的讨论[3]，后有孙机、乌恩、王海城等诸先生亦同意这种观点[4]，只是在弓形器的具体使用方法上有些许差别。近年又有研究者将弓形器划分为不同的型式，并讨论了弓形器在商代晚期到西周中期的演变轨迹[5]。

笔者同意弓形器是驭手或骑手为了解放双手而用来挂缰的"挂缰钩"的观点，亦认为弓形器的形制在商周时期经历了一个发展变化的过程。但是通过对已发现的弓形器进行更深入的观察，则发现不同形制的弓形器很可能具有不同的固定和使用方式，因此正确地区分出弓形器的不同形制，就成为解读其使用方法的重要前提。本文拟在前人研究的基础上，从弓形器形制的划分入手，尝试对其使用方法及相关问题做进一步的讨论。需要说明的是，由于本文的讨论与弓形器的出土环境相关，有部分弓形器或因不是出于科学发掘，或是传世品，或已不能确认其出土环境的确切信息，本文的讨论将不涉及这些器物。

一

已有对弓形器形制的研究，最为详尽者见《略论商周青铜弓形器的形制演变》一文，该文根据弓形器两侧弓臂臂端装饰物的不同，将其分为铃首、兽首和圆勺形首等甲、乙、丙三类；又根据弓臂矮伏或拱起较高的区别，将甲类（铃首）和乙类（兽首）弓形器进一步划分为A、B二型；然后主要依据弓臂的形态或外倾，或竖直，或内倾将不同型的弓形器划分为不同的式别，大体表现了弓形器年代的变化，在此基础上归纳商周时期弓形器的变化过程[6]。

　　笔者认为该文对于弓形器形制的讨论,尤其是对于不同类型弓形器式别的划分很有意义,弓形器两臂形态的变化确与年代相关。不过若对已发表的弓形器进一步观察,就会发现不论是铃首还是兽首的弓形器中,其弓背的宽度都有窄者与宽者之分,而通过对弓形器本身更多的细节和各自的出土环境进行考察,则发现弓背的宽窄很可能与其使用方式有着非常密切的关系,因此笔者认为对弓形器进行类型划分时首先要考虑的是弓背宽度。

　　已发表数据的弓形器长度一般在30~40厘米左右[7],弓背宽度最窄只有2.5厘米(小屯M238:3[8]),最宽者达到5.9厘米(滕州前掌大M40:11[9])。同时还可观察到,弓背窄的弓形器其弓背最宽处与弓背两端和弓臂相连处的宽度相差不大,其比例大体在1.2:1,最大者不超过1.5:1,而弓背宽者则可以看到弓背最宽处明显宽于弓背两端和弓臂相连处,二者宽度之比往往都在2:1以上。本文即以弓背最宽处与弓背两端与弓臂连接处的宽度之比作为参考数据,二者比例小于1.5:1者为窄者,二者比例在2:1以上者为宽者,并据此将弓形器分为窄背和宽背两类。部分弓形器在发表时未见有关弓背宽度数据的报道,但是有线图者可根据线图所示比例对宽度进行换算,仅发表图版者虽然不能对其弓背宽度进行测量,但若照片角度合适亦可观察其弓背宽度是属于窄者或宽者,只是部分图版因拍照角度问题无法知其弓背宽度,如孝民屯南M2所出[10],因此未能对这类弓形器进行类别的划分。在两类弓形器中都以臂端为铃首者为大宗,但各自都有兽首者。铃首者可以振声,而兽首者则无此功能,因此再以臂端形制的不同,将两类弓形器进一步划分为兽首和铃首两型。在窄背类中除了兽首和铃首以外,还有1件为圆勺形首。由于上文已说明的原因,出土环境不清和传世品本文未纳入讨论,综此本文所涉弓形器共计67件。

　　正如研究者已指出,不同类型的弓形器,其两侧弓臂形状的变化反映了弓形器年代的早晚[11]。图一即是对弓形器进行的类型划分,以及在此基础上对其进行的式别划分,表一则是不同类型式弓形器的各种信息统计表。

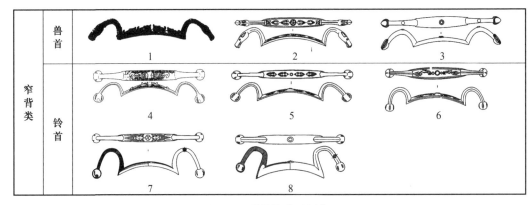

图一　弓形器的类型划分

1.窄背类兽首Ⅰ式(妇好墓:60)　2.窄背类兽首Ⅱ式(郭家庄M26:14)　3.窄背类兽首Ⅲ式(妇好墓:1123)

4.窄背类铃首Ⅰ式(妇好墓:70)　5.窄背类铃首Ⅱ式(郭家庄东南M5:17)　6.窄背类铃首Ⅲ式(花园庄
M54:393)　7.窄背类铃首Ⅳ式(前掌大M131:16)　8.窄背类铃首Ⅴ式(太清宫M1:229)

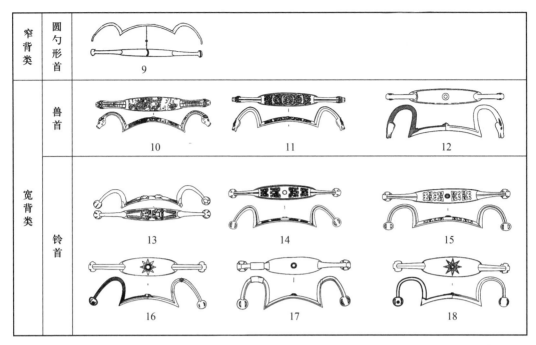

图一 （续）

9. 窄背类圆勺形首（小屯M238：3）　10. 宽背类兽首Ⅰ式（花园庄M54：348）　11. 宽背类兽首Ⅱ式（花园庄M54：286）　12. 宽背类兽首Ⅲ式（太清宫M1：144）　13. 宽背类铃首Ⅰ式（小屯M40：19）　14. 宽背类铃首Ⅱ式（花园庄M54：23）　15、16. 宽背类铃首Ⅲ式（花园庄M54：280、前掌大M132：6）　17、18. 宽背类铃首Ⅳ式（郭家庄M1：4、旌介M1：37）

表一　弓形器的类型、数量、年代及其他信息统计表

	窄类兽首		窄类铃首		窄类勺首	宽类兽首		宽类铃首		合计
	殷墟	其他	殷墟	其他	殷墟	殷墟	其他	殷墟	其他	
殷墟二期	Ⅰ/4 Ⅱ/1		Ⅰ/3# Ⅱ/2 Ⅲ/1		1	Ⅰ/2* Ⅱ/1		Ⅰ/1/1* Ⅱ/1* Ⅲ/3*		20/1
殷墟三期		Ⅱ/1	Ⅳ/1/1	Ⅰ/1/1 Ⅳ/1				Ⅱ/1#* Ⅲ/1/1#* Ⅳ/6/1	Ⅱ/1/1* Ⅲ/1	14/5
殷墟四期			Ⅱ/1 Ⅳ/1 Ⅴ/1	Ⅳ/1				Ⅲ/1 Ⅳ/3/1	Ⅳ/2*	10/1
商周之际				Ⅳ/1#				Ⅲ/4 Ⅳ/4*		9
西周早期				Ⅳ/6/1# Ⅴ/3			Ⅲ/1	Ⅲ/1/1 Ⅳ/2/2		13/4

续表

	窄类兽首		窄类铃首		窄类勺首	宽类兽首		宽类铃首		合计
	殷墟	其他	殷墟	其他	殷墟	殷墟	其他	殷墟	其他	
西周中期				Ⅳ/1						1
合计	5	1	10/1	14/2	1	3	1	17/4	15/4	67/11

注：表中各弓形器年代均依原报告所定。各期出土弓形器的式别及数量的表示方法为第一斜线左侧为式别，右侧为属于该式别的数量，第二斜线右侧为该式别出于车马坑的数量；合计中斜线左侧为该式别的数量，斜线右侧为该式别出于车马坑的数量；#表示在该式别的弓形器中，有些弓形器在弓背与弓臂连接处观察到用革带绑缚的痕迹，*表示在该式别的弓形器中，有些弓形器在弓臂内侧底部有向下透及弓背的穿孔。

二

　　关于弓形器的用途，已有很多学者进行了相当多的讨论，笔者同意弓形器的使用与弓无关而是驭手或骑手为了解放双手而用来挂缰的"挂缰钩"的观点，除了学者们已经进行的相关论述以外，有关鹿石的研究也提供了一些相关的线索。在关于鹿石的研究中，有研究者根据鹿石中刻画的在中国北方地区、蒙古国、俄罗斯南西伯利亚和外贝加尔地区都广泛发现的青铜武器的年代特征，对在这些地区出土的鹿石的年代、特征等进行了广泛的讨论[12]。在被认为年代属于商末周初的鹿石上，除了有短剑、銎斧、盾以外，还有弓、弓袋（箭袋？）和弓形器，而弓往往都表现为张弓的形象，或单独放置，或放在弓袋（箭袋？）中，同时在腰带上还挂有弓形器（图二，1、2）。像这种弓以张弓的形式单独放置或放在弓袋中的形象还出现在西周以后一直到春秋时期的鹿石上（图二，3~6）[13]。这些现象表明在这些地区弓在平时是以张弓的形式随身携带，亦可以放在弓袋中，其与弓形器共同出现在一块鹿石上，则说明弓形器与弓应是两种器物，显然也不支持前述台湾学者认为弓形器是附于弓背上的器物这一观点。林沄先生亦根据蒙古国鹿石上所刻图像，加之部分弓形器出于人骨腰部等现象，提出其使用方法是悬挂在腰带上，并指出"弓形器在器身和双臂的转折处所发现的纤维或革质残存物，应该也是把弓形器吊挂在腰带上的绳索"[14]。

　　不过台湾学者石璋如在整理殷墟发掘材料时曾观察到，在小屯M20出土的弓形器（R01766）弓背后面的槽中尚有朽木，从而提出其"为衬上的装饰器或檠柲品"[15]。台湾学者黄铭崇还提到"关于这些弓形器背面有红色的朽木，不仅在石璋如的报告中描述，在高去寻的文章中也提到过"[16]。石璋如先生还观察到小屯M20所出的弓形器在器身的下方两侧各有一孔，这两个孔"直通于臂，由身的下方向上看，则作长方形也有椭圆形的，由臂的一侧看，则作三角形。有一个三角形的尖端，被铜锈保存了一小片木材的痕迹，在M40墓中的衬饰的三角孔中，同处发现有横钉的印痕，由此我们知

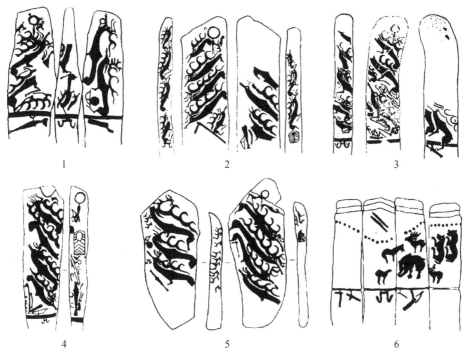

图二　蒙古国鹿石中所见弓与弓形器

1.出自库苏古勒省加尔特县　2.出自库苏古勒省布林托哥托赫县　3.出自扎布汗省杰利曼县

4.出自巴彦洪戈省热尔加兰特县　5.出自后杭爱省伊赫塔米尔县　6.出自后杭爱省塔拉特县

（1、2.商末周初　3、5、6.西周晚期至春秋早期　4.西周时期）

道这个弚饰是用木钉，由木弚上钉入这个下部长方、上部三角形的孔中，恐怕木钉脱落再用一个横钉，钉入三角孔中，彼此牵扯，便不易脱落了"[17]。弓形器弓背后槽中尚有朽木说明其使用时应该是绑缚在木质器具上，在弓臂与弓背相接处的孔以及在孔中发现有横钉的痕迹，则进一步表明其使用时不仅要用革带绑缚，而且同时还要用加入木楔的方法对弓形器进行多重固定。台湾学者通过这些现象的观察及分析，得出了弓形器是弚上的装饰品以及辅助器的结论，并认为这种弓形器应该是张弓、弛弓时皆固定在弓上的，其张弓时两端的曲臂可以抵着已经拉满的弓臂以作为满弓的限标，弛弓时弓会弯回原状，而弓形器则起到固定以保持弓的力量的作用，并可以挂在腰间[18]。

台湾学者所观察到的现象以及对这些现象的解释与前文所述弓形器是挂在腰带上的使用方法不合，但是他们也注意到并不是所有的弓形器都在弓背里发现有残存的朽木，也不是所有的弓形器在弓臂和弓背相接处都有孔，他们认为这只是将弓形器固定在弚上的方式不同而已[19]。

从表一可以看出，在两类弓形器中都有部分弓形器在弓臂与弓背相连处可以观察到用革带绑缚过的痕迹，这表明无论是窄背类的弓形器，还是宽背类的弓形器，两者都有通过在弓臂与弓背相连处绑缚革带来用于固定的方法。另外还有部分弓形器在两侧弓臂内侧底部有向下透及弓背的穿孔，值得注意的是，这种现象仅见于宽背类弓形器中，而在窄背类弓形器中则不见。如前所述弓臂与弓背相连处正是绑缚革带的着力处，在这里有孔只能削减这些部位的强度，因此台湾学者认为这些孔是用于对弓形器的多重固定的观点是有道理的。至于与弓形器使用有关的另外一个信息是在弓背后的槽中是否有残留的朽木，这不仅需要对弓形器做细致的观察，而且要求在发表报告时对其做详细的介绍，正如前文所述，目前也只是台湾学者对早年殷墟发掘所获的宽背类弓形器进行观察时指出在部分弓形器弓背后面的槽中有残留的朽木痕迹。由于已发现的窄背类弓形器没有在两侧弓臂内侧底部发现有向下透及弓背的穿孔，因此窄背类弓形器的使用方法应如林沄先生所提出的是通过在弓臂与弓背相连处绑缚革带而吊挂在腰带上。同时由于在部分宽背类弓形器的弓臂内侧底部发现有穿孔以及弓背后凹槽内有朽木痕迹，因此宽背类弓形器，或者说至少一部分宽背类弓形器的使用方法应与窄背类弓形器有别，很可能是附在某种木质器物上，并且使用革带绑缚和向木质器物加入楔钉的方法以达到使其多重固定的目的。

三

从表一还可以看出，本文讨论的出土环境清楚的67件弓形器中，大多出于墓葬中，也有一部分是出于车马坑内。若从弓形器的不同类型进行观察，可以发现在宽背、窄背两类弓形器中，兽首型者共10件全部出自墓葬或祭祀坑，不见于车马坑，而铃首型弓型器则同时见于墓葬和车马坑，其中窄背类铃首型弓形器共24件，3件出自车马坑，占全部窄背类铃首型弓形器的12.5%，余21件出自墓葬或祭祀坑；宽背类铃首型弓形器共32件，其中有8件出自车马坑，占全部宽背类铃首型弓形器的25%，余24件出自墓葬。上述数据表明兽首型弓形器以出于墓葬为主，同时墓葬亦出有铃首型弓形器[20]；车马坑出土的弓形器则均为铃首型，且宽背者出于车马坑的比例要高于窄背者出于车马坑的比例。若从弓形器的出土环境分别进行统计，在11件出于车马坑的弓形器中，其中有8件为宽背类，占到全部出于车马坑的弓形器的72.7%，在56件出于墓葬或祭祀坑的弓形器中，有24件为宽背类弓形器，占全部出于墓葬或祭祀坑的弓形器的42.8%[21]。上述数据表明在车马坑中更倾向于放置宽背类弓形器。

本文统计的放置有弓形器的车马坑共有11座，除郭家庄M147无殉人外，余者均有殉人。有殉人者除浮山桥北M1墓道内车马坑将殉人置于两马前以外，余者都在车后，并均为俯身葬。11座车马坑中，只有滕州前掌大M45的弓形器是放置在车厢后殉人的右肩处，另小屯M20随葬了2件弓形器（因发表所限，本文只统计了其中的1件），其中1件放置在车厢前部偏右处，另1件在车厢外右前方，其余9座车马坑中随葬的弓形器均放置在车厢内。另有孝民屯南M2[22]、大司空村M292[23]和白家坟西北地M43[24]等

3座车马坑因原始报道中未见弓形器的详细信息而没有统计在内，孝民屯南M2因被破坏不知原是否有殉人，大司空村M292有一个殉人，位置未见报道，白家坟西北地M43未报道有殉人，3座车马坑的弓形器均放置在车厢内。车马坑中的殉人应该是作为驭者与车、马一起葬入，而在车马坑中绝大多数的弓形器都没有放置在驭者近身处，而是放置在车厢内，结合上文提到的在部分宽背类弓形器弓背后的槽中发现有朽木以及可观察到曾打入木质楔钉的痕迹，因此这些弓形器很可能是作为绑缚在车厢上的一个器具随车厢放置在车马坑内。

实际上已有学者在同意弓形器与御马有着密切关系的同时，也注意到部分弓形器出土时在弓背后的凹槽中有朽木痕迹的现象，并根据秦陵铜车马车轼上有用于系结两服马内辔的爪形装置——觼軜的使用方法，以及铜车马发掘者对于古代文献中"四牡孔阜，六辔在手"（《诗·秦风·小戎》）这一记载的理解[25]，进一步提出弓形器应绑缚于车厢前阑的上部，用以钩挂两服马的内辔，具体方法是弓形器与车厢前阑上部的栏杆"嵌合之后，再用绳索之类的东西将二者绑缚起来"[26]。不过由于其所参照的秦陵铜车马的年代与弓形器的年代相差太远，所谓觼軜其形制与弓形器亦完全不同，因此这样的比较似乎并没能为弓形器是绑缚于车厢前部并用于挂辔提供有力的证据。不过在中亚、蒙古国发现的年代大体在商或西周时期的岩画中[27]，却提供了将辔

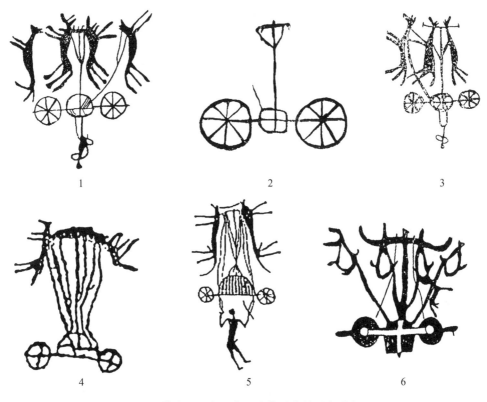

图三　蒙古国和中亚岩画中带系辔的马车形象
1~3.出自蒙古国　4、6.出自哈萨克斯坦　5.出自塔吉克斯坦

系于车厢上的马车形象。从图三可见在驾车的四马或两马中间除了有与车厢连接的辕以外，有的还有从马颈或马身处引向车厢前面的直线，其所表现的应该是辔。尽管从这些马车形象上看不出具体的系结方式，但可以表明当时在中亚、蒙古国地区确有将马辔系结在车厢前部的做法。已有学者指出中国的马车起源于中亚与中国中原之间的广漠地区[28]，很可能其将辔系于车厢上的做法也一同传入，结合上文对部分宽背类弓形器所表现出的各种现象进行的分析，很可能这些弓形器的使用方法就是绑缚在车厢前面以用于挂辔。而有些宽背类弓形器也出于墓葬之中，应与当时墓葬中亦随葬有车马器这一习俗有关。

综上所述，在中国商周时期出现的驭手或骑手为解放双手而用来挂缰的"挂缰钩"——弓形器可依弓背的宽度分为窄背类和宽背类两种。窄背类弓形器的使用方法，从其部分出土于人骨腰部，在蒙古国鹿石中与之相类的器物均挂在腰间，并与弓和弓袋共出的现象观察，应该是吊挂在腰带上。宽背类弓形器的使用方法，从车马坑中多放置宽背类弓形器以及弓形器所放位置多与坑中所殉驭者相分离而放置在车厢内，以及在中亚和蒙古国地区的鹿石中出现的将辔系于车厢上的马车形象推测，宽背类弓形器或至少一部分宽背类弓形器的使用方法应该是绑缚在车厢前部以用来挂辔。

注　释

[1] 由于"弓形器"一名缘起于被命名的器物形状类弓，因此从理论上讲，该名称适用于所有形状类弓的器物。如有研究者将商周时期山西石楼地区出现的一种或用青铜、或用金制成的弓形装饰物亦称为弓形器，如郭勇：《石楼后兰家沟发现商代青铜器简报》（《文物》1962年第4、5期）和杨绍舜：《山西石楼褚家峪、曹家垣发现商代铜器》（《文物》1981年第8期）；朱永刚：《中国北方的管銎斧》（《中原文物》2003年第2期）和杨建华：《商周时期中国北方冶金区的形成》（《公元前2千纪的晋陕高原与燕山南北》，科学出版社，2008年，224页，图三）等论文，则将这种器物与本文讨论的弓形器一并称为弓形器。不过已有学者撰文对这种器物进行了讨论，认为这是一种装饰品，或用作"胸饰"，或用作"颈饰"，均为某种身份的标识物，并为了与本文讨论的弓形器相区别而将其称为"弓形饰"，以强调其可能作为装饰物的特征。参见梅建军、李明华：《关于我国北方商周墓葬所出"弓形饰"的若干问题》，《西域研究》2007年第3期。

[2] 石璋如：《中国考古学报告集》（二）小屯第一本　遗址的发现与发掘·丙编殷墟墓葬之一·北组墓葬，历史语言研究所，1970年，376~401页；高去寻：《西北冈出土的殷代弓形器》，《东吴大学中国艺术史集刊》1973年第2期；唐兰：《"弓形器"（铜弓柲）用途考》，《考古》1973年第3期；黄铭崇：《弓末器及其相关问题》，《故宫学术季刊》2003年第20卷第4期。

[3] 林沄：《关于青铜弓形器的若干问题》，《吉林大学社会科学论丛》（2），吉林大学社会

科学学报编辑部，1980年；《商文化青铜器与北方地区青铜器关系之再研究》，《考古学文化论集》（一），文物出版社，1987年；《再论挂缰钩》，《青果集——吉林大学考古系建系十周年纪念文集》，知识出版社，1998年；《青铜挂缰钩补说》，《边疆考古研究》（第6辑），科学出版社，2007年。

［4］ 孙机：《商周的"弓形器"》，《中国古舆服论丛》，文物出版社，71～81页；乌恩：《论古代战车及其相关问题》，《内蒙古文物考古文集》（第一辑），中国大百科全书出版社，1994年；王海城：《中国马车的起源》，《欧亚学刊》（第三辑），中华书局，2002年。

［5］ 郜向平：《略论商周青铜弓形器的形制演变》，《华夏考古》2007年第1期。

［6］ 郜向平：《略论商周青铜弓形器的形制演变》，《华夏考古》2007年第1期。

［7］ 目前仅在妇好墓出土的1件弓形器（1122）长度仅为18.7厘米，其重量也只有75克，而其他弓形器的重量多在400～600克左右，考虑到这些因素，这1件弓形器很可能是非实用器。另在山西灵石旌介M1出土的2件弓形器长度超过50厘米。

［8］ 石璋如：《中国考古学报告集》（二）小屯第一本 遗址的发现与发掘·丙编殷墟墓葬之一·北组墓葬，历史语言研究所，1970年，376～401页。

［9］ 中国社会科学院考古研究所：《滕州前掌大墓地》，文物出版社，2005年，328页。

［10］ 中国科学院考古研究所安阳发掘队：《安阳殷墟孝民屯的两座车马坑》，《考古》1977年第1期。

［11］ 郜向平：《略论商周青铜弓形器的形制演变》，《华夏考古》2007年第1期。

［12］ 潘玲：《论鹿石的年代及相关问题》，《考古学报》2008年第3期。

［13］ 图二图像均引自〔俄〕B.B.沃尔科夫著，王博、吴妍春译：《蒙古鹿石》，中国人民大学出版社，2007年，各鹿石的年代依潘玲上引文。

［14］ 林沄：《再论挂缰钩》，《青果集——吉林大学考古系建系十周年纪念文集》，知识出版社，1998年。

［15］ 石璋如：《中国考古学报告集》（二）小屯第一本 遗址的发现与发掘·丙编殷墟墓葬之一·北组墓葬，历史语言研究所，1970年，112页。

［16］ 黄铭崇：《弓末器及其相关问题》，《故宫学术季刊》2003年第20卷第4期，57页，注57。该注中所引高去寻著《西北冈出土的殷代弓形器》（刊于《东吴大学艺术史集刊》1973年第2期）一文，经多方寻找未能如愿，故在此转引。

［17］ 石璋如：《中国考古学报告集》（二）小屯第一本 遗址的发现与发掘·丙编殷墟墓葬之一·北组墓葬，历史语言研究所，1970年，112页。

［18］ 黄铭崇：《弓末器及其相关问题》，《故宫学术季刊》2003年第20卷第4期。

［19］ 黄铭崇：《弓末器及其相关问题》，《故宫学术季刊》2003年第20卷第4期。

［20］ 有些墓葬中同时出有兽首和铃首型弓形器，如妇好墓共出有6件弓形器，其中4件为兽首，2

件为铃首，参见中国社会科学院考古研究所编著：《殷墟妇好墓》，文物出版社，1980年，110页。

[21]　有些墓葬中同时出有宽背类和窄背类弓形器，如殷墟花园庄M54共出有6件弓形器，其中1件为窄背类，5件为宽背类，参见中国社会科学院考古研究所编著：《安阳殷墟花园庄东地商代墓葬》，科学出版社，2007年，158～161页；鹿邑太清宫长子口M1出有2件弓形器，其中窄背类和宽背类各一，参见河南省文物考古研究所、周口市文物局编：《鹿邑太清宫长子口墓》，中州古籍出版社，2000年，132页。

[22]　中国科学院考古研究所安阳发掘队：《安阳殷墟孝民屯的两座车马坑》，《考古》1977年第1期。

[23]　杨宝成：《殷墟发现的车马坑》，《殷墟的发掘与研究》，科学出版社，1994年。

[24]　中国社会科学院考古研究所：《1969—1977年殷墟西区墓葬发掘报告》，《考古学报》1979年第1期。

[25]　秦始皇兵马俑博物馆、陕西省考古研究所：《秦始皇陵铜车马发掘报告》，文物出版社，1998年，83页。

[26]　王海城：《中国马车的起源》，《欧亚学刊》（第三辑），中华书局，2002年。

[27]　相关岩画的图像和年代参见林沄：《对南山根M102出土刻纹骨板的一些看法》，《林沄学术文集》，中国大百科全书出版社，1998年；夏含夷：《中国马车的起源及其历史意义》，《汉学研究》1989年第7卷第1期。

[28]　夏含夷：《中国马车的起源及其历史意义》，《汉学研究》1989年第7卷第1期。

（原刊于《考古》2011年第8期）

三晋两周地区出土圆形当卢研究

　　当卢是以络带系于马额或马面正中的饰物[1]，亦作"当颅"，自商代晚期已开始出现，西周时期发展出多种形制，一直到汉代都有使用[2]。本文讨论的当卢，特指战国时期三晋两周地区墓葬中随葬的一种四穿、有透雕花纹、直径在6～10厘米左右的圆形当卢。虽然目前研究者对其定名尚未取得共识，为了方便讨论，亦为了表达笔者对其功能的认识（详见下文），本文将称其为圆形当卢。

一

　　在三晋两周地区，已发现圆形当卢近50件，其中出土单位明确者共42件[3]，分别出自于27座墓葬和1座车马坑。圆形当卢及出土墓葬信息见表一[4]。

　　随葬有圆形当卢墓葬的年代大多已有共识[5]，只是以下几座墓葬的年代需要加以说明：辉县赵固村M1、万荣庙前61M1和邯郸百家村M3。朱凤瀚先生在《中国青铜器综论》中认为这几座墓的年代与长治分水岭M36的年代相当，而高明先生曾撰文指出后者所出的鼎、敦、壶等器，皆与洛阳西宫秦代墓葬出土的同类器物相同，所以长治分水岭M36的年代是在战国晚期。朱凤瀚先生认同高明先生的观点，亦将上述几座墓葬的年代认定为战国晚期。笔者曾作《长治分水岭墓地的分区、年代与相关问题》[6]，认为高明先生提出的洛阳西宫墓为秦墓的理由值得商榷，在对这一问题进行了充分的讨论后，指出这几座墓中随葬的很多器物都表现出较早的特点，如赵固村M1所出的环状耳的鬲形鼎、提链壶、折腹薄壁盘等，无论是器类还是形制，都是在战国早期就已出现并流行；庙前61M1出土的陶鸟柱盘，鸟作团身状，刚刚高出口沿，赵固村M1虽然没有发现完整的鸟柱盘，但出土了鸟柱，鸟亦作团身状，这些特点与战国中期晚段鸟柱盘的鸟作展翅状并远远高出口沿相比，亦表现出较早的特点[7]；邯郸百家村M3所出的陶壶腹部最大径偏下，盖豆豆把虽矮但仍有柄等特点，都与战国晚期陶壶腹部最大径位置偏上甚至形成明显的肩部，盖豆或无捉手，或出现喇叭状的圈足等不同。综上考虑，本文认为这三座墓葬的年代没有晚到战国晚期，大体上都在战国中期早段。

　　除陕县后川M2151∶15以外，其余圆形当卢的透雕纹饰均为动物纹。不过这些圆形当卢在四穿的形制、透雕纹饰的结构和表现方式等方面还有些许的差别，为了表述方便，本文根据这些差别将圆形当卢划分为不同的类型。

　　根据四穿的形制可以将圆形当卢分为三类。

表一　圆形当卢及出土墓葬信息

墓葬	当卢编号/数量/类型*/出土环境**	年代	墓葬形制/棺椁/殉人	墓室面积（平方米）	方向	主要青铜礼器	乐器	陶器	其他车马器	主要兵器	墓葬属性	备注
金胜村M251	55-2/I/WDB/A 136/1/WDB/C 688/1/WDBT/C	战国早期早段	土坑竖穴 一椁三棺 4殉人	59.8	东	鼎27豆14壶8盘2匜2鸟尊1盏6舟4罍2簠2鬲5甗2	编镈19石磬13		衔68铜泡饰8角镳33軎36	剑6戈31戈鐏169矛20镦9戟10镦510	赵卿	有车马坑
后川M2121	30/1/WDB/B2	战国早期早段	土坑竖穴 一椁重棺	19.8	北	鼎3豆2壶2盘1匜1		鬲1	衔镳4铜车軎2	戈6矛1镦4	魏	
百家村M57	17/1/WDB/A1 95/1/? /A	战国早期早段	土坑竖穴 一椁一棺 3殉人	16.66	北	鼎3盖豆2壶2盘1舟1匜1甗1			衔8軎29	剑1戈3矛2戟2鐏7镦14	赵	
坛道村M2	5/2/WDA/A1	战国早期早段	土坑竖穴 一椁一棺	14.9	北	鼎2盖豆2壶2盘1甗1			衔4骨镳2車辖4盖弓帽20	剑1戈1镦2矛1镦20	魏	
分水岭M53	25/1/WDA/C	战国早期早段	土坑竖穴 一椁一棺	11.3	北	盖鼎5豆豆4盘3盘1			衔7角镳1车軎2	剑1戈5镦13	魏	
洛阳南宫西路M7984	48/1/WDAT/C	战国早期晚段	土坑竖穴 积石积炭 一椁一棺 重棺	56.7	南北	牺盘?	石磬		衔1盖弓帽4	镦8镦3	两周	
山彪镇M1	126/1/WS/?	战国早期晚段	土坑竖穴 积石积炭 4殉人	56.2	北	鼎18甗1鬲3豆11簠2簋2壶10瓶1牺尊1鉴3舟2匜3勺4匕3箕1	编钟2组 共14石磬10	陶鬲3瓿7	马衔28軎25辖22盖弓帽30	戈13鐏4矛7戟8剑3镦104	魏	
分水岭M14	37/1/WDA/B1	战国早期晚段	土坑竖穴 积石积炭 一椁一棺	47.7	北	无盖鼎2盖鼎7鬲4鉴1	甬钟2组 钟8石磬22		马衔22镳60铜车軎26伞盖顶1盖弓帽6	戟1戈17戟13矛1镦54鐏17镦1	魏	有车马坑

续表

墓葬	当卢编号/数量/类型*/出土环境**	年代	墓葬形制棺椁殉人	墓室面积（平方米）	方向	主要青铜礼器	乐器	陶器	其他车马器	主要兵器	墓葬属性	备注
分水岭M126	498/1/WDA/B 357/1/WDB/A 181/1/WHB/A 513/1/WHB/B	战国早期晚段	土坑竖穴积石积炭一椁一棺	45.5	北	鼎耳2盖豆3敦盖1铜牺立人擎盘1鬲金舟1鬲3匕1	编钟残片，甬钟1石磬18	盘豆5豆座1	铜衔镳30角镳39车辔15车辖9盖弓帽14	铜剑1铜戈23铜戈3铜矛4铜镞20	魏	
后川M2040	313/1/WHA/B2 136/1/WNC/A2 157/1/WDBT/A 326/1/?/B	战国早期晚段	土坑竖穴一椁重棺	40.71	南	鼎10两形鼎7两3甒1盖豆8盘豆2敦2簠2连花方壶2壶3舟2盘3鉴4匜2	编钟20编镈9石编磬10		衔镳34车辔11副盖弓帽54	剑2戈17矛3戟2镞33镞4镞177	魏	
牛家坡M7	87/1/WHC/B1	战国早期晚段	土坑竖穴重椁重棺3殉人	24.6	东	鼎6两形鼎1鼎2三足敦1盖1盘豆4盘豆3鉴2盘2甒1簠2罐尊1盆2		高足小壶2	衔4背镳6镳8	剑1戈2镞7	魏？	
后川M2138	14/1/NC/A	战国早期晚段	土坑竖穴一椁重棺1殉人	18.96	东	鼎2豆2敦2壶3四虎器座1		鼎3豆3壶2	衔1车辔5副	戈2镞2	魏	
分水岭M258	2/1/WDAT/C	战国早期	土坑竖穴一椁棺	18.4	北	鼎1盖豆1		鼎1盖豆1壶2鉴1	衔1角镳2辔2	剑1戈1	晋	
后川M2041	73/1/WDT/A 230/1/WDT/A	战国早期晚段	土坑竖穴一椁一棺	17.9	北	鼎4壶2两6豆4簠2舟1盘1鉴1匜1	编钟9石编磬10	壶2豆4无盖豆10	衔镳13车辔5副盖弓帽39	剑1戈11矛3镞4镞1镞17	魏	
百家村M3	63/1/WDB/A 78/1/WDA/A	战国早期晚段	土坑竖穴一椁一棺3殉人	17.8	北	两形鼎1敦1		鼎9盖豆6壶9盘2匜1盖豆3高足小壶1盘豆9盂1鸟柱盘1筒形器1兽头壶2	衔11銮8辔8辔7盖弓帽17	剑1戈5矛1戟1镦28	赵	

续表

墓葬	当户编号/数量/类型/出土环境	年代	墓葬形制/棺椁殉人	墓室面积（平方米）	方向	主要青铜礼器	乐器	陶器	其他车马器	主要兵器	墓葬属性	备注
中州路 M2717	86/1?WHA/? 171/1/WS/?	战国早期中晚段	土坑竖穴 重椁一棺	15.75	北	鼎5甗1豆4壶6舟1盘1 匜2勺1樽2			铜辖10车軎8 盖弓帽1	刀2剑1戈3戟3 3戈镞6镞187	两周	
分水岭M84	72/1? /B	战国早期晚段	土坑竖穴	15.1	北	鼎5盖豆2壶4刻纹匜1 刻纹鉴1匕2		罐1	銜4軎6	剑1镞2	魏	
庙前62M27	18/1?WDBT/A	战国早期晚段	土坑竖穴	15.4	北	匕1		鼎8盖豆4壶4 敦2鉴2盘1匜1	胄1镳镰2车軎2	戈2戟1剑1	魏	
后川M2151	15/1?未分型/?	战国早期晚段	土坑竖穴 重椁一棺	11.82	北	鼎2豆1		甗1罐1瓶1	銜镳2车軎1	剑1戈2镞1小 刀2	魏	
分水岭 M107	12/1?WS/B1	战国早期中晚段	土坑竖穴 一椁一棺	11.1	北			鼎7豆4壶3盘1 匜3小壶2柱盘 1盘4簋4鉴1	车銜2车軎2盖 弓帽1	戈1剑1三棱 镞1	魏	
粮库M1	20/1?NC/A	战国早期中晚段	土坑竖穴 一椁一棺	8.75	东西	鼎1			马銜1车軎1对	戈1戟1矛1镞 2	魏	
分水岭M12	31/1? /A	战国中期早段	土坑竖穴 积石积炭 一椁一棺	56.3	北	盖鼎5方座簋1圆壶2 错金舟1簋3扁球形敦 2盘1刻纹匜1鉴3瓶1 钫2			马銜12镳3铜 车軎16盖弓帽 86伞盖顶1	剑2戈6矛2镞 4镞62	魏	
赵固M1	28/1?WDB/A1 157/1/NC/?	战国中期早段	土坑竖穴	22.44	北	铜鼎2鬲1鼎1鬲1甗瓶1 簠2壶2鉴2		鼎5豆4簋2簋1 壶4小壶2鉴2 盘1匜1甑1盆1 夜形器1残鸟 柱1	马銜2盖弓帽 11軎镳3组	戈4矛2戟2镞 1剑3镞78	魏	

续表

墓葬	当卢编号/数量/类型*/出土环境**	年代	墓葬形制 椁棺/殉人	墓室面积（平方米）	方向	主要青铜礼器	乐器	陶器	其他车马器	主要兵器	墓葬属性	备注
分水岭M10	?/1/I? /I?	战国早期晚段	土坑竖穴一椁一棺	不清	北	铜鼎2豆2		盖鼎2盖豆2连盖壶2盘2匜2花盖壶2鉴1	骨镳4铜车軎2盖弓帽5	剑1戈1镞3镞3镞3 24	魏	
庙前61M1	2/1/WDB/B 9/1/WDB/B1	战国中期早段	土坑竖穴一椁重棺	15.75	北	鼎1匜2盘1篮1鉴1		鼎2鉴2盘2匜2匀 柱盘1舟1壶1绹1籫1瓶1筒形器1	马衔4軎6盖弓帽26	剑1戈1镞1镞 60	魏	
分水岭M56	18/1/I? /B2	战国中期早段	土坑竖穴一椁一棺	7.1	东			鼎3盖豆2壶3盘2匜1	衔2角镳4軎2	钺1镞8	魏	
牛家坡M12	19/1/I /A	战国中期?	土坑竖穴一椁一棺	20.1	东			鼎5盖豆4壶2盘2 盘1	衔4骨镳8軎2盖弓帽2	剑1戟1戈2	魏?	

* WDA, 外组多兽型A型; WDB, 外组多兽型B型; WS, 外组类双兽型; WHA, 外环类A型; WHB, 外环类B型; WHC, 外环类C型; NC, 内穿类; T, 特殊形态。

** A, 与车马器、兵器共出; A1, 与车马器, 兵器共出; A2, 与马器、兵器共出; B, 与车马器共出; B1, 与车器共出; B2, 与马器共出; C, 不与车马器、兵器共出。

第一类，在边缘外侧对称分布四纽，纽或圆或方，可称之为外纽类。这一类的数量最多，是圆形当卢最主要的形制。

外纽类根据透雕纹饰中的动物数量可分为多兽型和双兽型。

多兽型中除金胜村M251：688为8条互相缠绕的蟠蛇以外，其余均为4条互相缠绕的蟠螭或蟠蛇。

A型，蟠螭纹。芮城坛道村M2：5（图一，1），长治分水岭M53：25（图一，2）、M126：498（图一，3）、M14：37（图一，4）、M56：18（图一，6），邯郸百家村M3：78（图一，5）均为此型。其四条蟠螭的螭首均向外各对应一纽，首尾相背，其整体形状像一个大写的U字，螭身互相缠绕。

另有长治分水岭M258：2（图一，7）和洛阳唐宫西路M7984：48（图一，8），亦有4条透雕的蟠螭纹，只是前者螭身有爪，后者4条蟠螭呈环状的首尾相连。

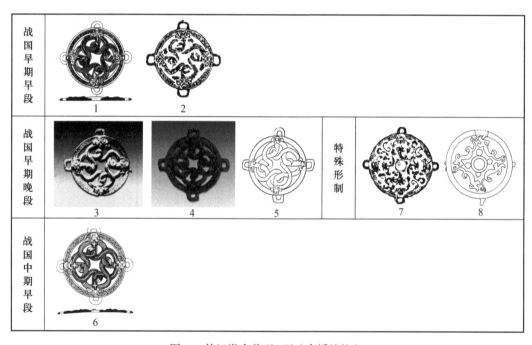

图一　外纽类多兽型A型（多蟠螭纹）

1. 芮城坛道村M2：5　2. 长治分水岭M53：25　3. 长治分水岭M126：498　4. 长治分水岭M14：37
5. 邯郸百家村M3：78　6. 长治分水岭M56：18　7. 长治分水岭M258：2　8. 洛阳唐宫西路M7984：48

B型，蟠蛇纹。太原金胜村M251：136（图二，1）、陕县后川M2121：30（图二，2）、长治分水岭M126：357（图二，3）、邯郸百家村M3：64（图二，4）、邯郸百家村M57：17（图二，5）、辉县赵固村M1：28（图二，6）和万荣庙前村61M1：9（图二，7）均属于此型。四条蟠蛇纹的蛇首均向内，蛇首衔着自己身体的中部，整体形状像一个横置的"8"字，首尾相接。中部通常有四瓣花纹。在侯马铸铜遗址Ⅱ号地点（图二，8）出土了与太原金胜村M251：136、后川M2121：30完全相同的陶模。

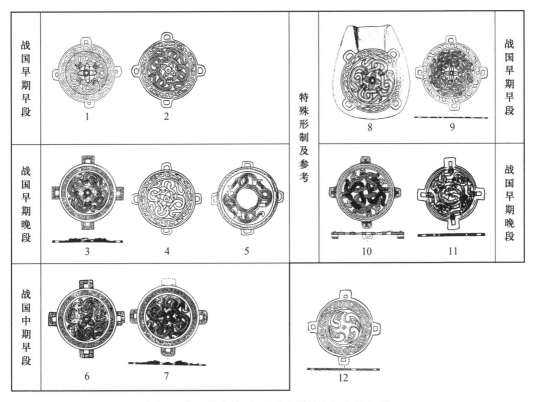

图二 外纽类多兽型B型（多蟠蛇纹）和简省型

1. 太原金胜村M251：136 2. 陕县后川M2121：30 3. 长治分水岭M126：357 4. 邯郸百家村M3：64
5. 邯郸百家村M57：17 6. 辉县赵固村M1：28 7. 万荣庙前村61M1：9 8. 侯马铸铜遗址ⅡT961F7：1
9. 太原金胜村M251：688 10. 陕县后川M2040：157 11. 万荣庙前村62M27：18 12. 陕县后川M2151：15

　　蟠蛇纹圆形当卢中也有形制稍显不同者。陕县后川M2040：157（图二，10）和万荣庙前村62M27：18（图二，11），4条蟠蛇的蛇首向外各对应一纽，靠近蛇首处有一足，蛇身卷曲，首尾相接，互相缠绕。前者中空，后者中部有一团身虎。

　　需要说明的是太原金胜村M251：688（图二，9），共有16条蟠蛇，8条首向内，8条首向外，身体均呈大写的U字形，互相缠绕，中部有四瓣花纹。从其主体动物纹以及中间有四瓣花纹看，与B型相同，但蟠蛇身体呈U字形，又与A型相同。因此可视金胜村M251：688为上述A、B两型圆形当卢的综合体。

　　另外，陕县后川M2151：15（图二，12），有四个对称分布的方纽，边廓较宽，饰圆形和三角形的雷纹，中间为一较大的圆涡纹。其边廓所饰纹饰与外纽类多兽型B型中的太原金胜村M251：136、陕县后川M2121：30和邯郸百家村M3：64相同，可视之为后者的简省版。

　　双兽型的圆形当卢目前仅发现3件。长治分水岭M107：12（图三，2），其透雕纹饰为2条有着长角、钩爪，并互相缠绕的蟠龙。侯马铸铜遗址PXH地点出土的陶模（图三，1）与分水岭M107：12相近，除了边廓上的装饰花纹稍有不同外，透雕的蟠

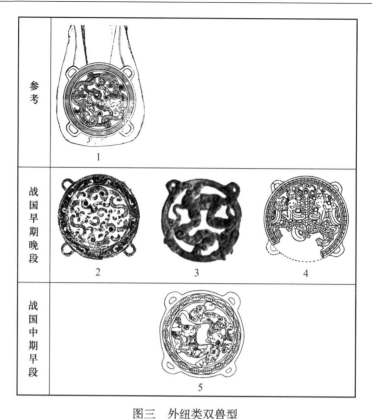

图三　外纽类双兽型

1.侯马铸铜遗址PXH：08　2.长治分水岭M107：12　3.汲县山彪镇M1：126
4.洛阳中州路M2717：171　5.中山灵寿城M3CHMK：16

龙纹完全相同。汲县山彪镇M1：126（图三，3），透雕纹饰为相背而立的双兽，足外头内。中山灵寿城M3CHMK：16（图三，5），为首尾相接的双虎纹。另有山彪镇M1：54，残，从所余两纽相对的纹饰并不对称看，很可能也是双兽纹。

　　与双兽型当卢在构图上比较接近的还有洛阳中州路M2717：171（图三，4），残，原报告描述其中央为一条龙形，两前爪各抓住一个裸体半透雕人像，后爪抓住一条蛇。

　　第二类，在边缘外侧对称分布四环，可称之为外环类。

　　A型，外周四系为螭首衔环。陕县后川M2040：313（图四，1）和洛阳中州路M2717：86（图四，2）均属于此型。主体纹饰为四螭纹，螭身互相缠绕，四螭首对称分布于外廓并衔环。

　　B型，外周四系为铺首衔环。长治分水岭M126：513、181（图四，3、4）属于此型。主体纹饰为12只呈U字形的蟠蛇互相缠绕，中间为圆涡纹，与金胜村M251：688有异曲同工之妙。

　　C型，外周四系为青蛙衔环。长子牛家坡M7：87（图四，5），卢面纹饰与外纽类双兽型的分水岭M107：12相同，为2条互相缠绕的蟠龙。

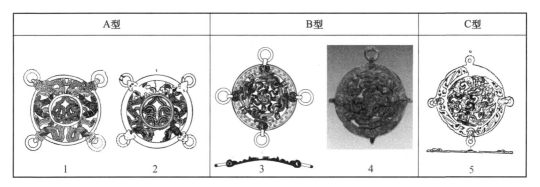

A型		B型		C型
1	2	3	4	5

图四　外环类

1.陕县后川M2040：313　2.洛阳中州路M2717：86　3、4.长治分水岭M126：513、181　5.长子牛家坡M7：87

上述随葬有外环类圆形当卢的墓葬年代均为战国早期晚段。

第三类，在边缘内侧对称分布四穿，作用与四纽或四环同，可称之为内穿类。

内穿类共4件，陕县后川M2040：136、M2138：14（图五，1、2），洛南粮库M1：20（图五，3）和辉县赵固村M1：157（图五，4），形制相同，四穿为长椭圆形孔，4条蟠螭首向外，身体呈大写的U字形，互相缠绕。

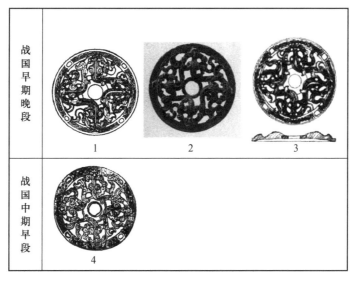

图五　内穿类

1.陕县后川M2040：136　2.陕县后川M2138：14　3.洛南粮库M1：20　4.辉县赵固村M1：157

根据随葬有圆形当卢的墓葬年代，可知圆形当卢从战国早期早段出现，经过战国早期晚段，一直到战国中期早段都有使用，战国早期是其最繁盛的阶段。从不同时间段圆形当卢的形制看，虽然个别类型的圆形当卢可以看到从早到晚存在着一些差别，如外纽类多兽型中的B型，年代较早者以圆纽为主，年代较晚者以方纽为主，但若对所有类型的圆形当卢进行观察，可知其整体上并没有表现出明显的年代变化，很可能与其整体上流行时间不长有关。

战国早期早段时，在太原金胜村赵卿墓和邯郸百家村赵墓中都随葬有以四螭纹或蟠蛇纹为主的圆形当卢，似乎这种以蟠螭纹或蟠蛇纹为主体的圆形当卢与赵系或赵国墓葬有着密切的关联。但同时在芮城坛道村、陕县后川、长治分水岭等晋地的墓葬中也随葬有同样形制的当卢，在侯马晋国铸铜遗址中发现了与之几乎完全相同的陶模，虽不能确认这些圆形当卢即为侯马铸铜遗址所生产，但这种现象表明在战国早期早段时，圆形当卢并没有明显的地域或国别的倾向，应属于广义的晋文化范畴。另外洛阳地区也有个别圆形当卢的发现，如洛阳唐宫西路M7984∶48，仍以四螭纹为主，只是布局稍有不同。

这种情况到战国早期晚段，即三家分晋以后发生变化，从目前已有的对相关墓葬文化属性的判断看，随葬有圆形当卢的墓葬大多属于魏墓[8]，不仅数量多，形制上几乎包括了圆形当卢的所有类型。仅有个别圆形当卢出于赵墓和两周墓葬以及中山国遗存。随葬圆形当卢的赵墓仅发现于邯郸百家村，形制上也与同时期魏墓所出完全相同。在两周地区随葬圆形当卢的墓葬仅有中州路M2717，其中M2717∶171轴对称的布局与大部分圆形当卢中心对称的布局不同，似乎表现出一定的自身特点，只是因材料过少，还难以对这一现象做进一步的解释。值得注意的是，万荣庙前村62M27∶18，其主体的透雕纹饰与陕县后川M2040∶157几乎完全相同，但在中心部分却有一团身虎，这种团身虎的形象多见于冀北山地玉皇庙文化的铜泡中（图六，1、3）。还有在被学界认为与玉皇庙文化同为狄人遗存的中山国王族墓M3的车马坑中出土的圆形当卢，其透雕的花纹即为狄人文化遗存中常见的虎纹（图六，2、4），应该是在使用三晋两周地区的圆形当卢时加入了自身的文化因素。这些现象为了解战国时期三晋地区与北方地区的文化互动提供了一些线索。

图六　圆形当卢与玉皇庙文化遗存之比较

1. 万荣庙前村62M27∶18　2. 中山灵寿城M3CHMK∶16　3. 玉皇庙M261∶18-1　4. 葫芦沟M185∶7

二

1935年在对山彪镇M1进行的发掘中首次发现了圆形当卢，因战乱等原因，发掘报告直到1959年才正式发表，在该报告中，发掘者同时也是报告作者的郭宝钧先生将其称为"附四钮圆花铜片"，认为其"颇似当卢（今南阳牛头上饰者似此，俗称顶盘），但尚未有出土于马额者，不敢肯定"[9]。后1951年郭宝钧先生在发掘辉县赵固村M1时，又发现了圆形当卢，在1956年发表的《辉县发掘报告》中，郭宝钧先生则直接称其为当卢[10]。此后大部分的发掘报告在描述这种器物时多沿袭了"当卢"的称呼。不过也有部分研究者仍然认同郭宝钧先生在《山彪镇与琉璃阁》中对圆形当卢的表述，或提出"到现在为止，仍未见出于马额者，该器是否是马器当卢，仍难肯定"[11]；或认为这种器物"均发现于墓葬，不见于车马坑，作为当卢使用的证据不足"[12]；或根据圆形当卢多与车马器共出，提出其应是马车上的一种装饰[13]；也有研究者提出"考虑到镂空当卢的出土位置和其造型装饰特色，不能排除其为棺椁装饰的可能性"[14]。

笔者同意圆形当卢在墓葬中出土的环境信息对于确认其用途非常重要，因此对其在墓葬中的位置和与之共存的器物进行了观察（表一），发现了一些很有意思的现象。

第一，在确知圆形当卢出土环境的35件圆形当卢中，有23件与车马器或马器放置在一起（表一中出土情况为A、A2、B、B2者），即66%的圆形当卢都与马具共出，由此可知圆形当卢与马具的关系非常密切。而陕县后川M2040中圆形当卢的出土环境则提供了其作为马具使用的具体方式。从图七可以看到，M2040：136和马镳、衔以及作为马络饰的贝放置在一起，距其不足半米处放置一由戈矛组成的联装戟（图七，A）；M2040：157亦与马镳、衔以及作为马络饰的贝聚集在一起，在距其半米左右的地方有车書和铜戈（图七，B）。从M2040：136、157的出土情况看，圆形当卢应是饰于马首的器物。

第二，有18件圆形当卢与马具共出的同时还共出有车器（表一出土情况为中A、B者），另有7件与车器共出（表一中出土情况为A1、B1者），即超过70%的圆形当卢与车器共出，表明以圆形当卢饰于马首的马匹应该与车有着密切的关系。虽然在三晋两周地区圆形当卢均发现于墓葬而不见于车马坑，但在受到三晋文化强烈影响的中山国遗存中，被认为是中山王族墓M3的车马坑中于1匹殉马的头部发现1件圆形当卢（图八）[15]。由此可以判断圆形当卢应该为驾车之马所饰。

第三，所有随葬圆形当卢的墓葬均共出青铜兵器，除长治分水岭M849（有剑和镞）和洛阳唐宫西路M7984（有镞和镦）以外，其余的25座墓葬均随葬有戈、矛、戟、

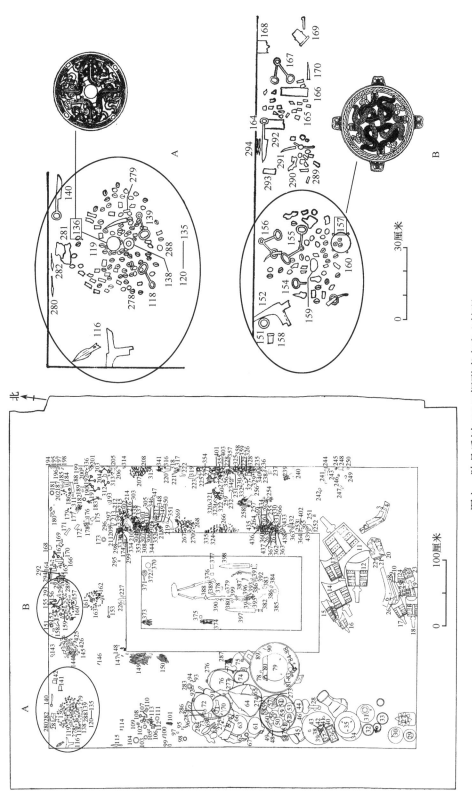

图七　陕县后川M2040铜形当卢出土情况

A: 椁室西北角
B: 椁室正北部

136. 圆形当卢　116. 铜戟　118. 铜马衔　119. 贝　120～135. 铜管络饰　138. 铜管络饰　139. 铜节约　140. 铜削　279. 铜管络饰　280. 铜镳　281. 金叶　282. 铜镳　288. 骨泡

157. 圆形当卢　151. 车軎　152. 铜戈　154~156. 铜衔角镳　158. 车軎　159. 金叶　160. 贝

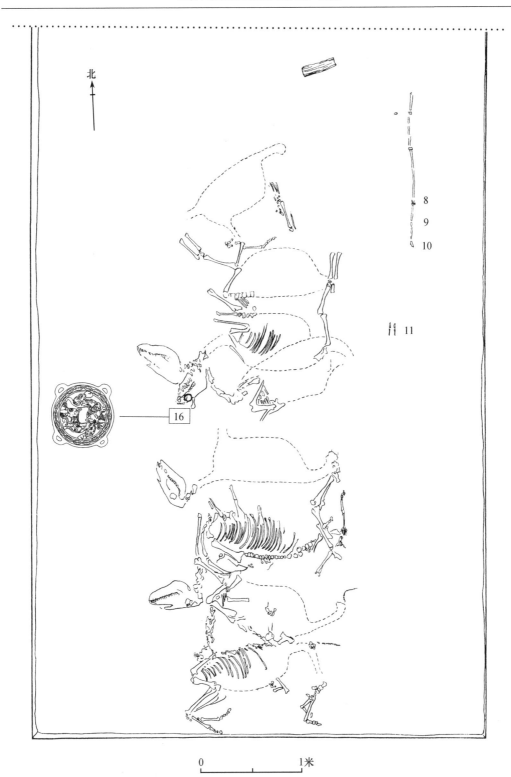

图八　灵寿城中山王族墓M3车马坑局部
8. 铜轴箍　9～11. 铜杆首帽　16. 圆形当卢

铍之类的长柄格斗兵器。其中有13座墓葬中的18件圆形当卢，其附近都放置戈或戈、矛联装的戟（表一中出土情况为A、A1、A2者），另外中山王族墓M3车马坑中除了出土有圆形当卢以外，还有铜戟和矛出土，这些都说明饰有圆形当卢的马所驾之车与这些长柄类兵器之间有着密切的关系。兵器的种类与战争形式相关，而如戈、矛、戟、铍之类的长柄格斗兵器是用于车战的主要武器，已基本成为学界的共识。有学者还特别说明戈在车战中的使用方式，"戈可以用援的上刃攻击敌人的正方，用锋攻击敌人的左、右、上方，用援的下刃攻击敌人的后方。尤其是戈能钩住敌方，这在车战中尤为重要，这也是戈成为车战兵器首选的主要原因"[16]。另外，有研究者根据东周时期三晋两周地区墓葬中所见到的青铜兵器组合指出，"以长柄格斗兵器为主的兵器组合方式，多与车战这种作战方式相对应……战国以后，虽然野战已经出现，但在战争中处统治地位的仍是车战"[17]。圆形当卢使用的时间，即战国早期到战国中期早段，车战仍然是主要的战争形式。根据上述分析，可以进一步推测，那些饰有圆形当卢的马匹所驾之车，很可能是战车。

实际上已有研究者在对商周时期的车马埋葬制度进行讨论时就指出，对于当卢的强调（应是由起着保护马匹作用的护甲而来）……墓室内车马器与兵器的关联性最强等，都是与战车相关的特质[18]。显然到了战国时期，这些战车的特质仍然在用相同的方式表现出来。

综上所述，圆形当卢应该是饰于驾战车之马头部的器物，随葬的圆形当卢和其他的车马器、兵器一起成为战车的象征。从随葬圆形当卢的墓葬均随葬有青铜兵器来看，这些墓葬的墓主人是男性，他们与军事、战争有着密切的关系。

三

从表一可以看到，27座随葬有圆形当卢的墓葬中，除庙前62M27，长治分水岭M107、M56和长子牛家坡M12随葬了仿铜陶礼器而未见青铜礼器以外，其余的24座墓葬均随葬有包括鼎在内的青铜礼器，只是这些随葬青铜礼器的墓葬在墓葬规模和随葬礼器的种类、数量方面存在着一些差别。根据研究者对三晋两周地区东周时期墓葬的分类研究，随葬有青铜礼器的墓葬因其规模和随葬青铜礼器种类、数量的不同，分属于贵族中的高、中、低不同层次；随葬仿铜陶礼器的墓葬是较为特殊的一类墓葬，其随葬具有一定礼制意义的仿铜陶礼器，墓葬规模在随葬青铜礼器和仅随葬日用陶器的墓葬之间，应属于当时社会的新兴阶层[19]。本文根据上述分类标准对随葬圆形当卢的墓葬进行归类，分别称为高等级贵族墓、中等级贵族墓、低等级贵族墓、新兴阶层墓，为表述方便，下文称之为甲类墓、乙类墓、丙类墓和丁类墓。随葬圆形当卢墓葬分类情况见表二。

表二　随葬圆形当卢墓葬分类情况

	甲类	乙类	丙类	丁类
战国早期早段	金胜村M251（3）		后川M2121 百家村M57（2） 坛道村M2 分水岭M53	
战国早期晚段	唐宫西路M7984 山彪镇M1 分水岭M14 分水岭M126（4） 后川M2040（4） 牛家坡M7	后川M2041（2） 中州路M2717（2）	后川M2138 分水岭M258 百家村M3（2） 分水岭M84 后川M2151 粮库M1	庙前62M27 分水岭M107
战国中期早段	分水岭M12		赵固M1（2） 分水岭M10 庙前61M1（2）	分水岭M56 牛家坡M12

从表二可以看出，随葬圆形当卢的墓葬中绝大多数都是贵族墓葬，涵盖了高、中、低三个等级，其中乙类墓仅在战国早期晚段发现，很可能是由于发现材料所限，由此可知，使用当卢的主体以不同等级的贵族为主。但同时也应该注意到，三晋两周地区与随葬圆形当卢同时期的墓葬中，还有相当数量的贵族墓葬虽然也随葬有大量的车马器和兵器，但并没有使用圆形当卢随葬，即只有部分贵族墓葬随葬了圆形当卢，因此可以认为，圆形当卢并不是像铜礼器那样具有可以反映墓主人身份地位的普遍意义，其所强调的应该是墓主人与军事、战争的关联。如前所述，圆形当卢是和车马器、兵器一起作为战车的象征，而当时的战车不仅是战斗时的装备，同时有些战车还兼有指挥车之功能。因此，那些随葬圆形当卢墓葬的墓主人，很可能就是当时的军事长官。这些军事长官中不乏高等级贵族，似乎也说明了在战国早中期时，有些高等级贵族不仅拥有很高的贵族身份或政治地位，同时也是军事将领。以目前的材料尚不明确这些人是因其政治地位而成为军事首领，还是因其具有军事才能而获得了较高的政治地位，但显然二者之间有着非常密切的关系。

随葬了圆形当卢的丁类墓数量不多，从战国早期晚段开始出现，一直到战国中期早段都有。如上文所述，已有研究者提出这类墓葬的墓主人是当时社会出现的一个新兴阶层，虽然随葬有圆形当卢的丁类墓数量过少，还很难据此提出认识，但是上面的分析，也许会为说明这个"新兴阶层"的出现提供一些线索。

四

纵观圆形当卢的使用年代，仅仅是从战国早期早段到战国中期早段，与其他车马器如双环形的马衔、筒形车軎相比，都显得格外的短暂。正如上文所述，圆形当卢的使用与车战时使用的战车有关，作为一种战争方式，车战在战国早中期时虽然还是主要方式，但同时不可忽略的是，步兵和骑兵在战争中也已经起着重要的作用。文献中记载春秋时期的战争时，均与战车有关，如晋楚城濮之战称晋军"车七百乘"[20]，齐晋鞍之战，详细描述了两军将领在战车上交战的过程[21]。但是对于战国中期以后的战争，如齐魏马陵之战，则记载魏军将领庞涓弃步兵，仅率轻车锐骑追击齐军，最终大败于马陵，"覆十万之军"[22]，显然这十万之军的绝大部分都应该是步兵；而战国晚期秦与韩魏的伊阙之战，斩首二十四万，秦赵长平之战，赵降卒四十万被坑杀等[23]，都表现出当时参战的士兵数量巨大，被斩首或坑杀的人数虽然可能有夸张，但也应该是有较多的人数为基础，远非几百乘战车可比，这些被斩首或坑杀的士兵中绝大部分应该也都是步兵。从这些记载看，到了战国中期以后，战争形式已从以车战为主向以野战为主转变，战车也不再是战争的主要工具。

圆形当卢的消失与战争方式的转变之间存在的这种对应关系很可能并非偶然，从目前发现的材料看，到战国中期晚段以后，在三晋两周地区不仅没有发现圆形当卢，也不见其他形制的当卢。但高等级的贵族墓葬依然随葬有车马器，或有车马坑，而此时的车马器中不见圆形当卢，很可能意味着驾马之车的性质发生了变化。如前文所述，此前以圆形当卢饰于马首的马匹所驾之车是为战车，那么战国中期晚段以后，随着战争形式的转变，车战不再是战争的主要形式，战争中出现的车多为指挥车，车的功能也从战争工具转换成以表现墓主人身份地位为主的礼制标识，那么作为战车象征之一的圆形当卢不再流行，似乎也应该是情理之中的事情了。

饰于马首的当卢再一次出现是在秦始皇陵出土的铜车马上，为上端圆弧状、下端尖角状、边缘连弧状的叶形（图九，1、6）[24]。到了两汉时期，当卢流行，基本都是上宽下窄的长叶形，却衍生出了很多不同的形制，或做边缘光滑的叶形，或为两角、双眼的兽面，或两侧生出鸟首等。纹饰或素面，或刻出鸟兽、龙、流云纹等，甚至有鎏金银者（图九，2~5、7~10）[25]。此时的当卢除了可以起到保护马额的作用外，可能更多的是一种华丽的装饰。值得注意的是，秦始皇陵2辆铜车马共8匹马全部饰有金当卢，但只有一号车配备有弩、箭和盾，二号铜车马不见有兵器。满城陵山汉墓M1在甬道和南耳室共随葬6辆车和16匹马，出土了38件当卢，只发现1件被认为是装置于车上弩机前端木臂承弓部分的铜饰而未见其他兵器，M2在北耳室随葬了4辆车和13匹马，出土了8件当卢，未见兵器。年代属于西汉后期的出土有当卢的长沙杨家大山M401，随葬了包括铜鼎、壶、钫在内的大量青铜器、铁器和陶器等，其中不乏軎、盖弓帽等车器，也未见兵器共出。这种情况表明到了两汉时期，那些由装饰着当卢的马匹所驾之车，很可能已不再是战车，当卢只是与随葬的车马或车马器一起，成为使用者所拥有的地位或财富的象征。

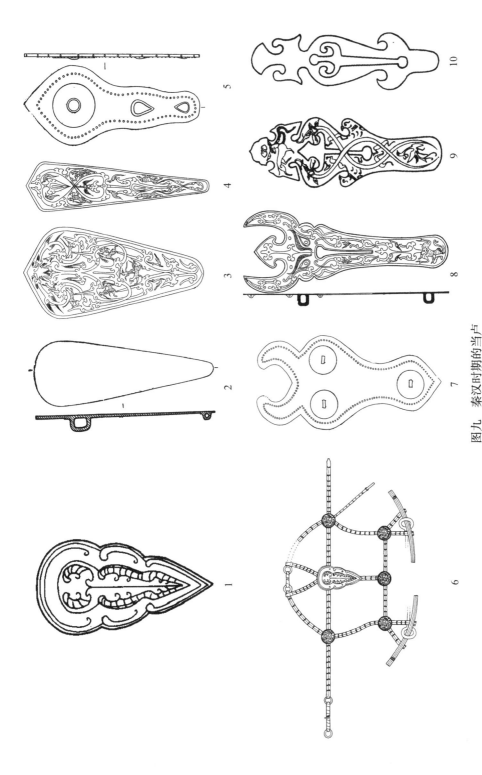

图九　秦汉时期的当卢

1. 秦始皇陵铜车马一号车右骖　2. 满城陵山M1：1144　3. 满城陵山M2：1021　4. 满城陵山M1：1003　5. 满城陵山M1：2278　6. 秦始皇陵铜车马一号右骖金银勒正视
7. 满城陵山M1：2260　8. 满城陵山M1：2250　9. 长沙杨家大山M401：59　10. 陕县刘家渠M8：65
（1为金当卢，5、7为银当卢，余为铜当卢，其中4为正面鎏金和鎏银，8为正面鎏金）

五

本文的研究大致可归为以下几点：

（1）三晋两周地区墓葬中随葬的圆形当卢，大体上从战国早期早段出现，一直到战国中期早段都有使用，战国早期是其最繁盛的阶段。圆形当卢在三家分晋前为晋文化器物，三家分晋后则主要为魏人所继承，是魏文化人群选择性继承晋文化的表现。

（2）圆形当卢是饰于驾战车之马头部的器物，和其他的车马器、兵器一起成为战车的象征。随葬圆形当卢墓葬的墓主人均为男性，多为不同等级的贵族，他们所拥有的社会或政治地位很可能与军事、战争有着密切的关系。

（3）随着战争形式的转变，战车失去其在战争中的主导地位，圆形当卢也不再使用。而墓葬中仍然随葬的车马器、车马坑等，很可能也不再是兵车的象征，更多的是成为表现墓主人政治地位或者财富的标识。

注　释

[1]　《诗·大雅·韩奕》："鉤膺鏤錫。"汉代郑玄笺："眉上曰錫，刻金饰之，今当卢也。"

[2]　吴晓筠：《商到春秋时期中原地区青铜车马器形式研究》，《古代文明》（第1卷），文物出版社，2002年。

[3]　芮城坛道村M2：5，一个编号两件器物。

[4]　表一所统计的圆形当卢均为有明确出土单位者，出土单位不明者未统计在内。

[5]　关于出土圆形当卢各墓葬的年代，可参见朱凤瀚：《中国青铜器综论》（下），上海古籍出版社，2009年中的相关论述。

[6]　滕铭予：《长治分水岭墓地的分区、年代及相关问题》，《考古学报》2023年第1期。

[7]　关于三晋两周地区鸟柱盘的发展变化与年代，参见滕铭予：《中山灵寿城东周时期墓葬研究》，《边疆考古研究》（第19辑），科学出版社，2016年。

[8]　朱凤瀚先生在《中国青铜器综论》（下）中论及长治分水岭、长子牛家坡诸墓时，称为韩墓，但从这些墓葬的随葬器物所表现出的特点看，与同时期的韩墓存在着比较明显的区别，而与魏墓相同。可参见王震：《东周时期郑韩墓葬研究》，吉林大学硕士学位论文，2014年；滕铭予：《长治分水岭墓地的分区、年代及相关问题》，《考古学报》2023年第1期。

[9]　郭宝钧：《山彪镇与琉璃阁》，科学出版社，1959年，35页。

[10]　中国科学院考古研究所：《辉县发掘报告》，科学出版社，1956年，118页。

[11]　刘绪：《晋文化》，文物出版社，2007年，199页。

[12]　吴晓筠：《商到春秋时期中原地区青铜车马器形式研究》，《古代文明》（第1卷），文物

出版社，2002年，230页。

[13]　时西奇：《中国北方出土商周时期当卢研究》，吉林大学硕士学位论文，2016年，33页。

[14]　潘炼：《东周镂空青铜当卢及相关问题探讨》，《艺术百家》2014年增刊。

[15]　河北省文物研究所：《战国中山国灵寿城——1975—1993年考古发掘报告》，文物出版社，2005年，232~236页。

[16]　石晓霆：《先秦主要格斗兵器浅析》，郑州大学硕士学位论文，2006年。

[17]　聂卓慧：《三晋两周地区东周时期墓葬出土兵器研究》，吉林大学硕士学位论文，2014年。

[18]　吴晓筠：《商周时期车马埋葬研究》，科学出版社，2009年，199页。

[19]　张亮：《东周社会结构演变的考古学观察》，吉林大学博士学位论文，2014年，114页。

[20]　关于晋楚城濮之战参见：《左传·僖公二十八年》，杨伯峻：《春秋左传注》，中华书局，2009年，458~462页。

[21]　关于齐晋鞌之战参见：《左传·成公二年》，杨伯峻：《春秋左传注》，中华书局，2009年，791~795页。

[22]　关于齐魏马陵之战参见：《史记·孙子吴起列传》，中华书局，1975年，2164页；《战国策·魏二》，张清常、王延栋：《战国策笺注》，南开大学出版社，1993年，599页。

[23]　秦与韩魏的伊阙之战、秦与赵的长平之战，参见《史记·白起王翦列传》，中华书局，1975年，2331、2333~2337页；《战国策·中山》，张清常、王延栋：《战国策笺注》，南开大学出版社，1993年，883页。

[24]　秦始皇兵马俑博物馆、陕西省考古研究所：《秦始皇陵铜车马发掘报告》，文物出版社，1998年，89、212页。

[25]　两汉墓葬出土当卢典型者参见：中国社会科学院考古研究所、河北省文物管理处：《满城汉墓发掘报告》，文物出版社，1980年，198、199、327、328页；中国科学院考古研究所：《长沙发掘报告》，科学出版社，1957年，118页；黄河水库考古工作队：《河南陕县刘家渠汉墓》，《考古学报》1965年第1期。

（原刊于《纪念张忠培先生文集·学术卷》，故宫出版社，2018年）

东周时期刻纹铜器再检讨

　　本文研究的东周时期刻纹铜器，以其在锻造成型的薄壁器物表面用坚硬的工具錾刻出大量由人物、神怪、动物、植物、建筑等构成的图像为主要特点[1]，主要为盘、鉴[2]、匜之类的水器，少量为匕、奁和算形器。其图像的制作工艺，与同时期出现的画像铜器中或使用镶嵌技术[3]、或直接铸出减地平雕式图像[4]的方法完全不同，加之其图像内容非常丰富，自20世纪60年代开始就引起学界关注。早期的研究者多注重其图像内容，认为其所展现的画面或为当时贵族生活的场景，如燕礼、射礼、蒐礼等，具有一定的礼制内涵[5]，或与当时的神话传说或宗教观念有关[6]，这些研究为了解当时人们的社会生活、精神世界等提供了非常好的基础。也有学者认为在春秋末年或战国早期，南北均出现了刻纹铜器，与当时的画像铜器一样，都是在公元前5世纪初受到北方草原民族狩猎纹的刺激而出现的新技术风格[7]。提出这种观点的作者忽略了南北地区最早出现刻纹铜器的墓葬在年代上存在着早晚的差别。还有很多学者认同最早的刻纹铜器起源于吴越地区，年代为春秋晚期或春秋末年[8]，后由这里向其他地区传播，传播的形式以整器传播的可能性最大，也不排除南方的工匠北上中原后在中原制造刻纹铜器的可能[9]。也有少数研究者认为刻纹铜器的原产地非晋莫属，但不排除其他地区有仿制的可能[10]。刻纹铜器最早起源于吴越地区可以说已基本成为学界的共识，对于在其他地区发现的刻纹铜器，目前占主流的观点认为主要是从吴越地区传播而来。笔者注意到在吴越地区以外发现的部分刻纹铜器在图像内容和表现手法等方面与吴越地区存在着明显的差别，似乎应有不同的来源。因此本文的研究将以考古发现的刻纹铜器为研究对象[11]，拟在观察图像内容的同时，也关注这些内容的表现方式和手法，对刻纹铜器的起源与发展、传播、制作等问题做进一步的检讨。

一

　　发现刻纹铜器的地点比较广泛，在江苏、湖南、湖北、河南、山西、陕西、山东、河北、北京、辽宁等省市都有发现，根据发现地点在东周时期的文化归属，大体可划分成吴越文化区、三晋两周文化区、楚文化区、齐文化区和燕文化区（图一）。

　　Ⅰ区，吴越文化区，发现地点有江苏六合程桥[12]、六合和仁[13]、镇江王家山[14]和淮阴高庄[15]，春秋时期这里是吴文化的主要分布区域，战国初年越灭吴后取吴故地，这里可见到越文化的影响。目前年代最早的刻纹铜器即发现于该区域。

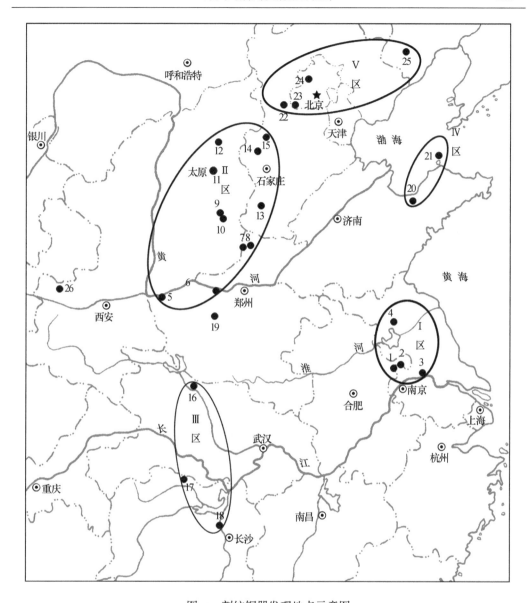

图一 刻纹铜器发现地点示意图

I区 吴越文化区

1.六合程桥 2.六合和仁 3.镇江王家山 4.淮阴高庄

II区 三晋两周文化区

5.陕县后川 6.洛阳 7.辉县赵固村 8.辉县琉璃阁 9.潞城潞河 10.长治分水岭 11.太原金胜村

12.定襄中霍村 13.邯郸百家村 14.平山灵寿城 15.行唐故郡 26.凤翔高王寺窖藏

III区 楚文化区

16.襄阳余岗 17.澧县皇山岗 18.长沙黄泥坑 19.平顶山应国墓地

IV区 齐文化区

20.平度东岳石村 21.长岛王沟

V区 燕文化区

22.易县燕下都 23.涞水永乐村 24.通县中赵甫 25.建昌东大杖子

Ⅱ区，三晋两周文化区，发现地点有河南陕县后川[16]、洛阳[17]、辉县琉璃阁和赵固村[18]，山西潞城潞河[19]、长治分水岭[20]、太原金胜村[21]、定襄中霍村[22]，河北邯郸百家村[23]、平山灵寿城[24]、行唐故郡[25]以及陕西凤翔高王寺[26]。除陕西凤翔高王寺铜器窖藏为秦文化分布区、灵寿城为中山国战国时期都城外，余皆属于三晋两周文化的分布区。

Ⅲ区，楚文化区，发现地点有湖北襄阳余岗[27]、湖南澧县皇山岗[28]、湖南长沙黄泥坑[29]。河南平顶山应国墓地M10亦出有刻纹铜匜残片，因其随葬的青铜礼器以楚系青铜礼器为主[30]，亦归入此区。

Ⅳ区，齐文化区，发现地点有山东平度东岳石村[31]和长岛王沟[32]。

Ⅴ区，燕文化区，发现地点有河北易县燕下都[33]、北京通县中赵甫[34]、河北涞水永乐村[35]，另有辽宁建昌东大杖子[36]，属于燕文化扩张所至地区。

上述出有刻纹铜器墓葬的年代大体上从春秋晚期到战国中期，个别墓葬的年代需进一步说明。太原金胜村M251，原报告认为其年代为春秋晚期，朱凤瀚先生在《中国青铜器综论》中指出该墓年代为战国早期早段[37]，笔者认同后者的观点。辉县赵固村M1，原报告认为其年代为战国晚期，笔者曾作《三晋两周地区出土圆形当卢研究》一文，指出赵固村M1的年代应在战国中期早段[38]。东大杖子M11，原报告认为其年代在战国早期[39]，该墓与2003年发掘的亦随葬有刻纹铜器的M45南北相邻，在墓葬形制和随葬器物上颇多相近之处，两墓出土的"东北系青铜短剑"形制几乎完全相同，林沄和朱凤瀚都将与M11和M45所出短剑相近者划分为B型，认为这种形制的剑其年代大体在战国中期[40]。近年北京大学裴炫俊博士提出东大杖子M11和M45为同时期墓葬，其年代在战国中期[41]。笔者认同上述学者的观点。

其余出有刻纹铜器墓葬的年代，如无特殊说明，均依原报告年代或朱凤瀚先生《中国青铜器综论》中对相关墓葬年代的论述。

各区出土刻纹铜器墓葬的基本信息见表一。

表一　出土刻纹铜器墓葬登记表

分区	墓葬	青铜容器及乐器	青铜兵器	年代	备注
吴越文化区	六合程桥东周墓	刻纹盘1，鼎1，缶1，编钟9	剑3，戈4，戟1，矛1	春秋末年	被破坏，刻纹铜器残片出于填土
	六合和仁东周墓	刻纹匜1，鼎1	剑3，戈3，矛2，镦1，镞8	战国早期	部分器物为村民所挖
	镇江王家山	刻纹匜1，刻纹盘1，刻纹鉴1，盉1，虎子形器1，錞于3，句鑃1	剑1，戈3，矛7，戟1，镦2，镞33	战国早期	被破坏，部分器物为征集
	淮阴高庄M1	刻纹盘7，刻纹盆1，匜1，刻纹匜6，刻纹箅形器4，鼎11，鉴4，盘11，罍2，盉2，甗1，觚1，铎1	戈3，镦1，镞18	战国中期	被盗掘，部分器物为征集

续表

分区	墓葬	青铜容器及乐器	青铜兵器	年代	备注
三晋两周文化区	太原金胜村M251	刻纹匜1，鼎27，豆14，壶8，盘2，匜1，鸟尊1，鉴6，舟4，罍2，簠2，鬲5，瓩2，炭盘1，格2，勺6，肉钩14，扒1，灶1，钵1，罐1，平底釜8，高足釜3，器盖2，耳杯1，编镈19，铎1，石磬13	剑6，戈31，镈169，矛20，戟9，钺10，镞510，藤弓1等	战国早期早段	有车马坑，殉人4
	定襄中霍村M1	刻纹匜1，鼎4，豆2，壶2，盘1，瓩1		战国早期早段	被破坏
	潞城潞河M7	刻纹匜1，无盖鼎3，盖鼎8，盖豆4，方座豆2，盘豆，提链壶1，弧壶1，盘3，舟1，鉴4，罍2，镳尊1，簠2，罐2，瓩1，勺2，炭箕1，甬钟16，钮钟8，镈4，石磬10	剑2，戈11，矛7，镞14，镈6	战国早期早段	有一定破坏
	长治分水岭M84	刻纹匜1，刻纹盘1，鬲5，盖豆2，壶4，匕2	镞2	战国早期晚段	
	陕县后川M2040	刻纹盘1，鼎5，无盖鼎5，鼎钩10，莲花方壶2，壶3，鬲形鬲7，瓩1，豆8，无盖豆2，簠2，敦2，舟2，勺5，匕1，毕1，盘2，鉴4，匜2，编钟20，编镈9	剑2，戈17，矛3，戟2，镈33，镞4，镞177	战国早期晚段	被唐墓打破
	陕县后川M2042	刻纹匜1，鼎3，豆2，壶2，舟1		战国早期晚段	
	灵寿城穆家庄西M8101	刻纹盘1，鼎1，盖豆1，壶1，罍1	戈2，铍1，镞10，镞杆帽3	战国早期晚段	墓室被严重破坏
	陕县后川M2124	刻纹匕1	戈2，镈2	战国早期晚段	
	邯郸百家村M3	刻纹匕1	剑1，戈5，矛1，戟1，镈4，镞28	战国早期晚段	殉人3
	邯郸百家村M57	刻纹匜1，残形制不清	剑1，戈3，矛2，戟2，镈7，镞14	战国早期	殉人3
	行唐故郡M53	刻纹鉴1，鼎2，敦1，壶2，匜1	剑1，铍2，镞2，镞2	战国早期	殉人4
	长治分水岭M79	刻纹匜1	剑1，戈1，镞20	战国中期早段	被盗扰
	长治分水岭M12	刻纹匜1，盖鼎5，方座簠1，圆壶2，错金舟2，簠3，扁球形敦2，盘1，鉴3，甑1，钫2	剑2，戈6，矛2，镞4，镞62	战国中期早段	

分区	墓葬	青铜容器及乐器	青铜兵器	年代	备注
三晋两周文化区	陕县后川M2144	刻纹匕1（形制不清），刻纹匜1，鬲形鼎3，豆2，壶2，盘1		战国中期早段	
	辉县赵固村M1	刻纹盘1，鼎2，鬲鼎1，鬲1，甑甗1，簋2，壶1，鉴1，杯1	戈4，矛2，戟2，镦1，戈秘冒2，剑3，镞78，铜斧5，錾1，削1，刻镂刀1	战国中期早段	部分被明代水井打坡
	辉县琉璃阁M1	刻纹奁1，铜鼎1，方壶1		战国中期	被盗掘
楚文化区	襄阳余岗M173	刻纹匜1，鼎1，敦1		战国早期晚段	
	澧县皇山岗M1	刻纹匜1，鼎1，敦1，缶1	剑2，矛1，戈5，镞18	战国早期	被破坏
	平顶山应国墓地M10	刻纹盘1，刻纹匜1，鼎5，敦2，尊缶1，舟1，盥缶1，勺1		战国早期	被盗扰
	长沙楚墓M186（黄泥坑M5）	刻纹匜1，勺2，鼎2，盘1		战国中期	
齐文化区	平度东岳石M16	刻纹匜1，鼎1，敦2，提梁壶1，盘1	剑3，戈6，镞40	战国早期晚段	
	长岛王沟M2	鎏金刻纹匜1，鎏金刻纹盘2，鼎1，豆2，提梁壶1，舟1，敦1		战国早期	墓坑被破坏
燕文化区	涞水永乐村	刻纹匜1，壶1，豆1，敦1	剑1	战国早期	村民挖井发现
	通县中赵甫	刻纹匜1，鼎3，豆1，敦1，匕3，勺1	剑2，戈2，镞2	战国中期早段	墓坑被破坏
	建昌东大杖子M11	刻纹匜1，鼎2，盖豆1，壶2，盘1，勺2	剑1，戈3，钺1，镞31	战国中期早段	
	建昌东大杖子M45	刻纹匜1，刻纹盘1，鼎2，豆1，壶2，筒形器1，勺1	剑2，戈3，钺1，镞91	战国中期早段	
	燕下都西贯村M6	刻纹匜1		战国中期	

二

　　通过对刻纹铜器图像的观察，发现不同地区刻纹铜器刻划的内容和风格既有共性，又表现出各自的特点。由于在吴越文化区发现的刻纹铜器年代最早，包含了盘/

鉴、匜这些最主要的器类，图像内容也最为丰富，因此本文的讨论从对吴越文化区刻纹铜器的分析入手。

1．吴越文化区

目前已知出土刻纹铜器中年代最早者为江苏六合程桥M1，该墓依朱凤瀚先生《中国青铜器综论》的认识，年代在春秋晚期偏晚阶段[42]，即春秋末年。

（1）盘/鉴和算形器

吴越文化区盘/鉴的底部图像多以对卷和相互勾连的水蛇纹、奔跑状的兽纹为主，可依其纹饰带的重数和表现方式，以及中心部位是否有纹饰分为四式。

Ⅰ式，双重纹饰带，分别为对卷和相互勾连的水蛇纹，中心有一周同心圆间隔纹，水蛇纹和间隔纹内以四到八条左右的竖纹间隔。六合程桥M1、镇江王家山：36、王家山：采52（图二，1）和淮阴高庄M1：48（图二，3）均属于此式。

图二　吴越文化区盘刻纹铜器底部图像

1、3. Ⅰ式（镇江王家山：采52鉴、淮阴高庄M1：48盘）　2. Ⅱ式（淮阴高庄M1：0149盘）

4. Ⅲ式（淮阴高庄M1：3盘）　5. Ⅳ式（淮阴高庄M1：0146盘）

Ⅱ式，三重纹饰带，分别为对卷的水蛇纹和奔跑的兽纹，最外层因残破纹饰不清，中心有两周同心圆间隔纹，水蛇纹和兽纹体内以四到八条左右的竖纹间隔，间隔纹为绳索纹。淮阴高庄M1：0149（图二，2）属于此式。

Ⅲ式，三重纹饰带，分别为对卷水蛇纹、奔跑的兽纹和勾连水蛇纹，中心两周同心圆间隔纹中用竖纹连接，水蛇纹和兽纹体内填满竖纹，间隔纹为绳索纹。淮阴高庄M1：3（图二，4）属于此式。

Ⅳ式，四重纹饰带，除中间一重为勾连的水蛇纹外，其余三重均为奔跑的兽纹，中心饰龟纹，水蛇纹和兽纹体内填满竖纹，间隔纹为绳索纹。淮阴高庄M1：0146（图二，5）属于此式。

由于算形器的图像与盘/鉴腹部图像有相同之处，因此将吴越文化区盘/鉴腹部图像和算形器的图像统一进行观察，可分为四式。

Ⅰ式，图像写实。六合程桥M1所出盘（图三，1）虽残，但可观察到有在露天进行的可能为飨礼的活动，还有猎杀动物的场面。人物形象或着长袍，或着袴，头戴三叉冠，或无冠；树木形象多为水滴状。

Ⅱ式，图像写实，多分为二层或三层。有在多层建筑内举行的可能为飨礼的场面，建筑多为两层，另外还有击磬、射侯、狩猎等。人物形象多着长袍，戴三叉冠；个别着袴，无冠。或出现车。镇江王家山：36盘（图三，6）、镇江王家山：采52鉴（图三，3）、淮阴高庄M1：27、48均属于此式。

Ⅲ式，出现了神怪类的题材，图像密布不分层。淮阴高庄M1：3盘（图三，7），内容有狩猎，还有表现神山的类凸字形的图案。人物和动物形象怪异，树木多有平伸的枝干。

Ⅳ式，以神怪类题材为主，图像密布不分层，怪兽、树木、人物形象等与Ⅲ式相同，但出现了蛇和蜥蜴类的四脚长尾的两栖动物。淮阴高庄M1：0146盘（图三，8）、高庄M1：114-4、-2、-1算形器均属此式（图三，2、4、5）。部分器物在外壁也刻有图像。

（2）匜

镇江王家山：采51（图四，8），保留有底部，为相互勾连的水蛇纹；其余大都仅存流部和腹部。这些刻划于流部和腹部的图像可划分为不同的式别。

流部图像可以划分为三式。

Ⅰ式，不分段，为三游鱼。镇江王家山：采51（图四，1）为此式。

Ⅱ式，纵向为三列，中间一列分为三段，列与列、段与段间隔以菱格纹带。六合和仁东周墓出土铜匜（无器物号）（图四，4），可见左侧一列为头向下的虎纹。中间三段由上及下分别为平伸枝干的树，鹿和人首双身兽。

Ⅲ式，纵向为三列，中间一列分为数段，列与列、段与段间隔以绳索纹带。淮阴高庄M1：0138（图四，7），流前部已残，左右两侧可见到数个回首兽纹，间以鸟纹。

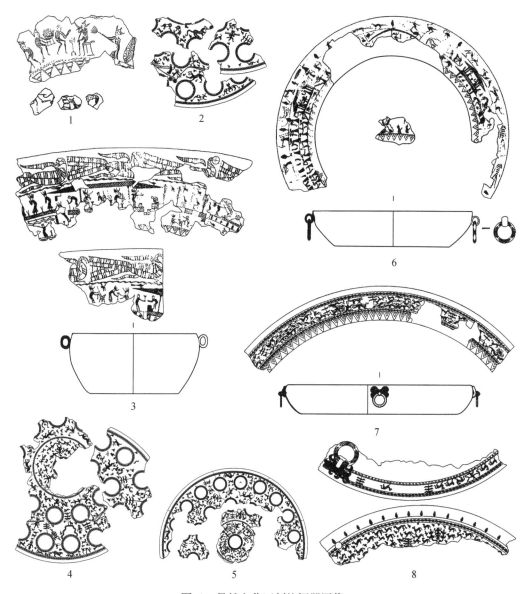

图三　吴越文化区刻纹铜器图像

1. Ⅰ式（六合程桥M1盘）　2、4、5、8. Ⅳ式（淮阴高庄M1：114-4、-2、-1算形器、淮阴高庄M1：0146盘）
3、6. Ⅱ式（镇江王家山：采52鉴、镇江王家山：36盘）　7. Ⅲ式（淮阴高庄M1：3盘）

中间仅存流后部三段图像，均为身上栖有鸟的兽纹，最下一段的兽纹为一首双身。

匜的腹部图像与盘/鉴的腹部图像有异曲同工之处，可与之相对应，分别为Ⅰ式，镇江王家山：采51（图四，1、3、6）；Ⅱ式，六合和仁东周墓（图四，4）；Ⅲ式，淮阴高庄M1：0137（图四，9）；Ⅳ式，淮阴高庄M1：0138（图四，2、5）。可能是由于匜腹较深的缘故，匜腹的图像分为三层到四层，并有刻于外壁者。

结合表一，可知吴越文化区的刻纹铜器延续时间从春秋末年到战国中期，其图像

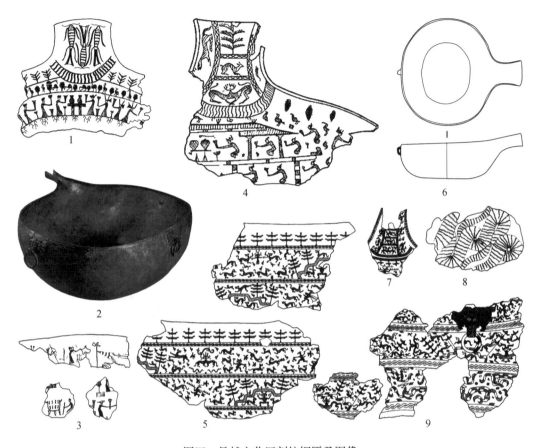

图四　吴越文化区刻纹铜匜及图像

1. Ⅰ式流部和Ⅰ式腹部（镇江王家山：采51）　　2. 淮阴高庄M1：0138　　3. Ⅰ式腹部（镇江王家山：采51）

4. Ⅱ式流部和Ⅱ式腹部（六合和仁东周墓）　　5. Ⅳ式腹部（淮阴高庄M1：0138）　　6. 镇江王家山：采51

7. Ⅲ式流部（淮阴高庄M1：0138）　　8. 底部（镇江王家山：采51）　　9. Ⅲ式腹部（淮阴高庄M1：0137）

题材和内容亦有明确的发展序列可循。

　　在春秋末年到战国早期时，盘/鉴的底部图像以水蛇纹为主；腹部图像以写实的人物和活动场景为主，主要有飨礼、击磬、射侯、狩猎或车猎等，其中举行飨礼的地方，春秋末年为露天，战国早期则在建筑内进行，建筑层数由少到多。匜的底部图像为水蛇纹；流部图像以写实的动物纹为主，从不分段的三游鱼，到开始分段，画面出现了个别的神怪形象。腹部的主体图像与盘存在较多的共性，在战国早期时以写实的现实生活场景为主。

　　到了战国中期，盘/鉴的底部出现奔跑状的神兽纹；腹部图像以神怪类题材为主。匜的流部图像分段数量增加，画面为写实的动物纹和神怪形象。腹部的主体图像以神怪类题材为主，有些图像刻于外壁。此时出现用途不明的算形器，图像均以神怪题材为主。

2. 三晋两周文化区

三晋两周文化区发现的刻纹铜器以盘、匜为主，有个别的奁、匕等，大部分刻纹铜器的图像内容与吴越文化区相近，可以将其与吴越文化区的同类器物进行比较。不过，由于部分刻纹铜器的图像内容和表现方式与吴越文化区同类器物存在一定的差别，因此将该地区的刻纹铜器分为甲、乙两类。

甲类，图像题材和内容与吴越文化区相同或相近。

（1）盘

陕县后川M2040：76（图五，3）、辉县赵固M1：73（图五，2），二者形制相同，但底部图像残破不清。长治分水岭M84：7（图五，1），残，底部图像同于吴越文化区的 I 式。以上3件器物腹部图像相近，分二到三层，内容及表现方式与吴越文化区的 II 式相同。陕县后川M2040：76还有采桑。

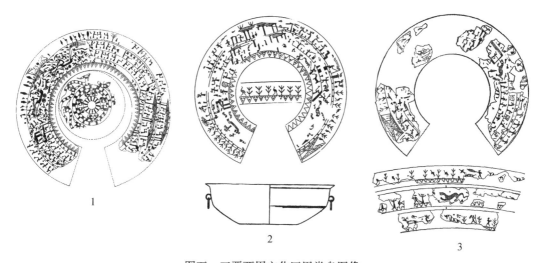

图五　三晋两周文化区甲类盘图像

1.长治分水岭M84：7　2.辉县赵固M1：73　3.陕县后川M2040：76

辉县琉璃阁M1：51（图六，1），残，原报告认定其为奁，其盖部和腹部图像分别与盘的底部、腹部图像相对应。其盖部图像（图六，2）与淮阴高庄M1：0146的底部图像几乎完全相同，相当于吴越文化区盘底部图像的 IV 式；腹部图像（图六，3）大体与吴越文化区盘腹部图像的 III 式相当。

（2）匜

太原金胜村M251：540（图七，1）、陕县后川M2042：8（图七，2）、长治分水岭M84：93（图七，3、5、7），前二者形制相近，后者形制不明。底部图像与镇江王家山：采51相同；流部均为三游鱼，即吴越文化区的 I 式；腹部图像或不分层，或分为二层，图像内容与吴越文化区的 I 式同。长治分水岭M79：8（图七，4、6、9），底

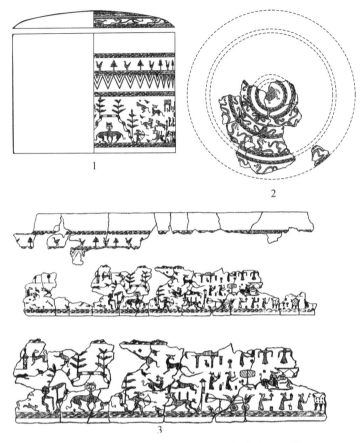

图六　辉县琉璃阁M1：51刻纹铜奁及图像

1. M1：51　2. 盖部图像　3. 腹部图像

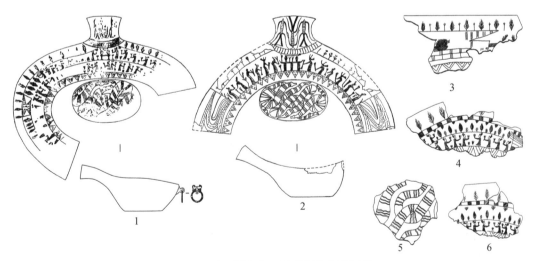

图七　三晋两周文化区甲类刻纹铜匜图像

1.太原金胜村M251：540　2.陕县后川M2042：8　3、5、7.长治分水岭M84：93

4、6、9.长治分水岭M79：8　8.长治分水岭M12出土

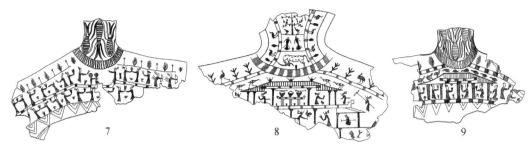

图七 （续）

部残。流部为三游鱼。腹部图像仅余在建筑内进行的飨礼，大体相当于吴越文化区的Ⅱ式。长治分水岭M12（无编号）（图七，8），残，流部为三列，中列为三段式，从上至下分别为树下双鸟、双鱼和长角兽，相当于吴越文化区的Ⅱ式。腹部图像仅存在三层建筑内进行的飨礼，相当于吴越文化区的Ⅱ式。

乙类，图像内容和表现手法与吴越文化区有所差异。

（1）盘

灵寿城穆家庄西M8101：4（图八），形制与陕县后川M2040：76和辉县赵固M1：73相同。底部图像亦同于吴越文化区的Ⅰ式，只是外圈的水蛇纹疏朗而简化。腹部上

图八 三晋两周文化区乙类刻纹铜盘（灵寿城穆家庄西M8101：4）

部刻划一周与王家山：采52（鉴）相同的飞鸟。其下图像有些部位为二层，内容大体相当于吴越文化区盘腹部图像的Ⅱ式。但图像中进行飨礼的建筑形制较为特别，在其右侧和左侧各伸出一横梁，横梁一端曲折向上并有三角形顶，同时左侧横梁一端有一横置的屋顶。另外，该图像中有两辆车，车厢为平板状，两端不上翘，其中一车驾三马，单轮，顺时针行驶。人物形象大多着袴，无冠，少数戴三叉冠者亦着袴。上述建筑、车、人物等形象和表现手法不见于吴越文化区和三晋两周文化区的甲类盘/鉴。

（2）匜

定襄中霍村M1∶14（图九，1），底残，流部为三游鱼。腹部图像中的人物或着长袍，或着袴，均无冠。潞城潞河M7∶156（图九，2），底残，流部为三游鱼。腹部图像中有陆地作战场景的攻战图，为吴越文化区所不见。仅一人似戴三叉冠，个别似戴圆帽，其余无冠。陕县后川M2144∶7（图九，3），底部和流部均同于吴越文化区，

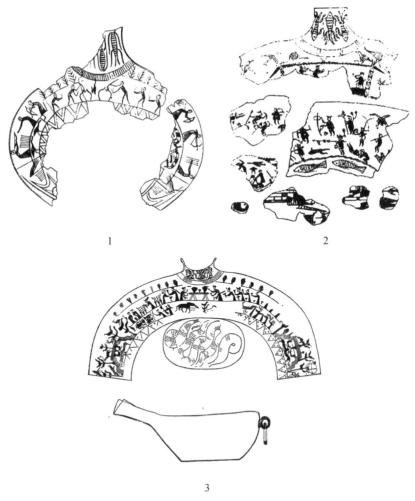

1

2

3

图九　三晋两周文化区乙类刻纹铜匜图像

1. 定襄中霍村M1∶14　2. 潞城潞河M7∶156　3. 陕县后川M2144∶7

腹部图像分为二层或三层，图像内容有飨礼、狩猎和神山与神怪，其神山下的怪兽头顶斗栱以支撑山顶亦不见于吴越文化区。

另有2件匜出土信息不清。传出辉县（图一〇，1），底残，流部为三游鱼，刻划草率。腹部图像中的人物个别着裤，但着长袍者亦有无冠者。洛阳地区征集（图一〇，2），底残，流部分为三列，两侧各为两个着裤、无冠的持弓者。腹部图像中的人物均着裤，仅两人似着冠，形制不清，余者无冠。上述2件匜中的建筑、人物、动物形象等简单而随意，刻划潦草，不见于吴越地区。

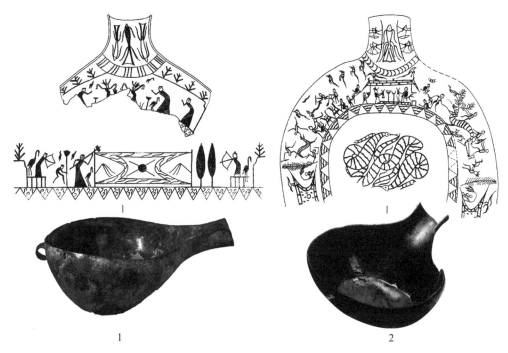

图一〇　三晋两周文化区乙类刻纹铜匜及图像
1.传出辉县　2.洛阳地区征集

陕西凤翔高王寺铜器窖藏发现1件刻纹匜，均未见图像。从文字描述看，大体与吴越文化区战国早期流行的图像相近。定襄中霍村M1还有1件刻纹盘，残破，仅知内壁刻有鱼纹。

由于以下各地区出土的刻纹铜器同样需要与吴越文化区的同类器物进行比较，因此对于三晋两周文化区刻纹铜器甲、乙两类的划分，也适用于以下各地区。

3. 楚文化区

襄阳余岗M173：4匜（图一一，1），以及长沙黄泥坑M5：2匜（图一一，4），二者形制和图像均同于吴越文化区同类器物，其流部和腹部图像相当于吴越文化区的Ⅰ式。澧县皇山岗M1：1匜和平顶山应国墓地M10：51匜（图一一，2、3）均残，仅知前

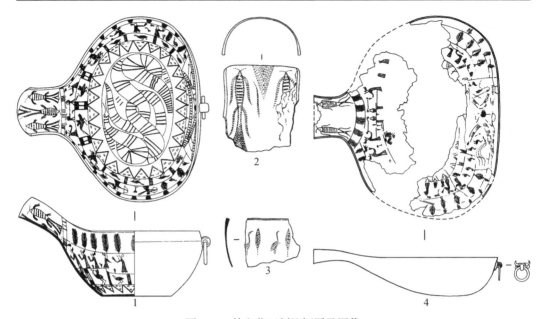

图一一　楚文化区刻纹铜匜及图像
1. 襄阳余岗M173：4　2. 澧县皇山岗M1：1　3. 平顶山应国墓地M10：51　4. 长沙黄泥坑M5：2

者底部图像为水蛇纹，后者流部图像为三游鱼，腹部仅存口沿下的水滴状树木纹和立鸟。上述各器应属于上文所划分的甲类。平顶山M10还出有1件刻纹盘，仅有文字描述，形制与图像内容不详。

4. 齐文化区

长岛王沟M2出有2件鎏金刻纹盘，M2：2（图一二，3），仅见底部为水蛇纹，相当于吴越文化区同类图像的Ⅰ式；M2：1（图一二，1），腹部图像与吴越文化区刻纹盘腹部图像的Ⅱ式相同。长岛王沟M2：3（图一二，2），鎏金刻纹匜仅存流部，为三游鱼；平度东岳石M16：60（图一二，4），匜残，仅余表现射侯的腹部残片。2件匜流部与腹部的图像均同于吴越文化匜相同部位的Ⅰ式。上述诸器应属于所划分的甲类。

5. 燕文化区

通县中赵甫出土的刻纹匜（图一三，2），残，流部为三游鱼，腹部图像与吴越文化区的Ⅰ式相同。建昌东大杖子M11：2匜（图一三，1），残，流部为三游鱼，流下腹部为在双层建筑中进行的飨礼，相当于吴越文化区的Ⅱ式。东大杖子M45：40匜（图一三，3），基本完整，底部水蛇纹，流部为三游鱼，腹部图像出现似人首兽身的神怪和枝干平伸且两端上举的树木，与吴越文化区的Ⅲ式相近。上述诸器整体上与吴越文化区所出非常接近，应属于上文所划分的甲类。

东大杖子M45：13盘（图一四，3），底部图像最外层为相互勾连的水蛇纹，接

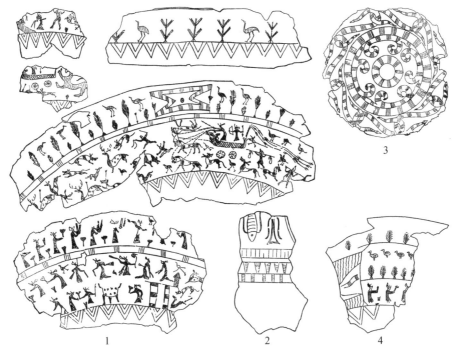

图一二　齐文化区刻纹铜器图像

1、3. 鎏金盘（长岛王沟M2：1、2）　2. 鎏金匜（长岛王沟M2：3）　4. 匜（平度东岳石M16：60）

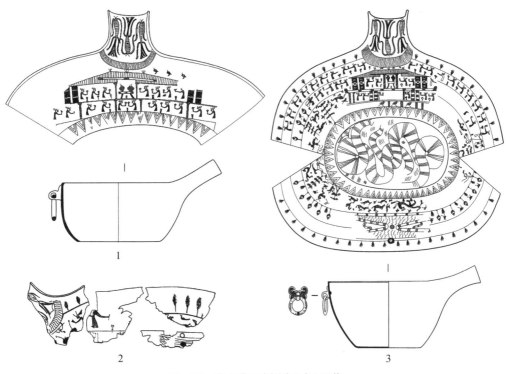

图一三　燕文化区刻纹铜匜及图像

1. 建昌东大杖子M11：2　2. 通县中赵甫　3. 东大杖子M45：40

近于吴越文化区盘底图像的Ⅱ式。腹部图像分为两层，上层残破，有射侯（图一四，1）；下层有狩猎和舟战（图一四，2）。射侯与狩猎的场景与吴越文化区盘的Ⅱ式相近，但是舟战图却不见于吴越地区，而是同时期三晋两周地区画像铜器中水陆攻战纹的主要元素[43]。共有三组相同的舟战图与狩猎图的组合重复出现，这种以一组图像重复出现的构图方式亦是三晋两周地区画像铜器中常用的手法[44]，不见于吴越文化区刻纹铜器，应属于上文划分的乙类。

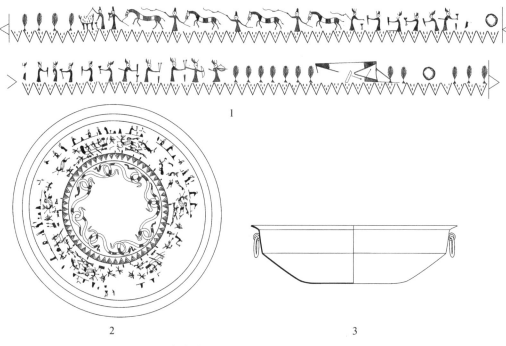

图一四　东大杖子M45：13刻纹铜盘及腹、底部图像
1. 腹部上层图像　2. 腹部中下层及底部外层图像　3. 器物形制

　　涞水永乐村发现的刻纹匜因残破，只知流部为游鱼，腹部有人物和植物。另外，易县燕下都西贯村M6：4，为刻纹匕，勺部刻有一鱼纹，与刻纹匜流部所刻游鱼相同，柄部所刻似一鸟，柄首已残。

　　各地区出土刻纹铜器的形制信息与年代见表二。

表二　各地区出土刻纹铜器基本信息

地区	器物号	器类	流部图像	底部图像	腹部图像	出土刻纹铜器墓葬年代
吴越文化区	江苏六合程桥M1	盘	无	Ⅰ式	Ⅰ式	春秋末年
	镇江王家山东周墓：36	盘		Ⅰ式	Ⅱ式	战国早期
	镇江王家山东周墓：采52	鉴		Ⅰ式	Ⅱ式	战国早期
	淮阴高庄M1：48	盘		Ⅰ式	Ⅱ式	战国中期
	淮阴高庄M1：27	盘		不清	Ⅱ式	战国中期

续表

地区		器物号	器类	流部图像	底部图像	腹部图像	出土刻纹铜器墓葬年代
吴越文化区		淮阴高庄M1：0149（残）	盘	无	Ⅱ式	Ⅱ式？	战国中期
		淮阴高庄M1：3	盘		Ⅲ式	Ⅲ式	战国中期
		淮阴高庄M1：0146	盘		Ⅳ式	Ⅳ式	战国中期
		淮阴高庄M1：0147	盘		不清	Ⅳ式	战国中期
		淮阴高庄M1：114	算形器		不清	Ⅳ式	战国中期
		淮阴高庄M1：0153	不清		不清	Ⅳ式	战国中期
		淮阴高庄M1：0154	不清		不清	Ⅳ式	战国中期
		淮阴高庄M1：0155	不清		不清	Ⅳ式	战国中期
		镇江王家山东周墓：采51	匜	Ⅰ式	水蛇纹	Ⅰ式	战国早期
		六合和仁东周墓	匜	Ⅱ式	无	Ⅱ式	战国早期
		淮阴高庄M1：0137	匜	无	无	Ⅲ式	战国中期
		淮阴高庄M1：0138	匜	Ⅲ式	无	Ⅳ式（外壁）	战国中期
三晋两周文化区	甲	长治分水岭M84：7	盘	无	Ⅰ式	Ⅱ式	战国早期晚段
		行唐故郡M53：7	鉴		无	无	战国早期
		陕县后川M2040：76	盘		无	Ⅱ式	战国早期晚段
		辉县赵固M1：73	盘		无	Ⅱ式	战国中期早段
		辉县琉璃阁M1：51	奁？		Ⅳ式	Ⅲ式	战国中期
		太原金胜村M251：540	匜	Ⅰ式	水蛇纹	Ⅰ式	战国早期早段
		陕县后川M2042：8	匜	Ⅰ式	水蛇纹	Ⅰ式	战国早期晚段
		长治分水岭M84：93	匜	Ⅰ式	水蛇纹	Ⅰ式	战国早期晚段
		长治分水岭M79：8	匜	Ⅰ式	无	Ⅱ式	战国中期早段
		长治分水岭M12（无编号）	匜	Ⅱ式	无	Ⅱ式	战国中期早段
	乙	灵寿城穆家庄西M8101：4	盘	无	Ⅰ式	Ⅱ式	战国早期晚段
		定襄中霍村M1：14	匜	Ⅰ式	无	Ⅰ式	战国早期早段
		潞城潞河M7：156	匜	Ⅰ式	无	Ⅰ式	战国早期早段
		陕县后川M2144：7	匜	Ⅰ式	水蛇纹	Ⅲ式	战国中期早段
		传出辉县	匜	Ⅰ式	水蛇纹	Ⅰ式	不清
		洛阳征集	匜	Ⅱ式	水蛇纹	Ⅲ式	不清
楚文化区	甲	襄阳余岗M173：4	匜	Ⅰ式	水蛇纹	Ⅰ式	战国早期晚段
		平顶山应国墓地M10：51	匜	Ⅰ式	无	Ⅰ式？	战国早期
		澧县皇岗M1：1	匜	无	水蛇纹		战国早期
		长沙楚墓M186：2（长沙黄泥坑M5）	匜	Ⅰ式	无	Ⅰ式	战国中期

续表

地区		器物号	器类	流部图像	底部图像	腹部图像	出土刻纹铜器墓葬年代
齐文化区	甲	长岛王沟M2：2	鎏金盘	无	Ⅰ式	无	战国中期早段
		长岛王沟M2：1	鎏金盘	无	残	Ⅱ式	战国中期早段
		平度东岳石M16：60	匜	无	残	Ⅰ式	战国早期晚段
		长岛王沟M2：3	鎏金匜	Ⅰ式	残	Ⅰ式?	战国中期早段
燕文化区	甲	通县中赵甫	匜	Ⅰ式	残	Ⅰ式	战国中期早段
		东大杖子M11：2	匜	Ⅰ式	残	Ⅱ式	战国中期早段
		东大杖子M45：40	匜	Ⅰ式	水蛇纹	Ⅲ式	战国中期早段
	乙	东大杖子M45：13	盘	无	Ⅱ式	Ⅱ式	战国中期早段

三

　　通过对吴越文化区、三晋两周文化区、楚文化区、齐文化区和燕文化区出土的刻纹铜器进行分析，可知吴越文化区出土刻纹铜器的墓葬，年代最早可到春秋末年，一直延续到战国中期，盘/鉴和匜的花纹在图像内容和表现手法上不仅表现出相近的特征，而且具有相同的变化轨迹和基本完整的发展序列。这些都表明刻纹铜器最早出现于吴越文化区，并且在这里经历了发生、发展、消失的完整过程。

　　通过对吴越文化区以外地区出土的刻纹铜器进行观察，可以发现以下值得关注的现象。

　　第一，其他地区随葬有刻纹盘、匜的墓葬年代大体从战国早期早段到战国中期早段，但除陕县后川M2144：7（乙类）、东大杖子M45和M11的2件匜（甲类），以及辉县琉璃阁M1：51奁（甲类）以外，其余盘、匜的纹饰均为吴越文化区在春秋末年到战国早期流行的式别，即这几个地区即使到了战国中期，刻纹铜器的纹饰仍是以吴越文化区战国早期流行的纹饰为主，而没有表现出与之相同的发展趋势。

　　这种现象表明，吴越文化区的刻纹铜器很可能在春秋末年到战国早期存在着一个集中向外传播的过程，部分在吴越文化区生产的刻纹铜器流入到其他地区，因其具有极高的装饰性和观赏性，从而被接受者所喜爱，或因使用者的去世而随葬，或留传于后人，又因后人的去世而放入墓中。

　　第二，吴越文化区以外其他地区的刻纹铜器，可依图像内容、表现手法等分为甲、乙两类。甲类在图像题材、内容和表现手法等方面与吴越文化区同类器物相同，如人物着长袍，戴三叉冠，车辆逆时针方向行驶等。而乙类刻纹铜器，虽然图像题材与吴越文化区相同，但许多特点为吴越文化区所不见，如人物多着袴，无冠，建筑附加有横置的屋顶，车辆行驶方向有顺时针者，出现舟战与陆战等。还有一些图像组合为吴越文化区所不见，如在露天进行的飨礼与神怪的组合，神山下出现斗栱等；而腹部图像分组重复出现也不见于吴越文化区。更值得注意的是，乙类刻纹铜器的具体表现手法也多显简单，刻划潦草。

这种现象表明在吴越文化区以外的地方出现的刻纹铜器，在生产或制造方面或有不同。甲类刻纹铜器应该是制作于吴越文化区，作为完整器物流传到其他地区。乙类在具体内容和表现手法等方面可以看到明显的差别，而这些差别如出现舟战和陆战之类的场景，一组画面重复出现，都是三晋两周地区同时期画像铜器中常见的内容和构图方式。在具体的刻划技法上，潦草、随意，不规范，似表明这些铜器上的刻纹并非出于成熟工匠之手。由此可以推测，这些乙类刻纹铜器很可能是由不谙于刻纹技术的工匠，以吴越文化区的刻纹铜器为范本，并加入了当时三晋两周地区流行的画像铜器的部分因素制作出来的模仿之作。这类铜器主要发现于三晋两周文化区，因此其生产地点很可能就在三晋两周地区。由于其图像大部分是吴越文化区战国早期流行的式别，表明这些模仿之作在战国早期已有生产，但从部分乙类铜器中出现了吴越文化区战国中期流行的神山和神怪纹看，有些模仿是在战国中期进行的，即是以战国早期刻纹铜器流行的图像为主，再加上战国中期吴越文化区流行的神山和神怪纹等时尚元素，造就了乙类刻纹铜器中那些看上去较为特殊的内容组合。

需要说明的是灵寿城穆家庄西M8101：4和东大杖子M45：13。2件均为盘，形制相近。穆家庄西M8101为中山国贵族墓葬，东大杖子M45的墓主人身份尚有争议，或认为是扩张至东北地区的燕国贵族，或为燕扩张所至地区的土著首领。如前文所述，这2件刻纹铜器很可能是在三晋地区由当地工匠生产后，辗转流入中山国或辽西地区。

四

综上，吴越文化区的刻纹铜器在战国早期，有一个集中向外传播的过程，就目前所见，这种传播对三晋两周地区的影响最为强烈，不仅发现了数量较多的来自吴越地区的刻纹铜器，还出现了本地工匠的模仿之作，表明春秋末年到战国初年，三晋地区与吴越地区之间存在着比较密切的文化、物质上的交流。

通过表一可以知道，随葬有刻纹铜器的墓葬均随葬有青铜礼器，表明这种文化或物质上的交流，主要是在当时社会的贵族阶层之间进行的。不过，在同时期其他青铜礼器墓葬中，随葬刻纹铜器的现象并不普遍。如六合程桥共发现三座随葬青铜礼器的墓葬，墓主人被认为是与吴国关系密切的贵族[45]，其中只有M1随葬有刻纹铜器。随葬有刻纹匜和刻纹盘的镇江王家山墓，学界多认为其为吴墓，在丹徒北山[46]、吴县何山[47]、丹徒谏壁粮山[48]、苏州虎丘[49]等地都发现了年代基本在春秋晚期的吴国贵族墓葬，均未见随葬有刻纹铜器。淮阴高庄M1，学界多认为其为流亡于越国的徐国贵族墓葬，其文化面貌与越国墓葬相同，因此多将其纳入越墓进行讨论，但在浙江安吉龙山[50]、长兴鼻子山[51]、江苏无锡鸿山[52]、绍兴狮子山[53]等地均发现了与淮阴高庄M1年代大体相当的越墓，但也仅高庄M1随葬了数量较多的刻纹铜器。

　　三晋两周地区据不完全统计，年代大体在战国早期到中期的青铜礼器墓葬共90余座[54]，仅有10余座墓葬随葬刻纹铜器。长江中游发现的150余座年代在战国早中期的随葬有青铜礼器的楚墓中[55]，到目前为止，也仅在长沙黄泥坑、澧县皇山岗和襄阳余岗各有1座楚墓，以及平顶山应国墓地M10随葬了刻纹铜器。山东半岛年代在战国时期的齐墓据不完全统计大约为60座[56]，仅在平度东岳石和长岛王沟两个地点发现了随葬刻纹铜器的墓葬。到目前为止发现的燕文化墓葬中年代大约在春秋末年到战国中期的青铜礼器墓葬有十几座，目前也只在通县中赵甫和燕下都西贯村M6发现有刻纹铜器。另外在燕文化影响所到地区的辽宁建昌东大杖子，共有9座墓葬随葬有中原式青铜礼器，其中仅M11和M45随葬了刻纹铜器。

　　综上可知，并不是所有的贵族墓葬都随葬有刻纹铜器，即刻纹铜器并不是墓主人贵族身份或地位的必要标识物，而随葬有刻纹铜器的墓葬仅是贵族墓葬中的一小部分，似乎说明这些墓葬的墓主人是出于某种特殊的原因而使用刻纹铜器随葬。目前已统计各地区随葬有刻纹铜器的墓葬共33座，虽年代不同，随葬的青铜礼、乐器的种类、数量也不同，但其中有22座墓葬都随葬了青铜兵器，镇江王家山墓还随葬有被认为是军乐器的錞于。这一现象说明随葬有刻纹铜器墓葬的墓主人大多具有一定的军事背景。

　　有学者注意到在三晋地区出土的刻纹铜器以及大量的其他吴国器物，如吴王夫差鉴、吴王夫差剑、吴王光剑等，指出在春秋末到战国初年时晋吴通好，曾发生吴季札使晋、晋嫁女于吴、晋叔向使吴、黄池之会等几次重要的历史事件，而三晋地区出土的刻纹铜器以及其他吴器，就是在上述历史背景下，通过聘问、会盟、婚嫁等渠道，由吴国流通到晋国来的[57]。除上述晋吴之间交流的渠道之外，笔者还注意到，文献中所记春秋末年晋吴通好的初始目的是"约伐楚"，当时辅佐晋景公的楚人巫臣使吴，主要亦是"教吴乘车用兵"[58]，说明参与晋吴始通的双方都具有一定的军事背景。在这样的历史背景下去理解随葬有刻纹铜器的墓葬绝大多数是贵族墓葬，又多共出青铜兵器这一事实，虽然不能解读为这些墓葬的墓主人是晋吴通好的直接参与者，但是对解释集中发生在春秋末年到战国早期吴越地区刻纹铜器的对外传播、三晋地区对刻纹铜器的接受等，应该是提供了重要的线索和新的观察视角。

　　最后想说明的是，刻纹铜器因其刻划有精美的图像，有些器物还施有鎏金等其他装饰工艺，其作为艺术品的价值可能远远超出其作为礼器的意义。而战国中期以后刻纹铜器迅速的消失，很可能与更加精美的漆器工艺的发展有关。

注　释

[1]　　河北怀来北辛堡M1出土2件饰有刻划纹的薄壁铜缶，其上刻划的纹饰以图案化的蕉叶纹、涡纹为主，另有山西隰县瓦窑坡M30出有1件刻纹铜斗，在锻造成型的器物外壁刻划有图案化

的几何纹，内壁刻有四条鱼纹，考虑到这几件器物的纹饰与本文研究的刻纹铜器所表现的各种活动场景不同，所出器形亦为孤例，因此本文的研究不包括上述几件器物。

[2] 东周时期的盘和鉴均为水器，本文将口径在40厘米以上、深度在17厘米以下，即腹深不足口径1/2者统称为盘；将口径在40厘米以上，腹深超过口径1/2或接近1/2者称为鉴。

[3] 关于东周时期镶嵌花纹铜器的制造工艺，可进一步分为铸镶法和嵌镶法，参见贾云福等：《曾侯乙墓青铜器红铜纹饰铸镶法的研究》，《曾侯乙墓》，文物出版社，1989年，640~644页，附录一二。

[4] 这种工艺的特点是纹饰均为铸造出的阳文，典型者如辉县琉璃阁墓地出土的狩猎纹壶（郭宝钧著：《山彪镇与琉璃阁》，科学出版社，1959年，62~66页）。

[5] 王恩田：《辉县赵固刻纹鉴图说》，《文物集刊》（2），文物出版社，1980年。

[6] 王立仕：《淮阴高庄战国墓铜器刻纹和〈山海图〉》，《东南文化》1991年第6期；王崇顺、王厚宇：《淮阴高庄战国墓铜器图像考释》，《东南文化》1995年第4期。

[7] 许雅惠：《东周的图像纹铜器与刻纹铜器》，《故宫学术季刊》2002年第2期。与这种观点相似的还有李学勤先生在《东周与秦代文明》中的论述，他认为上有刻纹的楫制铜器，似乎是南北同时出现的。参见《东周与秦代文明》，上海人民出版社，2007年，178、179页。

[8] 最近有研究者提出瓦窑坡M30所出铜斗是目前发现最早的刻纹铜器，年代为春秋中期，并因此认为"刻纹铜器应兴起于三晋地区"（南普恒等：《隰县瓦窑坡墓地刻纹铜斗的刻纹形态及相关问题》，《文物保护研究、实践与教育——西北大学文物保护技术专业创立三十周年论文集》，西北大学出版社，2019年），但瓦窑坡M30铜斗在器物种类，纹饰表现方式等均与本文的刻纹铜器存在明显区别，依目前材料并不能显示二者之间存在着发展演变关系。

[9] 代表性的观点参见白云翔：《辽宁东大杖子墓地出土的刻纹铜器及相关问题》，《李下蹊华——庆祝李伯谦先生八十华诞论文集》，科学出版社，2017年。

[10] 李夏廷：《关于图像纹铜器的几点认识》，《文物季刊》1992年第4期。

[11] 在一些博物馆中还有不知出土地点的收藏品，参见马承源：《漫谈战国青铜器上的画像》，《文物》1961年第10期；梓溪：《战国刻绘宴乐画像铜器残片》，《文物》1962年第2期。

[12] 江苏省文物管理委员会、南京博物院：《江苏六合程桥东周墓》，《考古》1965年第3期。

[13] 吴山菁：《江苏六合县和仁东周墓》，《考古》1977年第5期。

[14] 镇江博物馆：《江苏镇江谏壁王家山东周墓》，《文物》1987年第12期。

[15] 淮阴市博物馆：《淮阴高庄战国墓》，《考古学报》1988年第2期；淮安市博物馆：《淮阴高庄战国墓》，文物出版社，2009年。

[16] 中国社会科学院考古研究所编著：《陕县东周秦汉墓》，科学出版社，1994年。

[17] 徐禅菲、姚智远：《浅释洛阳新获战国铜匜上的刻纹图案》，《中原文物》2007年第1期。

[18] 中国科学院考古研究所编著：《辉县发掘报告》，科学出版社，1956年，110~120页；郭宝

钧著：《山彪镇与琉璃阁》，科学出版社，1959年，62~66页。

［19］　山西省考古研究所、山西省晋东南地区文化局：《山西省潞城县潞河战国墓》，《文物》
　　　　1986年第6期。

［20］　山西省考古研究所等：《长治分水岭东周墓地》，文物出版社，2010年。

［21］　山西省考古研究所、太原市文物管理委员会：《太原晋国赵卿墓》，文物出版社，1996年。

［22］　李有成：《定襄县中霍村东周墓发掘报告》，《文物》1997年第5期。

［23］　河北省文化局文化工作队：《河北邯郸百家村战国墓》，《考古》1962年第12期。

［24］　河北省文物研究所：《战国中山国灵寿城——1975—1993年考古发掘报告》，文物出版社，
　　　　2005年。

［25］　河北省文物研究所等：《河北行唐县故郡东周遗址》，《考古》2018年第7期。

［26］　韩伟、曹明檀：《陕西凤翔高王寺战国铜器窖藏》，《文物》1981年第1期。

［27］　襄阳市文物考古研究所：《余岗楚墓》，科学出版社，2011年。

［28］　澧县博物馆：《湖南澧县皇山岗楚墓发掘报告》，《湖南考古辑刊》，1999年。

［29］　湖南省博物馆：《长沙楚墓》，《考古学报》1959年第1期。

［30］　河南省文物考古研究所、平顶山市文物局：《平顶山应国墓地十号墓发掘简报》，《中原文
　　　　物》2007年第4期。

［31］　中国科学院考古研究所山东发掘队：《山东平度东岳石村新石器时代遗址与战国墓》，《考
　　　　古》1962年第10期。

［32］　烟台市文物管理委员会：《山东长岛王沟东周墓葬》，《考古学报》1993年第1期。

［33］　河北省文物研究所：《燕下都》，文物出版社，1996年，517页。

［34］　程长新：《北京市通县中赵甫出土一组战国青铜器》，《考古》1985年第8期。

［35］　《河北省涞水县永乐村发现一批战国铜、陶器》，《文物》1955年第12期。

［36］　辽宁省文物考古研究所等：《辽宁建昌东大杖子墓地2000年发掘简报》，《文物》2015年第
　　　　11期；辽宁省文物考古研究所等：《辽宁建昌东大杖子墓地2003年发掘简报》，《边疆考古
　　　　研究》（第18辑），科学出版社，2015年。

［37］　朱凤瀚：《中国青铜器综论》（下），上海古籍出版社，2009年，1906页。

［38］　滕铭予：《三晋两周地区出土圆形当卢研究》，《纪念张忠培先生文集·学术卷》，故宫出
　　　　版社，2018年。

［39］　辽宁省文物考古研究所等：《辽宁建昌东大杖子墓地2000年发掘简报》，《文物》2015年第
　　　　11期。

［40］　林沄：《中国东北系铜剑再论》，《考古学文化论集》（四），文物出版社，1997年；朱凤
　　　　瀚：《论中国东北地区与朝鲜半岛出土的短茎曲刃青铜短剑》，《中国历史博物馆考古部纪
　　　　念文集》，科学出版社，2000年。

［41］ 裴炫俊：《东周时期燕文化的扩张与东北地区文化的变迁》，北京大学博士学位论文，2016年。

［42］ 朱凤瀚：《中国青铜器综论》（下），上海古籍出版社，2009年，1822页。

［43］ 关于画像铜器中的水陆攻战纹，以山彪镇M1所出鉴最具代表性，参见郭宝钧：《山彪镇与琉璃阁》，科学出版社，1959年，18页。

［44］ 关于三晋两周地区画像铜器一组图像内容重复出现的手法在很多器物上都可见到，典型者如山彪镇M1所出水陆攻战鉴，参见郭宝钧：《山彪镇与琉璃阁》，科学出版社，1959年，18、19页。

［45］ 朱凤瀚：《中国青铜器综论》（下），上海古籍出版社，2009年，1821、1822页；张敏：《吴越文化比较研究》，南京出版社，2018年，234、235页。

［46］ 江苏丹徒考古队：《江苏丹徒北山顶春秋墓发掘报告》，《东南文化》1988年第3、4期。

［47］ 吴县文物管理委员会：《江苏吴县何山东周墓》，《文物》1984年第5期。

［48］ 镇江市博物馆：《江苏丹徒出土东周铜器》，《考古》1981年第5期。

［49］ 苏州博物馆考古组：《江苏苏州虎丘东周墓》，《文物》1981年第11期。

［50］ 浙江省文物考古研究所、浙江安吉县博物馆：《浙江安吉龙山越国贵族墓》，《南方文物》2008年第3期。

［51］ 浙江省文物考古研究所、长兴县博物馆：《浙江长兴鼻子山越国贵族墓》，《文物》2007年第1期。

［52］ 南京博物院考古研究所、无锡市锡山区文物管理委员会：《无锡鸿山越国贵族墓发掘简报》，《文物》，2006年第1期；南京博物院等：《鸿山越墓发掘报告》，文物出版社，2007年。

［53］ 浙江省文物管理委员会等：《绍兴306号战国墓发掘简报》，《文物》1984年第1期。

［54］ 该统计数字参见张亮：《东周社会结构演变的考古学观察》，吉林大学博士学位论文，2014年。

［55］ 该数据分别参见尚如春：《东周时期楚国社会变迁研究——以江汉淮地区墓葬为中心》，吉林大学博士学位论文，2019年；胡平平：《楚文化南渐的考古学观察》，吉林大学博士学位论文，2019年。

［56］ 崔盼：《东周齐墓研究》，吉林大学硕士学位论文，2015年。

［57］ 相关研究参见陶正刚：《山西出土的吴越地区青铜器及其研究》，《陶正刚考古文集》，三晋出版社，2016年；劳伯敏：《从有铭吴越青铜器看吴越与晋的文化交流》，《东方博物》2006年第4期；田建文：《刻纹铜匜说晋吴》，《古代文明研究通讯》，2018年总第76期。

［58］ 巫臣使吴之事可见《左传·成公七年》［杨伯峻编著：《春秋左传注》（二），中华书局，1990年，835页］，《史记·晋世家》［《史记》（五），中华书局，1975年，1679页］。

（原刊于《考古》2020年第9期）

丰镐地区西周墓葬的若干问题

丰镐地区[1]由于在历史上的特殊地位，历来为史学家和考古学家所关注。自20世纪50年代以来，以探索西周文化为目的，考古工作者在这里进行了大量的工作。至1988年10月，此地见诸报道的西周墓葬已近500座[2]，年代上迄"文王建丰"[3]，下至平王东迁。为研究西周墓葬的分期、文化结构以及由此反映出的西周文化的形成、发展等问题提供了较为系统的材料。本文拟从分析墓葬的随葬陶器入手，对上述问题进行初步的研究[4]。

一

对器物进行考古学分类和排序，在研究遗存相对关系时是目的，而在探讨文化结构时又是手段。因此考古学分类和排序的意义就不仅仅在于区分各种不同类别的器物和器物的不同形态，而是要通过正确的分类来了解构成考古学文化的诸文化因素以及各种文化因素的性质、作用、地位等，而正确的排序则提供各类型器物自身的逻辑序列。对一个地区、一个时代的器物进行研究，必须首先运用统一的标准对典型器物进行分类和排序。因此本文首先讨论丰镐地区西周墓葬随葬陶器的分类和排序。

丰镐地区西周墓葬随葬陶器中数量最多的是鬲。根据鬲的制法以及由其制法不同呈现出的足、裆部形态的差异，将其分为两大类。

甲类　三袋足模制，有明显的分裆，即通称的分裆袋足鬲。

乙类　三足捏制，弧裆，即通称的联裆鬲。

84~85长安张家坡M37：1和67长安张家坡M16：2[5]，同为分裆袋足鬲，裆部形态相近，但二者在口、腹、足等部位却存在着十分明显的差别。分别与这2件陶鬲口、腹、足形态相近的57长安张家坡M173：5和79长安张家坡M4：1其裆部又都低于前2件。在这一地区的稍晚阶段，由于灶的出现，鬲的空足部分逐渐失去其存在的意义，因此袋足越来越不明显，与此相应，裆部也越来越低，最后袋足几近消失，裆部低平而下凸。这种事实表明鬲的裆部由高到低这一变化具有年代的意义，而口、腹、足部位形态的不同应该具有分型的意义。根据上述逻辑，将甲类分裆袋足鬲分成五型，各型排序如下：

甲A型　高领乳状袋足鬲

Ⅰ、67长安张家坡M89：2→Ⅱ、83沣西客省庄M1：1。

甲B型　卷沿小口大袋足鬲

Ⅰ、84～85长安张家坡M37：1→Ⅱ、84～85长安张家坡M6：1→Ⅲ、57长安张家坡M173：5。

甲C型　敞口鼓腹长方体袋足鬲

Ⅰ、67长安张家坡M16：6→Ⅱ、57长安张家坡M448：1→Ⅲ、79长安张家坡M4：1。

甲D型　扁方体袋足鬲

Ⅰ、84～85长安张家坡M2：4→Ⅱ、81长安花园村M6：3→Ⅲ、57长安张家坡M147：4。

甲E型　鼓腹正方体袋足鬲

Ⅰ、57长安张家坡M178：1→Ⅱ、67长安张家坡M17：6→Ⅲ、57长安张家坡M453：5（图一）。

根据同样的原则，可把乙类弧裆鬲分为五型，各类型各自的排序如下：

乙A型　卷沿小口斜直腹弧裆鬲

Ⅰ、67长安张家坡M70：1→Ⅱ、67长安张家坡M16：4。

乙B型　卷沿刮领弧裆鬲

Ⅰ、79长安张家坡M2：1→Ⅱ、67长安张家坡M71：3。

乙C型　卷沿鼓肩弧裆鬲

Ⅰ、67长安张家坡M79：1→Ⅱ、67长安张家坡M33：4→Ⅲ、84～85长安张家坡M24[6]。

乙D型　卷沿瘪裆鬲[7]

根据整体形态不同，乙D型鬲可分为三亚型。

乙Da型　整体呈长方体

Ⅰ、67长安张家坡M85：1→Ⅱ、57长安客省庄M12：1。

乙Db型　整体呈正方体

Ⅰ、67长安张家坡M158：1→Ⅱ、84～85长安张家坡M3：1→Ⅲ、57长安客省庄M69：4。

乙Dc型　整体呈扁方体

Ⅰ、57长安客省庄M145：6→Ⅱ、61～62长安张家坡M307：1→Ⅲ、57长安张家坡M157：7（图二）。

乙E型　折沿长足跟弧裆鬲[8]

Ⅰ、84～85长安张家坡M15：6→Ⅱ、67长安张家坡M56：2→Ⅲ、84长安大原村M304：06→Ⅳ、67长安张家坡M160：7→Ⅴ、67长安张家坡M115：3（图三）。

丰镐地区西周墓葬中出土的陶簋，观其外部形态在口、腹、圈足、纹饰等方面存在着十分明显的差异，据此可将其分为四型，各型各自的排序如下：

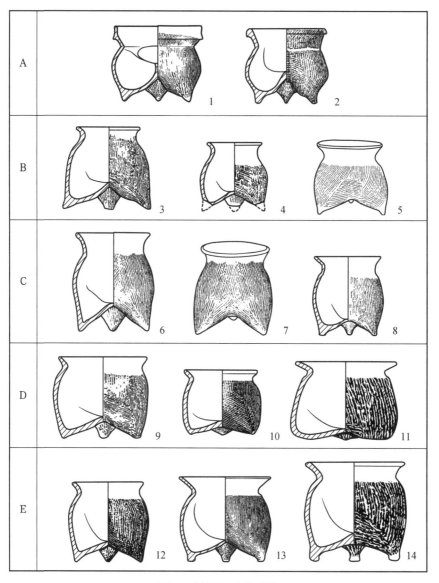

图一　甲类陶鬲型式图

1. A I（67长安张家坡M89：2）　2. A II（83沣西客省庄M1：1）　3. B I（84～85长安张家坡M37：1）　4. B II
（84～85长安张家坡M6：1）　5. B III（57长安张家坡M173：5）　6. C I（67长安张家坡M16：6）　7. C II（57长
安张家坡M448：1）　8. C III（79长安张家坡M4：1）　9. D I（84～85长安张家坡M2：4）　10. D II（81长安花
园村M6：3）　11. D III（57长安张家坡M147：4）　12. E I（57长安张家坡M178：1）　13. E II（67长安张家坡
M17：6）　14. E III（57长安张家坡M453：5）

A型　敞口深腹矮圈足簋

根据腹部形态的不同可分为两亚型。

Aa型　折腹

I 、84～85长安张家坡M37：2→ II 、84～85长安张家坡M43[9]→ III 、57长安客省

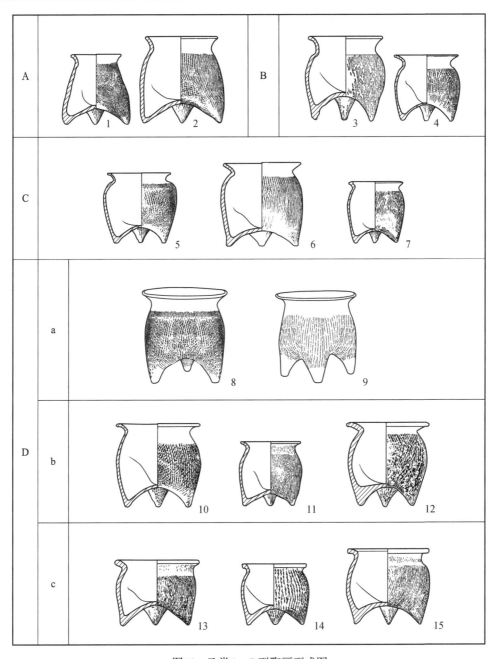

图二　乙类A～D型陶鬲型式图

1. AⅠ（67长安张家坡M70：1）　2. AⅡ（67长安张家坡M16：4）　3. BⅠ（79长安张家坡M2：1）　4. BⅡ（67长安张家坡M71：3）　5. CⅠ（67长安张家坡M79：1）　6. CⅡ（67长安张家坡M33：4）　7. CⅢ（84～85长安张家坡M24）　8. DaⅠ（67长安张家坡M85：1）　9. DaⅡ（57长安客省庄M12：1）　10. DbⅠ（67长安张家坡M158：1）　11. DbⅡ（84～85长安张家坡M3：1）　12. DbⅢ（57长安客省庄M69：4）　13. DcⅠ（57长安客省庄M145：6）　14. DcⅡ（61～62长安张家坡M307：1）　15. DcⅢ（57长安张家坡M157：7）

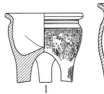 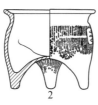 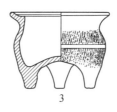 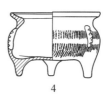 

图三　乙类E型陶鬲

1. Ⅰ（84～85长安张家坡M15：6）　2. Ⅱ（67长安张家坡M56：2）　3. Ⅲ（84长安大原村M304：06）
4. Ⅳ（67长安张家坡M160：7）　5. Ⅴ（67长安张家坡M115：3）

庄M145：1→Ⅳ、61～62长安张家坡M403：2。

Ab型　斜直腹

Ⅰ、60长安张家坡M201→Ⅱ、57长安张家坡M178：2→Ⅲ、81长安花园村M6：12。

B型　折沿直腹高圈足簋

Ⅰ、84～85长安张家坡M6：3→Ⅱ、84长安普渡村M39：2→Ⅲ、79长安张家坡M5：5。

C型　敞口曲肩（腹）[10]高圈足簋

Ⅰ、57长安张家坡M147：1→Ⅱ、67长安张家坡M16：7→Ⅲ、67长安张家坡M72：2→Ⅳ、67长安张家坡M71：1。

D型　斜直腹拍印纹高圈足簋

Ⅰ、67长安张家坡M1：3→Ⅱ、61～62长安张家坡M403：1→Ⅲ、57长安客省庄M69：2→Ⅳ、84长安普渡村M9：3（图四）。

丰镐地区西周墓葬中出土的陶豆，可根据豆把直径与豆盘半径比例的不同分为甲、乙两类。

甲类　粗把豆，豆把直径大于或等于豆盘半径。

乙类　细把豆，豆把直径小于豆盘半径。

甲类豆　根据豆盘唇部、豆把的形态不同，将甲类豆分为两型。

甲A型　尖圆唇斜直把豆

Ⅰ、67长安张家坡M33：7→Ⅱ、76长安张家坡M6：5→Ⅲ、81长安普渡村M14：4。

甲B型　方唇折盘凹把豆

Ⅰ、67长安张家坡M81：3→Ⅱ、57长安客省庄M69[11]→Ⅲ、57长安张家坡M157：3。

乙类豆　根据豆把是否有凸棱分为两型。

乙A型　尖唇弧盘把无凸棱豆

据豆把的高矮分为两亚型。

乙Aa型　高把，豆把高度大于豆盘深度。

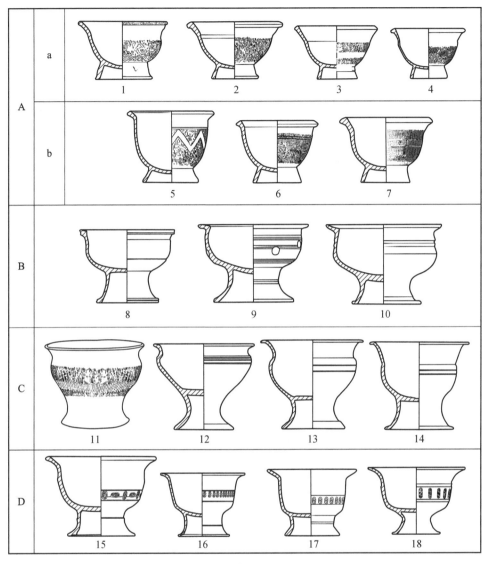

图四 陶簋型式图

1. AaⅠ（84~85长安张家坡M37：2）　2. AaⅡ（84~85长安张家坡M43）　3. AaⅢ（57长安客省庄M145：1）
4. AaⅣ（61~62长安张家坡M403：2）　5. AbⅠ（60长安张家坡M201）　6. AbⅡ（57长安张家坡M178：2）
7. AbⅢ（81长安花园村M6：12）　8. BⅠ（84~85长安张家坡M6：3）　9. BⅡ（84长安普渡村M39：2）
10. BⅢ（79长安张家坡M5：5）　11. CⅠ（57长安张家坡M147：1）　12. CⅡ（67长安张家坡M16：7）
13. CⅢ（67长安张家坡M72：2）　14. CⅣ（67长安张家坡M71：1）　15. DⅠ（67长安张家坡M1：3）
16. DⅡ（61~62长安张家坡M403：1）　17. DⅢ（57长安客省庄M69：2）　18. DⅣ（84长安普渡村M9：3）

Ⅰ、57长安客省庄M145：2→Ⅱ、61~62长安张家坡M302：3。

乙Ab型　矮把，豆把高度小于豆盘深度。

Ⅰ、84长安大原村M304：04→Ⅱ、67长安张家坡M106：1。

乙B型　折盘棱把豆[12]

根据唇部形态不同分为两亚型。

乙Ba型尖唇，此亚型豆把一般较细。

Ⅰ、84长安大原村M304：07→Ⅱ、67长安张家坡M108：2。

乙Bb型　平方唇，此亚型豆把一般较粗。

Ⅰ、79长安张家坡M5：2→Ⅱ、79长安张家坡M6：4→Ⅲ、67长安张家坡M160：5（图五）。

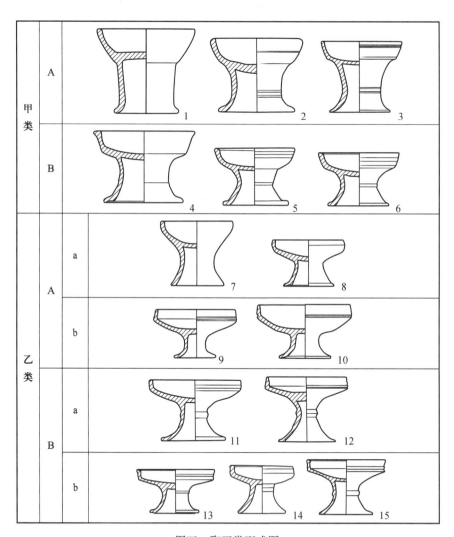

图五　陶豆类型式图

1. 甲AⅠ（67长安张家坡M33：7）　2. 甲AⅡ（76长安张家坡M6：5）　3. 甲AⅢ（81长安普渡村M14：4）

4. 甲BⅠ（67长安张家坡M81：3）　5. 甲BⅡ（57长安客省庄M69）　6. 甲BⅢ（57长安张家坡M157：3）

7. 乙AaⅠ（57长安客省庄M145：2）　8. 乙AaⅡ（61～62张家坡M302：3）　9. 乙AbⅠ（84长安大原村

M304：04）　10. 乙AbⅡ（67长安张家坡M106：1）　11. 乙BaⅠ（84长安大原村M304：07）

12. 乙BaⅡ（67长安张家坡M108：2）　13. 乙BbⅠ（79长安张家坡M5：2）

14. 乙BbⅡ（79长安张家坡M6：4）　15. 乙BbⅢ（67长安张家坡M160：5）

在丰镐地区西周墓葬的随葬陶器中，罐是形态最为简单的器物。尽管如此，其外部形态、纹饰等方面仍然存在着十分明显的差异，其中最突出的是一部分罐器表饰绳纹，一部分罐器表磨光或饰几道弦纹。据此可将罐分为甲、乙两类。

甲类　绳纹罐。

乙类　磨光弦纹罐。

甲类罐，据其领、肩、腹部形态的差异，分为三型。

甲A型　侈口斜折肩绳纹罐

Ⅰ、67长安张家坡M79：2→Ⅱ、67长安张家坡M28：4。

甲B型　小领圆肩绳纹罐

Ⅰ、57长安张家坡M173：2→Ⅱ、84～85长安张家坡M24[13]。

甲C型　侈口折腹绳纹罐

Ⅰ、67长安张家坡M33：3→Ⅱ、81长安花园村M6：2（图六）。

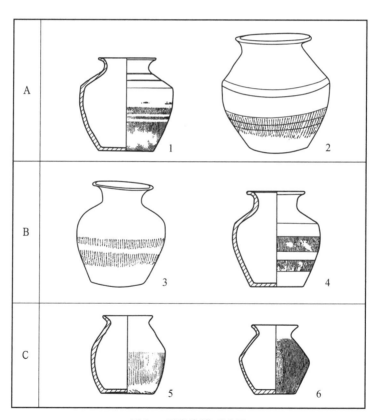

图六　甲类陶罐型式图

1. AⅠ（67长安张家坡M79：2）　2. AⅡ（67长安张家坡M28：4）　3. BⅠ（57长安张家坡M173：2）

4. BⅡ（84～85长安张家坡M24）　5. CⅠ（67长安张家坡M33：3）　6. CⅡ（81长安花园村M6：2）

乙类罐，根据其最大径的位置分为两型。

乙A型　最大径位置靠上，形成明显肩部。

根据是否有领，乙A型可分为两亚型。

乙Aa型　卷沿无领弦纹罐

Ⅰ、83沣毛M1：3→Ⅱ、84～85长安张家坡M43[14]→Ⅲ、67长安张家坡M71：2→Ⅳ、79长安张家坡M1：9→Ⅴ、67长安张家坡M108：1→Ⅵ、57长安张家坡M147[15]。

乙Ab型　小直领弦纹罐

Ⅰ、67长安张家坡M89：1→Ⅱ、79长安张家坡M2：3→Ⅲ、79长安张家坡M3：3→Ⅳ、84～85长安张家坡M13：2。

乙B型　最大径位置靠下，形成凸腹。

根据是否有领，乙B型可分为两亚型。

乙Ba型　小口无领广肩折腹弦纹罐

Ⅰ、54长安普渡村长由墓→Ⅱ、84长安大原村M304：01→Ⅲ、81长安新旺村M104：2。

乙Bb型　小直领凸腹弦纹罐

Ⅰ、84～85长安张家坡M3：3→Ⅱ、67长安张家坡M160：4→Ⅲ、67长安张家坡M106：2（图七）。

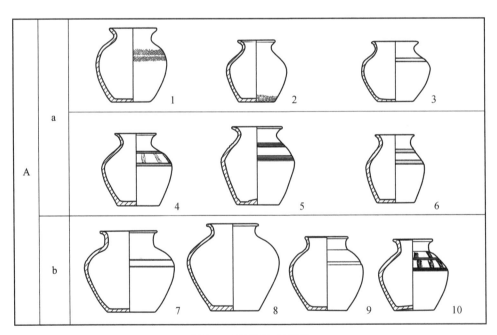

图七　乙类陶罐型式图

1. AaⅠ（83沣毛M1：3）　2. AaⅡ（84～85长安张家坡M43）　3. AaⅢ（67长安张家坡M71：2）
4. AaⅣ（79长安张家坡M1：9）　5. AaⅤ（67长安张家坡M108：1）　6. AaⅥ（57长安张家坡M147）
7. AbⅠ（67长安张家坡M89：1）　8. AbⅡ（79长安张家坡M2：3）　9. AbⅢ（79长安张家坡M3：3）
10. AbⅣ（84～85长安张家坡M13：2）

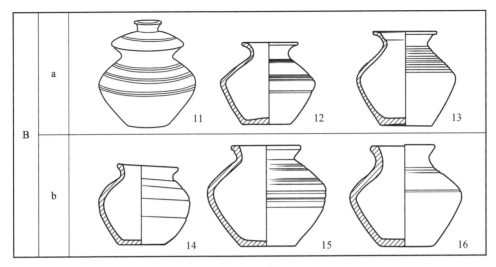

图七 （续）

11. BaⅠ（54长安普渡村长由墓）　12. BaⅡ（84长安大原村M304：01）　13. BaⅢ（81长安新旺村M104：2）
14. BbⅠ（84～85长安张家坡M3：3）　15. BbⅡ（67长安张家坡M160：4）　16. BbⅢ（67长安张家坡M106：2）

盂，在丰镐地区西周墓葬中出现较晚，出现后与簋并行了一段时间，最后代替了簋。根据其肩部形态的差别将其分为两型。

A型　折肩盂

Ⅰ、57长安张家坡M157：2→Ⅱ、67长安张家坡M160：6→Ⅲ、67长安张家坡M106：3。

B型　圆肩盂

Ⅰ、84～85长安张家坡M7[16]→Ⅱ、67长安张家坡M108：4（图八）。

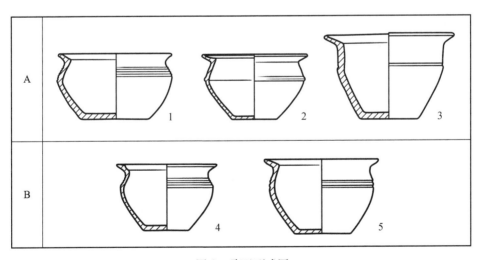

图八　陶盂型式图

1. AⅠ（57长安张家坡M157：2）　2. AⅡ（67长安张家坡M160：6）　3. AⅢ（67长安张家坡M106：3）
4. BⅠ（84～85长安张家坡M7）　5. BⅡ（67长安张家坡M108：4）

丰镐地区西周墓葬中随葬的鬲、簋、豆、罐、盂，除了上文所分的类、型、式之外，还有一些特殊的形制；另外，随葬陶器中其他的器类如壶、瓿等，因数量较少，本文都不予讨论。

二

已发表的丰镐地区的西周墓葬，缺乏较好的层位关系，因此对丰镐地区西周墓葬的分期研究主要借助于类型学的排比。根据本文对各种随葬陶器的分类和排序，比较各类器物中各型式的特点、变化规律以及各型式器物间的组合关系，将丰镐地区的西周墓分为四期8组。各期组包括的墓葬以及出土器物的型式见表一。

表一　各期组墓葬及出土器物型式表

期	组	墓号	鬲	簋	豆	罐	盂	其他	铜器	腰坑	材料出处
一	1	57长安客省庄M147		C I		乙A		瓿		无	《沣西发掘报告》
		67长安张家坡M70	乙A I			不明1				无	《考古学报》80·4
		67长安张家坡M89	甲A I			乙Ab I				有	《考古学报》80·4
		83SCKM1	甲A I						弓形器、戈	有	《考古》84·9
		67长安张家坡M79	乙C I			甲B I				有	《考古学报》80·4
		67长安张家坡M16	甲C I、乙A II	C II		乙Ab I			爵、觯	无	《考古学报》80·4
		67长安张家坡M54	不明1			乙Ab II			鼎、簋	有	《考古学报》80·4
		67长安张家坡M85	乙Da I						簋、爵、觚、戈	有	《考古学报》80·4
		84~85长安张家坡M37	甲B I	Aa I				壶		有	《考古》87·1
		60长安张家坡M201	不明1	Ab I				尊	爵	有	《考古》62·1
		79长安张家坡M2	乙B I			乙Ab II			爵、觯、觚、戈	有	《考古》86·3
			甲B I								
		83沣毛M1	甲A II			乙Aa I			鼎、簋	有	《考古》84·9

续表

期	组	墓号	鬲	簋	豆	罐	盂	其他	铜器	腰坑	材料出处
二	2	57长安客省庄M178	甲EⅠ	AbⅡ		乙AaⅡ			鼎、簋	有	《沣西发掘报告》
		57长安客省庄M448	甲CⅡ	不明1		不明1				有	《沣西发掘报告》
		67长安张家坡M87	甲EⅠ						鼎、簋、瓿、爵、尊	有	《考古学报》80・4
		67长安张家坡M73	甲CⅡ	C				瓿		有	《考古学报》80・4
		67长安张家坡M72	甲EⅠ	CⅢ						无	《考古学报》80・4
		67长安张家坡M158	乙DbⅠ							无	《考古学报》80・4
		84~85长安张家坡M43	不明1	AaⅡ		乙AaⅡ				有	《考古》87・1
		84~85长安张家坡M6	甲BⅡ、甲EⅠ	BⅠ		不明1				有	《考古》87・1
		84~85长安张家坡M2	甲DⅠ、乙E	A				瓿		无	《考古》87・1
		84~85长安张家坡M15	乙EⅠ						鼎、簋、尊、瓿、爵	有	《考古》87・1
		76长安张家坡M5	甲CⅡ			甲类1				有	《考古》81・1
	3	57长安客省庄M145	乙DcⅠ	AaⅢ	乙AaⅠ	不明1				有	《沣西发掘报告》
		57长安客省庄M173	甲BⅢ、乙DcⅠ	AaⅢ、不明1		甲CⅠ、不明1				有	《沣西发掘报告》
		67长安张家坡M81	乙DcⅠ	AaⅡ	甲BⅠ	不明1				无	《考古学报》80・4
		67长安张家坡M33	乙CⅡ、乙DcⅠ	AaⅢ	甲AⅠ	甲CⅠ				有	《考古学报》80・4
		67长安张家坡M1	乙D	AaⅢ、DⅠ		甲CⅠ、不明1				有	《考古学报》80・4
		67长安张家坡M71	乙BⅡ	CⅣ		乙AaⅢ				有	《考古学报》80・4
		67长安张家坡M28	乙DbⅠ	CⅣ		甲BⅡ				无	《考古学报》80・4

续表

期	组	墓号	鬲	簋	豆	罐	盂	其他	铜器	腰坑	材料出处
	3	67长安张家坡M82		CⅣ		乙AbⅢ、不明1			鼎	有	《考古学报》80·4
		55~56长安张家坡M2	甲EⅠ	AbⅡ		甲AⅠ、甲BⅠ				有	《考古》64·9
		61~62长安张家坡M412	乙D	A	乙AaⅠ	不明1				有	《考古》84·9
		79长安张家坡M4	甲CⅢ	AaⅢ		乙AbⅢ				有	《考古》86·3
		79长安张家坡M3	不明1	AaⅢ		乙AbⅢ				无	《考古》86·3
二	4	57长安客省庄M12	乙DaⅡ	A		乙BbⅠ				无	《沣西发掘报告》
		57长安客省庄M162	甲EⅡ、乙EⅡ						鼎	有	《沣西发掘报告》
		67长安张家坡M130	乙DcⅡ					壶		无	《考古学报》80·4
		67长安张家坡M56	乙EⅡ、乙CⅢ	AaⅢ		甲CⅡ				有	《考古学报》80·4
		67长安张家坡M57	乙EⅡ		不明1	不明1		盆		无	《考古学报》80·4
		67长安张家坡M17	甲EⅡ、乙D	A		乙类1		瓿		无	《考古学报》80·4
		84~85长安张家坡M3	乙DbⅡ	AaⅣ		乙BbⅠ				有	《考古》87·1
		84~85长安张家坡M24	乙CⅢ、乙DbⅡ	AaⅢ		甲AⅡ				有	《考古》87·1
		61~62长安张家坡M404	乙DcⅡ	AaⅣ				尊	爵、觯	有	《考古》84·9
		61~62长安张家坡M307	乙DcⅡ	A		乙AbⅢ			爵、觯	有	《考古》84·9
		61~62长安张家坡M403	乙DbⅡ	AaⅣ、DⅡ		不明1		壶		有	《考古》84·9

期	组	墓号	鬲	簋	豆	罐	盂	其他	铜器	腰坑	材料出处
二	4	76长安张家坡M6	乙DcⅡ	A	甲AⅡ	甲类1				无	《考古》81·1
		81长安花园村M6	甲DⅡ、不明1	AaⅣ		甲CⅡ、不明1		釜（填土中出）		有	《文物》86·1
		60长安张家坡M101	乙DbⅡ	AaⅣ		乙BbⅠ		壶	鼎、簋	有	《考古》62·1
三	5	57长安客省庄M139	乙EⅡ	BⅡ		不明1				有	《沣西发掘报告》
		57长安客省庄M69	乙DbⅢ	DⅢ	甲BⅡ	不明1				无	《沣西发掘报告》
		67长安张家坡M61	乙EⅡ			乙类1				无	《考古学报》80·4
		67长安张家坡M62	乙EⅡ			乙类1				无	《考古学报》80·4
		54长安普渡村长由墓	乙EⅡ		乙AbⅠ	乙BaⅠ		三足瓮、瓶等	鼎、簋、鬲、盘、盂、壶、甒、爵、觚、卣、罍、勺等	有	《考古学报》57·1
		53长安普渡村M1	乙EⅡ	AaⅢ				瓶等		有	《考古学报》57·1
		81长安普渡村M14	乙EⅡ	AbⅢ	甲AⅢ	不明多件			鼎	有	《文物》86·1
		81长安花园村M15	乙EⅡ		不明1			瓶多件、罍多件	鼎、簋、卣、尊、爵	有	《文物》86·1
		81长安花园村M17	不明2件	BⅡ		不明多种		瓶多件、罍多件	鼎、簋、尊、甒	有	《文物》86·1
		84~85长安张家坡M14	乙DbⅢ、乙EⅡ							有	《考古》87·1
		84长安普渡村M39	乙EⅡ	BⅡ	甲BⅠ	乙B				有	《考古》88·9
	6	57长安客省庄M157	乙DcⅢ		甲BⅡ	乙BaⅡ	AⅠ			无	《沣西发掘报告》
		79长安张家坡M1	乙DcⅢ、不明1	乙BaⅡ、不明1		乙AaⅣ、乙BaⅢ				无	《考古》86·3
		79长安张家坡M7	乙DcⅢ			乙BaⅡ	AⅠ			有	《考古》86·3

续表

期	组	墓号	鬲	簋	豆	罐	盂	其他	铜器	腰坑	材料出处
三	6	84长安大原村M304	乙EⅢ		乙AbⅠ、乙BaⅠ	乙BaⅡ	BⅠ		鼎	无	《考古》86·11
		84~85长安张家坡M13	乙EⅢ			乙AbⅣ				无	《考古》87·1
		84~85长安张家坡M7	甲EⅢ		甲BⅢ	不明1	BⅠ			无	《考古》87·1
		84长安普渡村M9		DⅣ		乙BaⅡ				有	《考古》88·9
		79长安张家坡M5	乙DcⅢ	BⅢ	乙BbⅠ			瓿		无	《考古》86·3
四	7	长安大原村M1	乙DcⅢ		乙BaⅡ、乙BbⅠ		AⅡ				
		57长安客省庄M453	甲EⅢ		乙BaⅡ	乙AaⅤ	AⅡ			无	《沣西发掘报告》
		55~56长安张家坡M3	甲EⅢ、乙EⅣ		乙BbⅡ	乙AaⅤ	AⅡ			无	《考古》64·9
		67长安张家坡M103	甲EⅢ						鼎	无	《考古学报》80·4
		67长安张家坡M108			乙BaⅡ	乙AaⅤ	BⅡ			有	《考古学报》80·4
		67长安张家坡M160	甲EⅢ、乙EⅣ		乙BaⅢ、乙BbⅢ	乙BbⅡ	AⅡ			无	《考古学报》80·4
		61~62长安张家坡M309	乙E		乙B	乙AaⅤ	B			无	《考古》84·9
		61~62长安张家坡M302	甲EⅢ		乙AaⅡ		AⅡ			无	《考古》84·9
		81长安新旺村M104			不明1	乙BaⅢ	AⅡ			有	《考古》86·3
		79长安张家坡M6	乙EⅣ		乙BbⅡ	乙BaⅢ	AⅡ			无	《考古》86·3
		84~85长安张家坡M40	乙DcⅢ		不明1	乙A	AⅡ			无	《考古》87·1
	8	57长安张家坡M147	甲DⅢ		乙BbⅢ	乙AaⅣ	AⅡ			无	《沣西发掘报告》

期	组	墓号	鬲	簋	豆	罐	盂	其他	铜器	腰坑	材料出处
四	8	67长安张家坡M106			乙AbⅡ	乙BbⅢ	AⅢ			无	《考古学报》80·4
		67长安张家坡M115	乙EⅤ						鼎、鉴	有	《考古学报》80·4
		84~85长安张家坡M8	乙EⅣ		乙AbⅠ、乙BbⅡ	乙AaⅣ	BⅡ			无	《考古》87·1

第一期只包括第1组墓葬。

67长安张家坡M79、67长安张家坡M16、84~85长安张家坡M37、79长安张家坡M2、83沣毛M1、67长安张家坡M85等墓中出有甲AⅡ、甲BⅠ、甲CⅠ、乙AⅡ、乙BⅠ、乙CⅠ、乙DaⅠ式鬲，这几种鬲虽外部形态不同，但有一个共同点，即均为高裆，且高低程度相当。根据鬲的裆部变化指示年代这一规律，上述诸墓年代相当。这些墓葬中还共出有AaⅠ、CⅡ式簋，甲BⅠ、乙AaⅠ、乙AbⅠ、乙AbⅡ式罐。67长安张家坡M54出乙AbⅡ式罐，可归入此组。60长安张家坡M201出AbⅠ式簋，形态与AaⅠ式簋接近，也可归入此组。

甲CⅠ式鬲与天津蓟县张家园遗址T1③:3[17]形态接近，后者年代在商代晚期。乙AⅡ式鬲与山西灵石旌介M2:4[18]形态接近，后者的年代约在殷墟文化四期。83沣毛M1、67长安张家坡M54与陶器共出有青铜礼器鼎、簋。83沣毛M1的鼎（83沣毛M1:1）与安阳后岗杀殉坑出土的戍嗣子鼎（HGH10:5）[19]的形态接近，只是腹部较之圆深。根据商末周初到西周中期这一阶段中铜鼎的腹部由圆深到扁方的变化规律，83沣毛M1:1的年代当早于戍嗣子鼎。安阳后岗杀殉坑的年代一般认为是在殷墟文化四期7组，或殷末之世[20]，83沣毛M1的年代可定在殷墟文化四期。67长安张家坡M54出土的分裆鼎（67长安张家坡M54:2）与殷墟GM239:1[21]的形态接近，后者年代为殷墟文化四期。67长安张家坡M16与陶器共出有青铜礼器爵、觯，60长安张家坡M201也出有1爵，分别与殷墟西区M793所出的爵、觯[22]形态接近。殷墟西区M793的年代也在殷墟文化四期。

通过上述比较，可知丰镐地区第一期第1组墓葬的年代相当于殷墟文化四期。

需说明的是，67长安张家坡M89、83SCKM1出有甲AⅠ式鬲、67长安张家坡M70出有乙AⅠ式鬲、57长安客省庄M147出有CⅠ式簋，其年代应分别早于出同类型器物的67长安张家坡M16、83沣毛M1。但由于材料较少，尚不能断定这几座墓葬是否同时，以及与第1组墓葬的年代差别，因此暂时也归入第一期第1组。估计其年代上限不会超过"文王建丰"。

第二期包括第2、3、4组三组墓葬。

第2组墓葬中的67长安张家坡M73、57长安张家坡M448、76长安张家坡M5均出有甲CⅡ式鬲，57长安张家坡M178、84~85长安张家坡M6、67长安张家坡M87、67长安张家坡M72均出有甲EⅠ式鬲，84~85长安张家坡M2出甲DⅠ式鬲。甲CⅡ式鬲与甲DⅠ式、甲EⅠ式鬲三者除整体高度有别外，裆部高低相当，三者年代相当。与这三种鬲共出的还有AbⅡ、CⅢ式簋，乙AaⅡ式罐。84~85长安张家坡M43出乙AaⅡ式罐，共出AaⅡ式簋，可归入此组。67长安张家坡M158只出1件乙DbⅠ式鬲，形态上晚于第1组67长安张家坡M85出土的乙DaⅠ式鬲，也归入这一组。

第3组墓葬中的79长安张家坡M4、79长安张家坡M3、67长安张家坡M33、67长安张家坡M1、57长安客省庄M145、57长安张家坡M173均出有AaⅢ式簋，在这些墓中与AaⅢ簋共出有甲BⅢ、甲CⅢ、乙CⅡ、乙DcⅠ式鬲，甲CⅠ、乙AbⅢ式罐，甲AⅠ、乙AaⅠ式豆，DⅠ式簋。不出AaⅢ式簋，但出有上述其他器物的墓葬还有67长安张家坡M81、61~62长安张家坡M412、67长安张家坡M82，其中67长安张家坡M82还出有CⅣ式簋。出CⅣ式簋的墓葬还有67长安张家坡M71、67长安张家坡M28，这二墓还出有乙BⅡ、乙DbⅠ式鬲。上述墓葬均可视为年代相当的一组墓葬。

第4组墓葬中的81长安花园村M6、60长安张家坡M101、61~62长安张家坡M404、84~85长安张家坡M3、61~62长安张家坡M403均出有AaⅣ式簋，在这些墓中，与AaⅣ式簋共出有甲DⅡ、乙DbⅡ、乙DcⅡ式鬲，DⅡ式簋，甲AⅡ、甲CⅡ、乙BbⅠ式罐。不出AaⅣ式簋，但出有上述其他器物的墓葬有67长安张家坡M130、61~62长安张家坡M307、57长安客省庄M12、84~85长安张家坡M24、76长安张家坡M6。这些墓葬还共出有乙CⅢ、乙DaⅡ式鬲。67长安张家坡M56出乙CⅢ式鬲，共出乙EⅡ式鬲、甲CⅡ式罐，67长安张家坡M57、57长安张家坡M162也出有乙EⅡ式鬲，后者共出有甲EⅡ式鬲。67长安张家坡M17出甲EⅡ式鬲。上述墓葬均可视为年代相当的一组墓葬。

第二期第2组墓葬中出土的甲CⅡ式鬲，AaⅡ、AbⅡ、CⅢ式簋，乙AaⅡ式罐等形态上均晚于第一期第1组墓葬中出土的同类型器物。57长安张家坡M178与陶器共出有青铜礼器鼎、簋。鼎（57长安张家坡M178：3），腹较浅，下腹外胀，剖面近圆角梯形，簋（57长安张家坡M178：4），有小珥，圈足下折，这些特征均不见于殷墟文化四期的鼎、簋，而呈现出较晚的特点。据此，第二期第2组墓葬的年代当晚于殷墟文化四期，均在武王灭商之后[23]。

第二期第4组墓葬中的57长安张家坡M162与陶器共出有1铜鼎（57长安张家坡M162：10），浅腹、下腹外凸，剖面近梯形，形态上晚于57长安张家坡M178：3，而接近于穆王时长由墓出土的鼎，只是后者腹壁斜直，剖面为梯形，晚期特点多一些。据此第二期第4组墓葬的年代可定在康、昭之世。

第二期第3组墓葬中出土的器物从形态上看介于第2组与第4组之间，其年代亦应居二者之间，当在成、康之间。

第三期包括第5、6组两组墓葬。

第5组墓葬中的81长安普渡村M14、67长安张家坡M61、67长安张家坡M62、57长安客省庄M139、84长安普渡村M39、84~85长安张家坡M14、54长安普渡村M1、81长安花园村M15、54长安普渡村长由墓都出有乙EⅡ式鬲，这些墓中与乙EⅡ式鬲共出有乙DbⅢ式鬲，AbⅢ、BⅡ式簋，乙AbⅠ、甲AⅢ、甲BⅡ式豆，乙BaⅠ式罐。57长安客省庄M69出乙DbⅢ式鬲，81长安花园村M17出BⅡ式簋，上述墓葬应为年代相当的一组墓葬。

第6组墓葬中的84长安普渡村M9、84长安大原村M304、67长安张家坡M157、79长安张家坡M1、79长安张家坡M7均出有乙BaⅡ式罐，这些墓中与乙BaⅡ式罐共出的还有乙EⅢ、乙DcⅢ式鬲，DⅣ式簋，甲BⅢ、乙AbⅠ、乙BaⅠ、乙BaⅡ、乙BbⅠ式豆，乙AaⅣ式罐，AⅠ、BⅠ式盂。84~85长安张家坡M13出乙EⅢ式鬲，84~85长安张家坡M7出BⅠ式盂，79长安张家坡M5出乙DcⅢ式鬲。上述墓葬应为年代相当的一组墓葬。

第三期第5组墓葬的54长安普渡村长由墓的年代，一般认为其年代在西周中期穆王或穆王以后[24]。

第6组墓葬中的84长安大原村M304与陶器共出有1铜鼎（84长安大原村M304：1），其形态基本同于第5组长由墓所出的铜鼎，但M304中同时还出有乙EⅢ式鬲、乙BaⅡ式罐、乙BaⅠ式豆、BⅠ式盂，均第5组墓葬所不见。因此第6组墓葬的年代当晚于第5组，均在西周中期的偏晚阶段。

第四期包括第7、8组两组墓葬。

第7组墓葬中的57长安张家坡M453、长安大原村M1、55~56长安张家坡M3、81长安新旺村M104、79长安张家坡M6、67长安张家坡M160、84~85长安张家坡M40、61~62长安张家坡M302，均出有AⅡ式盂。这些墓中与AⅡ式盂还共出有甲EⅢ、乙DcⅢ、乙EⅣ式鬲，乙AaⅡ、乙BaⅢ、乙BbⅡ式豆，乙AaⅤ、乙BaⅢ、乙BbⅡ式罐。61~62长安张家坡M309出甲EⅢ式鬲、乙AaⅤ式罐，67长安张家坡M108出乙BaⅡ式豆、乙AaⅤ式罐。上述墓葬年代应大体相当。

第7组墓葬中出土的乙EⅣ式鬲，乙AaⅤ、乙BaⅢ式罐，AⅡ、BⅡ式盂等，均晚于第6组中出同类型器物的墓葬。因此第7组墓葬的年代大均相当于西周晚期。

第8组墓葬中的84~85长安张家坡M8、57长安张家坡M147出乙AaⅥ式罐，67长安张家坡M106出AⅢ式盂，67长安张家坡M115出乙EⅤ式鬲，其年代应分别晚于第7组中出同类型器物的墓葬。67长安张家坡M115出土的乙EⅤ式鬲。裆已下凸，共出的铜鼎（67长安张家坡M115：2）腹呈半球形，已接近春秋早期铜鼎的形态。这一组墓葬的年代应晚于第7组墓葬，约相当于西周晚期偏晚阶段，其中个别墓葬的年代可能晚到平王东迁以后。

三

丰镐地区西周墓葬的随葬陶器，种类多，类型繁杂，形态不一，呈现出极为复杂的文化面貌，也指示出丰镐地区西周墓葬所代表的西周文化是一个复杂的多元谱系结构。

甲D型鬲，A型、B型簋，甲A型、乙Aa型豆，分别与安阳地区属殷墟文化的墓葬、遗址中出土的鬲、簋、豆形态相近，甚至相同。因此甲D型鬲，A型、B型簋，甲A型、乙Aa型豆应该是丰镐地区西周墓葬中存在的商文化因素（图九）。

甲B型罐、84长安张家坡M161出土的鬲[25]与西安老牛坡商代墓地M26：2、M26：4[26]相比较，尽管在形态上还存在着差别，但仍可看出二者之间存在着明显的亲缘关系。西安老牛坡商代墓地因其墓葬普遍有腰坑、殉人，出土较典型的商式铜器以及鬲多分裆、绳纹拍印呈直角相接状等特点，可以认为老牛坡商代墓地与商文化有着极为密切的关系，或许是商文化在其西部边陲的一种地方性变体。如此，甲B型罐和84长安张家坡M161出土的鬲就应是存在于丰镐地区西周墓葬中的变体商文化因素（图九）。

甲C型鬲与天津张家园遗址出土的陶鬲的形态相近，二者的亲缘关系十分清楚。后者属于燕山南麓的土著文化，也称大坨头类型[27]。丰镐地区西周墓葬中出现甲C型鬲反映出燕山南麓土著文化对丰镐地区的影响（图九）。

甲A型鬲与扶风刘家墓地[28]、宝鸡斗鸡台墓地[29]出土的高领乳状袋足鬲相同，后者属西北地区的古代文化。C型簋与甘肃等地寺洼文化遗存[30]中出土的簋相近，寺洼文化也属西北地区的古代文化之一。因此可以认为甲A型鬲、C型簋是存在于丰镐地区西周墓葬中的西北地区古代文化因素（图九）。

D型簋，因其与A、B两型商代簋形态迥异，过去一直被研究者称为"周式簋"。目前所见到的这一类型簋中最早的1件是陕北绥德薛家渠商代晚期遗址出土的H1：13[31]。尽管H1：13与C型簋之间还存在着较大的缺环，但二者之间的亲缘关系仍然十分清楚。陕北绥德薛家渠晚商遗存既不同于商文化，又不同于同时期的周人文化，与吕梁地区的高红、太原的光社等遗址同类遗存相同，属于北方地区青铜文化的有机组成部分。H1：13在这一类遗存中的地位尚不清楚。但由于H1：13年代最早，在其他地区还未见此类器物，兼之考虑到乙A型鬲与北方文化的关系[32]，因此，把D型簋视为丰镐地区西周墓葬中存在的北方文化因素，大体上接近客观实际（图九）。

乙B型、乙D型鬲，乙A型罐，目前只在周原地区、宝鸡地区和丰镐地区有所发现，属周人文化，已有相当多的学者作过论述[33]，这里不再赘述。

在上述诸多的外来文化因素中，商文化因素所占比例最大，延续时间最长。纵观商文化因素在西周墓葬中消长变化的过程，大体可以看出两种情况：第一，各类器物延续的时间不一，有早有晚。例如甲D型鬲一直延续使用到第四期第8组，即西周末年；A型、B型簋，甲B型罐，都使用到第三期第5组，即西周中期早段。第二，一些商文化因素与其他文化因素产生了融合。例如甲E型鬲既有甲C型鬲的特点，又具有甲D型鬲的特色，显然是这两类陶鬲混生的产物。甲E型鬲出现后，一直使用到第四期，即西周晚期，并成为丰镐地区西周晚期墓葬中的标准器物之一。第三期墓葬以后普遍出现的乙B型豆，是甲A型豆和乙Aa型豆融合后产生的一种发展形态，也是西周晚期墓葬中的标准器物之一。

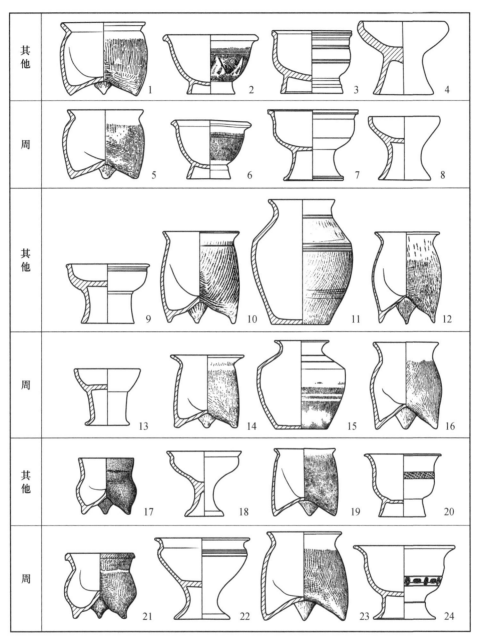

图九　各类陶器对比图

1. 殷墟西区M1028：3　2. 安阳后岗PNT3B④：2　3. 殷墟SM125：2　4. 殷墟苗圃GT112③：5　5. 甲D型鬲（84~85长安张家坡M2：4）　6. Ab型簋（57长安张家坡M178：2）　7. B型簋（84~85长安张家坡M6：3）　8. 乙Aa型豆（57长安客省庄M145：2）　9. 殷墟苗圃GH210②：8　10. 西安老牛坡M26：2　11. 西安老牛坡M26：4　12. 天津蓟县张家园T1③：3　13. 甲A型豆（67长安张家坡M33：7）　14. 84长安张家坡M161：47　15. 甲A型罐（67长安张家坡M79：2）　16. 甲C型鬲（67长安张家坡M16：2）　17. 陕西扶风刘家M46：1　18. 甘肃西和栏桥M6：12　19. 山西灵石旌介M2：4　20. 陕西绥德薛家渠H1：13　21. 甲A型鬲（83沣西客省庄M1：1）　22. C型簋（67长安张家坡M16：7）　23. 乙A型鬲（67长安张家坡M16：4）　24. D型簋（67长安张家坡M1：3）

（1.《考古学报》1979年第1期　2~4、9.《殷墟发掘报告》　10、11.《文物》1988年第6期　12.《考古》1984年第8期　17.《文物》1984年第7期　18.《考古》1987年第8期　19.《文物》1986年第11期　20.《文物》1988年第6期）

属西北古代文化因素的甲A型鬲在丰镐地区存在的时间较短。目前只在第一期墓葬中有所发现，在第二期墓葬以后，还没有发现甲A型鬲和甲A型鬲的发展形态，找不到甲A型鬲在丰镐地区延续发展的迹象。C型簋在丰镐地区延续的时间比较长，一直到第二期第4组中仍可看到C型簋的发展形态。

自第三期即西周中期开始，丰镐地区的西周墓葬中普遍出现了鬲、盂、豆、罐的组合方式，器物形制也趋向一致。鬲以甲E型、乙E型为主，豆以乙B型为主，罐以乙类为主。如果根据陶器的面貌去考察一考古学文化的特征及其与其他考古学文化的分野，就不难看出，真正的、具有独自特点的西周文化是在西周中期才出现，在此之前墓葬中所表现出来的器形多样、组合不稳定等现象只能说明西周文化尚处在不成熟的形成阶段。

上文的分析表明，在独具特点的西周文化的形成过程中，受到了诸多的外来文化的影响，而诸多的外来文化因素在这个过程中所起的作用是不同的。一部分消失了，如甲A型、乙A型鬲，一部分以中间类型的形态继续存在，如甲E型鬲、乙B型豆，还有一部分以其特有的发展规律一直延续到西周晚期，如甲D型鬲。

四

丰镐地区西周墓葬中存在的诸种文化因素，它们在丰镐地区西周墓葬的不同期组中，所出现的频率，不同文化因素之间的组合、搭配以及由此所反映出的各种文化因素在西周文化形成过程中所占据的地位是不同的。

第一期第1组墓葬中的60长安张家坡M201，出1件A型簋，共出的1件陶尊与殷墟西区M121：12相近，也是在商文化墓葬中常见到的器物。此墓墓底还挖有腰坑[34]。该墓只包含比较单纯的商文化因素。

83SCKM1，出1件甲A型鬲，共出的铜戈、弓形器都是商文化的典型器物，此墓墓底挖有腰坑。83SCKM1至少包括两种不同的文化因素，是商文化因素与其他外来文化因素的组合，且以商文化因素为主。与83SCKM1情况相类的还有84～85长安张家坡M37。

67长安张家坡M85，出1件乙Da型鬲，共出的铜礼器簋、觚、爵和銎内式戈，具有明显的商文化因素[35]。墓底挖有腰坑。此墓包括了商文化因素和周文化因素，其中以商文化因素为主。

67长安张家坡M79，出乙C型鬲、甲B型罐，乙C型鬲文化性质不清，墓底有腰坑，反映出商式特点，但此墓的陶器组合为鬲和罐，与周文化传统的组合方式相同[36]。因此，该墓可能是商、周及其他外来文化因素的组合体，其中以商文化因素为主体。

79长安张家坡M2，出甲B型、乙B型鬲，乙Ab型罐。共出铜礼器爵、觯、觚和1件砸弯后随葬的铜戈，墓底挖有腰坑。甲B型鬲文化性质不清，铜礼器爵、觯的组合以及把戈砸弯后随葬，则属周文化因素[37]。因此该墓的文化结构与67长安张家坡M79相同，但其中以周文化因素为主。与79长安张家坡M2情况相类的还有67长安张家坡M89、83沣毛M1和67长安张家坡M54。

67长安张家坡M70，出1件乙A型鬲，共出1件绳纹罐，与凤翔南指挥西村79M42：3的形态接近，墓底没有腰坑。67长安张家坡M70是周文化因素与其他外来文化的组合。与此墓情况相类的还有57长安客省庄M147。

67长安张家坡M16的情况比较复杂，出甲C型、乙A型鬲，C型簋，乙Ab型罐和青铜礼器爵、觯，墓底没有腰坑。此墓至少包括了四种不同的文化因素，是周文化因素与其他几种外来文化因素的组合。

第二期第2组墓葬中的67长安张家坡M158，出1件乙Db型鬲，墓底无腰坑，只包含单纯的周文化因素。

84～85长安张家坡M2，出甲D型、乙E型鬲，A型簋，墓底无腰坑，是商文化因素与周文化因素的组合，且以商文化因素为主体。

84～85长安张家坡M15，出乙E型鬲，共出青铜礼器鼎、簋、尊、觚、爵，墓底有腰坑。此墓是商文化因素和周文化因素的组合，且二者比例相当。与此墓情况相类的还有67长安张家坡M87、57长安张家坡M178。

67长安张家坡M73，出甲C型鬲、C型簋，墓底有腰坑，是商文化因素与其他外来文化因素的组合。与67长安张家坡M73情况相类的还有57长安张家坡M448、76长安张家坡M5。

67长安张家坡M72，出甲E型鬲、C型簋、墓底无腰坑。甲E型是甲C型鬲与甲D型鬲的中间类型，到西周晚期为西周墓葬中的标准器物之一。因此，甲E型鬲可视为是西周文化在形成过程中产生的周文化因素。67长安张家坡M72是周文化因素与其他外来文化因素的组合。

84～85长安张家坡M43出1件鬲，文化性质不清，共出A型簋、乙A型罐，墓底有腰坑。此墓包括商文化因素、周文化因素，可能还有其他的外来文化因素。与此墓情况相类的还有84～85长安张家坡M6。

第二期第3组墓葬中的61～62长安张家坡M412出乙D型鬲、A型簋、乙Aa型豆，还有1件绳纹罐文化性质不清，墓底有腰坑。此墓基本是商文化因素与周文化因素的组合，且商文化因素占主体。与61～62长安张家坡M412情况相类的还有55～56长安张家坡M2、67长安张家坡M81、67长安张家坡M33、67长安客省庄M145。

79长安张家坡M4出甲C型鬲、A型簋、乙A型罐，墓底有腰坑。此墓是商文化因素、周文化因素与其他外来文化因素的组合。与79长安张家坡M4情况相类的还有67长安张家坡M28、67长安张家坡M71、57长安张家坡M173、67长安张家坡M82、67长安张家坡M1、79长安张家坡M3。

第二期第4组墓葬中的67长安张家坡M130出1件乙D型鬲，共出1件壶，墓底无腰坑。此墓只包含比较单纯的周文化因素。

61~62长安张家坡M307，出乙D型鬲、A型簋、乙A型罐，墓底有腰坑。此墓是商文化因素与周文化因素的组合，且二者所占比例相当。与61~62长安张家坡M307情况相类的还有84~85长安张家坡M3、60长安张家坡M101、76长安张家坡M6、61~62长安张家坡M404、57长安张家坡M162。

57长安客省庄M12，出乙D型鬲、A型簋、乙B型罐，墓底无腰坑。此墓文化因素的组合情况同于61~62长安张家坡M307，但其中周文化因素占主体，与57长安客省庄M12情况相类的还有67长安张家坡M17、67长安张家坡M57。

84~85长安张家坡M24，出乙C型、乙D型鬲，A型簋，甲A型罐，其中乙C型鬲、甲A型罐文化性质不清。墓底有腰坑。此墓包括了商文化因素、周文化因素，可能还含有其他的外来文化因素。与84~85长安张家坡M24情况相类的还有84~85长安张家坡M403、67长安张家坡M56、81长安花园村M6。

第三期第5组墓葬中的67长安张家坡M61，出乙E型鬲，1件磨光罐，墓底无腰坑。基本上只包含单纯的周文化因素。与67长安张家坡M61情况相同的有67长安张家坡M62。

54长安普渡村长由墓出乙E型鬲、乙Ab型豆、乙B型罐和三足瓮、瓿等，还共出青铜礼器鼎、簋、盉、罍、鬲、甗、爵、觚、壶等，墓底有腰坑。此墓以周文化因素主，还包含有商文化因素。与54长安普渡村长由墓情况相类的还有81长安普渡村M14、81长安花园村M15、81长安花园村M17。

84长安普渡村M39出乙E型鬲、B型簋、甲B型豆、乙B型罐，墓底有腰坑。此墓是商文化因素与周文化因素的组合，其中以商文化因素占主体。与84长安普渡村M39情况相类的还有57长安客省庄M139、53长安普渡村M1、81长安普渡村M14。

57长安客省庄M69出乙D型鬲、D型簋、甲B型豆，墓底无腰坑。此墓是周文化因素与其他外来文化因素的组合。

第三期第6组墓葬中的84~85长安张家坡M13，出乙E型鬲、乙A型罐，墓底无腰坑，只包含单纯的周文化因素。与84~85长安张家坡M13情况相类的还有84~85长安张家坡M7、57长安张家坡M157、79长安张家坡M1。

79长安张家坡M7，出乙D型鬲、乙B型罐、A型盂，墓底有腰坑。此墓以周文化因素为主体，还包含有商文化因素，与79长安张家坡M7情况相类的还有84长安大原村M304、79长安张家坡M5。

84长安普渡村M9，出D型簋、乙B型罐，墓底有腰坑。此墓包含有商文化因素、周文化因素以及其他外来文化因素。

第四期第7组的墓葬中，除81长安新旺村M104、67长安张家坡M108因在墓底挖有腰坑，而包含有商文化因素外，其余的墓葬全部都呈现出比较单纯的周文化面貌。

第四期第8组的情况基本同于第7组。57长安张家坡M147出甲D型鬲，67长安张家坡M115墓底有腰坑，表明此阶段尚保留有商文化因素，其余的墓葬全部呈现出比较单纯的周文化面貌。

上述分析可以表二来概括[38]。

表二 各种文化因素在各期组合统计表

期	组	墓葬数量	呈单纯周文化面貌	呈单纯商文化面貌	周商文化因素组合				其他	
					二者比例相当	以周文化因素为主	以商文化因素为主	商、周文化因素与其他外来文化因素	周文化因素与其他外来文化因素组合	商文化因素与其他外来文化因素组合
一	1	12		1			1	5	3	2
二	2	11	1		3		1	2	1	3
二	3	12					5	7		
二	4	14	1		6	3		4		
三	5	11	2			4	4		1	
三	6	8	4			3		1		
四	7	11	9			2				
四	8	4	2			2				

通过表二可以看出，在不同的期组中，各种不同的文化因素所占的比例、相互之间的组合关系有所差异。

第一期以商文化因素所占比例最大，其他外来文化因素出现的频率也较高，周文化因素多与商文化因素和其他外来文化因素相结合。第二期周文化因素所占比例有所增加，且多与商文化因素组合。在第2、3两组，周、商文化因素组合的墓葬中，以商文化因素为主体的墓较多，还有一部分墓二者比例相当。到第4组时，在周、商文化因素组合的墓葬中，出现了以周文化因素为主体的墓葬，二者比例相当的墓葬数量也有增加。其他外来文化因素出现的频率有所下降。第三期周文化因素开始占据主要地位，成为主体文化因素。出现了较多的从器物形制到组合都呈现单纯的周文化面貌的墓葬，在尚保留有商文化因素的墓葬中，也多以周文化因素为主体。其他外来文化因素几乎消失。第四期除了个别墓葬还挖有腰坑外，其余的墓葬从器物形制到组合已基本不见商文化因素，呈较单纯的周文化面貌。

商文化因素在丰镐地区西周墓葬中所占据的地位及其消长过程表明，商文化曾经对丰镐地区发生过强烈的、持久的影响。周和商曾经是中原地区两大主要的人类集团，在商王朝统治期间，周曾是商王朝在其西方的重要属国之一，二者交往频繁，关系密切。周在不断东进的过程中，逐渐强大，最终建立了西周王朝，代替了商王朝对中原地区的统治。商周之间这种特殊的关系必然导致商、周文化间频繁的交往、渗透和融合。从丰镐地区西周墓葬的情况看，在第一期、第二期中，二者之间的关系似以商文化占据主动地位。

丰镐地区西周墓葬中出现的大量的其他外来文化因素，还指示出周在进入丰镐地区以后的一段时间里，不仅受到了商文化的影响，还曾与其西方的西北地区古代文化、北方的古代文化以及其东北方的燕山南麓土著文化有过接触，也受到了上述文化的影响。

需特别指出的是，丰镐地区出现的甲A型鬲，即高领乳状袋足鬲，与宝鸡斗鸡台、扶风刘家墓地出现的同类器物几乎完全相同。以宝鸡斗鸡台、扶风刘家墓地出土的乳状袋足鬲为代表的文化的性质，目前主要有两种看法：一是属先周文化[39]；二是属姜戎文化[40]。这两种看法都认为丰镐地区西周墓葬中出现的分档袋足鬲，即本文所分的甲类鬲，是这种乳状袋足鬲在西周时期的发展形态。但是正如上文所述，丰镐地区西周墓葬中出现的分档袋足鬲在文化传统上都各有源头，并非来源于高领乳状袋足鬲。事实上，高领乳状袋足鬲在周人建立西周王朝以后，就从丰镐地区销声匿迹。因此，以高领乳状袋足鬲为代表的文化的性质以及在周人建立西周王朝以后的流向，还是个需进一步探讨的问题。

丰镐地区西周墓葬所反映出的复杂的文化面貌，指示出当时的丰镐地区是各种文化交流、融合的中心地区，这是由丰镐地区特殊的历史地位所决定的。作为都城的丰镐地区，是周王朝的政治、经济、文化中心，与其周边地区古代文化的接触，显然要多于其他边远地区。因此，如果丰镐地区的西周墓葬呈现出比较单纯的文化面貌，反而是不可理解的。正是在与以商文化为主的外来文化的交流、融合中，在吸收了大量的外来文化因素的基础上，西周文化逐渐形成了自己独具特点的文化面貌，但这已经是西周中期以后的事了。

五

通过对丰镐地区西周墓葬所作的上述比较和研究，可以得到以下几点认识：

（1）丰镐地区西周墓葬所反映的文化面貌是极其复杂的，其中存在的大量外来文化因素，表明西周文化是一个开放的多元谱系结构。

（2）在西周文化的形成过程中，众多的外来文化因素以其各自不同的方式参与了这个过程，其中商文化因素占有特殊的地位。

（3）从丰镐地区西周墓葬的第三期开始，随葬的陶器形制趋向一致，器物组合比较稳定，反映至此开始逐渐摆脱以商文化因素为主的外来文化因素的影响，形成了独具特点的西周文化，而在此地第二期墓葬中已普遍出现了明显不同于商文化的青铜礼器的组合。丰镐地区西周墓葬中陶器和铜器的这种差别，反映了不同阶层的周人在摆脱商文化影响的进程中，并不是同步的。

（4）周人在进入丰镐地区以至建立西周王朝之后，尽管在政治上实现了对中原地区以及周边地区的统治，但并没有以自己的文化去占领、统治这些地区，反而受到了这些地区以商文化为主的其他古代文化的影响。这种统治者与被统治者之间文化上的逆向关系，反映了周人在进入丰镐地区之前，其文化是比较落后的。

注　释

[1]　所谓丰镐地区，是指西周都邑丰、镐所在地，范围在今沣河两岸的客省庄、张家坡、大原村、马王村、新旺村、普渡村、花园村等村庄一带，可参见胡谦盈：《丰镐地区诸水道的踏察——兼论周都丰镐位置》，《考古》1963年第4期；中国社会科学院考古研究所编著：《新中国的考古发现和研究》，文物出版社，1984年，253页。

[2]　这里所说的西周墓葬，是指那些在报道中认定属西周时期的、并包括部分被确定为晚商时期的墓葬。已发表的资料参见中国科学院考古研究所：《沣西发掘报告》，文物出版社，1962年；石兴邦：《长安普渡村西周墓葬发掘记》，《考古学报》（第8册）；陕西省文物管理委员会：《长安普渡村西周墓的发掘》，《考古学报》1957年第1期；中国科学院考古研究所沣西发掘队：《1960年秋陕西长安张家坡发掘简报》，《考古》1962年第1期；陕西省文物管理委员会，《陕西长安沣西张家坡西周遗址的发掘》，《考古》1964年第9期；中国社会科学院考古研究所沣西发掘队：《1967年长安张家坡西周墓葬的发掘》，《考古学报》1980年第4期；中国社会科学院考古研究所沣西发掘队：《1976—1978年长安沣西发掘简报》，《考古》1981年第1期；中国社会科学院考古研究所丰镐发掘队：《长安沣西早周墓葬发掘纪略》，《考古》1984年第9期；赵永福：《1961—1962年沣西发掘简报》，《考古》1984年第9期；中国社会科学院考古研究所沣西发掘队：《长安张家坡西周井叔墓发掘简报》，《考古》1986年第1期；陕西省文物管理委员会：《西周镐京附近部分墓葬发掘简报》，《文物》1986年第1期；中国社会科学院考古研究所沣西发掘队：《1979—1981年长安沣西、沣东发掘简报》，《考古》1986年第3期；中国社会科学院考古研究所沣西发掘队：《1984年沣西大原村西周墓地发掘简报》，《考古》1986年第11期；中国社会科学院考古研究所沣镐工作队：《1984—85年沣西西周遗址、墓葬发掘报告》，《考古》1987年第1期；中国社会科学院考古研究所沣西发掘队：《1984年长安普渡村西周墓葬发掘简报》，《考古》1988年第9期。

[3]　本文中提到的"文王建丰"，并非指文王建丰这一具体历史事件，而是指由此而反映的周人开始进入丰镐地区这一历史事实。

[4]　本文讨论的墓葬，只限于已发表的、并在报告或简报中用线图或图版提供完整的或较完整的随葬器物形制、组合的墓葬。对于那些已发表材料，但未见其随葬器物具体形制、发表器物组合极不完整者或器物形制较特殊的墓葬，原则上不在本文讨论之列。

[５] 本文中所用各墓号基本同于原出处，为了避免多次在同一地点发掘而出现墓号重复的现象，在墓葬编号前加上发掘年份。84～85长安张家坡M37，即指1984～1985年在长安张家坡发掘的M37。

[６] 中国社会科学院考古研究所沣镐工作队：《1984—85年沣西西周遗址、墓葬发掘报告》，《考古》1987年第1期，28页，图一五，8，原报告中只有此件器物的墓号，而没发表器物号。

[７] 所谓"瘪裆鬲"实际是指二足之间的腹部内凹，凹痕或似指印，或似圆形物按压印。有些鬲二足间的腹部并不内凹，或内凹不明显，但其外部形态与瘪裆鬲无别，也一并归入此型。

[８] 折沿长足跟弧裆鬲，即通称的仿铜鬲，大部分加饰三扉棱三圆饼。究其根本，实是先有陶鬲，而后有陶铜鬲。铜鬲出现后，采用了许多铜器常见的装饰手法，如饰扉棱、兽头等，口沿也多为折沿，足部仿铜鼎制出柱状足跟。这种铜鬲已与其仿象的陶鬲出现了差别，于是又出现了模仿铜鬲而制作的折沿、加饰扉棱、长柱状足跟的"仿铜鬲"。

[９] 中国社会科学院考古研究所沣镐工作队：《1984—85年沣西西周遗址、墓葬发掘报告》，《考古》1987年第1期，28页，图一五，7。

[１０] 所谓曲肩（腹），是指在口部以下有明显折曲，折曲位置靠上即曲肩，折曲位置靠下即曲腹。

[１１] 中国科学院考古研究所：《沣西发掘报告》，文物出版社，1962年，图六八。

[１２] 这种豆一般在豆把中部有一凸棱，即通称的"竹节豆。"

[１３] 中国社会科学院考古研究所沣镐工作队：《1984—85沣西西周遗址、墓葬发掘报告》，《考古》1987年第1期，28页，图一五，11。

[１４] 中国社会科学院考古研究所沣镐工作队：《1984—85沣西西周遗址、墓葬发掘报告》，《考古》1987年第1期，28页，图一五，6。

[１５] 中国科学院考古研究所：《沣西发掘报告》，文物出版社，1962年，图八六。

[１６] 中国社会科学院考古研究所沣镐工作队：《1984—85沣西西周遗址、墓葬发掘报告》，《考古》1987年第1期，28页，图一五，17。

[１７] 天津市历史博物馆考古队：《天津蓟县张家园遗址第二次发掘》，《考古》1984年第8期。

[１８] 山西省考古研究所、灵石县文化局：《山西灵石旌介村商墓》，《文物》1986年第11期。

[１９] 中国社会科学院考古研究所：《殷墟发掘报告》，文物出版社，1987年。

[２０] 武王灭商结束了安阳作为商王朝统治中心的历史，但是在灭商之后，武王曾封纣子禄父治殷使其守商祀，安阳一带仍是商人的宗庙所在，仍是商人的聚居中心。这种局面一直持续到周公东征，成王迁殷顽民才结束。因此武王灭商以后，殷墟文化并没有突然中止，而是继续存在发展，一直到周公东征。属于殷墟文化四期7组的遗存中当有一部分年代可以晚到武王灭商以后。安阳后岗杀殉坑出土的戍嗣子鼎腹部已较扁，呈现出比较晚的特点，其年代极可能在武王灭商之后。

［21］ 中国社会科学院考古研究所：《殷墟发掘报告》，文物出版社，1987年。

［22］ 中国社会科学院考古研究所安阳工作队：《1969—1977年殷墟西区墓葬发掘报告》，《考古学报》1979年第1期。

［23］ 关于57长安张家坡M178的年代，已有许多学者讨论过，参见邹衡：《论先周文化》，《夏商周考古论文集》，文物出版社，1980年；李丰：《黄河流域西周墓葬出土青铜礼器的分期与年代》，《考古学报》1988年第4期。

［24］ 关于长甶墓的年代已有许多学者讨论过，参见李学勤：《论长安花园村两墓青铜器》，《文物》1986年第1期。

［25］ 中国社会科学院考古研究所沣西发掘队：《长安张家坡西周井叔墓发掘简报》，《考古》1986年第1期。

［26］ 西北大学历史系考古专业：《西安老牛坡商代墓地的发掘》，《文物》1988年第6期。

［27］ 卜工：《燕山地区夏商时期的陶鬲谱系》，《北方文物》1989年第2期。

［28］ 陕西周原考古队：《扶风刘家姜戎墓葬发掘简报》，《文物》1984年第7期。

［29］ 苏秉琦：《斗鸡台沟东区墓葬（节选）》，《苏秉琦考古学论述选集》，文物出版社，1984年。

［30］ 甘肃省文物工作队等：《甘肃西和栏桥寺洼文化墓葬》，《考古》1987年第8期。

［31］ 北京大学考古系商周考古实习组、陕西省考古研究所商周研究室：《陕西绥德薛家渠遗址的试掘》，《文物》1988年第6期。

［32］ 山西省考古研究所、灵石县文化局：《山西灵石旌介村商墓》，《文物》1986年第11期。

［33］ 参见胡谦盈：《姬周陶鬲研究》（《考古与文物》1982年第1期）和徐锡台：《早周文化的特点及其渊源的探索》（《文物》1979年第10期）两文中关于乙B型、乙D型鬲和乙A型罐的论述。

［34］ 在墓底挖腰坑是商人墓葬中常见的一种风俗，殷墟西区共发掘商代墓葬939座，其中454座挖有腰坑。而在周人传统的葬俗中，是不见腰坑的。凤翔南指挥西村共发现周人墓葬210座，其中年代最早者在武王灭商之前，无一座有腰坑，扶风北吕村发掘周人墓葬283座，其年代最早者可到殷墟文化中期，也没有发现腰坑。因此在丰镐地区西周墓葬中出现的腰坑，应是受到商文化影响的结果，可视为在这一地区墓葬中存在的商文化因素。

［35］ 青铜礼器组合以觚爵相配是殷墟文化晚期商人墓葬中常见的组合方式。鼎、簋相配也见于殷墟文化晚期，此墓出簋、觚、爵，基本属于商文化的组合方式。参见李丰：《黄河流域西周墓葬出土青铜礼器的分期与年代》，《考古学报》1988年第4期。銎内式戈是殷墟文化在北方系青铜器的影响下出现的一种新型戈，也是殷墟文化中常见的器物。

［36］ 在凤翔南指挥西村、扶风北吕、陕西武功黄家河等地的周人墓葬中，凡年代在西周中期以前的墓，随葬陶器组合绝大部分为鬲和罐、或1鬲、或1罐。可见鬲、罐的组合是周文化的传统组合方式。

［37］　青铜礼器组合以爵、觯相配，基本不见于商人墓葬，应是周人的组合方式，请参见［35］。

［38］　因此表所收墓葬数量有限（原因见［4］），有些器物形制特殊，又不在统计之内，因此此表只能提供各种文化因素在各期（组）的大致搭配情况，以及各种文化因素在各期组的大致的消长过程。

［39］　卢连成：《扶风刘家先周墓地剖析——论先周文化》，《考古与文物》1985年第2期。

［40］　尹盛平、任周芳：《先周文化的初步研究》，《文物》1984年第4期。

［原刊于《考古学文化论集》（三），文物出版社，1993年］

曲村J4区晋国墓地若干问题的讨论

本文所讨论的曲村晋国墓地，是指分布于天马—曲村遗址西部曲村镇以北的I2、J3、J4、K4四区内西周到春秋时期的墓地，不包括在该墓地发掘的战国秦汉时期的墓葬，以及在天马—曲村遗址中部发现的晋侯墓地。在1980年到1989年间，北京大学考古学系和山西省考古研究所联合对曲村墓地进行了六次大规模的发掘，其发掘资料已在北京大学考古学系商周组和山西省考古研究所编著的《天马—曲村（1980—1989）》中详尽发表[1]。

曲村墓地位于备受学界瞩目的晋侯墓地附近，是到目前为止发掘规模最大，发表资料最为完整的晋国墓地，《天马—曲村（1980—1989）》和报告的作者都对该墓地进行了分期和年代学的讨论[2]，在此基础上，又有研究者指出曲村墓地为晋国中小贵族和平民的墓地，即文献中所说的邦墓[3]；由墓地内不同方向的墓葬分布可将墓地分为不同的群，不同群的墓葬当为不同的家族墓地[4]，其中位于K4区西部的西向、多有腰坑和殉狗的墓葬，可能与殷遗民有关[5]；从部分墓葬的分布可看出当时存在着夫妻并穴合葬的制度[6]；长方形车马坑多附葬于其附近的大型铜礼器墓，而梯形车马坑则没有固定的附葬对象，可能从属于附近一群小型墓葬[7]；而晋侯墓地出土的铜三足瓮以及在曲村墓地中仅见于女性墓葬的陶三足瓮，被认为可能反映了晋殖民政权对本地文化的冲击，与"北方传统"文化或者是与嫁入的姒姓女子有关[8]。上述对曲村墓地所做的研究，涉及墓地的分期与年代、墓葬的分布与布局、墓地的性质、合葬以及车马坑附葬制度，还有由某些特殊器物所反映的问题的讨论等，应该说就一个墓地而言，这些研究所涉及问题和层次已较为深入，所提出的问题在晋文化研究以及商周考古研究中也具有相当普遍的意义。不过若对曲村墓地做进一步的观察和分析后，发现其中许多问题都还存在着可进一步深入的空间。本文即是在上述研究的基础上，对该墓地的若干问题做进一步的讨论。

曲村晋国墓地共发掘西周到春秋时期的墓葬641座，车马坑6座，分别位于I2、J3、J4、K4四个区域内（图一）。据原报告，四个区之间尚有大量墓葬分布，据此推测四处墓地很可能是连在一起的一个大规模墓地[9]。不过，由于各区之间有相当大的范围未经发掘，仅据已有资料很难推测不同墓区间未发掘地带墓葬的年代和分布等，加之曲村晋国墓地时间跨度上限到西周早期，下限可到春秋早期，不同区内的墓葬在年代上亦有较大的差别，因此对曲村墓地各区墓葬的讨论应该分别进行。

若将J4、J3、K4和I2四区相比较，可以看到以J4区墓葬分布最为有规律，可以根

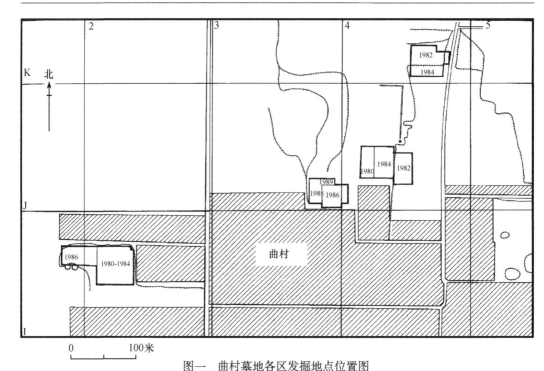

图一　曲村墓地各区发掘地点位置图

[选自《天马—曲村（1980—1989）》，283页，图四四八]

据墓葬方向将该区划分为相对完整的两个区域，而I2区几乎均为东西向的墓葬，J3和K4区的墓葬分布就墓葬方向来看较为零乱，因此若想对墓地进行分区并对各区进行讨论，应以J4区为切入点。因此本文的讨论将主要围绕J4区进行。

一、若干现象的讨论

对曲村墓地中所见到的一些现象及其意义进行如下讨论。

（1）曲村墓地仅青铜礼器墓随葬有车马器，且男性、女性均有。这表明是否随葬车马器与性别无关，而与墓主人生前所具有的地位或身份有关。只有生前具有一定的地位或身份、死后可以使用青铜礼器随葬的人才能够使用车马器随葬。

（2）青铜礼器墓、陶器墓以及没有陶器随葬的墓葬都有随葬青铜兵器的现象，且均为男性。这些现象表明是否随葬青铜兵器与地位没有绝对的对应关系，由那些没有任何陶器随葬的墓葬中使用青铜兵器随葬，表明这些青铜兵器应是墓主人生前随身所带，即这些墓主人生前很可能是士兵。不过青铜礼器墓中随葬的青铜兵器种类和数量较其他墓葬为多，表明那些在生前拥有或使用青铜兵器的人中，其地位越高随葬的青铜兵器在种类和数量上也越多。

（3）有8座墓随葬三足瓮，均出于女性墓葬，加之晋侯墓地被认为是夫人墓的

M113亦随葬有铜三足瓮，因此有研究者提出这种仅出于女性墓葬的三足瓮，很可能与嫁入的其他族群的女子有关，或者是反映了晋殖民政权对本地文化的冲击[10]。其实仅出于女性墓葬的器物不只是三足瓮，有9座墓随葬了陶瓿或硬陶瓿，墓主人亦均为女性。这种器物亦非周文化的传统器物，在商代晚期商文化墓葬中有较多的出现[11]。因此使用瓿随葬的女性墓葬亦可能是其他族群嫁入的女子。

（4）位于J4区的M6130和M6131，M6231和M6080，M6197和M6195等几组铜礼器墓，墓主人各为一男一女，均为夫妻并穴合葬墓[12]。

（5）曲村墓地有一定数量的儿童和少年的墓葬，大多散见于墓地的各个区，附近多分布有成人墓葬，这表明当时夭折的儿童或少年没有单独的墓地，其死后埋葬的具体位置很可能靠近与之具有某种关系的人的墓葬。

二、J4区的分区及区间差别

J4区墓葬的年代比较集中，除个别墓葬外，大部分墓葬的年代都在属于该墓地的第一期，即西周早期，又可分为第1、2两段；小部分可到第二期，即西周中期；个别墓葬的年代在第三期，即西周晚期。根据墓葬的方向不同可以划分为J4东区和J4西区两个区，东区以南北向墓为主，西区以东西向墓为主。图二～图四分别是J4区各段墓葬以及因未随葬陶器而不能分期的墓葬分布图[13]。

通过对J4区的东、西两区做进一步的观察，就可以发现这两区除了墓葬方向不同外，其实还存在着很多差别。

（1）J4东区的青铜礼器墓共14座，全部属于该墓地第一期。除M6081为4鼎墓外，余者均为2鼎以下的墓葬。其7座男性墓葬中，有5座随葬青铜兵器，另有M6123为一个6岁左右的儿童，亦随葬戈和管銎斧各1件；有3座墓随葬有车马器，还有2座墓随葬有铜泡，但不能确认一定是作为车马器使用。6座女性墓葬中，有2座随葬车马器。M6130和M6131，M6231和M6080为两组合葬墓，均为男性居西，女性居东，其人骨均为仰身直肢，头向北，是为男右女左。

J4西区共有青铜礼器墓8座，年代均为该墓地第一期。该墓地的3座3鼎墓全部出自这一区。5座男性墓葬中全部随葬青铜兵器，3座随葬车马器，另2座随葬有铜泡。3座女性墓葬均不见有车马器随葬。M6197和M6195为一组并穴合葬墓，其中M6197为男性，居南，M6195为女性，居北，两墓的人骨均为仰身直肢，头向东。此组墓葬的男女墓主人的位置关系，若以头向为准应为男左女右[14]。

（2）在J4东区散见有16岁以下的未成年人墓葬，其中M6123为一个6岁儿童，M6080为14～15岁的少年，二墓均有殉人，并随葬有青铜礼器。另M6122为8～9岁的儿童，M6134为14岁左右的少年，M6132为12～14岁的少年，均随葬有青铜兵器。

J4西区已鉴定性别和年龄的墓葬中没有未成年人，其随葬有青铜兵器的墓葬墓主

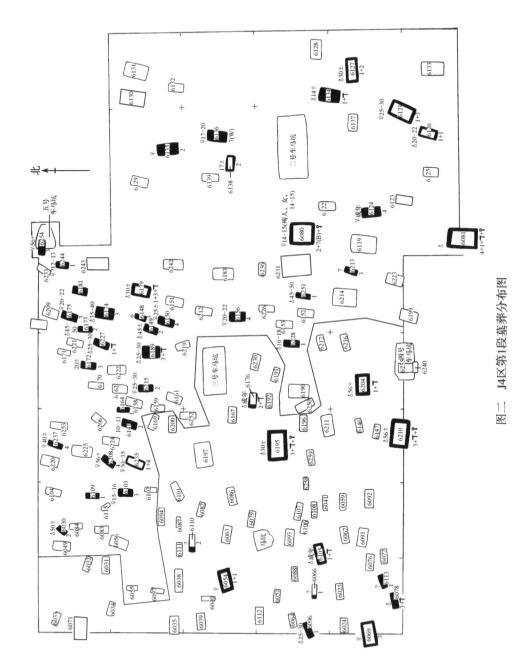

图二　J4区第1段墓葬分布图

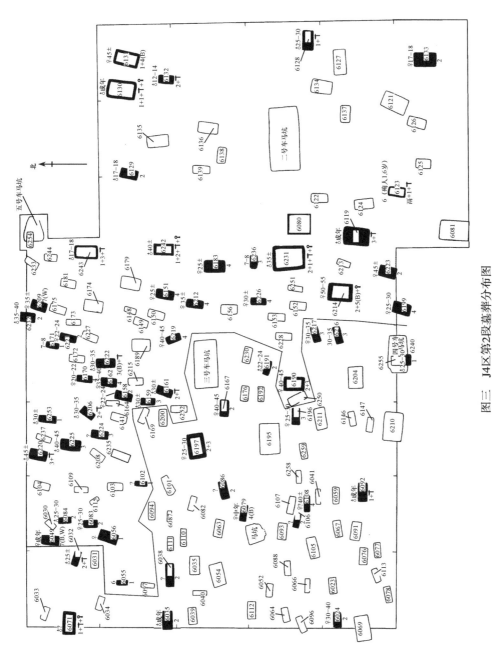

图三　J4区第2段墓葬分布图

图示：□ 铜礼器墓　■ 陶器墓　♂男性　♀女性　丅兵器　♀车马器　（B）含匜　（W）含三足瓮

墓葬上方为性别与年龄，下方铜礼器墓中第一项为鼎的数量，第二项为随葬陶器的种类数量，陶器墓为随葬陶器的种类数量，以及是否随葬兵器和车马器

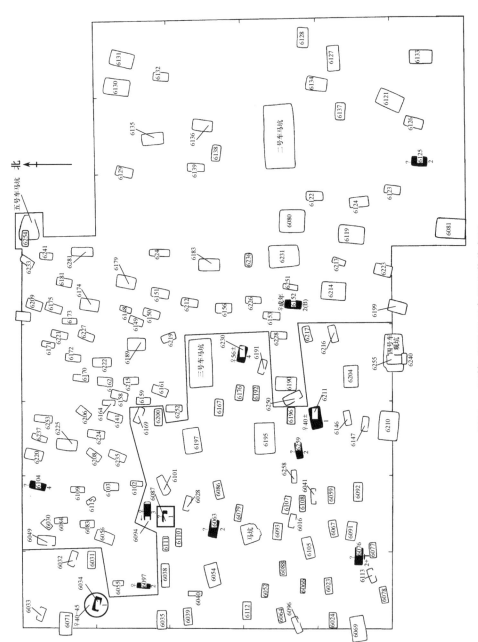

图四　J4区第3段及以后各段墓葬分布图

○内为第4段的墓葬　□内为第6段的墓葬

墓葬上方为性别与年龄，下方为铜器墓随葬的陶器种类、数量，以及是否随葬兵器和车马器

人已知者均为成年男性。

（3）天马曲村墓地共出土3件管銎斧，全部集中分布于J4东区的中部偏南处，相距最远不过13米左右。另J4东区有3座女性墓随葬瓿，2座女性墓随葬三足瓮，1座女性墓同时随葬三足瓮和瓿。随葬有瓿的M6214和M6131都是青铜礼器墓，其他随葬瓿或者三足瓮的陶器墓，除属于该墓地第二期第3段的M6152外，随葬的陶器种类和数量亦较多，7种的3座，5种的1座，4种的1座。另J4东区的其他女性墓葬，也都表现出随葬有较多陶器的倾向。

J4西区仅有属于该墓地第一期第2段的陶器墓M6079随葬有陶瓿，没有见到随葬三足瓮的墓葬。

（4）几乎所有的无陶器随葬的墓葬都分布在J4西区，可鉴定性别者以男性为多，其中有4座墓葬随葬了青铜兵器，均分布在西南角。J4东区仅有3座墓没有陶器随葬，其中M6122明确是一个8～9岁的儿童，且随葬有管銎斧。

这些墓葬因没有陶器随葬，因此很难判断其期段的明确归属，不过由于整个J4区的墓葬年代以该墓地第一期为主，因此这些墓葬的年代亦应在西周早期。

三、区间差别所隐含的意义

J4东区和J4西区在以上诸方面所存在的差异，说明根据墓葬方向的不同将J4区划分为东区和西区是符合客观事实的。不过这两个区除了墓葬方向不同外，在墓葬和随葬器物的形制等方面表现出了相当大的一致性，说明这两个区的划分并非源自于文化面貌的差别。其实对上文所提到的两区间的不同进行归纳，可知大部分的差别都来自于对某些特定人群，如女性、未成年人，可以使用青铜礼器或青铜兵器者的墓葬的具体处理，而对这样一些特定人群的不同的处理方式，显然与这些人生前所在的那个人群有关。因此J4东区和J4西区间的差别，实源自埋入两个区的人群间的差别。

（1）已有研究者指出，曲村墓地那些随葬三足瓮的墓葬，其墓主人很可能是来自于与由周王室分封而来的晋国姬姓族群通婚的其他族群的女子。同理，那些随葬有仅见于女性墓葬的瓿的墓葬的墓主人，亦应是来自于其他族群的女子。J4东区随葬这两种器物的女性墓葬共6座，而J4西区仅在第2段有1座随葬瓿的女性墓葬，因此J4东区通过婚姻关系进入该墓区的来自于其他族群的女子更加多元化。这些女性墓葬除1座为青铜礼器墓外，其余的也都随葬了较多的陶器，加之J4东区还有2座随葬青铜礼器的女性墓葬M6080和M6214都随葬了车马器，因此与J4西区相比，埋入J4东区的女性整体上表现出较为富有或具有较高的社会地位。

（2）位于J4东区的M6130和M6131、M6231和M6080为两对并穴合葬墓，M6130为男性墓葬，随葬青铜礼器鼎、簋和瓿各1件，陶鬲1件，另有青铜兵器戈3件、矛1件，以及害、镳等车马器；M6131为女性墓葬，随葬青铜礼器鼎、簋各1件，还有含瓿在内的陶器4种6件，没有车马器。M6231为男性墓葬，随葬青铜礼器鼎、鬲、簋各2件，甒、爵、觯、尊、卣、壶各1件，陶鬲1件，另有青铜兵器戈8件、管銎斧1件、镞3件，以及軎、镳、銮、当卢等车马器；女性墓M6080随葬青铜礼器鼎、簋各2件，鬲1件，陶器5种13件，原始瓷豆和硬陶瓿各1件，还随葬有軎、镳、当卢等车马器。与M6080相类似的还有M6214，墓主人女性，在该墓附近没有发现可以认为是与之并穴合葬的男性墓葬，随葬青铜礼器鼎、簋各2件，鬲、甒、觯、尊、卣各1件，包含瓿在内的陶器5种10件，另随葬有軎、镳等车马器，并殉车2辆。

位于西区的M6197和M6195亦为夫妻并穴合葬墓，M6195为男性墓，随葬青铜礼器鼎3件，簋2件，鬲、甒各1件，另有戈7件，矛1件，以及軎、镳、銮、当卢等车马器，还有车轮一对；M6197为女性墓葬，随葬了青铜礼器鼎、鬲、簋各2件，陶器3种6件，没有车马器。

将J4东区和J4西区这几对并穴合葬墓进行比较即可发现，J4东区的两对墓葬中，男性墓和女性墓都随葬了相同数量的鼎，包括M6214在内的女性墓的相同点是都随葬了较多的陶器，M6080和M6214还随葬车马器，后者还有殉车。而J4西区的并穴合葬墓中，女性墓随葬的鼎数量少于男性墓，陶器的种类和数量偏少，且没有车马器随葬。同时在J4西区也没有见到其他的随葬有车马器的女性墓葬。如果仅看J4东区的情况，可以认为由于与之并穴合葬的男性墓葬的地位较高，因此那些女性墓葬也随葬有较多的陶器和车马器以表现其较高的地位，或者表现其较为富有。若以此理推论，J4西区与女性墓M6197呈并穴合葬关系的男性墓M6195，由于随葬3件铜鼎，同时亦有青铜兵器、车马器以及车轮，其地位和身份应该比J4东区的男性墓M6231和M6130更高，由此M6197应随葬有车马器和较多的陶器。但实际情况却非如此，M6197既没有随葬车马器，随葬陶器的种类和数量亦偏少。J4东区那些随葬有较多的陶器和车马器的女性墓葬其共同点是都随葬了在该墓地仅出于女性墓葬的陶瓿或硬陶瓿，而J4东区那些随葬有青铜礼器，但未随葬陶瓿的女性墓葬，如M6121，其随葬的陶器亦只有3种4件，加之J4西区的女性墓M6079，随葬了包括陶瓿在内的陶器4种4件，亦为J4西区墓葬中随葬陶器数量较多者，因此有理由推测，J4东区的那些女性墓葬之所以富有或地位较高，并非与那个与之并穴合葬的男性墓葬有关，很可能与其所来自的那个族群有关，由此埋入J4西区的女性很可能来自与东区女性不同的族群。

（3）J4东区散见有多座未成年人的墓葬，其附近多有成年男女的墓葬，尚没有资料可以说明这些未成年人与其附近的成年男女之间的关系，不过位于J4东区南部随葬有北方系管銎斧的M6123和M6122这2座未成年人墓葬，都位于亦随葬有北方系管銎斧的成年男性墓葬M6231的附近，其中M6122距M6231仅5米左右。而在曲村墓地的其他任何地点，都没有见到随葬管銎斧的墓葬，因此随葬了管銎斧的这几座未成年人和成年人的墓葬间，一定有着非常亲密的关系，很可能就是直系的血缘关系。

M6123的墓主人6岁，殉葬一同龄儿童，随葬青铜鬲、陶鬲各1件，青铜戈和管銎斧各1件，以及可能为盾饰的铜泡，可推断墓主人应为一男性儿童。与M6123情况相类似的还有上文提到的M6080，墓主人为一个14～15岁的女孩，殉葬一同龄女孩。若以今天的标准，M6080的墓主人尚属未成年人，不过由于M6080与M6231为并穴合葬关系，并对其使用了随葬成组的青铜礼器和车马器的成人葬制，这表明当时14～15岁的女性被认为已经成年，甚至可能为已婚者。那么同样是殉葬者与墓主人同龄同性别的M6123，随葬有青铜礼器，并且还随葬有青铜兵器，显然亦是使用了成人的葬制。如果说M6080使用成人葬制是与其已经婚嫁有关，那么M6123作为一个6岁儿童的墓葬，其使用成人葬制一定还有其他的原因。

J4东区与M6123情况相类似的使用青铜兵器随葬的未成年人墓葬还有M6134，墓主人为14岁左右的男性少年，随葬陶鬲2件，铜戈2件；M6132，墓主人为一个12～14岁的男性少年，随葬陶鬲、陶豆各2件，戈1件；M6122，墓主人为一个8～9岁的儿童，无陶器，随葬管銎斧1件。由于上文已经指出的原因，可以认为这些随葬有青铜兵器的未成年人都是男性。尽管如此，仍然很难想象一个年仅8～9岁的儿童，或者一个12～14岁的少年，在其生前已经成为一个士兵，已具备参加军事行动的能力。那么这些未成年人之所以能够使用青铜兵器随葬，很可能是因为他们通过某种途径得到了可以用青铜兵器随葬的权力，或者由此象征着他们将来能够获得的作为士兵的身份。并不是所有的儿童或少年墓葬都随葬了青铜兵器，产生这种差别的原因恐怕只能来自于这些儿童或少年所出自的背景不同。因此那些使用青铜兵器随葬的未成年人，很可能是继承了长辈的士兵身份，即源自世袭。M6134位于青铜礼器墓M6127附近，M6132位于青铜礼器墓M6130和M6131附近，M6123和M6122位于青铜礼器墓M6231和M6080附近，很可能这些墓葬分别与其附近的青铜礼器墓有着亲密的关系。

由J4东区出现了未成年人的墓葬多依附于某一成年人墓葬之旁的现象，以及某些未成年人使用青铜礼器或青铜兵器随葬，表现出J4东区具有较强的世袭倾向。

J4西区还没有见到未成年人的墓葬，更没有未成年人随葬青铜礼器或青铜兵器的现象，尽管仅据此还不能断定J4西区还存在着一个未成年人的专用葬域，但至少可以认为埋入J4西区的人群不重视将儿童附葬于与之有关系的成人墓葬附近。加之在J4西区也未见到有未成年人随葬青铜礼器和青铜兵器的现象，因此可以推测，J4西区并没有像J4东区那样表现出较强的世袭倾向。

（4）J4西区除了M6195、M6210、M6204和M6071等4座随葬青铜兵器的青铜礼器墓，以及位于M6197附近的M6176、位于M6071附近的M6032以外，其余随葬有青铜兵器的陶器墓以及无陶器墓共8座均分布在西南部的铜礼器墓M6105和M6069周围，表现出一定的集群性。这些呈集群性分布的随葬青铜兵器的墓葬，其墓主人之间应该有着较与其他人更为亲密的关系。另外在这些墓葬周围还分布有女性墓葬以及一些没有随葬青铜兵器的男性墓葬，所以这不可能是一个以男性士兵为主的人群。

J4东区随葬青铜兵器的墓葬或分布在某一随葬有青铜兵器的铜礼器墓周围，如M6132分布在铜礼器墓M6130附近，M6134、M6128位于铜礼器墓M6127附近，M6123、M6122、M6119分布在M6231周围；其余9座随葬青铜兵器的墓葬（图五）都分布在该区

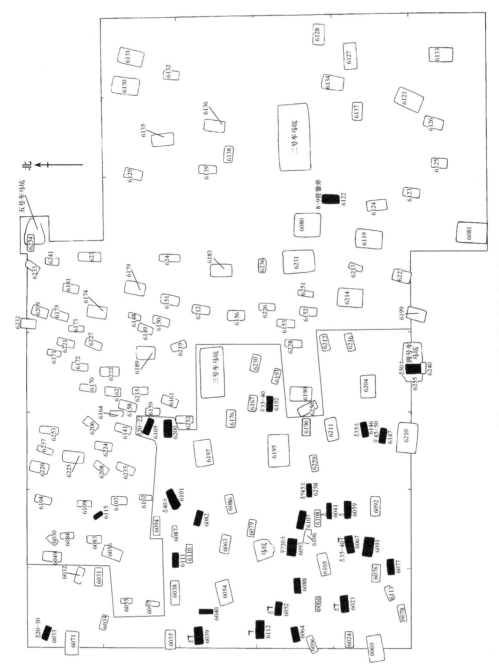

图五　J4区无陶器随葬墓墓葬分布图

墓葬上方为性别与年龄，以及是否随葬兵器和车马器

的西北部，其中M6242、M6179和M6243为铜礼器墓，余者均为陶器墓。J4东区这些随葬有青铜兵器的墓葬虽然不似J4西区那样有明显的集群分布的现象，但仍可划分为以一个青铜礼器墓为中心的、相对独立的几个群。

上述现象表明两个人群中都有作为士兵的男性成员，而这些生前作为士兵的男性成员没有单独的埋葬区域，而是与其他的女性墓葬以及一些未随葬青铜兵器的成年男性墓葬相间分布，表明当时并不是所有的男性都可能成为士兵，同时也表明这些士兵可能是来自不同的更小的人群单位。

（5）绝大部分的无陶器随葬的墓葬（图五）都分布在J4西区，虽然不能肯定不使用陶器随葬就一定是贫穷或地位较低的表现，但这些墓葬集中出现于西区，而少见于东区，至少可以说明埋入东区的人群表现出较西区人群更为重视随葬器物的倾向。

四、相关问题的讨论

综上所述，埋入曲村墓地J4区的人群，若就墓葬所表现的文化面貌的一致性看，很难认为他们具有不同的文化来源，视之为晋国统治者即姬姓族群的"族坟墓"，应该是符合客观事实的。这一姬姓族群的族坟墓至少包括了两个子墓群，两个子墓群在对待女性，未成年人等特殊群体的埋葬制度方面存在的差别，说明埋入两个子墓群的是既有联系而又有所差别的两个人群。

J4东区的墓葬以南北向的墓葬为主，与位于曲村墓地附近的晋侯墓地相同，因此埋入J4东区的很可能是与晋宗室关系相对密切的一个人群；与这个人群联姻的女性亦较为富有或具有较高的地位，或者说这些女性来自地位相对较高的其他人群。也许正是由于这样的原因，这一人群表现出较重视血缘关系的倾向。至于这些女性到底来自哪一个族群，如果确如一些研究者指出的那样，使用三足瓮随葬的可能是来自北方文化的女性[15]，那么随葬瓿的女性则可能与殷商旧族有关。

埋入J4西区内的人群使用了与前者以及晋侯墓地不同的墓葬方向，似乎在表示这一人群与晋宗室的关系应较前一人群疏远；在J4西区没有发现附葬于成年人墓葬附近的未成年人墓葬，可以认为这一人群并不像前者那样重视世代相传的血缘关系，加之与之联姻的女性也来自与前者不同的族群，因此其应为有别于前者的另外一支人群，两个人群中都有部分作为士兵的男性成员，他们没有单独的葬域，与自己关系亲密的人埋在一起。在J4西区西南部呈集群性埋葬的那些士兵，很可能生前属于同一个军事单位。

鉴此，J4区以墓葬方向所划分的两个区域，实际上分别埋入了同属于姬姓族群，但又有所区别的两个人群，由于这两个人群联姻的女性可能分别来自不同的族群，加之东区包含了若干组以一对夫妻并穴合葬为中心，周围有未成年人附葬的家族墓地，因此这两个人群的差别似乎并非是不同家族间的差别，应该是同属于姬姓族群的两个氏族间的差别。J4东区埋入的应是与晋王室关系较为密切的一支氏族，与之联姻的是北方文化和殷商旧族，而J4西区埋入的人群则与晋王室的关系较前者疏远，很可能没有来自北方文化的女性，也较少有来自殷商旧族的女性与之联姻。

实际上曲村墓地的其他几个区亦可以据墓向划分为不同的小区[16]，不过各区的情况稍有不同，如J3区可以根据不同期段墓葬的分布情况，划分为以南北向为主和以东西向为主的两个小区，只是不同期段各小区的分布范围稍有变化。K4区的西部存在着一部分头向西、有腰坑和殉狗的墓葬，已有学者指出这部分墓葬是与姬周联姻的他族墓葬[17]，则与其他区的情况稍有不同，将另文讨论。该区的其余部分亦可根据不同期段墓葬的分布情况，划分为以南北向为主和以东西向为主的两个小区，不同期段各小区的分布范围稍有变化。I2区的东西向墓都集中在南部很小的范围里，年代都晚到西周晚期以后，还不知道在东西向墓葬的南侧是否还有年代较早的未发掘的东西向墓葬，但从已经发掘范围看，I2区的东西向墓葬似乎与南北向的墓葬有年代上的区别，因此不好对I2区进行小区的划分。由于篇幅有限，关于其他区的具体划分不能详尽讨论，但亦可知道在同一墓地中以墓葬方向将墓地两分化甚或三分化，是曲村晋国墓地的普遍现象。

这种以墓葬方向划分为不同氏族墓区的现象，在同时期其他诸侯国的姬周文化墓地中却不多见。洛阳北窑周人墓地全部为南北向墓葬[18]；曲阜鲁故城被认为属于周人墓地的望父台墓地，亦全部为南北向墓葬[19]；北京琉璃河燕国墓地，尽管有研究者指出其中包含有姬姓贵族和异姓贵族的墓葬，但墓葬方向却没有明显的区别[20]；扶风北吕周人墓地共包括5个墓地，其中Ⅱ墓地和Ⅴ墓地全部都是南北向的墓葬，Ⅰ墓地仅1座东西向墓，年代为先周时期，Ⅲ墓地，包含有部分东西向的墓葬，但正如原报告所说，这些墓葬都是随坡势建造的，因而头向不一，Ⅳ墓地的东部也有部分东西向的墓，但均为先周时期的墓葬[21]；长安张家坡西周墓地确实存在东西向墓和南北向墓相间分布的现象，但却很难依墓向划分为不同的区域[22]。

综上所述，天马—曲村墓地依墓葬方向将同属于姬姓族群的两个氏族分别埋入两个区域，应是西周时期晋国特有的一种埋葬制度。只是目前尚不能对晋国为什么使用这种有别于同时期其他诸侯国的埋葬制度提出合理的解释。

注　释

［1］　北京大学考古学系商周组、山西省考古研究所编著：《天马—曲村（1980—1989）》，科学出版社，2000年。

［2］　北京大学考古学系商周组、山西省考古研究所编著：《天马—曲村（1980—1989）》，科学出版社，2000年；徐天进：《西周至春秋初年晋国墓葬的编年研究》，《文化的馈赠——汉学研究国际会议论文集》，北京大学出版社，2000年。

［3］　刘绪、徐天进：《关于曲村遗址晋国墓葬的几个问题》，《晋侯墓地出土青铜器国际学术研

讨会论文集》，上海书画出版社，2002年；宋玲平：《晋系墓葬研究》，北京大学博士学位论文，2002年。

[4]　宋玲平：《晋系墓葬研究》，北京大学博士学位论文，2002年。

[5]　刘绪、徐天进：《关于曲村遗址晋国墓葬的几个问题》，《晋侯墓地出土青铜器国际学术研讨会论文集》，上海书画出版社，2002年。

[6]　刘绪、徐天进：《关于曲村遗址晋国墓葬的几个问题》，《晋侯墓地出土青铜器国际学术研讨会论文集》，上海书画出版社，2002年。

[7]　刘绪、徐天进：《关于曲村遗址晋国墓葬的几个问题》，《晋侯墓地出土青铜器国际学术研讨会论文集》，上海书画出版社，2002年。

[8]　陈芳妹：《晋侯墓地青铜器所见性别研究的新线索》，《晋侯墓地出土青铜器国际学术研讨会论文集》，上海书画出版社，2002年；侯毅：《从晋侯墓铜器看晋文化的形成与发展》，《晋侯墓地出土青铜器国际学术研讨会论文集》，上海书画出版社，2002年。

[9]　北京大学考古学系商周组、山西省考古研究所编著：《天马—曲村（1980—1989）》，科学出版社，2000年，290页。

[10]　陈芳妹：《晋侯墓地青铜器所见性别研究的新线索》，《晋侯墓地出土青铜器国际学术研讨会论文集》，上海书画出版社，2002年；侯毅：《从晋侯墓铜器看晋文化的形成与发展》，《晋侯墓地出土青铜器国际学术研讨会论文集》，上海书画出版社，2002年。

[11]　郜向平：《洛阳地区西周墓葬研究》，吉林大学硕士学位论文，2002年。

[12]　刘绪、徐天进：《关于曲村遗址晋国墓葬的几个问题》，《晋侯墓地出土青铜器国际学术研讨会论文集》，上海书画出版社，2002年。

[13]　各墓葬的期属参见：《天马—曲村（1980—1989）》（第二册），334、335页中的分期。

[14]　若在认定两个墓葬的排列位置时不是使用绝对的方位，而是引入以人体的相对左右以表示并列两墓的位置关系，其前提当以墓主人头向为准。鉴此，J4区的三组合葬墓并不全部符合男右女左的规则。同样的现象亦见于晋侯墓地。晋侯墓地已发现的9组19座晋侯及夫人墓，均为南北向，其中年代最早的M113和M114、M9和M13两组墓葬人骨均为北向，男性居西，女性居东，确实符合男右女左之制。但年代已进入西周中期以后的7组墓葬，为男性居东，女性居西，若以大部分墓葬的人骨头向北为准，则应为男左女右。只是其中位于中排的M91和M92组，其人骨头向均为南，这组墓葬中的男女位置则应与M113和M114、M9和M13两组墓葬同，即为男右女左。因此有些研究者提出的在西周早期流行男右女左，西周中期以后流行男左女右的合葬方式，显然是有例外的。

[15]　陈芳妹：《晋侯墓地青铜器所见性别研究的新线索》，《晋侯墓地出土青铜器国际学术研讨会论文集》，上海书画出版社，2002年；侯毅：《从晋侯墓铜器看晋文化的形成与发展》，《晋侯墓地出土青铜器国际学术研讨会论文集》，上海书画出版社，2002年。

［16］　宋玲平：《晋系墓葬研究》，北京大学博士学位论文，2002年。

［17］　刘绪、徐天进：《关于曲村遗址晋国墓葬的几个问题》，《晋侯墓地出土青铜器国际学术研讨会论文集》，上海书画出版社，2002年。

［18］　洛阳市文物工作队：《洛阳北窑西周墓》，文物出版社，1999年。

［19］　张学海：《论鲁城周代墓的类型、族属及反映的问题》，《张学海考古论集》，学苑出版社，1999年。

［20］　北京市文物研究所：《琉璃河西周燕国墓地（1973—1977）》，文物出版社，1995年；陈光：《西周燕国文化初论》，《中国考古学的跨世纪反思》（下册），商务印书馆（香港）有限公司，1999年。

［21］　宝鸡市周原博物馆罗西章：《北吕周人墓地》，西北大学出版社，1995年。

［22］　中国社会科学院考古研究所编著：《张家坡西周墓地》，中国大百科全书出版社，1999年；中国社会科学院考古研究所沣西发掘队：《1967年长安张家坡西周墓葬的发掘》，《考古学报》，1980年4期。

（原刊于《庆祝张忠培先生七十岁论文集》，科学出版社，2004年）

长治分水岭墓地铜器墓年代综论

一

对长治分水岭墓地的考古发掘工作，始自20世纪50年代，一直延续到70年代，山西省文物考古工作部门对墓地进行了多次发掘，共发掘东周时期墓葬165座，其中铜器墓25座。在发掘报告出版之前，发掘者曾对当年发掘的墓葬进行报道[1]，也有仅发表少数铜器墓材料的情况[2]。同时，亦有很多研究者根据已发表的材料对一些铜器墓的年代进行判断，或在此基础上探讨墓地的国别和文化归属等问题[3]。2010年《长治分水岭东周墓地》（下文简称《墓地》）出版，对包括此前已发表墓葬在内的共113座墓葬的资料进行了较为全面的介绍[4]，对部分铜器墓的年代进行了讨论，并结合陶器墓对分水岭墓地进行了统一的分期。由于分水岭墓地的铜器墓数量多，延续时间长，分布在墓地的各个区域，判断各铜器墓的年代，是进行墓地分期，以及进行诸如墓地形成过程、墓地性质、埋葬制度，由墓地所反映的分水岭地区在东周时期的相关历史进程等问题研究的重要前提，因此仅对部分铜器墓进行年代学的研究显然不足。本文将在已有研究成果的基础上，尽可能利用所能获取的全部信息，对分水岭墓地铜器墓的年代进行全面的讨论，希望可以借此为分水岭墓地的更进一步研究提供一个良好的基础。

需要说明两个问题，第一，《墓地》出于整理资料的需要，根据发掘者当时绘制的原始草图将分水岭墓地由东向西依次划分为Ⅰ至Ⅴ区。但是墓地中墓葬的分布，并不是简单地依地理空间的顺序分布，同时还会与墓主人自身的人群所属、文化传统、社会地位等因素相关。因此对于一个墓地的分区，不能仅仅考虑墓葬的埋葬顺序和年代，还要考虑整个墓地的布局、墓地的形成过程，以及埋葬制度等问题。对于分水岭墓地来说，笔者认为墓地出土的一些不常见的陶器器类和特殊形制的陶器，不仅具有不同的文化属性，而且在分布上也表现出明显的集中现象，显示出当时墓地具有一定的规划和布局，为分水岭墓地进行分区提供了重要线索。第二，分水岭墓地出土的那些不常见的陶器器类和特殊形制的陶器，大都表现出依时代而变化的规律，可以对其进行分期研究。由于以上两个问题在分水岭墓地研究中都具有重要的意义，因此笔者另撰文讨论了分水岭墓地的分区、陶器的类型学分析，以及陶器的分期与年代等问题[5]。下文凡涉及墓地的分区和陶器的相关问题，将不进行具体讨论，而是直接引入笔者已有的认识。

二

笔者根据分水岭墓地出土的喇叭口长颈壶、莲瓣盖壶、高足小壶和浅盘豆、鸟柱盘和筒形器等器物的分布，将分水岭墓地重新划分成西区、南区、中区和东区四个分区。西区为原报告分区的Ⅴ区，只发表了4座铜器墓的材料；南区为原报告分区的Ⅳ区，集中出土喇叭口长颈壶；中区为原报告分区中Ⅲ区与车马坑以西区域，集中出土莲瓣盖壶；东区为原报告分区的Ⅰ区、Ⅱ区以及Ⅲ区的东部，大都随葬有高足小壶和浅盘豆，或加鸟柱盘、筒形器等[6]（图一）。下文所涉及的分水岭墓地的分区，均以上述分区为准。

三

分水岭墓地的铜器墓在分布上相对集中，且有部分墓葬两两成组，所出青铜礼器，在器物组合和器物形制方面，都与同时期三晋地区墓葬所出相同。因此若进行分水岭墓地铜器墓年代学的研究，可充分利用已有的对三晋两周地区青铜礼器的认识，通过形制上的比较，并兼及各铜器墓之间的关系，对分水岭墓地铜器墓的年代进行全面的讨论。

1. 西区

西区共有10座墓葬，《墓地》仅发表了M53、M258、M269和M270共4座铜器墓的资料。

M269和M270于1972年发掘，资料在1974年发表[7]，发掘者认为两墓的年代在春秋晚期到战国早期。在《墓地》中，作者认为两墓的年代为春秋中期。这两座墓的上部虽被后世墓葬所打破，但墓室及随葬品保存基本完好，所以两墓的资料在1974年发表以后，就成为学者们研究三晋地区墓葬不可或缺的资料，对其年代的判断也有不同的认识（表一）。

表一 对分水岭M269、M270年代的主要认识

作者	年代	出处
山西省考古研究所	春秋中期	《山西考古四十年》，山西人民出版社，1994年，185~187页
高崇文	春秋中期	《试论晋南地区东周铜器墓的分期与年代》，《文博》1992年第4期，17~30页
杨建军	春秋中期	《三晋东周铜器墓初论》，《中原文物》2005年第3期，33~46页
宋玲平	春秋中期晚段	《晋系墓葬制度研究》，科学出版社，2007年，16页
李夏廷	春秋中期晚段	《也谈长治分水岭东周墓地》，《中国国家博物馆馆刊》2012年第3期，15~31页
俞伟超、高明	春秋中、晚期之际	《周代用鼎制度研究》（下），《北京大学学报（哲学社会科学版）》1979年第1期，83~96页
赵化成	春秋晚期	《周代棺椁多重制度研究》，《国学研究》（第五卷），北京大学出版社，1998年，27~74页
张志鹏	春秋晚期	《中原地区周代青铜礼器组合研究》，河南大学硕士学位论文，2008年
朱凤瀚	春秋晚期偏早	《中国青铜器综论》（下），上海古籍出版社，2009年，1618~1635页

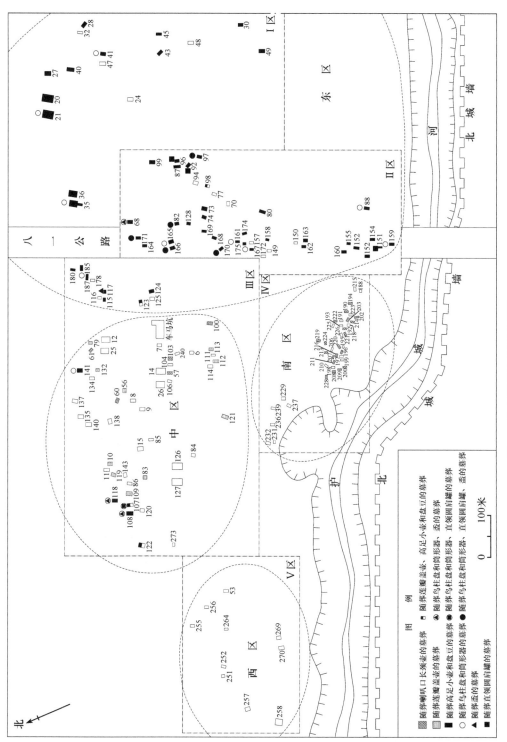

图一　分水岭墓地分区示意图

通过表一可知，各家对于分水岭M269和M270年代判断虽有不同，但大体集中在春秋中期与春秋晚期。笔者认同朱凤瀚先生的看法，即分水岭M269和M270所出的部分青铜礼器，如鼎、方壶等虽然还保留一些早期的特点，但已出现了一些此前不见的新器物，最有代表性的当为铜提梁三足盉（图二，1、2）。与分水岭M269和M270所出提梁三足盉相近并可判断年代者，目前已知最早见于春秋晚期早段，如淅川下寺楚墓所出（图二，3）[8]，另有上海博物馆收藏的"吴王夫差盉"（图二，4），其年代已到春秋晚期晚段[9]，虽然上述二器在形制上与分水岭M269和M270所出稍有不同，均在与盉流相对处有透雕的鋬，但整体形制非常相近，由此认为分水岭M269和M270的年代上限不会超过春秋晚期早段，或与之相当应该是比较合理的判断。

图二　M269、M270出土铜盉比较
1.分水岭M269：28　2.分水岭M270：18　3.淅川下寺M1：71　4.上海博物馆藏"吴王夫差盉"

西区墓葬中见诸报道的还有2座铜器墓——M53和M258，《墓地》认定两墓年代为战国早期，不误，但还可做进一步的分析。M53所出铜鼎腹较浅而蹄足较高（图三，1），铜盖豆豆柄较低，着地处有较高的折棱（图三，2），M53还出有铜当卢（图三，

3)、援部呈流线形且援与内之夹角小于90度的铜戈（图三，5）和双圈兽纹铜镜（图三，4），与上述器物相类者在上马M5218[10]、太原金胜村M251[11]等战国早期早段的墓葬中都有发现（图三，6~11）。M258所出铜盖豆（图三，13）、当卢（图三，14）都与M53相近，所出鬲形鼎浅腹且足亦较矮（图三，12）。与M53不同的是M258还共出有一套仿铜陶礼器，包括鼎、盖豆、壶和鉴等（图三，15、16），其鼎整体呈扁方形，有短且粗壮的足，与之相近的铜鼎多见于战国早期晚段的墓葬，如山彪镇M1所出[12]。综合上述比较，M53的年代大体应在战国早期早段，而M258的年代当稍晚于M53，可以到战国早期晚段。

综上，M53、M258、M269和M270四座铜器墓的年代包括了春秋晚期早段、战国早期早段和战国早期晚段三个时期。由于目前西区仅发表了4座铜器墓的材料，所以尚不清楚由4座铜器墓所表现出在春秋晚期晚段这一年代上的缺环是否真正存在。

2．南区

南区共有40座墓葬，《墓地》共发表了25座墓葬的资料，其中M225、M229、M232、M236为铜器墓。

《墓地》认为铜器墓中的M229和M236为战国早期墓葬，未提及M225和M232的年代。

M225随葬有铜鼎3、盖豆3、壶2、盘1、铧1，《墓地》仅发表了2件铜鼎、1件铜壶和铧的资料（图四，2~5）；M229随葬有铜鼎1、盖豆2、盘1、匜1、铧1，《墓地》仅报道了盖豆和铧的资料（图四，6、7）；M232随葬了铜鼎2、盖豆2、盘1、匜1、铧1，《墓地》仅报道了盖豆和匜的资料（图四，8、9）；M236因未见发掘记录，所以该墓随葬器物不清，仅整理了1件铜鼎（图四，1）。上述各墓虽然资料不完整，但通过已发表的器物仍可大致判断各墓年代。

铜盖豆在春秋晚期晚段见于三晋地区的墓葬中，一直到战国中期都有发现，其发展的趋势为豆把由高渐矮。M232发表的铜盖豆豆把长度居中，同样形制的盖豆在三晋地区春秋晚期晚段和战国早期早段的墓葬都有发现，但以春秋晚期晚段者居多，如临猗程村M1001：7[13]（图四，14）；M232所出的铜匜，虽然已有简化，但其流口和盖均饰卷曲蟠螭纹，尾鋬饰兽面，三足为细蹄状，这些特点均不见于战国早期早段，而与春秋晚期晚段的临猗程村M1001、侯马上马M15、M4006[14]（图四，16）等墓所出相同，综合考虑，M232的年代在春秋晚期晚段为宜。

M225和M236的铜鼎，其下腹部稍向内收，蹄足较高，与战国早期早段的长子羊圈沟M2[15]、芮城坛道村M2[16]（图四，10、11）、侯马上马M5218等墓所出铜鼎极为相似；M229所出的铜盖豆，与战国早期早段的芮城坛道村M2（图四，13）、长子羊圈沟M2、太原金胜村M251等墓所出铜盖豆非常相近；M225随葬的铜壶形制较为特殊，其喇叭口、长颈的特点与芮城坛道村M2所出接近（图四，12）；M225和M229随葬的

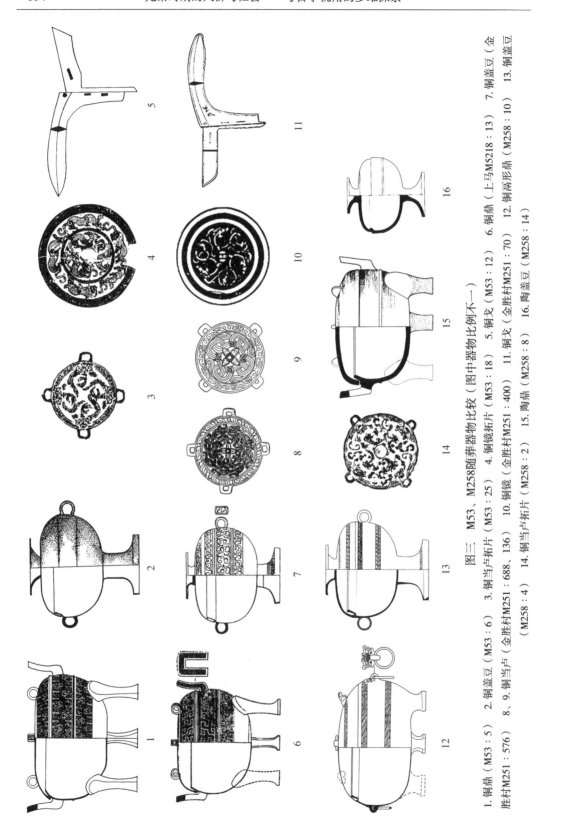

图三　M53、M258随葬器物比较（图中器物比例不一）

1. 铜鼎（M53：5）　2. 铜盖豆（M53：6）　3. 铜当卢拓片（M53：25）　4. 铜镜拓片（M53：18）　5. 铜戈（M53：12）　6. 铜鼎（上马M5218：13）　7. 铜盖豆（金
胜村M251：576）　8、9. 铜当卢（金胜村M251：688, 136）　10. 铜镜（金胜村M251：400）　11. 铜戈（金胜村M251：70）　12. 铜扁形鼎（M258：10）　13. 铜盖豆
（M258：4）　14. 铜当卢拓片（M258：2）　15. 陶鼎（M258：8）　16. 陶盖豆（M258：14）

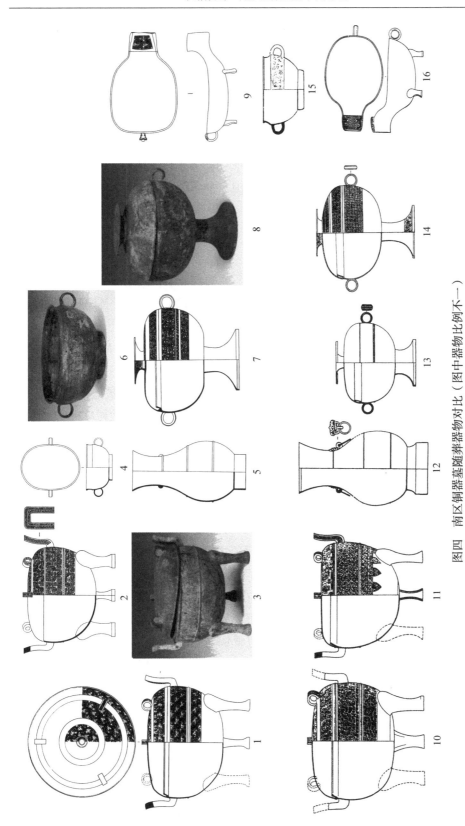

图四 南区铜器墓随葬器物对比（图中器物比例不一）

1. 铜鼎（M236：5） 2. 铜鼎（M225：5） 3. 铜鼎（M225：7） 4. 铜鍪（M225：12） 5. 铜壶（M225：12） 6. 铜鍪（M229：5） 7. 铜盖豆（M229：5） 8. 铜盖豆（M229：8） 9. 铜匜（M232：3） 10、11. 铜鼎（坛道村M2） 12. 铜壶（坛道村M2） 13. 铜盖豆（坛道村M2） 14. 铜盖豆（坛道村M2） 15. 铜鍪（羊圈沟M1001：7） 16. 铜匜（上马M4006：8）（M232：5）

铜钾，口部呈短椭形，这些都是长子羊圈沟M2（图四，15）、太原金胜村M251、临猗程村M1056[17]等三晋地区战国早期早段墓葬中常见的形制。以上3座墓葬的年代应该都在战国早期早段。

综上，分布在南区的M225、M229、M232和M236这4座铜器墓的年代为春秋晚期晚段到战国早期早段。

在《墓地》中，还发表了南区21座陶器墓的材料，其中有20座墓都随葬了喇叭口长颈壶，根据笔者对喇叭口长颈壶进行的类型学分析和年代学研究，南区随葬有喇叭口长颈壶墓葬的年代分别为春秋晚期晚段、战国早期早段、战国早期晚段和战国中期早段[18]，其延续时间较铜器墓晚。

3. 中区

中区共有48座墓葬，《墓地》发表了43座墓的材料。其中M10、M11、M12、M14、M25、M26、M79、M83、M84、M106、M109、M126、M127、M134共14座墓随葬有青铜礼器[19]。

《墓地》认为铜器墓中的M10、M11、M12、M14、M25、M26、M106、M126的年代在战国早期，M84为战国中期，其他铜器墓未做分期。

M126和M127是分布在中区中部偏西南的两座大型铜器墓，后者被盗严重。李夏廷文认为其属于春秋晚期，不过其在进行年代对比时，多将两墓与金胜村M251所出同类器物进行比较。笔者认同李夏廷文中两墓所出铜器与金胜村M251相近，并同意朱凤瀚先生对于金胜村M251年代为战国早期早段的判断，同时本文将对M126的年代进行补充说明。M126出土的铜牺盘（M126：541）造型独特（图五，1），与之形制相近者目前仅见于三晋两周地区的墓葬，如山彪镇M1：197（图五，4、5），出土时牺兽与上之托盘虽已分离，但仍共出一处[20]；洛阳唐宫西路C1M7984：86（图五，2），从原报告发表之图可以看出牺兽背部有孔，原应有插入背部之物，只是不能明确是否为盘[21]；浑源李峪村出土的牺兽（图五，3）[22]，据李夏廷文称背部有残痕，似原有物与背相接。另潞城潞河M7所出的四足大盘，足下小兽的造型亦与M126牺兽相近（图五，6）[23]。上述各墓，关于浑源李峪村青铜器群的年代朱凤瀚先生进行了详尽的讨论，指出就其文化因素看包括了晋式、燕式、北方青铜文化等三类，绝大部分铜器的年代都属于战国早期[24]；关于洛阳唐宫西路C1M7984，原报告认为该墓所出铜器及纹饰具有战国早中期特点，其年代属于战国中期，不过由C1M7984所出的玉龙形佩看，龙首前伸、龙身平缓，而不似战国中期以后的龙首回望、身体蜷曲，应该是表现出较早的特征，因此该墓的年代当在战国早期为宜；潞城潞河M7的年代朱凤瀚先生认定属于战国早期早段；山彪镇M1的年代在战国早期基本为学界共识，朱凤瀚先生还明确指出应在战国早期晚段。除了上述铜牺盘或铜牺兽以外，在侯马铸铜遗址还出土了数件铸造铜牺盘所用的陶范[25]，虽已残坏，但仍可以看出其与分水岭M126：541的对应关系（图六）。

图五　M126所出牺盘对比图之一
1.分水岭M126：541　2.洛阳唐宫西路C1M7984：86　3.浑源李峪村
4、5.山彪镇M1：197　6.潞城潞河M7：148

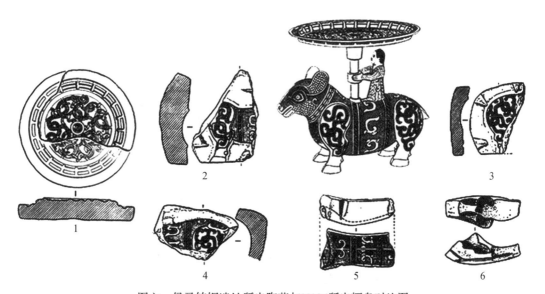

图六　侯马铸铜遗址所出陶范与M126所出牺盘对比图
1.托盘部分（ⅡT35H103：2）　2.前胸、前肢部分（ⅡT21③：3）　3.臀部（ⅡT13③：3）
4.腰部（ⅡT21H18：2）　5.颈背部（ⅡT13③：2）　6.前肢部分（ⅡT16③：6）

据原报告的分期，出土这些陶范的层位大体在侯马铸铜遗址的中期Ⅳ段（即中期晚段）或晚期Ⅴ段（即晚期早段），侯马铸铜遗址中期的年代约相当于公元前530年至公元前450年前后，晚期的年代大体在公元前450年到公元前380年前后[26]，即这些同款的陶范年代最晚也可到战国早期晚段。上述与分水岭M126所出铜牺盘年代有关的讨论中，山彪镇M1可明确到战国早期晚段，侯马铸铜遗址相关层位的年代也可到战国早期晚段，因此分水岭M126的年代为战国早期晚段也应是合理的推测。而与之相邻的M127虽然《墓地》没有发表可以明确判断年代的器物，但李夏廷在《也谈长治分水岭东周墓地》中补发了一张出自于M127的铜鼎的照片（图七，3），就鼎足高度观察，较战国早期早段的侯马上马M5218（图七，1）和太原金胜村M251（图七，2）所出铜鼎矮，但又稍高于属于战国早期晚段的山彪镇M1（图七，4）、陕县后川M2040[27]（图七，5）、长子牛家坡M7等墓所出铜鼎，考虑到其与M126为夫妻并穴合葬，因此也可认定其年代大体相当于战国早期晚段。

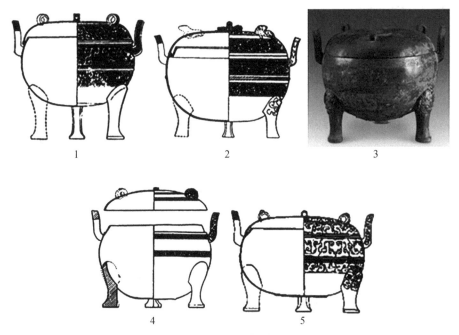

图七　M127所出铜鼎对比
1. 上马M5218：13　2. 金胜村M251：559　3. 分水岭M127　4. 山彪镇M1：183　5. 后川M2040：276

需要讨论的还有被《墓地》认定属于战国早期的M25、M26和M12，朱凤瀚先生认为前两座墓的年代为战国中期，M12的年代已进入战国晚期。

M25和M26分别与M12和M14为并穴合葬墓，对各墓年代的判断也应考虑到这一因素。M26从随葬的青铜礼器看（图八，1~7），其直腹较短的簋、带提链的盘都是战国早期常见的形制，上、下两器相同并扣合的敦，也见于战国早期晚段的陕县后川

M2040、洛阳市中州中路战国墓C1M3750[28]，而没有见到明显可以晚到战国中期的器物，因此M26的年代大体应在战国早期晚段。在朱凤瀚先生书中没有提及的M14与M26为并穴合葬墓，从《墓地》发表的铜器看（图八，8~10），簋与M26所出几近相同，铜鬲为高裆、高足，似乎还保留着春秋时期铜鬲的特点，随葬的铜鼎整体呈扁圆形，与战国早期晚段的陕县后川M2040所出非常接近。值得注意的是M14出土了1件铜人饰（图八，11），可以与之进行对比的有侯马铸铜遗址中期层位（公元前530年至公元前450年前后）中出土的人形陶范（图八，12）[29]，人形双手上举、两脚并立、长襦右衽、系带等特征与M14所出都非常相似，其年代也应大体相当。综合考虑上述因素，M14与M26的年代相同，亦在战国早期晚段。

M25所出铜鼎足较高、铜壶最大腹径在腹中部、铜舟长椭圆形口等（图九，1~7），都是战国早期同类器物的特点，不过正如朱凤瀚先生指出，该墓出土的敦上下两器相同、器身以子母口承盖、盖上有三足（图九，3），所出铜鉴口沿加厚、腹部近直等特点（图九，7），确实不见于三晋两周地区战国早期墓葬，综合考虑M25的年代或可晚至战国中期早段。M12据《墓地》发表的器物看，其长链盘、整体呈球形的敦、刻纹匜等（图九，9~13），年代均可到战国早期，只是朱凤瀚先生认为其青铜礼器组合中出现了铜钫（图九，8），并因此认定其年代可以到战国晚期[30]。实际上在侯马铸铜遗址中期（公元前530年至公元前450年前后）的层位中就已经出现了铸造铜钫用的陶模（图九，14），可以知道铜钫的使用至少可以早到战国早期。不过M12所出铜钫最大腹径较侯马铸铜遗址所出铜钫陶模偏上，应该是年代稍晚的特点。综合考虑M12所出青铜礼器以及其与M25为并穴合葬墓的情况，M12的年代不会晚到战国晚期，应该与M25基本同时，大体可到战国中期早段。

在中区还有一些小型铜器墓，如分布在M126和M127北边约20米的M10与M11，其与M126和M127之间分布有小型铜器M83；另外在M126和M127东南侧有小型铜器墓M84，在M26和M14南侧有小型铜器墓M106，在M25和M12西北侧有小型铜器墓M134，其北侧有小型铜器墓M79。

M84和M106各发表了鬲形鼎1件（图一〇，1、7），前者为环形耳，后者为附耳，分别与长子牛家坡M7[31]和洛阳中州路M2717[32]所出的鬲形鼎（图一〇，2、8）相同，M84还出有刻纹匜和刻纹鉴（图一〇，3~6），刻纹匜因破碎严重而形制不清，其花纹与太原金胜村M251所出的刻纹匜几近相同，表现的均为祭祀场景（图一〇，9），而刻纹鉴的花纹则与中山灵寿城穆家庄M8101所出相近，腹壁均以楼阁、战车为主，底部均为两圈缠绕的水蛇纹（图一〇，10）。笔者曾作《中山灵寿城东周时期墓葬研究》，详细讨论了穆家庄M8101的年代，认为应在战国早期晚段[33]。综合上述因素，M84和M106的年代都应与分布在两座墓附近的两组并穴合葬墓M126和M127、M14和M26相同，即战国早期晚段。

M10与M11为一组并穴合葬墓。M11发表的资料中没有铜鼎，所出的铜敦、铜匜和

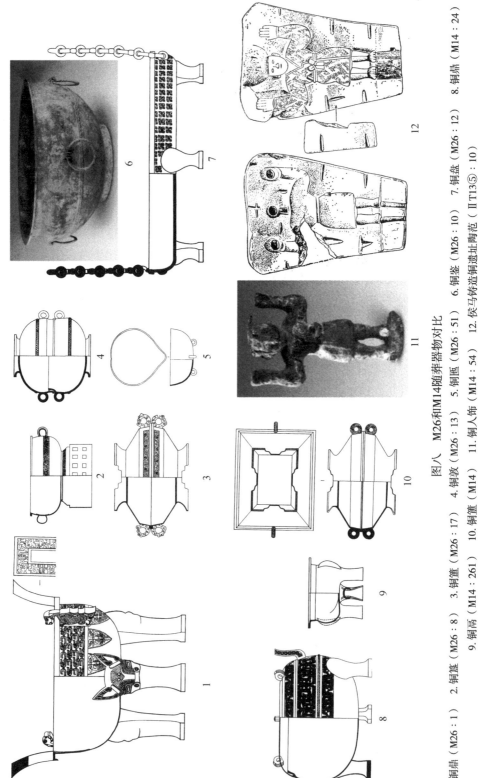

图八　M26和M14随葬器物对比

1. 铜鼎（M26：1）　　2. 铜盨（M26：8）　　3. 铜簠（M26：17）　　4. 铜敦（M26：13）　　5. 铜匜（M26：51）　　6. 铜鉴（M26：10）　　7. 铜盘（M26：12）　　8. 铜鼎（M14：24）

9. 铜鬲（M14：261）　　10. 铜簋（M14）　　11. 铜人饰（M14：54）　　12. 侯马铸造铜遗址陶范（ⅡT135⑤：10）

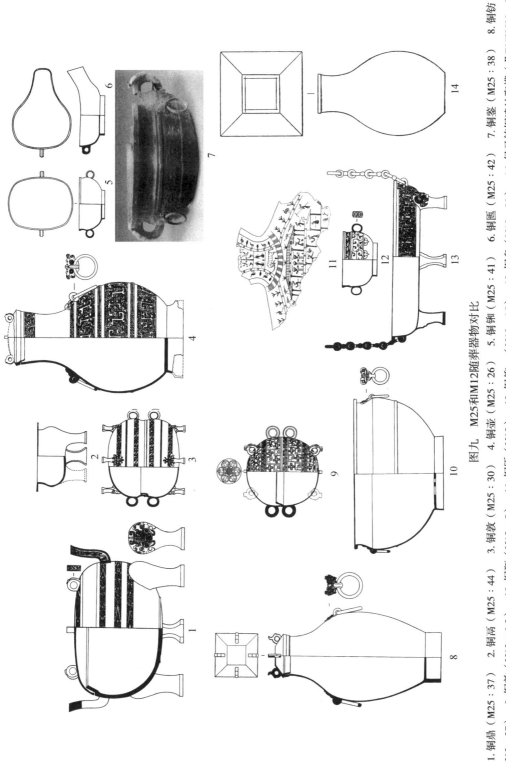

图九 M25和M12随葬器物对比

1.铜鼎（M25：37） 2.铜鬲（M25：44） 3.铜敦（M25：30） 4.铜壶（M25：41） 5.铜匜（M25：26） 6.铜匜（M12：22） 7.铜鉴（M25：38） 8.铜钫（M12：37） 9.铜敦（M12：6-2） 10.铜瓿（M12：5） 11.铜匜（M12） 12.铜钶（M12：15） 13.铜盘（M12：22） 14.侯马铸铜遗址陶模（ⅡT87H500：3）

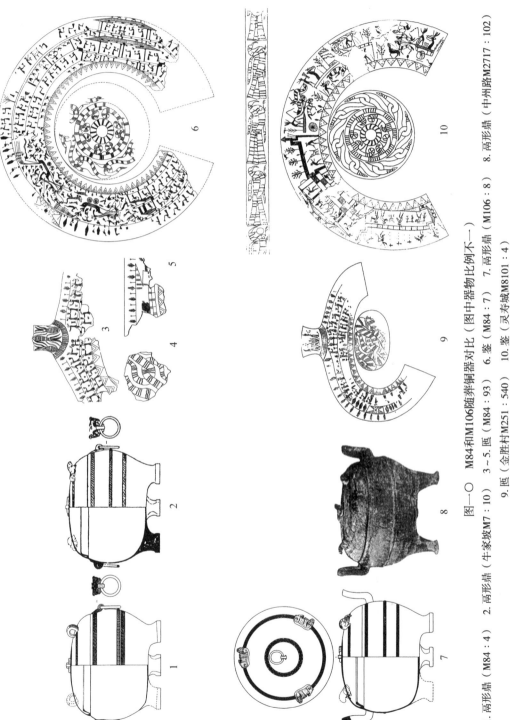

图一〇 M84和M106随葬铜器对比（图中器物比例不一）

1. 扁形鼎（M84：4）　2. 扁形鼎（牛家坡M7：10）　3～5. 匜（M84：93）　6. 鉴（M84：7）　7. 扁形鼎（M106：8）　8. 扁形鼎（中州路M2717：102）
9. 匜（金胜村M251：540）　10. 鉴（灵寿城M8101：4）

铜铲等（图一一，1、3、4），均为战国早期晚段流行的形制。但是需要注意的是M11所出铜壶，仅壶身有两道弦纹，其余部分皆素面，壶盖为平顶，长喇叭口，壶身最大腹径在中部以上形成明显肩部（图一一，2），整体形制与战国早期晚段三晋地区铜壶有较为明显的不同。考虑到铜壶在这一地区的变化趋势，即腹部最大径逐渐上移形成肩部，M11的年代应该晚于同墓其他器物所表现出的年代，可到战国中期早段。M10与M11为并穴合葬墓，所出铜鼎、盖豆（图一一，5～7）与山彪镇M1、后川M2040等战国早期晚段墓葬所出同类器物形制相同，只是花纹较为简省，表现出稍晚的特征。考虑其与M11为并穴合葬，年代当相差不远，因此M10的年代也可以定在战国中期早段。

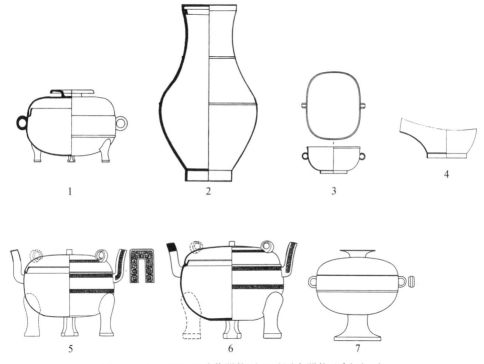

图一一　M10和M11随葬器物对比（图中器物比例不一）
1.铜敦（M11：4）　2.铜壶（M11：5）　3.铜铲（M11：8）　4.铜匜（M11：7）
5.铜鼎（M10：1）　6.铜鼎（M10：2）　7.铜盖豆（M10：10）

　　M79没有发表完整的铜器，只有刻纹匜的残片（图一二，2），其花纹也是表现祭祀的场景，但与M84的刻纹匜有些许的差异（图一二，1），M79刻纹匜在流部的三鱼纹之下为楼阁，祭祀者位于楼阁之中，与M84祭祀为露天场景不同，却与上文认为年代可到战国中期早段的M12所出刻纹匜相同，后者在相同部位亦刻出楼阁（图一二，3），祭祀在楼阁中进行。不过M12的刻纹匜在流部的花纹呈三段式，楼阁为三层，人物头部有向后飘的饰物等，又与M79所出不同。现在还不能确定这些差异一定与年代有关，但若考虑到M79分布在紧靠M12和M25的北侧，推测其年代与这2座墓相当，即已到战国中期早段，应该还是具有一定的合理性。

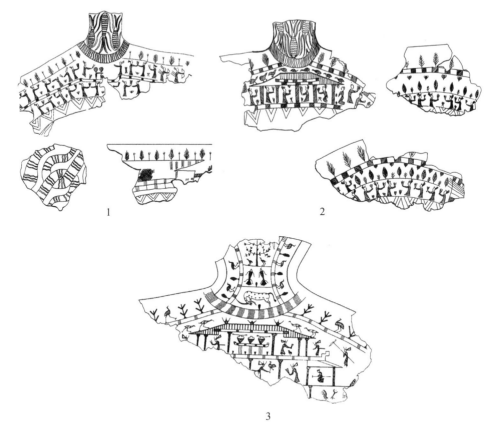

图一二　M79所出刻纹匜对比

1. M84：93　2. M79：8　3. M12

中区其余各铜器墓均未发表完整的铜容器，在M83和M109中都出土了莲瓣盖壶。莲瓣盖壶是中区墓葬随葬的最具特色的陶器，共出于14座墓葬，有15件在《墓地》中发表有图像，笔者曾通过对莲瓣盖壶的形态进行观察，可知其最大腹径的位置依年代而表现出由下而上的变化规律，并据此对分水岭墓地所出的陶莲瓣盖壶进行了型式的划分和年代的判断。M83和M109所出莲瓣盖壶分别为Ⅰ式和Ⅱ式，年代分别为战国早期晚段和战国中期早段[34]，亦可视为M83和M109的年代。

铜器墓M134，《墓地》未发表该墓出土的任何1件铜器或陶器，仅报道了随葬的陶俑，难以对其年代进行进一步的判断，不过从M134距离战国中期早段的M25、M12、M79诸墓较近，其年代很可能也与之相当，大体在战国中期早段。

综上，中区铜器墓的年代基本上是从战国早期晚段延续到战国中期早段。

4. 东区

东区共有67座墓葬，《墓地》发表了40座墓葬的材料，其中M20、M35和M36为铜器墓。

　　《墓地》认为三座铜器墓年代相同,为战国中期。不过朱凤瀚先生在《中国青铜器综论》中提出M36与M12同时,年代可到战国晚期,主要根据为以下两点:第一,高明先生曾论及分水岭M36随葬之鼎、敦、壶等器,皆与洛阳西宫秦墓出土的同类器物相同,"从同出的铜礼器分析,仍属战国晚期特征,它的时代当接近于秦";第二,与M36属同一阶段的万荣庙前M1出有陶鸟柱盘,陶鸟柱盘在中原地区出现于战国中期偏晚[35]。笔者认为以上两点都有讨论的必要。据报道,洛阳西宫"秦墓"共出土了鼎和鬲形鼎各1件,壶2件,(图一三,1~4),高明先生之所以认为洛阳西宫所出铜器年代在战国晚期,是由于唐兰先生指出西宫所出鬲形鼎上的刻字"轨"为秦篆,进而认定此器为秦器。不过鬲形鼎上的刻字并非铸器时所为,而是后来所刻,即使"轨"字确为战国晚期的秦字,只能说明该器的使用年代可以到战国晚期,使用者可能为秦人,并不代表该器的制造年代和其文化属性。而同样在盖上有三卧兽形捉手、环状耳的鬲形鼎在太原金胜村M251(图一三,6)和长子牛家坡M7都有出土。另西宫出土的铜鼎盖饰三个卧兽形捉手、蹄足较矮等特点与太原金胜村M251∶599(图一三,5)和山彪镇M1∶49相同,共出的铜壶与山彪镇M1∶25(图一三,8)和

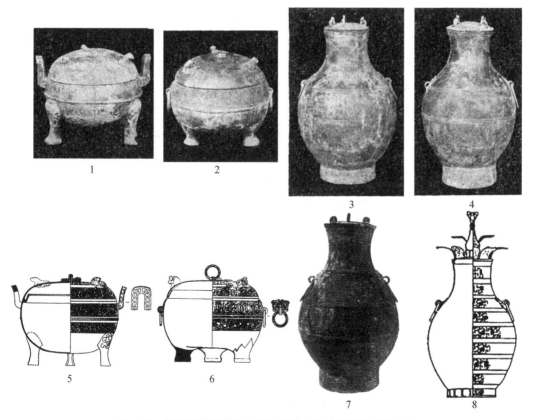

图一三　洛阳西宫墓葬出土器物对比(图中器物比例不一)

1. 铜鼎(洛阳西宫墓葬)　2. 铜鬲形鼎(洛阳西宫墓葬)　3、4. 铜壶(洛阳西宫墓葬)　5. 铜鼎(金胜村M251∶559)　6. 铜鬲形鼎(金胜村M251∶611)　7. 铜壶(中州路M2717∶93)　8. 铜壶(山彪镇M1∶25)

洛阳中州路M2717：93接近（图一三，7），只是腹部最大径位于中部位置偏上。综上考虑，洛阳西宫所出的这组铜器年代无论如何不会晚到战国晚期，当在战国中期早段为宜。鸟柱盘在豫北冀南和山西境内的战国墓葬中非常多见，目前所见年代最早的陶鸟柱盘出于河北灵寿城岗北村西M8011，深腹，中柱上的鸟基本与口沿平，其年代大体在战国早期晚段[36]。显然亦不能因墓中随葬有鸟柱盘而认定其年代就晚到战国晚期。

　　上文已对M12的年代进行了讨论，当在战国中期早段，此不赘述。而M36所出的平底平盖铜鼎（图一四，1），在三晋两周地区出现的年代可以上溯到春秋中晚期，如年代为春秋中期晚段的洛阳西工区C1M7256：1[37]，年代为春秋晚期早段的临猗程村M1064：1[38]；到战国早期时仍有发现，如战国早期早段的临猗程村M1022：10（图一四，15）[39]等。M36所出的提梁三足盉扁圆腹，平底（图一四，4），具有同样腹部形态的盉见于战国中期的楚墓，如包山M2所出[40]（图一四，5）。M36出土的饰花朵纹、盖有三卧兽形捉手、铺首衔环式耳的鬲形鼎（图一四，2），也多见于三晋两周地区战国早中期墓葬，如洛阳西工区战国墓葬[41]和侯马下平望M1002：46（图一四，16）[42]，前者没有共出其他有明确年代指征的器物，但所出戈援与内间无夹角，剑在近锋处亦无明显内收的血槽，都表现出较早的特点，年代亦如原简报所说在战国早期。后者共出一套仿铜陶礼器（图一四，17~20），同时还有鸟柱盘和筒形器（图一四，21、22），其鸟柱盘鸟柱稍高出盘面，与河北灵寿城"成公墓"所出相近[43]，"成公"墓因其墓主人被认定是复国中山、徙灵寿的桓公之子，其在位年代虽不能详考，但其死亡年代大体在公元前328年前后[44]，相当于战国中期早段。M36所出的铜壶（图一四，3），腹部圆浑，整体较矮胖，在三晋两周地区战国早期时较少见。综合考虑上述各种因素，M36的年代在战国中期早段应该是比较合理的判断。M35与M36相邻，很可能是一组夫妇合葬墓，年代应与M36相当，其随葬器物亦表现出与M36相同的年代信息。其随葬的青铜礼器仅有鬲形鼎和鉴各1件，后者因整理时不见器物而未能发表照片或线图，鬲形鼎器身仅饰弦纹，盖饰三环形捉手（图一四，6），与M36所出并不相同，不过其铺首衔环式耳，整体形状为椭圆形等则与M36所出相近。M35还共出有成组的仿铜陶礼器鼎、盖豆、壶，以及鸟柱盘、筒形器、盘豆、高足小壶、盉等（图一四，7~14），其鸟柱盘中柱上的鸟恰高出盘沿，鸟翅聚拢成圆形，都是战国中期早段鸟柱盘的特点，因此M35的年代与M36相同，也应在战国中期早段。

　　东区的另1座铜器墓M20被盗严重，缺少可供判断年代的信息，不过与之相邻而葬的M21则随葬有多件仿铜陶礼器，以及鸟柱盘、筒形器等特殊器物。笔者曾对分水岭墓地出土的鸟柱盘、筒形器进行型式的排比和年代分析，M21所出鸟柱盘、筒形器的年代基本在战国中期晚段。考虑到铜器墓M20与M21为并穴合葬墓，两墓的年代很可能相当，即铜器M20的年代亦应在战国中期晚段。

　　综上，分水岭墓地铜器墓的年代大体上始自春秋晚期早段，经春秋晚期晚段、战国早期早段、战国早期晚段、战国中期早段，一直到战国中期晚段。

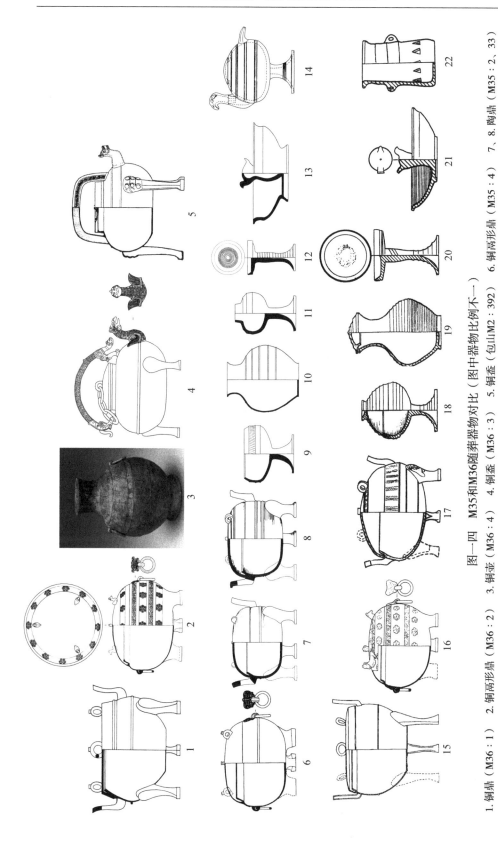

图一四 M35和M36随葬器物对比（图中器物比例不一）

1. 铜鼎（M36：1） 2. 铜两形鼎（M36：2） 3. 铜壶 4. 铜盉（M36：3） 5. 铜盉（M36：4） 6. 铜两形鼎（M35：4） 7、8. 陶鼎（M35：2、33） 9. 陶盖豆（M36：4） 10. 陶壶（M35：20） 11. 陶高足小壶（M35：26） 12. 陶盘豆（M35：90） 13. 陶鸟柱盘（M35：113） 14. 陶盉（M35：91） 15. 铜鼎（程村M1022：10） 16. 铜两形鼎（下平望M1002：46） 17. 陶鼎（下平望M1002：4） 18. 陶盖豆（下平望M1002：19） 19. 陶壶（下平望M1002：8） 20. 陶盘豆（下平望M1002：43） 21. 陶鸟柱盘（下平望M1002：7） 22. 陶筒形器（下平望M1002：17）

四

上文对于分水岭墓地铜器墓的年代学研究结果，可以通过表格的方式表现出来，表二不仅列出每个铜器墓的年代，同时在每个墓葬后标明了《墓地》或前人对该墓的年代判断。

观察表二并结合上文对各铜器墓的具体分析，可知本文对分水岭墓地铜器墓的年代学研究的成果主要有以下几点。一是对已有研究成果的继承和补充，对部分铜器墓的年代认定更加细化；二是对部分墓葬的年代有所修正，提出了与以往不同的认识；三是对此前未能判断年代的墓葬进行了年代的推断。

表二　分水岭墓地各区铜器墓年代

分期 ＼ 分区	西区	南区	中区	东区
春秋晚期早段	*M269（春秋中期— 春秋晚期早段）* * *M270（春秋中期— 春秋晚期早段）* **			
春秋晚期晚段		M232（无）		
战国早期早段	M53（战国早期）	M225（战国早期） M229（战国早期） M236（无）		
战国早期晚段	M258（战国早期）		*M14（战国早期）* *M26（战国早期）* *M126（春秋晚期·战国早期）* *M127（无）* M83（无） M84（战国中期） M106（战国早期）	
战国中期早段			*M12（战国早期）* *M25（战国早期）* *M10（战国早期）* *M11（战国早期）* M79（无） M109（无）	*M35（战国中期）* *M36（战国中期）*
战国中期晚段				*M20（战国中期）* *M21（无）* ***

* 斜体字表明相次的两座墓为并穴合葬墓，若两组并穴合葬墓前后相连，则在两组墓葬中加"、"以示区分。

** 墓号后括号中为此前研究者认定的墓葬年代

*** M20为铜器墓，M21为陶器墓，二者并列，方向相同，很可能是并穴合葬墓。M20因被盗严重，缺少可供判断年代的信息，通过对陶器墓M21进行分析后认为其年代为战国中期晚段。

另外，通过表二，我们还可以进一步观察到，分水岭墓地的铜器墓，若观其在各分区的起始年代，是从西向东，由早及晚，显示出分水岭墓地整体上有依时间而在空间上顺序分布的规律。但同时还可以看到，西区和南区，中区和东区，都有一些铜器墓的年代在部分时间段上有所重合。因此可以判断，分水岭墓地的形成并不是一个简单的线性的由西向东、由早及晚的过程，部分铜器墓虽然在同一时间段内埋入，但却分别埋入了不同的分区，显然应该有其背后的原因和背景。希望本文的研究能给对分水岭墓地的深入研究提供一个更为坚实的基础和不同的观察视角。

注　　释

［1］　山西省文物管理委员会：《山西长治市分水岭古墓的清理》，《考古学报》1957年第1期；山西省文物管理委员会、山西省考古研究所：《山西长治分水岭战国墓第二次发掘》，《考古》1964年第3期。

［2］　边成修：《山西长治分水岭126号墓发掘简报》，《文物》1972年第4期；山西省文物工作委员会晋东南工作组、山西省长治市博物馆：《长治分水岭269、270号东周墓》，《考古学报》1974年第2期。

［3］　涉及分水岭墓地年代或国别的主要论著有朱凤瀚：《中国青铜器综论》（下），上海古籍出版社，2009年，1618～1632、1933～1946页；高明：《中原地区东周时代青铜礼器研究》（上），《考古与文物》1981年第2期；赵化成：《周代棺椁多重制度研究》，《国学研究》（第五卷），北京大学出版社，1998年；宋玲平：《晋系墓葬制度研究》，科学出版社，2007年，16～24页；山西省考古研究所：《山西考古四十年》，山西人民出版社，1994年，185～187页；高崇文：《试论晋南地区东周铜器墓的分期与年代》，《文博》1992年第4期；杨建军：《三晋东周铜器墓初论》，《中原文物》2005年第3期。

［4］　山西省考古研究所、山西博物院、长治市博物馆：《长治分水岭东周墓地》，文物出版社，2010年。

［5］　滕铭予：《长治分水岭墓地的分区、年代及相关问题》，《考古学报》2023年第1期。

［6］　滕铭予：《长治分水岭墓地的分区、年代及相关问题》，《考古学报》2023年第1期。

［7］　山西省文物工作委员会晋东南工作组、山西省长治市博物馆：《长治分水岭269、270号东周墓》，《考古学报》1974年第2期。

［8］　河南省文物研究所、河南省丹江库区考古发掘队、淅川县博物馆：《淅川下寺春秋楚墓》，文物出版社，1991年。

［9］　陈佩芬：《吴王夫差盉》，《上海博物馆集刊》1996年第7期。

［10］　山西省考古研究所：《上马墓地》，文物出版社，1994年。关于此墓的年代参见朱凤瀚：《中国青铜器综论》（下），上海古籍出版社，2009年，1902～1906页。

[11]　山西省考古研究所、太原市文物管理委员会：《太原晋国赵卿墓》，文物出版社，1996年。朱凤瀚先生对金胜村M251有较为详细的论述，认为其年代当在公元前470至前425年这一期间，即战国早期早段。参见朱凤瀚：《中国青铜器综论》（下），上海古籍出版社，2009年，1906页。

[12]　郭宝钧：《山彪镇与琉璃阁》，科学出版社，1959年。关于此墓的年代参见朱凤瀚：《中国青铜器综论》（下），上海古籍出版社，2009年，1902～1906页。

[13]　中国社会科学院考古研究所、山西省考古研究所、运城市文物局、临猗县博物馆：《临猗程村墓地》，中国大百科全书出版社，2003年。关于此墓的年代参见朱凤瀚：《中国青铜器综论》（下），上海古籍出版社，2009年，1632～1635页。

[14]　山西省考古研究所：《上马墓地》，文物出版社，1994年。关于此墓的年代参见朱凤瀚：《中国青铜器综论》（下），上海古籍出版社，2009年，1632～1635页。

[15]　山西省考古研究所：《山西长子县东周墓》，《考古学报》1984年第4期。关于此墓的年代参见朱凤瀚：《中国青铜器综论》（下），上海古籍出版社，2009年，1902～1906页。

[16]　邓林秀：《山西芮城东周墓》，《文物》1987年第12期。关于此墓的年代参见朱凤瀚：《中国青铜器综论》（下），上海古籍出版社，2009年，1902～1906页。

[17]　中国社会科学院考古研究所、山西省考古研究所、运城市文物局、临猗县博物馆：《临猗程村墓地》，中国大百科全书出版社，2003年。关于此墓的年代参见朱凤瀚：《中国青铜器综论》（下），上海古籍出版社，2009年，1902～1906页。

[18]　滕铭予：《长治分水岭墓地的分区、年代及相关问题》，《考古学报》2023年第1期。

[19]　李夏廷在《也谈长治分水岭东周墓地》一文中提到，在长治市博物馆陈列馆展厅和以往未发表的资料中，有分水岭M271、M272和M273三座墓号相连的铜器墓所出铜器资料，并发表了山西省文物局在2002年对所有馆藏文物进行普查时拍摄的这三座墓出土铜器的照片（参见《中国国家博物馆馆刊》2012年第3期）。不过在《长治分水岭269、270号东周墓》（《考古学报》1974年第2期）中，明确指出"M270号墓的西北角和东北角被M271和M272两座唐砖墓打破"，与李夏廷文所述M271和M272的位置和年代均有不同。考虑到《长治分水岭269、270号东周墓》一文是在M269和M270发掘后很短时间内即发表，其所依据资料的可靠性较大，同时也不能排除分水岭墓地的材料因发掘后搁置时间较长而产生部分错误，导致在长治市博物馆陈列以及2002年进行文物普查时对部分铜器的编号产生错误。由于这些原因，本文未采纳李夏廷文中的观点，没有将M273列入铜器墓。

[20]　郭宝钧：《山彪镇与琉璃阁》，科学出版社，1959年，17、18页。

[21]　洛阳市文物工作队：《洛阳市唐宫西路东周墓发掘报告》，《文物》2003年第12期。

[22]　关于浑源李峪村出土的牺兽，在高去寻：《李峪出土铜器与相关之问题》［"中研院"历史语言研究集刊（第七十本第四分），1999年］，戴浩石：《被遗忘的李峪》（《上海文博

论丛》2004年第2期），李夏廷：《浑源彝器研究》（《文物》1992年第10期）等文均有提及，本文所用图来自于李夏廷文中图一三。

[23] 山西省考古研究所、山西省晋东南地区文化局：《山西省潞城县潞河战国墓》，《文物》1986年第6期。关于此墓的年代参见朱凤瀚：《中国青铜器综论》（下），上海古籍出版社，2009年，1902～1906页。

[24] 朱凤瀚：《中国青铜器综论》（下），上海古籍出版社，2009年，1998～2005页。

[25] 山西省考古研究所：《侯马铸铜遗址》（上），文物出版社，1993年，129～130页。

[26] 关于出土铜牺盘陶范各层位的年代请参看山西省考古研究所：《侯马铸铜遗址》（上）中的附表，具体年代参见同报告444页的相关论述。

[27] 中国社会科学院考古研究所编著：《陕县东周秦汉墓》，科学出版社，1994年，111、112页。关于此墓的年代参见朱凤瀚：《中国青铜器综论》（下），上海古籍出版社，2009年，1902～1906页。

[28] 洛阳市文物工作队：《洛阳市中州中路东周墓》，《文物》1995年第8期。

[29] 山西省考古研究所：《侯马铸铜遗址》（上），文物出版社，1993年，202页。

[30] 朱凤瀚：《中国青铜器综论》（下），上海古籍出版社，2009年，1933～1935页。

[31] 山西省考古研究所：《山西长子县东周墓》，《考古学报》1984年第4期。关于此墓的年代参见朱凤瀚：《中国青铜器综论》（下），上海古籍出版社，2009年，1902～1906页。

[32] 中国科学院考古研究所：《洛阳中州路（西工段）》，科学出版社，1959年，140～146页。关于此墓的年代参见朱凤瀚：《中国青铜器综论》（下），上海古籍出版社，2009年，1902～1906页。

[33] 滕铭予：《中山灵寿城东周时期墓葬研究》，《边疆考古研究》（第19辑），科学出版社，2016年。

[34] 滕铭予：《长治分水岭墓地的分区、年代及相关问题》，《考古学报》2023年第1期。

[35] 朱凤瀚：《中国青铜器综论》（下），上海古籍出版社，2009年，1935页。所引高明先生论述见高明：《中原地区东周时代青铜礼器研究》（上），《考古与文物》1981年第2期。

[36] 滕铭予：《中山灵寿城东周时期墓葬研究》，《边疆考古研究》（第19辑），科学出版社，2016年。

[37] 洛阳市文物工作队：《洛阳市西工区几座春秋墓的清理》，《考古与文物》2003年第2期。

[38] 中国社会科学院考古研究所、山西省考古研究所、运城市文物局、临猗县博物馆：《临猗程村墓地》，中国大百科全书出版社，2003年，47～50页。关于此墓的年代参见朱凤瀚：《中国青铜器综论》（下），上海古籍出版社，2009年，1618～1632页。

[39] 中国社会科学院考古研究所、山西省考古研究所、运城市文物局、临猗县博物馆：《临猗程村墓地》，中国大百科全书出版社，2003年，39～40页。关于此墓的年代参见朱凤瀚：《中

国青铜器综论》（下），上海古籍出版社，2009年，1902～1906页。

［40］　湖北省荆沙铁路考古队：《包山楚墓》（上），文物出版社，1991年，108～110页。关于此墓的年代参见朱凤瀚：《中国青铜器综论》（下），上海古籍出版社，2009年，2058～2080页。

［41］　洛阳博物馆：《洛阳西工区战国初期墓葬》，《文物资料丛刊》（3），文物出版社，1980年。

［42］　山西省考古研究所侯马工作站：《山西侯马下平望两座东周墓》，《文物季刊》，1993年第4期。

［43］　河北省文物研究所：《战国中山国灵寿城——1975—1993年考古发掘报告》，文物出版社，2005年，149～152页。关于此墓的年代请参见朱凤瀚：《中国青铜器综论》（下），上海古籍出版社，2009年，1951～1956页。

［44］　（清）王先谦撰，吕苏生补释：《鲜虞中山国事表　疆域图说补释》，上海古籍出版社，1993年。

［原刊于《边疆考古研究》（第32辑），科学出版社，2022年］

长治分水岭墓地的分区、年代及相关问题

20世纪50年代，为配合长治市基本建设山西省文物考古工作部门开始对分水岭墓地进行考古发掘工作，一直到20世纪70年代，前后发掘东周墓葬165座，其中部分墓葬在发掘结束后曾进行过报道[1]。在该墓地的发掘报告出版之前，很多研究者根据已发表的资料对个别墓葬的年代进行了判断，或探讨墓地的国别和文化归属等问题[2]。2010年，《长治分水岭东周墓地》（下文简称《墓地》）出版，在对全部发掘资料进行整理的基础上，介绍了包括此前已发表墓葬在内的共113座墓葬的资料，其中有许多此前未曾报道的信息[3]。因为发掘与全面整理相隔时间过长，很多原始材料无法核实或丢失，《墓地》不免存在一些遗憾，不过由于长治分水岭墓地近于全面揭露，发现墓葬数量多，除陶器墓以外还有多座大型的铜器墓，年代跨度长且具有连续性，因此尽管《墓地》从全面发表材料的角度看尚存缺憾，但是对研究分水岭墓地的分期和年代，墓地的国别和文化归属，以及东周时期长治地区的历史沿革等问题仍不失为一批非常重要的资料。本文即是尝试从长治分水岭墓地的分区和年代入手，探讨与之相关的一些问题[4]。

一、问题的提出

《墓地》在报道墓葬材料的同时，对墓地进行了分期与年代的讨论。《墓地》根据陶器墓所出器物组合与不同类型器物的演变，将陶器墓分为战国早期、战国早中期之际、战国中期和战国晚期偏早四期。将铜器墓分为春秋中期、战国早期和战国中期三期。然后把陶器墓和铜器墓的分期结合在一起，将整个墓地分为五期，即春秋中期、战国早期、战国早中期之际、战国中期和战国晚期偏早，其中第一期与第二期之间存在缺环。在上述分期与年代判断的基础上，结合文献记载，提出不同期别的墓葬在国别上并不相同，第一期为晋国墓葬，第二、三期为赵国墓葬，第四、五期为韩国墓葬。

《墓地》出版后，即有研究者对其分期、年代及墓葬国别或文化归属等问题提出了不同的认识。李夏廷等对分水岭墓地的铜器墓进行了讨论，在将不见于《墓地》的3座墓葬通盘考虑后，指出墓地一共有七组大型铜器墓，均为夫妻合葬的"对子墓"。该文提出"该墓地始于春秋中期晚段，终于战国中晚期之际，前后沿用200多年，且没

有间断，其中排列有序的大墓墓主极可能就是同一家族"，并进一步推测为"韩氏某支世袭'大宗'的贵族"[5]。

王江沿用了《墓地》对铜器墓的分期与年代，在对陶器重新进行类型学排比的基础上，将陶器墓分为四期，各期年代与《墓地》所分四期的年代相同，只是部分墓葬的期属不同。该文提出属于第一期的铜器墓M269和M270，应该是春秋晚期早段晋国灭掉原占据此地的赤狄后，由晋国分封至此的第一任贵族和其夫人之墓，而包括这2座墓在内的七组大型铜器墓，则表现出世代传承的关系。分水岭墓地的那些中小型墓葬，包括了晋国迁入这一地区的武装人员和平民，他们的墓葬是按家族为单位、有规律地分布在大型铜器墓的周边。该文还从头向入手，推测在分水岭墓地占主流的北向墓葬，其墓主人为姬姓族群，东向墓葬属于非姬姓的异姓族群，很可能包括赵人，而南向墓和西向墓则可能是来自秦国的秦人墓葬[6]。

上述研究均以分水岭墓地的分期与年代为基础，通过对各期墓葬的文化面貌进行比较，从而对墓葬的国别和文化属性进行判断。

笔者通过对分水岭墓地全部墓葬中的随葬器物组合、器物形制等进行观察，发现不同的墓葬其随葬器物中的陶器，在组合和形制上都存在着一些差别，而随葬相同器物组合或相似形制器物的墓葬大都集中分布，可以据此将墓地划分为不同的区域。由此，对墓地的分期以及其他相关问题的讨论，亦应在墓地分区的基础上进行。

二、墓地的分区

《墓地》依据发掘者所作原始草图对分水岭墓地进行了分区，将墓地由东向西依次分为Ⅰ至Ⅴ区。不过《墓地》除对陶器墓和铜器墓按区分别进行介绍以外，其余讨论均与分区无涉，可知原报告对墓地的分区仅为整理时所用，与墓地原有的布局或年代等无关。

《墓地》划分的五区中，各区均发现有铜器墓和陶器墓，铜器墓都随葬成套的青铜礼器，或共出仿铜陶礼器，陶器墓则多随葬成套仿铜陶礼器或加上日用陶器。青铜礼器除因年代早晚而呈现出不同的时代风格以外，在器物组合和器物形制方面，都与同时期三晋两周地区的墓葬相同。陶器墓及部分铜器墓随葬的仿铜陶礼器多以鼎、豆、壶为主，或有盘、匜等，还有些墓葬共出有并不常见的器物，如高足小壶、鸟柱盘[7]、筒形器，以及盉、直领圆肩罐等。另外部分器类虽多见，但形制独具特点，如喇叭口长颈壶、莲瓣盖壶等。由于这些不常见器类和形制独特的器物在分布上都有规律可循，从而提供了墓地原有区划的重要线索。

1. 喇叭口长颈壶

作为分水岭墓地随葬的仿铜陶礼器基本组合之一的陶壶，形制较为多样，其中喇叭口长颈壶形制比较特殊。与大部分陶壶为直口或侈口、小直领不同，喇叭口长颈壶为喇叭口，大部分颈较长（图一，5、7）。分水岭墓地有25座墓葬随葬了这种喇叭口长颈壶，基本组合为鼎、盖豆、壶，或有盘、匜，如M211、M216（图一）。需要说明的是M21：42，《墓地》发表的M21随葬器物图中[8]，M21：42为喇叭口长颈壶（图二，2），但观察M21的墓葬平面图（图二，1）[9]，M21：42在盖顶有三个角状錾，同时文字描述M21：42和M21：30（图二，3）[10]形制相同。因此，《墓地》中发表的M21：42的器物图应有误，本文亦未将M21计入随葬喇叭口长颈壶的墓葬。另《墓地》图版四二，5为M107所出的喇叭口长颈壶，器物号为M107：45，而115页图四二C，2的直领圆肩罐亦为M107：45，正文中对M107：45的描述则与直领圆肩罐相符。该墓还随葬有鸟柱盘、高足小壶、盘豆等，考虑到喇叭口长颈壶基本不与这些器物共出，因此未将M107计入随葬有喇叭口长颈壶的墓葬。随葬有喇叭口长颈壶的墓葬大多数分布在原墓地分区的Ⅳ区内，另有M57、M60、M61、M100和M103分布在原墓地分区的Ⅲ区（图三）[11]。

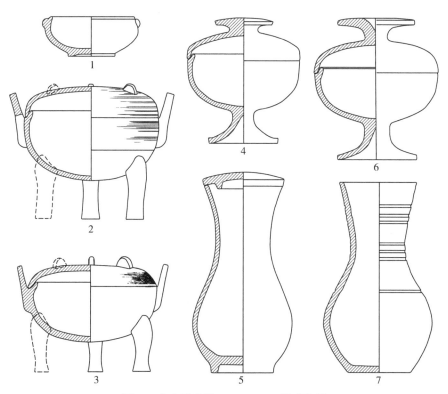

图一　分水岭墓地M211、M216随葬陶器

1. 盘（M211：6）　2、3. 鼎（M211：1、M216：5）　4、6. 盖豆（M211：4、M216：2）

5、7. 喇叭口长颈壶（M211：2、M216：4）

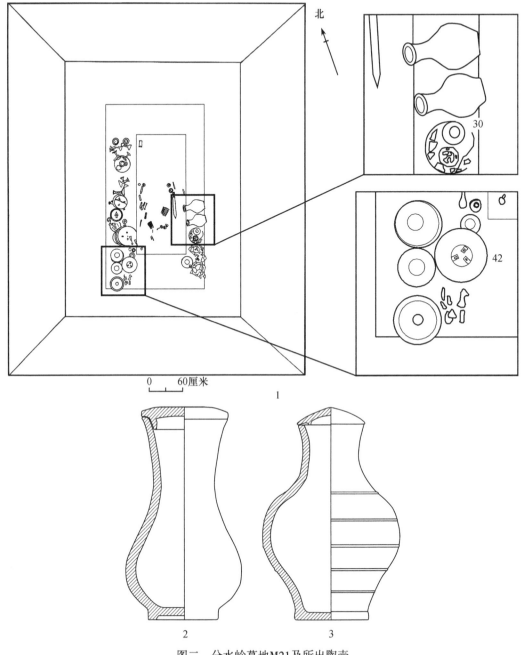

图二　分水岭墓地M21及所出陶壶

1. M21墓葬平面图　2. M21：42　3. M21：30

2. 莲瓣盖壶

墓地出土的大部分陶壶有盖，盖或为笠形，或为弧形，或有三捉手，还有部分为壶盖呈六瓣或八瓣莲花瓣状的莲瓣盖壶（图四，7、10）。根据《墓地》对各墓随葬陶器的介绍，共有14座墓葬随葬了莲瓣盖壶[12]，另《墓地》101页图三六B，3为M60

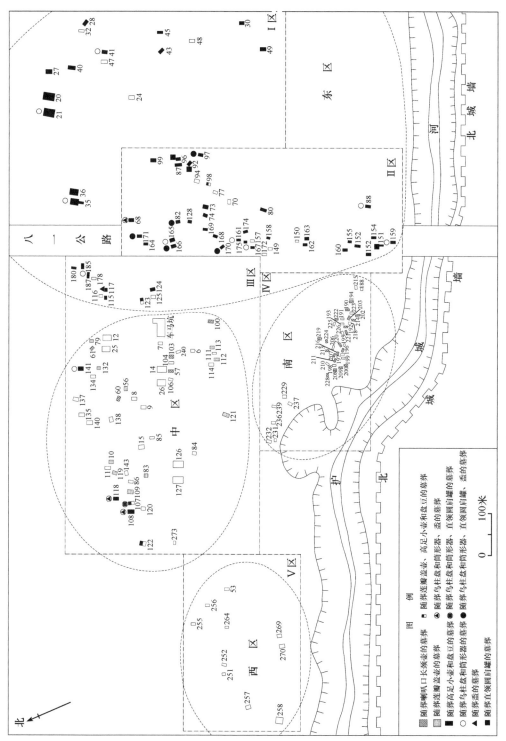

图三 分水岭墓地随葬特殊器物的墓葬和墓地分区示意图

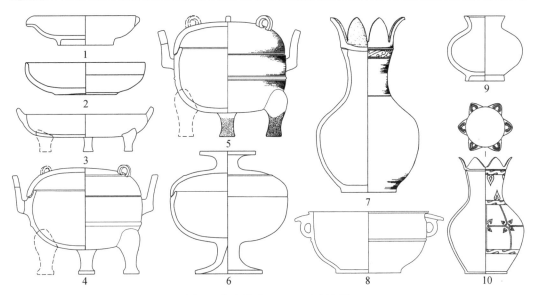

图四　分水岭墓地M109随葬陶器

1. 匜（M109：29）　2. 盘（无编号）　3. 盘（M109：11）　4、5. 鼎（M109：6、8）　6. 盖豆（M109：20）
7、10. 莲瓣盖壶（M109：10、2）　8. 鉴（M109：4）　9. 罐（M109：14）

所出的莲瓣盖壶，器物号为M60：6，图版三六中相同器物号者为喇叭口长颈壶。正文中描述该墓出土的2件陶壶均无盖，故图三六B，3应有误，因此未将M60计入随葬莲瓣盖壶的墓葬。这些墓葬的基本组合为鼎、盖豆、壶、盘、匜，或有鉴、罐等，如M109（图四），只有M98分布在原墓地分区的Ⅱ区东部，其余均分布在原墓地分区的Ⅲ区（图三），即分水岭墓地中部偏北。

3. 高足小壶和鸟柱盘、筒形器

分水岭墓地的部分墓葬除随葬仿铜陶礼的基本组合鼎、盖豆、壶以外，还有的共出高足小壶、鸟柱盘、筒形器、盉和直领圆肩罐等较为特殊的器物，如M171（图五）。

分水岭墓地随葬的陶器中，有一种器物上部作壶形，下部常有类豆柄式高足，因其通高多不足20厘米，《墓地》称之为陶小壶，亦有研究者为了突出其所具有的豆柄式高足，称之为高足小壶[13]（图五，5），本文从之。在随葬有高足小壶的墓葬中多共出浅盘豆（图五，10）。分水岭墓地有58座墓葬随葬了高足小壶和浅盘豆[14]，除了M107、M108、M118和M122分布在原报告分区Ⅲ区的最西端，M141分布在原报告分区Ⅲ区的最北端以外，其余的53座墓均分布在原报告分区的Ⅰ区、Ⅱ区以及Ⅲ区车马坑以东，即整个墓地的东部（图三）。分水岭墓地还有19座墓葬随葬了鸟柱盘，以及与之相配使用的筒形器（图五，2、9），全部与高足小壶、浅盘豆共出，除了M107、M108和M118分布在原报告分区Ⅲ区的最西端，M141分布在原报告分区Ⅲ区的最北端以外，其余的15座墓均分布在原报告分区的Ⅰ区、Ⅱ区以及Ⅲ区的东北角，即墓地的东

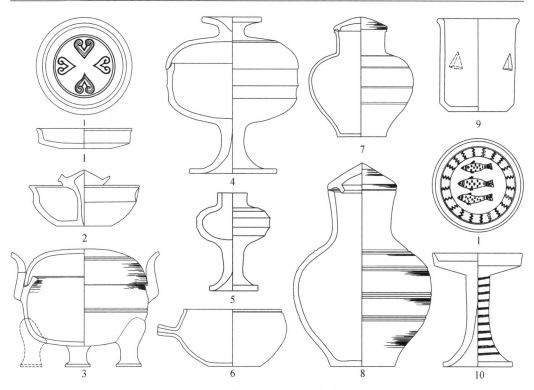

图五 分水岭墓地M171随葬陶器
1. 盘（M171∶4） 2. 鸟柱盘（M171∶5） 3. 鼎（M171∶10） 4. 盖豆（M171∶7）
5. 高足小壶（M171∶13） 6. 盉（M171∶3） 7. 直领圆肩罐（M171∶11） 8. 壶（M171∶16）
9. 筒形器（M171∶12） 10. 浅盘豆（M171∶6）

部（图三）。

4. 盉

分水岭墓地有9座墓葬随葬了盉，其形制多为敛口，小平底，一侧有一管状流。全部与高足小壶、浅盘豆和鸟柱盘、筒形器共出（图五，6）[15]，除M108和M118分布在原报告分区Ⅲ区的最西端，其余均分布在原报告分区的Ⅱ区北半部和Ⅲ区的东北角（图三）。

5. 直领圆肩罐

分水岭墓地有9座墓葬随葬了直领圆肩罐，全部与高足小壶、浅盘豆共出（图五，7），有6座与鸟柱盘、筒形器共出。除M107分布在原报告分区Ⅲ区的最西端，其余均分布在原报告分区的Ⅱ区（图三）。

综上，随葬了形制独特陶器的墓葬，或者随葬了仅在部分墓葬中出现器物的墓葬，在分布上大都有各自的范围，墓地亦可依此划分为不同的区。原报告分区的Ⅴ区只发表了4座铜器墓的材料，为了便于讨论将其视为墓地的西区。随葬喇叭口长颈壶的墓葬集中分布在原报告的Ⅳ区，可将这里视为墓地南区。随葬莲瓣盖壶的墓葬均分布在原报告的Ⅲ区车马坑以西，因此可将Ⅲ区车马坑以西视为墓地中区。原报告Ⅲ区车马坑以东的Ⅰ区、Ⅱ区以及Ⅲ区东部大部分墓葬随葬有高足小壶和浅盘豆，而Ⅲ区车马坑以西和Ⅳ区、Ⅴ区则少有随葬高足小壶和浅盘豆的墓葬，因此可以Ⅲ区车马坑为界，将其东部视为墓地的东区。东区的墓葬除随葬高足小壶和浅盘豆以外，有的墓葬或随葬鸟柱盘、筒形器，或共出陶盉、圆肩罐等器物，而这些器物亦少见于墓地其他区域。因此，分水岭墓地可分为西区、南区、中区和东区（图三）。

三、墓地的分期与年代

分水岭墓地共发现165座东周墓葬，其中25座铜器墓，在《墓地》出版之前曾发表了几座铜器墓的资料，与分水岭墓地相关的研究亦多以这几座铜器墓为主。《墓地》亦对部分铜器墓的年代进行了分析。由于分水岭墓地发现的铜器墓不仅数量多，延续时间长，而且广泛分布于墓地各区，故而判断各铜器墓的年代，是进行墓地分期和布局研究的重要基础，因此笔者作《长治分水岭墓地铜器墓年代综论》一文，全面讨论了分水岭墓地铜器墓的年代，对25座铜器墓中的24座都进行了年代的判断[16]。下文在对分水岭墓地的分期与年代进行讨论时，各铜器墓的年代均参考此文。

如前文所述，分水岭墓地各区墓葬随葬器物有所区别，因此墓地的分期将分区进行。

1. 西区

共有10座墓葬。《墓地》仅发表了M53、M258、M269和M270共4座铜器墓的资料。

M269和M270于1972年发掘，资料在《考古学报》[17]和《墓地》都有发表，很多学者在进行三晋两周地区考古研究时，也将其视为不可或缺的资料，其年代有春秋中期[18]、春秋中期晚段[19]、春秋中晚期之际[20]、春秋晚期[21]和春秋晚期偏早[22]等不同认识。笔者赞同朱凤瀚将分水岭M269和M270归属为春秋晚期早段的观点[23]。

西区墓葬见诸报道的还有2座铜器墓M53和M258，《墓地》认为两墓年代属战国早期，不误。通过将两墓出土青铜礼器与同时期三晋两周地区同类器物的比较，可知M53年出土铜鼎、铜当卢、铜镜和铜戈等与上马墓地M5218、太原金胜村M251等战国早期早段墓葬中所出同类器物相近。M258与青铜礼器共出的一套仿铜陶礼器，包括鼎、盖豆、壶和鉴等，多见于战国早期晚段的墓葬。因此，还可以进一步将M53的年代大体定在战国早期早段，而M258的年代当稍晚于M53，可以到战国早期晚段。

综上，就目前已发表材料，西区墓葬的年代包括了春秋晚期早段、战国早期早段和战国早期晚段三个时期。由于西区仅发表了4座铜器墓的材料，所以尚不清楚由4座铜器墓所表现出在春秋晚期晚段这一年代上的缺环是否真正存在。

2. 南区

共有40座墓葬。《墓地》发表了25座墓葬资料，有21座为陶器墓，其中20座墓都随葬了喇叭口长颈壶，加上分布在中区的M57、M60、M61、M100和M103，共有25座墓葬随葬了28件喇叭口长颈壶，因此可根据喇叭口长颈壶进行年代判断。喇叭口长颈壶可根据底部形态，分为二型。

A型：圈足。根据腹部形态和颈部长短，可分二式。

Ⅰ式：腹部最大径偏下形成垂腹，颈部较长，颈与腹高之比接近1（图六，1~3）。

Ⅱ式：腹部最大径在腹中部，颈部较Ⅰ式短，颈与腹高之比稍大于0.5（图六，4~6）。

B型：小平底。根据腹部形态和颈部长短，可分四式。

Ⅰ式：腹部最大径偏下形成垂腹，颈部较长，颈与腹高之比接近1（图六，7~10）。

Ⅱ式：腹部最大径在腹中部，颈部较Ⅰ式短，颈与腹高之比稍大于0.5（图六，11~15）。

Ⅲ式：腹部最大径在腹中部，明显大于口径，除M209出土的2件颈部较长以外，余者颈部与腹高之比不足0.5（图六，16~22）[24]。

Ⅳ式：腹部最大径位于腹中部以上，颈部与腹高之比不足0.5（图六，23~28）[25]。

从上面的型式划分可以看出，若不考虑喇叭口长颈壶的底部形态，A、B两型的Ⅰ式和Ⅱ式颇有共同之处，可一起讨论。与Ⅰ式喇叭口长颈壶相近的器物除晋东南以外，目前主要见于侯马地区，1992侯马下平望M6[26]所出陶壶（图六，29）与A型Ⅰ式喇叭口长颈壶形态非常接近。下平望M6出土的陶鬲小口、有肩、裆部向下凸出，与之相同的陶鬲还见于侯马牛村古城南60H4M25[27]，后者共出有铜鼎、铜盖豆等青铜礼器，其铜鼎和盖豆的形制与三晋两周地区春秋末年到战国初年的同类器物相同。综合考虑上述因素，加之下文所论Ⅱ式喇叭口长颈壶的年代大体在战国早期早段，认为Ⅰ式喇叭口长颈壶的年代可早到春秋晚期晚段，应是比较合理的推测。在长子羊圈沟M2出土了与分水岭A型Ⅱ式喇叭口长颈壶相近的陶壶（图六，30），在长子羊圈沟M1出土了与A型Ⅱ式喇叭口长颈壶相近的铜壶[28]（图六，31），分水岭M11则随葬了腹部形态与B型Ⅳ式喇叭口长颈壶非常相近的铜壶（图六，32）。朱凤瀚认为长子羊圈沟M1、M2这2座墓的年代均为战国早期早段[29]，可从。分水岭M11的年代将在下文进行讨论，当在战国中期早段。据此，Ⅱ式和Ⅳ式喇叭口长颈壶的年代分别在战国早期早段和战国中期早段，考虑到Ⅲ式喇叭口长颈壶的形制介于Ⅱ式和Ⅳ式之间，所以Ⅲ式喇叭口长颈壶的年代大体在战国早期晚段。

南区还有M225、M229、M232和M236共4座铜器墓，《墓地》根据当时的墓葬发掘记录报道了各铜器墓随葬铜器的种类和数量，但发表的文字和图像资料并不完整，

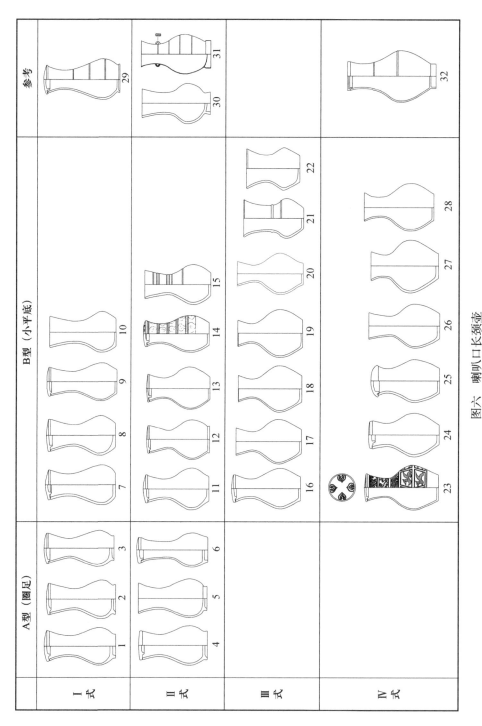

图六　喇叭口长颈壶

1. M211：2　2. M213：3　3. M228：2　4. M220：2　5. M57：5　6. M57：4　7. M207：4　8. M192：5　9. M214：1　10. M196：2　11. M203：2　12. M208：1　13. M221：1　14. M222：7　15. M216：4　16. M103：1　17. M60：5　18. M194：1　19. M190：3　20. M60：6　21. M209：5　22. M209：3　23. M100：6　24. M200：1　25. M224：2　26. M202：3　27. M219：4　28. M61：5　29. 陶壶（1992侯马下平望M6：5）　30. 陶壶（羊圈沟M2：8）　31. 铜壶（羊圈沟M1：1）　32. 铜壶（分水岭M11：5）

《墓地》认为M229和M236为战国早期墓葬，未提及M225和M232的年代。虽然《墓地》未发表上述4座墓的完整资料，但据已发表材料，仍可与东周时期三晋两周地区的同类青铜礼器进行比较，进而判断其年代。根据三晋两周地区青铜礼器在春秋晚期到战国早期的变化规律，M232出土的铜盖豆豆柄较高，铜匜的流口和盖均饰卷曲蟠螭纹、尾鋬饰兽面、三足为细蹄状，其年代都可早到春秋晚期晚段；而M225和M236出土的铜鼎腹部稍向内收、蹄足较高，M229出土的铜盖豆豆柄较矮等特点，都是三晋两周地区战国早期早段墓葬中常见的形制。M225出土的铜壶喇叭口、长颈的特点则与上文讨论的年代在战国早期早段的A型Ⅱ式陶喇叭口长颈壶极为相似。因此，M232的年代应该在春秋晚期晚段，M225、M229和M236的年代应该在战国早期早段。

综上，南区墓葬中铜器墓的年代集中在春秋晚期晚段到战国早期早段，陶器墓则从春秋晚期晚段一直延续到战国中期早段。

3. 中区

共有48座墓葬。《墓地》发表了43座墓的材料。其中有14座铜器墓，其余为陶器墓。

中区墓葬随葬最具特色的陶器是莲瓣盖壶，共出在14座墓葬中，有15件在《墓地》中发表有图像。从已发表的材料看，虽然莲瓣盖壶在整体形态上各具特点，若考虑到同时期三晋两周地区铜壶与陶壶腹部最大径的位置依年代而表现出由下而上的变化规律，亦可据此对分水岭墓地所出的陶莲瓣盖壶进行式别的划分。腹部最大径位于腹中部者为Ⅰ式（图七，1~7）[30]，腹部最大径位置靠上而形成肩部者为Ⅱ式（图七，8~15）。

与莲瓣盖壶相同的铜壶在三晋两周地区春秋晚期墓葬即有发现，如年代属于春秋晚期晚段的侯马上马M15：7[31]，战国早期的铜莲瓣盖壶数量有所增加，如属于战国早期早段的侯马上马M5218：1（图七，16）、潞城潞河M8：3[32]，战国早期晚段的山彪镇M1：25（图七，18）。另有出自河南辉县的赵孟疥壶和出自洛阳金村的令狐君嗣子壶[33]（图七，17）[34]。前者铭文记有公元前482年的黄池之会，其作器年代当距此不远，被认为为春秋末年的标准器[35]。后者铭文中有"十年"的纪年，学者或认为系周威烈王十年（公元前416年），或是周安王十年（公元前392年），基本上在战国早期晚段[36]。上述各器中的赵孟疥壶、侯马上马M15：7、侯马上马M5218：1、潞城潞河M8：3，腹部最大径位于中部偏下，而山彪镇M1：25和令狐君嗣子壶的最大腹径位置都位于中部，分水岭墓地出土的Ⅰ式陶莲瓣盖壶更接近于山彪镇M1：25，故其年代也属战国早期晚段。Ⅱ式陶莲瓣盖壶普遍出现明显的肩部，年代应晚于Ⅰ式。目前虽然没有发现有明显肩部的铜莲瓣盖壶，但三晋两周地区的战国中期铜壶大都出现了较为明显的肩部，如年代在战国中期早段的陕县后川M2141出土的饰以铸镶花纹的狩猎纹壶（图七，19）[37]，从肩部位置和整体形态看，Ⅱ式陶莲瓣盖壶都与之非常相近，因此Ⅱ式陶莲瓣盖壶的年代大体到战国中期早段，应该是合理的判断。

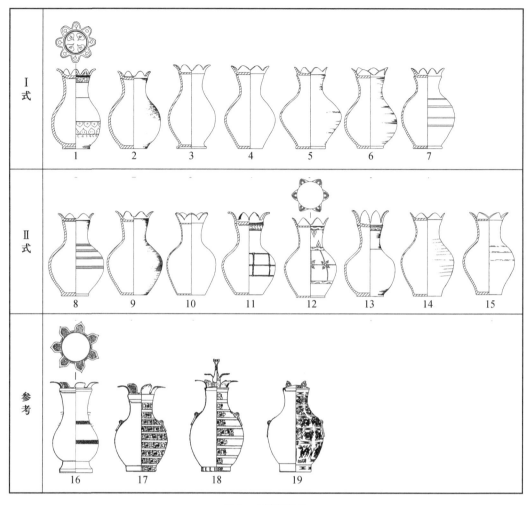

图七　莲瓣盖壶

1. M132：1　2. M123：2　3. M83：4　4. M113：2　5. M119：1　6. M60：6　7. M107：40　8. M122：6

9. M112：2　10. M10：9　11. M56：1　12. M109：2　13. M109：10　14. M79：30　15. M98：21

16～19. 铜壶（侯马上马M5218：1、"令狐君嗣子壶"、山彪镇M1：25、陕县后川M2141：6）

分布在中区的M10、M11、M12、M14、M25、M26、M79、M83、M84、M106、M109、M126、M127、M134等14座墓随葬有青铜礼器,《墓地》认为M10、M11、M12、M14、M25、M26、M106、M126年代在战国早期,M84属战国中期,其他铜器墓未做分期。

M126和M127是分布在中区中部西南的2座大型铜器墓,后者被盗严重。2座墓葬东西并列,规模相当,方向相同,应是一组并穴合葬的墓葬。M126曾发表简报,简报对其年代判断较为宽泛,认为在三家分晋至秦昭襄王四十五年（公元前262年）之间,《墓地》则进一步认定其为战国早期墓葬。后有学者在将2座墓与金胜村M251所出同类器物进行比较后,提出其年代应属春秋晚期,从发表材料看,M126随葬的青铜礼器确实与金胜村M251所出同类器物相近，但其出土的牺盘则与战国早期晚段的山彪镇M1所出牺盘极为相似，而在侯马铸铜遗址年代相当于战国早期晚段的层位中也发现有数件铸造牺盘的陶范，形制亦与M126所出牺盘相近，因此M126的年代应该在战国早期晚段。李夏廷在《也谈长治分水岭东周墓地》补发了一张出自M127的铜鼎照片，就鼎足高度观察，较战国早期早段的侯马上马M5218和太原金胜村M251所出铜鼎矮，表现出稍晚的特点，考虑到其与M126为夫妻并穴合葬，因此也可认定其年代大体相当于战国早期晚段。

另外被《墓地》认定属于战国早期的M25、M26和M12，也有进一步讨论的必要。朱凤瀚认为前2座墓的年代为战国中期，M12的年代已进入战国晚期。通过墓葬平面图可知，M25和M12、M26与M14均为东西并列，两两相邻，规模、方向相当，应该是两组并穴合葬墓。因此对这几座墓的年代进行判断时也应考虑到这一因素。

M26随葬的青铜礼器中直腹较短的簠、带提链的盘和上下两器相同并扣合的敦，都是战国早期常见的形制，其中的铜敦在战国早期晚段墓葬如陕县后川M2040、洛阳市中州中路战国墓C1M3750等都有发现，而没有见到明显可以晚到战国中期的器物，因此M26的年代应在战国早期晚段。与M26为并穴合葬的M14，所出的铜簠与M26所出几乎相同，铜鬲为高裆、高足，还保留着春秋时期铜鬲的特点，随葬的铜鼎整体呈扁圆形，也都表现出较早的特点，其出土的铜人饰，虽未见相似器物出土，但在侯马铸铜遗址相当春秋晚期到战国早期的层位中出土了与之相近的陶范。因此，M14与M26的年代相近，亦在战国早期晚段。

M25和M12所出青铜礼器的情况相似，如M25所出具有较高足的铜鼎、最大腹径在腹中部的铜壶，M12出土的长链盘、整体呈球形的敦、刻纹匜等，都是三晋地区战国早期比较常见的器物，但两墓中同时还出土一些具有较晚形制特点的器物，如M25出土的敦上下两器相同、器身以子母口承盖、盖上有三足，所出铜鉴口沿加厚、腹部近直等特点，确实不见于三晋两周地区战国早期墓葬。因此，M25的年代或可晚至战国中期早段。朱凤瀚因M12在青铜礼器组合中出现了铜钫，即认定其年代可以晚到战国晚期。实际上在侯马铸铜遗址相当于春秋晚期到战期早期的层位中就已经出现了铸造铜钫用的陶模，不过其最大腹径位置较M25和M12所出偏下，应该是年代稍早的特点。综上，M25和M12这组并穴合葬墓的年代应大体可到战国中期早段。

《墓地》认定的年代为战国早期的铜器墓还有M106、M10、M11，仍有进一步讨论的必要。《墓地》认定M84年代为战国中期，由于其出土器物与M106有颇多相近之处，此处一并进行论述。M84位于M126和M127东南侧，M106位于M26和M14南侧，从《墓地》发表的M84和M106的随葬器物看，2座墓出土的鬲形鼎都与三晋两周地区战国早期晚段墓葬所出相似；M84还出有刻纹匜和刻纹鉴，刻纹匜的祭祀场景与太原金胜村M251所出刻纹匜几近相同，而刻纹鉴花纹中的楼阁、战车等主题及底部的两圈缠绕的水蛇纹，都与属于战国早期晚段的灵寿城穆家庄M8101所出相近。因此，M84和M106的年代都应与其附近的两组并穴合葬墓M126和M127、M14和M26相同，同属战国早期晚段。

M10与M11为一组并穴合葬墓，位于M126和M127北边约20米。M11所出铜敦、铜匜和铜钾等均为战国早期晚段流行的形制，但该墓所出铜壶的最大腹径在中部以上形成明显肩部，表现出较晚的特征，因此M11的年代应该晚于同墓其他器物所表现出的年代，可到战国中期早段。M10与M11为并穴合葬墓，所出铜鼎、盖豆与山彪镇M1、后川M2040等战国早期晚段墓葬所出同类器物形制相同，但是花纹均较为简省，表现出简单化的风格。考虑其与M11为并穴合葬，年代当相差不远，因此M10的年代也可以定在战国中期早段。

中区其余各铜器墓均未发表完整的铜容器。M79只发表了刻纹匜的残片，纹饰中残存的祭祀场面与M12所出刻纹匜相同，均在楼阁中进行，考虑到M79紧邻M12和M25的北侧，推测其年代与这2座墓相当，即已到战国中期早段，应该还是具有一定的合理性。M83和M109没有发表任何铜容器，前者所出莲瓣盖壶属于Ⅰ式，后者所出莲瓣盖壶属于Ⅱ式，这2座墓的年代分别应在战国早期晚段和战国中期早段。

《墓地》未发表铜器墓M134出土的任何一件铜器或陶器，仅报道了随葬的陶俑，难以对其年代进行进一步的判断，不过从M134距离战国中期早段的M25、M12、M79诸墓较近，其年代很可能也与之相当，大体在战国中期早段。

结合上文对陶莲瓣盖壶的类型学分析和年代判断及对各铜器墓年代的讨论，中区墓葬的年代大体从战国早期晚段到战国中期早段。对上文未涉及的其他陶器墓，仅有M108因随葬有Ⅲ式鸟柱盘，其年代可以晚到战国中期晚段（详见下文）。

4. 东区

共有67座墓葬。《墓地》发表了40座墓葬的材料，其中M20、M35和M36为铜器墓，其余37座墓为陶器墓。

东区陶器墓随葬的陶器中最具特色的是鸟柱盘和筒形器、高足小壶和盘豆。其中盘豆器形最为简单，虽然豆柄有直有弧，但从与之共出的其他器物看，在早晚各段均有发现，因此本文不对盘豆进行型式划分。

鸟柱盘是灯具，使用时置于筒形器之上，二者配合使用。依墓葬登记表，共有19座墓随葬鸟柱盘和筒形器，主要出于墓地东区，在中区也有少量发现。报告发表了13件鸟柱盘和11件筒形器的图像资料。根据鸟柱盘的鸟柱是否高出口沿和鸟身形态，可将其分三式。

Ⅰ式：鸟柱低于盘的口沿，或与之平，鸟双翅收拢成圆形（图八，1~3）。
Ⅱ式：鸟身高出口沿，但中柱基本在口沿以下（图八，4~9）。
Ⅲ式：鸟身及中柱的一部分均高出口沿，鸟双翅张开呈飞翔状（图八，10~13）[38]。
筒形器多与鸟柱盘共出，根据其筒身近底处是否向内斜收，可将其分二型。
A型：平底。依其整体形状可分为二亚型。
Aa型：通高与口径之比近于1，即器体整体近方形，器身所饰三角形孔均正置。可

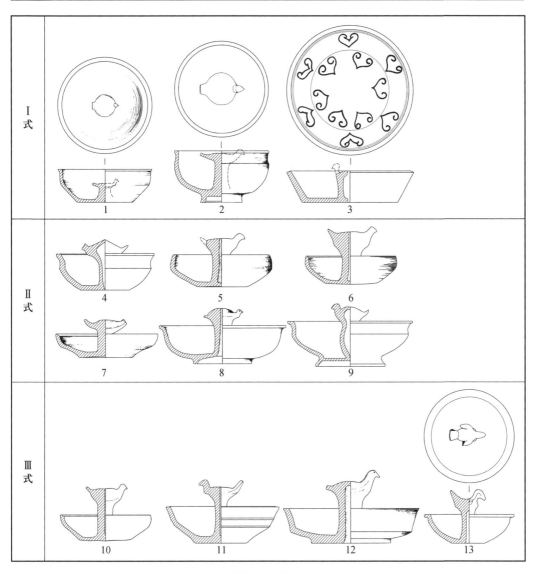

图八　鸟柱盘

1. M107：34　2. M185：15　3. M141：4　4. M171：5　5. M165：43　6. M166：18　7. M97：14　8. M118：12
9. M35：113　10. M68：4　11. M170：11　12. M108：9　13. M21：39

分为二式。

Ⅰ式：平折沿，腹壁直（图九，1、2）。

Ⅱ式：平折沿，腹壁稍斜（图九，3、4）。

Ab型：通高与口径之比大于1.5，整体呈长方形。可分为二式。

Ⅰ式：通高与口径之比在1.5左右，器身饰两周三角形孔，三角形正置（图九，5、6）[39]。

Ⅱ式：通高与口径比大于1.8，器身饰一周倒置的三角形孔（图九，7）。

B型：近底处腹部内收。依其镂孔形状分为二亚型。

Ba型：腹部有一周正置的三角形孔（图九，8、9）。

Bb型：腹部有一周圆形孔。可分为二式。

Ⅰ式：整体较矮胖（图九，10）。

Ⅱ式：整体较Ⅰ式瘦高（图九，11）。

河北中山灵寿城战国中期早段的成公墓所出青铜礼器和仿铜陶礼器均与同时期三晋

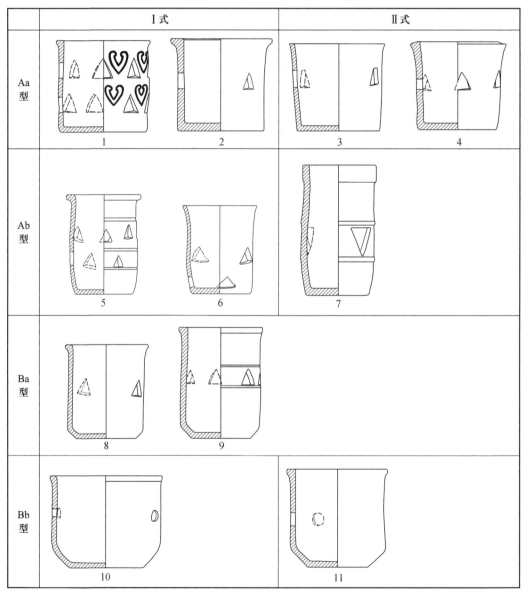

图九　筒形器

1. M141：13　2. M97：22　3. M41：14　4. M170：48　5. M118：13　6. M161：14　7. M21：41

8. M171：12　9. M185：9　10. M98：10　11. M68：15

两周地区的同类器物相近，该墓也出土有青铜和陶质的鸟柱盘、筒形器，可将其视为战国中期早段鸟柱盘和筒形器的标准器[40]。成公墓所出鸟柱盘之鸟身稍高出口沿，与上文所述Ⅱ式鸟柱盘相同，因此分水岭所出Ⅱ式鸟柱盘的年代亦应在战国中期早段。而晚于成公墓的王孫墓所出鸟柱盘其鸟身远远高出口沿，双翅舒展[41]，由此可见鸟柱盘的变化规律，是鸟柱从矮至高，先是低于盘的口沿，渐与口沿齐平，然后明显高出口沿，而柱头的鸟也由团翅到呈飞翔状。因此分水岭所出Ⅰ式和Ⅲ式鸟柱盘，应分别早于和晚于Ⅱ式盘，前者大体在战国早期晚段，后者大体在战国中期晚段。筒形器与鸟柱盘搭配使用，其型式变化虽不与鸟柱盘完全同步，但大体上也反映出相应的早晚序列。

东区随葬的高足小壶也极具特色。高足小壶在出土时或有盖，或失盖，其足部类豆柄，有空柄足和实柄足之分，前者足部与盖豆豆柄极为相近，大多在近着地处呈喇叭状；后者足部无中空，为实柄，部分在着地处内凹。高足小壶即可据此划分为两类。

第一类为空柄类高足小壶，据腹部形态可分为二型。

A型：腹部为扁圆形，腹径与腹深比在2左右。可依有无瓦棱纹，分为二亚型。

Aa型：素面。依腹之深浅可分为三式。

Ⅰ式：腹径与腹深比近于2左右（图一〇，1、2）。

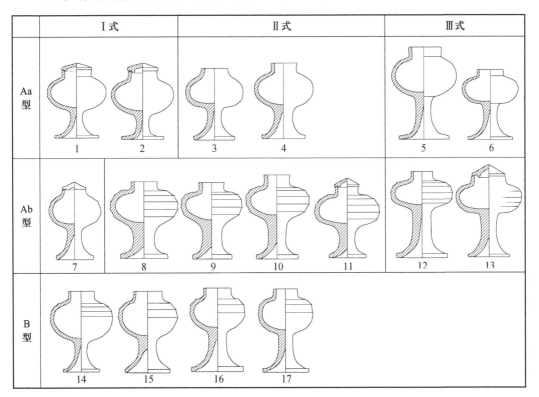

图一〇　空柄类高足小壶

1. M141：5　2. M107：32　3. M185：12　4. M124：12　5. M20：29　6. M108：10-2　7. M122：21　8. M96：15　9. M151：12　10. M171：13　11. M97：2　12. M170：30　13. M108：10-1　14. M118：19　15. M165：16　16. M160：18　17. M35：26

Ⅱ式：较Ⅰ式稍扁（图一〇，3、4）。

Ⅲ式：腹径与腹深比大于2（图一〇，5、6）[42]。

Ab型：器表饰瓦棱纹。依腹部深浅可分为三式，变化规律与Aa型同（图一〇，7~13）。

B型：腹部近圆球形，腹径与腹深比均小于2（图一〇，14~17）。

第二类为实柄类高足小壶，腹部最大径均在上部，呈有肩状，依柄着地处是否有弧形内凹分为二型。

A型：柄着地处有弧形内凹。可分为二式。

Ⅰ式：腹较深，呈球形（图一一，1）。

Ⅱ式：出现肩部（图一一，2、3）。

B型：平底。可分为二式。

Ⅰ式：腹较深，有肩部（图一一，4~7）[43]。

Ⅱ式：肩部近平（图一一，8~10）。

另有M40：11、M30：4、M166：15和M27：4四件形制较为特殊，不能划入上述任何一型，不过就其腹部形态看，M40：11（图一一，11）与实柄类B型Ⅰ式的M41：7非常相近，M30：4（图一一，12）与实柄类A型Ⅱ式的M45：5相近，M166：15

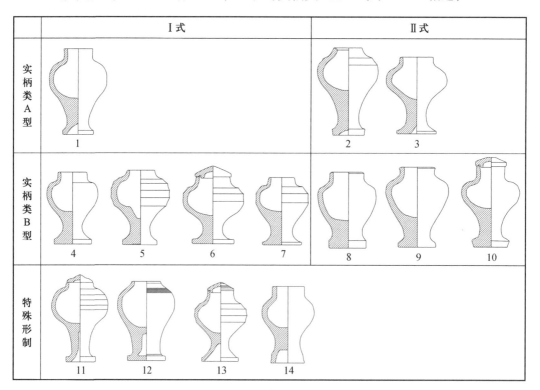

图一一　高足小壶

1. M49：10　2. M45：5　3. M158：5　4. M117　5. M41：7　6. M161：19　7. M98：18　8. M174：13
9. M28：3　10. M43：6　11. M40：11　12. M30：4　13. M166：15　14. M27：4

（图一一，13）虽有喇叭口的圈足，但其腹部形态亦与实柄类BⅡ式的M28∶3相近，M27∶4（图一一，14）的柄部较为特殊，接近于实柄类A型Ⅱ式。据此可判断此4件高足小壶的年代。

部分高足小壶与鸟柱盘、筒形器共出，其型式对应关系见表一。据此可据鸟柱盘、筒形器的年代判断各型式高足小壶的大致年代。

表一　鸟柱盘、筒形器和高足小壶型式对应表

鸟柱盘和盆	筒形器				高足小壶					特殊型
	A型		B型		空柄类			实柄类		
	Aa	Ab	Ba	Bb	A型		B型	A型	B型	
					Aa	Ab				
Ⅰ式	Ⅰ式				Ⅰ式					
Ⅰ式、Ⅱ式	Ⅰ式、Ⅱ式	Ⅰ式	√	Ⅰ式	Ⅱ式	Ⅰ式*、Ⅱ式	√	Ⅰ式*	Ⅰ式	√
Ⅲ式	Ⅱ式	Ⅱ式		Ⅱ式	Ⅲ式	Ⅲ式		Ⅱ式*	Ⅱ式*	√

√ 表示该型器物未划分式别，与同一行中所列出的其他型式的器物共出。

* 表明该型式高足小壶未共出鸟柱盘和筒形器，根据共出的其他器物确认与同一行中所列其他型式的器物年代相同。

东区陶器墓中除M123随葬有Ⅰ式莲瓣盖壶从而其年代可到战国早期晚段以外，其余各墓可依其出土的鸟柱盘、筒形器和高足小壶等进行推定，基本属于战国中期早段和战国中期晚段。

《墓地》认为东区的M20、M35和M36共3座铜器墓均属战国中期。朱凤瀚认为M36与M12同时，年代可到战国晚期，主要根据有两点：第一，高明曾论及分水岭M36随葬的鼎、敦、壶等器皆与洛阳西宫秦墓所出同类器物相同，而洛阳西宫因出土了刻有秦篆"轵"字的鬲形鼎，所以年代可晚到战国晚期至秦；第二，与M36属同一阶段的万荣庙前M1出有陶鸟柱盘，陶鸟柱盘在中原地区出现于战国中期偏晚。关于鸟柱盘上文已有论及，其在三晋两周地区出现的年代可早到战国早期晚段，而与洛阳西宫出土的刻有秦篆"轵"字的鬲形鼎形制相同者在太原金胜村M251和长子牛家坡M7都有出土。西宫还共出有铜壶，形制与山彪镇M1和洛阳中州路M2717所出较为接近，只是腹部最大径位于中部位置偏上。因此，洛阳西宫的这组铜器不会晚到战国晚期。另外M36所出的平底平盖铜鼎和饰花朵纹、盖有三卧兽形捉手、铺首衔环式耳的鬲形鼎，都是三晋两周地区战国早中期墓葬中较为常见的器物，如侯马下平望M1002，除上述器物外还共出一套仿铜陶礼器，以及鸟柱盘和筒形器，其鸟柱盘鸟柱稍高出盘面，与灵寿城成公墓所出相近。故而，M36的年代应在战国中期早段。M35与M36相邻，很可能是一组夫妇合葬墓，其随葬器物亦表现出与M36相同的年代信息。如《墓地》发表的鬲形鼎，其铺首衔环式耳，整体形状为椭圆形等特点与M36所出相近。另外M35还共出有成组的仿铜陶礼器鼎、盖豆、壶，以及鸟柱盘、筒形器、盘豆、高足小壶、盉等，其鸟柱盘中柱上的鸟恰高出盘沿，鸟翅聚拢成圆形，都是战国中期早段鸟柱盘的特点，因此M35的年

代与M36相同，也应在战国中期早段。

　　东区的另一座铜器墓M20被盗严重，缺少可供判断年代的信息，不过从与之相邻而葬的M21随葬有Ⅲ式鸟柱盘和Ab型Ⅱ式筒形器看，年代应在战国中期晚段。考虑到M21与铜器墓M20为并穴合葬墓，后者的年代亦应在战国中期晚段。

　　由此，除个别墓葬外，东区的铜器墓年代与陶器墓年代相同，为战国中期早段和战国中期晚段。

　　通过上述对分水岭墓地四个墓区的墓葬分别进行年代学的讨论之后，可以确认分水岭墓地的年代大体上始自春秋晚期早段，经春秋晚期晚段、战国早期早段、战国早期晚段、战国中期早段，一直到战国中期晚段，各区墓葬年代见表二。

表二　各区墓葬年代表[*]

分区 分期	西区		南区		中区		东区	
	铜器墓	陶器墓	铜器墓	陶器墓	铜器墓	陶器墓	铜器墓	陶器墓
春秋晚期早段	M269/ M270[**]							
春秋晚期晚段			M232	M192、M196 M207、M211 M213、M214 M228				
战国早期早段	M53		M225、 M229 M236	M203、M208 M216、M220 M221、M222				
战国早期晚段	M258			M190、M194 M209	M14/M26 M126/M127 M83、M84 M106	M57、M60、 M103、M107、 M113、M119、 M121、 M132、M141		M123
战国中期早段				M200、M202 M219、M224	M12/M25 M10/M11 M79、M109	M56、M61、 M100、M112、 M118、M122	M35/M36	M27、M41、 M49、M96、M97、 M98、M117、 M124、M151、 M158、M160、 M161、M165、 M166、M171、 M174、M185
战国中期晚段						M108	M20	M21、M28、M30、 M40、M43、M45、 M68、M170

　　[*] 表中墓葬均为随葬了本文划分陶器的墓葬，以及讨论了年代的铜器墓。

　　[**] 两墓之间用"/"相隔者表示二者为相邻而葬的夫妇合葬墓。

四、墓主人的来源

如上文所述，分水岭墓地出土的青铜礼器与同时期三晋两周地区墓葬所出同类器物大多相同，很难据青铜礼器对墓主人的来源进行深入讨论。不过随葬的陶器中，尤其是那些仅在部分墓葬出现的种类和形制具有一定特点的器物，不仅成为对墓地分区的重要标识，也成为探讨墓主人来源的重要线索。

1. 喇叭口长颈壶

在三晋地区墓葬中使用陶喇叭口长颈壶随葬的现象并不普遍，除了分水岭墓地所在的长治地区以外，主要见于侯马地区。据已发表材料，在侯马地区的牛村古城南[44]、下平望[45]、汽车公司[46]、房建段[47]、白店[48]等地点均发现了随葬喇叭口长颈壶的墓葬，形制与分水岭所出基本相同，只是有圈足者较多，年代大体在春秋晚期晚段到战国中期早段。侯马地区为晋都新田所在[49]，公元前585年，晋自绛迁都到此，一直到公元前376年，这里都是晋国的都城。史载春秋晚期，晋国众卿专权争霸，公室衰微，公元前453年，韩、赵、魏三家分晋，公元前434年，晋幽公即位时，仅有新田和曲沃，余皆入三晋。公元前416年，魏文侯杀晋幽公，公元前403年，周威烈王正式承认韩、赵、魏三家为诸侯，侯马地区属魏。因此在公元前416年魏文侯杀晋幽公之后，侯马地区仅是名义上的晋都，很可能已被魏所控制。侯马地区随葬这种喇叭口长颈壶墓葬的年代最早到春秋晚期晚段，发现地点大都靠近被认为是晋都宫城的牛村古城、平望古城附近，其墓主人很可能是与晋公室有一定关系的晋人。需要说明的是，公元前403年韩赵魏三家被承认为诸侯之后，即战国早期晚段时，侯马地区已属魏，但随葬喇叭口长颈壶的墓葬依然存在，一直延续到战国中期早段，这些墓葬当为此地属魏后仍保留了自身特点的晋遗民之墓。由于随葬有喇叭口长颈壶的墓葬集中发现于侯马地区而少见于其他地区，因此这一支人群的主要活动范围应在侯马地区。

分水岭墓地随葬喇叭口长颈壶的墓葬集中在南区，年代最早可到春秋晚期晚段，下限到战国中期早段，与侯马地区随葬同类器物的墓葬年代相当。推测分水岭墓地南区随葬有喇叭口长颈壶墓葬的墓主人是来自侯马地区晋都新田的晋人，当是较为合理的判断。由于分水岭墓地随葬喇叭口长颈壶的墓葬大多只随葬1件陶鼎、2件盖豆和2件陶壶，仅有少数墓葬还随葬盘、匜各1件，也很少见到有其他质地的器物，似乎表明这些墓主人生前并不具有很高的经济实力。而同样分布在南区的几座铜器墓，随葬的青铜礼器中铜鼎的数量分别为3件、2件和1件，均属于较低等级的贵族墓葬。由此分水岭南区墓葬的墓主人很可能是来自于晋都新田的晋人中小贵族及其家族。

2. 莲瓣盖壶

壶盖作莲花瓣状本是三晋地区东周时期铜方壶流行的装饰，最早见于春秋中期晚段，如新郑李家楼大墓所出之莲鹤方壶[50]，此后一直到战国时期都有发现。而铜圆壶壶盖作莲花瓣状稍晚于方壶，最早见于春秋晚期晚段，如侯马上马M15∶7，到战国时期仍有发现，如山彪镇M1∶25。

陶莲瓣盖壶均为圆壶，应是仿青铜礼器中的莲瓣盖圆壶。据已发表材料，除了见于长治地区的分水岭、小山头[51]以外，在侯马地区的下平望[52]、牛村古城南[53]、北西庄、宋郭[54]、乔村[55]等墓地有较为集中的发现，另外在晋南地区的天马曲村[56]、万荣庙前[57]，以及邻近的河南陕县后川[58]等墓地也有发现，亦见于晋中地区的忻州上社[59]、榆次猫儿岭[60]等墓地。这表明使用莲瓣盖壶的人群分布较随葬喇叭口长颈壶的人群更为广泛，加之随葬陶莲瓣盖壶的墓葬中不见喇叭口长颈壶，显然二者属于不同的人群。随葬陶莲瓣盖壶的墓葬中年代最早者为天马曲村M7172和陕县后川墓地M2096、M2109，这几座墓随葬的鼎腹较浅，足偏高，盖豆豆柄偏矮，年代大体都在战国早期早段。到了战国早期晚段，随葬陶莲瓣盖壶的墓葬则集中发现于侯马地区，如牛村古城南59HM11、M17、62M2等[61]，其他地方虽有发现，但数量较少，这种状况一直持续到战国中期晚段。如上文所述，当公元前416年魏文侯杀晋幽公之后，即战国早期晚段时，侯马地区很可能已被魏所控制，而公元前376年韩、赵、魏三家瓜分晋国公室土地并将晋静公废为庶民之后，包括侯马地区在内的晋南地区属魏。因此在这些地点发现的随葬陶莲瓣盖壶的墓葬的墓主人当属魏人。那些年代在战国早期早段随葬陶莲瓣盖壶墓葬的墓主人很可能是在三家分晋前就已颇具势力的魏氏一族。

分水岭墓地随葬陶莲瓣盖壶的墓葬主要分布在中区，年代集中在战国早期晚段到战国中期早段，已在侯马地区以及晋南地区属魏之后，可以推测使用陶莲瓣盖壶随葬的人，很可能是来自于侯马地区或晋南地区的魏人。在中区由西向东分布着属于战国早期晚段的M126和M127、M14和M26，以及年代在战国中期早段的M25和M12共三组大型青铜礼器墓，均积石积炭，虽均已被盗，但从劫余的器物看，都是随葬五至七鼎的高等级贵族墓。上述那些随葬陶莲瓣盖壶的墓葬或为小型青铜礼器墓，或为陶礼器墓，多分布在这三组大型青铜礼器墓的周边，表现出他们与这些高等级贵族墓之间存在着一定的从属关系，由此这些高等级贵族墓葬的墓主人亦可能是来自晋南地区的魏国贵族。

3. 高足小壶和鸟柱盘、筒形器

高足小壶和鸟柱盘、筒形器主要见于分水岭墓地的东区，凡随葬鸟柱盘、筒形器的墓葬均共出高足小壶，而部分随葬高足小壶的墓葬未见鸟柱盘、筒形器。虽然随葬鸟柱盘、筒形器的墓葬数量少于随葬高足小壶的墓葬，但是前者由于特征鲜明而更为

学者所重视，因此本文将首先讨论鸟柱盘、筒形器的文化属性。

目前在三晋地区发现的鸟柱盘中年代最早者，是出于太原金胜村M251被称为素面铜鉴的器物（M251：622）[62]，陶鸟柱盘出现的年代则晚到战国早期晚段，除长治地区以外，鸟柱盘比较多地发现于河北南部的邯郸、邢台地区，有些墓地有着非常集中的出土，如邢台东董村墓地共发掘131座战国时期墓葬，109座随葬有陶器，其中就有47座墓随葬了鸟柱盘和筒形器；此外，在豫北地区的安阳[63]、辉县[64]、新乡[65]等地，以及晋中地区的忻州奇村[66]、榆次猫儿岭[67]等地也有发现；除了上述明确为战国时期赵国疆域的地点以外，与赵相邻并明显受到其文化影响的中山成公墓和中山王𰯀墓亦随葬有铜、陶制的鸟柱盘和筒形器；加之发现出有最早的铜鸟柱盘的金胜村M251被认为是"赵卿"之墓，因此陶鸟柱盘和筒形器是赵文化墓葬中最具代表性的器物，其年代大体上从战国早期晚段到战国晚期早段，基本已成为学界的共识。另外在三门峡地区的陕县[68]、晋南的万荣[69]等魏地也发现有少量的随葬鸟柱盘和筒形器的墓葬。

高足小壶也是一种非常有特点的器物，在太原金胜村M251中随葬有1件铜高柄小方壶，其形制除上部小壶为方形外，有豆柄式高足的特点与高足小壶相似，另在洛阳中州路M2717也出土了带有高柄的圆壶，很可能陶高足小壶即是仿这种铜高足小壶而成。曾有学者指出，这种上部作壶形、下部有类豆柄式高足的器物，除了见于三晋地区以外，在燕文化和楚文化中也有发现，只是形制上并不相同[70]。三晋地区随葬高足小壶的墓葬多共出有鸟柱盘和筒形器，出土数量亦较多，如河北邯郸百家村墓地，共发现战国时期墓葬49座，其有29座墓随葬有高足小壶[71]，因此三晋地区所出的高足小壶亦可视为赵文化墓葬中的代表性器物。

分水岭墓地随葬鸟柱盘、筒形器和高足小壶的墓葬集中分布在东区，年代最早可到战国早期晚段，最晚在战国中期晚段，与赵地所出的同类器物年代大部重合，推断分水岭墓地这些随葬鸟柱盘、筒形器和高足小壶墓葬的墓主人来自赵国，应该是合理的判断。

综上所述，分水岭墓地出土的青铜礼器除了因年代早晚而呈现出不同的时代风格以外，在器物组合和器物形制方面，都与同时期三晋地区的墓葬相同，因此分水岭墓地的文化属性就其整体而言当属三晋文化，即埋入分水岭墓地的人群属于广义的三晋人群。不可忽略的是，在这个人群中，又可以通过随葬不同形制、不同种类的仿铜陶礼器进而推断他们是分别来自晋、魏和赵的人群。

五、墓地的形成

通过观察表二并结合上文对于不同人群来源的分析，可以了解分水岭墓地的形成过程。

1. 西区

分水岭墓地年代最早的墓葬分布在该区，由于《墓地》没有发表西区陶器墓的材料，因此上文并没有对埋入西区墓葬的人群来源进行讨论，不过西区已发表的4座铜礼器墓随葬的青铜礼器与同时期晋国的高级贵族墓葬无别，因此可以将其视为晋国墓葬。年代为春秋晚期早段的M269和M270分布在西区的南部正中，应为相邻而葬的夫妇并穴合葬墓，均随葬有五鼎和编钟、编磬等成组的青铜礼乐器，表明在春秋晚期早段，开始有地位较高的贵族进入了该地区，很可能是晋国派往这里的统治者，只是因材料所限，还不清楚是否有与这些晋国贵族一起进入分水岭地区的其他层次人群。

到了战国早期早段，铜器墓M53分布在M269和M270东北侧约100米处，为五鼎墓；战国早期晚段，铜器墓M258分布在M269和M270的西侧约100米处，为一鼎墓。由于M53、M258与M269和M270之间存在着年代的缺环，因此并不能断定前者就一定是后者的延续，不过从这几座墓的分布情况看，M258和M53这2座墓葬分别向东、西两个方向埋入，似乎在西区存在着以M269和M270为中心，晚期的墓葬安排在其东西两侧的规划。若如此，则说明西区作为晋国贵族的埋葬区域，有着自己的规划，同时也意味着西区的墓葬与分水岭墓地其他墓区的墓葬间并无直接的关系。

2. 南区

在西北角发现了该区年代最早的墓葬M232，属春秋晚期晚段，随葬1件铜鼎。到战国早期早段，西北角有M236和M229两座铜礼器墓，M236仅整理出1件铜鼎，M229亦为一鼎墓，依次在M232东侧，3座铜器墓间距相当，似乎经过一定安排。南区的西北角除上述3座铜器墓以外，其他几座墓葬均未发表资料。年代在战国早期早段的铜器墓还有随葬3件铜鼎的M225，分布在南区中部，在其周围分布着大量的随葬有喇叭口长颈壶的陶器墓，年代从春秋晚期晚段、经战国早期早段、战国早期晚段，一直延续到战国中期早段。上文已讨论使用喇叭口长颈壶随葬的人群应是来自晋都新田的晋国中小贵族和其家族，但是值得注意的有两点：第一，这些墓葬在分水岭墓地一直延续到战国中期早段，已是三家分晋之后，这种现象表明这一支晋人并没有因为晋灭而消亡，而是在分水岭墓地延续了一段时间；第二，年代在春秋晚期晚段和战国早期早段的喇叭口长颈壶均分布在南区，到了战国早期晚段和战国中期早段，在中区也有散见的随葬喇叭口长颈壶的墓葬，这些现象表明到了战国早期晚段以后，可能是中区的一些墓葬受到了南区的影响而使用了喇叭口长颈壶，或是原来应埋入南区的部分墓葬，由于某些原因而埋入中区。

3. 中区

墓葬年代始于战国早期晚段，开始出现了数量较多的铜礼器墓。M126和M127、

M14和M26的年代在战国早期晚段，是两组相邻而葬的夫妇并穴合葬墓，其中M14为七鼎墓，有车马坑，余三者为五鼎墓，均随葬有编钟、编磬等成组的乐器，另有M84、M106、M83等小型铜器墓分布在上述两组墓葬的周边。M25和M12的年代在战国中期早段，亦为一组夫妇并穴合葬墓，均为五鼎墓，M25还随葬成组的乐器，另有M79和M134这2座小型铜礼器墓分布在其北侧。中区的陶器墓中部分随葬了形制特殊的莲瓣盖壶，年代自战国早期晚段到战国中期早段，与铜礼器墓基本一致。由上文的讨论可知，这些大型铜礼器墓和随葬莲瓣盖壶的墓葬应是来自晋南地区的魏国高级贵族及其家族，他们在分水岭墓地延续的时间主要集中在战国早期晚段和战国中期早段，这一时段与进入南区的来自侯马地区的晋人在这里延续的时间有部分的重合。

4. 东区

墓葬年代最早者为分布在西侧靠近中区的M123，《墓地》发表的M123墓葬平面图上有高足小壶，但整理时未见，该墓随葬了1件I式莲瓣盖壶，由此判断其年代可到战国早期晚段，这也是东区仅有的1座年代可到这一时期的墓葬。东区绝大部分墓葬的年代在战国中期早段和战国中期晚段，在北边分布有2组大型墓葬M35和M36、M21和M20，其中M21未见青铜礼器，但随葬有5件陶鼎，其余3座墓均被盗，劫余中均有铜鼎。东区墓葬最引人注目的就是在67座墓葬中，据墓葬登记表共有包括3座铜器墓在内的53座墓都随葬高足小壶，这53座墓葬中有15座同时随葬有鸟柱盘和筒形器，其中2组大型墓葬中的男性墓都随葬了鸟柱盘和筒形器。如前文已述，随葬鸟柱盘、筒形器和高足小壶墓葬的墓主人应是来自赵国的人群，虽然位于东区的M123年代可以早到战国早期晚段，但是赵人大规模进入分水岭地区应该是始自战国中期早段，此时亦是中区魏人墓葬大量存在的时期，不过到了战国中期晚段，除中区的M108以外，分水岭墓地仅在东区还分布有赵人墓葬。

值得注意的是集中分布在中区西部的M107、M118和M108，以及分布在上述3座墓西侧的M122，这4座墓均随葬了鸟柱盘、筒形器和高足小壶（M122仅有高足小壶），或共出有陶盉（M108、M118）和直领圆肩罐（M107）；另外M107和M122还随葬有莲瓣盖壶。4座墓的年代依次为战国早期晚段（M107），战国中期早段（M118、M122）和战国中期晚段（M108）。由于4座墓不仅随葬有赵文化墓葬的代表性器物，而且大都成组使用，因此这些墓葬的墓主人很可能来自赵国。类似的情况在邯郸百家村[72]和忻州奇村墓地[73]也有发现，如邯郸百家村M3和忻州奇村M1在随葬成组的鸟柱盘、筒形器、高足小壶等典型赵器之外，还随葬有莲瓣盖壶。考虑在东区年代为战国早期晚段的M123也是既随葬了高足小壶[74]，又共出莲瓣盖壶，可以推测，在战国早期晚段时，已有少量的来自赵国的人群进入分水岭墓地，他们或选择分水岭墓地此前无人埋入的东部，或选择魏人集中埋葬的中区，同时也使用了带有魏文化特点的器物。到战国中期早段，来自赵国的人群大规模进入分水岭墓地后，其主体选择了在墓地东部根据一定的规划进行埋葬，而与原来埋入中区西部的M107有着某种关系的少数人，则继续在中区集中埋葬。从这些墓葬埋入魏人集中埋葬区域以及部分墓葬随葬有莲瓣盖壶来看，似乎这些来自赵国的人群其生前的居住地点与魏人相近或有重合，并接受了一定的魏文化影响，其集中埋葬，则从另一方面强调了其人群来源与其他埋入中区的墓葬有所不同。

综上分析，可将分水岭墓地的形成过程概括如下：春秋晚期时开始有晋国的高等级贵族进入分水岭墓地，尚不明确这些高等级贵族来自晋国的哪个地区，但是他们至少在这里延续到战国早期晚段；从春秋晚期晚段开始，有来自侯马地区晋国的中小贵族及其家族进入到分水岭墓地，他们与春秋晚期早段进入该地区的晋国贵族似乎没有直接的联系，在这里延续到战国中期早段；从战国早期晚段开始，来自晋南地区的魏人进入这一地区，延续到战国中期早段；从战国中期早段开始，则有大规模的赵人进入，直到战国中期晚段。

不同时期有不同的人群进入分水岭墓地，产生这一现象的原因很可能与分水岭所在的长治地区在战国时期的归属有关。长治地区史称上党，因其地势险要，自古即为战略要地。春秋时期，该地区属晋，至迟在春秋晚期早段时晋已在这里设上党郡[75]。战国初年，随着三家分晋，上党地区一分为三，韩、赵、魏三国分别在自己控制的土地上设置上党郡。关于战国时期上党地区的归属和行政设置，以路伟东在《战国上党郡考》中的讨论最为详尽。路氏指出战国时期，三国所设上党郡各自的范围前后变化可能很大，其在梳理文献中的相关记载后，提出在战国初期，韩国主要占领了上党地区的西部，赵国主要活动于上党地区东部高平以北的地区，魏国则拥有上党地区南部的大部分土地。随着各国势力的消长、政治格局的转变、各自利益的需要，到战国中期以后，三国之间在上党地区展开了激烈的争夺，其争夺的中心地区在今武乡县，向南经屯留、长子、高平，到沁水一带，因此上党地区尤其是处于这一中心争夺地带中的许多地方，其归属曾多次变更，如长子一地就至少三易其主[76]。长治分水岭即处于三家争夺的中心区域，其在不同时期分别有属于晋、魏、赵的人群进入，即是战国时期各国对这一地区进行争夺，从而导致行政归属发生变化的具体表现，同时也反映了各国对这一地区的控制并不稳定，这正是长治地区作为军事前沿所在而具有的特性。

六、结　语

由本文的分析可知，分水岭墓地可根据墓葬随葬的特殊形制陶器划分为西、南、中、东四个区，各区墓葬延续的时间有所不同但又部分重合，其墓主人亦是在不同时期分别来自晋、魏和赵的人群，即分水岭墓地并不像有些研究者提出的那样是一个家族数代人不间断的延续，也并非主要是来自晋国的人群。就具体时间进入的不同人群来看，也与报告提出的春秋中期为晋国墓葬，战国早期和战国早中期之际为赵国墓葬，战国中期和战国晚期偏早为韩国墓葬的认识有所不同。

本文对于讨论长治地区在战国不同时期的归属提供了重要线索，本文的意义更在于以下几点：第一，在分水岭墓地同一时期内有不同的人群分别埋入不同的区，表明同一时期有来源不同的人群共同居住在这里；第二，来源不同的人群分别埋入分水岭墓地不同的区域，但并非严格区分，也会出现部分墓葬交叉分布的现象，表明这些来源不同的人群间也可能存在着交错居住的现象；第三，尽管分水岭墓地在战国时期曾有不同的归属，政权或占领者的变更也使生活在这个地区的主体人群发生了变化，但是并没有使早已居住在这里的人群发生全面的改变，即较早时期进入这个地区的人群，即使在这里的控制者发生变化后，仍然会在这里延续一段时间，直到与后来的人群融合在一起。究其原因，正是由于战国时期魏、赵两国对长治地区的争夺，使得这一地区的归属不断发生变化，从而使不同来源的人群有机会进入这个地区，甚至居住在一起，死后埋入同一个墓地，这也恰是战国时期社会基本组织由血缘维系向以地缘关系为主转化的一个重要表现。

注　释

［1］　山西省文物管理委员会：《山西长治市分水岭古墓的清理》，《考古学报》1957年第1期；山西省文物管理委员会、山西省考古研究所：《山西长治分水岭战国墓第二次发掘》，《考古》1964年第3期；边成修：《山西长治分水岭126号墓发掘简报》，《文物》1972年第4期；山西省文物工作委员会晋东南工作组、山西省长治市博物馆：《长治分水岭269、270号东周墓》，《考古学报》1974年第2期。

［2］　朱凤瀚：《中国青铜器综论》（下），上海古籍出版社，2009年，1618～1632、1902～1906页；高明：《中原地区东周时代青铜礼器研究》（上），《考古与文物》1981年第2期；赵化成：《周代棺椁多重制度研究》，《国学研究》（第五卷），北京大学出版社，1998年；宋玲平：《晋系墓葬制度研究》，科学出版社，2007年，16～24页；山西省考古研究所：《山西考古四十年》，山西人民出版社，1994年，185～187页；高崇文：《试论晋南地区东周铜器墓的分期与年代》，《文博》1992年第4期；杨建军：《三晋东周铜器墓初论》，《中原文物》2005年第3期。

［3］　山西省考古研究所、山西博物院、长治市博物馆：《长治分水岭东周墓地》，文物出版社，2010年。

［4］　据崔利民、白红芳：《长治广电局战国墓》（《文物世界》2006年第5期）一文，长治广电局位于分水岭墓地中部，在这里发掘的编号为01长分M1的墓葬也应该属于分水岭墓地。不过原报道中并没有说明01长分M1的具体位置，因此本文的研究未包括此墓。

［5］　李夏廷、李建生：《也谈长治分水岭东周墓地》，《中国国家博物馆馆刊》2012年第3期。

［6］　王江：《长治分水岭东周墓地人群初步研究》，《文物鉴定与鉴赏（下）》2021年第11期。

［7］ 这种器物其下部器形或浅或深，前者类盘而后者类盆，本文遵从考古界已有的约定俗成的叫法，统一称之为鸟柱盘。

［8］ 山西省考古研究所、山西博物院、长治市博物馆：《长治分水岭东周墓地》，文物出版社，2010年，14页，图三D。

［9］ 山西省考古研究所、山西博物院、长治市博物馆：《长治分水岭东周墓地》，文物出版社，2010年，10页，图三A。

［10］ 此件器物根据照片改绘，原照片见《墓地》图版三，4。

［11］ 《墓地》图二"长治分水岭东周墓地墓葬分布总平面图"的比例尺有误。

［12］ 由于原报告型式划分的原因，无法根据墓葬登记表统计墓地所出连瓣盖壶的数量，本文依据发表有连瓣盖壶图像的墓葬来确定随葬有连瓣盖壶墓葬的数量。其他统计数字仿此。

［13］ 张辛：《中原地区东周陶器墓葬研究》，科学出版社，2002年，8页。

［14］ 在此需要说明的是M257。在墓葬登记表中，M257原始记录有12件器物，包括高足小壶和浅盘豆，但整理时未见器物，正文亦未发表M257的任何信息。该墓分布在原报告分区Ⅴ区最西端，考虑到分水岭墓地绝大部分随葬高足小壶和浅盘豆的墓葬分布在墓地东部，因此本文未将M257计入。

［15］ 此件器物根据照片改绘，原照片见《墓地》图版三〇，6。

［16］ 滕铭予：《长治分水岭墓地铜器墓年代综论》，《边疆考古研究》（第32辑），科学出版社，2022年。

［17］ 山西省文物工作委员会晋东南工作组、山西省长治市博物馆：《长治分水岭269、270号东周墓》，《考古学报》1974年第2期。

［18］ 山西省考古研究所：《山西考古四十年》，山西人民出版社，1994年，185～187页；高崇文：《试论晋南地区东周铜器墓的分期与年代》，《文博》1992年第4期；杨建军：《三晋东周铜器墓初论》，《中原文物》2005年第3期。

［19］ 宋玲平：《晋系墓葬制度研究》，科学出版社，2007年，16、17页；李夏廷：《也谈长治分水岭东周墓地》，《中国国家博物馆馆刊》2012年第3期。

［20］ 俞伟超、高明：《周代用鼎制度研究》（下），《北京大学学报（哲学社会科学版）》1979年第1期。

［21］ 赵化成：《周代棺椁多重制度研究》，《国学研究》（第五卷），北京大学出版社，1998年。

［22］ 朱凤瀚：《中国青铜器综论》（下），上海古籍出版社，2009年，1618～1635页。

［23］ M269和M270两墓年代的讨论，参见滕铭予：《长治分水岭墓地铜器墓年代综论》，《边疆考古研究》（第32辑），科学出版社，2022年。下文凡涉及铜器墓年代的讨论和认定，均引自此文，本文将不再进行具体的论证，与之相关的材料出处，引用文献等也不再加以注释。

［24］ 图六，20是根据照片改绘，原照片见《墓地》图版三六，3。

［25］ 图六，27是根据照片改绘，原照片见《墓地》图版八五，3。

［26］ 山西省考古研究所侯马工作站：《侯马下平望墓地发掘报告》，《三晋考古》（第一辑），山西人民出版社，1994年。

［27］ 山西省考古研究所侯马工作站：《侯马牛村古城南墓葬发掘报告》，《晋都新田》，山西人民出版社，1996年。

［28］ 山西省考古研究所：《山西长子县东周墓》，《考古学报》1984年第4期。

［29］ 朱凤瀚：《中国青铜器综论》（下），上海古籍出版社，2009年，1902～1906页。

［30］ 图七，6根据照片改绘，原照片见《墓地》图版五七，3。

［31］ 山西省考古研究所：《上马墓地》，文物出版社，1994年，58、59页。对年代的讨论可参见朱凤瀚：《中国青铜器综论》（下），上海古籍出版社，2009年，1632～1635页。

［32］ 山西省文物考古研究所、山西省晋东南地区文化局：《山西省潞城县潞河战国墓》，《文物》1986年第6期。关于此墓的年代参见朱凤瀚：《中国青铜器综论》（下），上海古籍出版社，2009年，1902～1906页。

［33］ 陈梦家：《洛阳出土嗣子壶归国记》，《文物天地》1997年第2期。

［34］ 此件器物根据照片改绘，原照片参见陈梦家：《洛阳出土嗣子壶归国记》，《文物天地》1997年第2期。

［35］ 谢尧亭：《谈赵孟疥壶与黄池之会》，《文物季刊》1995年第2期。

［36］ 陈梦家：《美国所藏中国铜器集录　补订本》（下），中华书局，2019年，1057、1058页。

［37］ 中国社会科学院考古研究所：《陕县东周秦汉墓》，科学出版社，1994年，45页。

［38］ 图八，11根据照片改绘，原照片见《墓地》图版二九，3。

［39］ 此二器根据照片改绘，原照片分别见《墓地》图版五四，6和图版二三，6。此外，《墓地》发表的M161：14（本文图九，6）的线图（71页，图二六B，8）和图版（图版二三，6）形制并不相同，前者器身饰一周三角形孔，后者器身有二周三角形孔，文字描述仅"腹有三角形镂孔"，亦不明确。观察图版在筒形器口沿下可见器物号为"14"，图版当不误。推测线图可能非同一器物。

［40］ 河北省文物研究所：《战国中山国灵寿城——1975—1993年考古发掘报告》，文物出版社，2005年，180～184页。

［41］ 河北省文物研究所：《𰻐墓——战国中山国国王之墓》，文物出版社，1996年，130～133页。

［42］ 图一〇，5根据照片改绘，原照片见《墓地》图版九〇，2。

［43］ 据《墓地》发表的M117平面图（131页，图四九A），该墓随葬器物中未见高足小壶，报告在对该墓的"多出器物"进行介绍时，有高足小壶1件，并发表了其线图（132页，图四九B，9）和图版（图版五二，4）。

［44］ 山西省考古研究所侯马工作站：《侯马牛村古城南墓葬发掘报告》，《晋都新田》，山西人

民出版社，1996年。

[45] 山西省考古研究所侯马工作站：《侯马下平望墓地发掘报告》，《三晋考古》（第一辑），山西人民出版社，1994年。

[46] 山西省考古研究所侯马工作站：《侯马市区东周墓葬、遗址发掘简报》，《文物季刊》1996年第3期。

[47] 山西省考古研究所侯马工作站：《侯马几处东周陶器墓》，《文物季刊》1996年第3期。

[48] 山西省考古研究所：《侯马白店铸铜遗址》，科学出版社，2012年，91~94页。

[49] 山西省考古研究所：《山西考古四十年·第四章第二节》，山西人民出版社，1994年。

[50] 新郑郑公大墓青铜器编辑委员会：《新郑郑公大墓青铜器》，台湾历史博物馆、河南博物院，2001年，112、113页；朱凤瀚：《中国青铜器综论》（下），上海古籍出版社，2009年，1592~1618页；高崇文：《两周时期铜壶的形态学研究》，《考古学类型学的理论与实践》，文物出版社，1989年。

[51] 长治市博物馆：《山西省长治市小山头春秋战国墓发掘简报》，《考古》1985年第4期。

[52] 山西省考古研究所侯马工作站：《侯马下平望墓地发掘报告》，《三晋考古》（第一辑），山西人民出版社，1994年。

[53] 山西省考古研究所侯马工作站：《侯马牛村古城南墓葬发掘报告》，《晋都新田》，山西人民出版社，1996年。

[54] 山西省考古研究所侯马工作站：《侯马几处东周陶器墓》，《文物季刊》1996年第3期。

[55] 山西省考古研究所：《侯马乔村墓地（1959—1996）》（中），科学出版社，2004年，533、536页。

[56] 北京大学考古学系商周组、山西省考古研究所：《天马—曲村（1980—1989）》（第三册第叁部分），科学出版社，2000年。

[57] 山西省考古研究所：《万荣庙前东周墓葬发掘收获》，《三晋考古》（第一辑），山西人民出版社，1994年。

[58] 中国社会科学院考古研究所：《陕县东周秦汉墓》，科学出版社，1994年，20~23页。

[59] 山西省考古研究所、忻州市文物管理处：《忻州上社战国墓发掘报告》，《三晋考古》（第三辑），山西人民出版社，2006年。

[60] 猫儿岭考古队：《1984年榆次猫儿岭战国墓葬发掘简报》，《三晋考古》（第一辑），山西人民出版社，1994年。

[61] 山西省考古研究所侯马工作站：《侯马牛村古城南墓葬发掘报告》，《晋都新田》，山西人民出版社，1996年。

[62] 关于此件器物详细讨论参见滕铭予：《中山灵寿城东周时期墓葬研究》，《边疆考古研究》（第19辑），科学出版社，2016年。

［63］ 中国社会科学院考古研究所黄张发掘队、河南省文物管理局南水北调文物保护办公室：《河南安阳市黄张遗址两周时期文化遗存发掘简报》，《考古》2009年第4期。

［64］ 中国科学院考古研究所：《辉县发掘报告》，科学出版社，1956年，75、113、129页，图版肆柒、柒壹。

［65］ 韩国河、赵海洲：《新乡李大召——仰韶文化至汉代遗址发掘报告》，科学出版社，2006年。

［66］ 李有成、徐海丽：《山西省忻州奇村战国墓》，《文物季刊》1995年第2期。

［67］ 猫儿岭考古队：《1984年榆次猫儿岭战国墓葬发掘简报》，《三晋考古》（第一辑），山西人民出版社，1994年。

［68］ 中国社会科学院考古研究所：《陕县东周秦汉墓》，科学出版社，1994年，37、39～41页。

［69］ 山西省考古研究所：《万荣庙前东周墓葬发掘收获》，《三晋考古》（第一辑），山西人民出版社，1994年。

［70］ 袁艳玲：《高柄壶初探》，《楚文化研究论集》（第五集），黄山书社，2003年。

［71］ 河北省文化局文物工作队：《河北邯郸百家村战国墓》，《考古》1962年第12期。

［72］ 河北省文化局文物工作队：《河北邯郸百家村战国墓》，《考古》1962年第12期。

［73］ 李有成、徐海丽：《山西省忻州奇村战国墓》，《文物季刊》1995年第2期。

［74］ 《墓地》发表的M123平面图中（148页，图五A）有高足小壶，正文中未见对高足小壶的介绍。

［75］ 据《韩非子·外储说左下第三十三》，晋平公时"解狐举邢伯柳为上党守"，此时晋已在上党设郡。

［76］ 路伟东：《战国上党郡考》，《面向新世纪的中国历史地理学——2000年国际中国历史地理学术讨论会论文集》，齐鲁书社，2001年。

（原刊于《考古学报》2023年第1期）

东周时期三晋地区的北方文化因素

本文中的三晋地区，是指从黄河沿岸到黄土高原东南缘的区域，包括今天的河北中南部、山西、陕西东部、河南中北部以及内蒙古南部，东周时期分布在这一地区的主要文化是被称为周文化在东周时期直接继承者的晋文化及三家分晋后的三晋文化，也包括了东周时期的周王室及后分封的东周与西周两个小诸侯国的文化，因此有学者称之为三晋两周地区，或迳称这一地区为中原地区[1]。北方文化是指分布在中国北方长城沿线内外地区的古代文化，这一地区西起祁连山东北麓，经鄂尔多斯高原和桑干河流域，东到燕山山地，最北可到燕山北麓，其南可到黄土高原南缘[2]，包括今天的甘肃东部、宁夏、陕西北部、内蒙古中南部、河北北部等。东周时期是中国历史上非常重要的历史阶段，中原地区在经历了这一时期的列国争雄之后，最终从封国走向了秦帝国的统一[3]；中国的北方地区则在这一时期形成了文化面貌相对一致的游牧文化带[4]，同时两个地区的古代文化也通过各种不同的方式，产生了不同层次的文化上的互动。本文拟从分析东周时期三晋地区所见到的北方文化因素入手，尝试讨论在东周时期三晋地区与北方地区的文化互动以及相关问题。

一

目前在东周时期三晋地区所见北方文化因素多为墓葬随葬器物，按其种类分别介绍如下。

1. 铜（陶）鍑

铜鍑是欧亚大陆草原地带游牧民族使用的代表性器物[5]，在中国西起陇山，东至燕山的广大北方地区，也都有这一时期的铜鍑出土。笔者曾于2002年作《中国北方地区两周时期铜鍑的再探讨》（下文简称《探讨》），对在包括了本文所论北方地区以及秦和三晋地区出土的铜鍑进行类型划分的基础上，对其年代、源流等问题进行了讨论[6]，本文将延续《探讨》中对铜鍑的类型划分。三晋地区已发现的铜鍑主要见于太原盆地、临汾盆地和运城盆地，大多为《探讨》中所划分的A型鍑，少数为B型鍑。

A型鍑，直口，口沿下腹部斜直，于腹中部以下内收呈弧形。闻喜上郭村76M1：3，沿上双耳，耳断面为八棱形，上端有倒三角形小凸起，口沿下直腹，腹上部有一周凸弦纹，腹下部内收圆缓，矮圈足呈喇叭状，通高29.2厘米[7]（图一，1）。侯马上马M13：59，口微敛，沿上双耳，下腹斜收，矮圈足呈喇叭状，通高7.5厘米[8]（图一，2）。侯马上马M2008：45，口微敞，沿上双耳，腹斜收，矮圈足呈喇叭状，上有一穿，通高6厘米[9]（图一，3）。临猗程村M0002出土了2件鍑，二者均为直口，沿上双耳，口沿下直腹，M0002：115在腹中部有一周凸弦纹，圈足粗矮，呈喇叭状，通高5.4厘米（图一，4）；M0002：120其本同于前者，素面，圈足在近地处有一周凸棱，通高6.8厘米[10]（图一，6）。临猗程村M1072：69，形制基本同于M0002：115，只是圈

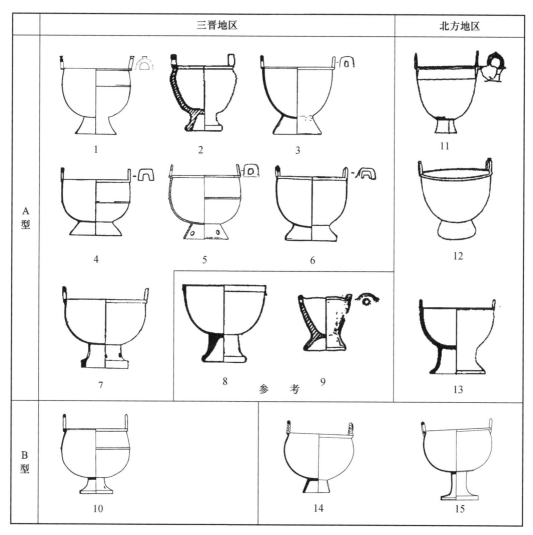

图一　铜（陶）鍑

1. 闻喜上郭村76M1：3　2. 侯马上马M13：59　3. 侯马上马M2008：45　4. 临猗程村M0002：115　5. 临猗程村M1072：69　6. 临猗程村M0002：120　7. 太原金胜村M251：46　8. 太原金胜村M251：260　9. 侯马上马M1010：15　10. 沁水桃花沟：01　11. 传出于内蒙古中部　12. 宝鸡甘峪　13. 新乐中同村M2：6　14. 延庆玉皇庙M18：1　15. 延庆玉皇庙M250：1

足上有四穿，制造粗糙，通高6厘米（图一，5）[11]。太原金胜村M251：46，沿上双耳，腹较浅，圈足较高，在近地处有一周凸棱，通高7.3厘米（图一，7）。另太原金胜村M251还随葬有1件无耳的高圈足器（M251：260），从其整体态看与同墓所出铜鍑相近，很可能是铜鍑的简略形式（图一，8）[12]。

B型鍑，敛口，腹较A型为浅。沁水桃花沟：01，敛口，沿上双耳，腹中部靠上有一周凸弦纹，腹下部圆鼓，圈足较高，上部较细，近地处有一周凸棱，器表见烟炱，通高24.8厘米[13]（图一，10）。

《探讨》一文已对三晋地区东周时期出土的铜鍑在进行型式划分的基础上对各型式的年代进行了讨论，只是当时对年代的判断较为宽泛，现对所涉墓葬的年代做进一步的论述。

随葬有A型鍑的闻喜上郭村76M1由于共出有圭首戈以及晋南地区春秋早期晚段常见的陶鬲，其年代大体在春秋早期晚段，最晚可到春秋早中期之际[14]（图二，1）。侯马上马M13因共出有徐国的"庚儿鼎"，据研究此鼎作器者"庚儿"即徐王庚，器乃其为世子时作，制成年代很可能在公元前550年左右，因此上马M13的年代上限不过此年，其年代大体在春秋中期晚段，其下限可到春秋中晚期之际[15]。侯马上马M2008原报告将其划为该墓地的第四期7段，年代为春秋晚期早段，《中国青铜器综论》亦持同样看法[16]。临猗程村M0002出有2件铜鍑，形制稍有区别，因其均从村民手中征集，原报告称很可能有相互混淆或佚失者[17]，这给其年代的判断带来了一定困扰，不过可以根据其所出铜鍑的形制推测其年代。临猗程村M0002：115与临猗程村M1072：69在形制上非常相近，只是后者口微敛，圈足有穿；临猗程村M0002：120器身形制与上述两器相近，只是圈足近底处稍向外凸，年代可能稍晚。临猗程村M1072原报告认为其为该墓地的第二期，年代在春秋晚期，《中国青铜器综论》则进一步判断其年代在春秋晚期晚段，因此临猗程村M0002所出铜鍑的年代大体在春秋晚期晚段，或可到春秋战国之际。太原金胜村M251为晋国重卿之墓，报告作者提出其年代在公元前470～前450年左右，由于对战国起始年代的不同看法，报告认为应属于春秋晚期[18]，而《中国青铜器综论》则采用学界对战国起始年代的主流意见，明确提出该墓为战国早期墓葬[19]。

出土有B型鍑的沁水桃花沟：01，据原简报称共出的还有1件带盖平底敦，其盖扣合在敦身之外（图二，2），与三晋地区春秋时期常见的敦盖扣合于器身口沿之上不同，与之相近者有侯马上马M1006：7，上马M1006共出有带盖鼎，双耳外撇的盘，以及平底舟等（图二，3），上马墓地报告作者认为M1006为该墓地的第四期7段，大体相当于春秋晚期早段[20]，《中国青铜器综论》亦持同样观点，由此沁水桃花沟：01的大体年代也应在春秋晚期早段。

陶鍑仅见于侯马上马墓地，上马M1010：15，手制，敞口，斜直腹，沿上两耳各一穿，小圈足，通高6厘米[21]（图一，9）。上马M1010共出一套青铜礼器，有鼎、簋、盘、匜、舟、甗各1件，原报告将其划归该墓地第三期5段，年代为春秋中期早

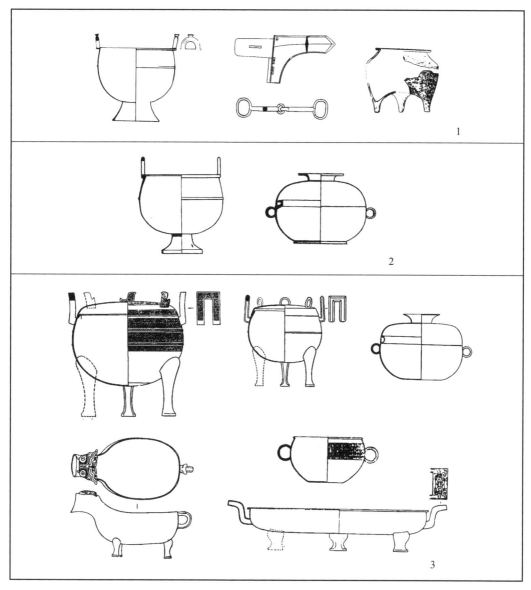

图二　铜鍑年代比较

1.闻喜上郭村76M1　2.沁水桃花沟　3.侯马上马M1006

段，不过其中所出盘双耳上沿外撇，是中原地区春秋中期晚段以后铜盘的特点，《中国青铜器综论》认为其年代在春秋中期晚段，可从。

2. 带钩

带钩作为系带之服饰用品，在中原地区到了战国时期已经非常流行，虽然其出现的年代可早到春秋晚期，但数量很少，在三晋地区发现的战国早期的人俑上，其系带方式仍只见腰带而不见带钩，说明在战国早期三晋地区使用带钩系带并不普遍[22]。不过在同时期的北方地区却发现有大量的带钩，如在冀北山地玉皇庙文化遗存中出现了各种形制的带钩，有双纽兽形带钩，钩体呈飞禽形的小带钩，钩尾为长方形并饰圆点纹、或钩尾为圆形并饰多重圆点纹的带钩等，在形制和纹饰上都与此后在中原地区流行的带钩具有明显的区别，应为冀北山地玉皇庙文化特有的器物。目前在三晋地区发现的具有北方文化特点的带钩主要见于晋南运城盆地和洛阳地区，有以下几种形制。

A型，钩首素面或有两眼似禽首，钩身向双侧展开类双翼，整体较小而纽较大。山西临猗程村M0009：3，长3.1厘米[23]（图三，1）；侯马上马M2052：1，长3厘米[24]（图三，2）。

临猗程村M0009共出1件素面小陶鬲和石圭，原报告认为其年代在春秋中期晚段，上马墓地M2052因仅出1件带钩，所以其年代无法进行准确的判断，不过根据临猗程村M0009的年代看，大体也不早于春秋中期晚段。

B型，钩首有双眼似禽首，钩身为长方形，上有六个圆圈形凸起，大纽。侯马上马M4039：1，长2.9厘米[25]（图三，3）。

由于上马M4039仅随葬1件带钩，无法判断其年代。不过参考在玉皇庙文化遗存中出现此类带钩的墓葬年代大体在春秋晚期（详见下文），上马M4039的年代上限亦不会超过春秋晚期。

C型，钩首素面，钩体细长，近尾端为圆形，纽径几与尾端之圆相当，或素面，或有雷纹。临猗程村M1084：2，钩体饰有小斜纹，钩尾之圆和纽面均饰向心的小圆圈纹，长4.35厘米，钩体最宽处1.9厘米[26]，其长宽比为2.3（图三，4）。洛阳王城广场LM8：7，整体素面，长4.3厘米，原报告未发表宽度数据，根据发表线图比例换算，宽度约在1.67厘米[27]，其长宽比为2.6（图三，5）。侯马上马M2216：2，钩体素面，纽面饰雷纹，长4.9厘米，钩体最宽处1.7厘米[28]，长宽比为2.9（图三，6）。侯马上马M1223：1，整体为素面，长6.4厘米，钩体最宽处1.7厘米，长宽比为3.77（图三，7）。

临猗程村M1084与带钩共出的有1件陶鬲和4件石圭。原报告将其划为该墓地的第一期，年代大体在春秋中期。观察其共出陶鬲尖唇，宽沿外折使口沿剖面呈三角形，小直领，有明显凸起的圆肩，低裆，小锥状足跟（图四，1），与上马墓地M4006所出陶鬲（M4006：13）相同（图四，2）。上马M4006共出有鼎、盖豆、盘、匜、舟等一套青铜礼器，原报告认为其年代在春秋晚期晚段[29]，朱凤瀚在《中国青铜器综论》亦将此墓年代定为春秋晚期晚段。据此，临猗程村M1084的年代亦应在春秋晚期晚段。上马M2216和M1223两墓，除带钩外，都未出时代指征明显的器物，上马M2216：2纽面纹饰为雷纹，M1223：1为素面，二者长宽比均大于临猗程村M1084所出，根据玉皇庙墓地同形制带钩在长宽比上表现出的相对年代关系，即长宽比越大者年代越晚（详见下文），上马M2216和M1223两墓应该已进入战国时期。洛阳王城广场LM8被盗扰，劫余的器物有无盖鼎、盘、匜、舟各1件，另还有器盖、车軎、骨贝以及海螺等。原报告认为该墓所出无盖鼎与洛阳中州路M1出土的无盖鼎形制相同，其

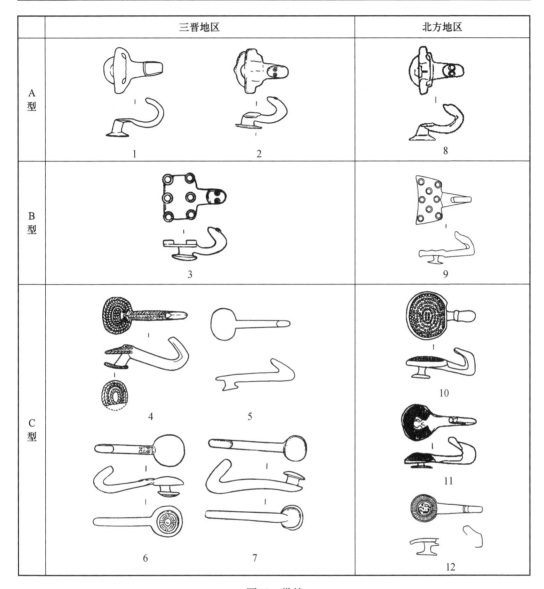

图三　带钩

1. 临猗程村M0009：3　2. 侯马上马M2052：1　3. 侯马上马M4039：1　4. 临猗程村M1084：2
5. 洛阳王城广场LM8：7　6. 侯马上马M2216：2　7. 侯马上马M1223：1　8. 延庆龙庆峡M36：6
9. 延庆葫芦沟M6：4　10. 延庆玉皇庙M250：13　11. 延庆玉皇庙M173：1　12. 平山访驾村M8102：9

年代在春秋中期[30]。不过若对两者进行细致的比较，就会发现洛阳中州路M1：6在腹部有一周凸弦纹，两立耳亦较为粗壮，而洛阳王城广场LM8：3为素面、立耳纤细，直口、下腹稍弧、平底（图四，3），与之同样特点的鼎在长治分水岭M269（图四，5）和M270（图四，4）、洛阳西工区LBM4（图四，6）均有发现，《中国青铜器综论》中认为后3座墓的年代均在春秋晚期早段，因此洛阳王城广场LM8的年代大体也应进入了春秋晚期。

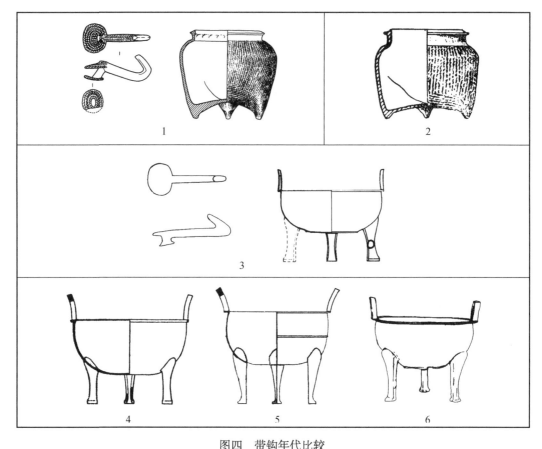

图四　带钩年代比较

1. 临猗程村M1084　2. 侯马上马M4006：13　3. 洛阳王城广场LBM8
4. 长治分水岭M270：5　5. 长治分水岭M269：1　6. 洛阳西工区LBM4：14

3. 带扣

带扣同带钩一样也是系带之服饰用器，不过其形制和系结方式都与带钩不同。带扣在内蒙古长城地带西起固原、东到岱海地区东周时期的青铜文化遗存中都有较多的发现，是这一地区最具代表性的器物之一[31]。

目前在三晋地区仅在陕西米脂张坪墓地M2发现有带扣。米脂张坪M2：14，环状，侧视似卧鸟，尾端为梯形环，头端向外凸出成扣舌[32]（图五，1）。

原简报指出张坪墓地属周文化系统，其年代在两周之际，亦有学者认为张坪墓地属于晋文化系统[33]，不过也有学者指出当时陕北既非秦地，亦非晋地，张坪墓地属于既有周文化色彩，又有地方特色的遗存[34]。从张坪墓地所出鬲、盆、豆、罐的组合与形制（图六，1），均可在三晋地区春秋时期墓葬中找到相类者，如侯马上马M5291随葬的陶器以鬲、盆、豆为主，其鬲与盆的形制与米脂张坪M2所出非常接近（图六，2），侯马上马M2213以鬲、盖豆、罐为主，其鬲与罐的形制亦与张坪M2所出接近（图六，3），由此米脂张坪M2还是表现出很强的晋文化特点，张坪墓地的文化属性亦应以晋文化为主体。笔者曾根据侯马上马墓地分期与年代的研究结果，将张坪墓地M2所出陶鬲与上马墓地陶鬲进行比较后，提出张坪M2的年代相当于上马墓地第三期5段，即春秋中期早段[35]。另外张坪M2出土的折沿、斜唇、长颈、折肩，肩以下饰绳纹和弦纹的陶罐，还可与山西闻喜邱家庄M13所出的陶罐进行比较，二者形制极为相似，只是后者颈更长，折肩位置更靠上，表现出更晚的特征（图六，4）。闻喜邱家庄M13共出铜盖鼎和盖豆各2件，盘、匜、舟各1件，原报告作者认为其年代可到战国时期[36]，不过其盖豆豆把细高，豆盘无耳，表现出较早的特点，其年代大体在春秋晚期应该更为合理。考虑到张坪M2出土的陶罐较闻喜邱家庄所出要早，因此将其年代定在春秋中期早段应该也是较为合理的推测。

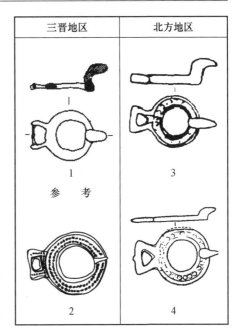

图五　带扣
1. 米脂张坪M2：14　2. 怀仁杨谷庄
3. 准格尔旗西麻青　4. 崞县窑子M5：6

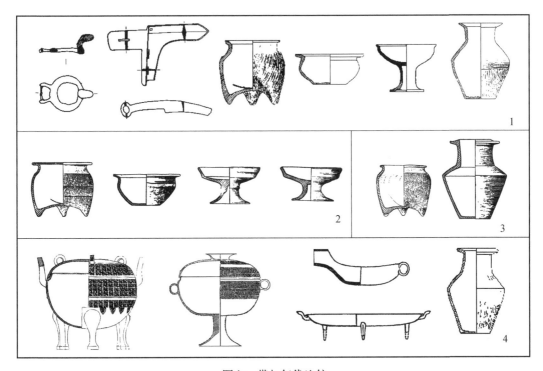

图六　带扣年代比较
1. 米脂张坪M2　2. 侯马上马M5291　3. 侯马上马M2213　4. 闻喜邱家庄M13

另外在山西怀仁杨谷庄墓地也出土了1件带扣（图五，2），不过由于材料发表的局限性，不能确知带扣出于哪座墓葬，也不清楚出土带扣的墓葬与其他墓葬的关系[37]，只能说明在东周时期这一地区确有使用带扣的人群存在。

4. 有銎兵器

有銎兵器尤其是銎斧作为商周时期广泛分布于欧亚草原的北方系青铜器的代表性兵器之一[38]，在中国境内的北方地区也有较多的发现[39]，其不同于中原地区传统兵器的装柄方式也对中原地区的商周文化产生了一定的影响[40]。到了东周时期，在中国北方地区的内蒙古岱海地区，有銎兵器以鹤嘴镐为主，而其西部的宁夏仍有銎斧出现。三晋地区出现的有銎兵器其数量不是很多，主要见于河南安阳地区和晋西南地区，以銎斧为主，有个别銎内式戈。

銎斧。汲县山彪镇M1∶110，圆銎，銎上有穿，刃呈头窄尾宽的梯形，尾部为圆锤形[41]（图七，1）。长治分水岭M269∶95，圆銎，銎有对穿，援平直，刃较圆钝，内两侧有两兽面纹，两兽面中夹一鼋纹，鼋口衔鱼，銎下端饰三角纹，上饰两兽[42]（图七，2）。侯马上马M2008∶20-2，椭銎，梯形刃，截面呈椭圆形，中空，尾部为长方形。銎上端饰兽面纹，尾端饰卧兽纹[43]（图七，3）。运城南相M1∶12，椭銎，銎内尚存朽木，梯形刃，銎上端饰卧兽，兽头向后[44]（图七，4）。

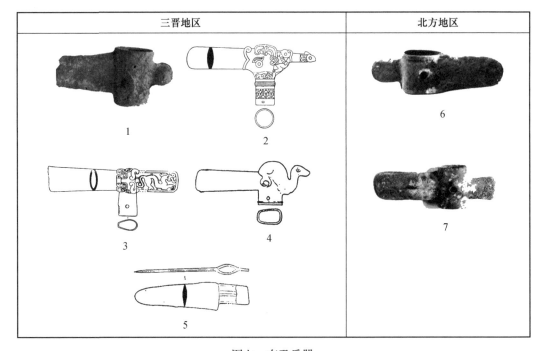

图七　有銎兵器

1. 山彪镇M1∶110　2. 长治分水岭M269∶95　3. 侯马上马M2008∶20-2　4. 运城南相M1∶12

5. 太原金胜村M251∶704-4　6. 中宁倪村M2∶1　7. 中宁倪村M1∶2

銎内式戈。太原金胜村M251：704-4，长三角形援，无胡，椭圆銎，短内[45]（图七，5）。

山彪镇M1和太原金胜村M251为战国早期墓葬基本已为学界共识[46]，而侯马上马M2008与运城南相M1均共出有成套的青铜礼器，上马M2008原报告判断其年代为春秋晚期早段，《中国青铜器综论》亦持同样意见。运城南相M1共出的青铜礼器中鼎、甗、三足敦、盘、匜、舟等形制都与上马M2008所出同类器物相近，因此其年代应与上马M2008相当，亦为春秋晚期早段。长治分水岭M269原报告认为其属于春秋中期，而《中国青铜器综论》认为其属于春秋晚期早段墓葬，观察其所出铜鼎、铜敦，与侯马上马M2008所出几近相同，其年代当为《中国青铜器综论》所论之春秋晚期早段。

5. 带耳陶（铜）罐

带耳陶器东周时期多见于中国北方地区，有双耳罐、单耳罐、双耳鬲、双耳釜等，西到陇东的甘谷毛家坪，东到冀北山地都有发现，依地区不同会表现出不同的形制特点。目前在三晋地区发现的带耳罐分布范围较为广泛，在临汾盆地、运城盆地、太原盆地以及南流黄河两岸都有发现，依其腹部深浅可分为二型。

A型，深腹。依耳的位置和唇部形态不同可以分为三亚型。

Aa型，耳上端与口沿相接，有双耳和单耳两种。除侯马上马M2028：4（双耳）为夹砂红褐陶[47]（图八，2）、清涧李家崖峰M2：3（双耳）为泥质灰陶外[48]（图八，3）、临猗程村M0007：1[49]（双耳，图八，1）、侯马上马M6364：3[50]（单耳，图八，5）、临猗程村M1062：28[51]（单耳，图八，4）均为夹砂褐陶。双耳或单耳位于颈部，耳上端连于口沿，侈口，束颈，长弧腹较深，小平底，素面。

临猗程村M0007与双耳陶罐共出的有1件簋，以及石圭、羊骨和幼猪骨等（图九，1），原报告将其划归为该墓地第一期，其年代相当于春秋中期。不过报告作者也指出其所出簋似无豆把的盖豆，观察其形态、纹饰确与同墓地M1069所出盖豆（M1069：2）相似，均子母口，腹下部缓收，盖的捉手上饰一圈锯齿形暗纹，口沿下饰网状暗纹（图九，2）。M1069原报告将其划为该墓地的第二期，大体在春秋晚期早段，而临猗程村M0007的年代也应与之相近，可定在春秋晚期早段或春秋中、晚期之际。临猗程村M1062与单耳罐共出有鼎、盖豆、舟等铜礼器，以及陶鬲、带钩、车軎、戈等，原报告作者根据青铜礼器的形制比较，将其划归为该墓地的第二期，大体相当于春秋晚期。侯马上马M2028与双耳罐共出的有被原报告认定为Ⅱ式的铜带钩，但没有发表相关图像，根据原报告对带钩的式别划分，Ⅱ式带钩即包括了上文所述带钩中的A、B二型，若据上文对这两种带钩在三晋地区出现的时间推测，上马M2028的年代亦有可能进入春秋晚期。上马墓地M6364与单耳罐共出的只有石圭、珌以及被原报告认定的Ⅲ式带钩，亦未发表相关图像，根据原报告对带钩的式别划分，Ⅲ式带钩为上文所述带钩中的C型，若据上文对出土有这种带钩的墓葬年代判断，该墓的年代大体也应进

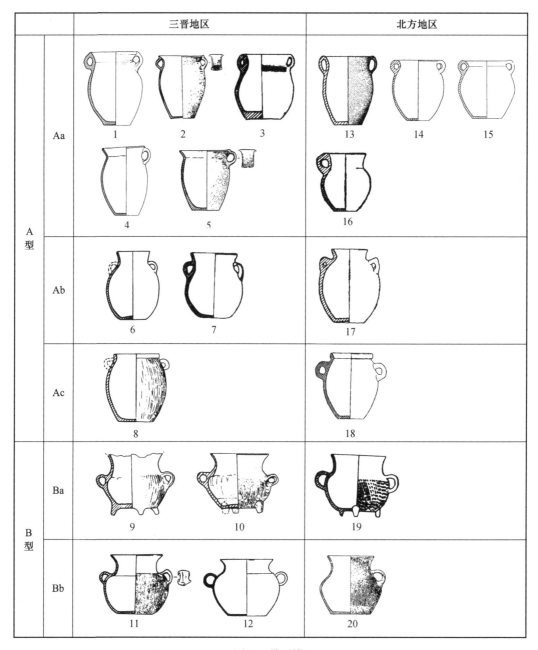

图八　带耳罐

1. 临猗程村M0007：1　2. 侯马上马M2028：4　3. 清涧李家崖峰M2：3　4. 临猗程村M1062：28　5. 侯马上马M6364：3　6. 临县三交M10：5　7. 清涧李家崖峰M1：15　8. 柳林杨家坪M1：2　9. 侯马下平望92M3：5　10. 侯马牛村古城南57H4M2：8　11. 侯马牛村古城南63H4M8：8　12. 太原金胜村M251：557　13. 甘谷毛家坪T1③：2　14. 忻州窑子M21：1　15. 忻州窑子M11：2　16. 崞县窑子M8：1　17. 崞县窑子M7：3　18. 敖汉水泉M50：2　19. 灵寿城岗北村M8011：24　20. 平鲁井坪M303：1

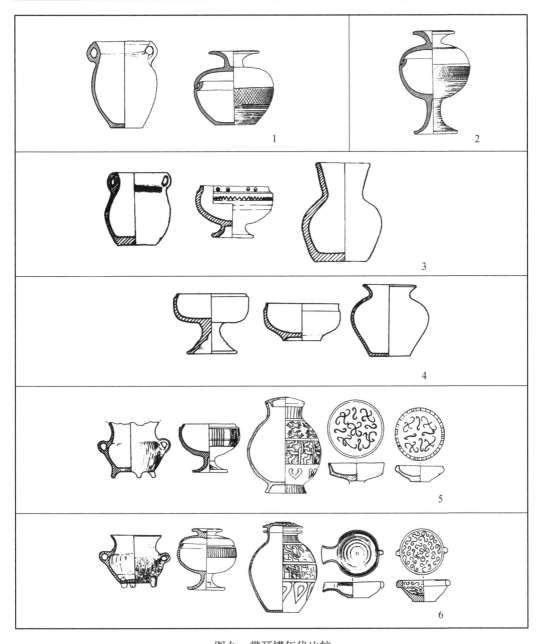

图九　带耳罐年代比较

1.临猗程村M0007　2.临猗程村M1069：2　3.清涧李家崖峰M2　4.临县三交M10
5.侯马下平望92M3　6.侯马牛村古城南57H4M2

入春秋晚期。清涧李家崖峰M2共出有盖豆、敞口长颈壶（图九，3），原报告认为此墓
属于该墓地的第6段，年代在战国晚期，为秦治上郡时期的墓葬，但其文化面貌基本以
三晋文化为主。考虑到三晋地区在战国晚期时墓葬中多陶盒而基本不见盖豆，因此该
墓年代很可能早到战国中期。

Ab型，双耳位于肩部。侈口，深腹，平底，素面。临县三交M10：5，束颈，圆弧腹较深[52]（图八，6）。陕西清涧李家崖峰M1：15，有颈，圆鼓腹，小平底[53]（图八，7）。

临县三交墓地的发掘者根据部分墓葬中出有鼎、豆、壶、盘、匜、舟等成组的仿铜陶礼器而认为该墓地的年代应在战国早、中期，而临县三交M10除了双耳罐以外共出有2件单耳杯（图一〇，1、2），1件已失盖的盖豆，1件钵和1件罐（图九，4），并未共出有鼎、壶、盘、匜、舟等，不过其共出的钵直口，有小圈足，三晋地区战国时期的钵多为平底，很少见小圈足，同时考虑到盖豆豆把较矮，因此临县三交M10的年代定在战国早期可能更为合理。清涧李家崖峰M1原报告将其划归该墓地第5段，年代大体在战国中期，属魏治上郡之地时期的墓葬。

Ac型，叠唇双耳罐。仅在柳林杨家坪M1有发现，与上述两种双耳罐不同的是，柳林杨家坪M1：2为小直口，圆唇，深腹中鼓，肩部饰两耳，平底，夹砂灰陶，通体饰绳纹[54]（图八，8）。

柳林杨家坪M1共出有铜鼎1、铜盖豆2，陶鼎1、陶豆2和陶壶2，原报告认为此墓的年代为战国早期，可从。

B型，浅腹，依是否有三足分为二亚型。

Ba型，三柱状足。侯马下平望92M3：5，夹砂黑陶，侈口，颈微束，腹较浅，平底下有三足，颈以下饰绳纹，底部有烟炱[55]（图八，9）。与下平望92M3：5相同者还有侯马牛村古城南57H4M2：8[56]（图八，10）。

侯马下平望92M3与侯马牛村古城南57H4M2均共出有鼎、盖豆，下平望92M3还共出有壶、舟、残豆盘和空首布（图九，5），牛村古城南57H4M2共出有罐、匜和舟（图九，6），两墓所出盖豆豆把较矮，均于口沿下饰红色竖向波纹，侯马下平望92M3所出壶与牛村古城南57H4M2所出罐，均于口沿下饰红色竖向波纹，腹部亦有风格相近的彩绘，两墓所出的舟形制和内壁所饰花纹也相近，因此两墓年代应该相当。此两墓所出豆把均较矮，加之下平望92M3还出有该地区在春秋晚期到战国早期流行的空首布，侯马下平望和牛村古城南墓地的发掘者认为这两个墓的年代为战国早期应是合理的判断。

Bb型，平底。牛村古城南63H4M8：8，其上部形态与前述Ba型无异，只是平底无三足[57]（图八，11）。与这种平底罐相同的铜双耳罐在太原金胜村M251也有发现，太原金胜村M251：557，侈口，束颈，圆鼓肩，小平底，肩上双耳[58]（图八，12）。

牛村古城南63H4M8：8之双耳罐与太原金胜村M251所出铜者相同，年代亦应与之相近，为战国早期。

6. 单耳杯

临县三交M10除了出土有上述双耳罐外，还共出有2件单耳杯[59]，临县三交M10：7，

敛口，下腹内收，小平底（图一〇，1），
临县三交M10：3，敛口，下腹直，平底
（图一〇，2）。

临县三交M10的年代如上述，大体在战
国早期。

7. 鬲

在晋西南地区的侯马上马墓地随葬的
大量陶器中，其主体部分是受到西周文化影
响的陶鬲，数量多，延续时间长，是西周晚
期到东周时期晋文化的典型器物。还有一
部分陶鬲，如上马墓地原报告中所划分的
部分乙种鬲，如乙种未分型的第（2）组陶

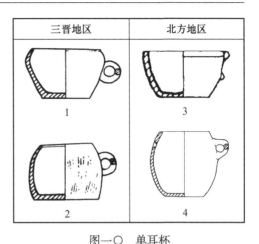

图一〇　单耳杯
1.临县三交M10：7　2.临县三交M10：3
3.中卫狼窝子坑M4：5　4.忻州窑子M17：1

鬲（图一一，1、2），其突出特点是制作粗糙，长方体，直筒腹；乙种Ba I 陶鬲
（图一一，3），其特点是敛口，卷沿，斜直腹，三足外撇等，都表现出与周文化不
同的特点[60]，可称之为非晋式陶鬲。由于出土有这种非晋式陶鬲的墓葬多缺少可以
判断年代的其他器物，只能推测这些墓葬的年代大体与上马墓地年代相当，从西周晚
期到春秋战国之际。

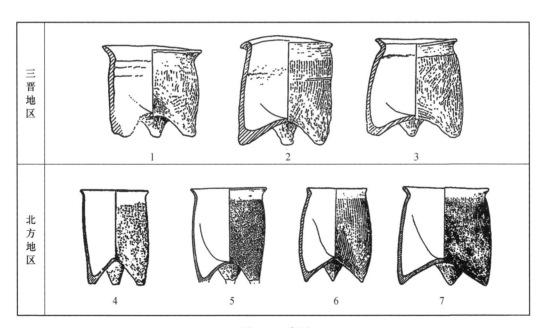

图一一　陶鬲
1.侯马上马M3177：1　2.侯马上马M6125：2　3.侯马上马M4010：1
4.襄汾大柴H3：9　5.太谷白燕T127③D：1　6.汾阳杏花村M4：1　7.灵石旌介M2：4

8. 长丁字形骨器

山西怀仁县杨谷庄M21随葬有1件长62厘米的丁字形骨器[61]。此墓共出有仿铜陶礼器盖豆、壶，以及盘豆、盘、盒等（图一二，1）。由于原报告发表材料的局限，不能确知此墓所出全部器物的形制，原报告对该墓地年代的判断较为宽泛，属于战国时期，后有研究者提出该墓地出有仿铜礼器的M9的年代大体在战国中期早段[62]，可作为杨谷庄M21年代的参考。

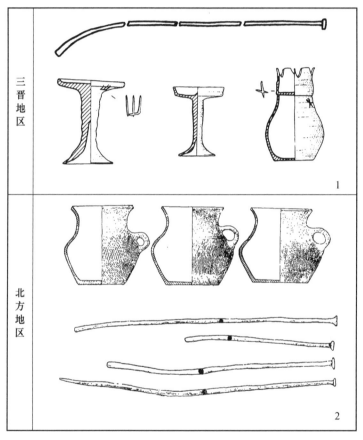

三晋地区

北方地区

图一二　长丁字形骨器
1.怀仁杨谷庄M21　2.平鲁井坪"楼烦"墓

三晋地区出土具有北方文化因素遗存的墓葬基本信息见表一。

表一　三晋地区出土北方文化因素墓葬基本信息

| 墓葬 | 北方文化因素类别 | 性别 | 共出器物 | | | | 时代 | 备注 |
			铜礼乐器	陶器	兵器/工具	车马器		
闻喜上郭村76M1	A型銎	不清		有	有	有	春秋中期早段	

续表

墓葬	北方文化因素类别	性别	共出器物				时代	备注
			铜礼乐器	陶器	兵器/工具	车马器		
侯马上马M13	A型鍑	不清	有	有	有	有	春秋中期晚段	
临猗程村M0002	A型鍑2	男？	有		有	有	春秋晚期晚段	器物为征集，原报告据其出兵器推测墓主为男性
侯马上马M2008	A型鍑銎斧	男	有	有	有	有	春秋晚期早段	
临猗程村M1072	A型鍑	不清	有	有	有	有	春秋晚期晚段	
太原金胜村M251	A型鍑铜双耳罐銎内式戈	男？	有	有	有	有	战国早期	
沁水桃花沟	B型鍑	不清	有					为征集
临猗程村M0009	A型带钩	不清		有			春秋中期晚段	
侯马上马M2052	A型带钩	不清					春秋中期晚段？	
侯马上马M4039	B型带钩	男					春秋晚期？	
临猗程村M1084	C型带钩	男		有			春秋晚期晚段	
侯马上马M2216	C型带钩	男					战国早期？	
侯马上马M1223	C型带钩	男					战国早期？	
洛阳王城广场LM8	C型带钩	不清	有			有	春秋晚期	被盗扰
米脂张坪M2	带扣	不清		有	有		春秋中期早段	
长治分水岭M269	銎斧	男	有		有		春秋晚期早段	据随葬器判断为男性
运城南相M1	銎斧	男	有		有		春秋晚期早段	
汲县山彪镇M1	銎斧	男？	有		有	有	战国早期	
临猗程村M0007	Aa型带双耳罐	不清		有			春秋中期	
侯马上马M2028	Aa型带双耳罐A/B型带钩	男		有			春秋晚期	所出带钩未见图像，据所分式别应为本文所分A型或B型
侯马上马M6364	Aa型带单耳罐C型带钩	男		有			春秋晚期	所出带钩未见图像，据所分式别应为本文所分C型
临猗程村M1062	Aa型带单耳罐	男	有	有	有	有	春秋晚期	
临县三交M10	Ab型带耳罐单耳杯	男		有			春战之际到战国早期	

续表

墓葬	北方文化因素类别	性别	共出器物				时代	备注
			铜礼乐器	陶器	兵器/工具	车马器		
清涧李家崖峰M1	Ab型带耳罐	不清		有			战国早期	
柳林杨家坪M1	Ac型带耳罐	男	有	有			战国早期	
侯马下平望92M3	Ba型带耳罐	不清		有			战国早期	
侯马牛村古城南57M2	Ba型带耳罐			有			战国早期	
侯马牛村古城南63M8	Bb型带耳罐			有			战国早期	
侯马上马M1010	小陶鍑A/B型带钩		有	有	有	有	春秋中期晚段	所出带钩无图，据所分式别应为本文之A或B型
怀仁杨谷庄M21	长丁字形骨器	女		有			战国中期?	原报告未报道各墓出土器物数量

二

　　上文所述东周时期三晋地区所见到的北方地区文化因素，绝大多数都可以在中国北方地区找到其源头。

1. 铜（陶）鍑

　　三晋地区出现的A型鍑其分布范围非常广泛，在中国北方的甘肃东部、陕西、山西、内蒙古中南部、河北北部等地都有发现，其流行年代从西周晚期一直到战国前期，早期这种铜鍑大多为体型较大的实用器，到了春秋后期，开始向中原化、小型化和明器化发展（图一，11~13）。B型鍑则主要见于陕北和关中，以及冀北山地，年代为春秋后期到战国早期，未见小型化或明器化的B型鍑[63]（图一，14、15）。

　　在三晋地区还见到少量的陶鍑，如侯马上马M1010所出，不过在北方地区未见有陶鍑出现，侯马上马M1010所出小陶鍑应是三晋地区仿铜鍑明器化的产物。

2. 带钩

　　与三晋地区出现的A型带钩相同者见于北京延庆龙庆峡M36[64]（图三，8）。该墓地位于军都山南麓[65]，属于典型的玉皇庙文化遗存。M36所出的Ⅰ式直刃匕首式短剑

（M36：1）与军都山玉皇庙M48：2所出相同，玉皇庙M48位于墓地的北区，从地层上即属于该墓地的早期墓葬[66]。M36随葬的马衔两端环近梯形，与该墓地M2所出相同，亦为玉皇庙墓地早期阶段马衔的特点[67]。M36出土的其他器物，如双纽带钩，红陶夹砂陶罐，三鸟头带饰等，都是该墓地早期阶段流行的器物，据此龙庆峡M36的年代当在春秋中期晚段。

与三晋地区出现的B型带钩相同者在军都山玉皇庙、葫芦沟、宣化小白阳等玉皇庙文化遗存的墓地中都有发现，唯钩身上圆圈形凸起的数量不同，如葫芦沟M6：4[68]（图三，9）。玉皇庙墓地共出有这种带钩6件，除了1件出于北区偏南的M148以外，其余5件均出于年代较晚的南区或西区[69]，因此玉皇庙墓地出土这种带钩的墓葬的年代大体应在春秋晚期。

与三晋地区所出C型带钩同样形制者在军都山玉皇庙、西梁垙、葫芦沟、滦平梨树沟门，以及平山县中山灵寿城等地都有发现，不过在这些地点发现的这种带钩除灵寿城所出以外，余者长宽比均较在三晋地区发现的同类带钩小。玉皇庙M173：1，钩体最宽处即钩尾直径为1.9厘米，长3.7厘米，重7.55克，长宽比为1.9（图三，11）；玉皇庙M356：1，钩尾圆形有残，钩体最宽处即钩尾直径为1.8厘米，长4厘米，重8克，长宽比为2.2。玉皇庙M250：13与上述2件相似，所不同的是其尾端的圆形钩体直径远大于纽，其上饰六圈呈同心圆的小圆圈纹，这件带钩长4.5厘米，长于M356：1和M173：1，但由于其尾端圆形钩体直径为3厘米，长宽比仅为1.5，加之其重量为24.8克，所以整体上给人以短粗厚重的感觉（图三，10）。玉皇庙M250位于北区北部，因其共出有中原式青铜礼器，朱凤瀚在《中国青铜器综论》中认为其年代在春秋中期晚叶[70]，不过其共出的铜鍑圈足似豆把，在近底处向外成喇叭状，着地处有一周凸棱，应该是受到了中原地区春秋晚期出现的盖豆的圈足形制影响，因此M250的年代不应早于春秋晚期。M173和M356均位于玉皇庙墓地的南区，属于该墓地的较晚阶段，年代应晚于M250，可能相当于春秋晚期偏晚阶段。河北平山灵寿城访驾村M8102出土的同形制带钩，其钩尾圆面上外圈饰线条纹，中心圆面饰虺纹，长4.8厘米（图三，12），宽度数据没有报道，据线图比例推算为1.9厘米，长宽比为2.5。访驾村M8102共出有鬲形鼎、高柄盖豆、三足敦、提链壶、兽耳舟各1件，同时还出有花格剑、援呈流线形的戈、车軎和包金虎形牌饰，原报告指出因该墓上部被灵寿城城垣所破坏，因此其年代不晚于灵寿城修建的年代。据考灵寿城为中山桓公复国所建，其始建年代大体在公元前380年[71]，由此访驾村M8102的年代应在战国早期[72]。由此亦可看出在冀北山地和中山鲜虞地区出现的这种带钩，其长宽比较大者年代相对较晚。

3. 带扣

与米脂张坪M2所出带扣形制上最为接近的当属在内蒙古岱海地区准格尔旗西麻青墓地发现者，西麻青墓地所出带扣其尾端亦为梯形，扣舌很大并明显高出环身，只是在环面上有不甚明显的纹饰[73]（图五，3）。西麻青墓地的随葬器物组合为鬲、盆、罐，同时有双耳罐、单耳罐、铜盘丝耳环、带扣、料珠、骨簪等，其年代在西周晚期到春秋早期。这种带扣春秋中期以后在西到宁夏北部的银南地区和固原地区，向东北经包头地区一直向东到内蒙古岱海地区都有广泛的发现，日本学者宫本一夫在《鄂尔多斯青铜文化的地域性及其变迁》中曾对鄂尔多斯地区的青铜文化遗存进行了分期[74]，张坪M2所出带扣尾部呈梯形，扣舌较大并明显凸起于环身且延伸到环外，扣舌与圆环相连等特点，接近宫氏所分第一期中崞县窑子墓地的M5:6（图五，4），但仔细观察二者仍稍有不同，而宫氏所分第二期以后的带扣尾部渐呈小圆形，扣舌也越来越小，凸起渐低。因此张坪M2带扣所表现出的特点应该是比宫氏所分第一期带扣更早的形式。崞县窑子墓地发掘报告的作者认为M5属该墓地第一期墓葬，在将第一期墓葬与毛庆沟墓地进行比较后提出其年代当与毛庆沟墓地一期墓葬相当，毛庆沟一期墓葬的14C数据为距今2690±125年，其年代下限应在春秋晚期或稍早，崞县窑子M5所属的第一期墓葬的年代也应与之相当[75]，据此亦可表明上文所述张坪墓地的年代可以早到春秋中期也应是合理的推测。而在宁夏北部银南地区和固原地区出土的带扣，扣舌小且仅微微凸起，基本不超出扣环，与宫氏所分之第二期或第三期的带扣相近，有研究者根据其共出的中原式铜戈的比较，认为这些遗存的年代大体在春秋晚期到战国早、中期之间[76]。

4. 有銎兵器

与山彪镇M1:110相近的銎斧在宁夏北部中宁倪村M1和M2均有发现。M1:2和M2:1形制接近，均扁圆銎，銎中部有穿以固定斧柲，刃呈长舌状，尾端为圆形[77]（图七，6、7）。原简报作者认为倪村M1、M2的年代为战国初期，后有学者将中宁倪村M1、M2划归甘宁地区东周时期青铜文化早期阶段，其年代下限为春秋晚期[78]。

在北方地区目前还没有发现与长治分水岭M269、侯马上马M2008和运城南相M1所出的銎斧形制相同者，尤其是长治分水岭M269和侯马上马M2008所出銎斧在銎上端饰有中原风格的兽面纹，应该是三晋地区在接受了北方地区銎斧制作理念的基础上，加以自身文化传统的改造而形成的具有混合文化因素的器物。而在太原金胜村M251出土的銎内戈本是商周时期在中国北方地区广为流行的器物，在进入东周时期以后则基本不见。

5. 带耳罐

在北方地区西到甘肃东部的甘谷毛家坪、内蒙古凉城地区的崞县窑子、忻州窑子和毛庆沟，东到冀北山地的张家口白庙等墓地，都发现有与在三晋地区出土的Aa型带耳罐相类的器物，如甘谷毛家坪T1③:2[79]（图八，13）、忻州窑子M21:1（图八，14）、忻州窑子M11:2[80]（图八，15）、崞县窑子M8:1[81]（图八，16）。甘谷毛家坪出有双耳罐的B组遗存主要见于该遗址的第3层，据原报告作者对于毛家坪遗址分期与年代的讨论，其年代相当于战国时期，崞县窑子、忻州窑子、毛庆沟出土有双耳罐的墓葬的年代以及张家口白庙墓地出有带耳罐的墓葬的年代，已有学者指出大体都在春秋晚期到战国早期[82]。

与临县三交M10：5和陕西清涧李家崖峰M1：15相同的Ab型双耳罐见于内蒙古凉城地区，如崞县窑子M7：3（图八，17），如上文所述，该墓地随葬有双耳罐的墓葬年代大体在春秋晚期到战国早期[83]。

与柳林杨家坪M1：2形制相同的Ac型双耳罐在北方地区较少见到，目前在内蒙古中南部努鲁儿虎山以西的赤峰地区发现有与之相近的器物。敖汉旗水泉墓地北区墓葬多出有一种夹砂褐陶的叠唇双耳罐，其形制与柳林杨家坪M1：2非常接近，只是前者为叠唇，或在口沿下有一周外加的泥条，素面（图八，18）。水泉墓地北区墓葬的年代大体在春秋战国之交或战国早期[84]。

与侯马下平望92M3：5和侯马牛村古城南57H4M2：8相同的Ba型三足双耳罐在河北平山县中山灵寿城有发现，如岗北村M8011：24[85]（图八，19），中山国灵寿城发掘者认为此墓的年代为战国中期早段，不过此墓所出的陶壶最大腹径在腹中部，鸟柱盆的鸟柱仅有鸟头和鸟尾稍高于盆口沿，而在三晋地区战国时期鸟柱盆的变化趋势是盆中之鸟柱越来越高出盆之口沿[86]，综上考虑岗北村M8011的年代当在战国早期为宜。

牛村古城南63H4M8：8所出的平底双耳罐以及与太原金胜村M251所出的铜双耳平底罐，在北方地区尚未见到相同者。不过在平鲁井坪"楼烦"墓中出土的单耳平底罐，似可作为讨论这种平底双耳罐来源的一个线索。平鲁井坪"楼烦"墓所出陶器仅有单耳平底罐，均为夹砂灰陶，敞口，束颈，腹上部鼓起形成肩部，肩上有单耳，平底，颈以下饰交错细绳纹，有烟炱[87]（图八，20）。这种单耳罐在陶质、纹饰以及功能上与三晋地区所出平底双耳罐均有相近之处，二者间或许存在着某种关系。

6. 单耳杯

单耳杯在西起宁夏银南地区，向东到内蒙古凉城地区都有发现，不过还没有发现与临县三交M10所出单耳杯形制完全相同者。其中与临县三交M10：7比较接近的是宁夏中卫狼窝子坑M4：5，口微敛，下腹缓收，平底[88]（图一〇，3）。与临县三交M10：3比较接近的是凉城忻州窑子M17：1，敛口，鼓腹，素面，下腹内收，小平底[89]（图一〇，4）。中卫狼窝子坑M4的年代原报告认为在春秋时期，有学者在对银南地区的青铜文化遗存进行分期时曾指出该墓地除了M1外，其余墓葬的年代都比较早，为甘宁地区中期早段，年代在春战之际到战国早期[90]，忻州窑子M17的年代原报告认为其年代在春秋晚期到战国初期。

7. 陶鬲

与侯马上马墓地所出的乙种未分型的第（2）组陶鬲（图一一，1、2）相似的长方体直筒腹鬲，在丰镐地区西周时期遗存以及西周各封国遗存中很少见到，而在北方地区，自夏商以来则多见这种风格的陶鬲。可以在北方地区商周时期的遗址中找到相类者，如河北唐山古冶遗址[91]、山西太谷白燕遗址[92]、襄汾大柴遗址[93]等地均有这种长筒形腹的陶鬲发现，提供了自夏商以来一直到商周之际北方地区这种筒腹鬲存在发展的线索[94]（图一一，4、5）。

与上马墓地乙种BaⅠ陶鬲（图一一，3）相同的器物，在晋中地区商周时期的遗存中也有发现。已有学者指出这种陶鬲可以与晋中地区相当于二里岗上层时期的杏花村六期2段陶鬲、相当于殷墟早期的杏花村墓地M4所出陶鬲（图一一，6），以及灵石旌介共出有北方系青铜器的M2所出的陶鬲（图一一，7）连接起来，并提出可以作为寻找山西境内西周至春秋时期"狄"人遗存的线索[95]，很可能是这里土著文化因素的延续。

8. 长丁字形骨器

与杨谷庄M21所出长丁字形骨器相同的器物目前只见于山西平鲁井坪，在已发表的该墓地的4座墓葬中，均随葬有长33～67厘米的丁字形骨器[96]（图一二，2），显然是该墓地的典型器物。平鲁井坪墓地共出的陶器仅有单耳罐一种，也是该墓地极具特点的器物。原报告认为其年代大体在春秋晚期到战国早期。

综上，在东周时期三晋地区出现的北方文化因素，以及与其相同的文化遗存，其年代与分布范围如表二。

表二 三晋地区与北方地区相同遗存的分布范围与年代

		三晋地区		北方地区	
		地区	年代	地区	年代
鍑	A型鍑	太原盆地临汾盆地运城盆地	春秋中期早段至战国早期	陕北地区关中地区内蒙古中部中山国地区	西周晚期到战国早期
	B型鍑	晋东南沁水流域	春秋晚期早段	陕北地区冀北山地中山国地区	春秋中期晚段到战国早期
带钩	A型带钩	临汾盆地运城盆地	春秋中期晚段	冀北山地	春秋中期晚段
	B型带钩	临汾盆地	春秋晚期	冀北山地	春秋晚期
	C型带钩	临汾盆地运城盆地洛阳地区	春秋战国之际到战国早期	冀北山地	春秋晚期晚段
带扣		陕北西部大同盆地	春秋中期早段	银南地区固原地区岱海地区	春秋早期到战国时期

续表

		三晋地区		北方地区	
		地区	年代	地区	年代
有銎兵器	銎斧	临汾盆地 运城盆地 安阳地区	春秋晚期早段到战国早期	银南地区	战国早期
	銎内戈	太原盆地	战国早期	北方地区	商周时期
带耳罐	Aa型带耳罐	临汾盆地 运城盆地	春秋晚期	陇东地区 岱海地区 冀北山地	春秋晚期到战国时期
	Ab型带耳罐	南流黄河两岸	战国早期	岱海地区	春秋晚期到战国早期
	Ac型带耳罐	南流黄河东岸	战国早期	赤峰地区	春秋战国之际到战国早期
	Ba型带耳罐	临汾盆地	战国早期	中山国地区	战国早期
	Bb型带耳罐	太原盆地（铜） 临汾盆地	战国早期	？	
单耳杯		南流黄河东岸	战国早期	银南地区 凉城地区	春秋晚期到战国早期
鬲		临汾盆地 运城盆地	西周晚期到春秋晚期	河北东部 晋中地区	商周时期
长丁字形骨器		大同盆地	战国中期早段	吕梁山北麓	春秋晚期到战国早期

通过表二的归纳，可以清楚地看出三晋地区出现的北方文化因素有着不同的来源。

第一种包括A型鍑、B型鍑、Aa型带耳罐，是在中国北方地区相当广泛的范围内都存在的遗存，从春秋中期早段一直到战国早期都有出现。这些文化因素在中国北方地区的广泛出现一方面可以说明这些文化因素所具有的广泛的流动性，同时也说明了在这一时期中国北方地区出现的大范围的文化趋同。这些文化因素主要发现于三晋地区的晋西南、晋东南和晋中地区，年代都在三家分晋之前，而这些文化因素出现在三晋地区，所表现的应是至晚在春秋中期开始，一直到战国早期三家分晋之前的晋文化与中国北方地区有着较为广泛的交往与互动。其中三晋地区所出现的A型鍑，表现出明器化和礼器化的趋势，已与北方地区铜鍑主要作为炊器的功能不同，是北方文化因素被中原化的结果。

第二种包括带扣、銎斧、Ab型带耳罐和单耳杯，主要是来自中国北方地区西部的宁夏北部银南地区以及中部的内蒙古岱海地区，年代亦从春秋中期早段一直到战国早期。近有学者将这些地区东周时期的文化遗存称之中国北方地区的第二种文化遗存，认为其大多数应属于文献记载中的"胡"[97]。在三晋地区这些文化因素主要见于南流黄河两岸、雁北、晋西南和安阳地区，其中南流黄河两岸和雁北地区在地理位置上都非常靠近内蒙古岱海地区，均在鄂尔多斯高原的东南缘，其年代也大都晚于北方地区的同类遗存。在这里发现的北方文化因素中既有服饰用器，也有日用陶器，还有兵器，前两项或许与北方文化人群的流入或两方人群的直接交往有关，而兵器主要是銎斧，已饰中原礼器的纹饰，则很难看成是战争的战利品，亦应是北方文化被中原化的结果。

第三种包括Ac型带耳罐，年代在战国早期，目前只在内蒙古赤峰地区见到与此相近者，后者的发掘者认为这种带耳罐是凌河文化的叠唇罐和长城地带中部地区流行的带耳陶器结合的产物[98]。由于Ac型带耳罐仅见于南流黄河东岸吕梁山西麓，与目前发现同类器物的内蒙古赤峰地区相隔较远，年代稍晚，在二者的中间地带也缺乏相关资料，暂时尚不能说明二者之间产生这种关联的原因。

第四种包括各种带钩和Ba型带耳罐，主要见于冀北山地玉皇庙文化和冀西南的中山故地，年代从春秋中期晚段到战国早期。春秋中期以后冀北山地主要分布着玉皇庙文化，有学者指出其应属于由狄人建立并在战国早期被赵襄子所破的"代"[99]，而在保定南部到石家庄地区分布的中山遗存已因在这里发现的中山王墓以及中山都城"灵寿城"而得到证实[100]。由中山王墓的发现引发了学界对于中山国历史的关注，认为中山国是东周时期由狄人建立的小国基本已成为学界的共识[101]，更有学者指出中山国是由被赵所灭的狄人中最主要的一支南迁而建立[102]，因此冀北山地的玉皇庙文化与冀西南的中山遗存均可视为东周时期的狄人文化遗存。在三晋地区这种文化因素主要见于晋西南和洛阳地区，最多见的是服饰用具带钩，也是该地区最早出现的带钩[103]，带钩的出现意味着系带方式的改变，这应该是在不同的人群间存在着最为普遍亦最为直接交往的基础上而产生的结果。

第五种主要是分布在临汾盆地的各种非晋式陶鬲，在侯马上马墓地有较为集中的发现，年代从西周晚期开始一直到春秋战国之际[104]。这些陶鬲由于其明显不同于三晋文化陶鬲的特点而被认为是非晋文化因素，如上文所述，已有学者在将其与本地商周以来的土著文化遗存进行比较的基础上提出这种陶鬲是在山西境内寻找西周至春秋时期狄人遗存的线索[105]。若这种文化因素确实来自于商周以来即存在于此地的土著文化，那么可以推测在三晋地区范围内实际上源自不同文化传统的人群在东周时期已经有了非常充分的融合。

第六种主要是分布在山西北部大同盆地的丁字形骨器，年代大体在战国中期早段。此时这一地区已属赵。这种丁字形骨器目前最集中的出土地点在吕梁山北麓的平鲁井坪墓地，原报告认为埋入该墓地的人群应为文献记载中东周时期活动在晋北的"楼烦"，年代在春秋晚期到战国早期[106]。二者分布地域均为雁北地区的大同盆地，从年代上的早晚可以看出，三晋文化中出现的长丁字形骨器很可能是被称为"楼烦"的人群在赵灭此地后的遗留。

而在太原盆地出现的铜双耳罐以及与之形制相同的见于临汾盆地的陶Bb型带耳

罐，由其双耳判断应源自北方地区带耳器物的风格，但目前因材料所限，尚不能确知其来源。

三

　　观察各出土有北方文化因素的墓葬（表一）可以看出，出土有铜鍑、小陶鍑和銎斧的墓葬中，除了出有A型鍑的闻喜上郭村76M1未见青铜礼器，出有B型鍑的沁水桃花沟因非正式发掘而不能确知其随葬器物组合原貌外，其余均为随葬有成组青铜礼器的墓葬，其中还包括了汲县山彪镇M1、太原金胜村M251这种被认为是战国早期诸侯国重卿的大型墓葬。闻喜上郭村76M1所出铜鍑，通高为29.2厘米，是为实用器，沁水桃花沟所出通高为24.8厘米，且通体有烟炱，亦为实用器。在那些随葬有成组青铜礼器的墓葬中出土的铜鍑，通高均在7厘米以下，显然已经明器化。A型鍑在中国北方地区出现的时间可以早到西周晚期，早期这种铜鍑大多为体型较大的实用器，主要流行在陕北、关中西部、内蒙古中部以及冀北山地，到了春秋后期，开始向中原化、小型化和明器化发展。而在中国北方地区出现的B型鍑，器高均在20～30厘米，且均为实用器[107]。闻喜上郭村76M1虽未见随葬青铜礼器，但也随葬有铜戈、铜镞、马衔、骨镳等器物，墓主人很可能是一位武士，加之其所出的铜鍑为实用器，与其他在有青铜礼器随葬的墓葬中所出铜鍑均为小型化的明器不同，这些现象似乎表明，闻喜上郭村76M1出现的铜鍑很可能是墓主人参与了与上述地区的某种军事行动从而直接获得了这件器物并将其放入墓中，应该是一种偶发的个人行为。沁水桃花沟所见B型鍑亦保留了其原为实用器的功能，其出现的原因当与闻喜上郭村相近。值得注意的是在其他随葬有A型鍑或小陶鍑的墓葬，所有铜鍑均已小型化和明器化，笔者在《中国北方地区两周时期铜鍑的再探讨》一文中已指出，这些明器化的铜鍑"除了还保留着作为北方文化铜鍑的器形以外，在纹饰、细部风格和用途上，都表现出高度的中原化，因此很难认为这些铜鍑是由北方文化生产后传入，将其视为中原列国文化或秦文化对北方文化铜鍑进行改造后的产品，应该是更加合理的解释。"由于这些墓葬的年代都在三家分晋之前，因此可以更确切地说，在晋文化地区当时是将这种明器化的铜鍑作为青铜礼器的一部分，或者说只有随葬有青铜礼器的高等级贵族才将其作为随葬品放入墓中，这或许表现出晋文化社会中处于较高阶层的人群对这种来自于北方地区的器物重视，同时也说明在晋文化统治集团的心目中，与这些铜鍑所来自的广大北方地区的关系占据着十分重要的地位，这已经不是个人的偶发行为，而是一种集团的共识。

　　銎斧的情况与A型鍑相类，目前发现随葬有銎斧的墓葬均为青铜礼器墓，年代亦均在三家分晋之前。其中长治分水岭M269和侯马上马M2008出土的銎斧除了以銎纳柄的装柄方式还保留着北方地区有銎兵器的特点以外，其上装饰着中原风格的兽面纹，具有明显的中原化以及礼仪化色彩。由于銎斧在中国北方地区主要见于西部地区，因此这些现象说明晋文化地区在与北方地区的西部以军事行为为主要媒介的交往中，在社会上处于较高阶层的人群将来自这些地区的兵器中原化后作为表示自己身份的象征，以显示对与这些地区关系的重视。而在太原金胜村M251出土的銎内戈，在北方地区进入东周时期以后已经基本不见，很可能是墓主人将其家族的传世品葬入墓中，似乎也表现了其与北方地区所具有的更为久远的关系，以及对这种关系的珍视。

与铜鍑、銎斧情况不同的是，三晋地区出土有北方地区风格的带钩、带扣、长丁字形骨器，以及各种陶器的墓葬，绝大多数均为仅出陶器，甚至不见陶器的墓葬，只有个别墓葬为随葬有1件铜鼎的一鼎墓。可以鉴定墓主人性别的墓葬中，除了出长丁字形骨器的怀仁杨谷庄M21为女性外，其余均为男性。年代除了怀仁杨谷庄M21可以到战国中期外，其余各墓均在三家分晋以前。各种形制的带钩主要来自冀北山地的"狄人"文化遗存，而各种陶器的来源则较为复杂，或来自于中国北方的广大地区，或来自于北方地区的西部、北部，以及冀北山地，甚至来源于本土的土著文化。从这些现象可以得知，在三晋地区使用带钩、带扣、陶器等这些带有北方文化因素器物的人群主要为处于社会较低阶层者，由他们大多为男性可知，这些墓葬的墓主人至少其中的一部分不是由于联姻而进入三晋地区，因此这些器物的出现很可能是与北方地区人群的流入或本地土著人群的延续有关。不过发现出土有北方地区文化因素的墓葬数量与同时期三晋地区墓葬的数量相比比例很小，目前尚不能确知是由于这种人群的流动本身即是偶然现象从而导致数量较少，还是进入到三晋地区的北方文化的人群已经接受了三晋地区的文化而不再使用原本属于自己的东西。

通过表二可以知道，三晋地区出现北方文化因素最为集中的地区是位于晋西南汾河流域的临汾盆地和运城盆地，前者主要集中在侯马地区，后者主要见于运城盆地北缘的临猗地区，在这些地点都发现了上文所划分的第一、二、四、五种北方文化因素，既有在中国北方地区文化中广泛见到者，又有分别见于"狄"人和"胡"人者，也有来自本土的土著文化因素；其中既有已经礼器化的铜鍑和礼仪化的銎斧，也有普通服饰用的带钩和日用陶器；出现北方文化因素的墓葬包括了较高规格的大、中型铜礼器墓，也有仅出陶器，甚至连陶器都没有仅有少量几件随葬品的小型墓葬。侯马地区为春秋中期晚段（晋景公十五年，公元前585年）至战国早中期之际（晋静公二年，公元前376年）晋国都城新田所在，而运城盆地的临猗地区，据考亦为晋之重卿范氏之邑[108]，在这里发现的出现北方文化因素墓葬的年代基本与晋都新田的时间相当，因此在这一时间段内出现了多样化的北方文化因素应与这里是都城或晋之重卿所在地区有关。这些现象说明当时如都城、重卿之邑这样的高等级居址在文化上具有较强的开放性，不同社会阶层与不同文化间所进行的不同形式的交流都具有相当的活跃性。

发现第三种遗存的地点仅在南流黄河东岸的柳林地区，这里位于吕梁山西麓，流入南流黄河的几条支流发源于这里，其东与三晋地区的中心地区汾河流域则相隔有吕梁山，地理环境相对封闭，柳林杨家坪M1中出现的北方文化因素是作为日用陶器的Ac型带耳陶罐，并共出不成组的青铜礼器（鼎1、铜盖豆2），以及一套仿铜陶礼器（陶鼎1、陶豆2、陶壶2），时间为战国早期，应在三家分晋之前。柳林杨家坪墓地共发现13座战国时期墓葬，均随葬有数量不等的仿铜陶礼器，除M1和M28为头向西以外，其余11座墓葬均为稍偏东的北向，另外从简报发表的M1和M18两座墓葬的平面图看，M1随葬器物中双耳陶罐与铜鼎、铜盖豆和陶壶置于墓主人头端棺椁间的西南外，另有1件铜盖豆与陶鼎、陶豆、陶壶各1件置于墓主人足端棺椁间的东部，而M18为北向，所有的随葬器物（陶鼎2、盖豆2、壶2、盘1、匜1、舟1）均置于墓主人右侧的棺椁间西部[109]。由于不知道其他的墓葬中随葬器物的放置情况，加之M18墓主人为女性，所以不清楚这两种不同的随葬器物摆放方式是出于性别差异，还是有其他的原因。无论如何，M1共出青铜礼器而同墓地的其他墓葬不见随葬青铜礼器，表明该墓的墓主人应具有可以使用青铜礼器的权力，而北方文化因素的双耳罐与部分铜礼器和仿铜陶礼器放在一起，似乎说明墓主人对这件双耳罐的重视，很可能这件双耳罐对于墓主人来说具有特殊的意义。由于材料的局限，目前还只能推测也许是墓主人与这种双耳罐所代表的文化间有着某种关系，同时亦反映出晋文化在这一地区与北方文化间存在着某种联系。

第六种遗存，即长丁字形骨器，仅在山西北部的大同地区有发现，其出自三晋文化小型墓葬，年代已到战国中期。由于这种丁字形骨器仅在吕梁山北麓的春秋晚期到战国早期的所谓"楼烦"墓中有发现，而前者分布地域亦为雁北地区的大同盆地，从年代上的早晚可以看出，三晋文化中出现的长丁字形骨器很可能是被称为"楼烦"的人群在赵并此地后的遗留。这种现象表明，战国中期由于赵国的北扩，在其所到之处原本属于北方地区古代文化的人群已经融入赵文化之中。

四

本文的讨论可以得到以下几点认识。

（1）东周时期三晋地区与北方地区间的文化互动表现为不同的形式。处于三晋文化社会中较高阶层的人群在接受北方地区文化因素的同时，摒弃了其原本作为炊器和实战兵器的功能和意义，而是将其纳入到自己原本已有的礼制系统，如铜鍑的明器化和礼器化，銎斧的礼仪化等，这样一种高层次的文化上的互动很可能表明三晋文化中处于较高阶层的人群是用这种方式来传递着对与北方文化间关系的重视。而处于三晋文化社会中较低阶层的人群在接受北方文化因素的同时，还延续了其实用的功能，如带钩、日用陶器等，尤其是带钩给三晋地区腰带的系带方式带来了改变，使得带钩开始在中原地区甚至更为广泛的地域流行开来，这样一种低层次的文化上的互动表现出三晋文化中处于较低阶层的人群更看重的是北方文化中的实用价值可以带给自己某些日常生活方式的改变。

（2）东周时期三晋地区较多出现北方文化因素的地点集中在当时的晋都和重卿之邑，表明在东周时期的三晋地区，居址级别与其文化上的开放程度成正比，这种文化上的互动也就带有更多的集体意识。而在其他地区零星出现的北方文化因素，则很可能与个别的人群流动有关，带有更多的个体行为色彩。

（3）在三晋地区出现北方文化因素的时间绝大多数都在三家分晋之前，而到了战国中期以后，目前还只在处于三晋地区北部的赵文化中见到与北方文化有关的遗存。这种现象表明作为三家分晋以前的晋文化与北方文化间的关系要较后来的韩文化、赵文化、魏文化更为密切。而在韩、赵、魏这三个诸侯国文化中，又以赵国表现出与北方文化间有着更多的关系。

注　释

［1］　张辛：《中原地区东周陶器墓葬研究》，科学出版社，2002年，ⅲ。

［2］　苏秉琦：《关于考古学文化的区系类型问题》，《文物》1981年第5期。

［3］　滕铭予：《秦文化：从封国到帝国的考古学观察》，学苑出版社，2002年，34～54页。

［4］　林沄：《中国北方长城地带游牧文化带的形成过程》，《林沄学术文集》（二），科学出版社，2008年；杨建华：《春秋战国时期中国北方文化带的形成》，文物出版社，2005年。

［5］　郭物：《青铜鍑在欧亚大陆的初传》，《欧亚学刊》（第一辑），中华书局，1999年。

［6］　滕铭予：《中国北方地区两周时期铜鍑的再探讨》，《边疆考古研究》（第1辑），科学出版社，2002年。

［7］　山西省考古研究所：《1976年闻喜上郭村周代墓葬清理记》，《三晋考古》（第一辑），山西人民出版社，1994年。

［8］　山西省文物管理委员会侯马工作站：《山西侯马上马村东周墓葬》，《考古》1963年第5期。

［9］　山西省考古研究所：《上马墓地》，文物出版社，1994年，70页。

［10］　赵慧民、李百勤、李春喜：《山西临猗县程村两座东周墓》，《考古》1991年第11期。

［11］　中国社会科学院考古研究所、山西省考古研究所、运城市文化局、临猗县博物馆编著：《临猗程村墓地》，中国大百科全书出版社，2003年，101页。

［12］　山西省考古研究所、太原市文物管理委员会：《太原晋国赵卿墓》，文物出版社，1996年，130页。

［13］　李继红：《沁水县出土的春秋战国铜器》，《山西省考古学会论文集》（三），山西古籍出版社，2000年。

［14］　滕铭予：《中国北方地区两周时期铜鍑的再探讨》，《边疆考古研究》（第1辑），科学出版社，2002年，34～54页。

［15］　参见朱凤瀚：《中国青铜器综论》（下），上海古籍出版社，2009年，1618页中关于侯马上

马M13的论述。

［16］ 参见朱凤瀚：《中国青铜器综论》（下），上海古籍出版社，2009年，1618、1619页表中所记，下文中所提到的此书对于各墓葬年代的判断，若无专门讨论，则均来自于所列各时期墓葬登记表，本文将不再加注。

［17］ 中国社会科学院考古研究所、山西省考古研究所、运城市文化局、临猗县博物馆编著：《临猗程村墓地》，中国大百科全书出版社，2003年，328页。

［18］ 认为公元前470~前450年为春秋晚期缘于公元前403年三家分晋始为战国之始的认识，参见中国社会科学院考古研究所、山西省考古研究所、运城市文化局、临猗县博物馆编著：《临猗程村墓地》，中国大百科全书出版社，2003年，244~246页。

［19］ 参见朱凤瀚：《中国青铜器综论》（下），上海古籍出版社，2009年，1906页关于此墓年代的讨论。

［20］ 山西省考古研究所：《上马墓地》，文物出版社，1994年，174页。

［21］ 山西省考古研究所：《上马墓地》，文物出版社，1994年，143页。

［22］ 如在长治分水岭属于战国早期的M14随葬了3件铜人饰，均系腰带但未见使用带钩，M126出土了1件铜牺盘，牺兽上有立人，腰系带但未见使用带钩。参见山西省考古研究所、山西省博物馆、长治市博物馆：《长治分水岭东周墓地》，文物出版社，2010年。

［23］ 中国社会科学院考古研究所、山西省考古研究所、运城市文化局、临猗县博物馆编著：《临猗程村墓地》，中国大百科全书出版社，2003年，128页。

［24］ 山西省考古研究所：《上马墓地》，文物出版社，1994年，93页。

［25］ 山西省考古研究所：《上马墓地》，文物出版社，1994年，93页。

［26］ 中国社会科学院考古研究所、山西省考古研究所、运城市文化局、临猗县博物馆编著：《临猗程村墓地》，中国大百科全书出版社，2003年，128页。

［27］ 洛阳市文物工作队：《洛阳王城广场东周墓》，文物出版社，2009年。

［28］ 山西省考古研究所：《上马墓地》，文物出版社，1994年，93页。

［29］ 山西省考古研究所：《上马墓地·第四章》，文物出版社，1994年。

［30］ 洛阳市文物工作队：《洛阳王城广场东周墓》，文物出版社，2009年，423页。

［31］ 林沄：《关于中国的对匈奴族源的考古学研究》，《林沄学术文集》，中国大百科全书出版社，1998年；杨建华：《春秋战国时期中国北方文化带的形成》，文物出版社，2005年。另在军都山玉皇庙墓地也出土了2件带扣，亦有学者将其视为冀北山地的代表性器物之一，通过上文对带钩的讨论，可知在这一地区系带是以具有特色的带钩为主，在这里发现的带扣应是玉皇庙文化的人群与其西边使用带扣的人群有所交流的体现。

［32］ 北京大学考古系商周实习组、陕西省考古所商周研究室：《陕西米脂张坪墓地试掘简报》，《考古与文物》1989年第1期。

［33］ 杨建华：《中国北方东周时期两种文化遗存辨析》，《考古学报》2009年第2期。

［34］　林沄：《中国北方长城地带游牧文化带的形成过程》，《林沄学术文集》（二），科学出版
　　　　　社，2008年。

［35］　山西省考古研究所：《上马墓地》，文物出版社，1994年，175页。

［36］　山西运城行署文化局、运城地区博物馆：《山西闻喜邱家庄战国墓葬发掘简报》，《考古与
　　　　　文物》1983年第1期。

［37］　高峰、张海啸、安孝文：《怀仁县杨谷庄战国墓清理简报》，《山西省考古学会论文集》
　　　　　（三），山西古籍出版社，2000年。

［38］　林沄：《商文化青铜器与北方地区青铜器关系之再研究》，《林沄学术文集》，中国大百科
　　　　　全书出版社，1998年。

［39］　朱永刚：《中国北方的管銎斧》，《中原文物》2003年第2期。

［40］　林沄：《商文化青铜器与北方地区青铜器关系之再研究》，《林沄学术文集》，中国大百科
　　　　　全书出版社，1998年。

［41］　郭宝钧：《山彪镇与琉璃阁》，科学出版社，1959年，29页。

［42］　山西省考古研究所、山西省博物馆，长治市博物馆：《长治分水岭东周墓地》，文物出版
　　　　　社，2010年，342、343页。

［43］　山西省考古研究所：《上马墓地》，文物出版社，1994年，175页。

［44］　王志敏、高胜才：《运城南相春秋墓清理简报》，《文物世界》1990年第1期。

［45］　山西省考古研究所、太原市文物管理委员会：《太原晋国赵卿墓》，文物出版社，1996年，
　　　　　93、94页。

［46］　参见朱凤瀚：《中国青铜器综论》（下），上海古籍出版社，2009年，1892、1906页中有关
　　　　　山彪镇M1和金胜村M251年代的论述。

［47］　山西省考古研究所：《上马墓地》，文物出版社，1994年，137页。

［48］　陕西省考古研究所、陕北考古工作队：《陕西清涧李家崖东周、秦墓发掘简报》，《考古与
　　　　　文物》1987年第3期。

［49］　中国社会科学院考古研究所、山西省考古研究所、运城市文化局、临猗县博物馆编著：《临
　　　　　猗程村墓地》，中国大百科全书出版社，2003年，137页。

［50］　山西省考古研究所：《上马墓地》，文物出版社，1994年，137页。

［51］　中国社会科学院考古研究所、山西省考古研究所、运城市文化局、临猗县博物馆编著：《临
　　　　　猗程村墓地》，中国大百科全书出版社，2003年，137页。

［52］　山西省考古研究所、吕梁地区文物管理处：《临县三交战国墓发掘简报》，《三晋考古》
　　　　　（第一辑），山西人民出版社，1994年。

［53］　陕西省考古研究所、陕北考古工作队：《陕西清涧李家崖东周、秦墓发掘简报》，《考古与
　　　　　文物》1987年第3期。

［54］　吕梁地区文物事业局、柳林县文物管理所：《1997柳林县杨家坪战国墓葬清理简报》，《山

西省考古学会论文集》（三），山西古籍出版社，2000年。

[55] 山西省考古研究所侯马工作站：《侯马下平望墓地发掘报告》，《三晋考古》（第一辑），山西人民出版社，1994年。

[56] 山西省考古研究所侯马工作站：《侯马牛村古城南墓葬发掘报告》，《晋都新田》（下编），山西人民出版社，1996年。

[57] 山西省考古研究所侯马工作站：《侯马牛村古城南墓葬发掘报告》，《晋都新田》（下编），山西人民出版社，1996年。

[58] 山西省考古研究所、太原市文物管理委员会：《太原晋国赵卿墓》，文物出版社，1996年，130页。

[59] 山西省考古研究所、吕梁地区文物管理处：《临县三交战国墓发掘简报》，《三晋考古》（第一辑），山西人民出版社，1994年。

[60] 山西省考古研究所：《上马墓地》，文物出版社，1994年，123～134页。

[61] 高峰、张海啸、安孝文：《怀仁县杨谷庄战国墓清理简报》，《山西省考古学会论文集》（三），山西古籍出版社，2000年。

[62] 黄朝伟：《战国时期赵国墓葬研究》，吉林大学硕士学位论文，2009年。

[63] 关于A型和B型铜镤流行的范围与年代，参见滕铭予：《中国北方地区两周时期铜镤的再探讨》，《边疆考古研究》（第1辑），科学出版社，2002年。

[64] 北京市文物研究所：《龙庆峡别墅工程发现的春秋时期墓葬》，《北京市文物与考古》（第四辑），1994年。

[65] 参见北京市文物研究所：《龙庆峡别墅工程发现的春秋时期墓葬》，《北京市文物与考古》（第四辑），1994年，32页对于该地点的说明。

[66] 玉皇庙墓地地层的早晚关系请见北京市文物研究所编著：《军都山墓地——玉皇庙》，文物出版社，2007年，12页。

[67] 关于玉皇庙墓地M2的年代，参见朱凤瀚：《中国青铜器综论》（下），上海古籍出版社，2009年，2118～2136页。

[68] 北京市文物研究所编著：《军都山墓地——葫芦沟与西梁垙》，文物出版社，2010年，300页。

[69] 北京市文物研究所编著：《军都山墓地——玉皇庙》，文物出版社，2007年，1223、1224页。

[70] 朱凤瀚：《中国青铜器综论》（下），上海古籍出版社，2009年，2122页。

[71] 河北省文物研究所：《战国中山国灵寿城——1975—1993年考古发掘报告》，文物出版社，2005年，5页。

[72] 河北省文物研究所：《战国中山国灵寿城——1975—1993年考古发掘报告》，文物出版社，2005年，290页。

［73］ 曹建恩：《内蒙古中南部商周考古研究的新进展》，《内蒙古文物考古》2006年第2期。

［74］ 宫本一夫：《鄂尔多斯青铜文化的地域性变迁》，《岱海考古——中日岱海地区考察研究报告集》（二），科学出版社，2001年。

［75］ 内蒙古文物考古研究所：《凉城崞县窑子墓地》，《考古学报》1989年第1期。

［76］ 杨建华：《春秋战国时期中国北方文化带的形成》，文物出版社，2005年。

［77］ 宁夏回族自治区博物馆考古队：《宁夏中宁县青铜短剑墓清理简报》，《考古》1987年第9期。

［78］ 杨建华：《春秋战国时期中国北方文化带的形成》，文物出版社，2005年，41页。

［79］ 甘肃省文物工作队、北京大学考古系：《甘肃甘谷毛家坪遗址发掘报告》，《考古学报》1987年第3期。

［80］ 内蒙古文物考古研究所：《内蒙古凉城县忻州窑子墓地发掘简报》，《考古》2009年第3期。

［81］ 内蒙古文物考古研究所：《凉城崞县窑子墓地》，《考古学报》1989年第1期。

［82］ 关于崞县窑子、毛庆沟出土有双耳罐的墓葬的年代以及张家口白庙墓地年代的讨论，参见杨建华：《春秋战国时期中国北方文化带的形成》，文物出版社，2005年，8～95页。忻州窑子的年代，参见内蒙古文物考古研究所：《内蒙古凉城县忻州窑子墓地发掘简报》，《考古》2009年第3期。

［83］ 内蒙古文物考古研究所：《凉城崞县窑子墓地》，《考古学报》1989年第1期；杨建华：《春秋战国时期中国北方文化带的形成》，文物出版社，2005年，8～95页。

［84］ 郭志中：《水泉墓地及相关问题之探索》，《中国考古学跨世纪的回顾与前瞻》，科学出版社，2000年。

［85］ 河北省文物研究所：《战国中山国灵寿城——1975—1993年考古发掘报告》，文物出版社，2005年，317页。

［86］ 黄朝伟：《战国时期赵国墓葬研究》，吉林大学硕士学位论文，2009年。

［87］ 支配勇、高平如：《平鲁井坪楼烦墓》，《文物季刊》1992年第1期。

［88］ 周兴华：《宁夏中卫县狼窝子坑的青铜短剑墓群》，《考古》1989年第11期。

［89］ 内蒙古文物考古研究所：《内蒙古凉城县忻州窑子墓地发掘简报》，《考古》2009年第3期。

［90］ 杨建华：《春秋战国时期中国北方文化带的形成》，文物出版社，2005年，40页。

［91］ 文启明：《冀东地区商时期古文化遗址综述》，《考古与文物》1984年第6期。

［92］ 晋中考古队：《山西太谷白燕遗址第一地点发掘简报》，《文物》1989年第3期。

［93］ 中国社会科学院考古研究所山西工作队：《山西襄汾县大柴遗址发掘简报》，《考古》1987年第7期。

［94］ 山西省考古研究所：《上马墓地》，文物出版社，1994年，284～299页。

［95］ 林沄：《中国北方长城地带游牧文化带的形成过程》，《林沄学术文集》（二），科学出版

社，2008年。

［96］　支配勇、高平如：《平鲁井坪楼烦墓》，《文物季刊》1992年第1期。

［97］　杨建华：《中国北方东周时期两种文化遗存辨析》，《考古学报》2009年第2期。

［98］　郭志中：《水泉墓地及相关问题之探索》，《中国考古学跨世纪的回顾与前瞻》，科学出版社，2000年。

［99］　林沄：《关于中国的对匈奴族源的考古学研究》，《林沄学术文集》，中国大百科全书出版社，1998年；杨建华：《中国北方东周时期两种文化遗存辨析》，《考古学报》2009年第2期。

［100］　河北省文物研究所：《䉒墓——战国中山国国王之墓》，文物出版社，1996年；河北省文物研究所：《战国中山国灵寿城——1975—1993年考古发掘报告》，文物出版社，2005年。

［101］　比较集中的对于中山国历史的考证，参见（清）王先谦撰，吕苏生补释：《鲜虞中山国事表疆域图说补释》，上海古籍出版社，1993年；另在河北省文物研究所：《䉒墓——战国中山国国王之墓》（文物出版社，1995年）和河北省文物研究所：《战国中山国灵寿城——1975—1993年考古发掘报告》（文物出版社，2005年）中也有关于中山国历史的概述。

［102］　林沄：《中国北方长城地带游牧文化带的形成过程》，《林沄学术文集》（二），科学出版社，2008年。

［103］　曾有学者提出，中原地区最早的带钩出于洛阳中州路M2205，年代为春秋中期，参见王仁湘：《带钩概论》，《考古学报》1985年第3期。M2205共随葬有鬲1件，甗2件，带钩1件，水晶珠2件，除了甗和水晶珠发表有线图外，鬲与带钩均未有发表的图像资料，因此判断此墓的年代依据稍显不足。

［104］　参见山西省考古研究所：《上马墓地》（文物出版社，1994年）第三章中的部分乙种陶鬲，以及第八章第二节中关于文化结构的讨论。

［105］　林沄：《中国北方长城地带游牧文化带的形成过程》，《林沄学术文集》（二），科学出版社，2008年。

［106］　支配勇、高平如：《平鲁井坪楼烦墓》，《文物季刊》1992年第1期。

［107］　滕铭予：《中国北方地区两周时期铜鍑的再探讨》，《边疆考古研究》（第1辑），科学出版社，2002年。

［108］　中国社会科学院考古研究所、山西省考古研究所、运城市文化局、临猗县博物馆编著：《临猗程村墓地·第四章》，中国大百科全书出版社，2003年。

［109］　吕梁地区文物事业局、柳林县文物管理所：《1997柳林县杨家坪战国墓葬清理简报》，《山西省考古学会论文集》（三），山西古籍出版社，2000年。

［原刊于《边疆考古研究》（第10辑），科学出版社，2011年，与王春斌合署］

三、北方文化及其与中原文化的互动

中国北方地区两周时期铜鍑的再探讨
——兼论秦文化中所见铜鍑

本文所讨论的中国北方地区，即苏秉琦先生提出的"以长城地带为重心的北方地区"[1]，西起祁连山东北麓，经鄂尔多斯高原和桑干河流域，东到燕山山地，最北可到燕山北麓，其南可到黄土高原南缘的渭河流域。南半部的黄土高原一线，是中原地区古代文化与北方地区古代文化分布的中间地带，而其北部的内蒙古高原则与欧亚大陆草原相连。

1997年由中国历史博物馆举办的"全国考古发现精品展"中，出于甘肃礼县秦公墓的青铜器组[2]非常引人注目，其中包括秦公鼎、秦公簋以及1件1995年于甘肃礼县发现的铜鍑[3]。已发现的秦公诸器以鼎、簋、壶为多，这件铜鍑因与秦公诸器共出，器身所饰窃曲纹和垂鳞纹亦为西周晚期至春秋早期秦器所多见，尤其是在下腹部饰两重垂鳞纹的做法，与带有"秦公"铭文的秦公鼎相同，因此这件鍑亦为秦器无疑。实际在此之前，在秦文化的腹地关中地区就曾发现数件铜鍑，只是或出于采集，或出于征集，或共出器物不是典型的秦器而未能对其有清楚的认定。这件铜鍑的出现，则明确表明在西周晚期到春秋早期，秦人确实曾使用过铜鍑。铜鍑是欧亚大陆草原地带游牧民族使用的代表性器物，在中国北方地区西起陇山，东至燕山的广大范围里，也都有这一时期的铜鍑出土[4]。只有把秦文化中出现的铜鍑放在中国北方地区这样一个大的背景中进行讨论，才有可能对秦文化中出现的铜鍑给予合理的解释。因此本文将在对中国北方地区两周时期的铜鍑进行讨论的基础上，论及秦文化中所见铜鍑。

一

铜鍑，作为欧亚大陆草原地带早期游牧民族广泛使用的一种器物，从公元前七八世纪，一直到公元后的四五世纪，西至黑海西岸的多瑙河流域，东到贝加尔湖两岸，南到中国长城地带的黄土高原南缘，在北纬35°~60°线之间这一广阔的地域里都有分布。正是由于铜鍑的分布如此广袤，使用时间又如此之长，因此探讨铜鍑的发生、发展，其背后所隐含的文化间的互动，乃至于人群的交流，以及产生这种交流的机制，就成为中外学者都非常关注的课题。国外学术界以日本学者最早对中国境内出土的铜鍑进行著录并进行研究[5]，但囿于所收器物均为购入，而没有明确的出土地点和共出器物，难以进行深入的讨论[6]。近几年日本学者高浜秀收集了中国境内出土的铜鍑，在对其进行形态学分析的同时，根据共出器物对其进行了年代学的讨论[7]。最近读到美国学者M.Erdy撰写的《Hun and Xiongnu Type Cauldron Finds Throughout Eurasia》一文，则将中国境内出土的铜鍑完全置入欧亚大陆草原地带这一地理范围中，最终描绘出由铜鍑所反映的欧亚大陆草原各文化的传播与相互间的交流[8]。中国考古学界最早对铜鍑进行综合研究是在20世纪80年代中期，主要是对中国境内发现的铜鍑进行形态分析，在此基础上，讨论不同型式铜鍑的年代、分布地域，以及由此所反映的文化的传播，或进一步与文献记载相对照，对使用铜鍑的人群进行族属的认定[9]。90年代以后，研究者不仅对中国北方地区出土的铜鍑进行形态学、年代学的讨论，还涉及中国北方地区出土铜鍑的起源、流向等问题，讨论的范围也扩大到欧亚大陆草原[10]。这些都为进一步研究中国北方地区出土的两周时期铜鍑奠定了良好的基础。

以上诸种研究，尤其是中国学者的研究，在把中国北方地区出现的两周时期铜鍑进行类型学和年代学的排比后，大多将其视为同一谱系的发展链条中相继出现的多个环节，从而更进一步把在欧亚大陆草原出现的与之在形制上相近的铜鍑，视为是从中国北方地区传播而至的结果。实际上在中国北方地区出现的两周时期铜鍑在形制上存在的差别，不仅是同一类型的铜鍑在不同时期所表现出的不同形态，同时也蕴含着不同类型与谱系的意义。因此正确地进行类型的划分，应是对中国北方地区两周时期铜鍑进行研究的重要前提。本文即是在将中国北方地区发现的铜鍑作类型学分析的基础上，对中国北方地区两周时期不同类型铜鍑的谱系，以及它们的源流、相互间的关系等问题进行再探讨。

<h2 style="text-align:center">二</h2>

中国北方地区已发现的两周时期铜鍑在腹部、耳部、圈足形态等方面，都存在着程度不同的差异，已有的研究者或根据腹部形态[11]、或根据圈足的有无及形态[12]、或根据耳部形态[13]、或结合器体大小，分别对其进行过类型学的讨论。由于在两周时期的铜鍑中尚未发现有平底无圈足者，因此可以排除把圈足的有无作为两周时期铜鍑划分类型的标准。器体的大小，虽然暗示着其用途的差别，但小型铜鍑往往是与中原式的青铜礼器共出于墓葬中，很可能是实用器物明器化的产物，因此其类型的划分，则应与其所模仿的实用器同属，亦不宜将其作为划分型的标准。耳部形态的划分主要体现在耳的上部是否有一个柱状凸起，但耳上有凸和无凸者，或腹部与圈足形态几近相同，或腹部形态完全不同，而在整个欧亚大陆草原地带，亦可见到同样的情况，在米努辛斯克盆地和叶尼塞河流域发现的岩画中，都可以见到耳部上有凸起和不见凸起的铜鍑同时存在[14]，因此耳上无凸起者很可能是耳上有凸者的一种简化形式，似乎也不宜作为划分类型的标准。中国北方地区两周时期铜鍑的腹部形态主要有直口斜弧腹、敛口浅弧腹以及口部呈椭方形的直口浅弧腹三种，从类型学的角度考虑，很难将这三种不同的腹部形态视为同一发展链条上的不同环节，而在欧亚大陆草原地带，具

有不同腹部形态的铜鍑往往具有一定的分布地域，如椭方形口部的铜鍑目前仅见于黑海沿岸的斯基泰文化中[15]。显然腹部形态的差异应该是划分铜鍑类型的一个主要因素，因此本文对于中国北方地区两周时期铜鍑类型的划分是基于腹部形态而进行的，而将其耳部是否有凸起作为划分亚型的标准。

A型　直口，口沿下腹部斜直，于腹中部以下内收呈弧形。根据耳上是否有凸起分为a、b二亚型。

Aa型　耳上有凸起，均为实用器，可分为三式。

Ⅰ式　高耳，口部微敞，深腹，下腹内收较急，圜底较尖，圈足矮且细，素面，整器呈长方体。岐山王家村窖藏所出（图一，1），耳部边缘有凸棱纹，原报告称之为回纹，其下腹及底部均有修补痕迹[16]。京都大学文学部博物馆所藏（图一，2），

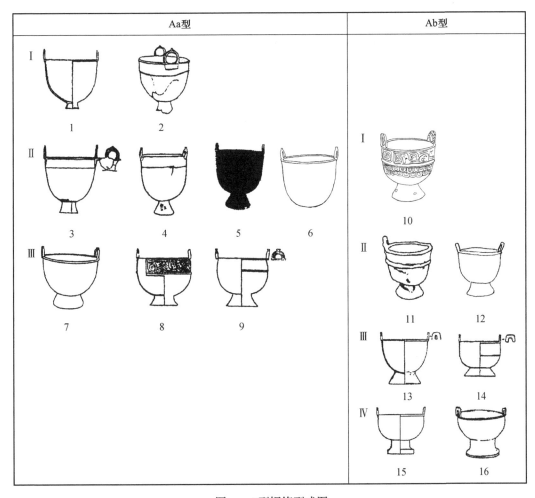

图一　A型铜鍑型式图

1.岐山王家村　2.京都大学文学部博物馆所藏　3.传出于内蒙古中部　4.传出于西安范家寨　5.传出于陕西北部
6.北京西拨子村窖藏　7.宝鸡甘峪　8.凤翔东社　9.闻喜上郭村76M1　10.甘肃礼县　11.西安大白杨仓库征集
12.凤翔侯家庄　13.上马M2008　14.临猗程村M002　15.太原金胜村M251　16.新乐中同村M2

口、底、耳部形态与王家村所出相近，腹上部有一周弦纹[17]。

　　Ⅱ式　较Ⅰ式圈足有所增高，腹下部内收圆缓，圆圜底。《内蒙古·长城地带》中所著录的传出于绥远地区（今内蒙古中部）者[18]，传出于西安范家寨者[19]，耳部有凸棱纹，于口沿下饰一周凸弦纹（图一，3、4）。西安大白杨仓库征集传出于陕西北部者（图一，5），口沿下饰阴刻重环纹[20]。北京延庆西拨子村窖藏所出（图一，6），耳部有凸棱纹，底部已残，估计原应有圈足[21]。

　　Ⅰ式和Ⅱ式铜鍑，除西安大白杨仓库征集传出于陕西北部者器高为22.3厘米外，器高在37～41厘米间。

　　Ⅲ式，直口，腹较浅，圈足变粗，呈喇叭状。器高较Ⅰ式、Ⅱ式矮，在18～29厘米间。宝鸡甘峪墓所出（图一，7），整体素面[22]。凤翔东社所出（图一，8），口沿下饰双头兽纹[23]。山西闻喜上郭村76M1：3（图一，9），耳断面为八棱形，口沿下饰一周凸弦纹[24]。

　　Aa型铜鍑主要发现于河曲地区黄河两岸的陕西中西部和山西西南部，内蒙古高原中部和燕山南麓的北京地区。

　　由于AaⅡ式、Ⅲ式铜鍑都共出有年代指征较为明显的器物，可对其年代及二者发展顺序进行推断。属AaⅡ式的北京西拨子村出土铜鍑，内放入50余件年代不一的青铜器（图二），其中銎内式戈和一端尖一端扁圆状的耳环，年代可以早到商末周初（图二，1、2），而铜器残片所饰的重环纹，则流行于西周晚期到春秋早期（图二，7）。由于这件铜鍑底部残破，有长期使用痕迹，应为当时尚在使用之器，所以其使用年代的下

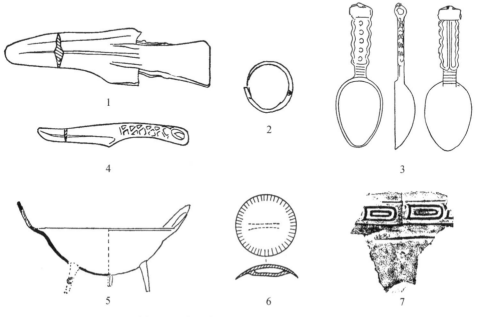

图二　北京延庆西拨子村窖藏部分铜器
1. 銎内式戈　2. 耳环　3. 勺　4. 环首刀　5. 鼎　6. 泡　7. 器物残片

限应与共出器物中年代最晚者同时，将其定
在两周之际较为合适[25]。AaⅡ式的其余3
件铜鍑因没有共出器物而不能判断其准确年
代，但西安大白杨仓库征集传出于陕西北部
者，口沿下也饰有阴刻重环纹，其年代应与
西拨子村大体同时，可以定在两周之际。

　　出有AaⅢ式铜鍑的宝鸡甘峪墓（图三）
与闻喜上郭村76M1（图四），均共出有春秋
早期流行的圭首戈（图三，3；图四，3），
上郭村76M1共出的陶鬲则是晋南地区春秋
早期晚段的典型器物（图四，2）。因此，
AaⅢ式的年代大体相当于春秋早期晚段，即
春秋前期。

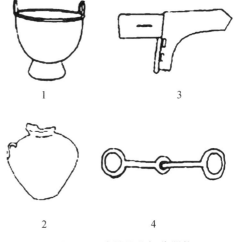

图三　宝鸡甘峪墓部分器物
1.铜鍑　2.陶罐　3.铜戈　4.马衔

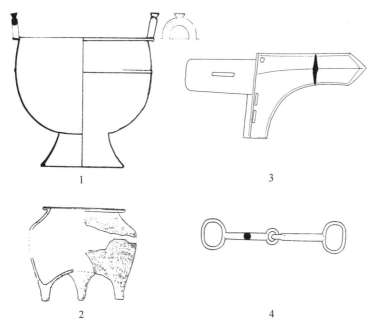

图四　闻喜上郭村76M1部分器物
1.铜鍑　2.陶鬲　3.铜戈　4.马衔

　　Aa型Ⅰ式铜鍑中，虽然王家村铜鍑共出有銎柄式剑和铜凿（图五），但这些器物都
缺少明确的年代特征，或认为其年代在西周中后期[26]，或认为其年代在西周晚期[27]。
由于Aa型Ⅰ式铜鍑深腹、圜底较尖，圈足矮且细，素面等特点，都接近于Aa型Ⅱ式铜
鍑，而明显不同于Aa型Ⅲ式铜鍑，因此这些特点应该是Aa型铜鍑较为原始的特点，其
年代当早于Aa型Ⅱ式铜鍑，大体应在西周晚期。

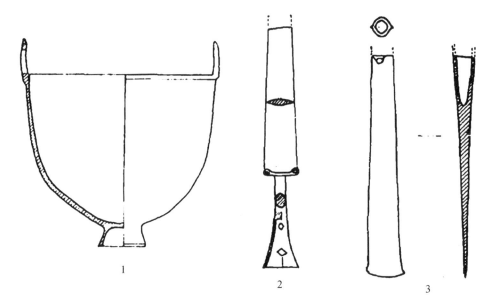

图五　岐山王家村窖藏器物
1.铜簋　2.銎柄剑　3.铜凿

Ab型，耳上无凸起，可分为四式。

Ⅰ式，直腹，圈足较高，圈足接腹底处径较小，着地处呈喇叭形。出于甘肃礼县者（图一，10），耳饰绳索纹，口沿下腹部以凸弦纹相间，上部饰窃曲纹，下部饰两周垂鳞纹，器高20厘米左右[28]。与之相近者还有1995年11月至1996年9月在美国华盛顿的沙可乐美术馆展出的据称出自中国西北地区的1件铜簋，以及加拿大多伦多皇家安大略博物馆收藏的1件铜簋，上述二者器高均在21厘米左右，口沿上有绳索纹立耳，口沿下有窃曲纹和垂鳞纹或波带纹[29]。

Ⅱ式，圈足粗矮，形态与AaⅢ式同。西安大白杨仓库征集者（图一，11），耳饰绳索纹，口沿下饰变形窃曲纹，器高11厘米[30]。凤翔东指挥村采集者[31]，凤翔侯家庄凤总0029[32]（图一，12），均素面，二者器高均在7厘米左右。

Ⅲ式，圈足直径较Ⅰ式加粗并变矮，器高在5.4～7.5厘米间。侯马上马M13：59、M2008：45[33]，临猗程村M002：115、120[34]所出均属此式（图一，13、14），仅程村M002：115于口沿下饰一周凸弦纹，余皆素面。

Ⅳ式，圈足增高似豆把，在近底部向外成喇叭状，着地处有一周凸棱，素面，器高在5.5～7.3厘米间。太原金胜村M251所出[35]及河北新乐中同村M2：6[36]均属此式（图一，15、16）。

Ab型铜簋主要发现于渭河流域的甘肃东部和陕西中部，以及太行山东西麓的山西中部、西部和河北西南部。

AbⅠ式中出于甘肃礼县的铜簋，其年代当与秦公诸器相同，后者的年代在西周晚期到春秋早期，已成为学界共识[37]，因此AbⅠ式铜簋的年代大体亦在两周之际。

AbⅡ式铜鍑中，西安大白杨仓库征集者在口沿下腹部饰窃曲纹，窃曲纹为西周晚期到春秋早期中原地区青铜礼器的流行纹饰，而与凤翔侯家庄铜鍑（图六，1）共出的铜盘（图六，2），浅腹，附耳位置靠近口沿处，腹部及圈足饰蟠虺纹等特点，则与宝鸡阳平秦家沟春秋中期秦墓中所出相近（图六，3、4）[38]。考虑以上诸种因素，AbⅡ式的年代大体应在春秋早期晚段到春秋中期早段，即春秋前期。

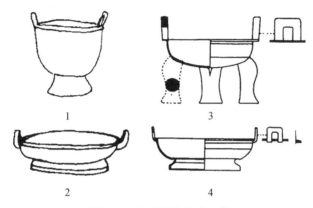

图六　AbⅡ式铜鍑年代比较
1、2.凤翔侯家庄　3、4.宝鸡阳平秦家沟M2

出土AbⅢ式铜鍑的墓葬，侯马上马M13的年代在春秋中期晚段，M2008的年代在春秋晚期早段[39]，临猗程村M0002所出的2件铜鍑均为从村民手中征集，据称出自M0002，原报告称其年代在春秋中、晚期，其所出铜瓿的下部足已近平，戈援与内的中线夹角小于180度，镦饰透雕的蟠龙纹等特点（图七，1~5），与侯马上马M2008、M1005所出相近（图七，6~8）[40]。后者年代分属春秋晚期早、晚段。综合上述诸因素，AbⅢ式的年代当在春秋中期晚段到春秋晚期，即春秋后期。

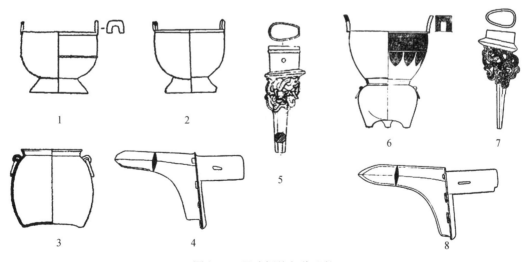

图七　AbⅢ式铜鍑年代比较
1~5.临猗程村M0002　6、7.侯马上马M2008　8.侯马上马M1005

出土AbⅣ式铜鍑的太原金胜村M251和新乐中同村M2,分别为战国早期赵墓和中山墓[41],因此AbⅣ式的年代应在战国早期。

B型,敛口,腹较A型浅且呈圆弧状,器体多在20~30厘米,均为实用器。根据耳上是否有凸起分为二亚型。

Ba型,耳部有柱状凸起。圈足靠近腹底处较细,向下呈喇叭状。

靖边席麻湾所出[42],以及美国芝加哥田野博物馆所藏购自西安者[43],均在口沿下有纵向铸缝(图八,1、2)。

Ba型铜鍑均出自征集而未见与之共出器物。

Bb型,耳部无凸起,可分为二式。

Ⅰ式,圈足同Ba型。延庆玉皇庙M18(图八,3;图九,1),素面[44]。神木桥岔滩征集者[45],赛克勒博物馆藏传出于河北北部和辽宁西部者[46],以及西安博物馆藏传出于神木者[47],均在两耳间腹部可见从口处向下的纵向铸缝(图八,4、5)。

Ⅱ式,腹部较Ⅰ式为浅,圈足上部变细如豆把,近底部向外成喇叭状,着地处有一周凸棱。行唐李家庄战国墓所出(图八,6),腹部有十字形合范缝[48]。延庆玉皇庙墓地所出(图八,7),素面[49]。

Bb型铜鍑主要发现于鄂尔多斯高原南部的陕北地区,太行山东麓的河北西部,以及燕山南麓的北京地区。

延庆军都山墓地目前尚没有完整的资料报告,只在发掘者撰写的论文中发表过少数墓葬的随葬品组合,如玉皇庙M18、玉皇庙M2、西梁垙M1等,以及数件未说明出土单位的零星器物[50]。从这些信息可以知道,该墓地至少出土了2件BbⅠ式铜鍑。其中明确出土了BbⅠ式铜鍑并发表有共出器物的是玉皇庙M18,发掘者认定该墓的年代为春秋早期[51]。M18还出土了被发掘者认为是中原文化因素的铜簋与铜舟(图九,2、3)[52],其形制分别与侯马上马M1013与M1015所出的同类器物相近(图九,4、6),而后者都共出有春秋中期以后才出现的球形腹带盖铜鼎(图九,5、7),经过对上马墓地进行的分期与年代学的研究,M1013和M1015的年代都在春秋中期晚段[53]。显然延庆玉皇庙M18的年代不可能早于中原地区出土相同形制同类器物的墓葬,其年代或与之相当,或可晚之,因此延庆玉皇庙M18的年代最早也是在春秋中期晚段。而该墓所出的BbⅠ式铜鍑通体有烟炱,应为当时还在使用的实用器,其年代亦应在春秋中期晚段,或称为春秋后期。出土BbⅡ式铜鍑的行唐李家庄墓,被认为是战国早期中山墓葬[54],同时BbⅡ式铜鍑的圈足及着地处的细部形态亦见于属于战国早期的AbⅢ式铜鍑,因此BbⅡ式铜鍑的年代应在战国前期。

Ba型铜鍑在形态上同于BbⅠ,其年代亦大体在春秋后期。

C型,口部为椭方形,耳位于长径的两端,浅腹,器高在19~23厘米,均为实用器。根据耳上是否有凸起,分为二亚型。

Ca型,耳上有凸起,腹部有一至三周凸弦纹,小喇叭口圈足。绥德城关征集者[55],

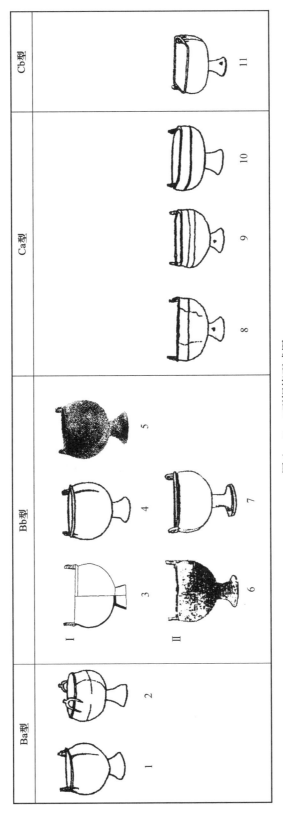

图八　B、C型铜鍑型式图

1. 靖边席麻湾　2. 美国芝加哥博物馆藏　3. 延庆玉皇庙M18　4. 神木桥盆滩　5. 西安市博物馆藏
6. 行唐李家庄　7. 延庆玉皇庙　8. 绥德城关　9. 志丹张渠　10. 西安纺织四厂征集　11. 陕北征集

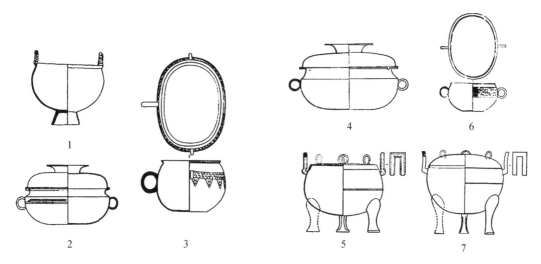

图九　Bb I 式铜鍑年代比较
1～3.延庆玉皇庙M18　4、5.侯马上马M1013　6、7.侯马上马M1015

耳上有绳索纹（图八，8），志丹县张渠征集者[56]，西安纺织四厂征集者[57]（图八，9、10），以及在陕北地区征集者[58]，耳部无纹饰。

Cb型，耳上无凸起，素面。黄陵征集者[59]（图八，11）。

C型铜鍑目前仅发现于陕北地区。

出于志丹县张渠乡的Ca型铜鍑，原文作者认为其年代在西汉时期。与志丹县张渠征集者共出的还有6件铜鹿饰，与甘肃固原、庆阳地区"马庄"类型的铜鹿饰非常相近，只是"马庄"类型的铜鹿饰均为卧鹿，而张渠所出为蹲鹿，估计二者年代不会相差太远。"马庄"类型出有这种铜鹿饰的遗存年代大体在春秋战国之际到战国中期[60]，因此志丹县张渠征集者的年代亦不会晚到西汉时期，大体应在战国早中期，即战国前期，而其他Ca型铜鍑的年代也应与之相当。

Cb型铜鍑没有共出器物，但其口部形态更近于长方形，其年代或与Ca型铜鍑相当，亦有可能晚于Ca型铜鍑。

各型式铜鍑的年代关系请见表一。

表一　各型式铜鍑的年代关系

型式\年代	A		B		C	
	a	b	a	b	a	b
西周中晚期	I					
两周之际	II	I				
春秋前期	III	II				
春秋后期		III	▲	I		
战国前期		IV		II	▲	▲

各型铜鍑发现的地点见图一〇。

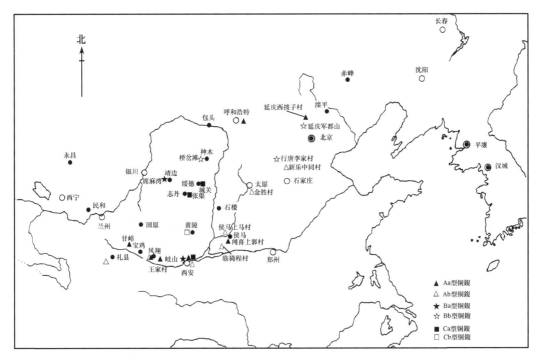

图一〇　中国北方地区铜鍑发现地点示意图

三

　　由于在中国北方地区发现的铜鍑以出于岐山王家村的AaⅠ式鍑年代最早，因此有研究者将中国北方地区发现的铜鍑，均视为是岐山王家村AaⅠ式鍑发展及传播的结果[61]。上文的讨论应该表明，在中国北方地区发现的两周时期铜鍑，据其外部形态所划分的A、B、C三种类型，不仅表明其形态上的差别，而且各自使用的时间和地区各不相同，所以很难将它们视为是同一种铜鍑延续发展的不同环节，也很难将它们归属于同一种文化。不过各型铜鍑的发现地点虽然有所区别，但它们的分布向南都没有越过高原或山地与平原地带的交接地带，因此这些铜鍑应该是当时活动在黄土高原以及更北部地区的、与中原文化有别的一些青铜文化所使用的器物，由于目前尚不能对这一时期活动在这一地区的诸种古代文化一一区分并予命名，故统称之为北方文化。

　　A型鍑中，Aa型鍑均为实用器，但AaⅠ式和AaⅡ式间似乎表现出更多的相近，它们与AaⅢ式间则有较大的差异。AaⅠ式和AaⅡ式的器体多较大，器高都在40厘米左右，除耳部多有与耳廓同向的凸棱纹外，器身多为素面，仅1件有阴刻的重环纹，因原报告中没有详细的描述，但就"阴刻"纹饰本身的意义来说，似乎该件器物在铸器时尚为素面，后出于某种原因再加刻阴线纹饰，因此就其最初成器的情况看，仍应为素面。AaⅠ式和AaⅡ式铜鍑的出土环境中，北京延庆西拨子村明确出于窖藏，岐山王家村所出据原报告亦似窖藏，其余则不清楚。虽然不能因此而认定AaⅠ式和AaⅡ式铜鍑不用于随葬，但到目前没有发现一例是出于墓葬，似乎也在暗示AaⅠ式和AaⅡ式铜鍑很少用于、或不用于随葬。综上所述，耳部有与耳廓同向的凸棱纹，整体素面，并且很可能不用于随葬，应该是这种作为实用器的铜鍑的早期特点，而这些特点均不见于同时期中原地区的青铜容器。

到AaⅢ式，虽然已发现的各器仍为实用器，但高已较Ⅰ式、Ⅱ式为矮，耳部不见那种与耳廓同向的凸棱纹，有些还出现了典型的中原式纹饰。已发现的AaⅢ式铜鍑仅见于秦与三晋地区，且Aa型鍑中明确出于墓葬者仅见于AaⅢ式。宝鸡甘峪墓，墓葬形制与人骨葬式不明，共出有陶罐1件，戈1件，马衔4件，马镳2件，削1件，铜环4件，金丝2根等。闻喜上郭村76M1，为长方形土坑竖穴墓，直肢葬，同时随葬有陶鬲1件，戈1件，马衔2件，镞35件，骨镳2件。两墓的器物组合均为铜鍑+陶器+兵器+马器，或还有工具以及金丝，没有见到同时期同地区其他墓葬中随葬的青铜礼器，显然这两座墓葬表现出较多的北方文化因素[62]。

将A型铜鍑进一步划分为a、b两个亚型的标准是据其耳上是否有凸起，实际上Ab型铜鍑不仅耳上无凸起，而且耳的形态亦与Aa型铜鍑不同，不见Aa型铜鍑耳上多有的与耳廓同向的凸棱纹，而是与当时中原地区青铜礼器中鼎、盘等带耳器物的耳部形态几近相同，其中以甘肃礼县鍑为代表的AbⅠ式和AbⅡ式中的西安大白杨仓库征集的铜鍑，都在耳部饰绳索纹。这几件器物还分别在腹部饰窃曲纹、垂鳞纹和变形窃曲纹，都是西周晚期到春秋早期中原地区青铜礼器流行的纹饰。此外Ab型铜鍑的整体器高较小，除AbⅠ式在20厘米左右外，余者均小于12厘米，其中大部分仅高六七厘米，如果说AbⅠ式多少还可称为实用器的话，其余诸器显然已经不是实用器。与Aa型铜鍑多出自窖藏不同，大部分Ab型铜鍑出自墓葬，从另一角度说明了这些铜鍑很可能是为随葬而制造的明器。青铜礼器明器化是同时期中原地区列国文化，尤其是秦文化中出现的流行趋势。由于Ab型铜鍑除了还保留着作为北方文化铜鍑的器形以外，在纹饰、细部风格和用途上，都表现出高度的中原化，因此很难认为这些铜鍑是由北方文化生产后传入，将其视为中原列国文化或秦文化对北方文化铜鍑进行改造后的产品，应该是更加合理的解释。

B型铜鍑出现的年代晚于AaⅢ式铜鍑，大体与AbⅢ式铜鍑同时。B型鍑均为实用器，不过很难找到它与同为实用器的AaⅢ式和AbⅠ式铜鍑间在形态上存在着发展演变的关系，同时B型鍑与年代与之相当的AbⅢ式铜鍑间，不仅形态上存在着差异，在用途上亦完全不同。因此很难将B型铜鍑视为A型铜鍑在这一地区的发展形态，B型鍑应该是另有源头的。

B型铜鍑亦可以根据耳上是否有凸起将其分为两个亚型。与A型鍑不同的是，B型鍑两个亚型间的差异仅仅在于耳部是否有凸起，如果将这一差异忽略不计，二者在形态和用途上几乎相同。B型铜鍑均为实用器，由于资料过少，Ba型尚不能进行分式，Bb型也暂时只能分成顺序发展的两式。BbⅡ式铜鍑的圈足细高，着地处有一周凸棱，与同时期三晋地区的豆、壶等器物的圈足形态相同，应该是其受到三晋地区圈足类器物影响的结果。

目前已发现的C型铜鍑全部是实用器，年代大体集中在战国前期。就其均为实用器而言，与B型鍑相同，但其长椭形的口部形态，与同时存在的B型鍑完全不同。B型腹不仅发现于陕北地区，同时在山西、河北境内也有发现，而C型鍑的分布地点集中在陕北地区，二者的分布范围也有差异，因此很难将C型鍑视为是B型鍑延续发展的结果。

A、B、C三型铜鍑中，以A型鍑存续的时间最长，B型鍑次之，C型鍑最短。而A、B、C三型铜鍑所受中原文化影响的程度，则以A型鍑为最强，B型鍑次之，C型鍑则几乎没有。三型铜鍑存续时间与其受中原文化影响程度之间存在的这种正比例关系，并不是偶然的现象，二者间当具有一定的因果关系，即受中原文化影响程度越深，在这一地区存续的时间就越长。其中A型铜鍑存续时间最长的原因，很可能是Ab型鍑的明器化，从而也说明在这一地区已经没有在实际生活中使用铜鍑的需求了。

四

据目前对欧亚大陆草原地带以及中国北方地区所出铜鍑的年代学及其文化属性的认识，从公元前七八世纪，一直到公元后的四五世纪，西至黑海西岸的多瑙河流域，东到贝加尔湖两岸，南到中国长城地带的黄土高原南缘，在北纬35°～60°线之间这一广袤的地域里都有分布，其形制多种多样，文化归属亦不相同[63]，但其所具有的共同特点是双耳、深腹、圈足，其在使用上的最大特点是便于携带，它可以由不同的人群，在相同的生活环境中，具有相同需求的前提下被生产和制造出来。因此它很可能不是一源的，而是多源的。

在岐山王家村和内蒙古中部地区发现的AaⅠ式铜鍑，据目前已有的认识，是中国北方地区以至于欧亚大陆草原地区年代最早的铜鍑。在欧亚大陆草原地区的初期斯基泰文化[64]和塔加尔文化[65]中亦发现过与中国北方地区Aa型铜鍑相类者（图一一，1、2），从目前对这些文化的年代学的认识，出于北高加索山麓的被认定为初期斯基泰文化的铜鍑年代大体在公元前8至公元前7世纪，相当于春秋前期，出于米诺辛斯克盆地的属于塔加尔文化的铜鍑年代大体在公元前5至公元前4世纪，均晚于岐山王家村所出的AaⅠ式铜鍑。因此有研究者认为欧亚大陆草原地区的此类铜鍑是中国北方地区的铜鍑经由新疆传播而去的[66]。但若仔细对这几件铜鍑进行比较，就会发现它们之间实际上存在着较明显的差别。出于北高加索山麓的铜鍑，腹呈半球状，高圈足，圈足接腹处直径较小，而着地处呈喇叭状，耳为完整的圆环形附耳，这种环形耳不见于中国北方地区发现的铜鍑中。出于塔加尔文化中年代较早的铜鍑，其腹部与圈足形态与王家村所出相近，但其耳呈大半环形，耳上部的凸起顶端向外膨出呈蘑菇状，这种上端呈蘑菇状凸起的耳在此后的塔加尔文化及其影响所至地区一直十分发达，甚至还出现了带有三个蘑菇状凸起的大半环形耳（图一一，3）[67]，但这种凸起顶端呈蘑菇状的大半环形耳亦不见于中国北方地区所出的铜鍑。因此仅据二者在年代上的差异就认为在初期斯基泰文化和塔加尔文化中发现的铜鍑一定是由 Aa I 式铜鍑向西、向北传播而至的结果，还证据不足。

图一一　初期斯基泰文化和塔加尔文化的铜鍑
1.北高加索地区出土　2.米努辛斯克盆地出土（莫斯科历史博物馆藏）
3.俄罗斯伊尔库斯克地区库图拉克（kutullaki）河流域出土

Aa I 式铜鍑中，出于内蒙古中部者具体出土环境不清，王家村出土的铜鍑因共存器物过少，又缺少明确的文化指征，很难确定这件铜鍑的文化性质。不过有学者根据在周原发现的西周晚期的"师同鼎"铭，认为铭文中所记的"戎……铺"，即为本文所讨论的这种铜鍑[68]，而"戎"即是当时活动在北方地区的少数民族。这为讨论王家村铜鍑使用者的文化性质和族群归属提供了线索。加上与北京西拨子村窖藏 Aa II 式铜鍑共出的有11件浅腹、圜底、薄胎、制造粗糙的铜鼎（图二，5），与当时西周文化的铜鼎风格完全不同，很有可能是铭文所称的"戎鼎"。北京西拨子村窖藏共出的其他器物中还有属于北方系青铜器的銎内戈，一端尖而另一端扁圆的铜耳环，正面带有辐射线纹的小铜泡，环首、弧背、翘尖的刀，以及扁平长条柄的匙等（图二，1~4、6），都是北方文化中较有代表性的器物[69]。Aa I 和 Aa II 式铜鍑的发现地点主要在中国北方地区的内蒙古长城一带，在关中地区亦有零星发现，由此可以认定的是，在西周晚期到两周之际，曾经有使用铜鍑及其他北方文化青铜器的人群活动在黄土高原的南缘一带，向北到了内蒙古中部的呼和浩特地区，向东到了燕山南麓一线，该人群很可能即是文献记载中的"戎"，但其各自的来源及其后来的去向，仅据目前资料尚难以得到明确的答案。

B型铜鍑在北方地区出土的数量少于A型鍑，处于早期的Ba型和Bb I 式鍑，集中发现在陕北地区和河北中部，最显著的特点是敛口，球形腹，大部分在口沿下有纵向铸缝，这些特点为A型、C型鍑所不见。到了Bb II 式时，分布地点仅限于河北中部，在圈足形态上与AbⅣ式鍑相同，表现出中原列国文化的特点，或可称之为中原化的产物。由于B型鍑在中国北方地区存在的时间较短，而在欧亚大陆草原地带尚没有发现可以与B型鍑类比的材料，因此目前尚不清楚B型鍑的来源及其流向。

　　C型铜鍑与早于其出现的A、B型铜鍑有很大的不同。虽然Ca型铜鍑与Aa型、Ba型铜鍑都在耳上有一个小凸起，但Aa型铜鍑深腹，矮圈足，与Ca型铜鍑的年代既不同时，也不前后接续。Ba型铜鍑的口沿下均有铸造合范留下的纵向铸缝，这一特征在C型铜鍑中也没有见到，同时Ba型铜鍑出现的年代要早于C型铜鍑，到出现C型铜鍑的战国前期，已不见Ba型铜鍑，与之同时的只有已经中原化的Bb型铜鍑。C型铜鍑独特的椭方形口部形态，也不见于A、B型铜鍑，因此很难认为C型铜鍑是由中国北方地区较早时期存在的A、B两型铜鍑发展而来。

　　同样具有椭方形口的铜鍑还发现于欧亚大陆草原西部的斯基泰文化[70]。斯基泰文化的椭方形口铜鍑，圈足均细而高，并有一周凸棱，或素面，或在腹部饰菱形格子纹。其中年代较早者双耳位于短径的两侧中部，耳上有三个小凸，或有简化的动物形，圈足凸棱在圈足近底部，有些在腹部饰菱形的格子纹（图一二，1～3）。这些特点都见于该文化此前出现的圆形腹铜鍑，表现出二者间有着明显的承袭性，因此在斯基泰文化中出现的这种椭方形口的铜鍑，很可能是由其自身的圆形腹铜鍑发展而来。这种椭方形口的铜鍑到较晚阶段发生了一些变化，开始出现环形无凸耳，耳的位置同于中国北方地区的C型铜鍑，移至长径的两端，圈足凸棱的位置或向上移至圈足中部，或没有凸棱（图一二，4、5），但其整体形态仍然表现出与早期阶段椭方形口铜鍑间具有非常明显的连续性，因此这些变化只能是同一类型的铜鍑在其发展过程中的阶段特点。一般认为斯基泰文化的年代从公元前7世纪到公元前3世纪，其出现椭方形口铜

图一二　斯基泰文化的铜鍑
1. 黑海北侧第聂伯河中游地区出土　2. 第聂伯河下游地区出土
3. 亚速海北岸梅利托波尔墓地出土　4. 匈牙利东部出土　5. 第聂伯下游地区出土

鍑的年代大体在公元前5世纪，而出现在长径的两端置耳，且耳上无凸的椭方形口铜鍑的年代大体在公元前4世纪末，前者与中国北方地区出现C型铜鍑的年代大体相当，而后者要晚于中国北方地区出现C型铜鍑的年代。斯基泰文化分布的地域主要是在欧亚大陆西部的黑海北岸，与位于欧亚大陆草原地带东北端的中国北方地区相距甚远，在二者的中间地带，没有发现这种椭方形口铜鍑流布的线索。根据目前的资料尚不能提出中国北方地区的C型铜鍑是来源于斯基泰文化椭方形口铜鍑的认识，同样也不能由于斯基泰文化中的椭方形口铜鍑经历了耳的位置从短径两侧到长径两端、耳上三凸到无凸的变化，就认为产生这种变化的原因是由于受到中国北方地区C型铜鍑影响的结果。但是在斯基泰文化和中国北方地区都出现了这种具有特殊口部形态的铜鍑，似乎在提示着这两地间存在着某种形式的交流。如果事实确实如此，那么能够在这样一个广大的地域范围里完成这种交流的载体必然具有远距离流动的能力。

五

据不完全统计，在中国新疆地区的天山两侧，出土了十余件铜鍑，就已发现的材料看，部分铜鍑的形态同于中国北方地区的Aa型鍑，因此有研究者提出新疆地区的铜鍑是由王家村的AaⅠ式铜鍑向西传播而至的结果[71]。但是若将新疆地区铜鍑的形态、年代以及分布情况进行深入的分析，就会发现目前尚找不到能够说明新疆地区与中国北方地区发现的铜鍑之间存在着直接传播或影响的证据。

新疆地区没有见到北方地区那种明器化的Ab型鍑，同时也没有见到敛口，球形腹，口沿下有纵向铸缝的B型鍑，以及口部形态为椭方形的C型鍑。同时在新疆地区发现的一种敛口，深腹，尖圜底，腹部形态类似大半个枣核，环形耳有凸的实用铜鍑（图一三，9），亦不见于中国北方地区。而在新疆地区发现的与Aa型铜鍑形态相近者，耳均为环形，或大半环形（图一三，1～8），这一点也不见于北方地区铜鍑。

由于新疆地区出土的铜鍑大部分都缺乏共生器物，出土环境亦不清楚，从而很难对其年代作出明确的判断。而其中出于哈密地区巴里坤兰州湾子的铜鍑（图一三，1），因其出土环境明确，有共生器物，并有^{14}C测年数据，就成为讨论新疆地区铜鍑的年代以及其与北方地区铜鍑间关系的重要线索。铜鍑出于兰州湾子一石结构建筑遗址内底层，与之共出的有环首小铜刀、双耳鼓腹红陶罐、彩陶罐、陶锉、马、羊、鹿骨以及磨石和石球等，不见铁器。遗址底层的木炭经^{14}C测定，为距今3285±75年[72]。另外对巴里坤奎苏村一同样性质的遗址调查时采集的木炭所做的^{14}C年代测定，为距今2620±70年[73]。这两处遗址的原始资料均未发表，遗址内涵是否真正相同不得而知，但这两个遗址所做的^{14}C年代测定应该是提供了此类遗存存续年代的区间范围。兰州湾子遗址的铜鍑和木炭标本均出于该遗址的底层，因此其年代当在此类遗存年代跨度区间的偏早阶段。同时由于兰州湾子遗址经过正式发掘而未见铁器，其年代应该早

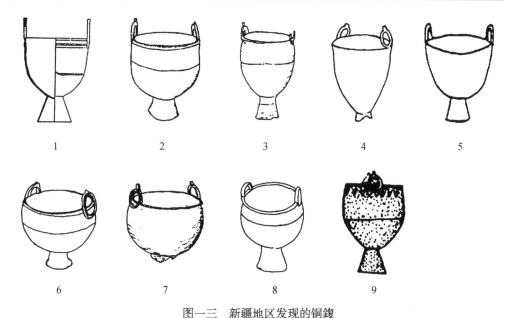

图一三 新疆地区发现的铜鍑

1. 巴里坤兰州湾子出土 2. 昌吉州奇台出土 3. 新源肖尔布拉克出土 4. 巴里坤红山农场出土
5. 巴里坤出土 6. 哈巴河铁热克提出土 7. 乌鲁木奇出土 8. 伊犁尼勒克出土 9. 巩留县出土

于新疆地区其他已经出土铁器的遗址的年代。新疆地区出土铁器的遗址中有9个遗址共做了69个标本的[14]C测年，经过对数据的分析与整理，这些遗址的年代大体上在距今3000～2000年[74]。由此兰州湾子遗址底层的年代应早于距今3000年，或在距今3000年前后，这个年代大体相当于中原地区的西周前期，早于北方地区年代最早的岐山王家村出土的AaⅠ式铜鍑。另外在北方地区与新疆地区之间，河套平原以西的河西走廊及其两侧，即甘肃西部、宁夏境内以及内蒙古西部，目前还不曾发现属于这一时期的铜鍑，即在中国北方地区与新疆地区之间，存在着一个铜鍑分布的空白地带。由于这些原因，仅根据目前对两地发现铜鍑的年代学的认识，既不能得出新疆地区的铜鍑是由北方地区传播而至的结论，认为北方地区出现的铜鍑是由新疆地区传播而来也是缺乏根据的。

六

在中国北方地区发现的铜鍑中，属于秦文化遗存或与秦文化有关的铜鍑，其时间仅限于两周之际到春秋前期，型制仅有A型。由于在较早的秦文化遗存中没有见到这种铜鍑，显然这些铜鍑不是秦文化中本来就有的器物，据上文的讨论，应该是来自北方文化，其出现的契机应与两周之际到春秋前期秦文化与北方文化的交往有关。这些铜鍑，或与青铜礼器共出，或铸有当时中原列国式青铜礼器流行的纹饰，到春秋前期又纳入秦文化青铜礼器明器化的大趋势中，这些现象表明秦文化在接受和使用这种来自北方文化的器物时，并没有注重其原有的作为炊器的实用功能，而是将其作为一种与青铜礼器具有同样功能的器物来使用。产生这种现象的原因之一可能是由于铜鍑在具有实用的炊器功能以外，原本就具有在祭祀时作为礼器的功能[75]，但同时也表明，秦文化本身并没有使用铜鍑实用炊器功能的需求。也许正是由于这样的原因，铜鍑并没有能在秦文化中长时间地存在，春秋后期，在秦文化中就见不到铜鍑的踪迹了。

七

本文讨论所得到的认识可以归纳为以下几点：

（1）在中国北方地区出现的铜鍑，可根据其腹部形态不同分为不同的类型，不同类型的铜鍑之间在形态上不存在演变或承袭的关系，在分布的空间和时间上也有所不同，因此不同类型的铜鍑当有各自的来源。

（2）Aa型铜鍑最早见于黄土高原的南缘，就目前材料看很有可能是起源于这一地区。不过在进入春秋时期以后，Aa型铜鍑受到秦晋文化的强烈影响，并最终以其明器化而得以在这一地区存延，从而也失去了其原本作为实用炊器的意义。B型铜鍑发现的数量少，存续时间短，难以对其进行进一步的分析和讨论。C型铜鍑由于具有与较早时期存在的A、B两型铜鍑完全不同的口部形态，以及它们在年代上存在的差距，很难认为它是由中国北方地区A、B两型铜鍑发展而来。不过在欧亚大陆草原地带西部黑海沿岸的斯基泰文化中，却发现同样具有椭方形口的铜鍑，为探讨C型鍑的源头，以及两地间是否存在着某种形式的交流，提供了线索。

（3）新疆地区出现的铜鍑，因其与中国北方地区出现的铜鍑在形态上存在着较大的区别，年代上也缺少可以说明问题的证据，因此目前还不能认定中国北方地区与新疆地区出现的铜鍑间存在着什么样的关系。

（4）秦文化中出现的铜鍑应是受到北方文化的影响而出现的，其缘起于两周之际秦文化与北方文化的交往，而这支北方文化很可能与文献记载中的"戎"有关。秦文化在使用铜鍑时，或饰之以与中原式青铜礼器同样的纹饰，或将之明器化，一方面表现出铜鍑原本可能就具有礼器的功能，另一方面也表明秦文化并不具有使用铜鍑原来作为实用炊器功能的需求。

注　释

[1]　苏秉琦：《关于考古学文化的区系类型问题》，《文物》1981年第5期。

[2]　此次展览的秦公诸器，是由甘肃省公安局在破获盗墓案件中追缴回收的器物，虽然不是出自科学发掘，但由于其出土地点明确，当为秦公墓地的随葬器物，只是不能确知出自哪一个墓葬。

［3］ 在"全国考古发现精品展"中展出的此件铜鍑未被收录于展览图录中。李学勤先生曾于1998年就此件铜鍑撰文，文中未附图片，后日本学者秋山進午于2000年3月在日本发表了在参观展览时拍摄的此件铜鍑的照片，而后李永平先生于2000年12月于"甘肃省博物馆系统所藏青铜器选介"一文中，介绍了一件据传出于礼县的铜鍑，并发表彩照。由于秋山進午先生所拍照片与李永平发表的照片拍摄角度不同，仅凭照片观察并不清楚两张照片所摄是否为一件器物。后经中国历史博物馆佟伟华先生帮助获得"全国考古发现精品展"中展出铜鍑的照片，与李永平文中所发表的照片相同，因此可知李永平文中所提到的铜鍑即在"全国考古发现精品展"中展出的铜鍑。相关文献如下：李学勤：《论甘肃礼县铜鍑》，《远望集》，陕西人民美术出版社，1998年；秋山進午：《秦公墓発見と秦国初期都邑》，《遊牧民と農耕民の文化接触による中国文明形成過程の研究》，九州大学文学部考古学研究室，2000年；李永平：《甘肃省博物馆系统所藏青铜器选介》，《文物》2000年第12期。

［4］ 中国北方地区在汉代以后的匈奴和鲜卑遗存中亦出现有铜鍑，因其墓主人有明确的族群归属，其形制亦与先秦时期铜鍑存在着明显差别，因此不在本文讨论之列。

［5］ 水野清一、江上波夫：《内蒙古·长城地带》，《东方考古学丛刊》（乙种第一册），1935年；梅原末治：《古代北方系文物の研究》，星野书店，1938年。

［6］ 顾智界：《鄂尔多斯式铜（铁）釜的形态分析》，《北方文物》1986年第3期。

［7］ 高浜秀：《中国の鍑》，《草原考古通信》1994年第4期。

［8］ M.Erdy. Hun and Xiongnu Type Cauldron Finds Throughout Eurasia, Eurasian Student Yearbook, Continuation of Fortsetzung der Uarl-Altaische Jahrbcher/Uarl-Altaic Yearbook67, Berlin\Bloomington\London\Paris\Toronto, 1995, 1–94.

［9］ 顾智界：《鄂尔多斯式铜（铁）釜的形态分析》，《北方文物》1986年第3期；刘莉：《铜鍑考》，《考古与文物》1987年第3期。

［10］ 冯恩学：《中国境内的北方系东区青铜釜研究》，《青果集》，知识出版社，1993年；郭物：《青铜鍑起源初论》，《青年考古学家》1998年第10期；郭物：《青铜鍑在欧亚大陆的初传》，《欧亚学刊》（第一辑），中华书局，1999年。

［11］ 顾智界：《鄂尔多斯式铜（铁）釜的形态分析》，《北方文物》1986年第3期；高浜秀：《中国の鍑》，《草原考古通信》1994年第4期。

［12］ 水野清一、江上波夫：《内蒙古·长城地带》，《东方考古学丛刊》（乙种第一册），1935年；冯恩学：《中国境内的北方系东区青铜釜研究》，《青果集》，知识出版社，1993年。

［13］ 郭物：《青铜鍑在欧亚大陆的初传》，《欧亚学刊》（第一辑），中华书局，1999年。

［14］ M.Erdy. Hun and Xiongnu Type Cauldron Finds Throughout Eurasia, Eurasian Student Yearbook, Continuation of Fortsetzung der Uarl-Altaische Jahrbcher/Uarl-Altaic Yearbook67, Berlin\Bloomington\London\Paris\Toronto, 1995, 1–94.

［15］ 雪嶋宏一：《スキタイの鍑》，《草原考古通信》1995年第6期。

［16］ 庞文龙、崔玫英：《岐山王家村出土青铜器》，《文博》1989年第1期。

［17］ 東京国立博物館：《大草原の騎馬民族》，東京国立博物館，1997年。

［18］ 水野清一、江上波夫：《内蒙古·长城地带》，《东方考古学丛刊》（乙种第一册），1935年。

［19］ 王长启：《西安市文管会藏鄂尔多斯青铜器及其特征》，《考古与文物》1991年第4期。

［20］ 王长启：《西安市文管会藏鄂尔多斯青铜器及其特征》，《考古与文物》1991年第4期。

［21］ 北京市文物管理委员会：《北京延庆县西拨子村窖藏铜器》，《考古》1979年第3期。

［22］ 高次若、王桂枝：《宝鸡县甘峪发现一座春秋早期墓葬》，《文博》1988年第4期。

［23］ 陕西省雍城考古队：《一九八二年凤翔雍城秦汉遗址调查简报》，《考古与文物》1984年第2期。

［24］ 山西省考古研究所：《1976年闻喜上郭村周代墓葬清理记》，《三晋考古》（第一辑），山西人民出版社，1994年。

［25］ 但不排除其制造年代可能早于两周之际，或可早到西周晚期。

［26］ 庞文龙、崔玫英：《岐山王家村出土青铜器》，《文博》1989年第1期。

［27］ 郭物：《青铜鍑起源初论》，《青年考古学家》1998年第10期。

［28］ 李永平：《甘肃省博物馆系统所藏青铜器选介》，《文物》2000年第12期。

［29］ 李学勤：《论甘肃礼县铜鍑》，《远望集》，陕西人民美术出版社，1998年。

［30］ 王长启：《西安市文管会藏鄂尔多斯青铜器及其特征》，《考古与文物》1991年第4期。

［31］ 刘莉：《铜鍑考》，《考古与文物》1987年第3期。

［32］ 赵丛苍：《凤翔出土一批春秋战国文物》，《考古与文物》1991年第2期。

［33］ 山西省考古研究所：《上马墓地》，文物出版社，1994年。

［34］ 赵慧民等：《山西临猗县程村两座东周墓》，《考古》1991年第11期。

［35］ 山西省考古研究所、太原市文物管理委员会：《太原晋国赵卿墓》，文物出版社，1996年。

［36］ 河北省文物研究所：《河北新乐中同村发现战国铜器》，《文物》1985年第6期。

［37］ 李学勤、艾兰：《最新出现的秦公壶》，《中国文物报》1994年10月30日第3版；李学勤：《探索秦国的发祥地》，《中国文物报》1995年2月19日第3版；韩伟：《论甘肃礼县出土的秦金箔饰片》，《文物》1995年第6期；陈昭容：《谈新出秦公壶的时代》，《考古与文物》1995年第4期；白光琦：《秦公壶应为东周初期器》，《考古与文物》1995年第4期；李朝远：《上海博物馆新获秦公器研究》，《上海博物馆集刊》（第七期），上海书画出版社，1996年；陈平：《浅谈礼县秦公墓地遗存与相关问题》，《考古与文物》1998年第5期；王辉：《也谈礼县大堡山秦公墓地及其铜器》，《考古与文物》1998年第5期；祝中熹：《大堡子山秦西陵墓主及其他》，《陇右文博》1999年第1期；戴春阳：《礼县大堡子山秦公墓地及有关问题》，《文物》2000年第5期。

［38］ 陕西省文物管理委员会：《陕西宝鸡阳平镇秦沟村秦墓发掘记》，《考古》1965年第7期。

［39］　山西省考古研究所：《上马墓地》，文物出版社，1994年。

［40］　赵慧民等：《山西临猗县程村两座东周墓》，《考古》1991年第11期。

［41］　朱凤瀚：《古代中国青铜器》，南开大学出版社，1995年，981、993页。

［42］　卢桂兰：《榆林地区收藏的部分匈奴文物》，《文博》1988年6期。

［43］　M.Erdy. Hun and Xiongnu Type Cauldron Finds Throughout Eurasia, Eurasian Student Yearbook, Continuation of Fortsetzung der Uarl-Altaische Jahrbcher/Uarl-Altaic Yearbook67, Berlin\ Bloomington\London\Paris\Toronto, 1995, 1–94.

［44］　靳枫毅：《军都山玉皇庙墓地的特征及其族属问题》，《苏秉琦与当代中国考古学》，科学出版社，2001年。

［45］　卢桂兰：《榆林地区收藏的部分匈奴文物》，《文博》1988年第6期。

［46］　Emmac.Bunker. ANCIENT BRONZES OF THE EASTERN EURASLAN STEPPES. Published by THE ARTHUR M.SACKLER FOUNDATION, Distributed by Harry N.Abrams, Incm, Publishers, 1997.

［47］　M.Erdy. Hun and Xiongnu Type Cauldron Finds Throughout Eurasia, Eurasian Student Yearbook, Continuation of Fortsetzung der Uarl-Altaische Jahrbcher/Uarl-Altaic Yearbook67, Berlin\ Bloomington\London\Paris\Toronto, 1995, 1–94.

［48］　河北省文化局文物工作队：《行唐县李家庄发现战国铜器》，《文物》1963年第4期。

［49］　此件器物仅见于M.Erdy的论文中，是作者根据照片画出的。

［50］　靳枫毅：《军都山山戎文化墓地葬制与主要器物特征》，《辽海文物学刊》1991年第1期；靳枫毅：《军都山玉皇庙墓地的特征及其族属问题》，《苏秉琦与当代中国考古学》，科学出版社，2001年。

［51］　靳枫毅：《军都山玉皇庙墓地的特征及其族属问题》，《苏秉琦与当代中国考古学》，科学出版社，2001年。

［52］　靳枫毅、王继红：《山戎文化所含燕与中原文化因素之分析》，《考古学报》2001年第1期。

［53］　山西省考古研究所：《上马墓地》，文物出版社，1994年。

［54］　朱凤瀚：《古代中国青铜器》，南开大学出版社，1995年，992页。

［55］　卢桂兰：《榆林地区收藏的部分匈奴文物》，《文博》1988年第6期。

［56］　姬乃军：《延安地区文管会收藏的匈奴文物》，《文博》1989年第4期。

［57］　王长启：《西安市文管会藏鄂尔多斯青铜器及其特征》，《考古与文物》1991年第4期。

［58］　王长启：《西安市文管会藏鄂尔多斯青铜器及其特征》，《考古与文物》1991年第4期。

［59］　M.Erdy. Hun and Xiongnu Type Cauldron Finds Throughout Eurasia, Eurasian Student Yearbook, Continuation of Fortsetzung der Uarl-Altaische Jahrbcher/Uarl-Altaic Yearbook67, Berlin\ Bloomington\London\Paris\Toronto, 1995, 1–94.

［60］　杨建华：《春秋战国时期中国北方文化带的形成》，吉林大学博士学位论文，2001年。

［61］　郭物：《青铜鍑在欧亚大陆的初传》，《欧亚学刊》（第一辑），中华书局，1999年。

［62］　与闻喜上郭村76M1同在一个墓地的上郭76M4，亦为长方形土坑竖穴墓，直肢葬，随葬鼎、
　　　　簋、盘、匜、舟等青铜礼器各1件，陶鬲1件，以及石圭、蚌饰等。所出青铜礼器的器类组
　　　　合、形制以及纹饰均同于三晋地区同时期的同类器物，陶鬲亦是三晋地区最常见的形制，其
　　　　所出铜鼎的鼎耳作绞索状，其上有圆柱形凸起，表现出北方地区Aa型铜鍑鍑耳的特点。显
　　　　然该墓是以中原地区文化为主，在制造中原式青铜礼器鼎的同时，融合进一些北方地区文化
　　　　因素，这种受到北方地区古代文化影响的表现形式应与不出中原式青铜礼器的闻喜上郭村
　　　　76M1有所不同。

［63］　M.Erdy. Hun and Xiongnu Type Cauldron Finds Throughout Eurasia, Eurasian Student Yearbook,
　　　　Continuation of Fortsetzung der Uarl-Altaische Jahrbcher/Uarl-Altaic Yearbook67, Berlin\
　　　　Bloomington\London\Paris\Toronto, 1995, 1-94.

［64］　雪嶋宏一：《スキタイの鍑》，《草原考古通信》1995年第6期。

［65］　郭物：《青铜鍑在欧亚大陆的初传》，《欧亚学刊》（第一辑），中华书局，1999年。

［66］　郭物：《青铜鍑在欧亚大陆的初传》，《欧亚学刊》（第一辑），中华书局，1999年。

［67］　M.Erdy. Hun and Xiongnu Type Cauldron Finds Throughout Eurasia, Eurasian Student Yearbook,
　　　　Continuation of Fortsetzung der Uarl-Altaische Jahrbcher/Uarl-Altaic Yearbook67, Berlin\
　　　　Bloomington\London\Paris\Toronto, 1995, 1-94；郭物：《青铜鍑在欧亚大陆的初传》，《欧亚
　　　　学刊》（第一辑），中华书局，1999年。

［68］　李学勤：《师同鼎初探》，《文物》1983年第6期。

［69］　山宅俊彦：《中国古代北方系青铜器文化的研究》，《文学研究科》（6），1999年；杨建
　　　　华：《春秋战国时期中国北方文化带的形成》，吉林大学博士学位论文，2001年。

［70］　雪嶋宏一：《スキタイの鍑》，《草原考古通信》1995年第6期。

［71］　郭物：《青铜鍑在欧亚大陆的初传》，《欧亚学刊》（第一辑），中华书局，1999年。

［72］　王炳华、伊弟利斯·阿不都、邢开鼎：《巴里坤县兰州湾子三千年前石构建筑遗址》，《中
　　　　国考古学年鉴·1985》，文物出版社，1985年。

［73］　王炳华：《丝绸之路考古研究》，新疆人民出版社，1996年。

［74］　陈戈：《关于新疆地区的青铜时代和早期铁器时代》，《考古》1990年第4期。

［75］　M.Erdy. Hun and Xiongnu Type Cauldron Finds Throughout Eurasia, Eurasian Student Yearbook,
　　　　Continuation of Fortsetzung der Uarl-Altaische Jahrbcher/Uarl-Altaic Yearbook67, Berlin\
　　　　Bloomington\London\Paris\Toronto, 1995, 1-94；郭物：《青铜鍑在欧亚大陆的初传》，《欧亚
　　　　学刊》（第一辑），中华书局，1999年。

［原刊于《边疆考古研究》（第1辑），科学出版社，2002年］

玉皇庙墓地出土的直刃匕首式短剑研究

玉皇庙墓地位于冀北山地延庆盆地的北缘，与葫芦沟、西梁垙[1]同属于军都山墓地，1981年因老乡取土而发现，1986年开始由北京市文物研究所对其进行了全面的发掘，历经六年，共发现东周时期墓葬400座[2]。由于在军都山的几处墓地中以玉皇庙墓地规模最大，所含墓葬类别最多，出土的随葬器物也最为丰富，后发掘者以玉皇庙墓地发掘资料为基础，归纳出冀北山地一带含直刃匕首式青铜短剑文化遗存的一般特点，将其命名为"玉皇庙文化"[3]。玉皇庙墓地出土了玉皇庙文化最具代表性的遗存——直刃匕首式短剑86件，是该文化中出土此类短剑数量最多的地点，且形制丰富，为研究玉皇庙文化的直刃匕首式短剑提供了非常重要的资料基础。

原报告根据剑首、剑柄与剑格的差异特点将该墓地所出短剑划分为不同的型式，并对各型短剑的年代进行了说明，在此基础上，对各型短剑各部位的形制、纹饰、大小等按年代分别进行了详尽的统计，为直刃匕首式短剑的研究提供了非常好的基础。下文即是在此基础上，对玉皇庙墓地出土的直刃匕首式短剑在类型划分、年代、不同类型的短剑在墓地中的分布、随葬青铜短剑墓葬的整体状况等问题，做进一步的探讨。

一、类型学研究

玉皇庙墓地出土的86件直刃匕首式短剑均为实用武器。原报告根据剑首、剑柄与剑格的差异特点将86件短剑划分为Ⅰ～ⅩⅧ共18型[4]，后朱凤瀚先生在《中国青铜器综论》中，对玉皇庙墓地出土的短剑重新进行分类，共分为A～H共8型20亚型[5]，其结果与原报告不尽相同。笔者认为朱凤瀚先生对于短剑的分类更为合理，只是对于部分短剑的类别尚可进行调整。下文将在原报告和朱凤瀚先生对短剑分类的基础上，对玉皇庙墓地出土的直刃匕首式短剑进行类型学的讨论。

玉皇庙出土的直刃匕首式短剑在剑首、剑柄、剑格以及剑身等各方面都存在着一定的差异，剑身作为短剑的使用部位，其不同应与其使用功能的改进有关，而剑首、剑柄和剑格的变化更多是具有装饰效果，因此可以将剑首、剑柄和剑格的变化作为分型的依据，同时由于剑首、剑柄和剑格三个部位的形制、花纹的变化往往互相呼应，而剑首为最突出和明显者，因此本文以剑首的差异作为对玉皇庙墓地出土直刃匕首式短剑进行类型划分的根据，并根据剑柄、剑格等部位的差异程度酌情进行亚型的划分。

A型，半圆形剑首，4件。M18：8、M300：2、M384：2和M13：2。剑首和剑柄饰变形动物纹或几何纹，剑柄一侧有穿，剑格为兽面纹，兽面之双耳多下卷，吻部朝向剑身呈吞剑状，剑身中部无凸起的中脊，横剖面呈扁菱形（图一，1~4）。

B型，镂空扁球体剑首，6件。圆柱柄多有棱，柄中部有一周带棱箍，箍侧有一穿，剑格形制与A形相近，为上卷耳的兽面，吻部亦朝向剑身呈吞剑状。其中

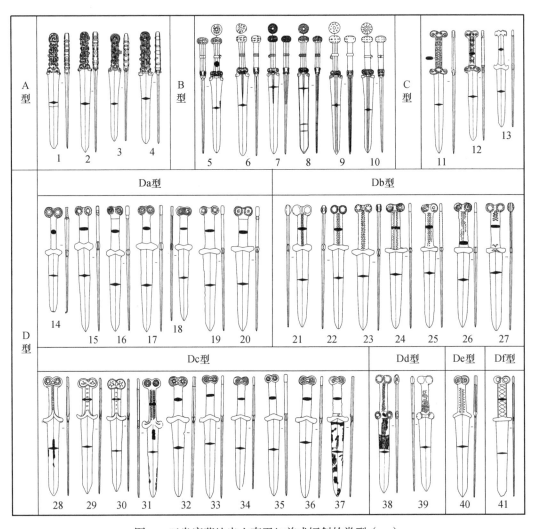

图一　玉皇庙墓地出土直刃匕首式短剑的类型（一）

A型　1. M18：8　2. M300：2　3. M384：2　4. M13：2　B型　5. M227：2　6. M52：2　7. M7：2　8. M17：2
9. M102：2　10. M386：2　C型　11. M250：7　12. M54：2　13. M230：2　Da型　14. M190：2　15. M82：2
16. M11：2　17. M385：2　18. M275：2　19. M57：2　20. M36：2　Db型　21. M295：2　22. M261：2
23. M86：2　24. M179：2　25. M188：2　26. M70：2　27. M158：2　Dc型　28. M46：2　29. M34：2
30. M142：2　31. M143：2　32. M51：2　33. M71：2　34. M213：2　35. M333：2　36. M151：2
37. M74：2　Dd型　38. M48：2　39. M210：2　De型　40. M22：2　Df型　41. M19：2

M227：2，剑身无脊（图一，5）。M52：2、M7：2和M17：2，剑身近格处近三分之一段有脊（图一，6~8）。M102：2和M386：2，剑身通脊（图一，9、10）。

C型，下弯羊角形剑首，3件。M250：7、M54：2和M230：2。柄或饰几何纹，或素面，剑格呈上翘羊角形，剑身无脊（图一，11~13）。

D型，双圆剑首，28件。剑身均无脊，根据剑柄和剑格的形制特点可进一步分为六个亚型。

Da型，剑柄素面，剑格为双翅形，共7件。M190：2、M82：2、M11：2、M385：2、M275：2、M57：2和M36：2（图一，14~20）。

Db型，剑柄有几何形纹，剑格同Da型，共7件。M295：2、M261：2、M86：2、M179：2、M188：2、M70：2和M158：2（图一，21~27）。

Dc型，剑格为人字形或"Λ"形，共10件。

其中M46：2、M34：2和M142：2，剑柄有几何纹，剑格为人字形（图一，28~30）。M143：2，剑柄有几何纹，剑格为"Λ"形，两端上翘明显（图一，31）。M51：2、M71：2、M213：2、M333：2、M151：2和M74：2，剑柄素面，剑格为"Λ"形（图一，32~37）。

Dd型，剑格为双圆鼓形，2件。M48：2和M210：2（图一，38、39）。

De型，剑格为半弧形，柄饰几何纹，1件。M22：2（图一，40）。

Df型，剑格为一字形，剑柄饰几何纹，1件。M19：2（图一，41）。

E型，圆平剑首，剑柄素面，剑身起脊，共7件。M32：2和M281：2，剑首类菌状上平，剑柄一侧有一穿，无格（图二，1、2）。M83：2、M148：2、M314：1、M199：2和M303：2，剑首平，中部下凹，柄无穿，剑格为菱形台面（图二，3~7）。

F型，椭圆形镂空几何纹剑首，剑柄饰三列几何纹，共5件。M247：2，剑格为"Λ"形，剑身无脊（图二，8）。M182：2、M257：2和M236：2，一字形格，剑身无脊（图二，9~11）。M61：2，一字形格，剑身起脊（图二，12）。

G型，圆环剑首，剑柄多素面，剑身均无脊。根据剑格形状不同可分为三个亚型。

Ga型，剑格为双翅形，1件。M226：2（图二，13）。

Gb型，剑格为"Λ"形，3件。M186：2、M117：2和M108：2（图二，14~16）。

Gc型，剑格为一字形，1件。M212：2（图二，17）。

H型，椭圆形内饰动物纹剑首，剑柄饰动物纹或几何纹，"Λ"形剑格，两端上翘。根据剑柄所饰纹饰不同可分为两个亚型。

Ha型，剑柄饰一列或两列动物纹，3件。M124：2、M145：2和M174：2（图二，18~20）。

Hb型，剑柄两侧起棱，棱上饰斜线纹，中部下凹，或饰几何形纹饰，或有三角形镂孔，或素面，3件。M209：2、M156：2和M175：2（图二，21~23）。

I型，双环剑首，中有一向下蛇头，剑身均无脊。根据剑柄纹饰和剑格的不同可分

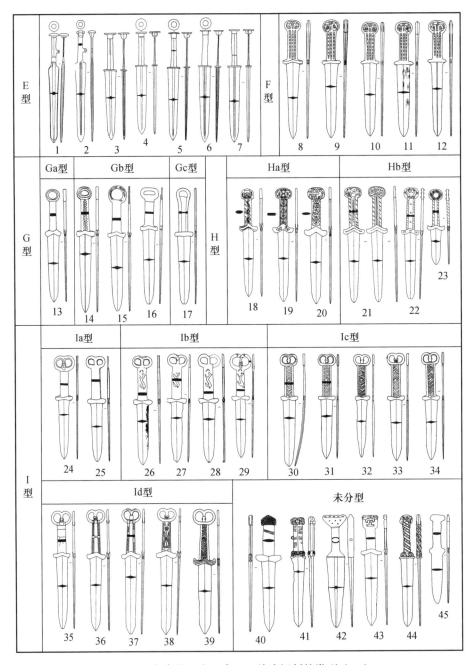

图二　玉皇庙墓地出土直刃匕首式短剑的类型（二）

E型　1. M32：2　2. M281：2　3. M83：2　4. M148：2　5. M314：1　6. M199：2　7. M303：2　F型　8. M247：2
9. M182：2　10. M257：2　11. M236：2　12. M61：2　Ga型　13. M226：2　Gb型　14. M186：2　15. M117：2
16. M108：2　Gc型　17. M212：2　Ha型　18. M124：2　19. M145：2　20. M174：2　Hb型　21. M209：2
22. M156：2　23. M175：2　Ia型　24. M160：2　25. M334：2　Ib型　26. M129：2　27. M168：2　28. M111：2
29. M105：2　Ic型　30. M164：2　31. M161：2　32. M348：2　33. M349：2　34. M370：2　Id型　35. M134：2
36. M131：2　37. M171：2　38. M122：2　39. M344：2　未分型　40. M264：2　41. M234：2　42. M41：2
43. M95：2　44. M224：2　45. M373：2

为四个亚型。

Ia型，剑柄无纹饰，剑格为双翅形，2件。M160∶2和M334∶2（图二，24、25）。

Ib型，剑柄饰一横向犬纹，剑格为双翅形，4件。M129∶2、M168∶2、M111∶2和M105∶2（图二，26~29）。

Ic型，剑柄饰相向"∧"形纹，双翅形剑格，5件。M164∶2、M161∶2、M348∶2、M349∶2和M370∶2（图二，30~34）。

Id型，剑柄饰动物纹或几何纹，"∧"形剑格，5件。M134∶2、M131∶2、M171∶2、M122∶2和M344∶2（图二，35~39）。

本文对玉皇庙墓地出土直刃匕首式短剑所划分的类型与原报告以及朱凤瀚先生所划类型的对应关系见表一。

表一　不同类型短剑对应表

本文类型		数量	原报告类型	朱书类型	原报告年代	朱书年代
A（半圆形剑首）		4	V	A	春秋早期	春秋中期
B（镂空扁球体剑首）		6	Ⅳ/Ⅰ、Ⅳ/Ⅱ、Ⅳ/Ⅲ	Ba、Bb	春秋早中期、春秋中期	春秋中期
C（下弯羊角形剑首）		3	Ⅵ	未分型式	春秋早中期、春秋中期	
D（双圆剑首）	Da	7	Ⅰ/Ⅲ、Ⅰ/Ⅳ、Ⅰ/Ⅴ、Ⅸ/Ⅰ	Da、Db	春秋早期、春秋早中期、春秋中期、春秋中晚期	春秋中期偏晚
	Db	7	Ⅰ/Ⅲ、ⅩⅢ/Ⅰ	CaⅠ、CaⅡ、Da	春秋中期、春秋中晚期、春秋晚期前段	春秋中期偏晚、春秋晚期
	Dc	10	Ⅲ、Ⅸ/Ⅱ、Ⅸ/Ⅲ、Ⅸ/Ⅳ	DdⅠ、DdⅡ、De、Df	春秋早期、春秋中期、春秋晚期前段	春秋中期偏晚、春秋中期偏晚—春秋晚期
	Dd	2	ⅩⅢ/Ⅱ	CbⅠ、CbⅡ	春秋中期、春秋晚期前段	春秋中期偏晚、春秋晚期
	De	1	Ⅰ/Ⅰ	Dc	春秋早期	春秋中期偏早
	Df	1	Ⅰ/Ⅱ	未分型式	春秋早期	
E（圆平剑首）		7	Ⅱ/Ⅰ、Ⅱ/Ⅱ	Ea、Eb	春秋早期、春秋早中期、春秋中晚期、春秋晚期前段	春秋中期、春秋中期偏晚
F（椭圆形镂空几何纹剑首）		5	ⅩⅡ/Ⅰ、ⅩⅡ/Ⅱ	Ga、GbⅠ	春秋中期、春秋晚期前段、春秋中晚期	春秋中期偏晚春秋中期偏晚—春秋晚期

续表

本文类型		数量	原报告类型	朱书类型	原报告年代	朱书年代
G（圆环剑首）	Ga	1	Ⅷ/Ⅰ	Fa	春秋早中期	春秋中期偏早
	Gb	3	Ⅷ/Ⅲ、Ⅷ/Ⅳ、Ⅷ/Ⅴ	FbⅠ、FbⅡ	春秋中晚期、春秋晚期前段	春秋中期偏晚、春秋晚期偏早
	Gc	1	Ⅷ/Ⅱ	未分型式	春秋中晚期	
H（椭圆形内饰动物纹剑首）	Ha	3	ⅩⅣ/Ⅱ、Ⅲ	GbⅡ	春秋晚期前段、春秋晚期后段	春秋晚期
	Hb	3	ⅩⅣ/Ⅱ、ⅩⅦ	GbⅡ	春秋晚期前段、春秋晚期后段	春秋晚期
I（双环蛇形首）	Ia	2	ⅩⅥ/Ⅰ	Hc	春秋晚期后段	春秋晚期
	Ib	4	ⅩⅥ/Ⅰ	Hc	春秋晚期前段、春秋晚期后段	春秋晚期
	Ic	5	ⅩⅥ/Ⅲ	Hc	春秋晚期后段	春秋晚期
	Id	5	ⅩⅥ/Ⅱ、ⅩⅥ/Ⅳ	Ha、Hb	春秋晚期前段、春秋晚期后段	春秋晚期

　　除了上述A~I九型以外，还有6件短剑因形制较为特殊不能进行类型的划分[6]。

　　M264：2，圭形剑首，剑柄素面，双翅形格，剑身无脊。原报告所分的Ⅶ型（图二，40）。

　　M234：2，云朵形剑首，柄有几何纹，一侧有一穿，剑格同A型，为兽面纹，吻部朝向剑身呈吞剑状，剑身无脊。原报告所分Ⅹ型（图二，41）。

　　M41：2，喇叭形剑首，剑柄中空，无格，剑身有中脊。原报告所分的Ⅺ型（图二，42）。

　　M95：2，剑首为两熊对吻，剑柄素面，"Λ"形剑格，剑身无脊。原报告所分的ⅩⅣ型（图二，43）。

　　M224：2，半圆形剑首饰倒置相向鸟喙，剑柄斜向旋转凹槽，间饰凸点纹，一字形格，格上有类兽面。剑身无脊。原报告所分的ⅩⅤ型（图二，44）。

　　M373：2，椭角长方首，剑首、剑柄与格间均无明显界限，剑身无脊，剑锋无刃，制作粗糙。原报告分为ⅩⅧ型（图二，45）。

二、年代的讨论

　　通过表一可知原报告将玉皇庙墓地出土的各型式短剑大致分为六段，其对应的年代分别是春秋早期、春秋早中期、春秋中期、春秋中晚期、春秋晚期早段、春秋晚期晚段，这与报告对玉皇庙墓地划分的期段相对应，即玉皇庙墓地分为三期，第一期为春秋早期至春秋早中期，进一步划分为春秋早期和春秋早中期两段；第二期为春秋中期到春秋中晚期，进一步划分为春秋中期和春秋中晚期两段；第三期为春秋晚期，进一步划分为春秋晚期早段和春秋晚期晚段[7]。这种对于各期段绝对年代的表述不仅较为宽泛，而且存在着一定的问题，如其第一期晚段为"春秋早中期"，即已包括春秋中期，第二期的年代却为春秋中期；第二期晚段为"春秋中晚期"，其中已包括春秋晚期，而第三期的年代却为春秋晚期。即其所分三期的绝对年代间存在交叉，从而使得其分期及各段的年代具有相当的不确定性[8]。

目前对于玉皇庙墓地年代的讨论，主要涉及两方面的材料。

第一，玉皇庙墓地的地层堆积提供了判断不同区域的墓葬间相对年代的基础。

已发掘的玉皇庙墓地可分为东、西两大区域。东部墓葬在平面分布上连绵不断，但其北半部的墓葬均被泥石流堆积叠压，南半部的墓葬则全部打破泥石流堆积层，原报告据此将其分为北区和南区。然后根据地势、面积的大小和墓葬数量的多寡分别将北区划分为北Ⅰ区和北Ⅱ区[9]，南区进一步划分为南区北、南区中和南区南。西部隔淤沙滩和玉海公路在东部墓区以西近800米处，亦打破泥石流堆积层，原报告将其称为西区。而西区由于面积不大，墓葬数量较少，年代集中，没有进一步细分。这样玉皇庙墓地在层位关系上北区墓葬早于南区、西区墓葬，而整个墓地大体表现出由北向南由早及晚的年代分布规律。

若进一步观察墓地分布图可知，北Ⅰ区和北Ⅱ区东西并列，其北部相连，南部因现代取土坑而分隔，从取土坑的东西两侧都有墓葬分布看，很可能现在作为北Ⅰ区和北Ⅱ区分界线的取土坑处原来也有墓葬分布，若此北Ⅰ区和北Ⅱ区的墓葬在分布上应是连续的。另外，北Ⅱ区和南区南北相连，两区的墓葬在墓葬习俗以及随葬器物等各方面都没有明显的差别，反而表现出很强的延续性；同时北Ⅱ区南端与南区北端的墓葬分布在空间上也没有出现明显的空白地带，而是连绵不断。这种现象说明泥石流并没有给玉皇庙墓地的发展带来断裂，北Ⅱ区南端与南区北端的墓葬在年代上也应该是连续的。

第二，部分墓葬随葬了中原式青铜礼器，为对这些墓葬进行绝对年代的判断提供了一定的基础。

由于玉皇庙墓地随葬的陶器大多为夹砂红褐陶罐，均为手工制作，形制多不规整，给对其进行类型学排比和依据陶器进行分期以及绝对年代的判断都带来较大的困难。因此目前对玉皇庙墓地进行绝对年代判断的主要方法是通过将该墓地出土的中原式青铜礼器与中原地区流行的同类器物进行对比，从而对随葬有这类器物的墓葬的绝对年代作出间接的判断，并进而对整个墓地的年代进行推测。

朱凤瀚先生在对玉皇庙墓地出土的青铜短剑重新划分型式的基础上，重点讨论了M18、M250、M156、M171和M174等共出有中原式青铜礼器的墓葬，认定M18为春秋中期中晚叶、M250为春秋中期晚叶、M156为春秋晚期偏早，M171和M174为春秋晚期。

然后参考各型式短剑在墓地中的出土位置，对各型式青铜短剑的使用年代进行了归纳，大体分为春秋中期偏早、春秋中期偏晚和春秋晚期，并对玉皇庙墓地各墓区的年代进行了归纳，即北Ⅰ区为春秋中期偏早至偏晚，北Ⅱ区为春秋中期偏晚，南区和西区均为春秋晚期[10]。

　　笔者认为朱凤瀚先生对于青铜短剑年代的判断摈除了原报告中对于年代表述的不确定性，也赞同其将原报告认定为春秋早期的青铜短剑的年代下拉至春秋中期的观点，只是对其中个别墓葬年代和墓地年代的判断稍有不同。

　　关于玉皇庙墓地M18的年代，笔者曾撰《中国北方地区两周时期铜鍑的再探讨》，在讨论该墓所出铜鍑的年代时，将该墓所出中原式青铜礼器与中原地区所出同类器物进行对比后，指出玉皇庙M18的年代最早也是在春秋中期晚段[11]。玉皇庙M250共出中原式青铜礼器无盖罍、鍪各1件，中原地区随葬有与该墓同样形制无盖罍的墓葬如洛阳体育场路西M8832：7[12]等，年代大体在春秋中期晚段；而该墓所出铜鍪，与中原地区春秋中期晚段到春秋晚期早段流行的铜鍪相比，其腹部较浅，根据中原地区东周时期铜鍪腹部由深至浅的变化规律，M250所出年代应偏晚，大体在春秋晚期早段。这种同墓中随葬的中原式青铜礼器年代不同的现象在玉皇庙墓地乃至玉皇庙文化的墓葬中并不是孤例，很可能是墓主人得到这些中原式青铜礼器的途径并不完全相同[13]。M156、M171和M174都随葬有铜鍪，其中M171所出为单环耳鍪，形制与M18所相近，唯腹部稍浅，其年代应较M18稍晚，大体在春秋晚期早段前后。玉皇庙M156和M174所出铜鍪形制相同，敛口，腹甚浅呈扁鼓状，中原地区具有类似腹部形态的铜鍪见于洛阳中州路北M535：4[14]，后者年代在春秋晚期晚段[15]，因此M156和M174的年代大体可到春秋晚期晚段。

　　上述可据共出中原式青铜礼器判断年代的墓葬中，年代最早的M18分布在北Ⅰ区，正如朱凤瀚先生指出，在北Ⅰ区还有一些墓葬分布在较M18更北的地方，其中不乏随葬有青铜短剑者，如M17、M19、M22和M295，不排除其中有些墓葬的年代可以更早。M250分布在北Ⅱ区，其年代为春秋晚期早段，由于上述提到的原因，即北Ⅰ区和北Ⅱ区的墓葬在分布上应是连续的，因此北Ⅱ区部分墓葬的年代也可能会早到春秋中期晚段。分布在南区中部的M171年代为春秋晚期早段，而分别分布在南区中部和南区南部的M156和M174，年代则为春秋晚期晚段。但是在M174的南侧还分布有一些墓葬，其中也有随葬青铜短剑者，如M344、M348、M349、M373和M370等，也不排除其年代可能较M156、M174更晚。因此上文对共出有中原式青铜礼器的墓葬年代的判断，很可能并不能代表玉皇庙墓地出土青铜短剑年代的全部，同样也不能代表玉皇庙墓地的全部延续时间，但也不会与上述年代相差太远。即玉皇庙墓地所出青铜短剑的年代上限很可能会早到春秋中期早段，而其下限则可能到春秋战国之际，玉皇庙墓地的年代当与之相当。

综上，玉皇庙墓地各墓区的年代大体如下，北Ⅰ区的年代主要为春秋中期晚段，部分墓葬的年代可早到春秋中期早段，北Ⅱ区的年代从春秋中期晚段到春秋晚期早段，南区的年代从春秋晚期早段到春秋战国之际，西区的年代与南区相当。由于西区距离主墓区太远，若暂不考虑西区，观察北Ⅰ区、北Ⅱ区和南区在空间位置上的关系，可知玉皇庙墓地的埋葬顺序，从北Ⅰ区至北Ⅱ区的大部，大体上是由东向西由早及晚，后在北Ⅱ区的南部开始转向南发展，一直到南区，表现出由北向南年代愈晚的发展趋势（图三）。

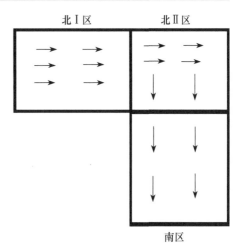

图三　玉皇庙墓地埋葬顺序示意图

三、各类型短剑的分布

玉皇庙墓地所出各类型青铜短剑的分布，可从以下三个方面进行考察。

1. 随葬各类型短剑的墓葬在不同墓区的分布

表二为本文所分各类型短剑在玉皇庙各墓区的分布。从表二可以看出，A型（半圆形剑首）、B型（镂空扁球体剑首）、C型（下弯羊角形剑首），以及Da型（双圆剑首，素面剑柄，双翅形剑格）的短剑共20件只发现于北区，H型（椭圆形内饰动物纹首）和Ⅰ型（双环蛇形首）短剑共22件只分布于南区，其余各类型在北区和南区均有分布。

表二　各类型短剑在玉皇庙各墓区的分布

		北Ⅰ区	北Ⅱ区	南区	西区	合计
A		4				4
B		4	2			6
C				3		3
D	Da	4	3			7
	Db	1	4	2		7
	Dc	1	3	5	1	10
	Dd		1	1		2
	De	1				1
	Df	1				1
E		1	3	1	2	7

续表

		北Ⅰ区	北Ⅱ区	南区	西区	合计
F			4	1		5
G	Ga		1			1
G	Gb		1	2		3
G	Gc		1			1
H	Ha			3		3
H	Hb			3		3
I	Ia			2		2
I	Ib			4		4
I	Ic			5		5
I	Id			5		5
合计		17	26	34	3	80

这些现象表明，玉皇庙墓地分布在北区和南区的墓葬，随葬的青铜短剑在类型方面发生了一些变化，有些短剑只见于墓地较早的阶段，有些短剑则只见于墓地较晚的阶段，表明不同类型的短剑可能有时间上的早晚。而仅见于北区和南区的短剑都包括了一个以上的类型，这表明有些类型的短剑在使用时间上是并存的，即在同一时期内也会有不同类型的短剑被使用。也有一些类型的短剑在墓地延续的时间比较长，几乎与墓地年代相始终，这也从另一个角度说明了玉皇庙墓地北区和南区的年代是连续的。

2. 随葬各类型短剑墓葬的分布

对各类型短剑的分布进行观察，发现一些随葬同类型短剑的墓葬有集中分布的现象。

随葬A型（半圆形剑首）短剑的4座墓葬，其中M300和M384分布在北Ⅰ区西，M13和M18分布在北Ⅰ区中，M384与M13间以冲沟相隔，4座墓葬呈东西一线并列，其间不见其他墓葬。

随葬B型（镂空扁球体剑首）短剑的6座墓葬，其中分布在北Ⅰ区南的M7和M102两墓南北并列，余4座分散在北Ⅰ区和北Ⅱ区。

随葬C型（下弯羊角形剑首）短剑的3座墓葬，其中M230和M250分布在北Ⅱ区北，东西并列，另M54位于北Ⅱ区中的南端。

随葬D型（双圆剑首）短剑的28座墓葬中，其中分布在北Ⅰ区西的M82（Da型）和M385（Da型）两墓南北并列，北Ⅱ区中部的M46（Dc型）、M48（Dd型）、M51（Dc型）和M190（Da型）等4座墓从西北向东南呈连续的弧形分布，南区北部东端的M210（Dd型）在M213（Dc型）的西北侧，两墓相近，南区北中部的M142（Dc型）和M143

（Dc型）两墓则南北并列，其余各墓分散于北区和南区。

随葬E型（圆平首）短剑的7座墓葬，分布在北Ⅱ区南端的M83和M148两墓南北并列，余5墓分散在北区、南区和西区。

随葬F型（椭圆形镂空几何纹首）短剑的5座墓葬，分布在北Ⅱ区中东侧的M247和M257两墓东西并列，在M257的东北侧隔M237（女性墓葬）与M236相连，余2座墓葬分布在北Ⅱ区南端和南区北端。

随葬H型（椭圆形内饰动物纹首）短剑的7座墓均分布在南区，其中M174（Ha型）与M175（Hb型）南北并列，另4座墓分散各处。

随葬I型（双环蛇形首）短剑的16座墓全部分布在南区，其中M122（Id型）和M134（Id型）东西并列，M168（Ia型）和M171（Id型）南北并列，M164（Ic型）、M160（Ia型）和M161（Ic型）南北并列，M129（Ib型）和M334（Ia型）南北并列，M349（Ic型）和M348（Ic型）东西并列，另M111（Ib型）和M131（Id型）间只隔1座女性墓葬（M126）。另外几座墓葬也都位于与上述集中分布的墓葬不远处。另外，随葬I型短剑的墓葬还出现一些比较有意思的现象，如该墓地共出土动物牌饰75件，其中以虎形（28件）、马形（40件）最为多见，另有1座墓葬随葬了2件鹿形牌饰，还有5座墓葬各随葬1件犬形牌饰。犬形牌饰中有4件为四足均向前的卧犬，1件为立犬，其卧犬的形态与Ib型短剑柄上所饰犬纹十分相似。5件犬形牌饰中有4件与I型短剑共出，还有1件出于1座未成年人墓葬，亦分布在I型短剑集中的区域。

另外也有一些随葬短剑的墓葬不见集中分布的情况。如随葬G型（圆环首）短剑的5座墓葬，未见集中分布者，分散在北Ⅱ区和南区。

综上，大部分类型的短剑都出现集中分布的现象，其中以只出现在北区的A型和只出现于南区的I型短剑中集中分布的现象最为明显，这很可能表明，使用年代相对集中的短剑，更多的具有集中分布的倾向，而延续时间比较长的类型，在分布上则相对分散。另外仅见于北区和南区的短剑都有不同的类型，说明大体同时期或相近时期埋入的墓葬，在使用短剑上会有类型的差别。通过观察那些集中分布的随葬同类型短剑的墓葬，或是南北并列，或是东西并列，或是似I型短剑者共出有与其剑柄纹饰相同的犬形牌饰，都表现出墓葬的墓主人之间有着较为密切的关系。

如果说埋入玉皇庙墓地的墓主人因其埋入同一个墓地而说明他们之间存在着密切的关系，是一个大的族群，那么根据这些随葬不同类型短剑的墓葬存在着集中分布的现象推测，在这个大的族群中，又以随葬不同类型的青铜短剑作为相互区分的主要标志，从而划分出不同的小的人群。而有些短剑从北区到南区都有分布，且不见或少见集中分布的现象，似乎表明这些类型的短剑可以被玉皇庙文化的所有、至少是大部分人群普遍并长期使用。

四、随葬青铜短剑墓葬的整体考察

玉皇庙墓地中，墓葬形制为梯形或凸字形者均为大型墓，殉牲种类往往包括了马、牛、羊和狗四大类，同时或随葬有中原式青铜礼器，或有金饰品，或有马具；墓葬形制为长方形者往往为小型墓，殉牲种类不全，不见随葬中原式青铜礼器、金饰品、马具等。玉皇庙墓地存在的上述差别，反映出墓主人生前所处的社会或政治地位有所不同，那些大型墓葬的墓主人应属于玉皇庙文化中社会或政治地位较高的人群，而在墓地中大量存在的小型墓葬，其墓主人应处于玉皇庙文化社会中的较低阶层，同时也是构成玉皇庙文化的主体人群[16]。

随葬有直刃匕首式短剑的墓葬，墓主人全部为成年男性，其墓主人生前的身份应为男性武士[17]，但是这些墓葬在墓葬形制与规模、殉牲种类、随葬品种类与数量等各方面还存在着一定的差别。

随葬A型短剑的4座墓葬中，M18为平面梯形、带有二层台的大型墓葬，墓圹面积8.64平方米[18]，有马、牛、羊、狗等大量殉牲。其随葬有中原式青铜礼器和中原式戈的同时，还随葬了铜镈、金虎牌饰、金耳环、马具，以及大量的装饰品，随葬品总数达到945件。其他几座随葬有A型短剑的墓葬均为平面呈长方形的小型墓，无二层台，墓圹面积基本在2~4平方米，殉牲亦无马、牛、羊、狗俱全者，没有中原式青铜礼器和中原式兵器，个别有马衔，随葬品总数200~500件。

随葬B型短剑的6座墓葬均为平面为长方形的小型墓葬，虽部分墓葬被破坏，但从残存情况可知墓圹面积在2~3.5平方米之间，殉牲亦无马、牛、羊、狗俱全者，没有中原式青铜礼器和中原式兵器，随葬品总数200~400件。

随葬C型短剑的3座墓葬中，M250为平面凸字形、带二层台的大型墓葬，墓圹面积为7.9平方米，与M18相同，有马、牛、羊、狗等大量殉牲，同时随葬有中原式青铜礼器、中原式铜戈，还出有铜镈、金半月形项饰、金耳环、马具等，随葬品总数为385件。另一随葬有C型短剑的M230，与M250东西并列，墓葬形制、规模、殉牲等与M250相仿，但没有随葬中原式青铜礼器和中原式兵器，也未见铜镈、金饰品等，随葬品总数近200件[19]。还有一座随葬C型短剑的M54，为长方形小型墓，墓圹面积2.7平方米左右，殉牲只有牛和狗，没有中原式青铜礼器和中原式兵器，随葬品总数不足100件。

随葬D型短剑的28座墓葬中，只有位于南区的随葬Dc型短剑的M151为平面凸字形、带二层台的大型墓葬，墓圹面积为5.67平方米，有马、牛、羊、狗等大量殉牲，没有随葬中原式青铜礼器和中原式兵器，但有金半月形项饰、马具等，随葬品总数121件。其余随葬D型短剑的墓葬平面均为长方形，墓葬规模除随葬Db型短剑的M261墓圹面积为4.37平方米，随葬De型短剑的M22墓圹面积为4.62平方米以外，其余各墓的墓圹面积大体都在2~3平方米，个别不足2平方米（M34）和超过3平方米（M275、M74）。

殉牲种类无马、牛、羊、狗俱全者，只有M34随葬有中原式铜戈。随葬品总数因有的墓葬随葬有小石珠穿成的项饰而多寡不一，少则不足100件，多则几百件。

随葬E型短剑的7座墓葬均为长方形小型墓葬，墓圹面积除了M314为2.25平方米以外，余者均不足2平方米，殉牲种类无马、牛、羊、狗俱全者，其中M32和M281，无葬具，无殉牲，前者共出中原式铜戈。随葬品总数最少者仅2件（M314），其余的墓大多不足100件。

随葬F型短剑的5座墓葬均为长方形小型墓葬，墓圹面积2.4～3.2平方米，殉牲种类无马、牛、羊、狗俱全者，随葬品总数大多不足100件。

随葬G型短剑的5座墓葬，均为平面呈长方形的墓葬，墓圹面积除M108不足2平方米以外，余者在2.3～3.5平方米，殉牲种类无马、牛、羊、狗俱全者，随葬品总数大多不足100件，少数为100余件。

随葬H型短剑的6座墓葬中，M174和M156平面为凸字形、带二层台的大型墓，前者墓圹面积近4平方米，后者为3.65平方米，殉牲均有马、牛、羊、狗，均随葬有中原式青铜礼器，M174出有金半月形项饰、金耳环、马具等，M156出有金耳环、马具等，其随葬品总数分别为130件和262件。其余的墓葬均为长方形墓，墓圹面积2.1～3.4平方米，殉牲种类无马、牛、羊、狗俱全者，也不见有中原式青铜礼器和中原式兵器随葬，随葬品总数或不足100件，或100余件。

随葬I型短剑的16座墓葬全部都为长方形小型墓，除M344墓圹面积达到3.48平方米以外，其余墓葬的墓圹面积在1.7～2.9平方米。殉牲种类无马、牛、羊、狗俱全者。除M171随葬1件中原式青铜礼器铜以外，其他墓葬未见有随葬中原式青铜礼器和兵器，也未见金饰品、马具等。随葬品总数大多都不足100件，最少者仅有9件。

随葬未划分类型短剑的墓葬，全部为长方形小型墓，墓圹面积1.7～2.6平方米。殉牲种类无马、牛、羊、狗俱全者。随葬品总数多不足100件，少量100余件。

通过上述对随葬各类型短剑墓葬的整体考察，有以下值得注意的现象。

（1）随葬青铜短剑的墓葬，在墓葬规模、殉牲种类、随葬品种类和数量上存在着相当大的差别。大者如M18、M250、M230，墓圹面积在8平方米左右，用马、牛、羊、狗四种动物殉牲，共出有中原式青铜礼器、金饰品、马具等；小者如M281，墓圹面积仅有1.43平方米，无葬具、无殉牲；M314，墓圹面积为2.25平方米，殉牲有牛头和狗头，无葬具，随葬品仅有2件。如前文所述，墓葬形制的不同、规模的大小，殉牲种类的多少，是否随葬中原式青铜礼器、金器和马具等，与墓主人生前的社会或政治地位有关，M18、M250这样大型墓葬的墓主人很可能是所属族群的男性首领[20]，而那些小型墓葬，其墓主人则应属于玉皇庙文化的普通武士。即同样拥有武士身份的人，其生前的社会或政治地位并不相同，由此可知在玉皇庙文化中，武士只是一种身份，并不与社会或政治地位直接相关。

（2）共有4个墓葬随葬了中原式青铜兵器，其中既有如M18和M250这样的大型墓葬，也有如M32、M34这样的小型墓葬，后两座墓葬的墓圹面积都不足2平方米，无葬具，无殉牲。M32、M34的墓圹中均不见人骨，不知其墓圹较小，无葬具和无殉牲是否与此有关。不过M17也未见人骨并随葬青铜短剑，墓圹面积与大多数墓葬相当，为2.82平方米，殉有马头和马的肢骨，无葬具，即无人骨的墓葬也有墓葬规模与大多数墓葬相当，有殉牲者。所以M32、M34规模小、无殉牲等现象并非缘于其没有埋入人骨。这些墓葬随葬有中原式青铜兵器很可能表示墓主人生前与中原文化有过以军事行为为媒介的接触。不过，正如所有随葬青铜短剑的墓葬一样，同时随葬有青铜短剑和中原式青铜兵器，亦与墓主人生前所拥有的社会或政治地位没有关系。

（3）在随葬有A型、C型、D型、H型等类型短剑的墓葬中，各有1或2座墓葬为平面呈梯形或凸字形、带二层台，殉牲为马、牛、羊、狗四种类俱全，或共出中原式青铜礼器，或有金饰品，或有马具的大型墓葬，同时同类型的其他墓葬则多为长方形的小型墓葬。而那些随葬B型、E型、F型、G型、I型青铜短剑的墓葬，则未见上述大型墓葬。这种现象表明，随葬哪一类型的青铜短剑亦与墓主人生前所拥有的社会或政治地位没有关联。

（4）在玉皇庙墓地中，墓葬平面形状为梯形或凸字形，有二层台，殉牲种类包括了马、牛、羊和狗，或随葬有中原式青铜礼器，或有金饰品，或有马具的大型墓葬共有6座（M18、M250、M230、M151、M156、M174）[21]，均匀分布在墓地的北Ⅰ区、北Ⅱ区和南区，其周围都分布着大量长方形的小型墓葬。这6座墓的墓主人很可能是玉皇庙文化的人群在不同时期的首领性人物。

结合上节的讨论，若随葬不同类型的青铜短剑代表墓主人分属于不同的小的人群，由于这些墓葬都随葬有青铜短剑从而可以进一步推测这些小的人群很可能是分属不同的武士集团，只是目前还不清楚这样的划分是基于什么样的原则，很可能与出自同一男性家长的家族有关，即不同家族的武士在使用和随葬青铜短剑方面会有一定的差别。而上述现象则表明有些武士集团的成员间地位相当，没有出现具有较高社会或政治地位的人物；有些武士集团的成员间则存在着社会或政治地位上的差别，少数人、很可能是作为武士的男性家长会取得较高的社会或政治地位，成为当时整个族群的首领性人物；而那些成为首领性人物的男性家长并不是来自同一个家族，即作为部落首领，并非专属于某一家族，很可能是在不同的家族中轮流产生。

五、结　论

本文研究的主要收获如下：

（1）玉皇庙墓地随葬的直刃匕首式短剑可以据剑首形制的不同分为九个类型，根据与部分短剑共出的中原式青铜礼器的年代判断，该墓地出土的青铜短剑的年代大体从春秋中期延续到春秋战国之际，这基本上也代表了整个玉皇庙墓地的年代跨度。

（2）由随葬部分类型短剑的墓葬出现了集中分布的现象可知，在埋入玉皇庙墓地的人群中，可以区分出不同的小的人群，这些小的人群很可能是分属于不同家族的武士集团。

（3）玉皇庙墓地中的部分家族，其成员间地位相当；部分家族中的男性家长则成为整个族群的首领性人物；首领性人物很可能是在不同的家族中轮流产生。

注　释

［1］　西梁垙墓地还应包括1994年因兴建龙庆峡别墅在西梁垙东坡发掘的属于这一时期的墓葬，参见北京市文物研究所：《龙庆峡工程中发现的春秋时期墓葬》，《北京文物与考古》（第四辑），北京市文物研究所，1994年。

［2］　北京市文物研究所：《军都山墓地——玉皇庙》，文物出版社，2007年。

［3］　滕铭予、张亮：《玉皇庙文化的发现与研究》，《北方文物》2011年第4期。

［4］　北京市文物研究所：《军都山墓地——玉皇庙》，文物出版社，2007年，915～987页。

［5］　朱凤瀚：《中国青铜器综论》（下），上海古籍出版社，2009年，2123～2136页。

［6］　朱凤瀚先生亦未对这6件短剑进行型式的划分。

［7］　北京市文物研究所：《军都山墓地——玉皇庙》，文物出版社，2007年，14页。

［8］　同样的问题也出现在葫芦沟墓地，据《军都山墓地——葫芦沟与西梁垙》，文物出版社，2010年，7页，葫芦沟墓地的早期为"春秋中晚期"，本意已包括春秋晚期，晚期则表述为"春秋晚期到战国早期"，其中又包括了春秋晚期。

［9］　原报告在北Ⅰ区中又再细分为北Ⅰ区北、北Ⅰ区中、北Ⅰ区西和北Ⅰ区南；在北Ⅱ区中又再细分为北Ⅱ区北、北Ⅱ区中和北Ⅱ区南；南区中又再细分为南区北、南区中和南区南。

［10］　朱凤瀚：《中国青铜器综论》（下），上海古籍出版社，2009年，2123～2136页。

［11］　滕铭予：《中国北方地区两周时期铜鍪的再探讨》，《边疆考古研究》（第1辑），科学出版社，2002年。

［12］　洛阳市文物工作队：《洛阳体育场路西东周墓发掘报告》，文物出版社，2011年，45页。原报告将该墓地划分七期，其中第二期为春秋中期，并将春秋中期再划分为早、中、晚三段，M8832属于春秋中期早段。不过M8832出有中原地区春秋中期晚段流行的封口流的匜，以及共出的深腹平盖鼎、浅腹平盖鼎、小直腹簠和小口平盖肩钮壶，都是较晚时期流行的形制，综合考虑洛阳体育场路西M8832的年代应该在春秋中期晚段。

［13］　如玉皇庙M2所出无盖鼎和敞口流匜的年代可到春秋中期早段，而同墓共出的其他青铜礼器的年代均到春秋中期晚段，另龙庆峡M30所出的无盖铄年代可到春秋晚期早段，而同墓共出的三足敦年代大体在春秋战国之际。笔者在《东周时期冀北山地玉皇庙文化的中原文化因

　　素》（《考古学报》2014年第4期）一文中对上述问题进行了详尽的讨论。

［14］　中国社会科学院考古研究所洛阳唐城队：《河南洛阳市中州路北东周墓葬的清理》，《考古》2002年第1期。

［15］　朱凤瀚：《中国青铜器综论》（下），上海古籍出版社，2009年，1650页。

［16］　参见北京市文物研究所：《军都山墓地——玉皇庙》，文物出版社，2007年，56～60页（墓圹规格）和1376～1430页（器类组合）的讨论。

［17］　北京市文物研究所：《军都山墓地——玉皇庙》，文物出版社，2007年，986页。

［18］　修筑一个墓葬所花费的劳动力是衡量墓葬规模的主要标志，通过计算墓圹的容积则是计算所费劳动力的最直接的方法。但是由于玉皇庙墓地部分墓葬的上半部被破坏而不能确知其深度，从而不能计算墓圹体积。因此本文在讨论墓葬规模时主要使用墓圹面积这一指标。

［19］　原报告墓葬登记表中M230随葬品总数为180件，其中双联S纹铜带卡17件，但据原报告339页，M230共随葬双联S纹铜带卡27件，观察该墓随葬品分布图，双联S纹铜带卡的数量应以27件为准。据此M230随葬总数应在197件。

［20］　参见朱凤瀚：《中国青铜器综论》（下），上海古籍出版社，2009年，2020、2021页。其指出M18、M250的墓主人应为部落的男性首领，M2因墓主人为女性，应为一位身份特殊、地位显赫的贵妇人，应是从中原地区嫁到此地的女性。

［21］　另有M217平面呈凸字形，有二层台，墓圹面积近8平方米，深2米，但其殉牲仅有马和狗，随葬器物中未见青铜短剑，也没有中原式青铜礼器、金饰品和马衔等，随葬品总数仅有52件，仅以这些现象还无法判断M217的墓主人在玉皇庙文化社会中所处地位，但显然与本文中所述的那些可能是部落首领的墓葬间存在着明显的差别。

［原刊于《边疆考古研究》（第13辑），
科学出版社，2013年，与张亮合署］

葫芦沟墓地的年代及相关问题

　　葫芦沟墓地位于冀北山地延庆盆地的北缘，与玉皇庙、西梁垙[1]同属于军都山墓地（图一）。军都山墓地的墓葬习俗、随葬器物等都与此前在冀北山地发现的以直刃匕首式青铜短剑为代表的遗存相同，发掘者最初认定其为中国古代活动在冀北山地一带的北方少数民族"山戎族"的遗存，故命名为"山戎文化"，不过许多学者都对这种以族属命名的方式提出了异议。由于在军都山的几处墓地中以玉皇庙墓地规模最大，所含墓葬类别最多，出土的随葬器物也最为丰富，后发掘者以玉皇庙墓地发掘资料为基础，归纳出冀北山地一带含直刃匕首式青铜短剑文化遗存的一般特点，将其命

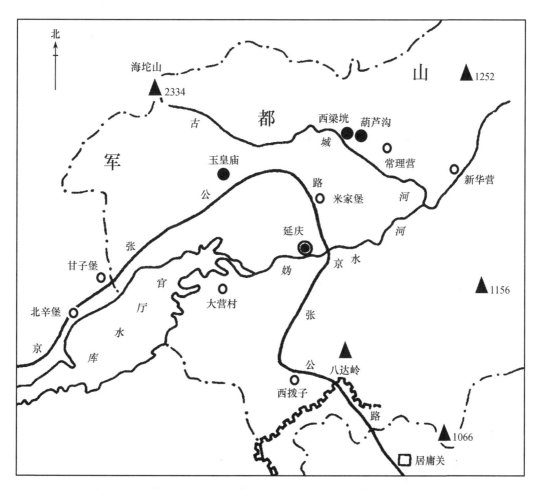

图一　军都山各墓地位置示意图（据《军都山墓地——玉皇庙》，5页，图一修改而成）

名为"玉皇庙文化"[2]。葫芦沟墓地于1983年发现，1985年和1986年共进行了两次发掘，发现属于玉皇庙文化的墓葬153座，于2010年出版的《军都山墓地——葫芦沟与西梁洸》[3]，在对葫芦沟墓地进行分区、分期、判断年代的基础上对墓地中出现的种种现象进行了统计，从而对葫芦沟墓地的资料进行了详尽的报道。本文即在发掘报告的基础上，拟对葫芦沟墓地的年代及相关问题做进一步的讨论。

一

《军都山墓地——葫芦沟与西梁洸》根据葫芦沟墓地的地层堆积，以及北区和南区墓葬中随葬器物的形制，并比较玉皇庙墓地以及其他北方地区东周时期墓地同类器物的形制和分期，将葫芦沟墓地分为春秋中晚期和春秋晚期至战国早期两期，其中第二期又分为春秋晚期前段和春秋晚期后段至战国早期两个阶段[4]。

墓地的分期与年代是墓地研究的重要内容，也是对墓地做进一步研究的基础，不过仔细检讨报告中上述关于分期与年代的论述，就会发现存在以下问题。

首先，通过对报告中涉及的几个地层关系逐一进行整理（表一），则发现在葫芦沟墓地中，除了位于南区南部的M131和M150，因开口于该区的第2层而在层位上明确晚于该区开口于第3层的墓葬以外，其他各种不同的地层关系，其含有不同内涵的地层或者是属于墓葬开口以下的层位，即在墓葬修建前已经存在，或者是虽叠压在部分墓葬之上，但其分布却仅限于个别区域而未形成墓葬间的层位早晚关系，因此在葫芦墓地存在的这些地层堆积上的差异，并不具备判断墓葬间早晚关系的条件，而在南区具有明确层位早晚关系的M131和M150与其邻近的其他墓葬又均被划归到墓地的第二期晚段。据此报告中提出的分期根据之一，即葫芦沟墓地的地层堆积在分期中并未能提供真正的层位依据。实际上墓地中几组墓葬间的打破关系，如M20打破M19、M105打破M48、M131打破M168，由于所涉及墓葬不出同类器物而使得这些打破关系也不具备对墓葬进行分期的条件。

其次，报告在通过器物形制判断葫芦沟墓地的绝对年代时，只是指出该墓地出土的一些器物在型式上明显晚于玉皇庙、西梁洸墓地春秋早、中期的同类标本，但又早于怀来北辛堡、和林格尔范家窑子等墓地出土的同类或类似标本，故"葫芦沟墓地的年代上限以定在春秋中晚期为宜"，而对墓地下限年代的判断则是由于在葫芦沟墓地中出土了夹砂褐陶指甲纹双耳三足罐及数例尖首刀和尖首刀柄形坠，同时未见铁器，在地层关系上有西汉时期遗存打破或叠压玉皇庙文化墓葬的现象，因此其下限"应在春秋晚期后段至战国早期前后"[5]。但通篇都没有对所划分的不同期段的器物形制进行的具体比较与说明。

最后，正如《军都山墓地——玉皇庙》中对玉皇庙墓地分期的论述一样，报告对于葫芦沟墓地绝对年代的表述不仅较为宽泛，而且存在着一定的问题[6]，其早期为"春秋中晚期"，本意已包括春秋晚期，晚期则表述为"春秋晚期到战国早期"，其中又包括了春秋晚期，即其早期和晚期的绝对年代间存在交叉，从而使得其分期及各段的年代具有相当的不确定性。

综上，原报告对于葫芦沟墓地的分期以及年代的判断，无论是层位堆积，还是器物形制，以及最后对绝对年代的认定，都还存在需进一步讨论或确认的问题。

表一　葫芦沟墓地不同区域地层对比表

层位 　墓地的不同区域	北区	南区北部	南区北部中、南茔域	南区南部
第1层	耕土层 0.2～0.3米	耕土层 0.3米	耕土层 0.3米	耕土层 0.3米
第2层	夹砂褐土层 0.3～0.8米	夹砂褐土层 0.45米	黄褐土层 0.2米	夹砂黑土或夹砂黄土层 0.15～0.35米
第3层	淤砂层 0.2～1.25米	黄土与淤砂相间层 0.8米以上	夹砂黄褐土层 0.35米	夹砂褐土层 0.45～0.8米
第4层	大颗粒砾石层 0.4米		黄土层 0.5米以上	淤砂与黄土相间层 0.45～0.44米
第5层	淤砂层 厚度不详			
分布在这一区内的墓葬开口层位	均开口于第2层	均开口于第2层	均开口于第3层	M131、M150开口于第2层，余者开口于第3层

如上文所述，葫芦沟墓地的层位堆积并不能为墓地的分期提供依据，这样对墓地中出土的器物进行具体的分析与比较就成为对墓地进行年代判断的主要根据。与玉皇庙墓地相同，葫芦沟墓地也出土了较多的夹砂红褐陶罐，但是两墓地所出均为手工制作，形制大多不规整，给对其进行类型学排比和依据陶器进行分期都带来较大的困难。另外葫芦沟墓地不见随葬中原式青铜礼器和兵器的墓葬，就使得对其进行绝对年代的判断也具有一定的难度。但葫芦沟墓地出土的直刃匕首式青铜短剑、带钩等都多见于玉皇庙墓地，而玉皇庙墓地有部分墓葬随葬了中原式青铜礼器，对其年代的判断提供了较好的条件，因此下文将葫芦沟墓地与玉皇庙墓地共有的典型器物进行比较的基础上，对葫芦沟墓地出土的部分器物的年代进行讨论。

1. 直刃匕首式短剑

直刃匕首式短剑是玉皇庙文化最具特色的器物之一，其中玉皇庙墓地出土的直刃匕首式短剑数量最大，形制也最为丰富。《军都山墓地——玉皇庙》将玉皇庙墓地出土的86件短剑划分为18型[7]，《军都山墓地——葫芦沟与西梁垙》继续了玉皇庙墓地短剑的分类。后朱凤瀚先生在《中国青铜器综论》中对玉皇庙墓地出土的短剑重新进行分类，共分为A～H共8型20亚型，并对各型式短剑依其在墓地中的出土位置对使用年代进行了归纳[8]。笔者认为朱凤瀚先生对于短剑的分类更为合理，只是对于部分短剑的类别尚可进行调整[9]。

葫芦沟墓地共出土9件短剑，其中有6件可在玉皇庙墓地所出短剑找到相同或相类者。

葫芦沟M10：2、M28：2、M39：2和M185：2，均为双圆首，剑柄或有几何纹，或素面，剑格或为双翅形，或为人字形，或为双圆鼓状。原报告将其全部归入玉皇庙XIII型剑，年代分别为春秋中晚期（M10：2、M28：2）、春秋晚期前段（M39：2）、春秋晚期后段到战国早期（M185：2）。实际上玉皇庙墓地原来所划分的XIII型短剑，剑柄均有纹饰，而上述葫芦沟墓地所出4件短剑中，除M10：2剑柄饰有与玉皇庙XIII型相近的几何形纹饰外，余者均为素面，若将两个墓地所出的这一类短剑进行比较，就会发现葫芦沟墓地所出的短剑中，M39：2和M185：2更接近玉皇庙墓地短剑中的I型，而M28：2更接近于玉皇庙墓地短剑的IX型。而玉皇庙墓地随葬有同类短剑的墓葬中，除M34共出有1件中原式圭首戈以外，余者无一例共有中原式器物，显然仅靠圭首戈很难判断年代，因此对其年代的确认也需进一步的讨论。

笔者曾将玉皇庙所出的双圆首短剑重新进行了分类，在将其全部划归同一类型的基础上，根据剑柄、剑格的形制特点进一步分为四种。第一种，剑柄素面，剑格为双翅形，共7件，包括原报告分型中的I型III式、I型IV式、I型V式、IX型I式，朱凤瀚先生划分的Da型和Db型。第一种，剑全部分布在玉皇庙墓地的北区，朱凤瀚先生认为其年代均在春秋中期偏晚。第二种，剑柄有几何形纹，剑格同第一种，共7件，包括原报告分型中的I型III式、XIII型I式，朱凤瀚先生划分的Ca型和Da型。其中5件分布在北区，2件在南区，朱凤瀚先生认为其年代大部在春秋中期偏晚，少数在春秋晚期。第三种，剑格为人字形或"∧"形，共10件，包括原报告分型中的III型、IX型II式、IX型III式、IX型IV式，朱凤瀚先生划分的Dd型、De型和Df型，其中4件在北区，6件在南区，朱凤瀚先生认为其年代在春秋中期偏晚到春秋晚期。第四种，剑格为双圆鼓形，2件，为原报告分型中的XIII型II式，朱凤瀚先生划分的Cb型，其中1件在北区，1件在南区，朱凤瀚先生认为这2件的年代分别在春秋中期偏晚和春秋晚期。

葫芦沟M39：2，剑柄素面，双翅形剑格，与玉皇庙同类剑中的第一种相近，只是剑首没有镂空的纹饰，另外剑首侧视为双鼓状，与第二种剑相似，年代可能会比玉皇庙第一种剑稍晚，大体在春秋中期末年，M185：2与M39：2相近，只是剑身中部起脊，相对M39：2应该稍晚，可能会到春秋晚期早段。葫芦沟M28：2，与玉皇庙同类短剑中的第三种相近，只是双圆首不似玉皇庙所出均有镂孔纹饰，仅周边有一圈不明显条纹，基本素面，整体趋于简化，应该是稍晚的形态，年代很可能已在春秋晚期晚段。

葫芦沟M10：2，与玉皇庙同类中的第四种相近，从剑格上下相向内凹的特点看与玉皇庙同类剑中分布在南区者相同，年代相对较晚，大体也在春秋晚期晚段（图二）。

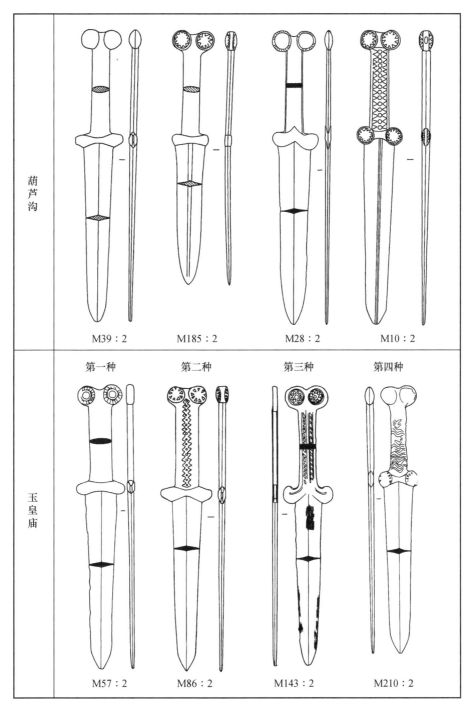

图二　双圆首剑对比图

葫芦沟M35：1，剑首为椭圆形，饰相向蜷兽纹，剑柄饰纵向2个双头螭纹，剑格为"∧"形。原报告将其归入玉皇庙短剑的XIV型，年代为春秋晚期前段，朱凤瀚将此类剑归为Gb型II式，年代为春秋晚期。玉皇庙所出同类短剑剑首亦均为椭圆形，但其所饰动物纹除了有相向的蜷兽纹以外，余者或为单体动物，或一周数个动物纹，剑柄纹饰亦有区别，或为一列三个单头兽纹，或为两列相向的动物纹，亦有几何形纹饰（图三）。玉皇庙随葬有此类短剑的墓全部在南区，其中M174、M156都共出有中原青铜礼器铆，与洛阳中州路北M535：4形制相近[10]，只是后者双环耳上饰兽头。洛阳中州路北M535的其年代在春秋晚期晚段[11]，玉皇庙两墓的年代当与之相近，由此葫芦沟M35：1的年代也应晚到春秋晚期晚段。

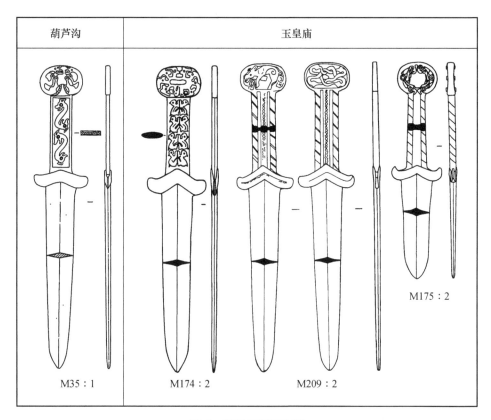

图三 椭圆首剑对比图

葫芦沟M24：1，半圆形蜷兽纹剑首，剑柄饰两段回转雷纹间隔两犬纹，一字格，格平面为菱形，剑身有凸起的中脊（图四，3）。原报告将该剑划归为玉皇庙V型短剑，年代为春秋中晚期。朱凤瀚先生将其分为A型，只是玉皇庙所出同类剑中剑柄或为变形动物纹，或为几何纹，一侧均有一穿，剑格为兽面纹，吻部朝向剑身呈吞剑状，剑身中部无凸起的中脊，横剖面呈扁菱形（图四，1）。显然葫芦沟M24：1与玉皇庙同类剑之间在形制上具有较多的差异，不过若将其与在冀北山地以及河北中南部中山国地区发现的同类短剑一起进行序列的排比，即可发现其间存在的逻辑发展序列的线索。从图四可以看到，怀来甘子堡M8：5其半圆形剑首、剑柄为变形动物纹、柄侧有一穿、剑身中部无凸起的中脊等特点，均与玉皇庙所出相同，只是其剑格虽然仍可看出有兽面纹的孑遗，但已接近一字形（图四，2）。显然怀来甘子堡M18：5从形制上应位于玉皇庙所出同类剑与葫芦沟M24：1之间。而平山灵寿城穆家庄M8102：12，虽然剑柄仍为动物纹，但剑首有圆角近平，剑柄无穿，一字形格，剑身近格处与剑身中部同宽等，均较葫芦沟M24：1具有更多的不同于玉皇庙同类剑的特点，应该排在葫芦沟M24：1之后（图四，4）。

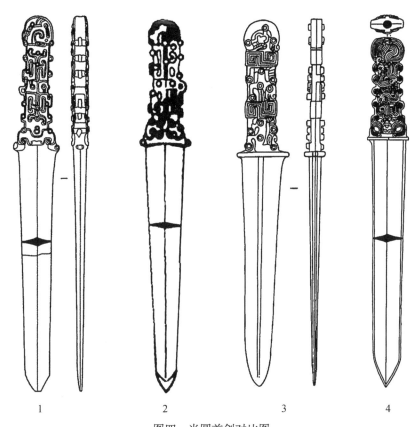

图四　半圆首剑对比图
1.玉皇庙M18：8　2.甘子堡M8：5　3.葫芦沟M24：1　4.穆家庄M8102：12

　　玉皇庙随葬这类剑的墓葬均在北区，朱凤瀚先生认为其年代全部在春秋中期。其中位于北区的M18还共出有中原式青铜礼器敦、罍和铺，以及东周时期北方地区常见的铜鍑，笔者曾作《中国北方地区两周时期铜鍑的再探讨》一文，对玉皇庙M18所出铜鍑的年代进行讨论时，通过与中原地区出土的同类器物进行比较，指出该墓的年代应在春秋中期晚段[12]。甘子堡M8所出的双环首马衔，是中国北方地区东周时期由西到东普遍出现的器物，有学者指出其年代大体在春秋晚期[13]，其共出的铜鍑圈足较高，

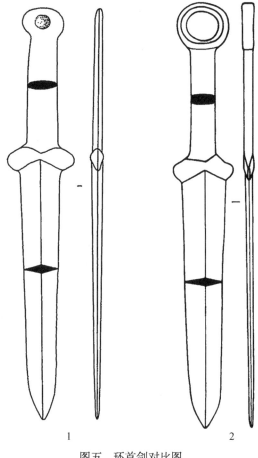

图五　环首剑对比图
1. 葫芦沟30：2　2. 玉皇庙M226：2

近底部有一周凸棱，应该是受到了中原地区春秋晚期晚段出现的盖豆豆把的影响而出现的特征[14]，结合考虑上述因素，甘子堡M18的年代大体在春秋晚期晚段为宜。中山灵寿城穆家庄M8102共出有中原式的鬲形鼎、高柄盖豆、三足敦、提链壶、兽耳舟各1件，同时还有援呈流线形的戈、车軎和包金虎形牌饰，朱凤瀚先生在《中国青铜器综论》中指出该墓的年代大体在战国早期偏晚，其下限不晚于战国早期[15]。由于葫芦沟M24：1在形制上居于甘子堡M8和灵寿城穆家庄M8102所出短剑之间，其年代大体也应在后两墓所属年代的范围之内，大体在战国初年为宜。

葫芦沟M30：2，圆首上有单孔，素柄，双翅形格，原报告认为是葫芦沟墓地特有的短剑形式，将其划分为ⅩⅨ型，年代为春秋晚期前段（图五，1）。虽然在玉皇庙墓地所出短剑中找不到与葫芦沟M30：2相同者，但其圆首、素柄、双翅形格等特点与玉皇庙短剑Ⅷ型中的M226：2相同（图五，2），同时其双翅形格的特点也同于双圆首短剑中的第一种，玉皇庙墓地M226位于玉皇庙墓地北区，出土第一种双圆首短剑的墓也全部分布在北区，因此葫芦沟M30所出短剑的年代亦应偏早，大体在春秋中期晚段。

葫芦沟M52：3，复盆形首，剑柄饰多层纹饰，一字形格，剑身近格处有三棱形脊。玉皇庙没有发现此类剑，原报告将其划分为ⅩⅩ型，年代为春秋晚期到战国早期。此剑不仅不见于军都山墓地，在冀北山地其他同时期的墓地如宣化小白阳、怀来甘子堡等也未有发现。葫芦沟M52共出1件梯形首上饰小圆凸点纹的带钩，同类带钩在玉皇庙墓地出土了5件，梯形首上所饰小圆凸点纹的数量在9至10左右，其中M148位于北区南缘，M122、M199、M213位于南区，M303位于西区，年代均偏晚。葫芦沟M52所出带钩钩首上饰4个小圆凸点纹，是此类带钩年代较晚的特征（详见下文）。葫芦沟M52还共出1件夹砂褐陶指甲纹双耳三足罐，其三足与两耳为五点分布，即两耳间连线与其中两足间连线平行，亦是这种三足罐的晚期特征（详见下文）。综合考虑上述因素，葫芦沟M52的年代应该相对偏晚，大体应在春秋战国之际（图六）。

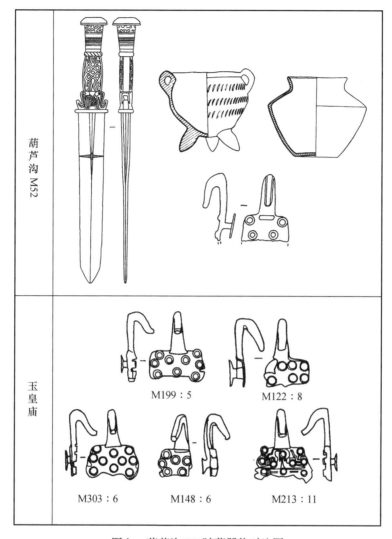

图六　葫芦沟M52随葬器物对比图

葫芦沟M67∶2，椭圆形首，饰不规则几何纹，素柄，一字形格，剑身锈蚀而曲折
多齿，质地粗糙。玉皇庙亦不见此类剑。原报告将其划分为ⅩⅪ型，年代为春秋晚期
后段到战国早期。此墓共出1件犬形牌饰和1件圆首带钩，均可在玉皇庙墓地找到相同
者。玉皇庙墓地随葬有同样犬形牌饰的4座墓葬（M131、M154、M370、M349）均分于
南区，随葬有同样圆首带钩的2座墓葬（M173、M356）亦分布在南区，由此葫芦沟M67
的年代亦应在春秋晚期晚段（图七）。

2. 带钩

葫芦沟墓地共出土带钩14件，除了3件过于残破而不能明确其形制者，余者都可以
在玉皇庙墓地找到相同者（图八），大体有以下三类。

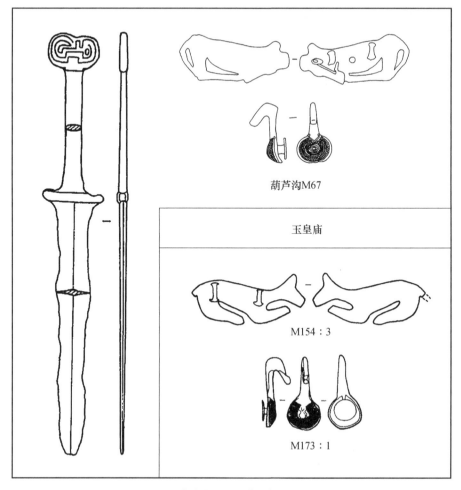

图七　葫芦沟M67随葬器物对比图

　　第一类，钩面为双翅形。葫芦沟M23：5、M79：4（图八，1、2），钩首为鸟首，钩面为上、下相向的双翅，原报告将其归入玉皇庙带钩的Ⅰb型Ⅰ式，年代前者为春秋中晚期，后者为春秋晚期前段。玉皇庙墓地随葬有同样形制带钩的墓葬均在北区，且无其他随葬器物，从其分布位置均在北区看，年代相对较早，大体在春秋中期晚段。葫芦沟M10：9（图八，3），钩首为鸟首，钩面上饰对称两圆点纹，下为向下的双翅，原报告将其归入玉皇庙带钩的Ⅰb型Ⅲ式，年代为春秋中晚期。M10出土了第四种双圆首直刃匕首式短剑，上文已对其年代进行了讨论，大体在春秋晚期晚段。

　　第二类，钩面为梯形，上饰多个小圆凸点纹。葫芦沟M30：3、M6：4、M52：5（图八，4~6），所饰小圆凸点数量由多到少。原报告将其归入玉皇庙带钩的Ⅱb型Ⅰ式，其中葫芦沟M30：3、M6：4为春秋中晚期，M52：5为春秋晚期后段到战国早期。同样形制的带钩在玉皇庙墓地共出有5件，除了1件出于北区偏南的M148以外，其余4件均出于年代较晚的南区或西区[16]，整体上表现出偏晚的倾向。葫芦沟墓地所出的钩

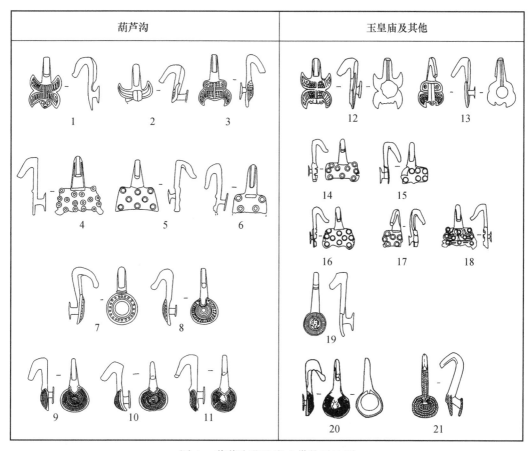

| 葫芦沟 | 玉皇庙及其他 |

图八　葫芦沟墓地出土带钩对比图

1. M23：5　2. M79：4　3. M10：9　4. M30：3　5. M6：4　6. M52：5　7. M39：11　8. M51：7　9. M87：3
10. M67：8　11. M62：1　12. 玉皇庙M282：8　13. 玉皇庙M72：3　14. 玉皇庙M199：5　15. 玉皇庙M122：8
16. 玉皇庙M303：6　17. 玉皇庙M148：6　18. 玉皇庙M213：1　19. 穆家庄M8102：9　20. 玉皇庙M173：1
21. 临猗程村M1084：2

首上饰小圆凸点数量最多的M30：3，因此墓共出了圆首单孔，素柄，双翅形格的直刃匕首式短剑，上文已讨论其年代大体在春秋中期晚段。而M52：5所饰圆点最少，仅有4个，与之共出的直刃匕首式短剑的年代在春秋战国之际，因可以判断这种带钩钩首所饰小圆凸点纹的数量由早及晚越来越少。据此可将M6：4的年代排在M30：3和M52：5之间，大体相当于春秋晚期。

　　第三类，钩面为圆形。葫芦沟M39：11（图八，7），钩首素面，钩面外圈饰一周小圆点纹。报告将其归入玉皇庙带钩的Ⅱa型Ⅰ式，年代为春秋晚期前段。M39还共出第一种双圆首直刃匕首式短剑，年代在春秋中期。葫芦沟M51：7、M87：3、M67：8、M62：1（图八，8～11），只是钩面所饰纹饰在近钩体处有U形或V形空白。原报告将其归入玉皇庙带钩Ⅱa型Ⅱ式，年代为春秋晚期后段至战国早期。M67在出土了这种带钩的同时还出土了椭圆形首、素柄、一字形格的直刃匕首式短剑，其年代在春秋晚期晚段。另这种形制的带钩在山西临猗程村M1084也有发现，该墓年代亦在春秋晚期晚段[17]。

另有几件带钩因残破过度而形制不明，其中M24：3因与半圆首、动物纹柄、一字形格的直刃匕首式短剑共出，可知其年代可以到战国早期。

3. 陶器

葫芦沟墓地随葬的陶器与玉皇庙墓地相同，包括了夹砂陶和泥质陶两类。前者以红褐陶罐为大宗，还有一部分褐陶双耳三足罐、双耳罐，另有少量的盂、杯等。后者有折肩罐、盂、高柄浅盘豆，以及个别的鼎、壶等。其中夹砂红褐陶罐器形简单，因均为手工制作而使得器形多不规整，其中值得注意的是葫芦沟墓地所出的11件夹砂褐陶指甲纹双耳三足罐，不仅器形较为特别，而且罐身饰三到四周的楔形指甲纹，也为其他夹砂陶器所不见。葫芦沟墓地还出有2件双耳平底罐，其器身亦饰数周楔形指甲纹，其文化属性应与三足罐相同。这种饰楔形指甲纹的双耳三足罐或平底罐并不见于同属于军都山墓地的玉皇庙和西梁垓等地，在冀北山地的其他地点也很少见到，在张家口白庙、滦平梨树沟门虽有相近者，但形制上还是有所差别。

原报告将这种三足罐划归为XVI型罐，分为四式，其中Ⅰ式3件（M36：3、M183：1、M154：1），Ⅱ式6件（M52：2、M81：1、M178：1、M97：2、M98：1、M173：1），Ⅲ式1件（M54：2），Ⅳ式1件（M168：1）[18]。对各式的形态特征进行观察，发现原划分为Ⅲ式的M54：2在形态上与Ⅱ式并无差别，只是其通体素面，未施指甲纹。另原划分为Ⅱ式的M173：1，其三足形态与Ⅳ式的M168：1相同，因此现将原报告所划分的式别调整为Ⅲ式，可视为一连续发展的序列（图九）。大体上由三足足跟部内聚、整体呈兽乳状、一足与一耳相对应，向三足较分散、呈锥状、双耳与三足呈五点分布变化。不过由于这种双耳三足罐在其他地点很少发现[19]，给其年代的判断带来了一定的困难，下文将通过对相关或共出器物的比较尝试对其进行年代的讨论。

山西浑源李峪村青铜器群为双耳三足罐流行的年代范围提供了一些线索。李峪村青铜器群中有2件被称为锜的器物，研究者指出其造型源于葫芦沟墓地所出的这种双耳三足罐，从已发表的这2件锜的图像资料看，其耳足关系很可能是一足对应一耳，三足为锥状，带盖。李家村所出的铜锜确与葫芦沟墓地所出三足罐形制接近，二者年代应大体相当。研究者多认为李峪村青铜器群的年代有较大的跨度，朱凤瀚先生在《中国青铜器综论》中对李峪村青铜器群进行了详尽的分析，将其分为甲、乙、丙三类，提出包括锜在内的丙类器物，除了其中几件马衔的年代属于春秋时期，但早不到春秋中期以外[20]，余者年代大都在战国初期或战国早期，并指出浑源一带春秋时属代国，后于公元前457年被赵襄子所灭[21]。这种锜因未见于同时期的三晋地区，当不为赵器之

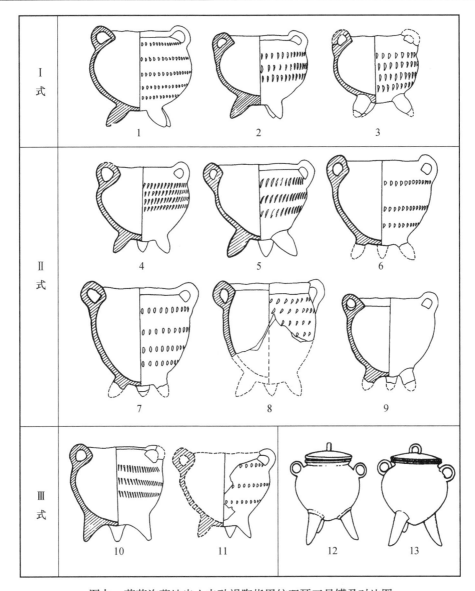

图九　葫芦沟墓地出土夹砂褐陶指甲纹双耳三足罐及对比图

1. M36：3　2. M183：1　3. M154：1　4. M178：1　5. M52：2　6. M81：1　7. M97：2　8. M98：1
9. M54：2（原Ⅲ式）　10. M168：1（原Ⅳ式）　11. M173：1（原Ⅱ式）　12、13. 李峪村出土

属，其年代下限应在赵襄子灭代以前，即战国早期，葫芦沟墓地所出的双耳三足罐的
年代也应在丙类器物的年代范围之内。

　　葫芦沟M36：3、M154：1和M183：1，均为原报告的Ⅰ式，其三足足跟部内聚成
兽乳状，一足与一耳对应，报告认为葫芦沟M36：3的年代为春秋晚期前段，后两者在
春秋晚期后段到战国早期。葫芦沟M36共出陶器5件，余者均为泥质陶，有折肩罐1件，

浅盘高柄豆2件，盂1件（M36所出器物见图一〇，23~26）。其所出折肩罐小侈口，斜折肩，底微凹，肩部有一周纹饰，这些特点与玉皇庙M174所出极为相近。玉皇庙M174因共出大椭环首的短剑，双环首马衔，还有浅扁腹的中原青铜礼器铜，上文已对该墓的年代进行了讨论，大体在春秋晚期晚段。该墓所出的高柄浅盘豆，豆盘呈大喇叭口状，细高柄，柄着地处呈小喇叭口状。这种高柄浅盘豆也是中原地区东周时期墓葬中常见的器物，其年代最早者可到春秋晚期，如河北午汲古城M3所出，形制与葫芦沟所出较为接近，只是其豆盘稍深，应是从春秋早中期当地的矮柄豆发展而来。此后经战国早期一直到战国中期，在河北平山中山国地区、邯郸地区，山西忻州、长治地区，河南安阳、洛阳、郑州地区等都发现有这种高柄浅盘豆，豆盘愈浅，并出现明显方折[22]，近豆盘处的豆柄上端渐呈实心状。从形制上看葫芦沟M36所出可视为在河北午汲古城M3与三晋地区战国早中期发现的同类豆的中间环节，可能更接近于前者。综合考虑上述因素，葫芦沟M36的年代应在春秋晚期晚段。

与葫芦沟M36随葬有同型式双耳三足罐的M154和M183，既没有共出泥质折肩罐，也不见高柄浅盘豆，此二墓均共出有泥质绳纹罐（图一〇，22），亦为小侈口，斜折肩，底微凹，形制与M36所出的折肩罐非常相近，考虑到三墓都共出有同样型式的双耳三足罐，其年代应大体相同。

葫芦沟M52：1、M81：1、M97：2、M98：1、M178：1，原报告划为Ⅱ式，M54：2，原报告划为Ⅲ式，年代均为春秋晚期晚段到战国早期。上述各器三足跟为不明显的兽乳状，且耳足关系为五点式分布，从形制上应稍晚于Ⅰ式三足罐。在M97和M98中还共出有与M36形制相近的高柄浅盘豆，M98所出已残，形制不明，M97所出两件豆柄上部均为实心，只是在近底处中空。综合考虑，葫芦沟墓地出土的原Ⅱ式和Ⅲ式双耳三足罐，年代应晚于同类器物的Ⅰ式，可以到春秋战国之际。

葫芦沟M173：1和M168：1，原报告将前者划为Ⅱ式，后者为Ⅳ式，考虑到此2件双耳三足罐的三足均为锥状，与前述足呈兽乳状不同，因此可将其视为同式。原报告认定其年代与上述Ⅱ式相同，也在春秋晚期后段到战国早期。M168无共出器物，M173仅共出1件泥质小口圆肩罐，这给判断其年代带来了一定的困难。如果考虑到同类器物发展的逻辑序列，这2件双耳三足罐的年代大体应在战国早期。

综上，葫芦沟墓地的年代，大体上从春秋中期晚段开始，其间经春秋晚期，一直延续到战国早期，大体从公元前7世纪末到公元前5世纪后期，经历了150年左右的时间。该墓地各期段的代表性器物见图一〇。需要说明的是，鉴于上文已经说明的原因，即该墓地随葬陶器中数量最多的夹砂红褐陶罐，大多为手工制作，器形多不规整，难以对其进行类型的排比和分期，因此图一〇中的陶器是通过共出的其他可讨论年代的器物而将其进行了期段的归属。

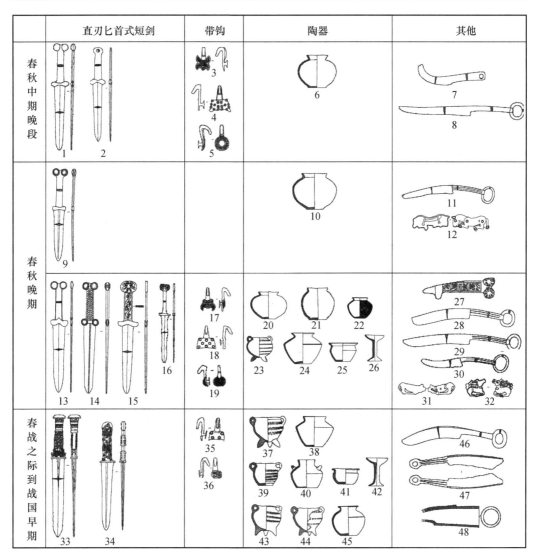

图一〇　葫芦沟墓地典型器物分期图

1. M39：2　2. M30：2　3. M23：5　4. M30：3　5. M39：11　6. M39：1　7. M23：2　8. M39：3　9. M185：2
10. M185：1　11. M185：3　12. M185：7　13. M28：2　14. M10：2　15. M35：1　16. M67：2　17. M10：9
18. M6：4　19. M67：8　20. M10：1　21. M54：1　22. M183：1　23. M36：3　24. M36：4　25. M36：5
26. M36：2　27. M56：8-1　28. M10：3　29. M35：2　30. M67：3　31. M67：6　32. M51：6-1　33. M52：3
34. M24：1　35. M52：5　36. M24：3　37. M52：2　38. M52：10　39. M61：1　40. M61：3　41. M61：6
42. M61：4　43. M168：1　44. M173：1　45. M173：2　46. M24：2　47. M61：6　48. M61：2

二

由上文可知，葫芦沟墓地的年代在春秋中期晚段到战国早期，而玉皇庙墓地的年代大体上从春秋中期到春秋晚期[23]，两墓地间有相当一段时间是重合的。两墓地因都出土有直刃匕首式短剑，同属于"玉皇庙文化"。在军都山墓地系列发掘报告未正式出版之前，已有发掘者在不同的场合把葫芦沟墓地的部分材料作为玉皇庙文化的代表性遗存进行了少量的披露[24]。因此在未能见到军都山墓地的全部资料以前，研究者曾将葫芦沟墓地出土的双耳三足罐、高柄豆等器物作为玉皇庙文化的典型器物进行讨论。由于现在军都山墓地的系列报告已出版，如果将玉皇庙墓地和葫芦沟墓地进行对比，则发现实际上在玉皇庙墓地和葫芦沟墓地之间还存在着不少的差别，其中最主要的是在殉牲的方式和种类，以及随葬器物种类方面所表现出来的不同。

1. 殉牲

玉皇庙墓地殉牲的种类大量为马、牛、羊、狗，只有位于南区南部的M173殉有猪，该墓仅随葬铜带钩和铜镞，无其他随葬品。葫芦沟墓地殉牲种类有牛、羊、狗、猪，不见马。马、牛、羊通常是以畜牧业为主的人群常用的殉牲，而猪则被视为是以农业为主的人群常用的殉牲。同时两个墓地的殉牲方式也有不同，玉皇庙墓地的殉牲全部在墓内，而葫芦沟墓地除了把殉牲置于墓圹内以外，还有在墓圹外殉牲的现象，或将殉牲置于圹外一角，如M19、M32、M39等，或在墓外挖殉牲坑，如M116。另还发现有2座墓葬共用一个殉牲堆的现象，如M26和M27，其共有殉牲堆置于两墓东端空地中，M60和M61是将殉牲堆置于两墓形成的直角内的空地[25]。也有的墓葬在墓内外均有殉牲，如M120，将少量殉牲置于墓圹底部，另在圹外挖殉牲坑，内殉整猪1只。

2. 随葬器物

与玉皇庙墓地相比，葫芦沟墓地在随葬器物的类别上较玉皇庙墓地有明显的不同。葫芦沟墓地不见中原式青铜礼器，没有金器，没有马具。二者都有的随葬器物也存在着些许的差别，如直刃匕首式短剑和带钩的种类远没有玉皇庙墓地丰富。经过对比可知，葫芦沟墓地基本不见玉皇庙墓地那些仅在早期墓葬中出现的类型，如直刃匕首式短剑的类型中没有玉皇庙墓地仅在北区出现的半圆形蜷兽纹剑首、兽面纹剑格的"花格剑"和镂空扁球体剑首短剑，带钩中没有大型动物双纽带钩，但是却发现了一些玉皇庙墓地仅在南区发现的类型，如椭圆形首上饰相对动物纹的短剑，钩面为梯形，上饰多个小圆凸点纹的带钩（玉皇庙墓地仅有1件出于北区最南缘，余者均出土于南区）等。

葫芦沟墓地随葬的陶器分为夹砂陶和泥质陶两大类，其中大部分器物都可以在玉皇庙墓地找到相类者。如小敞口、圆鼓腹的夹砂红褐陶罐，泥质折肩罐、盂、壶等。不过在玉皇庙墓地出土的夹砂红褐陶罐中有部分下腹近底处呈内收状，这一特点不见于葫芦沟墓地的同类器物，而在玉皇庙墓地这种下腹内收的夹砂红褐陶罐多出在北区，应该是属于夹砂红褐陶罐的早期形态。但是葫芦沟墓地也有部分器物为玉皇庙墓地所不见，如夹砂褐陶指甲纹双耳三足罐。

上述葫芦沟墓地与玉皇庙墓地间的区别，有些与墓地级别，即该墓地墓主人的身份地位有关，如玉皇庙墓地有多座墓葬随葬中原式青铜礼器、金饰品和车马器，而葫芦沟墓地不见上述各类器物。这种现象表明玉皇庙文化在是否能够随葬中原式青铜礼器、金饰品和车马器方面存在着一定的规则，中原式青铜礼器、金饰品和车马器应该是判断墓主人身份地位的重要根据，同时也表明埋入玉皇庙墓地的墓主人中有相当一部分具有很高的社会地位或财富，而埋入葫芦沟墓地的墓主人则缺少具有较高社会地位者。两个墓地间的有些区别则与年代有关，如随葬器物中同一种器物不同形态的有无，葫芦沟墓地中不见在玉皇庙墓地多见的下腹近底处内收的夹砂红褐陶罐，亦没有只见于玉皇庙墓地北区的半圆形剑首、动物纹柄、动物纹格的"花格剑"和镂空扁球体首短剑，以及大型动物纹双纽带钩。不过有些区别似乎不是源于地位与年代的差别，如殉牲方式及种类的不同，葫芦沟墓地多见的双耳三足罐不见于玉皇庙墓地等，这些差别的出现很可能源于墓地级别与年代以外的原因。

葫芦沟墓地M60、M61两墓共用一个殉牲堆，其中M60为30～35岁的女性，方向为东偏北，M61为45～50岁的男性，墓葬方向南偏东，二者呈直角分布，在两墓形成的直角内侧有2个殉牲堆，均包括牛、狗和猪。值得注意的是M61随葬有夹砂平底双耳指甲纹陶罐、泥质陶壶、高柄豆、盂和砺石、石刀、尖首刀，以及一段陶鼓风管，却没有玉皇庙文化墓葬中常见的任何一种小件装饰品。该墓随葬的夹砂平底双耳指甲纹陶罐，不见于玉皇庙墓地，如上文所述其与夹砂双耳三足罐应具有相同的来源，而其共出的高柄豆和盂（图一〇），亦见于随葬双耳三足罐的M36、M97等墓，只是后者共出有陶罐，而该墓出土了1件双耳壶，其作用当与罐相同，整体上其随葬陶器组合极为接近。

葫芦沟M36、M97、M98等随葬有双耳三足罐的墓葬都共出有高柄豆，另除M98、M168以外，其余的随葬双耳三足罐的墓葬中除了M97共出有夹砂黑陶罐以外，余者都共出有泥质陶罐，或折肩，仅在肩部有一周弦纹，或通体饰绳纹。这些高柄豆、夹砂黑陶罐、泥质折肩罐和绳纹罐，在玉皇庙文化的其他墓地都有出土，亦可以找到形制相同或相近者，但是后者大都不与其他陶器共出。因此葫芦沟墓地随葬有双耳三足罐的墓葬与玉皇庙墓地那些随葬有高柄豆、夹砂黑陶罐、泥质折肩罐和绳纹罐器物的墓葬在年代上应该大体相同，即葫芦沟墓地出现这些使用双耳三足罐随葬的墓葬应与年代无关。

值得注意的是，随葬有这种双耳三足罐的墓葬均不见玉皇庙文化墓葬中常见的小件装饰品，如铜丝耳环、覆面铜泡、带饰、动物牌饰等。另外上文提到的具有特殊殉牲方式的M61，除了在随葬陶器组合上接近其他随葬双耳三足罐的墓葬以外，还随葬了1件陶鼓风管，表明其墓主人生前很可能是一名冶金工匠。从玉皇庙文化墓葬中随葬大量的各种极具自身文化特色的金属制品如装饰品、工具、武器等情况看，玉皇庙文化应该有自己的冶金业，也应该存在着一定数量的可以参与冶金生产的人群。在玉皇庙文化的其他墓地中没有见到随葬与冶金生产有关遗存的墓葬，其原因可能会有多种可能，或当时玉皇庙文化冶金生产的专门化程度很低，还没有出现专业从事冶金的人群，或其埋葬习俗中不以此类遗存随葬，或者从事冶金生产的工匠来自其他人群等。如上文所述，葫芦沟M61所具有的不同殉牲方式和种类说明其与葫芦沟大部分墓葬间存在着差别，而在随葬器物组合上更接近于那些随葬双耳三足罐的墓葬，则很可能其二者间具有相当密切的关系。

葫芦沟墓地随葬指甲纹陶器的墓葬共13座，其中随葬双耳三足罐的墓葬11座，随葬双耳平底罐的墓葬2座。M52、M61、M97为南北向墓，余者均为东西向墓，4座为女性，1座为少儿，8座为男性。除了M36位于中区偏南以外，其余12座均分布在南区。这些墓葬相对集中分布在南区中部，但是并没有形成自己独立的分布区域。由此可以推测，葫芦沟墓地以随葬双耳三足罐为代表的人群，与埋入同墓地的其他人群以及玉皇庙墓地的人群二者既有联系，又有所区别。只是限于材料，目前还难以判断这种区别的性质，是属于同一文化内的不同人群，还是来自于其他文化的人群，以及这个人群进入的原因。但是值得注意的是，M36、M183、M154三座女性墓中的双耳三足罐均为耳足对应式，而这种耳足对应的形态应属双耳三足罐的早期形态。因此在较早阶段，这样一个人群的进入是以女性为主，不过随着时间的推移，则逐渐转向以男性为主，甚至还出现了从事冶金生产的工匠。这样一种转变也许可以为理解这个人群的进入提供些许线索。

三

本文的讨论主要得到以下几点认识。

（1）葫芦沟墓地的年代跨度大体上从春秋中期晚段到战国早期，其间可以分为春秋中期晚段、春秋晚期晚段和春秋战国之际以及战国早期。

（2）葫芦沟墓地那些随葬有夹砂楔形指甲纹陶器的墓葬，在随葬器物组合和殉牲方式上都表现出与玉皇庙文化其他墓葬的不同，这些墓葬的墓主人很可能是与同墓地其他墓葬以及玉皇庙文化其他墓地墓主人不同的人群，二者之间既有很紧密的联系，又有所区别。

（3）由于材料所限，对于这样一个人群的属性以及其分布的范围、进入玉皇庙文化的原因等尚不能做出明确的判断，而葫芦沟出现的随葬与冶金相关遗存的墓葬，很可能是理解这些问题的重要线索。

注　释

[1]　　西梁垙墓地还应包括1994年因兴建龙庆峡别墅在西梁垙东坡发掘的属于这一时期的墓葬，参

见北京市文物研究所：《龙庆峡工程中发现的春秋时期墓葬》，《北京文物与考古》（第四辑），北京市文物研究所，1994年。

［2］　滕铭予、张亮：《玉皇庙文化的发现与研究》，《北方文物》2011年第4期。

［3］　北京市文物研究所：《军都山墓地——葫芦沟与西梁垙》，文物出版社，2010年。

［4］　北京市文物研究所：《军都山墓地——葫芦沟与西梁垙》，文物出版社，2010年，7页。

［5］　北京市文物研究所：《军都山墓地——葫芦沟与西梁垙》，文物出版社，2010年，337、338页。

［6］　在《军都山墓地——玉皇庙》中，将玉皇庙墓地分为三期，其第一期为春秋早期至春秋早中期，进一步划分为春秋早期和春秋早中期两段；第二期为春秋中期到春秋中晚期，进一步划分为春秋中期和春秋中晚期两段；第三期为春秋晚期，进一步划分为春秋晚期早段和春秋晚期晚段（参见北京市文物研究所：《军都山墓地——玉皇庙》，文物出版社，2007年，14页），其各期、各段的年代都存在着交叉。

［7］　北京市文物研究所：《军都山墓地——玉皇庙》，文物出版社，2007年，915～987页。

［8］　由于玉皇庙墓地北区墓葬均被泥石流堆积叠压，而南区的墓葬均打破泥石流堆积层，因此玉皇庙墓地南区在层位堆积上即晚于北区墓葬，即整个墓地的年代大体表现出由北向南由早及晚。朱凤瀚先生据此得出玉皇庙所出各型式短剑使用的粗略年代。参见朱凤瀚：《中国青铜器综论》（下），上海古籍出版社，2009年，2123～2136页。

［9］　滕铭予：《玉皇庙墓地出土的直刃匕首式短剑研究》，《边疆考古研究》（第13辑），科学出版社，2013年。

［10］　中国社会科学院考古研究所洛阳唐城队：《河南洛阳市中州路北东周墓葬的清理》，《考古》2002年第1期。

［11］　朱凤瀚：《中国青铜器综论》（下），上海古籍出版社，2009年，1650页。

［12］　滕铭予：《中国北方地区两周时期铜鍑的再探讨》，《边疆考古研究》（第1辑），科学出版社，2002年。

［13］　杨建华：《春秋战国时期中国北方文化带的形成》，文物出版社，2004年，83～91页。

［14］　关于春秋时期中原地区青铜礼器的分期与年代，参见朱凤瀚：《中国青铜器综论》（下）中的相关论述，上海古籍出版社，2009年。

［15］　朱凤瀚：《中国青铜器综论》（下），上海古籍出版社，2009年，1968页。

［16］　北京市文物研究所：《军都山墓地——玉皇庙》，文物出版社，2007年，1223、1224页。

［17］　有关三晋地区和中山国地区所出这一类带钩年代的讨论，参见滕铭予、王春斌：《东周时期三晋地区的北方文化因素》，《边疆考古研究》（第10辑），科学出版社，2011年。

［18］　北京市文物研究所：《军都山墓地——葫芦沟与西梁垙》，文物出版社，2010年。

［19］　林沄先生在《从张家口白庙墓地出土的尖首刀谈起》［《林沄学术文集》（二），科学出版

社，2008年〕中提出这种双耳三足罐在"桑干河中下游及其支流洋河、白河、潮河、滦河、伊逊河的考古调查中均有发现"，不过并没有指出具体资料。

［20］　朱凤瀚：《中国青铜器综论》（下），上海古籍出版社，2009年，1998～2005页。

［21］　朱凤瀚先生在上引书中认为赵襄子灭代在公元前475年。

［22］　参见张辛：《中原地区东周陶器墓研究》中关于上述地区的论述，科学出版社，2002年。

［23］　关于玉皇庙墓地的年代，原报告认为是从春秋早期到春秋晚期，后多有学者对该墓地的年代进行了讨论，大多认为其起始年代不早于春秋中期，代表性论述参见朱凤瀚：《中国青铜器综论》（下），上海古籍出版社，2009年，2118～2136页。

［24］　北京市文物研究所山戎文化考古队：《北京延庆军都山东周山戎部落墓地发掘纪略》，《文物》1989年第8期；靳枫毅：《军都山玉皇庙墓地的特征及其族属问题》，《苏秉琦与当代中国考古学》，科学出版社，2001年。

［25］　原报告认为该组殉牲所涉及的墓葬还应包括M63，但M63为一未成年人墓葬，而该墓地未成年人多集中埋葬，在M63的南、北、西三侧均为未成年人墓葬，因此M63应属于这一未成年人墓群。

〔原刊于《边疆考古研究》（第12辑），
科学出版社，2012年，与张亮合署〕

北京延庆葫芦沟墓地的布局与相关问题

葫芦沟墓地位于北京市延庆县，地处冀北山地延庆盆地的北缘，于1983年发现，1985年和1986年共进行了两次发掘，发现属于玉皇庙文化的墓葬153座。2010年出版的《军都山墓地——葫芦沟与西梁垙》（下文简称为《报告》）[1]，对葫芦沟墓地的资料进行了详尽的报道，同时在对墓地进行分区、分期的基础上，对墓地中出现的种种现象进行了统计。本文即在发掘报告的基础上，对葫芦沟墓地的墓地布局及其所反映的相关问题做进一步的讨论。

一

葫芦沟墓地位于葫芦沟沟口二级阶地上，地势北高南低，属于玉皇庙文化的153座墓葬，分布在从西北到东南长约110、北部宽约30、南部宽约50米的范围里。报告以横贯在墓地中部的青贮饲料库为界，将墓地分为北、南两区，在北、南两区内又进一步划分为北部和南部两个墓区。报告根据墓地的地层堆积，北区和南区墓葬中随葬器物的形制，并比较玉皇庙墓地以及其他北方地区东周时期墓地同类器物的形制和分期，将葫芦沟墓地的玉皇庙文化墓葬分为两期，分别为春秋中晚期和春秋晚期至战国早期，后者又分为春秋晚期前段和春秋晚期后段至战国早期，并提出"北区墓葬的年代普遍早于南区墓葬……该墓地的开辟和使用，是经过一定规划的，即按先北后南的次序逐渐埋葬的。"[2]

在葫芦沟墓地发掘区的四周都存在着一定的空白地带，说明现在的发掘范围基本上反映了原墓地分布的范围。只是将墓地分为北、南两区的青贮饲料库为1983年修建，施工过程中推土机推出了人骨、兽骨、陶器和青铜器等，可知现青贮饲料库所在位置原亦埋有大量墓葬，因此以青贮饲料库将墓地划分为北、南两区并不能反映墓地原有的区划。

通过观察葫芦沟墓地平面图可知，在北区的北部与南部之间墓葬分布较为稀疏，有一条东西向的空白地带，在南区北部最北端的12座墓葬也与其南部的墓葬间存在空白地带。与同墓地其他地点墓葬分布非常密集的情况相比，这两条空白地带很可能是墓地原有的划分不同墓区的标志。因此本文根据这两处空白地带将葫芦沟墓地划分为北、中、南三区（图一）。此三区的划分与报告原分区的对应关系见表一。

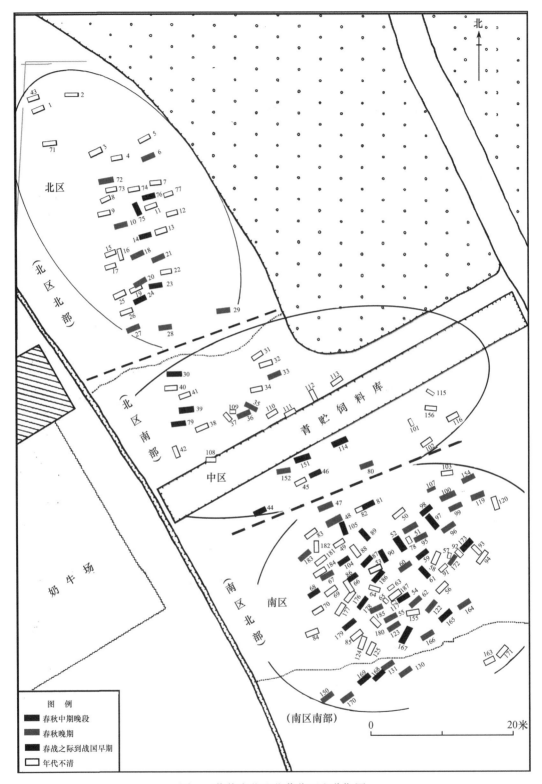

图例
■ 春秋中期晚段
■ 春秋晚期
■ 春战之际到战国早期
□ 年代不清

图一　葫芦沟墓地墓葬分区和分期图
（北区北部、北区南部、南区北部、南区南部为原报告分区；北区、中区、南区为本文分区）

表一　本文分区与原报告分期对照表

本文分区	报告原分区	墓葬数量
北区	北区北部	37
中区	北区南部 及南区北端	32
南区	南区北部中、南区域及南区南部	84

笔者曾指出报告提到的对墓地进行分期的依据中，无论是层位堆积，还是器物形制，以及最后对绝对年代的认定，都存在需进一步讨论或确认的问题，因此笔者重新对葫芦沟墓地进行了分期，大体划分为春秋中期晚段、春秋晚期、春秋战国之际到战国早期三期[3]。随葬品的典型器物分期见图二。葫芦沟墓地共有84座墓葬随葬了可以判断年代的器物，在上述分期的基础上，对墓地能够确定年代的墓葬在墓地中的位置进行观察，可知分布在本文划分的北、中、南三区中的墓葬年代各有早晚之别，而不是按照从北向南由早及晚的顺序埋入（图一），即葫芦沟墓地的北、中、南三区并非是因埋葬时间早晚而形成的区划。葫芦沟墓地的墓主人死后埋入同一个墓地，表明他们生前应该居住在同一个地区，而同一时期的墓葬又分别埋入不同的区域，很可能意味着他们的具体居住地点有所不同。

二

葫芦沟墓地除了北区和中区之间、中区和南区之间存在着一定的空白地带以外，整体上墓葬分布较为密集，但仅有M20打破M19、M81打破M82、M105打破M48、M131打破M168等几组打破关系。如果确如上文所述，墓地并非完全按照从北向南由早及晚的顺序埋入，且每区都包含有不同时期的墓葬，那么为了避免晚期埋入的墓葬打破早期墓葬，当时应根据一定的规则来安排墓葬位置，从而形成一定的墓地布局。

决定墓葬位置的因素有很多，墓主人所属人群的文化传统与墓主人的自身条件都可能成为决定墓葬埋入位置的重要原因。下文首先以墓葬方向、葬式等与文化传统相关的墓葬习俗作为切入点，观察那些具有与主流埋葬习俗不同的墓葬在分布上是否存在着一定的规律。

葫芦沟墓地有1座正东方向的墓，另有119座墓葬的方向为东偏北，方向在45°～90°；4座墓葬方向为东偏南，方向在107°～129°。上述墓葬基本可视为东向墓，占到葫芦沟墓地墓葬总数的81%。另有3座墓葬方向为西偏南，方向在226°～240°；1座墓为西偏北，方向为311°。以上128座墓葬均可视为东西向墓，在北、中、南各区均有分布，应该是葫芦沟墓地墓葬方向的主流。需要讨论的是另有25座墓葬的方向与上述东西向墓基

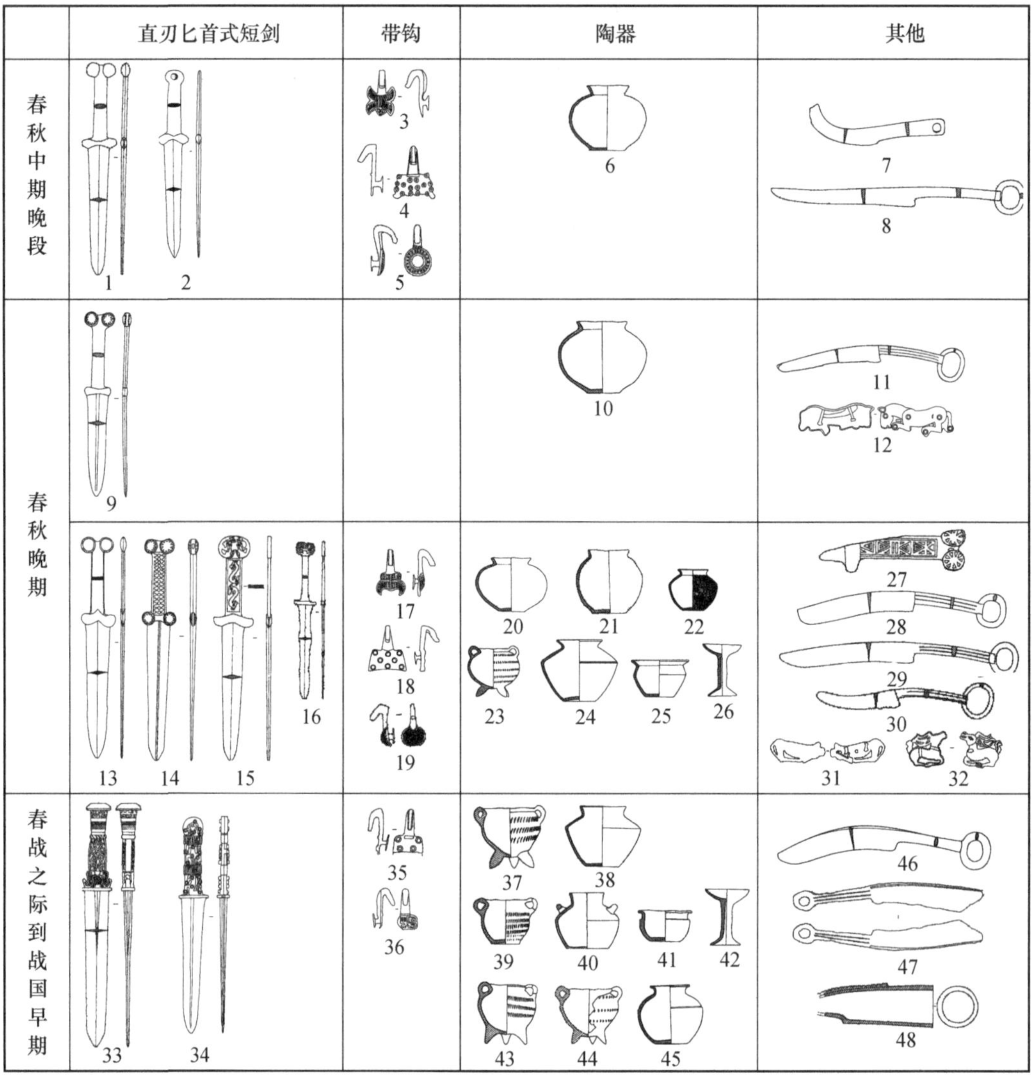

	直刃匕首式短剑	带钩	陶器	其他
春秋中期晚段	1　2	3　4　5	6	7　8
春秋晚期	9		10	11　12
	13　14　15　16	17　18　19	20　21　22　23　24　25　26	27　28　29　30　31　32
春战之际到战国早期	33　34	35　36	37　38　39　40　41　42　43　44　45	46　47　48

图二　葫芦沟墓地典型器物分期图

1. M39：2　2. M30：2　3. M23：5　4. M30：3　5. M39：11　6. M39：1　7. M23：2　8. M39：3　9. M185：2

10. M185：1　11. M185：3　12. M185：7　13. M28：2　14. M10：2　15. M35：1　16. M67：2　17. M10：9

18. M6：4　19. M67：8　20. M10：1　21. M54：1　22. M183：1　23. M36：3　24. M36：4　25. M36：5

26. M36：2　27. M56：8-1　28. M10：3　29. M35：2　30. M67：3　31. M67：6　32. M51：6-1　33. M52：3

34. M24：1　35. M52：5　36. M24：3　37. M52：2　38. M52：10　39. M61：1　40. M61：3　41. M61：6

42. M61：4　43. M168：1　44. M173：1　45. M173：2　46. M24：2　47. M61：6　48. M61：2

本呈直角，可视为南北向墓，其中1座为正北向；13座为北偏西，方向在318°～346°；5座为北偏东，方向在25°～40°；6座为南偏东，方向在140°～158°（图一）[4]。南北向墓的基本情况见表二。

表二 葫芦沟墓地南北向墓葬基本情况统计表

墓号	位置	方向（°）	性别	年龄	葬式	夹砂陶	泥质陶	其他随葬器物
M16	北区	南偏东22	女	40岁左右	直肢			
M75	北区	北偏西30	男	35岁左右	屈肢		折肩罐1	
M42	中区	北偏西23	女	35岁左右	直肢			
M112	中区	南偏东26	女	20岁左右	直肢	红陶罐残1		铜耳环2铜铃形饰7小白石珠23小黑石珠21
M37	中区	北偏西40	婴儿	6个月以内	直肢			
M101	中区	北偏西30	不详	成年	不详			
M88	南区	北偏西39	女	40~45岁	直肢			
M90	南区	北偏西25	女	45~50岁	直肢		灰陶壶1	
M105	南区	北偏西14	男	45~50岁	侧屈		灰陶盂1	
M97	南区	北偏西38	男	35~40岁	直肢	黑陶筒形罐1三足罐1	灰陶豆2灰陶盂1	铜尖首刀币1
M180	南区	北偏西40	男	16~17岁	直肢			
M52	南区	南偏东39	男	成年	直肢	褐陶三足罐1	折肩罐1	青铜短剑1铜削刀1砺石1铜带钩1
M61	南区	南偏东40	男	45~50岁	直肢	双耳罐1红陶鼓风管1	折肩壶1豆2盂1	石刀1砺石1铜尖首刀币1
M182	南区	正北0	男	成年	直肢			
M92	南区	北偏西42	婴儿	2岁	直肢			
M78	南区	北偏西32	婴儿	1.5~2个月	屈肢			
M65	南区	北偏西34	婴儿	6~8个月	屈肢			
M66	南区	北偏西28	少儿	10~11岁	直肢			铜耳环2小白石珠464小黑石珠30
M89	南区	南偏东36	不详	成年	直肢		折肩罐1	
M120	南区	北偏东12	女	成年	直肢			
M186	南区	北偏东39	男	12~13岁	直肢	红陶罐残1	灰陶盂1	
M172	南区	北偏东30	男	40~45岁	直肢	红陶罐1		铜耳环1铜扣3
M124	南区	北偏东26	男	22~24岁	直肢			
M125	南区	北偏东42	男	50~55岁	屈肢			
M167	南区	北偏东25	男	25~30岁	直肢		折肩罐1	铜扣2铜镜形饰1铜凿形坠饰1

　　从南北向墓的基本情况看，葬式以直肢葬为多，同时有少量的屈肢葬，与性别、年龄之间不存在一定的对应关系。其分布以北区最少，中区渐多，大部分在南区，大多与东西向墓相间而处，没有形成明显的集中分布区域。在有随葬器物的南北向墓

中，M112（女）、M172（男）和M186（男）共3座墓随葬了玉皇庙文化常见的夹砂红陶罐，M112同时随葬有玉皇庙文化常见的耳环和用黑、白石珠做成的项链，M172同时随葬有耳环和铜扣，M186同时随葬有1件泥质灰陶盂；另外M66（未成年）随葬有耳环和用黑、白石珠做的项链。其余随葬有陶器的墓葬，有的随葬夹砂褐陶指甲纹的双耳三足罐或平底罐和泥质陶器，有的随葬泥质陶器。笔者曾经指出，葫芦沟墓地出土的夹砂褐陶指甲纹双耳三足罐，不仅器形较为特别，而且罐身饰三到四周的楔形指甲纹，也为其他夹砂陶器所不见，而夹砂褐陶指甲纹双耳平底罐，其器身亦饰数周楔形指甲纹，其文化属性应与三足罐相同。这种饰楔形指甲纹的双耳三足罐或平底罐并不见于同属于军都山墓地的玉皇庙和西梁垙等地，在冀北山地的其他地点也很少见到；在张家口白庙、滦平梨树沟门虽有相近者，但形制上还是有所差别。除此之外，葫芦沟墓地出土的泥质陶器也非玉皇庙文化的典型器物[5]。从可以判断年代的陶器看，随葬有指甲纹平底三足罐和双耳罐的墓葬，其年代大体上从春秋晚期到战国早期，属于葫芦沟墓地中、晚期阶段；另如M75、M89随葬的泥质折肩罐，形制亦与葫芦沟墓地中、晚期阶段的同类器物相同[6]，年代亦应相当。另如上文所述，葫芦沟墓地的年代并非完全按照从北向南由早及晚的顺序埋入，但总体上是北部偏早者较多，南部偏晚者较多，因此这些南北向墓葬的年代大体上都在葫芦沟墓地的中、晚期阶段。值得关注的是M61，不仅随葬了夹砂褐陶指甲纹双耳罐和一组泥质陶器，还有1件红陶鼓风管，表明墓主人生前很可能是一位从事冶金生产的工匠。

葫芦沟墓地有120余座墓的葬式为直肢葬，应该是该墓地的主流葬式。另有20例屈肢程度较高的屈肢葬墓（图三）。屈肢葬墓的基本情况见表三。从表中可以看出，屈肢葬的墓葬方向绝大部分为东偏北的东向墓，也有少量的北向墓。墓主人性别以男性为主，但也有部分女性和未成年人。总体上看，屈肢葬与墓向、性别、年龄都没有呈现出规律性的对应关系。其分布区域与南北向墓类似，除了有2座分布在北区、1座分布在中区以外，余者均分布在南区。这些屈肢葬墓中，仅有M64、M65、M117三座为未成年人墓和M178、M185、M54三座男性墓相对集中分布在南区中部偏东南，余者都与直肢葬墓相间而处。屈肢葬墓在随葬陶器方面也表现出一定的倾向性，在11座随葬了陶器的墓葬中，除M70随葬了1件玉皇庙文化常见的夹砂红陶罐以外，其余的墓葬中有6座随葬有夹砂褐陶指甲纹双耳三足罐，大多共出泥质陶器，另外4座墓亦都随葬了泥质陶器。所有屈肢葬墓均未见玉皇庙文化常见的耳环和用黑、白石珠做的项链。正如上文所述，这6座随葬有夹砂褐陶指甲纹双耳三足罐的墓葬，其年代从春秋晚期到战国早期，属于葫芦沟墓地中、晚期阶段，另有M75、M77随葬有泥质绳纹折肩罐，形制同于葫芦沟墓地中、晚期阶段的同类器物。在可以判断年代的屈肢葬墓中，未见年代可以早到该墓地早期阶段的墓葬。

表三 葫芦沟墓地屈肢葬墓基本情况统计表

墓号	位置	方向（°）	性别	年龄	夹砂陶	泥质陶	其他随葬器物
M75	北区	北偏西30	男	35岁左右		折肩罐1	
M77	北区	东偏北13	男	成年		折肩罐1	
M110	中区	东偏北33	男	35岁左右			
M105	南区	北偏西14	男	45～50岁		盂1	
M119	南区	东偏北22	女	30岁左右	黑陶罐1	鼎1	
M81	南区	东偏北24	不详	成年	三足罐1		
M125	南区	北偏东42	男	50～55岁			
M155	南区	东偏北12	男	50～55岁			
M49	南区	东偏北30	男	25～30岁			
M173	南区	东偏北40	男	成年	三足罐1	折肩罐1	砺石1
M178	南区	东偏北40	男	40～45岁	三足罐1	折肩罐1	
M54	南区	东偏北37	男	40～45岁	三足罐1	折肩罐1	滑石坠1铜覆面扣1
M70	南区	东偏北22	女	30岁左右	红陶罐1		
M183	南区	东偏北30	女	40岁左右	三足罐1	折肩罐1	
M154	南区	东偏北29	女	45～50岁	三足罐1	折肩罐2	铜镞残1铜铃形饰2
M91	南区	东偏北32	少儿	11岁			
M64	南区	东偏南33	少儿	11岁			
M78	南区	北偏西32	婴儿	1.5～2个月			
M65	南区	北偏西34	婴儿	6～8个月			
M117	南区	东偏北30	婴儿	3～4个月			

　　墓葬方向和葬式所表现的是生者在埋葬死者时对尸体的处理方式，是埋葬习俗的主要体现。从上述对葫芦沟墓地的南北向墓和屈肢葬墓的讨论看，虽然二者看不出存在着对应关系，但在分布上都有由北及南数量渐多的现象，同时两者在随葬器物方面也存在着一定的相近性，即以夹砂褐陶双耳三足罐和泥质陶为主，少见玉皇庙文化中常见的夹砂红陶罐和耳环、项链等装饰品，这些墓葬的墓主人与玉皇庙文化墓葬的墓主人应该分属于不同的人群。这些墓葬出现在葫芦沟墓地，表明在葫芦沟墓地的中、晚期阶段，出于某种原因有新的人群进入，从这些墓葬没有自己独立的分布区域看，这个新的人群与那些使用玉皇庙文化主流墓向和葬式的墓主人间存在着较为密切的关系，只是他们或使用南北向墓，或在葬式上有别于玉皇庙文化常见的葬式，同时在随葬的陶器方面倾向于使用夹砂褐陶双耳三足罐和泥质陶器，这些应该是在某种程度上保留着自身传统的表现。林沄先生曾提出这种夹砂褐陶双耳三足罐在"桑干河中下游及其支流洋河、白河、潮河、滦河、伊逊河的考古调查中均有发现"，虽然提供了可以讨论这种器物的文化属性和使用这种器物的人群来源的线索，但是他并没有说明具

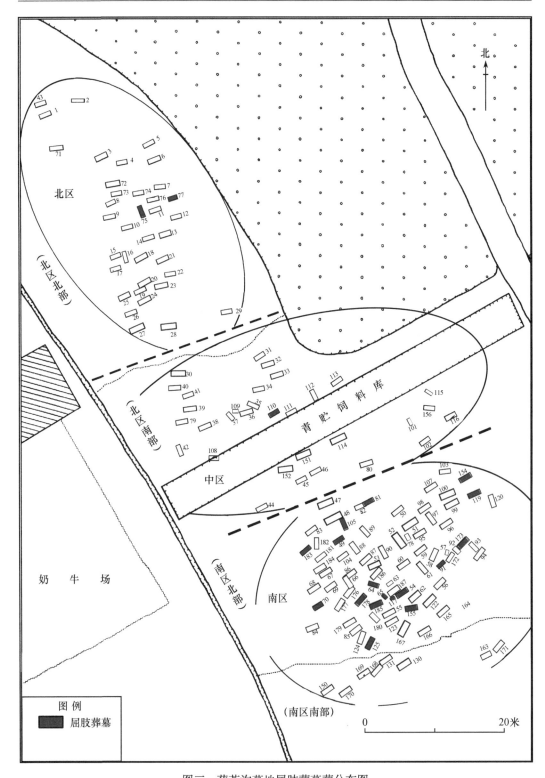

图三　葫芦沟墓地屈肢葬墓葬分布图

体资料的来源[7]。就目前发现的材料看，还不能明确以使用夹砂褐陶双耳三足罐为特点的人群来自哪里，以及进入葫芦沟墓地的原因。值得注意的是，M36、M183、M154三座女性墓中的双耳三足罐均属于这种器物的早期形态[8]，这些现象表明这个人群最初进入葫芦沟墓地时是以女性为主，不过随着时间的推移，则逐渐转向以男性为主，甚至还出现了从事冶金生产的工匠。这样一种转变也许可以为理解这个人群的进入提供些许线索。

三

由上文关于葫芦沟墓地中存在着部分南北向和屈肢葬墓的讨论可知，埋入葫芦沟墓地的墓主人应该可以进一步划分为不同的人群，即典型的玉皇庙文化所代表的人群和在葫芦沟墓地的中、晚期阶段时进入的新的人群，后者与玉皇庙文化墓葬相间而处，没有独立的分布区域，表明其已经融入葫芦沟墓地的整体布局当中。通过观察可知葫芦沟墓地存在着因性别、年龄不同而有各自相对集中的分布区域，因此下文将忽略不同墓向、不同葬式的差别，对葫芦沟墓地在性别和年龄方面所表现出来的现象进行讨论。

葫芦沟墓地北、中、南三区墓葬数量及墓主人的性别、年龄见表四。从表中可以看到，北、中、南三区各区墓葬墓主人在成年个体的男女性别比和未成年人所占比例方面都有所不同。男女性别比分别为北区1.77∶1[9]、中区0.8∶1、南区1.95∶1，整个墓地的男女性别比为1.56∶1，显然北区和南区的男性比例偏高，而中区则女性比例偏高。未成年人所占比例北区仅有1例，占3%，中区稍有增加，为13%，南区最高，达到20%[10]。考虑到中区有青贮饲料库横贯其中，有部分墓葬被破坏，其统计数据可能会有偏差，但北区和南区从现有发掘范围看都相对完整，而在性别比，尤其是未成年人所占比例方面表现出的差别，很可能与墓地的布局有关。

表四　葫芦沟墓地性别、年龄统计表

	男性	女性	少儿	不详	总数	男女性别比
北区	23/62%	13/35%	1/3%	0	37	1.77∶1
中区	12/38%	15/47%	4/13%	1/3%	32	0.8∶1
南区	43/51%	22/26%	17/20%	2/3%	84	1.95∶1
合计	78	50	22	3	153	1.56∶1

从整体上看，葫芦沟墓地的男性墓与女性墓没有表现出如中原地区同时期墓地中较多见的一男一女两座墓并列的现象[11]，而是可以观察到男性墓和女性墓都有相对集中的分布（图四）。

男性墓葬集中分布的现象在南区表现得比较明显，在北部的M47、M48、M83、

图四　葫芦沟墓地不同性别与未成年人墓葬分布图

M105、M182、M181、M49、M184、M104、M67、M68和M69共12座男性墓葬呈东北向西南的条状分布；在南区东南部，则有M185、M180、M55、M85、M124、M125、M167、M131、M130等9座男性墓集中分布，仅在M55和M167间有一女性墓葬。分布在中区的男性墓葬数量偏少，不过可以发现在青贮饲料库中间的南、北两侧边缘都有男性墓分布，虽然现在已不清楚在修建青贮饲料库时被破坏的那些墓葬墓主人的性别，但从中区男性墓比例偏低、青贮饲料库中间的南北两侧边缘都分布有男性墓来看，很可能这一位置是成年男性墓葬集中分布的区域。

女性墓葬集中分布的现象在各区也有发现，在上述南区北部东北向西南条状分布的男性墓葬东侧，有M82、M88、M90、M51、M50共5座女性墓呈环绕分布，仅M51和M90之间有一座男性墓葬；在北区北端有M2、M43、M71三座女性墓葬相对集中；中区在青贮饲料库以北，M31、M32、M33、M34、M36、M109、M38、M41、M40共9座女性墓葬呈环绕分布，其间只有M36东北侧的M35为男性墓，M38和M41之间的M39为男性墓。其他的女性墓葬也有两两相邻的现象，如北区偏北的M73和M74，西部的M16和M17，以及其南部的M25和M19；南区东侧的M154、M119和M120，南部的M150和M169，M166和M165等。

值得注意的是，葫芦沟墓地未成年人的墓葬也可以见到相对集中分布的现象，如中区南部的M44、M45、M46三座未成年人墓东西相邻，在南区中部几个男性和女性墓葬集中分布区的中间，集中分布着M87、M53、M186、M63、M187、M117、M65、M64、M66共9座未成年人墓葬，在南区的东南部，也有M91、M57、M92、M93共4座未成年人墓集中分布，即南区超过76%的未成人墓葬都集中分布。

如上文所述，北区仅有1座未成年人墓葬，其比例远远低于南区，中区虽有4座未成年人墓葬，但若考虑到上文所述在被青贮饲料库破坏的区域很可能是成年男性墓葬集中分布的区域，那么中区未成年人墓所占比例也远远少于南区，这种现象很可能说明，南区是葫芦沟墓地集中埋葬未成年人的区域，同时也说明在安排未成年人墓葬的埋葬位置时，是将葫芦沟墓地作为整体进行全面的规划。

通过上述讨论可知，在葫芦沟墓地存在着不同性别和未成年人相对集中分布的区域，而用来表示核心家庭的夫妻合葬、或父母与夭折的子女合葬的现象则极为少见，表明葫芦沟墓地墓主人生前所处的社会中，性别和年龄在区划社会集团时很可能起到了比较重要的作用。其中未成年人集中埋葬，很可能表明这些未成年人被视为属于整个社区，而非某个家庭。这种现象说明在葫芦沟墓地所表现的社会结构中，埋入这个墓地的人群作为一个整体具有很强的凝聚力，而作为人类繁衍的基本单位，即夫妻、或父母加上子女的这种家庭因素则比较弱化。出现这种现象的原因很可能是由于在葫芦沟墓地所反映的社会中，所谓的"家庭"并没有能够成为生活或生产的最基本单位，即有些生活或生产活动都是以整个社区为单位而进行的。

四

本文的讨论可以得到以下几点认识。

第一，可以通过葫芦沟墓地中存在的空白地带将葫芦沟墓地划分为北、中、南三区，三区中的墓葬年代均各有早晚之别，由此对原报告中提出的该墓地是"按先北后南的次序逐渐埋葬的"认识提出了修正。

第二，葫芦沟墓地从北至南三区中均有随葬了玉皇庙文化代表性器物的墓葬，就整体而言该墓地属于玉皇庙文化。从墓地的墓主人死后埋入同一个墓地看，其生前亦应居住在同一个地区。但属于同一时期的墓葬又分区埋葬，很可能与这些墓主人生前在这个地区所居住的具体区域有关。

第三，在葫芦沟墓地的中、晚期阶段有新的人群进入，这一新进入的人群开始时可能以女性为主，后逐渐有更多的男性进入，其中包括从事冶金生产的工匠。他们使用与玉皇庙文化墓葬不同的墓向或葬式，在随葬器物上也有自己的倾向性，但是他们并没有自己单独的埋葬区域。上述现象说明这些新进入的人群，与玉皇庙文化所属人群间虽然有一定的区别，但还是存在着密切的关系。目前仅有一些线索指向这样一个人群很可能与分布在桑干河中下游及其支流洋河、白河、潮河、滦河、伊逊河这一地区的古代文化有关。

第四，葫芦沟墓地可以观察到男性墓葬、女性墓葬和未成年人墓葬相对集中分布的区域，表明性别和年龄在区划社会集团时起到了重要的作用。出现这种现象的原因很可能是由于在葫芦沟墓地居民生前所处的社会中，生活和生产活动都是以居住在这一地区的整个人群为单位进行的，而作为人类繁衍的基本单位，即夫妻，或父母加上子女的家庭因素则相对弱化。

注　　释

[1]　　北京市文物研究所：《军都山墓地——葫芦沟与西梁垙》，文物出版社，2010年。以下凡引此书，简称《军都山墓地》，版本相同。

[2]　　《军都山墓地》，7、396、397页。

[3]　　滕铭予、张亮：《葫芦沟墓地的年代及相关问题》，《边疆考古研究》（第12辑），科学出版社，2012年。

[4]　　本文根据报告墓葬登记表中所记录的数据对墓葬方向进行统计，不过若从报告发表的墓葬平面图看，有部分墓葬方向与墓葬登记表不符，如M124、M125、M172等，在墓地平面图中均表现为东西向墓。本文根据墓葬登记表中的方向数据对这些墓葬的方向进行了修正。

[5]　　滕铭予、张亮：《葫芦沟墓地的年代及相关问题》，《边疆考古研究》（第12辑），科学出

版社，2012年。

[6] 关于葫芦沟墓地的分期与年代请参见滕铭予、张亮：《葫芦沟墓地的年代及相关问题》，《边疆考古研究》（第12辑），科学出版社，2012年。

[7] 林沄：《从张家口白庙墓地出土的尖首刀谈起》，《林沄学术文集》（二），科学出版社，2008年，20～30页。

[8] 关于夹砂褐陶双耳三足罐的分期与年代，参见滕铭予、张亮：《葫芦沟墓地的年代及相关问题》，《边疆考古研究》（第12辑），科学出版社，2012年。

[9] 北区M28，原报告性别不详，但该墓随葬直刃匕首式短剑，因玉皇庙文化墓地中只有男性随葬短剑类武器，而女性墓葬不见武器，无一例外，因此M28应为男性墓。

[10] M186、M187两墓均为12～13岁的少年，因两墓性别鉴定为男性，原报告将其划入男性墓葬，本文将其归属于未成年人。

[11] 这种一男一女并列的两墓通常称为"对子墓"，被认为是夫妻异穴合葬的一种方式，典型者有西周至春秋早期的山西天马—曲村北赵晋侯墓地，尽管对于各墓墓主人的归属还在讨论，但每一代晋侯均为侯墓与夫人墓并列的异穴合葬（墓地经六次发掘，总平面图参见北京大学考古文博学院、山西省考古研究所：《天马——曲村遗址北赵晋侯墓地第六次发掘》，《文物》2001年第8期）。另年代为西周中晚期到春秋战国之际的侯马上马墓地（山西省考古研究所：《上马墓地》，文物出版社，1994年），春秋晚期到战国晚期的长治分水岭墓地（山西省考古研究所、山西博物院、长治市博物馆编著：《长治分水岭东周墓地》，文物出版社，2010年）等，也都普遍存在着这种夫妻并列异穴的合葬方式。

（原刊于《考古》2018年第4期）

中山灵寿城东周时期墓葬研究

　　"中山"是东周时期由北方地区少数民族"鲜虞"建立于太行山东麓的国家，其首见于史书为公元前506年[1]，曾于公元前407年灭于魏，后桓公复国，最终于公元前296年灭于赵，前后历国二百余年。由于桓公复国后国力达到鼎盛，地位仅次于战国七雄[2]，成为东周历史上非常重要的一个国家，加之有学者认为与中山国有关的考古学文化是研究东周时期北方长城地带"狄人"文化的重要切入点[3]，因此有关中山国的考古发现就成为考古学和历史学都非常关注的热点。史载"中山武公初立居顾，桓公徙灵寿"[4]，而发现于河北省中部平山县境的灵寿城，即为中山桓公复国后所徙之灵寿。目前与灵寿城有关的考古工作主要有对王嚳墓的发掘，以及对灵寿城内外的发掘与调查，相关报道分别见于1996年发表的《嚳墓——战国中山国国王之墓》[5]和2005年发表的《战国中山国灵寿城——1975—1993年考古发掘报告》[6]。

　　在《嚳墓——战国中山国国王之墓》和《战国中山国灵寿城——1975—1993年考古发掘报告》中，除了对城外西侧的王嚳墓、城内西部王陵区的"成公"墓进行了较为详细的报道以外，还对王陵区内其他的中山王族墓和部分陪葬墓，以及在城址外发现的一般墓葬进行了介绍。灵寿城的始建大体在公元前380年左右，即桓公复国建灵寿，一直到公元前296年，赵灭中山，灵寿城结束了其作为中山国都城的历史[7]。在这里发现的王嚳墓、成公墓，以及附近的王族墓、陪葬墓等，其年代均在灵寿城作为中山国都城的范围之内，而其他在城外发现的墓葬，其年代跨度则远远超过了灵寿城作为中山国都城的时期。本文将在梳理灵寿城发现的东周时期墓葬年代的基础上，讨论与中山国历史发展过程相关的一些问题。

一

　　《战国中山国灵寿城——1975—1993年考古发掘报告》将在灵寿城发现的墓葬分别以春秋中、晚期中山鲜虞族墓，战国早期中山鲜虞族墓和战国中晚期墓葬进行介绍，笔者对部分墓葬的年代存有不同看法，分别论述如下。

　　在灵寿城发现的墓葬，根据其年代大体可分为四个阶段。

1. 第一阶段　春秋中晚期

　　原报告认定属于这一时期的墓葬共9座[8]，并称之为鲜虞族墓，分别分布在访驾庄北、访驾庄西北和北七汲村北。报告对其中的4座墓进行了介绍，其中访驾庄北M8002、访驾庄西北M8004和北七汲村北M8212为春秋中期，访驾庄北M8006为春秋晚期。笔者认为访驾庄北M8002和M8006的年代并不属于这一阶段，这2座墓葬的年代将在下文讨论。

访驾庄西北M8004为土圹竖穴墓，有积石，墓向东向偏北，推测墓主人为男性。该墓没有被盗扰，随葬器物有中原式青铜礼器无盖鼎、匕各1件（图一，1、2），另有工具、兵器、车马器、装饰品等。其中的无盖鼎为判断该墓年代提供了重要的线索，此鼎与洛阳中州路M2415所出相近（图一，3），纹饰虽较后者更细密，但洛阳中州路M2415中共出的敦和匜的纹饰亦较细密，因此访驾庄西北M8004无盖鼎的年代与中州路M2415接近，或为春秋中期偏早[9]，或稍晚之。

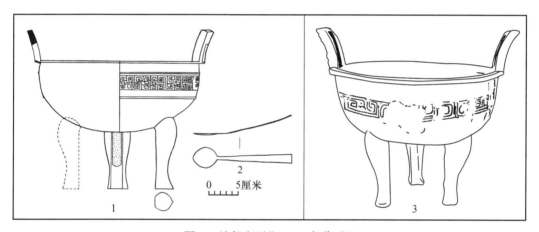

图一 访驾庄西北M8004年代对比

1.访驾庄西北M8004：15 2.访驾庄西北M8004：17 3.洛阳中州路M2415：4

北七汲村北M8212为土圹竖穴墓，墓向为西，因被严重盗扰其随葬器物仅余4枚尖首刀（图二，上左）。与之形制相同的尖首刀还见于葫芦沟M44、M97、M151（图二，下右），以及玉皇庙墓地M164、M380（图二，下中）等墓。葫芦沟墓地随葬有尖首刀的墓葬大都只共出1件陶罐，玉皇庙M380除尖首刀外只有作为项饰的石珠，仅据上述器物要判断这些墓葬的年代尚有难度，不过玉皇庙M164除尖首刀外，还共出1件双环蛇形首的直刃匕首式短剑和1件夹砂陶罐（图三，左），笔者曾作《玉皇庙墓地出土的直刃匕首式短剑研究》一文，指出双环蛇形首直刃匕首式短剑仅见于玉皇庙墓地南区，其年代大体在春秋晚期早段，最晚可能到春秋战国之际[10]。玉皇庙墓地还有M172随葬残尖首刀（图三，中），虽然尖首刀的首部残破无法与完整者进行比较，但该墓使用尖首刀随葬作为一种时代风俗，应与同墓地其他随葬尖首刀的墓葬大体同时。M172随葬的泥质折肩罐与M174所出相同，而M174共出了中原式青铜礼器锄（图三，右），其年代在春秋晚期晚段[11]。另外，林沄先生曾对冀北山地属于玉皇庙文化的白庙墓地出土的尖首刀进行了讨论，在认定其为"狄刀"的基础上，指出在冀北地区墓葬中已发现的尖首刀其年代均不早于春秋晚期[12]。林沄先生所论白庙墓地出土的尖首刀虽已残破,但仍能看出其刀身前端明显宽于柄端,尖首锐凸,大弧背,刀上或铸有文字、符号(图二,下左),而北七汲村北M8212所出的尖首刀与之非常相似。综合考虑上述因素,北七汲村北M8212的年代不会早到春秋中期,应以春秋晚期为是。

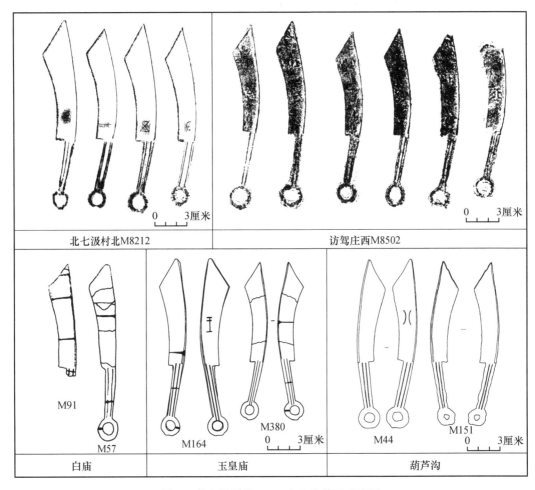

图二　北七汲村北M8212出土尖首刀对比图

同样随葬有尖首刀的墓葬还有访驾庄西M8502(图二,上右),为土圹竖穴墓,有积石,墓向东偏北。该墓长达4.9、宽4.3米,是该墓地规模最大者。因盗扰严重,仅在椁底南侧残存有14捆尖首刀,每捆100枚,另在椁室西南端有残破的陶片,可辨器型者有鬲[13]、尊和盆。原报告认为该墓年代为战国早期,但其出土的尖首刀形制与北七汲村北M8212相同,均为刀身前端明显宽于柄端,大弧背,因此该墓的年代当与北七汲村北M8212相同,也在春秋晚期。

另有北七汲村内北M8216,土圹竖穴墓,一棺一椁,墓向北偏西,盗扰后的劫余

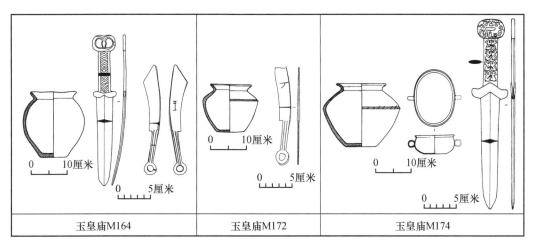

| 玉皇庙M164 | 玉皇庙M172 | 玉皇庙M174 |

图三 玉皇庙M164所出尖首刀对比图

有陶鬲2件，平盘豆1件，原报告认为该墓的年代为战国早期。其出土的鬲为夹砂灰陶，长筒腹，裆部稍向下弧，三小足（图四，1、2）。在灵寿城一号居址下层曾出土过夹砂灰陶鬲，其整体形态和纹饰与北七汲村内北M8216所出不同，但是其裆部稍向下弧，三小足，却与M8216所出有异曲同工之处（图四，4、5）。一号居址的年代在城址建立之前[14]，其下限不会晚于战国早期，而东周时期三晋地区陶鬲发展的一般规律是鬲的裆部经历了从弧裆到平裆再至裆部下弧的变化过程，春秋晚期到战国早期，正是鬲的裆部由平裆向下弧的变化时期。M8216出土的平盘豆，豆盘壁较薄，豆把上下近直（图四，3），而灵寿城战国早期墓葬如岗北村西M8011中出土的平盘豆，豆盘壁较厚，豆把上粗下细（图四，6），年代稍晚的岗北村东M8008所出平盘豆，不仅豆把呈曲线，而且在近底处有一道凸棱（详见下文），显然北七汲村内北M8216所出的平盘豆年代应早于岗北村西M8011所出。由此，北七汲村内北M8216的年代以春秋晚期为宜。

综上，属于春秋中晚期的墓葬有访驾庄西北M8004、北七汲村北M8212、访驾庄西M8502、北七汲村内北M8216。

2. 第二阶段 战国早期

原报告认为属于这一期的墓葬共有18座[15]，分布在访驾庄、七三水库、北七汲村、穆家庄西和蒲北窑场等处。报告对穆家庄西M8101、M8102，北七汲村内北M8216，访驾庄北M8221，访驾庄西M8502和蒲北窑场M9307共6座墓进行了介绍，年代全部为战国早期。

上述6座墓中，访驾庄西M8502和北七汲村内北M8216在前文已进行了讨论，其年代应该在春秋晚期。穆家庄西M8101和M8102均为土圹竖穴，积砂，墓向均为西偏北。两墓因随葬了铜礼器鼎、豆、敦、壶、铺，以及冀北山地玉皇庙文化的典型器物包金虎形饰、螭柄的直刃匕首式短剑等而引起学者的广泛关注（图五、图六）。朱凤瀚先

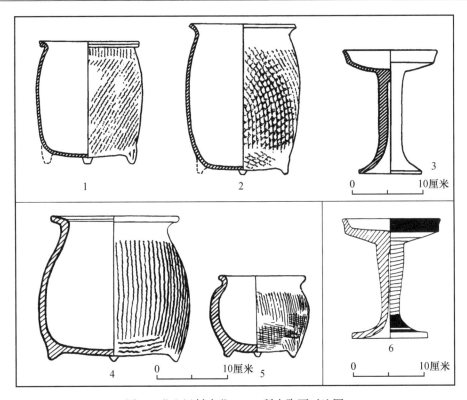

图四　北七汲村内北M8216所出陶鬲对比图

1. M8216：3　2. M8216：4　3. M8216：1　4、5. 灵寿城一号居址采集　6. 岗北村西M8011：11

生在《中国青铜器综论》中对两墓进行了专门的讨论，指出两墓所出青铜礼器中既有春秋晚期的齐器，也有与三晋、燕地战国早期流行的同类器物相似者。由于这两座墓的上部均被灵寿城城垣所破坏，因此其年代下限不会晚于战国早期，大体在战国早期晚段[16]。需要说明的是，朱书认为穆家庄西M8102随葬的盖豆（M8102：3）为燕式豆，该豆豆盖上有三环纽，与已发现的燕式豆豆盖或为圈形捉手，或为三长足形纽并不相同，实际上形制与其最为接近的当属济南左家洼M1：4[17]，而这种豆盖有三环纽的长柄盖豆亦是同时期齐地盖豆的典型标志[18]，因此，穆家庄西M8102随葬的盖豆很可能是来自齐地的器物。

访驾庄北M8221为土圹竖穴墓，有积石，墓向北，该墓未经盗扰。随葬品均为实用的兵器、工具和属于服饰用品的带钩（图七，上）。该墓随葬的螭柄直刃匕首式短剑与穆家庄西M8102所出非常接近，所出中原式铜戈援虽较短，但援锋已呈流线形，与穆家庄西M8101所出相同，原报告认为该墓墓主人为武士，年代为战国早期，当是。

蒲北窑场M9307，土圹竖穴，墓向北偏西。发现时已被严重破坏。据报告该墓所出带钩形制与M8101和M8221所出相同，另有5枚尖首刀，其形制与前述春秋晚期各墓所出有明显的不同，形体稍小，弧背不明显，已近直刀，因此原报告对于该墓的年代

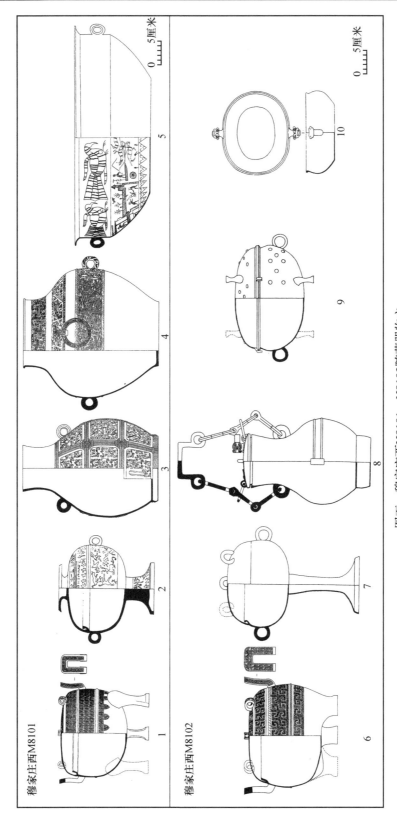

图五　穆家庄西M8101、M8102随葬器物之一

1. M8101：1　2. M8101：2　3. M8101：3　4. M8101：5　5. M8101：4　6. M8102：1　7. M8102：3　8. M8101：4　9. M8102：7　10. M8102：6

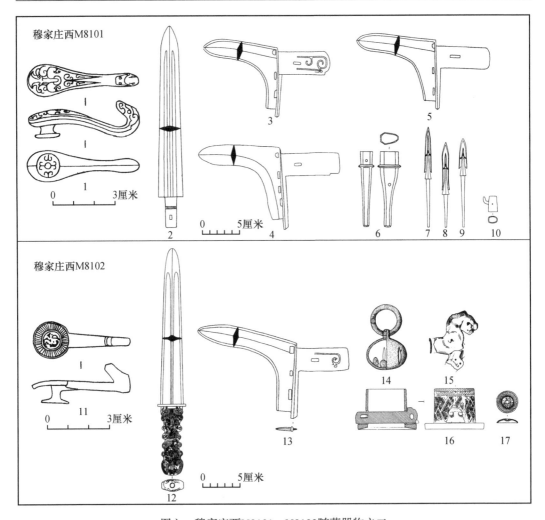

图六　穆家庄西M8101、M8102随葬器物之二

1. M8101：12　2. M8101：7　3. M8101：8　4. M8101：8　5. M8101：9　6. M8101：6　7. M8101：10-1

8. M8101：10-7　9. M8101：10-9　10. M8101：11　11. M8102：9　12. M8102：12　13. M8102：14

14. M8102：11　15. M8102：15　16. M8102：10　17. M8102：17

判断是正确的。另外，在灵寿城内发现了多处铸币作坊，出土了大量的制作各种刀币的陶范，但是没有发现制造尖首刀的陶范，这些现象可以说明在灵寿城建城之后所铸造的刀币并不包括尖首刀，这也从另一个角度说明尖首刀流行的年代下限不会晚到灵寿城建城之后，最晚即到战国早期。

　　除了上述原报告认为属于战国早期的墓葬以外，笔者认为报告刊布的墓葬中，还有一部分墓葬的年代应当属于这一时期。

　　访驾庄北M8002，土圹竖穴，墓向东偏北，一棺一椁，有二层台，在南、北和西侧二层台上各有一个殉人。该墓早年经盗扰，劫余仅有海贝、石贝，另在盗洞内发现

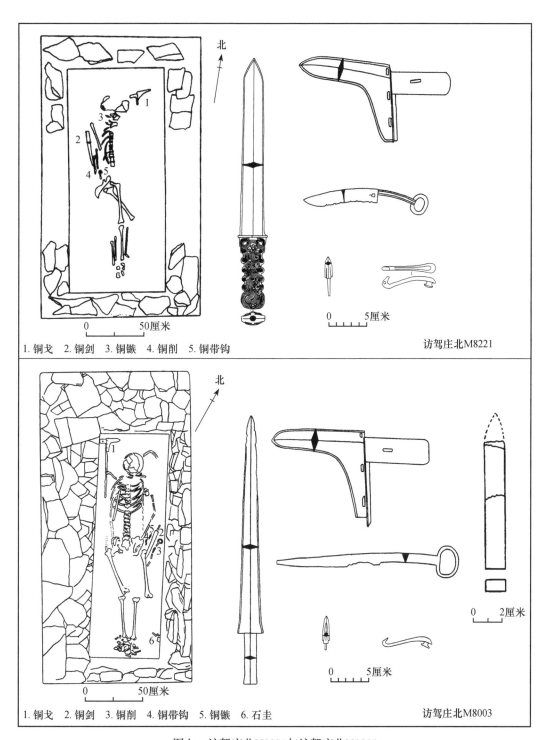

1. 铜戈 2. 铜剑 3. 铜镞 4. 铜削 5. 铜带钩

访驾庄北M8221

1. 铜戈 2. 铜剑 3. 铜削 4. 铜带钩 5. 铜镞 6. 石圭

访驾庄北M8003

图七 访驾庄北M8221与访驾庄北M8003

有用于车事的铜辖和马衔等。原报告认为此墓年代在春秋中期。该墓出土的中原式马衔内环为圆形，这种马衔的内环在中原地区经历了从水滴形到圆形的变化，内环为圆形的马衔大量出现是在春秋晚期。而该墓出现了无积石，有殉人，随葬中原式车马器等多种与中原文化有关的现象，在冀北山地玉皇庙文化中则是在战国早期时出现[19]。虽然灵寿城所处位置较冀北山地玉皇庙文化更接近中原地区，可能会较早受到中原文化的影响，但考虑到战国早期时这里尚有墓葬如访驾庄北M8221，还保留有积石、随葬蟠首柄直刃匕首式短剑等传统因素，综合考虑访驾庄北M8002的年代应该不会早到春秋中期，很可能已经到了战国早期。

访驾庄北M8006，土圹竖穴，有积石，墓向东偏北。该墓被严重盗扰，仅在椁外北部的积石底部发现1件铜甗。原报告只是表述根据墓葬形制和随葬铜甗的器形判断该墓年代为春秋晚期，并未进行具体的说明。如上文所述，积石墓并不是春秋晚期墓葬的独有形制，而M8006所出铜甗为上甑下鼎式，其上甑为大口斜直腹，口沿有附耳，下鼎的腹部呈扁球状，三足细长，肩上有双环耳（图八，1）。由于这种甗形制特殊，主要发现于滹沱河流域及其北部的沙河、唐河流域这一时期的墓葬中，如行唐黄龙岗[20]、曲阳大赵邱[21]、唐县北城子[22]，以及满城采石厂[23]等，因此很难与中原地区流行的上甑下鬲的铜甗进行比较，不过这种上甑下鼎组合的甗在中原地区春秋晚期到战国早期的墓葬也有出现，如年代为春秋晚期早段的山西长治分水岭M269：30、31，其上甑圆弧腹，口沿下附耳，底部有长条形箅孔（图八，2）[24]；年代为战国早期的太原金胜村M251：532，甑为圆弧腹，口沿下有铺首衔环，底部的箅孔有三重，细密而整齐（图八，3）[25]。通过与春秋晚期到战国时期中原地区占主流地位的上甑下鬲的铜甗进行比较，可知在中原地区，这两种铜甗虽然在形制上不同，但其甑底的箅孔变化却颇为一致，均经历了从简单到复杂、从疏朗到细密的演变过程。访驾庄北

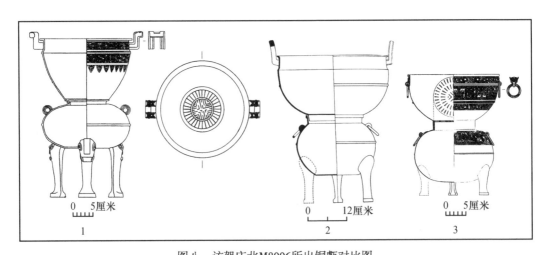

图八　访驾庄北M8006所出铜甗对比图

1.访驾庄北M8006：1　2.长治分水岭M269：30、31　3.太原金胜村M251：532

M8006所出，其甑底部的箅孔细密而多重，与中原地区战国早期的铜甗甑底的箅孔形态及布局相同，由此访驾庄北M8006所出铜甗的年代显然应该在战国早期。

下列各墓，原报告认为均为战国中期墓葬。

访驾庄北M8003，土圹竖穴墓，积石，打破M8004，墓向北偏西，未经盗扰。随葬品为兵器、工具和服饰用品，另有1件石圭（图七，下）。原报告认为墓主人为守陵的士兵。该墓随葬的中原式铜戈，援较短，边角为较圆缓的圭首；出土的削背平直；带钩的纽偏于钩首处等，均为各类器物早期的特点。实际上若将此墓与同样分布在访驾庄北、亦未经盗扰的M8221相比，就会发现两墓存在着相当多的一致性。两墓均为土圹竖穴，积石，方向为北偏西，均随葬有1件中原式的铜戈，另各有1剑、1削，数件铜镞，均在腰部出有带钩。两墓随葬的铜剑和削有较大的不同，不易直接进行年代的对比，但两墓所出的带钩形制基本相同，所出的中原式铜戈，均为短援，援锋呈流线形，只是M8003铜戈其援与内基本呈直线，而M8221所出铜戈援已稍有上翘，两者锋部的流线也以M8221所出为甚，即M8003的铜戈表现出较M8221所出铜戈更早的特点。两墓都分布在访驾庄北，墓葬形制相同，随葬器物虽然在形制上并不完全一致，但种类相同，这些都表明两墓的年代亦应接近。综上，M8003的年代不会晚到战国中期，至少是与M8221同时，或稍早于M8221。

岗北村西M8011，土圹竖穴，一棺一椁，墓向北偏西。原报告认定其年代为战国中期早段。其随葬器物置于椁内南部，以仿铜陶礼器为主，有鼎5、盖豆4、平盘豆4、壶2、高柄壶2，盘1、匜1、带流盆1、鸟柱盆1、筒形器1，另有1件双耳平底三足罐（图九）。在棺内人骨腰部有水晶和紫冰石的串饰、玛瑙环等装饰品，还有1件铜镜、2件带钩置于足端。这一组器物中最具时代特征者当属鸟柱盆与筒形器。鸟柱盆实为灯具，鸟柱为搭灯芯之用，盆内盛放液体的燃料，如油脂类，使用时置于筒形器之上，二者配合使用。这套灯具在豫北冀南，以及山西境内的赵文化墓葬中非常多见，被认为是赵文化墓葬中的特有器物，在与之有着密切交流的魏文化中也偶有发现。鸟柱盆的形制上大体经历了盛放液体燃料的部分从盆到盘的变化，即越来越浅，鸟柱则越来越高，最后远远超出盆沿，鸟翅由收拢到做展翅飞翔状；筒形器从开始的敛口、斜直腹，到敞口、直腹，最后为大喇叭口、弧腹，或有圈足[26]。岗北村西M8011所出鸟柱盆，深腹，中柱上的鸟基本与盆沿平，双翅收拢；筒形器敛口，平底，斜直腹，腹部有两周三角形镂孔（图一〇，1、2），这些都是同类器物中的早期形态。从已发现材料中尚找不到可与岗北村西M8011鸟柱盆进行比较的陶器，不过太原金胜村M251出土的铜器中，原报告称之为素面鉴的M251：622（图一〇，3），通高13.5、口径26.5厘米，在其底部中心有一空心的方柱体，原报告指出其形似战国时期常见的鸟柱盘，只是出土时其上未见插入物[27]，其深腹盆的形制与岗北村西M8011所出鸟柱盆相近。另外在灵寿城内被认为是中山国第四代国君"成公"墓中，同时出土了铜、陶的鸟柱盆和筒形器各1件（图一〇，4~7），铜鸟柱盆的形制与太原金胜村M251所出非常相似，只是其鸟柱完好，鸟身恰高出盆沿，双翅稍展，筒形器为直口、直腹[28]；"成公"墓中出土的陶鸟柱盆，盆腹较浅，或可称为鸟柱盘，盘口外敞，鸟头高出盘口，双翅稍展，筒形器为敞口，直腹[29]。位于"成公"陵区内、年代与"成公"墓大体同时的中山王族墓M3之陪葬墓，其所出的鸟柱盘和筒形器的形制则与"成公"所出相近（图一〇，8、9）[30]。中山第五代国君王䜣墓中也同时随葬了铜、陶鸟柱盆和筒形器各1件（图一〇，10~13），铜鸟柱盆除了其装饰更加华丽以外，其形制也有较大的变化，盆身变浅，底部有类豆把的圈足，鸟翅较"成公"墓所出更为舒展，筒形器装饰十分华丽，下有三卧兽足；同墓所出的陶鸟柱盘，浅盘，下带圈足，鸟柱高出盘口，双翅做展翅飞翔状，筒形器则为大喇叭口，束颈，弧腹，圈足。与之年代大体相同的王䜣墓的陪葬墓中，所出的鸟柱盘和筒形器（图一〇，14、15），均与王䜣墓所出形制相同或相近[31]。若将上述墓葬所出的铜、陶鸟柱盆/盘与岗北村西M8011所出鸟柱盆相比，显然岗北村西M8011与太原金胜村和中山"成公"墓所出更为接近，而鸟柱与盆

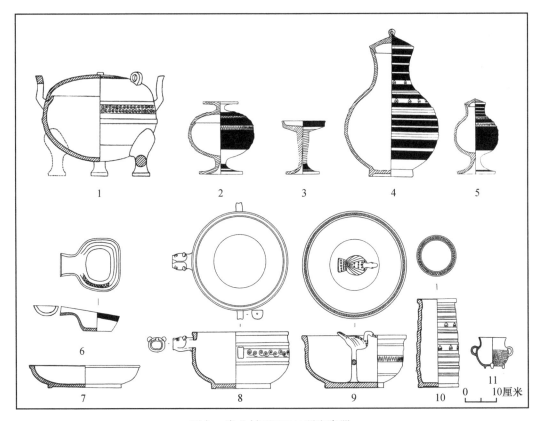

图九　岗北村西M8011所出陶器

1. 鼎M8011：1　2. 盖豆M8011：6　3. 盘豆M8011：11　4. 壶M8011：16　5. 高柄壶M8011：19　6. 匜M8011：21

7. 盆M8011：20　8. 带流盆M8011：22　9. 鸟柱盆M8011：23　10. 筒形器M8011：25　11. 双耳平底三足罐

M8011：24

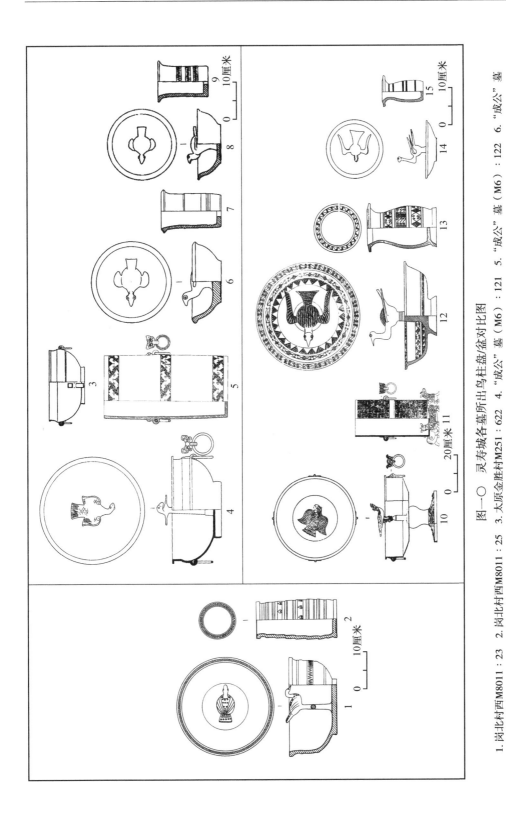

图一〇 灵寿城各墓所出鸟柱盘/盆对比图

1. 岗北村西M8011：23　2. 岗北村西M8011：25　3. 太原金胜村M251：622　4. "成公"墓（M6）：121　5. "成公"墓（M6）：122　6. "成公"墓（M6）：54　7. "成公"墓（M6）：53　8. 中山王族三号墓陪葬墓：14　9. 中山王族三号墓陪葬墓：19　10. 中山王舋墓陪葬墓DK：21　11. 中山王舋墓DK20：12. 中山王舋墓XK：91　13. 中山王舋墓XK：92　14. 舋皎外陪葬墓（WPM1）：16　15. 舋皎外陪葬墓（WPM1）：17

口的相对高度又不及中山"成公"墓所出，理应位于鸟柱盆/盘系列中的最早一端，其年代也应早于属于战国中期早段的"成公"墓，可早到战国早期。岗北村西M8011所出的铜镜无缘，镜面平，带钩呈长琵琶形，纽靠近钩首，都与太原金胜村所出铜镜、带钩的形制相同，岗北村西M8011还随葬了一件带耳三足陶罐，笔者曾作《东周时期三晋地区的北方文化因素》一文，涉及对三晋地区出此类带耳罐墓葬年代的讨论，应该也在战国早期（图一一）[32]。综合考虑上述各种因素，岗北村西M8011的年代应该在战国早期。

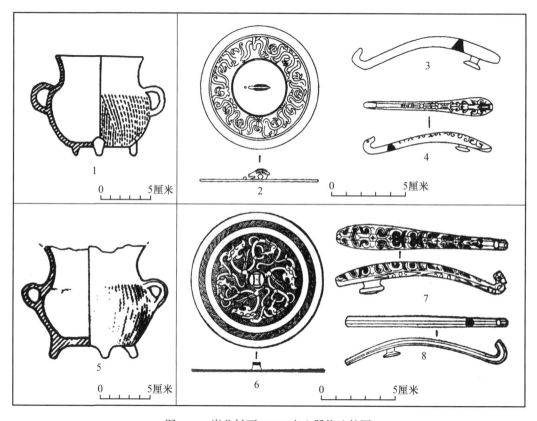

图一一　岗北村西M8011出土器物比较图
1.岗北村西M8011：24　2.岗北村西M8011：29　3.岗北村西M8011：27　4.岗北村西M8011：28
5.侯马下平望M3：5　6.太原金胜村M251：400　7.太原金胜村M251：385-1　8.太原金胜村M251：243-1

　　岗北村东M8205，土圹竖穴，一椁一棺，墓向北偏西。该墓室内未经盗扰，随葬品中不见陶器，除了在椁内西南角放置一个车轮以外，在人骨腰部放置了以水晶珠、红玛瑙珠、紫冰石珠、墨绿玉珠等组成的串饰，另有水晶环和玛瑙环，以及带钩。虽然该墓未见陶器，但所出上述装饰品的组成和出土位置与岗北村西M8011相近，应该是同一时代的流行风尚，其年代也大体在战国早期。

1971年河北省文物部门曾在访驾庄北清理了1座墓葬，墓葬为长方形土圹竖穴，圹内有积石，人骨东向，随葬器物有鼎、绳络纹提链壶、豆、盘、匜等，只是豆、盘、匜已残，不能确知其形制[33]，朱凤瀚先生在《中国青铜器综论》中对此墓进行了较为详细的讨论，认为此墓的年代当在战国早期偏早[34]。

综上，属于战国早期的墓葬有穆家庄西M8101、M8102，蒲北窑场M9307，访驾庄北M8221、M8003、M8002、M8006，岗北村西M8011，岗北村东M8205，以及1971年访驾庄北墓。

3. 第三阶段　战国中期

原报告将战国中、晚期墓葬一并报道，其中有文字介绍的属于战国中期早段的墓葬为访驾庄北M8003、岗北村东南M8007、岗北村西M8011、岗北村东M8205，盖家庄村西M8207，属于战国中期晚段的有岗北村东M8008、蒲北窑场M8009。

上文已对访驾庄北M8003、岗北村西M8011和岗北村东M8205的年代进行讨论，均应属于战国早期。

灵寿城是中山桓公复国后于公元前380年前后所建，经历了桓公、成公、王䃮后，到公元前296年，赵灭中山，迁其王尚于肤施，灵寿城被废弃。因此灵寿城作为中山国都城历经80余年，相当于战国中期到战国晚期早段[35]。目前已在灵寿城西城南部王陵区发掘了被认为是"成公"的墓葬以及其周边的陪葬墓，在灵寿城外西灵山脚下发掘了王䃮墓，以及其周边的陪葬墓。据考证"成公"在位期间大体在公元前349年至前328年，相当于战国中期偏早阶段，王䃮在位期间则在公元前327年至前310年，属于战国中期偏晚阶段。朱凤瀚先生在《中国青铜器综论》中对上述两座国君墓随葬的青铜礼器进行了讨论，指出"成公"墓所出青铜礼器中，铜鼎与三晋地区战国中期早段所出相近，部分器物如鬲、浅盘豆、圆壶、提梁壶等则比较接近战国早期的同类器物。而王䃮墓随葬的青铜礼器表现出比"成公"墓略晚的特征，年代已在战国中期偏晚[36]。由于这两座墓葬下葬年代明确[37]，虽然仅相隔20年左右，但其随葬器物表现出明显的时代差别，可以将其分别作为灵寿城战国中期早段、战国中期晚段墓葬的典型代表（图一二），而灵寿城其他地点发现的战国中期墓葬亦可以相应的归属于"成公"墓组和王䃮墓组。

灵寿城发现的墓葬中可以归属于"成公"组的墓葬，除了在"成公"陵区内中山王族墓M3陪葬墓以外（图一三，上），还有盖家庄村西M8207，其所出仿铜陶礼器鼎、盖豆、壶、高柄壶、鸟柱盘、筒形器，以及形制极具特色的鸭形尊，与"成公"墓和王族墓M3之陪葬墓所出几乎完全相同（图一三，中）。另外分布在岗北村周围的岗北村东南M8007和岗北村东M8008（图一三，下），原报告并没有将各墓所出器物全部发表，但可以通过已发表的器物和墓葬登记表对各墓所出器物进行比较。上述各墓

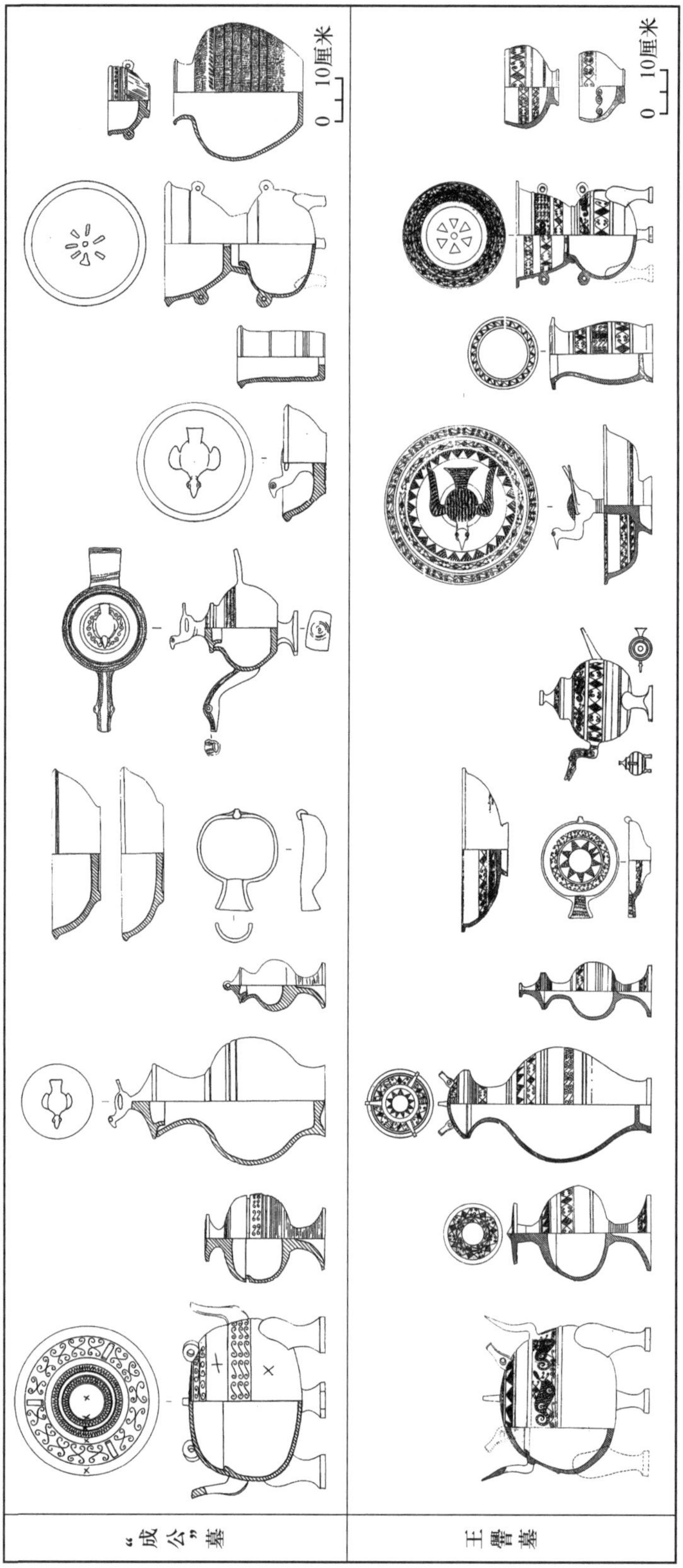

图一二　中山"成公"墓与王𰯼墓出土仿铜陶礼器对比图

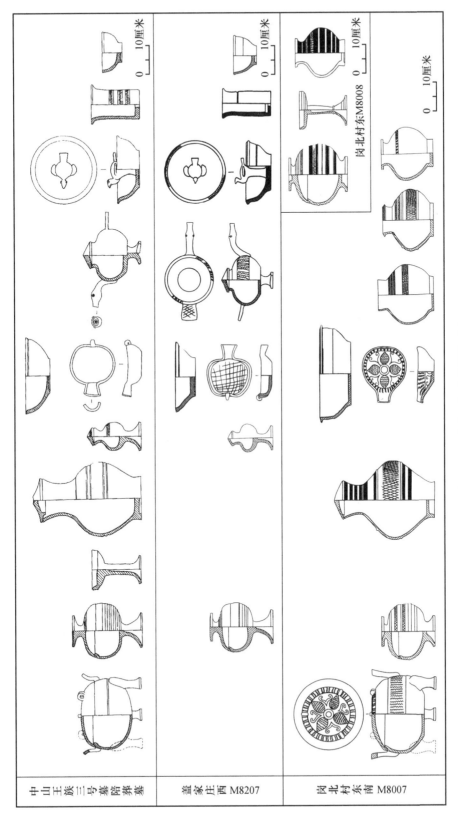

图一三　"成公"组墓葬器物对比

所出陶器，较"成公"墓所出有些许变化，但显然与王臀组墓相差甚远，亦可归属于"成公"组。

属于王臀墓组的墓葬除了位于王臀墓封土两侧和位于陵区外东南侧的陪葬墓以外（图一四，上），另有分布在蒲北窑场的M8009，分布在岗北村西北的M8012（图一四，中）和岗北村东南的M8204（图一四，下）等墓，原报告认为蒲北窑场M8009年代为战国中期晚段，而后两座墓的年代均为战国晚期早段。这三座墓葬随葬的器物没有全部发表，但据墓葬登记表均出有Ⅲ式盖豆[38]，这种盖豆最为明显的特点是其豆盖捉手向上凸起形成一个小尖顶，而具有同样捉手形态的盖豆见于王臀墓中；加之随葬的陶鼎整体呈椭圆形，蹄足粗壮等特点颇有"成公"墓组陶鼎的遗风，因此其年代不会晚到战国晚期，可归属于为王臀墓组，年代在战国中期晚段。值得注意的是，从报告发表的岗北村西北M8012和岗北村东南M8204两墓所出随葬器物的整体风格看，除了盖豆豆盖捉手顶部凸起形成小尖顶的特点不见于同时期三晋两地区以外，鼎、高柄壶、盘、匜等都与王臀墓以及其陪葬墓的同类器物不同，而是与三晋地区战国中期墓葬的同类器物相同。

4. 第四阶段　战国晚期

原报告认定属于战国晚期的墓葬有岗北村西北M8010、M8012，岗北村东南M8204，中七汲村北M8001，访驾庄北M8304。如上文，其中岗北村西北M8012，岗北村东南M8204当与王臀墓年代相当，为战国中期晚段。原报告判断中七汲村M8001（图一五，上）、访驾庄北M8304（图一五，中）和岗北村西北M8010（图一五，下）均为战国晚期赵灭中山以后，此地已被赵统治时期的墓葬，当是。需要说明的是岗北村西北M8010，该墓所出陶器并未全部发表，所出的盖豆、壶均为灰陶，整体素面，与灵寿城战国中期各墓所出陶器多为磨光黑陶并有暗纹等风格迥异，而与中七汲村M8001和访驾庄北M8304所出器物相同，其年代为战国晚期无误，只是所出盖豆豆盖的捉手上部向上凸起形成尖顶，应是战国中期晚段"王臀"组墓葬中盖豆风格的延续。

通过上文的讨论，到目前为止在灵寿城发现的东周时期墓葬大体可分为四个阶段，即春秋中晚期、战国早期、战国中期、战国晚期。其中战国中期可进一步分为"成公"墓组和王臀墓组，分别相当于战国中期早段和战国中期晚段，各阶段墓葬的基本情况见表一。

图一四 王罍组墓葬器物对比

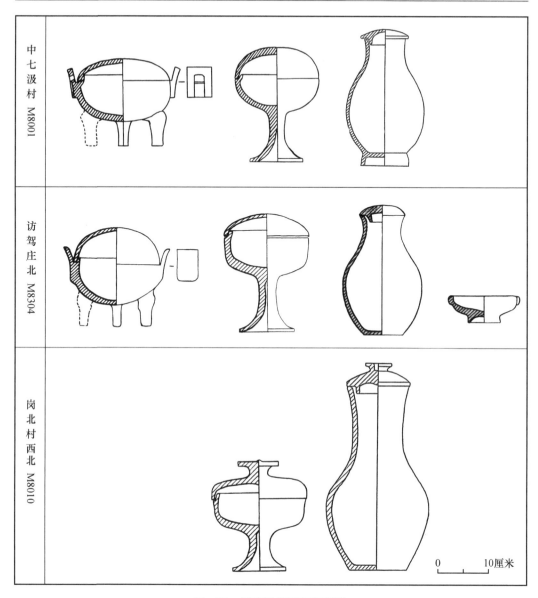

图一五　灵寿城战国晚期墓葬

二

　　据原报告，在灵寿城周围共发现规模不等的墓地11处，从上文可知春秋中晚期墓葬仅见于访驾庄周围和北七汲村附近，从墓葬形制和随葬器物的风格看，可分为两组。

　　第一组埋葬于访驾庄附近，以积石墓为主。访驾庄西北M8004、访驾庄西M8502均在棺外有积石，东向。访驾庄西北M8004随葬了中原式铜鼎和匕，但置于双耳处的金盘

表一　灵寿城东周时期墓葬统计表（不含王陵及陪葬墓）

墓葬	本文年代	原报告年代	形制	墓向（度）	青铜容器	青铜兵器、工具与车马器	陶器	其他器物	备注
访驾庄村北M8004	春秋中期晚段	春秋中期	土圹竖穴积石	52	无盖鼎1匕1	戈1镞12环首削1斧1镞1谱1衔2		金盘丝耳环2铜茅1骨管88石珠22铜泡22铜卡条1带柄镜1	完好
北汲村北M8212	春秋晚期	春秋中期	土圹竖穴	280				尖首刀4	被盗扰
访驾庄村西M8502	春秋晚期	战国早期	土圹竖穴积石	52			高尊盘，不能修复	14捆尖首刀共1400枚，骨贝16	被盗扰
北汲村北M8216	春秋晚期	战国早期	土圹竖穴	337			两2平盘豆2		被盗扰
穆家庄西M8101	战国早期	战国早期	土圹竖穴积石	300	鼎1狩猎宴乐纹盖豆1络绳纹壶1罍1细线纹鉴1	钺1戈3镞3鐏1盖弓帽1		带钩1	被盗扰盖弓帽原报告为镞杆帽
穆家庄西M8102	战国早期	战国早期	土圹竖穴积砂	306	高形鼎1提梁壶1盏1三环钮盖豆1铺1	蟠首剑1戈1车軎		包金虎形饰残1圆首带钩1铃1泡1	被盗扰
访驾庄村北M8221	战国早期	战国早期	土圹竖穴积石	350		蟠首剑1戈1镞3环首削1		禽首带钩1	完好
蒲北窑场M9307	战国早期	战国早期	土圹竖穴	320		削1		琵琶形带钩1小尖首刀5	被盗扰
访驾庄村北M8002	战国早期	春秋中期	土圹竖穴	60		钻头1		磨唇海贝101石贝177	被盗扰，车马器出于洞中

续表

墓葬	本文年代	原报告年代	形制	墓向（度）	青铜容器	青铜兵器、工具与车马器	陶器	其他器物	备注
访驾庄村北 M8006	战国早期	春秋晚期	土圹竖穴积石	52	瓶1				被盗扰
访驾庄村北 M8003	战国早期	战国中期	土圹竖穴积石	330		剑（铍?）1戈1镞1环首刀1		禽首带钩1石圭1	完好
岗北村西 M8011	战国早期	战国中期	土圹竖穴	327		铎1	鼎5盖豆4平盘豆4壶4高柄壶2盆1匜1兽头流双耳深腹罐1鸟柱盆1筒形器1双耳三足罐1	带钩2铜镜1玛瑙环5水晶和紫水石串珠饰一组	完好
岗北村东 M8205	战国早期	战国中期早段	土圹竖穴积石	345		车轮及车饰件		带钩1骨管2水晶珠1玛瑙环4水晶珠8红玛瑙珠14紫冰石珠4墨绿玉珠1组成一串饰	完好
平山访驾庄	战国早期	战国早期	土圹竖穴积石	东西	鼎1提梁络绳纹壶1盘1豆1匜1				被盗扰
盖家庄西 M8207	战国中期早段	战国中期早段	土圹竖穴	354			鼎2盖豆2盘豆4壶2高柄壶2鸭形尊1鸟柱盆1匜1盘1碗1筒形器1		被盗扰
岗北村东南 M8007	战国中期早段	战国中期早段	土圹竖穴	12			鼎3盖豆2壶2罐4匜1盆1		被盗扰

续表

墓葬	本文年代	原报告年代	形制	墓向（度）	青铜容器	青铜兵器、工具与车马器	陶器	其他器物	备注
岗北村东M8008	战国中期早段	战国中期晚段	土圹竖穴	350		镞1铜孔雀形车饰1	盖豆2平盘豆1壶2罐2罐1盘1	投壶用矢10铜壁插2	被盗扰
蒲北窑场M8009	战国中期晚段	战国中期晚段	土圹竖穴	337			鼎1盖豆2平盘豆1罐1	带钩1	被盗扰
岗北村西北M8012	战国中期晚段	战国晚期早段	土圹竖穴	350		剑1削1	鼎2盖豆2盉2壶1盆1盆2高柄壶1	带钩1	完好
岗北村东南M8204	战国中期晚段	战国晚期早段	土圹竖穴	337			鼎2盖豆2平盘豆2壶2高柄壶2盉1匜1碗1		完好
岗北村西北M8010	战国晚期	战国中期晚段	土圹竖穴	337			鼎1盖豆2壶2匜1碗1		完好
中七汲村北M8001	战国晚期	战国晚期	土圹竖穴	17			鼎2盖豆2壶2匜1盆2高柄壶1		完好
访驾庄村北M8304	战国晚期	战国晚期	土圹竖穴	352		镦1	鼎1盖豆2壶2碗1	石圭	被盗扰

丝耳环，在颈下放有用鸟骨磨制的长骨管与绿松石扁珠相间串成的项饰，以及发现于腰腿部、很可能是缀于纺织品上作为装饰的铜泡等，都是冀北山地玉皇庙文化墓葬中代表性的葬俗，其头向东、墓圹内有积石等，也与玉皇庙文化有相同之处。该墓所出的素面有柄铜镜虽然不见于玉皇庙文化的典型墓地中，但也有学者指出亦属于北方系青铜文化[39]。访驾庄西M8502被盗扰，劫余有1400枚尖首刀。

第二组埋葬在北七汲村附近，以土圹竖穴墓为主。北七汲村北M8212和北七汲村北M8216均为土圹竖穴木椁墓，前者为北向，后者为西向。M8216随葬有陶鬲和平盘豆，其出土的陶鬲其底下弧、三小足的特点与灵寿城一号居址下层出土的夹砂灰陶鬲非常相似，由于灵寿城一号居址出土的陶鬲与易县燕下都东沈村6号居址、徐水大马各庄M3、M7等春秋时期燕文化遗存所出陶鬲几近相同，应该是受到燕文化影响的产物。由此推测，北七汲村北M8216很可能也是受到了燕文化影响的墓葬。M8212被盗扰，仅余4枚尖首刀。

到了战国早期，灵寿城墓葬仍然可以分为两组，其分布范围也有不同。

第一组，主要分布在灵寿城西部的访驾庄、穆家庄和灵寿城东北部的蒲北村一带，见诸报道的有穆家庄西M8101、M8102，访驾庄北M8221、M8006、M8003，蒲北窑场M9307等。这些墓葬多为有积石或积砂的东西向墓，随葬器物中既有冀北山地玉皇庙文化的典型器物，如金盘丝耳环、直刃匕首式短剑、虎形饰等，有些墓葬也随葬有较多的中原式青铜礼器，其中不仅有来自三晋地区的鼎、盖豆、铒，还有来自齐地的盖豆、壶、敦等，以及可能是来自南方的饰有细线刻划纹的铜鉴。

第二组，主要分布在岗北村附近。岗北村西M8011，与同时期三晋地区的墓葬几近相同，土圹竖穴，无积石，南北向，除了1件带耳三足罐以外，随葬器物为一套典型的三晋式仿铜陶礼器，还有三晋地区常见的铜镜、带钩等。

到了战国中期，在这里发现的墓葬依年代分为"成公"组墓和"王䁐"组墓。"成公"墓除了在墓室周围仍垒筑积石椁外，其南北墓道、二层台等特点与已发现的被认为是赵王陵陪葬墓的邯郸周窑一号墓极为相似[40]，随葬器物中除了极具中山国特色的山字形器等，青铜礼器和仿铜陶礼器都表现出与同时期赵文化墓葬所出同类器物的相似。"成公"组其他墓葬中所看到的对赵文化的模仿，也表现出较强的一致性。"王䁐"墓还保留着在墓室内积石的习俗，在随葬一套种类、形制都与中原地区几近相同的青铜礼器的同时，还随葬了一套带有自身特色的仿铜陶礼器，这套仿铜陶礼器从器类上看与"成公"组墓所出相同，但盖豆的盖顶捉手加高，顶部凸起；高柄壶和壶的盖多为笠形，顶部凸起，或为尖顶，或有小纽；鸟柱盘立鸟的喙部和双翅加长并极为尖锐；陶器多为磨光黑陶，多饰繁缛的暗纹等，已经形成了可区别于同时期中原列国文化的、非常鲜明的自身特色。作为"成公"墓和"王䁐"墓的陪葬墓，以及其他分属于"成公"墓组和"王䁐"墓组的墓葬均为土圹竖穴墓，个别墓有填砂或积炭。只是属于"王䁐"墓组的部分墓葬随葬的仿铜陶礼器的形制异于"王䁐"组墓，而是同于三晋地区同时期的墓葬。很可能在战国中期晚段，这里的墓葬亦可分为两组。

到了战国晚期，在这里发现了典型的赵文化墓葬，如中七汲村M8001和访驾庄北M8304。值得注意的是岗北村西北M8010，从随葬器物的种类看，与分布在中七汲村和访驾庄北的赵墓并无二致，但是其盖豆颇有战国中期晚段"王謇"组墓葬中盖豆的遗风，所在墓地也发现有较多的战国中期的中山墓葬。这样的墓葬虽然仅就目前发表材料看仅有1座，但是由于原报告并没有将墓葬材料悉数发表，因此可以推测很可能还有相同情况的墓葬存在。这样看来，到了战国晚期，灵寿城的墓葬亦可分为两组。

三

综上文所述，在春秋中晚期时居住在灵寿城及其附近的人数并不很多，很可能存在着两个不同的人群。他们分别集中埋在访驾庄周围和北七汲村周围的两个墓地，并在墓葬形制、随葬器物等方面表现出具有不同的习俗。前者表现出与冀北山地玉皇庙文化较多相似的同时，也显示出与中原文化的联系，他们很可能就是后来建立中山国的被称为"鲜虞"的族群。值得注意的是，在这些墓葬中，即使不考虑其随葬的中原式青铜礼器，其余的器物中也多见玉皇庙文化中作为墓主人身份标识的黄金饰品，或有大量的尖首刀，由此可知这些人在生前原本就拥有较高的社会地位或者较强的经济实力，而使用中原式青铜礼器随葬，则可能是出于对舶来品的喜爱。后者可看到受到了较多的燕文化的影响，这应该与这一地区在春秋中晚期时临近燕地有关[41]。相同的情况还见于稍北的唐河流域，在顺平坛山村一座春秋晚期的墓葬中，随葬器物具有强烈的玉皇庙文化特点，如铜鍑、鎏金团兽形铜泡、金虎饰、金盘丝耳环等，同时也出土了1件弧底、三小足的陶鬲[42]，可以为这一地区与燕文化之间存在着交流提供佐证。从两组墓葬都随葬了被认为是"狄刀"的尖首刀，似乎也说明了两个人群在经济领域的互通，他们之间很可能是一种和平的共处。

在战国早期时，生活在这里的居民人数有所增加，其墓葬在分布范围、墓葬形制、随葬器物上都还可以看出存在着一定的差别，仍可以分为两组。与玉皇庙文化有较多共同点的人群随着随葬青铜礼器数量的增加，开始出现炊煮器（鼎）、盛食器（豆、敦）、酒器（壶、罍）和水器（鉴）的组合。由这些青铜礼器的不同来源显示出这一人群与三晋地区、齐地，甚至可能还有更远的南方地区的广泛交流，而使用这些原本并非成套的青铜礼器搭配形成与中原地区相同的较规范的组合，一方面表现出他们对中原地区礼制的向往或认同，另一方面也说明他们自身并没有被纳入到中原地区的等级体系之中。这些墓的墓主人在随葬外来青铜礼器的同时，也随葬自身传统的黄金饰品，这些外来的青铜礼器和自身传统的黄金饰品一起，成为表现墓主人地位或财富的双重标识，从而进一步突显了自己原有的身份地位。而另一支人群的墓葬形制和随葬器物等都与同时期的三晋地区相同，加之灵寿城一号居址发现的耸肩尖足空首布与侯马铸铜遗址空首布范的形制完全相同，这些现象都表现出战国早期这里所居住的另一支人群与三晋地区间有着密切的关系。

战国中期，灵寿城始建，这里成为中山国政治、经济、文化的中心。在这里发现了中山国最高统治者的王陵和王室贵族的墓葬，以及部分中山国民的墓葬，是为典型的中山墓葬。属于战国中期早段包括"成公"墓在内的"成公"墓组，在墓葬形制和随葬器物的组合上，一方面保留了部分自身传统，另一方面也表现出对同时期赵文化的全面模仿。不过在这里作为中山国自身特点的标识已经不是像战国早期时使用的积石墓、黄金饰品等，而是被大体量的青铜制品，如"山"字形器所代替。到了"王嚳"墓组，从墓葬形制和随葬器物可以明显看到，在战国中期早段全面模仿赵文化的基础上，将某些特点发挥到极致，并最终形成极为独特的文化面貌。这些墓葬在战国中期早段和晚段发生的文化面貌上的变化，似乎表明中山国的统治阶层在战国中期早段时更多的是追求进入"中原"文化的等级体系之中，而到了战国中期晚段，则更加注重发扬自身文化传统，追求文化面貌上的独具特色。值得注意的是，在属于战国中期晚段的墓葬中，又出现了随葬器物风格同于三晋地区的墓葬，而这些墓葬的墓主人很可能是在灵寿城建城之前就居住在这里的与三晋地区有着关系的人群的后裔。当然也不排除此时亦有新的三晋人群的进入。

战国晚期，赵灭中山，随着赵人进入灵寿城地区，这里出现了典型的赵文化墓葬是可以理解的。但是仍然可以看到这里还有另外一支人群，从他们的墓葬所在墓地多有战国中期的中山墓葬，以及他们此时使用的随葬器物还保留着战国中期晚段中山墓葬随葬器物的部分特点来看，这些墓葬的墓主人似乎应该是中山被灭国后的遗民，他们与征服者共处，延续了自春秋晚期开始这里就有不同人群共同生活的状态。

四

中山国为北方地区的少数民族所建，在东周列国纷争之际，屡遭晋伐"而不服""魏灭之而复兴"[43]，在其中原化的过程中，国力一度十分强大，曾与韩、赵、魏、燕共同相王，地位也得到了中原列国的认同，不过最终还是在秦统一六国的大趋势中为赵所灭。本文通过对灵寿城发现的东周时期墓葬的研究，可以在以下两个与中山国的历史发展过程有关的问题上得到一些新的认识。

第一，从灵寿城东周时期墓葬所表现出的与中原文化的关系，以及对于墓主人身份地位的表现方式等角度，可以看到建立了中山国的"鲜虞"族所经历的中原化进程。

春秋中晚期时，其与中原文化的关系主要是一些身份地位特殊者所表现出的对于作为"舶来品"的中原式青铜礼器的喜爱。到了战国早期，社会中处于较高阶层的人表现出对中原地区等级制度的认同，遂使用中原式青铜礼器和传统器物的双重标识来表现墓主人的身份地位或财富，其结果应是进一步加强了社会的阶层分化。也许正是由于这种社会阶层的进一步分化，使得其与中原地区的等级制度日渐契合，到战国中期早段时，中山国的上层贵族出于政治上的考虑，已追求进入到中原文化的政治等级体制当中。不过到战国中期晚段时，作为已进入中原地区政治秩序中的一员，中山国上层贵族似乎在政治上谋求与中原各国具有平等地位的同时，在文化上则力争突出自身的传统与特色，从而避免自己成为中原文化上的附庸。

第二，灵寿城地区自春秋中晚期始，到战国晚期，一直都有不同的人群在这里居住，可知这里在春秋中晚期时，既已开始了社会基层组织地缘化的进程。

灵寿城在不同时期不同的人群间或因政治、战争的关系而有消长进退，或在经济领域互有流通，或在文化上融合你我，其主流应是不同人群间的和平共处。尤其是在桓公复国建灵寿后，这里虽已是中山国的中心所在，可居住在这里的居民却不是铁板一块，仍然可以看到具有中原文化背景的人群生活在这里。这些现象表明，在东周时期发生的中国古代政治制度从以血缘关系为主的封建制向以地缘关系为主的中央集权制的转变过程中，这里与其他地区一样[44]，也同样发生着社会基层组织从以血缘关系为主向以地缘关系为主的转变。

注　释

［1］　（清）王先谦撰，吕苏生补释：《鲜虞中山国事表疆域图说补释》，上海古籍出版社，1993年，8页，谓"中山见于史乘，始于左定四年传，时当公元前五零六年。"

［2］　（清）王先谦撰，吕苏生补释：《鲜虞中山国事表疆域图说补释》，上海古籍出版社，1993年。

［3］　杨建华：《中国北方东周时期两种文化遗存辨析》，《考古学报》2009年第2期。

［4］　《二十五别史世本·居篇》，齐鲁书社，2000年，62页。

［5］　河北省文物研究所：《䶮墓——战国中山国国王之墓》，文物出版社，1996年。

［6］　河北省文物研究所：《战国中山国灵寿城——1975—1993年考古发掘报告》，文物出版社，2005年。

［7］　河北省文物研究所：《战国中山国灵寿城——1975—1993年考古发掘报告》，文物出版社，2005年，5页。

［8］　据原报告第五章第一节，属于春秋中晚期的墓葬共发掘9座，但查墓葬登记表，仅有8座墓葬属于这一时期。

［9］　朱凤瀚：《中国青铜器综论》（下），上海古籍出版社，2009年，1592页。

［10］　滕铭予、张亮：《玉皇庙墓地出土的直刃匕首式短剑研究》，《边疆考古研究》（第13

辑），科学出版社，2013年。

[11] 滕铭予、张亮：《东周时期冀北山地玉皇庙文化中的中原文化因素》，《考古学报》2014年第4期。

[12] 林沄：《从张家口白庙墓地出土的尖首刀谈起》，《林沄学术文集》（二），科学出版社，2008年。

[13] 原报告在对该墓进行的文字描述中，称所出陶片器形为鬲、尊和盆，但在墓葬登记表中，仅记有陶器尊和盆。文字描述和墓葬登记表分别于原报告的267页和363页。

[14] 河北省文物研究所：《战国中山国灵寿城——1975—1993年考古发掘报告》，文物出版社，2005年，26页。

[15] 据原报告第五章第四节，共发掘18座属于战国早期的墓葬，墓葬登记表中属于战国早期的墓葬共20座。

[16] 朱凤瀚：《中国青铜器综论》（下），上海古籍出版社，2009年，1968、1969页。

[17] 济南市文化局文物处、历城区文化局：《山东济南市左家洼出土战国青铜器》，《考古》1995年第3期。

[18] 朱凤瀚：《中国青铜器综论》（下），上海古籍出版社，2009年，2009～2038页。

[19] 滕铭予、张亮：《东周时期冀北山地玉皇庙文化中的中原文化因素》，《考古学报》2014年第4期。

[20] 河北省文物研究所：《行唐县庙上村、黄龙岗出土的战国青铜器》，《河北省考古文集》，东方出版社，1998年。

[21] 王丽敏：《河北曲阳县出土战国青铜器》，《文物》2000年第11期。

[22] 郑绍宗：《唐县南伏城及北城子出土周代青铜器》，《文物春秋》1991年第1期。

[23] 《满城唐县发现战国时期青铜器》，《光明日报》1972年7月6日，转引自朱凤瀚：《中国青铜器综论》（下），上海古籍出版社，2009年，1972页。

[24] 山西省文物工作委员会晋东南工作组、山西省长治市博物馆：《长治分水岭269、270号东周墓》，《考古学报》1974年第2期。

[25] 山西省考古研究所、太原市文物管理委员会：《太原晋国赵卿墓》，文物出版社，1996年，36页。

[26] 黄朝伟：《战国时期赵国墓葬研究》，吉林大学硕士学位论文，2009年。

[27] 山西省考古研究所、太原市文物管理委员会：《太原晋国赵卿墓》，文物出版社，1996年，57页。

[28] 河北省文物研究所：《战国中山国灵寿城——1975—1993年考古发掘报告》，文物出版社，2005年，150～152页。

[29] 河北省文物研究所：《战国中山国灵寿城——1975—1993年考古发掘报告》，文物出版社，

2005年，180～184页。

［30］ 河北省文物研究所：《战国中山国灵寿城——1975—1993年考古发掘报告》，文物出版社，
2005年，239页。

［31］ 河北省文物研究所：《战国中山国灵寿城——1975—1993年考古发掘报告》，文物出版社，
2005年，338～349页。

［32］ 滕铭予、王春斌：《东周时期三晋地区的北方文化因素》，《边疆考古研究》（第10辑），
科学出版社，2011年。

［33］ 河北省博物馆、文管处唐云明与王玉文：《河北平山县访驾庄发现战国前期青铜器》，《文
物》1978年第2期。

［34］ 朱凤瀚：《中国青铜器综论》（下），上海古籍出版社，2009年，1968、1969页。

［35］ 河北省文物研究所：《战国中山国灵寿城——1975—1993年考古发掘报告》，文物出版社，
2005年，7、8页。

［36］ 朱凤瀚：《中国青铜器综论》（下），上海古籍出版社，2009年，1951～1956页。

［37］ 据考证，中山"成公"的下葬年代为公元前328年，"王䜣"的下葬年代为公元前310年，或
公元前308年，参见河北省文物研究所：《战国中山国灵寿城——1975—1993年考古发掘报
告》，文物出版社，2005年，7、8页；朱凤瀚：《中国青铜器综论》（下），上海古籍出版
社，2009年，1956页。

［38］ 在原报告的正文描述中，M8012所出盖豆为Ⅱ式，但在墓葬登记表中，该墓所出盖豆为
Ⅲ式。

［39］ 张文立：《平山三汲出土铜镜初识》，《边疆考古研究》（第1辑），科学出版社，
2002年。

［40］ 目前对于赵王陵的工作仅限于地面调查，因此对其墓葬的具体形制并不清楚，周窑一号墓
距赵王陵三号陵陵台仅2.5米，地表原亦有封土，其与赵王陵关系极为密切，应为赵王室重
要成员。参见河北省文管处、邯郸地区文保所、邯郸市文保所：《邯郸赵王陵》，《考古》
1982年第6期。

［41］ 关于春秋时期燕国的分布范围，参见陈光：《东周燕文化分期论》，《北京文博》1998年第
2期。

［42］ 保定市文物管理所：《河北顺平县坛山战国墓》，《文物春秋》2002年第4期。

［43］ （清）王先谦撰，吕苏生补释：《鲜虞中山国事表疆域图说补释·原识》，上海古籍出版
社，1993年，7页。

［44］ 关于社会基层组织从以血缘关系为主到以地缘关系为主的变化，参见滕铭予：《秦文化：从
封国到帝国的考古学观察》，学苑出版社，2003年。

［原刊于《边疆考古研究》（第19辑），科学出版社，2016年］

东周时期冀北山地玉皇庙文化中的
中原文化因素

中原地区通常是指从黄河沿岸到黄土高原东南缘的区域，包括今天的河北中南部、山西中南部、陕西东部、河南大部等地，东周时期分布在这一地区的主要文化是晋文化及三家分晋后的三晋文化，也包括了东周时期的周王室及后分封的东周与西周两个小诸侯国的文化，因此也被称为"三晋两周地区"[1]。

东周时期与中原地区有着地理上的接触并产生文化互动的北方地区，主要是长城地带的东段，包括位于太行山北段东西两侧和燕山山地的山西省中部、雁北地区、冀北山地，以及河北省中部。东周时期分布在这一地理范围内的文化主要是在中国古代文献中被称为"狄"的人群所留下的遗存[2]，包括了分布在冀北山间盆地、永定河支流桑干河和洋河下游的以军都山墓地为代表的玉皇庙文化；分布在河北省太行山东麓华北平原西缘的滹沱河下游和沙河流域的与中山国有关的遗存；分布在山西省北部桑干河上游大同盆地浑源县李峪村发现的遗存，以及在山西北部滹沱河上游忻定盆地的遗存。在上述"狄"人的遗存中，都程度不同地见到来自中原地区文化的影响。而分布在冀北山地的玉皇庙文化因其资料丰富、时代跨度大，并有全面而详尽的报告，使得对玉皇庙文化的深入研究将会对上述北方地区的研究起到关键作用。本文拟对玉皇庙文化所见的中原文化因素进行研究。

目前发现玉皇庙文化遗存的地点主要有延庆玉皇庙[3]、延庆葫芦沟、延庆西梁垙[4]、延庆龙庆峡[5]、怀来甘子堡[6]、怀来北辛堡[7]、涿鹿倒拉嘴[8]、涿鹿孙家沟[9]、宣化小白阳[10]、张家口泥河子村[11]等（下文所涉上述各地点发现的器物，除有需特殊说明处，均不再另行注释）。上述遗存中发现了数量较多的中原文化因素，以青铜器、陶器为大宗，另有极个别的玉器。由于陶器易碎，不易于长距离搬运，加之制造工艺相对简单，除特殊器物外，很难判断其产地；而青铜器质地坚硬，适于远距离传播，加之制造工艺相对复杂，作为金属器物，本身又具有财富、身份、地位等标识作用，因此在玉皇庙文化中出现的大部分中原式铜器很可能是产自于中原地区后通过某种方式进入玉皇庙文化，更能体现不同地区间文化的互动。出于以上原因，本文将重点讨论在玉皇庙文化中所见到的中原式青铜器[12]。

早在2001年，已有研究者注意到这个问题，通过对玉皇庙文化中出现的大量中原式器物进行鉴别与分析，指出玉皇庙文化中存在的燕与中原文化因素[13]，只是拘于当时的材料发现与认识所限，对部分遗存年代的判断存在误差，对于所谓的"燕与中原文化"因素未作进一步的分析。近年朱凤瀚先生在《中国青铜器综论》中对玉皇庙文化典型遗存中的中原文化因素进行了讨论[14]，为后续的同类研究提供了非常好的基础。鉴于玉皇庙文化中出现的中原式器物年代不一，来源复杂，因此本文将在上述研究的基础上，对玉皇庙文化中出现的中原式器物的年代与来源逐一进行讨论，并尝试借此说明东周时期冀北山地玉皇庙文化与中原地区文化的互动。

在东周时期冀北山地的玉皇庙文化中还同时出现有燕、齐等分布于中原地区北部、东部以及南部的一些诸侯国文化因素，本文均一并讨论，即本文所涉及的中原文化因素，是指以三晋两周文化为主体的，包括上述各诸侯国文化的遗存。

一、玉皇庙文化所见中原式青铜器

在玉皇庙文化遗存中出现的中原式青铜器可分铜礼器、铜兵器和车马器三类。

（一）中原式铜礼器

包括鼎、敦、豆、壶等。

1. 鼎

包括无盖鼎、有盖鼎。

无盖鼎　3件。弧腹，圜底，三蹄状足。延庆玉皇庙M2：1，沿上立耳，微浅腹，腹部饰重环纹。高19.6、口径17.7厘米（图一，1）。原报告指出该鼎与洛阳中州路M2415所出相近（图一，4），洛阳中州路M2415的年代当为春秋中期早段[15]，因此玉皇庙M2：1的年代也应与之相当。怀来甘子堡M1：1，附耳，束颈，较深腹，口沿下束颈处和腹部饰勾边雷纹和三角纹，间饰绚索纹。有烟炱，实用器。高32.4、口径32厘米（图一，2）。原报告认为此鼎为燕文化器物，年代在春秋晚期到战国早期间。在燕文化青铜礼器中并没有发现这种束颈附耳鼎[16]，与之相似者较多见于三晋两周地区，如1923年新郑李家楼大墓[17]、侯马上马M13[18]、辉县琉璃阁甲墓[19]、临猗程村M1001[20]、洛阳西工区M3427[21]、太原金胜村M251[22]、潞城潞河M7[23]等均有发现，上述各墓的年代最早可到春秋中期，晚者到战国早期。其中与怀来甘子堡M1：1形制最接近者为洛阳西工区M3427：18，平沿，束颈，有附耳。束颈和腹部饰纹饰，蹄状足跟部亦有兽面纹（图一，5）。原报告认为洛阳西工区M3427的年代属于春秋中期，但其所出盘的附耳已外折，这种风格在中原地区始于春秋中期晚段[24]，其共出之簠已有直腹，但不及腹深二分之一，亦是春秋中期晚段的特点。因此洛阳中州路M3427的年代应在春秋中期晚段，而怀来甘子堡M1：1的年代约为春秋中期晚段。怀来甘子堡

M2：3，附耳，浅腹。口沿下腹部饰蟠螭纹。高13.6、口径11.6厘米（图一，3）。原报告认为在怀来甘子堡墓地出土的青铜礼器属于燕文化的器物[25]，后有学者指出怀来甘子堡M2：3与春秋晚期的淄博磁村齐墓出土的鼎（图一，6）相似，应为春秋晚期齐器[26]。

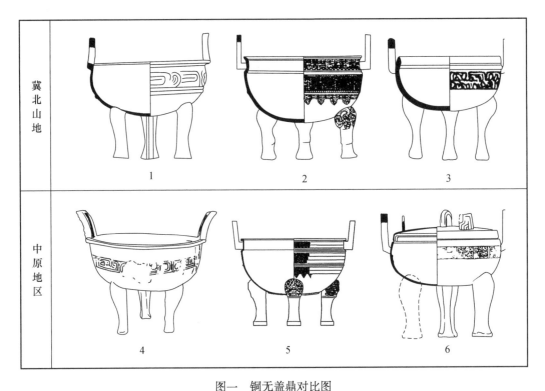

图一　铜无盖鼎对比图

1. 延庆玉皇庙M2：1　2. 怀来甘子堡M1：1　3. 怀来甘子堡M2：3　4. 洛阳中州路M2415：4
5. 洛阳西工区M3427：18　6. 淄博磁村M01：1

有盖鼎　3件。附耳，敛口，深腹，蹄状足。怀来甘子堡M2：8，圆形捉手盖，深腹，圜底，蹄状足。腹部饰二周凸棱。有烟炱，实用器。通高26、口径18厘米（图二，1）。有学者提出此件铜鼎与临淄河崖头村所出齐式铜鼎相似（图二，4），年代为春秋晚期[27]，后者器盖和腹部饰蟠螭纹。延庆西梁洼M1：3，残。盖上有三个"匚"形板式捉手，侧面凹进部分呈弧形，中心有一倒U字形纽。敛口，圆鼓腹。附耳上饰绳索纹，盖和腹部饰一周简化蟠虺纹。鼎身有烟炱和磨损痕迹。残高12.2、两耳间宽18.5厘米（图二，2）。原报告认为年代为春秋晚期至战国早期[28]。盖上有相同"匚"形板式捉手并中心有倒U字形纽的鼎主要见于战国时期的燕墓，如灵山双村M1[29]（图二，5）、燕下都M31[30]、三河大唐迴M1[31]等各墓出土，年代为战国中期。西梁洼M1：3腹残，可看出原腹部较深，而上述诸燕式鼎腹均较浅，考虑到燕式鼎在战国时期其腹部由较深向较浅的变化，因此西梁洼M1：3的年代似乎应比上述各鼎稍早，应为战国早期。怀来北辛堡M1：85，附耳上部外折，鼓腹，三蹄状足残。平盖，中央有一桥形纽。残高24、口径19.4厘米（图二，3）。有学者指出此鼎为燕式鼎，与之最为相近者为易县燕下都M31：1（图二，6），年代为战国中期偏早[32]。由于北辛堡M1的填土中出有春秋晚期到战国早期的陶片，因此该墓年代的上限不会早于战国早期。

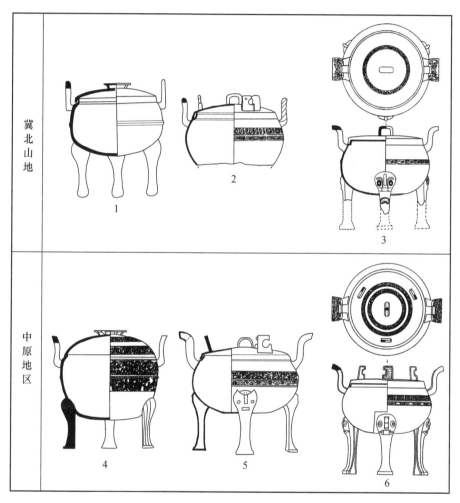

图二　铜有盖鼎对比图

1.怀来甘子堡M2：8　2.延庆西梁泷M1：3　3.怀来北辛堡M1：85
4.临淄河崖头村　5.灵山双村M1　6.易县燕下都M31：1

1957年怀来甘子堡发现一批铜器，包括鼎、罍、匜、短剑和马具等[33]，由于发表材料所限，不知所出鼎的形制[34]。

2. 敦

包括平底敦、三足敦。

　　平底敦　4件。双环耳，平折沿，束颈，扁圆腹。延庆玉皇庙M2∶2，盖上有圈足状捉手，盖周边有三个小牙以向下扣合。高15、口径21.6厘米（图三，1）。延庆玉皇庙M18∶2，通高14.2、口径22厘米（图三，2）。与这2件铜敦形制最为接近者见于侯马上马M1013∶1[35]（图三，5），此墓还出土1件平盖、深腹、三蹄状足的铜鼎，原报告认为其年代在春秋中期晚段[36]。还有在胶东半岛南部海阳嘴子前M1出土1件与玉皇庙M2和M18相近的平底敦（图三，6），此墓年代为春秋晚期前后[37]。另属于春秋中期晚段的侯马上马M13在随葬这种平底敦的同时共出三足敦，且三晋两周地区春秋晚期的墓葬中亦以三足敦为主，很少见到平底敦，因此玉皇庙M2和M18出土的敦，年代应与上马M1013相当，大体应为春秋中期晚段。怀来甘子堡M5∶1，复钵形盖，上有三环纽，弧腹斜收，小平底。通高13.6、口径18厘米（图三，3）。怀来甘子堡M18∶1（图三，4）与M5∶1形制相近，束颈，斜腹，平底。通高13.6、口径17.2厘米。这种盖上三环纽的平底敦主要见于洛阳地区春秋中期晚段的墓葬，盖或扣在器身口沿上，如洛阳体育场路西M8830∶5[38]（图三，7），或与器身为子母口向下扣合至器身颈部，如洛阳西工区C1M7256∶2[39]，应是平底敦向三足敦的一种过渡形式。另在山东临淄地区也发现有盖上有环形纽的平底敦，最著名者为齐侯敦[40]，另有淄博淄川磁村M1∶5和M01∶2[41]（图三，8）。齐侯敦盖上为四环纽，收腹，大平底；淄博淄川磁村两墓所出亦均为盖上四环纽，M01∶2与齐侯敦相近，M1∶5浅腹，二者均为春秋晚期早段的齐墓[42]。由于怀来甘子堡M5∶1和M18∶1腹部较山东临淄地区所出较深，年代应稍早，为春秋中期晚段。值得注意的是在淄博淄川磁村M01出土了两端为兽首形的马镳，与怀来甘子堡M18所出的马镳非常相近（见下文），只是后者一端为兽首，一端为兽尾，这似乎也表明两墓年代接近。

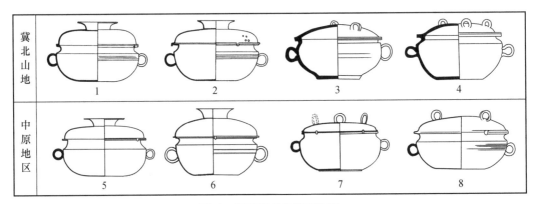

图三　铜平底有盖敦对比图

1. 延庆玉皇庙M2∶2　2. 延庆玉皇庙M18∶2　3. 怀来甘子堡M5∶1　4. 怀来甘子堡M18∶1
5. 侯马上马M1013∶1　6. 海阳嘴子前M1∶63　7. 洛阳体育场路西M8830∶5　8. 淄博淄川磁村M01∶2

　　三足敦　2件。双环耳，三蹄足，有盖。延庆龙庆峡M30∶1，扁鼓腹，平底，盖顶三蹄形纽，一足与一耳相对。通高13、长轴16.6、短轴14厘米（图四，1）。三足敦在中原地区出现于春秋中期晚段，在春秋晚期早段较为多见。如侯马上马M13[43]、M1011、M1027、M2148（图四，3）[44]，临猗程村M1024[45]，洛阳中州路M4[46]等春秋中期晚段墓葬，以及长治分水岭M269[47]，临猗程村M1002、M0003、M1082[48]，侯马上马M2008[49]，1983洛阳西工区LBM4[50]等春秋晚期早段墓葬中都有发现。到春秋晚期晚段时，这种三足敦则较为少见，替代其功能的盖豆普遍出现。不过在中原地区出现的三足敦与龙庆峡M30所出不同，为圆形腹。腹部平面为椭圆形的器物多见于战国时期的燕式铜器中，如易县燕下都M31：2[51]（图四，4），原报告称为鼎，盖上三纽为鸟首形，腹较深，盖与腹部均有三周纹饰，蹄足根部有向外凸出的双耳兽首，为一足与一耳对应。燕式铜器中还有一种圈足簋，平面呈椭圆形，如顺义龙湾屯墓[52]、三河大唐迴M1[53]等，其盖上三纽均为鸟首形。龙庆峡M30：1所出椭圆形腹的三足敦，应是中原地区的三足敦受到燕式铜器的影响而出现的，其年代应与战国时期燕式

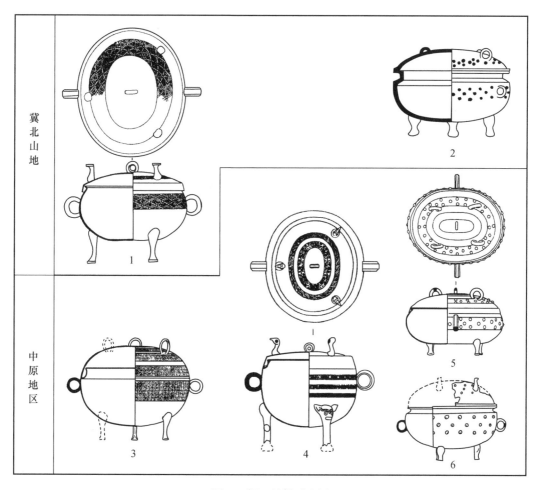

图四　铜三足敦对比图

1.延庆龙庆峡M30：1　2.怀来甘子堡M2：6　3.侯马上马M2148：1　4.易县燕下都M31：2

5.长清仙人台M5：75　6.淄博淄川磁村M03：2

铜器中出现椭圆腹风格的年代相当，大体为战国早期。怀来甘子堡M2：6，平折沿，束颈，扁圆腹，复钵形盖，上有四环形纽。通高15.2、口径17.2厘米（图四，2）。该器最突出的特点是盖与器身均饰乳丁，已有学者指出这种特点见于春秋晚期的齐国铜敦，在山东阳谷景阳岗[54]、临淄齐故城、淄博淄川磁村（图四，6）等地都有发现[55]，另在山东长清仙人台邿国墓地M5亦有发现（图四，5），朱凤瀚先生已指出该墓所出诸器皆从齐器[56]，只是上述各齐式敦盖上或为四环纽，或为三蹄状纽。怀来甘子堡M2：6的年代或与之相当，大体为春秋晚期晚段。

3. 盖豆

3件。豆盘双环耳，盖有上圈足状捉手。涿鹿倒拉嘴出土的盖豆[57]，盖及豆盘饰条带蟠虺纹。豆把下部已残，从豆把接豆盘处较细可知应为高把豆。残高16.7、口径16.2厘米（图五，1）。盖豆在中原地区出现于春秋晚期晚段，如侯马上马M1002（图五，4）、M1004等[58]，一直流行到战国早期，如太原金胜村M251[59]（图五，5）、山彪镇M1[60]等都有发现。且春秋晚期多高把豆，到战国时期豆把逐渐变矮，因此涿鹿倒拉嘴所出盖豆年代当在春秋晚期晚段。延庆西梁垸M1：4，豆盘平折沿，束颈，矮圈足。盖及豆盘腹部均饰纹饰。通高19.5、两耳间宽22.6厘米（图五，2）。从形制以及纹饰看，该豆与太原金胜村M251：570最为接近，太原金胜村M251为晋国重卿之墓，报告作者提出年代为公元前470～前450年，由于对战国起始年代的不同看法，报告认为应属于春秋晚期[61]，而《中国青铜器综论》则采用学界对战国起始年代的主流意见，明确提出该墓为战国早期墓葬[62]，由此西梁垸M1：4的年代与之相当，亦为战国早期早段。怀来甘子堡M1：4，通高18.6、两耳间宽23.2厘米（图五，3）。形制与西梁垸M1：4极为相近，只是豆盖下部与豆盘上腹部所饰勾连雷纹的菱形相交点加乳丁，另盖上两侧有双纽衔环。虽然有学者提出这种风格不见于中原地区的盖豆[63]，但整体形制与三晋两周地区盖豆相同，其年代还应与这种矮圈足盖豆的流行时间相当，即与西梁垸M1：4相同，应为战国早期。

4. 壶

包括铺首壶、提梁壶。

铺首壶 1件。怀来北辛堡M1：87，肩部饰一对衔环铺首。盖微弧，有四个环形纽，长颈，圆鼓腹，最大腹径在中部，近底处有四小环纽。盖饰蟠螭纹，由颈部到近底处由凹弦纹分割成五个纹饰带，上、下两层饰蝉纹，中间三层饰蟠螭纹。通高51、口径14.4厘米（图六，1）。三晋两周地区在春秋中期晚段开始出现圆壶，如新郑李家楼大墓[64]、新郑郑国祭祀遗址K2[65]等，但其形制继承了自西周时期就已出现的椭腹方壶的特点，长颈，垂腹。其发展趋势为颈渐短，腹部增高，且最大径逐渐上移，到战国早期则为短颈，腹部最大径在腹中部，如洛阳中州路M2717：93[66]、长子牛家坡

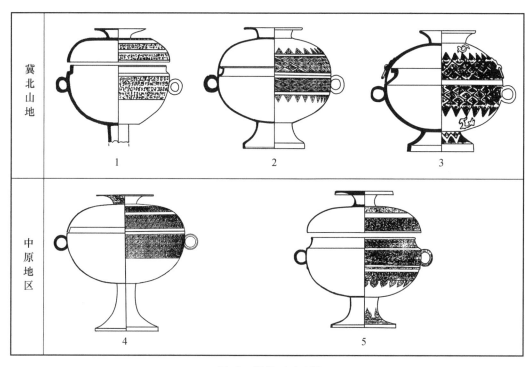

图五　铜盖豆对比图

1. 涿鹿倒拉嘴　2. 延庆西梁岽M1：4　3. 怀来甘子堡M1：4　4. 侯马上马M1002：4　5. 太原金胜村M251：570

M7：6（图六，3）[67]等，都与北辛堡M1：87形制上非常接近，这两座墓的年代均为战国早期，由此怀来北辛堡M1：87的年代应与之相当，亦在战国早期。

提梁壶　1件。怀来甘子堡M2：7，肩部有双纽，纽上穿由两长段和一桥状梁组成的提梁。平盖，盖上原有三纽，已残。小口，长颈，垂腹，矮圈足。肩腹部用双棱纹划分为上、下两组共八区，在上组的四区中饰有镶嵌绿松石的凤鸟纹。通高27.4、口径7.2、底径10.4厘米（图六，2）。曾有学者提出该壶与山东临朐杨善村出土的春秋晚期偏晚的齐器公孙灶壶形制相近（图六，4）[68]，不过仔细观察二者还是存在着一些差别，如公孙灶壶的提梁为多节短链组成，在壶盖边缘有对称两纽衔环穿过提链，鼓腹中部有两周凸棱纹，还有一竖桥纽。而甘子堡M2：7垂腹、提梁构件少且长等特点，应是年代相对较早的表现[69]，由此年代约为春秋晚期早段。

5. 罍

包括无盖罍、有盖罍。

无盖罍　5件[70]。侈口，束颈，广肩，肩上有双耳。延庆玉皇庙M2：5，斜腹，凹底。两肩有对称的回首卷尾螭龙附耳并衔环。从颈到腹以弦纹相隔共形成七段纹饰带，依次为蟠螭纹、左向鳞纹、蟠螭纹、三角勾云纹、右向鳞纹、蟠螭纹、右向鳞纹。高28.2、口径24、最大腹径35.8、底径17.6厘米（图七，1）。延庆玉皇庙M18：3

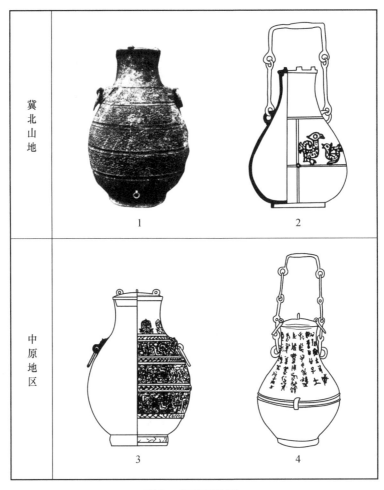

图六　铜壶对比图

1. 怀来北辛堡M1：87　2. 怀来甘子堡M2：7　3. 长子牛家坡M7：6　4.临朐杨善村出土公孙灶壶

与玉皇庙M2：5形制基本相同，出土时双肩回首卷尾螭龙所衔之环已脱落，另从颈到腹的七段纹饰带依次为三角勾云纹、蟠螭纹、左向鳞纹、蟠螭纹、三角勾云纹、蟠螭纹、右向鳞纹。高26.6、口径22.4、最大腹径34.4、底径16.6厘米。延庆玉皇庙M250：2与玉皇庙M2：5形制相近，只是双肩回首卷尾螭龙附耳未见衔环，微凹底，从颈到腹有六段纹饰带，依次为蟠螭纹、右向鳞纹、蟠螭纹、三角勾云纹、蟠螭纹、右向鳞纹。高26.5、口径20.5、最大腹径34、底径17.8厘米。怀来甘子堡M2：9，与上述玉皇庙墓地所出形制相近，平底，从颈到腹的纹饰为五段，依次为蟠螭纹、鳞纹、三角勾云纹、鳞纹、蟠螭纹。近底部有较宽的空白带。高27.2、口径22.4、底径16.8厘米（图七，2）。

延庆玉皇庙和怀来甘子堡墓地出土的无盖罍最明显的特点是敞口呈喇叭状，广肩。三晋两周地区从春秋早期就开始出现小口有肩罍，较集中流行的时间是春秋晚

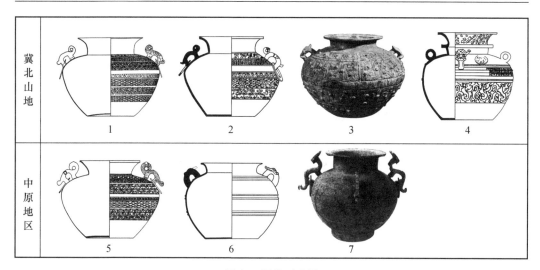

图七　铜罍对比图

1. 延庆玉皇庙M2：5　2. 怀来甘子堡M2：9　3. 1957年怀来甘子堡　4. 怀来甘子堡M1：2
5. 洛阳体育场路西M8832：7　6. 洛阳西工区M3427：26　7. 辉县琉璃阁甲墓

期，直到战国早期还有发现，如洛阳体育场路西M8832[71]、洛阳中州路M2729、洛阳中州路M4[72]、长治分水岭M270[73]、万荣庙前村58M1[74]、太原金胜村M251[75]等墓均有发现。其中与玉皇庙和甘子堡墓地所出最为接近者当属洛阳体育场路西M8832：7（图七，5），形制相近，只是纹饰带的排列稍有不同。原报告将该墓地分为七期，其中第二期为春秋中期，并将春秋中期再划分为早、中、晚三段，M8832属于春秋中期早段。不过从M8832出有中原地区春秋中期晚段流行的封口流匜，以及共出的深腹平盖鼎、浅腹平盖鼎、直腹簋和小口平盖肩纽壶，都与滕州薛国故城M2、M4所出基本相同，后者的年代在春秋晚期早段[76]。如果考虑到洛阳体育场路西M8832所出的盘虽为三环，但为直耳，并不是中原地区春秋中期晚段常见的外折耳，小口平盖肩纽壶腹部较圆缓，不似薛国故城M2、M4所出已有明显外鼓的腹部，年代应该稍早，大体为春秋中期晚段[77]。玉皇庙墓地所出的3件铜罍与洛阳体育场路西M8832：7的形制相同，年代应为春秋中期晚段。怀来甘子堡M2：9已为平底，且纹饰带较玉皇庙所出较少，年代应稍晚，可到春秋晚期早段。

1957年怀来甘子堡所出的罍[78]，小敞口，斜折沿，束颈，小直领，圆鼓肩，肩上有双兽耳，圆腹，平底。从肩到底有四段纹饰，依次为小蟠螭纹、大蟠螭纹，大蟠螭纹，小蟠螭纹。通高21、口径16厘米（图七，3）。与此件铜罍形制者相近者在三晋两周地区也有发现，如洛阳中州路M4[79]、洛阳西工区M3427[80]、洛阳市纱厂路JM32[81]，以及1923年新郑李家楼大墓[82]、辉县琉璃阁甲、乙墓所出铜罍等[83]，洛阳地区所出多素面，或仅在器身饰数周凸弦纹（图七，6），新郑李家楼大墓所出的铜罍则肩上有四附耳，球形腹，小平底，通体饰蟠螭纹。而辉县琉璃阁甲、乙墓所出则为宽平折沿，直领较长，圈足（图七，7）。上述各墓的年代集中在春秋中期晚段到春秋晚期晚段，而1957年怀来甘子堡出土的铜罍斜折沿，直领较短，平底，均为较早的时代特征，年代不会晚到春秋晚期晚段，而其肩上双兽耳又较前文玉皇庙M2等墓所出简略，据此推断其年代亦不会早到春秋中期晚段，应为春秋晚期早段。

有盖罍　1件。怀来甘子堡M1：2，小口，平折沿，小直领，盖上捉手呈喇叭状，周边镂空，圆鼓肩，有一对环耳和一对兽耳，鼓腹，平底。腹上部饰小蟠虺纹，下部为眼部镶嵌绿松石的凤鸟纹。通高32、口径16、底径19.2厘米（图七，4）。罍除了有盖，形制与1957年怀来甘子堡所出较相近，只是口沿已平折，肩部有四耳，考虑到三晋两地区的铜罍年代较晚者口沿多为平折，因此这件铜罍的年代应较1957年怀来甘子堡所出稍晚，大体相当春秋晚期晚段。

6. 缶

2件。侈口，微卷唇，敛颈，圆肩，深鼓腹，平底。怀来北辛堡M1：88，薄腹，上、下两半相接而成。腹部饰一周凸弦纹及有四个绹纹环，自颈至腹部有细线刻纹，凸弦纹以上自上而下为绹纹、三角纹、蟠螭纹和绹纹，凸弦纹以下依次为绹纹和三角纹。高36厘米（图八，1）。与此件铜缶形制相近者有长治分水岭M126：128（图八，2），只是纹饰非细线刻纹。细线刻纹铜器自春秋晚期出现，最早见于吴越地区[84]，到了战国时期，在三晋两周地亦有较多的发现，如太原金胜村M251[85]、潞城潞河M7[86]、陕县后川[87]、长治分水岭[88]、辉县赵固村[89]、琉璃阁[90]等都有发现，器物多为鉴、匜、壶、奁等薄腹器，年代从战国早期到战国中期都有发现。综合考虑上述情况，怀来北辛堡M1所出刻纹铜缶的年代应为战国早期。

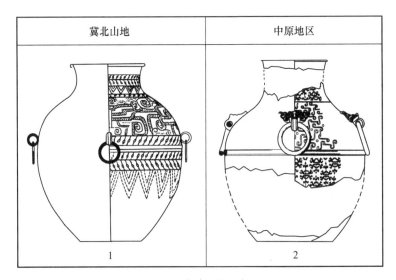

图八　铜缶对比图

1. 怀来北辛堡M1：88　2. 长治分水岭M126：128

7. 铜

是目前在玉皇庙文化中发现数量最多的中原式青铜礼器，据不完全统计有20余件[91]，均椭圆形腹，两侧饰对称双耳。包括三足铜、平底铜。

三足铜　2件。直口，半球形腹，圜底，兽耳，三蹄足。延庆玉皇庙M2：10，兽耳上端位置靠近口沿。高5.6、两耳间宽14.7、长12.2厘米（图九，1）[92]。延庆玉皇庙M2：11，兽耳简化，耳上端接口沿。高5.1、两耳间宽13.4、长11.8厘米（图九，2）。兽耳蹄足铜主要见于郑州和洛阳地区，年代集中在春秋中期晚段，如1923年新郑李家楼大墓[93]、新郑郑韩路M6[94]、尉氏河东周村墓[95]、洛阳体育场路西[96]等，都出土了兽耳蹄足铜，不同的是后者或为四蹄足，并带盖，盖上有环形捉手，耳的位置以及口与腹部形态稍有不同，后者双耳位置靠下，敛口，腹微鼓。另在春秋晚期早段的新郑李家村墓中出土了1件无盖兽耳四蹄足铜（图九，3）[97]，斜腹，尖底，与玉皇庙M2所出圜底不同。玉皇庙M2所出2件兽耳三蹄足铜，无盖，但从形制上看似乎更接近春秋中期晚段郑州、洛阳地区各墓所出。而与玉皇庙墓地所出形制最为接近者为洛阳体育场路西M8830：6（图九，4）[98]，该墓共出的鼎深腹，圜底，盖饰三曲尺形纽，原报告认为该墓为春秋中期晚段。综合上述各种因素，玉皇庙M2所出的兽耳三足铜的年代应为春秋中期晚段。

平底铜　包括有盖铜、无盖铜。

有盖铜　3件。双环耳，平底，器盖上有环纽。延庆玉皇庙M2：9，平盖，敛口，小斜沿，浅鼓腹斜收，小平底。通高9.4、两耳间宽17.2、口长轴14.4、轴径11厘米（图一〇，1）。铜在三晋两周地区从春秋中期一直到战国中期都有出现，但以无盖铜为主，有盖铜少见，不过在洛阳体育场路西M8836出土有与玉皇庙M2：9极为相近者（图一〇，4）[99]，后者的年代据原报告分期为春秋中期中段，但该墓共出有附耳上部外折的铜盘，是春秋中期晚段出现的特点，其年代可到春秋中期晚段。由此玉皇庙M2：9的年代大体也在此范围。怀来甘子堡M1：7，器盖微鼓，上有一环形纽，直口，深直腹缓收。通高8.8、口径9.2[100]、底径6厘米（图一〇，2）。与玉皇庙M2：9相比，微直腹内收，这些特点主要见于山东地区战国早期齐墓出土的带盖铜，如淄博临淄大武镇东夏庄M5：105，临淄永流镇相家庄M6：5，章丘绣惠镇女郎山M1：37、38（图一〇，5）等，只是上述墓葬所出器盖上多为三至四纽。因此怀来甘子堡M1：7的年代为战国早期。怀来甘子堡M2：5，器盖微隆上有三环纽，敛口，鼓浅腹内收，小平底。通高10.4、口径12.8、底径6.4厘米（图一〇，3）。如上文所述在山东地区春秋中期到战国时期的墓葬中多出有盖上多纽的铜，与甘子堡M2：5形制较为相近者为莒南大店老龙腰M1所出（图一〇，6）[101]，唯后者盖上有四环纽，莒南大店老龙腰M1大体在春秋晚期[102]，甘子堡M2：5的年代与之相当。

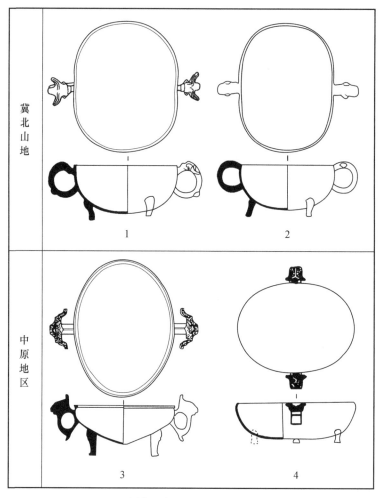

图九　铜三足铆对比图

1.延庆玉皇庙M2：10　2.延庆玉皇庙M2：11　3.新郑李家村墓：4　4.洛阳体育场路西M8830：6

无盖铆　10余件[103]。敛口，腹有环耳。延庆玉皇庙M18：4，通体鎏金，折沿，微敛口，圆鼓腹较深，单环耳位于腹中部，在两短边侧各饰一小环纽。上腹部饰一周勾云纹，下腹饰三角纹。高6.9、两耳间宽12.6、口长轴11.5、短轴8.7厘米（图一一，1）。平底铆在三晋两周地区非常多见，最早见于春秋中期早段，多敞口，或微敛，腹较深，到春秋晚期出现了子母口，小圈足，同时双耳平底铆依然存在，只是腹部多变浅。不过在三晋两周地区所出铜铆多为双环耳，不见单耳者，反之在山东地区东周时期墓葬中却发现了数件单耳铆，与玉皇庙M18：4形制和纹饰最相近者为蓬莱柳格庄M4：55（图一一，6）[104]，只是后者口沿稍卷。后者的年代为春秋中期[105]，考虑到铜铆的发展趋势口沿由卷到折，玉皇庙M18：4已有小折沿，年代应在为春秋中期晚段。延庆玉皇庙M171：4，单环耳，腹两边各有一小鼻纽。高7、两耳间宽13.9、口长轴12.3、短轴11.9厘米（图一一，2）。该铆特点与M18：4相同，只是腹较M18：4

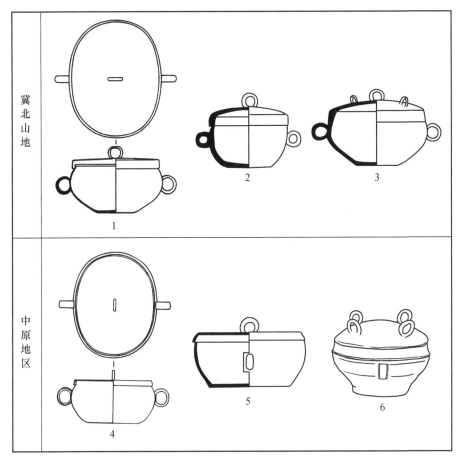

图一〇　铜平底有盖铈对比图

1. 延庆玉皇庙M2：9　2. 怀来甘子堡M1：7　3. 怀来甘子堡M2：5

4. 洛阳体育场路西M8836：41　5. 章丘女郎山M1：37　6. 莒南老龙腰M1

稍浅，年代应稍晚，约为春秋晚期早段前后。延庆玉皇庙M35：2，高7.4、两耳间宽17.2、口长轴14.4、短轴11厘米（图一一，3）。延庆玉皇庙M250：3，高6.8、两耳间宽17.4、口长轴15、短轴11.4厘米。延庆龙庆峡M30：2，高5.4、口长轴13、短轴9.7厘米。延庆西梁垙M25：3，高7、口长轴17.3厘米。怀来甘子堡M16：3，高7.2、口径11.2、底径6.8厘米。上述各件均浅腹，腹有双环耳。类似形制的平底铈在中原地区较为多见，如洛阳市纱厂路JM32：1[106]、临猗程村M1024：10[107]，形制与之最为接近者为洛阳体育场路西M8833所出（图一一，7）。中原地区上述各墓的年代从春秋中期晚段到春秋晚期早段，考虑到玉皇庙等地所出口腹部均较浅，其年代相对较晚，约为春秋晚期早段。

延庆玉皇庙M156：11（图一一，4）和延庆玉皇庙M174：13，敛口，腹浅且呈扁鼓状，腹有双环耳。中原地区具有类似腹部形态的铜铈见于洛阳体育场路西M8829（图一一，8）[108]。洛阳体育场路西M8829的年代为春秋晚期早段[109]，考虑到上述

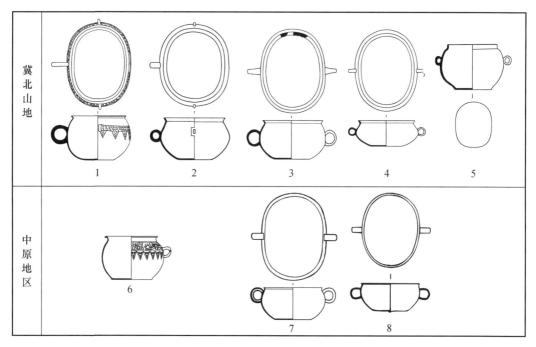

图一一　铜平底无盖铴对比图

1. 延庆玉皇庙M18：4　2. 延庆玉皇庙M171：4　3. 延庆玉皇庙M35：2　4. 延庆玉皇庙M156：11　5. 涿鹿倒拉嘴
6. 蓬莱柳格庄M4：55　7. 洛阳体育场路西M8833：23　8. 洛阳体育场路西M8829：10

玉皇庙两墓所出铜铴腹部更浅，年代应稍晚，约为春秋晚期晚段。

涿鹿倒拉嘴所出铴圆鼓腹，腹有双环耳，矮假圈足。高8.4、长轴11.2、短轴10厘米（图一一，5）。如上文所述，三晋两地区的平底铴在春秋中期到晚期经历了从平底向小圈足的变化，涿鹿倒拉嘴所出的平底铴虽然腹较深，但出现了假圈足，其年代应晚于平底铴最流行的春秋中期，或可进入春秋晚期。

8. 盘

包括圈足盘、三足盘。

圈足盘　2件。怀来甘子堡M1：5，长方形立耳。腹饰蟠螭纹，圈足饰虎纹。盘底中部有五行铭文，共27字，仅11字可辨，为"□白□□□中□□□□□□□□□□□□曾子子孙孙永宝用之"。高13.2、盘径34、深4厘米（图一二，1）。三晋两周地区从春秋早期到战国中期都有较多的盘出现，春秋早期到春秋中期早段流行圈足、立耳盘，其变化主要表现在圈足从高到矮，到春秋中期晚段开始出现三足盘，其附耳上部外折。怀来甘子堡M1：5圈足较矮，其形制与春秋中期早段的洛阳中州路M2415：9（图一二，4）较为接近，年代亦应相当，大体在春秋中期早段[110]。玉皇庙M2：7，附耳上部外折，耳外折处饰兽面纹。腹部饰三角勾云纹和勾云纹，圈足饰垂鳞纹。高11.8、盘径38、盘深6.5厘米（图一二，2）。如上文所述，三晋两周地区到春秋中期晚段开始流行附耳上部外折的三足盘，但很少见到附耳外折的圈足盘，不过在山东地区春秋中期偏晚的墓葬中则有所发现，如滕州薛国故城M1[111]、海阳嘴子前M1[112]（图一二，5）都出土有附耳外折的圈足盘。综合上述因素可知，盘本为三晋两周地区流行之器物，但玉皇庙M2：7可能受山东地区齐器的影响，年代应为春秋中期晚段。

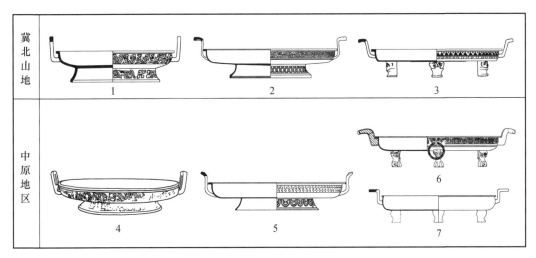

图一二　铜盘对比图

1. 怀来甘子堡M1：5　2. 延庆玉皇庙M2：7　3. 怀来甘子堡M16：1　4. 洛阳中州路M2415：9
5. 海阳嘴子前M1：64　6. 新郑郑韩路M6：4　7. 长治分水岭M270：20

三足盘　1件。怀来甘子堡M16：1，附耳，三兽面蹄状足。附耳上部外折，微直腹。耳折处饰兽面纹，腹部饰一组三角勾云纹和三角云纹，三足较粗矮。通高10.8、口径39.2、盘深3.2厘米（图一二，3）。观察三晋两周地区春秋中期晚段以后的三足盘，其蹄形足多细高，而洛阳中州路M1：1、M4：41、M6：13、M2729：29[113]，新郑郑韩路M6：4[114]（图一二，6），长治分水岭M270：20（图一二，7）[115]，以及新郑李家楼大墓[116]所出的盘，则都有较粗矮的兽蹄形足[117]，除新郑郑韩路M6：4外盘身均为素面，这几座墓的年代从春秋中期晚段到春秋晚期晚段。考虑到怀来甘子堡M16：1较直腹的特点，与新郑郑韩路M6：4和长治分水岭M270：20最接近，其年代应与之相当，约为春秋晚期早段。

9. 匜

包括敞口流匜、封口流匜。

敞口流匜　3件。流部上扬，尾部有鋬，四蹄状足。1957年怀来甘子堡所出"孟姬匜"，腹部饰三角勾云纹和勾云纹，为蔡叔季子之孙为女孟姬所作陪嫁之器[118]。通高15、长22.3厘米（图一三，1）。东周时期在三晋两周地区从春秋早期到战国早期都有铜匜出现，早期继承了西周铜匜的特点，敞口流，到春秋中期晚段出现了封口流。

而与"孟姬匜"形制和纹饰最为接近者为洛阳中州路M2415：8（图一三，4）[119]，后者的年代属于春秋中期早段，综此，"孟姬匜"的年代大体也在春秋中期早段。延庆玉皇庙M2：8、甘子堡M1：6铜匜形制与"孟姬匜"相近，只是甘子堡M1：6为蟠虺纹，二者年代应与"孟姬匜"相当。

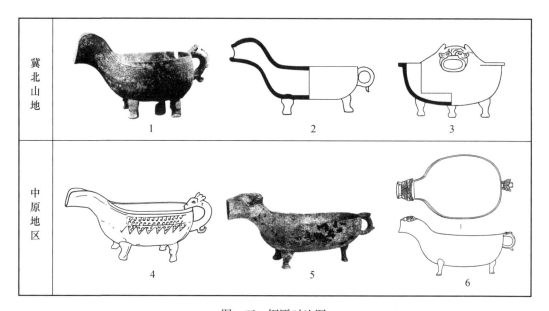

图一三　铜匜对比图

1. 1957年怀来甘子堡　2. 怀来甘子堡M2：4　3. 怀来甘子堡M6：12　4. 洛阳中州路M2415：8
5. 洛阳市纱厂路JM32：12　6. 侯马上马M1026：6

　　封口流匜　2件。三蹄状足。怀来甘子堡M2：4，原报告中并没有对流的形制进行说明，但从发表的线图看为封口流，尾部有环形带尾鋬[120]。素面。高16、通长28.4厘米（图一三，2）。甘子堡M6：12（图一三，3），因发表材料的局限性，只知为封口流，流上有兽面，三蹄足，不知尾部是否有鋬。高13.6厘米。三晋两周地区在春秋中期晚段到春秋晚期的封口流匜，流上多有兽面，尾部或有环耳带尾鋬，或仅有环形鋬，蹄形足，如洛阳市纱厂路JM32：12（图一三，5）、侯马上马M1026：6（图一三，6），到了战国早期，则流上无纹，尾部的鋬也简化为片状，小柱状足。由此，怀来甘子堡M2：4和M6：12的年代应为春秋晚期。

10. 鉴

　　2件。宽平沿，敛口，口沿下有对称四耳，束颈，深腹，矮圈足。出自怀来北辛堡M1，形制相同。北辛堡M1：91，口沿外圈有一周浅凸起，耳上有兽头，兽头上有一对呈三角形的耳。从口沿下到近底部共有四层花纹带。高42、口径82.5厘米（图一四，1）。这种宽口沿深腹四耳铜鉴在中原地区春秋中期晚段既已出现，到战国早期还很流行，如侯马上马M13[121]、长治分水岭M269[122]、1958年万荣庙前村M1[123]、临猗程村M1002[124]、辉县琉璃阁甲、乙墓（图一四，2）[125]、太原金胜村M251[126]、汲县山彪镇M1[127]所出。春秋晚期，宽口沿上外圈多有一周凸起的宽边，沿下四耳都明显低于口沿，平底；到战国时期，口沿窄而厚，沿下四耳或高出口沿，或兽耳为圆锥状，出现小圈足。怀来北辛堡M1：91沿下四耳兽头上有三角形耳，稍低于口沿，但已出现小圈足，年代约为春秋晚期晚段。

冀北山地	中原地区
1	2

图一四　铜鉴对比图
1. 怀来北辛堡M1：91　2. 辉县琉璃阁甲墓

11. 匕

2件。椭圆形勺首。怀来甘子堡M7：4，短折柄，柄后下折部分呈梯形。通长9.2厘米（图一五，1）。与此匕形制相近者见于《商周彝器通考》著录的象鼻纹匕（图一五，3），后者年代约为春秋时期[128]。延庆玉皇庙M2：4，长折柄，前部有棱与勺相接并成曲线上翘，后半部平折呈长梯形并饰三角勾云纹。通长6.8厘米（图一五，2）。目前在中原地区还未见这种长柄匕，难以判断其来源。战国时期燕墓中也有一种长柄匕，如通县中赵甫墓[129]（图一五，4）、三河大唐迴M1[130]（图一五，5）所出，只是长柄平折部分不似玉皇庙M2：4那样整体呈梯形并有花纹，而是分成两部分，前半部为多棱体，后半部变宽为梯形并饰有花纹。考虑到被认为是春秋时期的象鼻纹匕柄虽较短，但其柄下折部分整体呈梯形，这一点与玉皇庙M2：4相似，因此也可以推测玉皇庙M2：4的年代约为春秋时期。

12. 鬲

1件。怀来甘子堡M15：1，斜折沿，束颈，小直领，蹄状足，足上腹部有半月形扉棱。高13.2、口径16.8厘米（图一六，1）。该鬲形制与辉县琉璃阁甲墓（图一六，2）[131]所出相近，年代应与之相当，约为春秋晚期。

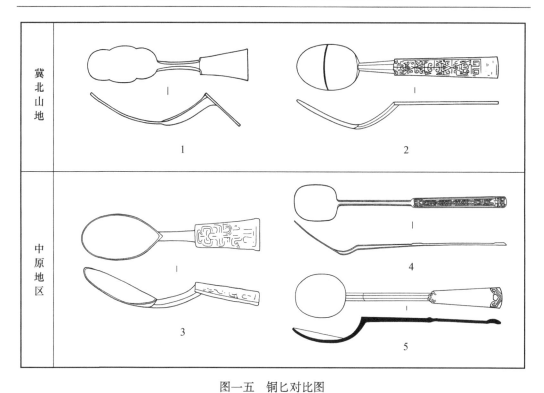

图一五　铜匕对比图

1. 怀来甘子堡M7：4　2. 延庆玉皇庙M2：4　3. 象鼻纹匕　4. 通县中赵甫墓　5. 三河大唐迴M1

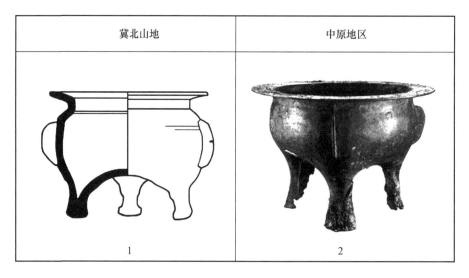

图一六　铜鬲对比图

1. 怀来甘子堡M15：1　2. 辉县琉璃阁甲墓

13. 甑

1件。怀来甘子堡M1：3，大口，平沿，沿上有对称绚索纹耳，耳上部外倾，小圈足，应为甗上所用之甑。腹上部饰雷纹。高29.2、口径35.6厘米（图一七，1）。与甘子堡M1∶3形制比较相近者为辉县琉璃阁乙墓所出甗上之甑（图一七，2）[132]，只是后者仅在腹中部有一周凸棱纹。怀来甘子堡M1∶3的年代应与之相当，约为春秋晚期晚段。

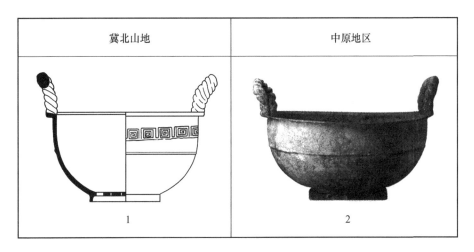

冀北山地	中原地区
1	2

图一七　铜甑对比图
1. 怀来甘子堡M1∶3　2. 辉县琉璃阁乙墓

14. 罐

包括带盖罐、无盖罐。

带盖罐　1件。怀来甘子堡M19∶2，小口，小直领，广折肩，肩上双环耳，缓收腹，平底。平盖，盖上饰一展翅小鸟。通高6.6、口径4.3厘米（图一八，1）。罐并不是三晋两周地区青铜礼器组合中的常见器物，因此在这一地区东周时期的墓葬中很少发现，目前只在河南信阳地区光山宝相寺黄君孟夫妇合葬墓夫人椁内发现有与之形制相近者，只是后者底微凹，盖上为环形纽（图一八，3）[133]。器盖上有铭文一周16字，为黄子为其夫人孟姬所制。原报告认为黄君孟夫妇合葬墓的年代在春秋早期，后有学者指出此墓年代当为春秋中期偏早[134]，怀来甘子堡M19∶2的年代可能与之相当。

无盖罐　1件。怀来甘子堡M5∶2，斜折沿，小直领，圆肩，圆鼓腹，平底，肩腹相接处有双环耳。高19.6、口径15.6厘米（图一八，2）。这种罐不见于三晋两周地区，但在安徽中部被称为群舒青铜器中有一种带盖的"缶"[135]，除有盖外，其形制与怀来甘子堡M5∶2极为相近。舒城河口镇M1[136]（图一八，4），舒城凤凰嘴墓[137]、怀宁金拱乡人形河南岸墓[138]等也有发现。上述各青铜器群的年代大体在春秋中期晚段到春秋晚期[139]，怀来甘子堡M5∶2的年代应在此范围。

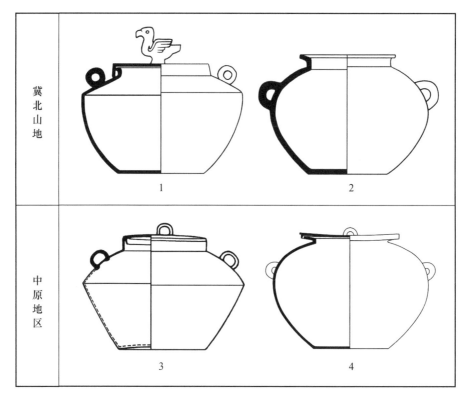

图一八　铜罐对比图

1.怀来甘子堡M19∶2　2.怀来甘子堡M5∶2　3.信阳光山黄君孟夫妇合葬墓G2∶A3　4.舒城河口镇M1∶4

15. 斗

1件。延庆玉皇庙墓地M2∶6，卵形腹，圜底，腹一侧有中空八棱銎柄，柄上有穿。高6.8、通长10.2厘米。銎内残留木痕，原应有长柄。斗为挹酒器，在商代晚期到西周时期常见[140]，进入东周以后，在中原地区发现较少，楚墓中出土的数量较多。目前还找不到与玉皇庙M2∶6形制上相近的器物，也难以对此件器物的来源与年代做出较为明确的判断。

16. 盆形器

1件。延庆玉皇庙墓地M2∶3，原报告称之为钵，学者或称为盆形器[141]。报告称此器出土时残碎，无法复原[142]，因此报告绘图并不能反映此器原貌，也很难做出文化属性或年代的判断。

（二）中原式青铜兵器

目前在冀北燕山山地玉皇庙文化遗存中所见到的中原式青铜兵器以戈为主，共计

10件[143]。均为中胡三穿。已有研究者对冀北地区发现的东周时期铜戈进行了研究，只是所举典型器物包括了部分没有共存关系或购自民间的铜戈[144]。

中原地区东周时期的铜戈大体上经历了一个从圭首、短援向流线形首、长援发展的过程，玉皇庙文化发现的中原式铜戈，也可根据形制的不同分为圭形首中援戈和流线形首长援戈两种。

1. 圭形首中援戈

8件。三角锋，援与内的中心线间角度约180度。延庆玉皇庙墓地共出土4件中原式铜戈，形制基本相同，圭首三角锋折角较为明显。玉皇庙M18：7，长18.4厘米。M32：4，通长20.1厘米。延庆玉皇庙M34：4，通长19.2厘米（图一九，1）。玉皇庙M250：6，圭首部分与上述铜戈相同，只是援稍短。通长18.1厘米（图一九，2）。另外，延庆西梁垙M25：4，残长19.7厘米（图一九，5）。怀来甘子堡M8：30，通长20.2厘米（图一九，6），2件铜戈形制与玉皇庙墓地所出相近，故这几件铜戈的年代相当。有研究者认为M32：4与上马墓地春秋早期墓M4078、M1287出土铜戈（图一九，9、10）形制相同，故此戈形制属春秋早期[145]。

涿鹿倒拉嘴所出铜戈（图一九，3）和怀来甘子堡M3：4（图一九，7），二者圭首的三角锋折角钝圆，倒拉嘴所出通长20.8厘米，甘子堡M3：4通长18.4厘米。有研究者将其与侯马上马春秋中期墓M1010所出铜戈（图一九，11）相比，认为形制相同，年代亦应与之相同[146]。

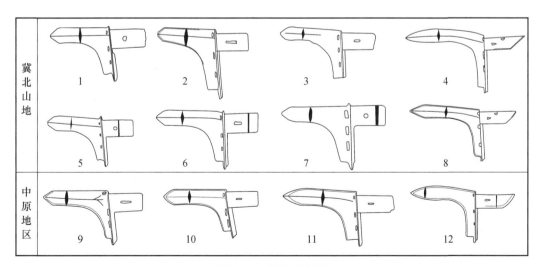

图一九　铜戈对比图

1. 延庆玉皇庙M34：4　2. 延庆玉皇庙M250：6　3. 涿鹿倒拉嘴　4. 怀来北辛堡M1：56　5. 延庆西梁垙M25：4
6. 怀来甘子堡M8：30　7. 怀来甘子堡M3：4　8. 怀来北辛堡M2：12　9. 侯马上马M4078：15　10. 侯马上马
M1287：17　11. 侯马上马M1010：4　12. 洛阳解放路M2528：8

2. 流线形首长援戈

2件。援长并呈弧形流线，长内，内尾斜上呈三角形，近阑三分之一处有一三角形穿，两侧有刃。怀来北辛堡M1：56，通长29.5厘米（图一九，4）；怀来北辛堡M2：12，通长29厘米（图一九，8）。中原地区铜戈与其形制最为相近者是洛阳解放路M2528所出（图一九，12）[147]，因该墓共出有越王旨于睗矛，因此原报告认定其年代为战国早期。

（三）中原式车马器

目前在这一地区发现的玉皇庙文化遗存中，中原式车马器并不多见，其中又以车器为多，有軎、车篷架管、盖弓帽、合页等，马具仅见衔和镳，另除延庆西梁垙M1出1件车軎以外，余者均见于怀来北辛堡和甘子堡墓地，其中又以北辛堡墓地居多。

1. 軎

10件。毂端均有底座。根据軎身形状不同可分为多边形和圆筒形两种。

多边形軎　4件。八棱形軎身。素面。怀来甘子堡M9：5[148]，軎身较长，近底座处有长方形辖孔，辖首饰透雕兽面纹。通长10.8厘米（图二〇，1）。与之形制相近者有太原金胜村M251：55-1[149]，只是后者辖首素面（图二〇，6）。怀来北辛堡M1：50，軎身较短，近底座处有长方形辖孔，辖孔上方有一凸起的螭形。通长7.1厘米（图二〇，2）。与之形制相近者有临猗程村M1059：6[150]，只是辖孔上方无凸起的纹饰（图二〇，7）。

圆筒形軎　6件。饰蟠螭纹。怀来北辛堡M1：20，两侧有双环，环身饰绚纹，近底座处有长方形辖孔，辖首饰兽面纹。通长9厘米（图二〇，3）。与之形制相近者有太原金胜村M251：99（图二〇，8）[151]，軎身两侧无环。另有长治分水岭M84：77-1（图二〇，11）[152]，与其形制相近，軎身两侧虽无环，但一侧有长椭形錾，功能当与軎身之环相同，可能用于悬挂坠饰。延庆西梁垙M1：10，近底座处有辖孔贯辖，辖首饰兽面纹。通长5.8厘米[153]（图二〇，4）。怀来北辛堡M1：48、49，近底座处有辖孔贯辖，辖首为兽面，軎身一侧有双鼻方策，策钩为鸭首状。通长5.8厘米（图二〇，5）。这种形制的车軎在中原地区非常多见，各地墓葬中都有大量出土，如临猗程村墓地M1001：57（图二〇，9）[154]，形制与西梁垙M1所出几乎相同，另太原金胜村M251：70[155]、汲县山彪镇M1：177（图二〇，12）[156]、舒城九里墩春秋墓：52（图二〇，10）[157]等，都有在軎身一侧加双鼻方策的现象，只是与北辛堡M1所出相比，或軎身较长，或軎身素面，表明在軎身一侧加双鼻方策的做法，并非北方地区专有。

玉皇庙文化遗存中所见车軎，不论軎身形制如何，是否有纹饰，均在毂端有折沿

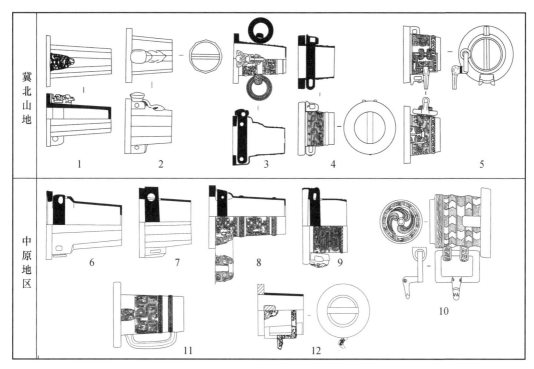

图二〇　铜车軎对比图

1. 怀来甘子堡M9：5　2. 怀来北辛堡M1：50　3. 怀来北辛堡M1：20　4. 延庆西梁洸M1：10-1、2　5. 怀来北辛堡
M1：48　6. 太原金胜村M251：55 -1　7. 临猗程村M1059：6　8. 太原金胜村M251：99　9. 临猗程村M1001：57
10. 舒城九里墩春秋墓：52　11. 长治分水岭M84：77-1　12. 汲县山彪镇M1：177

式底座[158]，而带有折沿式底座的车軎在中原地区最早见于春秋中期，軎身或为八棱
形或十二棱形，素面，如山东栖霞吕家埠M1：1[159]、临猗程村M1059：6[160]；或为
圆筒形，軎身或饰几何纹，或有蟠虺纹，如临猗程村M1024：5[161]。由于在太原金胜
村M251、山彪镇M1等战国早期墓葬中，上述不同形制的车軎均有出土，而到了战国
中期，中原地区所出车軎其折沿与軎身相连处出现内弧，而不似此前折沿与軎身呈直
角。由此可知在冀北山地玉皇庙文化遗存中出现的车軎，在中原地区流行的年代大体
上从春秋中期到战国早期。

2. 车篷架管

10件。均出自怀来北辛堡M1，共有三种形制。

三叉形　2件。在较粗的基管一端有三个支管。怀来北辛堡M1：13，管口均有钉
孔以固定用。长9厘米（图二一，1）。应是车篷脊部两端的架管。

桥形　6件。中部环状，两侧有微向下曲的支管。怀来北辛堡M1：12，管口有钉
孔以固定用。全长9.3厘米（图二一，2）。应是车篷中部的架管。

八字形　2件。中部为一短管，两侧各有一支管，两支管呈直角状。怀来北辛堡

M1：14，管口处有钉孔。中管长2.3、支管长4厘米（图二一，3）。可能是固定车篷边转角处的架管。

上述车篷架管在中原地区并不多见，三叉形者在淅川下寺M2车马坑[162]（图二一，6）、寿县蔡侯墓[163]，以及战国早期的长治分水岭M126[164]等有发现，后两者在中原地区很少找到相同者，但应为车篷所用架管。

3. 盖弓帽

1件。怀来北辛堡M2：3，圆筒状。长2.1厘米（图二一，4）。此为中原地区东周时期常见之形制[165]，如辉县固围村M2所出（图二一，7）[166]。

4. 合页

1件。怀来北辛堡M1：3，底座长方形，四角各有一钉孔，两端各有一鼻，鼻中贯轴，轴上套合页（图二一，5）。底座长6、宽3.5、合页长6.2、宽4厘米。这种合页为中原地区东周时期常见之车器，与之形制相同者有临猗程村M0002：14（图二一，8）[167]。

5. 杆首饰

8件。原报告将其统称为杆首饰，共同特点是一端有銎。怀来北辛堡M1：34、35，圆形銎。通长7.8厘米（图二二，1）。怀来甘子堡M20：13[168]，椭圆形銎。通长13.1厘米（图二二，3）。怀来北辛堡M2：8，近椭圆形銎，一端上翘为马首，背上有穿，穿内衔环。通长16厘米（图二二，4）。怀来北辛堡M1：36、37，长方形銎。通长9.6厘米（图二二，2）。

上述器物中的一端平直者，据灵寿城中山王族墓车马坑所出，很可能是置于衡上的穿缰绳的环插（图二二，5）或衡帽（图二二，6）[169]。而一端上翘者在中原地区未能见到与之相同者，只是在山彪镇M1出土有形制类似者，一端连有活动卡环等（图二二，7）[170]，应为车上用器。

6. 衔

1件。怀来北辛堡M1：68，内环与外环均圆形。长20.4厘米（图二三，1）。这种内环为圆形的马衔在中原地区春秋中期开始出现，一直到战国时期都很流行（图二三，6、7）。

7. 镳

9件。其中铜器7件，骨器2件。包括蛇形、鸭首形。
铜蛇形镳　6件。出土于怀来甘子堡墓地。一端蛇首，一端蛇尾，尾卷曲成小环，

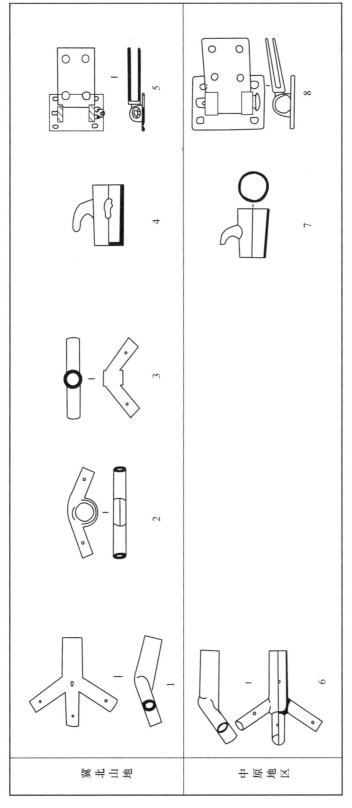

图二一　车器对比图

1、6.三叉形车篷架管（怀来北辛堡M1∶13，淅川下寺M2CH∶19）　2.桥形车篷架管（怀来北辛堡M1∶11）
3.八字形车篷架管（怀来北辛堡M1∶14）　4、7.盖弓帽（怀来北辛堡M2∶3、辉县固围村M2∶47）
5、8.合页（怀来北辛堡M1∶3、临猗程村M0002∶14）

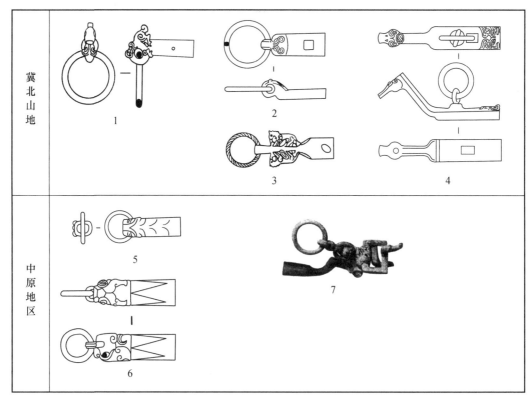

图二二　铜杆首饰对比图

1. 怀来北辛堡M1∶34　2. 怀来北辛堡M1∶36　3. 怀来甘子堡M20∶13　4. 怀来北辛堡M2∶8
5. 中山灵寿城M6CHMK2∶6-1　6. 中山灵寿城M6CHMK2∶8-1　7. 汲县山彪镇M1∶53

蛇身微凸，背平，有两桥形穿。怀来甘子堡M18∶5[171]，长16.2厘米（图二三，2）。相同形制的镳在三晋两周地区鲜有发现，主要见于山东地区，最早见于山东长清仙人台M5[172]（图二三，8），在海阳嘴子前M1[173]、滕州薛故城M1∶21A-1[174]、淄博淄川磁村[175]等都有发现，年代大体从春秋中期晚段到春秋晚期。

铜鸭首形镳　1件。怀来北辛堡M1∶70，稍残。中间为一大环，一端为鸭首，有喙，另一端作锥尾状，身侧有两穿。长约17厘米（图二三，3）[176]。原报告称此器为虺首饰，相近的器物在滦平虎什哈炮台山M6也有发现（图二三，9）[177]，只是两端均为长喙鸭首形，与衔、曹等车马器共出。另燕下都虚粮冢M8车马坑所出形制虽有不同，但仍可看出是上述同类器物的简化版，出土时尚置于衔两侧环中[178]，因此可以确认是马镳。由于在燕下都有大量出现，可能是燕国流行之马具。

骨镳　2件。体微曲，呈兽角形，体侧有两穿。怀来北辛堡M1∶7，截面椭圆形，残长16厘米（图二三，4）。怀来北辛堡M2∶6，截面近半圆形。长25厘米（图二三，5）。这种骨镳是中原地区东周时期最为流行的马具（图二三，10、11）。

冀北山地玉皇庙文化遗存中所见中原式车马器，除少数外，大多在中原地区流行

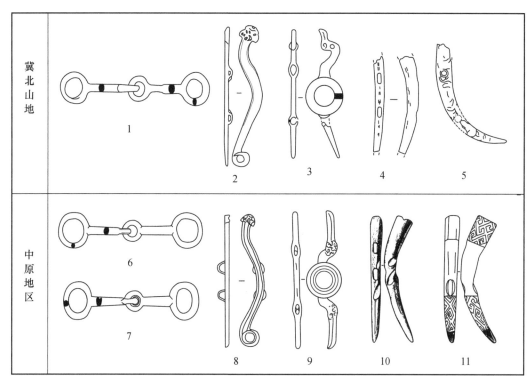

图二三　马器对比图

1、6、7.铜马衔（怀来北辛堡M1：68、临猗程村M1072：35、太原金胜村M251：296-1）

2、3、8、9.铜马镳（怀来甘子堡M18：5、怀来北辛堡M1：70、长清仙人台M5：21②、滦平虎什哈炮台山M6）

4、5、10、11.骨马镳（怀来北辛堡M1：7、怀来北辛堡M2：6、临猗程村M1072：45、临猗程村M1001：117：3）

时间较长，因此仅据其形制难以判断准确的年代。

　　除了上述中原式青铜礼器、兵器和车马器以外，在延庆西梁垼M1还发现有1件中原式玉璜，为中原地区东周时期多见。

　　玉皇庙文化各墓所出中原式青铜器及出有中原式青铜器的墓葬信息见表一和表二。

表一　玉皇庙文化各墓所出中原式青铜器统计表

器物	器物号	年代	来源
无盖鼎	玉皇庙M2：1	春秋中期早段	三晋两周
敞口流匜	玉皇庙M2：8	春秋中期早段	三晋两周
平底敦	玉皇庙M2：2	春秋中期晚段	三晋两周
无盖罍	玉皇庙M2：5	春秋中期晚段	三晋两周
三足铜	玉皇庙M2：10	春秋中期晚段	三晋两周
三足铜	玉皇庙M2：11	春秋中期晚段	三晋两周
平底有盖铜	玉皇庙M2：9	春秋中期晚段	三晋两周

续表

器物	器物号	年代	来源
圈足盘	玉皇庙M2：7	春秋中期晚段	三晋两周/齐[①]
匕	玉皇庙M2：4	春秋时期	
平底敦	玉皇庙M18：2	春秋中期晚段	三晋两周
无盖罍	玉皇庙M18：3	春秋中期晚段	三晋两周
无盖铧	玉皇庙M18：4	春秋中期晚段	齐
戈	玉皇庙M18：7	春秋早期	三晋两周
无盖罍	玉皇庙M250：2	春秋中期晚段	三晋两周
无盖铧	玉皇庙M250：3	春秋晚期早段	三晋两周
戈	玉皇庙M250：6	春秋早期	三晋两周
无盖铧	玉皇庙M171：4	春秋晚期早段	齐
无盖铧	玉皇庙M35：2	春秋晚期早段	三晋两周
无盖铧	玉皇庙M156：11	春秋晚期晚段	三晋两周
无盖铧	玉皇庙M174：13	春秋晚期晚段	三晋两周
戈	玉皇庙M32：4	春秋早期	三晋两周
戈	玉皇庙M34：4	春秋早期	三晋两周
无盖铧	龙庆峡M30：2	春秋晚期早段	三晋两周
三足敦	龙庆峡M30：1	战国早期	燕
无盖铧	西梁坑M25：3	春秋晚期早段	三晋两周
戈	西梁坑M25：4	春秋早期	三晋两周
有盖鼎	西梁坑M1：3	战国早期	燕
盖豆	西梁坑M1：4	战国早期早段	三晋两周
圆筒形𪉘	西梁坑M1：10	春秋中期到战国早期	三晋两周
敞口流匜	1957年甘子堡	春秋中期早段	蔡之孟姬匜
无盖罍	1957年甘子堡	春秋晚期早段	三晋两周
敞口流匜	甘子堡M1：6	春秋中期早段	三晋两周
圈足盘	甘子堡M1：5	春秋中期早段	三晋两周
无盖鼎	甘子堡M1：1	春秋中期晚段	三晋两周
有盖罍	甘子堡M1：2	春秋晚期晚段	三晋两周
甑	甘子堡M1：3	春秋晚期晚段	三晋两周
盖豆	甘子堡M1：4	战国早期	三晋两周？[②]
平底有盖铧	甘子堡M1：7	战国早期	齐
无盖鼎	甘子堡M2：3	春秋晚期	齐
有盖鼎	甘子堡M2：8	春秋晚期	齐
平底有盖铧	甘子堡M2：5	春秋晚期	齐

续表

器物	器物号	年代	来源
封口流匜	甘子堡M2：4	春秋晚期	三晋两周
提梁壶	甘子堡M2：7	春秋晚期早段	齐
无盖甂	甘子堡M2：9	春秋晚期早段	三晋两周
三足敦	甘子堡M2：6	春秋晚期晚段	齐
平底敦	甘子堡M5：1	春秋中期晚段	三晋两周
无盖罐	甘子堡M5：2	春秋中期晚段到春秋晚期	群舒
三足盘	甘子堡M16：1	春秋晚期早段	三晋两周
无盖铺	甘子堡M16：3	春秋晚期早段	三晋两周
平底敦	甘子堡M18：1	春秋中期晚段	三晋两周
蛇形铜镳6	甘子堡M18：15	春秋中期晚段到春秋晚期	山东地区
封口流匜	甘子堡M6：12	春秋晚期	三晋两周
匕	甘子堡M7：4	春秋时期	
鬲	甘子堡M15：1	春秋晚期	三晋两周
带盖罐	甘子堡M19：2	春秋中期早段	黄
戈	甘子堡M8：30	春秋早期	三晋两周
戈	甘子堡M3：4	春秋中期	三晋两周
多边形軎2	甘子堡M9：5	春秋中期到战国早期	三晋两周
杆首饰	甘子堡M20：13		
盖豆	倒拉嘴	春秋晚期晚段	三晋两周
无盖铺	倒拉嘴	春秋晚期	三晋两周
戈	倒拉嘴	春秋中期	三晋两周
有盖鼎	北辛堡M1：85	不早于战国早期	燕
缶2	北辛堡M1：88、99	战国早期	三晋两周
铺首壶	北辛堡M1：87	战国早期	三晋两周
鉴2	北辛堡M1：90、91	春秋晚期晚段	三晋两周
戈	北辛堡M1：56	战国早期	三晋两周
多边形軎2	北辛堡M1：50、51	春秋中期到战国早期	三晋两周
圆筒形軎3	北辛堡M1：20、21、52	春秋中期到战国早期	三晋两周
圆筒形軎2	北辛堡M1：48、49	春秋中期到战国早期	三晋两周
车篷架管10	北辛堡M1：10～15		三晋两周
合页	北辛堡M1：3		三晋两周
杆首饰4	北辛堡M1：34～37		三晋两周
衔	北辛堡M1：68		
铜镳	北辛堡M1：70		

续表

器物	器物号	年代	来源
骨镳	北辛堡M1：7		
戈	北辛堡M2：12	战国早期	三晋两周
盖弓帽	北辛堡M2：3		三晋两周
杆首饰2	北辛堡M2：8、9		三晋两周
骨镳	北辛堡M2：6		

①表示该器物可能受到了齐器的影响。

②盖豆本为三晋两周地区流行之器，但此件盖豆可能也受到了其他地区文化的影响，只是目前不能确知。

表二 玉皇庙文化出土有中原式青铜器墓葬信息统计表

墓葬	青铜礼器	青铜兵器	车器	马器	器物中年代最晚者	其他信息	所含文化因素
玉皇庙M2	无盖鼎1平底敦1无盖甗2三足钵2平底有盖钵1盘1敞口流匜1匕1斗1				春秋中期晚段	女，长方形土坑木椁墓，填土殉马、牛、狗，金耳环、包金铜贝、金串珠	三晋两周/齐
玉皇庙M18	平底敦1无盖甗1无盖钵1	戈1			春秋中期晚段	男，扩充二层台木椁墓，殉马、牛、羊、狗，金耳环、金虎牌饰	三晋两周，齐
玉皇庙M250	无盖甗1无盖钵1	戈1			春秋晚期早段	男，扩充二层台木椁墓，二层台及填土殉马、牛、羊、狗，金耳环、半月形金项饰	三晋两周
玉皇庙M35	无盖钵1				春秋晚期早段	女，长方形土坑木椁墓，上层被破坏	三晋两周
玉皇庙M171	无盖钵1				春秋晚期早段	男，长方形土坑木椁墓，填土殉牛、羊、狗	齐
玉皇庙M156	无盖钵1				春秋晚期晚段	男，扩充二层台木椁墓，填土殉马、牛、羊、狗，金耳环	三晋两周

续表

墓葬	青铜礼器	青铜兵器	车器	马器	器物中年代最晚者	其他信息	所含文化因素
玉皇庙M174	无盖铜1				春秋晚期晚段	男，扩充二层台木椁墓，填土殉马、牛、羊、狗，金耳环、半月形金项饰	三晋两周
玉皇庙M32		戈1				无人，长方形土坑墓，无葬具，无殉牲	三晋两周
玉皇庙M34		戈1				无人，长方形土坑墓，无葬具，无殉牲	三晋两周
西梁垅M25	无盖铜1	戈1			春秋晚期早段	男，长方形土坑木椁墓，填土殉马、牛、狗，金耳环	三晋两周
西梁垅M1	有盖鼎1盖豆1		车軎1		战国早期	金钗、半月形金项饰	三晋两周，燕
龙庆峡M30	无盖铜1三足敦1				战国早期	长方形土坑墓，填土殉马、牛、羊、狗、猪，金耳环、金贝、金饰	三晋两周，燕
甘子堡M19	带盖罐1				春秋中期早段		黄
1957年甘子堡	鼎1无盖甗1敞口流匜1				春秋晚期早段		三晋两周，蔡
甘子堡M16	无盖铜1三足盘1				春秋晚期早段		三晋两周
甘子堡M18	平底敦1			铜镳6	春秋晚期早段		齐
甘子堡M5	平底敦1无盖罐1				春秋晚期早段		齐，群舒
甘子堡M2	无盖鼎1有盖鼎1三足敦1提梁壶1无盖甗1平底有盖铜1封口流匜1				春秋晚期晚段	半月形金项饰	三晋两周，齐

续表

墓葬	青铜礼器	青铜兵器	车器	马器	器物中年代最晚者	其他信息	所含文化因素
甘子堡M15	鬲1				春秋晚期		三晋两周
甘子堡M6	封口流匜1				春秋晚期		三晋两周
甘子堡M7	匕1				春秋时期		
甘子堡M1	无盖鼎1盖豆1有盖甗1平底有盖钵1圈足盘1敞口流匜1瓿1				战国早期	金虎牌饰、半月形金项饰	三晋两周，齐
甘子堡M8		戈1					三晋两周
甘子堡M3		戈1					三晋两周
甘子堡M9			车軎2				三晋两周
甘子堡M20			车器2				三晋两周
涿鹿倒拉嘴	盖豆1无盖钵1	戈1			春秋晚期晚段	半月形金项饰	三晋两周
北辛堡M1	有盖鼎1铺首壶1缶2鉴2	戈1	车軎7车器4篷架管10折页1	衔1铜镳1骨镳1	战国早期	扩充二层台木椁墓，有殉人、车马，填土殉马、牛、羊，金耳环	三晋两周，燕
北辛堡M2		戈1	盖弓帽1，车器2	骨镳1	战国早期	扩充二层台木椁墓，有殉人，填土殉马、牛、羊、狗、猪	三晋两周

二、玉皇庙文化中出现中原式青铜器的综合分析

通过对表一和表二的分析可以看出以下现象。

第一，部分墓葬中随葬中原式青铜礼器有早晚之别，如延庆玉皇庙M2（春秋中期早段和春秋中期晚段）、M250（春秋中期晚段和春秋晚期晚段）等，其中以怀来甘子堡M1最为突出，其随葬的青铜礼器包括了春秋中期早段、春秋中期晚段、春秋晚期早段、春秋晚期晚段、战国早期等多时段流行的器物。如果玉皇庙M2和M250出现年代不一的青铜礼器可能是较早时期器物的延续使用，基本可视为同时期的组合，那么甘子堡M1则因其随葬器物年代跨度太大而很难将之视为原本即为同时使用并有相同来源的一组器物，这样在判断各墓葬年代时亦应以其中年代最晚者为准。通观这些墓葬的年代，大体包括了春秋中期晚段、春秋晚期（含早、晚两段）和战国早期。

第二，冀北山地玉皇庙文化遗存中所见中原式器物以三晋两周地区流行的器物为多见，但也出现了燕、齐，甚至黄、蔡等其他诸侯国的器物，很多都与三晋两周地区的器物出自同一墓葬，如延庆西梁垙M1、怀来北辛堡M1都出现了三晋两周和燕的影响；延庆玉皇庙M18、怀来甘子堡M1、M2除了三晋两周地区的器物外，还出现了齐地因素。

第三，冀北山地玉皇庙文化遗存中所见中原式器物以青铜礼器为大宗，不过中原地区青铜礼器中的核心器物——鼎，在这里却不多见，仅在延庆玉皇庙M2（春秋中期晚段）、怀来甘子堡M1（春秋晚期晚段）、怀来甘子堡M2（战国早期）、怀来北辛堡M1（战国早期）和延庆西梁垙M1（战国早期）有发现。除了上述几座墓外，大部分墓葬都没有出现同时期中原地区常见的青铜礼器中煮肉、盛食、酒器相配的组合，通常仅有一二件，且多为小型饮酒器铜。

第四，在春秋中期晚段和春秋晚期，除了随葬有中原式青铜礼器以外，还有兵器，另在怀来甘子堡M18出土山东地区流行的铜镦6件。到了战国早期，开始出现中原式的车马器，包括车軎、盖弓帽、车篷架管，以及马衔、马镳等。

第五，各出土中原式器物墓葬的墓主人，能判断性别者除延庆玉皇庙M2、M35外均为男性，还有一些墓葬因各种原因未能进行性别鉴定。不过玉皇庙墓地凡随葬兵器者均为男性，由此亦可推断这些墓葬中随葬有兵器者为男性。怀来甘子堡M1、M2虽未见兵器，但均随葬有半月形金项饰。玉皇庙墓地共有3座墓葬（M250、M174、M151）随葬有半月形金项饰，墓主人均为男性；涿鹿倒拉嘴出有半月形金项饰，所出器物中除了有中原式青铜礼器盖豆、铜以外，还共出铜戈，墓主人也应为男性。由此，随葬半月形金项饰的墓葬中可以明确墓主人性别的均为男性，而无一例明确为女性。甘子堡M1除有半月形金项饰外还随葬1件金虎牌饰，玉皇庙墓地共有69座墓葬随葬有动物形牌饰，其中以虎形和马形为大宗，还有少量的犬形、鹿形。这些牌饰均出于墓主人头颈处，应为挂于颈下的装饰品。69座墓葬中有56座墓葬为男性，11座为未成年人墓[179]，以及1座无人墓和1座性别不详的墓葬，没有明确为女性墓而随葬动物牌饰，因此动物牌饰亦是男性专属的装饰品[180]。这进一步说明甘子堡M1墓主人应为男性，半月形金项饰应为男性所专用。甘子堡M2和西梁垙M1[181]未见兵器，但因随葬有半月形金项饰，其墓主人应为男性。

综合考察上述现象，在春秋中期晚段到春秋晚期，玉皇庙文化墓葬所见到的中原式器物以来自三晋两周和山东半岛以齐为主的诸侯国为主，甚至还有来自于河南南部的黄、蔡等小国的器物。由于那些属于黄、蔡等小诸侯国的器物都是个案，所以目前还很难确定这些器物的进入是由于两者间直接的接触，还是通过某种中间渠道间接传入，亦很难判断传入的原因。而玉皇庙文化中出现的三晋两周地区和山东半岛的器物，则应来自两地间的交往与互动。在三晋两周地区春秋中期墓葬中就有随葬玉皇庙文化中常见的铜镶、带钩的现象[182]，而在山东长岛春秋中期的墓葬中也出现过玉皇庙文化的直刃匕首式短剑[183]。玉皇庙M2是这一时期唯一随葬有完整青铜礼器组合的墓葬，包括了煮肉、盛食、酒器以及水器在内的成套组合，与中原地区同时期墓葬的青铜礼器组合完全一致，而与这一时期其他各墓多只随葬一二件中原式青铜礼器形成了鲜明的对比。该墓墓主人为女性，已有学者指出，其很可能是由中原地区嫁入此地的女性[184]，从其随葬的成组的青铜礼器来看，墓主人原本亦属于中原地区的贵族女性。

除玉皇庙M2以外，春秋中期晚段到春秋晚期其他随葬有中原式青铜礼器的墓葬，性别鉴定明确者只有玉皇庙M35是女性，其他则均为男性，多共出有半月形金项饰或金虎形牌饰，这些墓葬的墓主人很可能就是玉皇庙文化不同部族、不同时期的男性首领。表明在春秋中期晚段到春秋晚期，玉皇庙文化社会中的上层受到较多来自三晋两周地区和以齐地为主的山东半岛诸侯国文化的影响，由于所接受的中原地区文化因素以青铜礼器为主，说明与之发生交往的中原地区的人群也属于社会的贵族阶层，两者所发生的交往是以高层间的文化互动为主。不过出土有半月形金项饰和金虎牌饰的延庆玉皇庙M18、M250、M174均不见成组的中原式青铜礼器，更值得注意的是玉皇庙M151，墓主人为男性，随葬有半月形金项饰，墓葬为带扩充二层台的长方形墓，殉牲包括马、牛、羊、狗，但未见随葬有中原式器物。从上述现象尤其是M151随葬有半月形金项饰却不见中原式青铜礼器看，在玉皇庙文化人群的心目中，中原式青铜礼器并不具有表示地位的功能，他们没有认同中原式青铜礼器所具有的礼制功能，在表示其自身地位方面仍使用其原有的标识物，如半月形金项饰、动物形金牌饰，带有扩充二层台的墓葬形制，以及包括马、牛、羊、狗的殉牲等。由此，在高等级墓葬中多随葬中原式青铜礼器只是表明玉皇庙人群对于中原式青铜礼器的喜爱，这种喜爱很可能是源自于其为舶来品并且不易获得，或者是作为金属器物所具有的财富象征意义，而其中以酒器为主也许是玉皇庙文化人群喜酒的体现。

玉皇庙文化少量墓葬随葬中原式青铜兵器，应是其与中原地区发生过军事冲突的体现，延庆玉皇庙M32和M34出土有中原式青铜戈却没有人骨，可能其墓主死于与中原的战争。不过在玉皇庙文化墓葬中，仍有大量的墓葬随葬有直刃匕首式短剑，远远超出随葬中原式青铜兵器的数量，这不仅显示出这些墓主人对自己生前所用武器的珍爱，似乎也表明玉皇庙文化在与中原地区文化间发生的军事冲突中，是在使用自身传统的武器以及所擅长的作战方式。

到战国早期，玉皇庙文化中已很少见到此前较多的来自以齐地为主的山东半岛的影响，出现的中原文化因素除了大量来自三晋两周地区以外，还出现燕式青铜礼器，表明与燕国高等级贵族之间发生的交往。而部分墓葬还随葬中原式青铜兵器，表现二者间仍然存在着某种形式的军事行为。在同时的三晋两周地区和燕地，则很少看到玉皇庙文化因素[185]，因此战国时期玉皇庙文化与三晋两周地区和燕地之间的文化互动，以单方面接受后者的影响为主。值得注意的是怀来甘子堡M1，该墓虽被破坏而致墓葬形制与殉牲情况不清，其共出有半月形金项饰和金虎牌饰，可知墓主应为部族的男性首领，其随葬的青铜礼器因其年代跨度较大，使用时间和来源并不一致，但却是包括了煮肉、盛食、酒器、水器在内的典型中原式青铜礼器组合。另怀来北辛堡M1，其墓葬为扩充二层台的长方形土坑木椁墓，在填土内分层埋入马、牛、羊等殉牲。从其随葬有大量兵器可知该墓墓主为男性，应为玉皇庙文化的高级男性贵族，不过该墓还有殉人、车马，以及大量的中原式车马器等此前不见于玉皇庙文化的现象，同时随葬的中原式青铜礼器虽来源不一，但也包括煮肉、酒器，以及鉴这种大型水器的成套组合。显然甘子堡M1、北辛堡M1在保留了玉皇庙文化传统的表示身份地位的标志物以外，还通过将不同时代、不同来源的青铜礼器进行搭配以示与中原地区等级制度相符，充分表现出玉皇庙文化的高等级人群对中原地区礼制的向往和认同。不过从甘子堡M1随葬的青铜礼器使用年代不一、北辛堡M1随葬的青铜礼器来源不同看，玉皇庙文化的高等级人群其自身并没有被纳入到中原地区的等级体系之中。

三、玉皇庙文化与中原文化的互动

从冀北山地玉皇庙文化遗存出现的中原式青铜器看，其与中原地区文化间的互动可以分为两个大的阶段。

第一阶段，春秋中期晚段到春秋晚期。这一阶段玉皇庙文化与中原文化间的交往主要来自三晋两周地区，另外还与以齐地为主的山东半岛，以及河南南部的黄、蔡等小诸侯国有着直接或间接的交流。交流的方式很可能以联姻和战争为主。除了嫁入玉皇庙文化的中原女性在随葬青铜礼器上保持着规范的组合以昭示其原有的贵族身份以外，玉皇庙文化的贵族阶层仍然以其原有的方式表示自身的身份与地位，随葬的青铜礼器在他们的心目中，可能只是稀有的舶来品，或是作为金属器物所具有的财富象征，其中以酒器为大宗则可能是出于对酒的喜爱，即玉皇庙文化的贵族阶层并没有接纳中原地区青铜礼器所具有的礼制功能。而这些文化上的交往与互动，主要是在各文化所属人群中的高级贵族间进行的，并且是双向的。而这一时期玉皇庙文化中少见中原式青铜兵器，似乎也表明玉皇庙文化自己传统的武器和作战方式在与中原地区的战争中占有优势。

第二阶段，战国早期。这一阶段玉皇庙文化与中原地区的交往主要来自三晋两周地区和燕地，交流的方式可能有战争，或许还有联姻、馈赠或贸易。玉皇庙文化的贵族阶层除了仍然保留其原有身份地位的标识物以外，同时重视中原式青铜礼器的组合，并辅以中原地区的车马以及殉人制度，表现出在心理上全面认同中原地区的礼制。而同时期中原地区少见玉皇庙文化因素这一现象则说明，这一阶段玉皇庙文化与中原地区文化的交流是以玉皇庙文化接受中原文化为主的单向式。

根据文献记载，平王东迁以后，王室衰微，各诸侯国都以兼并弱小来争得自身的强大。这种局面也导致了诸侯国间互相争霸、力量涣散，而戎狄各族则乘机侵扰不断。然渐至春秋末、战国之初，各诸侯国，尤其是秦晋，在与戎狄各族的征战中不断获取胜利。亦有学者通过对《春秋》和《左传》中与狄相关的记载，勾勒出春秋时期狄与中原的战争可大致分为两个阶段，第一阶段是狄与中原的战争，大体相当于春秋中期。最早见于鲁庄公三十二年（公元前662年）伐邢，后陆续有攻卫（闵公二年，公元前660年；僖公十八年，公元前642年；僖公二十一年，公元前639年；僖公三十一年，公元前629年），灭温（僖公十年，公元前650年），侵郑（僖公十四年，公元前646年；僖公二十四年，公元前636年），伐晋（僖公八年，公元前652年；僖公十六年，公元前644），侵齐（僖公三十年，公元前630年；文公四年，公元前623年；文公九年，公元前618年）。而在这一阶段中齐在抗狄中的作用较大，曾组织宋、曹共同救邢国，而狄也不敢轻易与齐为敌，在宋、曹、卫、邾共同攻打齐国时，狄还救过齐。第二阶段则主要是晋与狄的战争，包括灭赤狄（成公三年，公元前588年）、战白狄（成公十二年至昭公元年，公元前579～前541年）和伐鲜虞（昭公十二年，公元前530年）、中山（昭公十三年至赵敬侯十一年，公元前529～前376年），年代大体从春秋晚期到战国早期[186]。

上文通过讨论冀北山地玉皇庙文化中出现的中原式青铜器，观察到其与中原地区文化互动所展现出的阶段性变化，与文献记载中戎狄与中原诸国间的势力消长大体相当。也许正是由于春秋时期戎狄的强势，以及此时齐国在抵御强狄中扮演的组织其他诸侯国的领袖作用，玉皇庙文化才会出现有中原地区女子嫁入，保持自身武器的传统，不接受中原文化礼制，以及较多的表现出与齐及其周边诸侯国文化的互动；也正是由于春秋末年以至于战国初年，中原地区，尤其是三晋地区的发展与强大，使得玉皇庙文化在与中原地区文化的互动中处于弱势，不仅表现出对中原文化的接纳，在自身并没有被纳入到中原地区等级体系的前提下，也表现出对中原式器物所代表的中原系统礼制的向往和认同，而战国早期在玉皇庙文化中出现了此前不见的与燕文化间的互动，似乎表明在战国早期，燕已成为中原地区诸侯国文化与玉皇庙文化相接的前沿地带。

注　释

［1］　张辛：《中原地区东周陶器墓葬研究》，科学出版社，2002年。

［2］　杨建华：《中国北方东周时期两种文化遗存辨析》，《考古学报》2009年第2期。文中将这种文化称为东周时期分布在中国北方的第一种遗存。

［3］　北京市文物研究所：《军都山墓地——玉皇庙》，文物出版社，2007年。

［4］　北京市文物研究所：《军都山墓地——葫芦沟与西梁垙》，文物出版社，2010年。

［5］　北京市文物研究所：《延庆龙庆峡别墅工程中发现的春秋时期墓葬》，《北京文物与考古》
（第四辑），解放军1201印刷厂1994年。据2010年发表的《军都山墓地——葫芦沟与西梁
垙》，龙庆峡墓地实为军都山西梁垙墓地的一部分。

［6］　河北省博物馆、河北省文物管理处编：《河北省出土文物选集》，文物出版社，1980年，
44、45页；贺勇、刘建中：《河北怀来甘子堡发现的春秋墓群》，《文物春秋》1993年第
2期。

［7］　河北省文化局文物工作队：《河北怀来北辛堡战国墓》，《考古》1966年第5期。

［8］　陈信：《河北涿鹿县发现春秋晚期墓葬》，《文物春秋》1999年第6期。

［9］　涿鹿县文物保护管理所：《河北省涿鹿县发现春秋晚期墓葬》，《华夏考古》1998年第
4期。

［10］　张家口市文物事业管理所、宣化县文化馆：《河北宣化县小白阳墓地发掘报告》，《文物》
1987年第5期。

［11］　张学武、陶宗冶：《河北张家口市泥河子村出土一批青铜器》，《文物》1983年第7期。

［12］　本文讨论的器物大部出自科学发掘的墓葬，少数为被破坏后由文物工作部门清理并判断原出
自墓葬，同时在原报告或简报中已发表线图或图版，少数器物因原报告未发表线图或图版而
不能确知其形制，本文未进行讨论。

［13］　靳枫毅、王继红：《山戎文化所含燕与中原文化因素之分析》，《考古学报》2001年第
1期。

［14］　朱凤瀚：《中国青铜器综论》（下），上海古籍出版社，2009年，2118～2156页。

［15］　朱凤瀚：《中国青铜器综论》（下），上海古籍出版社，2009年，1592页。

［16］　陈光：《东周燕文化分期论》，《北京文博》1997年第4期，1998年第1期，1998年第2期。

［17］　河南博物院、台北历史博物馆：《新郑郑公大墓青铜器》，大象出版社，2001年。

［18］　山西省文物管理委员会侯马工作站：《山西侯马上马村东周墓葬》，《考古》1963年第
5期。

［19］　河南博物院、台北历史博物馆：《辉县琉璃阁甲乙二墓》，大象出版社，2003年。

［20］　中国社会科学院考古研究所、山西省考古研究所、运城市文物局、临猗县博物馆：《临猗程
村墓地》，中国大百科全书出版社，2003年，65页。

［21］　洛阳市文物工作队：《洛阳西工区春秋墓发掘简报》，《文物》2010年第8期。

［22］　山西省考古研究所、太原市文物管理委员会：《太原晋国赵卿墓》，文物出版社，1996年。

［23］　山西省考古研究所、山西省晋东南地区文化局：《山西省潞城县潞河战国墓》，《文物》
1986年第6期。

［24］　朱凤瀚：《中国青铜器综论》（下），上海古籍出版社，2009年，1598页。

［25］　贺勇、刘建中：《河北怀来甘子堡发现的春秋墓群》，《文物春秋》1993年第2期。

［26］ 朱凤瀚：《中国青铜器综论》（下），上海古籍出版社，2009年，2137页。

［27］ 朱凤瀚：《中国青铜器综论》（下），上海古籍出版社，2009年，2137页。

［28］ 北京市文物研究所：《军都山墓地——葫芦沟与西梁垅》，文物出版社，2010年，441页。

［29］ 廊坊地区文物管理所、三河县文化馆：《河北三河大唐迥、双村战国墓》，《考古》1987年第4期。

［30］ 河北省文化局文物工作队：《1964—1965年燕下都墓葬发掘报告》，《考古》1965年第11期。

［31］ 廊坊地区文物管理所、三河县文化馆：《河北三河大唐迥、双村战国墓》，《考古》1987年第4期。

［32］ 朱凤瀚：《中国青铜器综论》（下），上海古籍出版社，2009年，2151、2152页。

［33］ 贺勇、刘建中：《河北怀来甘子堡发现的春秋墓群》，《文物春秋》1993年第2期，23~40页，注释1。

［34］ 仅见罍与匜的图版，参见河北省博物馆、河北省文物管理处编：《河北省出土文物选集》，文物出版社，1980年，44、45页。

［35］ 朱凤瀚在《中国青铜器综论》中指出与玉皇庙M2和M18所出的铜敦形制相近者见于侯马上马M1和辉县琉璃阁乙墓等，只是这两座墓所出器物均只见到图版，口沿、腹部等细节表现并不十分清楚。参见《中国青铜器综论》（下），上海古籍出版社，2009年，2120、2121页。

［36］ 山西省考古研究所：《上马墓地》，文物出版社，1994年，167~174页。

［37］ 烟台市博物馆、海阳市博物馆：《海阳嘴子前》，齐鲁书社，2002年，9~33页。

［38］ 洛阳市文物工作队：《洛阳体育场路西东周墓发掘报告》，文物出版社，2011年，180页。

［39］ 洛阳市文物工作队：《洛阳市西工区几座春秋墓的清理》，《考古与文物》2003年第2期。

［40］ 朱凤瀚：《中国青铜器综论》（上），上海古籍出版社，2009年，146页，图三·二三，6。

［41］ 淄博市博物馆：《山东淄博磁村发现四座春秋墓葬》，《考古》1991年第6期。

［42］ 朱凤瀚：《中国青铜器综论》（下），上海古籍出版社，2009年，1681页。

［43］ 山西省文物管理委员会侯马工作站：《山西侯马上马村东周墓葬》，《考古》1963年第5期。

［44］ 以上三墓参见山西省考古研究所：《上马墓地》，文物出版社，1994年，56页。

［45］ 中国社会科学院考古研究所、山西省考古研究所、运城市文物局、临猗县博物馆：《临猗程村墓地》，中国大百科全书出版社，2003年，86页。

［46］ 中国科学院考古研究所：《洛阳中州路（西工段）》，科学出版社，1959年，93页。

［47］ 山西省文物工作委员会晋东南工作组、山西省长治市博物馆：《长治分水岭269、270号东周墓》，《考古学报》1974年第2期。

［48］ 以上三墓参见中国社会科学院考古研究所、山西省考古研究所、运城市文物局、临猗县博物

馆：《临猗程村墓地》，中国大百科全书出版社，2003年，86页。

［49］ 山西省考古研究所：《上马墓地》，文物出版社，1994年，56页。

［50］ 中国社会科学院考古研究所洛阳唐城队：《1983年洛阳西工区墓葬发掘简报》，《考古》1985年第6期。

［51］ 河北省文化局文物工作队：《1964—1965年燕下都墓葬发掘报告》，《考古》1965年第11期。

［52］ 程长新：《北京市顺义县龙湾屯出土一组战国青铜器》，《考古》1985年第8期。

［53］ 廊坊地区文物管理所、三河县文化馆：《河北三河大唐迴、双村战国墓》，《考古》1987年第4期。

［54］ 聊城地区博物馆：《山东阳谷县景阳岗村春秋墓》，《考古》1988年第1期。

［55］ 朱凤瀚：《中国青铜器综论》（下），上海古籍出版社，2009年，2137页。另外在济南左家洼M1亦出土1件盖与器身均饰乳丁纹的铜敦，朱凤瀚提出该墓的年代在战国早期中叶，但墓中所出的乳丁纹敦却是典型的春秋晚期齐式敦。见同书2012页。

［56］ 山东大学历史文化学院考古系：《长清仙人台五号墓发掘简报》，《文物》1998年第9期。原报告认为该墓年代为春秋中期晚段，朱凤瀚先生在《中国青铜器综论》（下）中认为该墓年代应在春秋晚期，本文从朱说。

［57］ 涿鹿倒拉嘴墓葬的发现源于村民取土，其墓葬形制、人骨等相关信息均已不清。参见陈信：《河北涿鹿县发现春秋晚期墓葬》，《文物春秋》1999年第6期。

［58］ 山西省考古研究所：《上马墓地》，文物出版社，1994年，52、57页。

［59］ 山西省考古研究所、太原市文物管理委员会：《太原晋国赵卿墓》，文物出版社，1996年，39页。

［60］ 郭宝钧：《山彪镇与琉璃阁》，科学出版社，1959年，13、14页。

［61］ 认为公元前470～前450年为春秋晚期缘于公元前403年三家分晋始为战国之始的认识，参见中国社会科学院考古研究所、山西省考古研究所、运城市文化局、临猗县博物馆：《临猗程村墓地》，中国大百科全书出版社，2003年，244～246页。

［62］ 朱凤瀚：《中国青铜器综论》（下），上海古籍出版社，2009年，1906页。

［63］ 朱凤瀚：《中国青铜器综论》（下），上海古籍出版社，2009年，2137页。

［64］ 河南博物院、台北历史博物馆：《新郑郑公大墓青铜器》，大象出版社，2001年。

［65］ 河南省文物考古研究所：《新郑郑国祭祀遗址》（上），大象出版社，2006年，117～140页。

［66］ 中国科学院考古研究所：《洛阳中州路（西工段）》，科学出版社，1959年，95页。

［67］ 山西省考古研究所：《山西长子县东周墓》，《考古学报》1984年第4期。

［68］ 朱凤瀚：《中国青铜器综论》（下），上海古籍出版社，2009年，2137页。

［69］ 朱凤瀚：《中国青铜器综论》（下），上海古籍出版社，2009年，2137页。

［70］ 据原报告怀来甘子堡出土罍3件，其中属于无盖罍2件，但在报告只介绍了M2:9，另一件无盖罍报告没有介绍。贺勇、刘建中：《河北怀来甘子堡发现的春秋墓群》，《文物春秋》1993年第2期。

［71］ 洛阳市文物工作队：《洛阳体育场路西东周墓发掘报告》，文物出版社，2011年，45页。

［72］ 中国科学院考古研究所编著：《洛阳中州路（西工段）》，科学出版社，1959年，93页。

［73］ 山西省文物工作委员会晋东南工作组、山西省长治市博物馆：《长治分水岭269、270号东周墓》，《考古学报》1974年第2期。

［74］ 山西省考古研究所：《万荣庙前东周墓葬发掘收获》，《三晋考古》（第一辑），山西人民出版社，1994年，218～250页。

［75］ 山西省考古研究所、太原市文物管理委员会：《太原晋国赵卿墓》，文物出版社，1996年，64页。

［76］ 朱凤瀚：《中国青铜器综论》（下），上海古籍出版社，2009年，1662、1663页。

［77］ 关于洛阳体育场路西M8832的年代，因其随葬青铜礼器的构成较为复杂，将另文讨论。

［78］ 河北省博物馆、河北省文物管理处编：《河北省出土文物选集》，文物出版社，1980年，44页。

［79］ 中国科学院考古研究所编著：《洛阳中州路（西工段）》，科学出版社，1959年，93页。

［80］ 洛阳市文物工作队：《洛阳西工区春秋墓发掘简报》，《文物》2010年第8期。

［81］ 洛阳市第二文物工作队：《洛阳市纱厂路东周墓（JM32）发掘简报》，《文物》2002年第11期。

［82］ 河南博物院、台北历史博物馆：《新郑郑公大墓青铜器》，大象出版社，2001年。

［83］ 河南博物院、台北历史博物馆：《辉县琉璃阁甲乙二墓》，大象出版社，2003年。

［84］ 宋玲平：《东周青铜器叙事画像纹地域风格浅析》，《中原文物》2002年第2期。

［85］ 山西省考古研究所、太原市文物管理委员会：《太原晋国赵卿墓》，文物出版社，1996年，67～70页。

［86］ 山西省考古研究所、山西省晋东南地区文化局：《山西省潞城县潞河战国墓》，《文物》1986年第6期。

［87］ 陕县后川M2040、M2144、M2042等墓均出有细线刻纹铜器，参见中国社会科学院考古研究所：《陕县东周秦汉墓》，科学出版社，1994年，61～66页。

［88］ 山西省考古研究所、山西博物院、长治市博物馆：《长治分水岭东周墓地》，文物出版社，2010年，235～244、279～281、285～291页。

［89］ 中国科学院考古研究所：《辉县发掘报告》，科学出版社，1956年，115、116页。

［90］ 郭宝钧：《山彪镇与琉璃阁》，科学出版社，1959年，63～65页。

［91］ 1980年在怀来甘子堡墓地出土9件钲，但在文字和发表的线图以及图版中，只涉及3件，其他6件只知形制属于无盖，但不能确知各自的具体形态与归属。

［92］ 原报告将这种器物称为杯，在报道尺寸时只有两耳间宽度和长轴，未见关于短轴的说明。

［93］ 河南博物院、台北历史博物馆：《新郑郑公大墓青铜器》，大象出版社，2001年。

［94］ 河南省文物考古研究所新郑工作站：《新郑市郑韩路6号春秋墓》，《文物》2005年第8期，39～46页。

［95］ 郑州市博物馆：《尉氏出土一批春秋时期青铜器》，《中原文物》1982年第4期。

［96］ 洛阳市文物工作队：《洛阳体育场路西东周墓发掘报告》，文物出版社，2011年。

［97］ 河南省文物研究所新郑工作站：《河南新郑县李家村发现春秋墓》，《考古》1983年第8期。

［98］ 洛阳市文物工作队：《洛阳两座东周铜器墓》，《中原文物》1983年第4期。

［99］ 洛阳市文物工作队编著：《洛阳体育场路西东周墓发掘报告》，文物出版社，2011年，60页。

［100］ 原报告没有说明此钲的口径是长径还是短径，从图比例换算，应该是短径。

［101］ 山东省博物馆、临沂地区文物组、莒南县文化馆：《莒南大店春秋时期莒国殉人墓》，《考古学报》1978年第3期。

［102］ 朱凤瀚：《中国青铜器综论》（下），上海古籍出版社，2009年，1706页。

［103］ 由于前面所说的原因，有6件无盖钲的具体情况不清。

［104］ 烟台市文物管理委员会：《山东蓬莱县柳格庄墓群发掘简报》，《考古》1990年第9期。原简报将其称为椭圆形杯，实为铜钲，M4共出土一大一小2件，形制相同，大者长径12、短径8厘米，未发表线图。

［105］ 王青：《海岱地区周代墓葬研究》，山东大学出版社，2002年，37、38页。

［106］ 洛阳市第二文物工作队：《洛阳市纱厂路东周墓（JM32）发掘简报》，《文物》2002年第11期。

［107］ 中国社会科学院考古研究所、山西省考古研究所、运城市文物局、临猗县博物馆：《临猗程村墓地》，中国大百科全书出版社，2003年，100页。

［108］ 洛阳市文物工作队：《洛阳体育场路西东周墓发掘报告》，文物出版社，2011年，75页。

［109］ 洛阳市文物工作队：《洛阳体育场路西东周墓发掘报告》，文物出版社，2011年，225页。

［110］ 见朱凤瀚：《中国青铜器综论》（下），上海古籍出版社，2009年，1589页。

［111］ 山东省济宁市文物管理局：《薛国故城勘查和墓葬发掘报告》，《考古学报》1991年第4期。

［112］ 烟台市博物馆、海阳市博物馆：《海阳嘴子前》，齐鲁书社，2002年，9～33页。

［113］ 中国科学院考古研究所：《洛阳中州路（西工段）》，科学出版社，1959年，95页。

［114］河南省文物考古研究所新郑工作站：《新郑市郑韩路6号春秋墓》，《文物》2005年第8期。

［115］山西省文物工作委员会晋东南工作组、山西省长治市博物馆：《长治分水岭269、270号东周墓》，《考古学报》1974年第2期。

［116］河南博物院、台北历史博物馆：《新郑郑公大墓青铜器》，大象出版社，2001年。

［117］洛阳中州路几座墓所出的盘，在原报告中均被划分为Ⅱ式盘，文字介绍其形制相同，均为附耳外折，腹底附粗矮兽蹄形三足，但发表的图像资料中仅见M6∶13。

［118］朱凤瀚：《中国青铜器综论》（下），上海古籍出版社，2009年，2136页。

［119］中国科学院考古研究所：《洛阳中州路（西工段）》，科学出版社，1959年，95页。

［120］原报告没有说明蹄足数量。

［121］山西省文物管理委员会侯马工作站：《山西侯马上马村东周墓葬》，《考古》1963年第5期。

［122］山西省文物工作委员会晋东南工作组，山西省长治市博物馆：《长治分水岭269、270号东周墓》，《考古学报》1974年第2期。

［123］山西省考古研究所：《万荣庙前东周墓葬发掘收获》，《三晋考古》（第一辑），山西人民出版社，1994年，218～250页。

［124］中国社会科学院考古研究所、山西省考古研究所、运城市文物局、临猗县博物馆：《临猗程村墓地》，中国大百科全书出版社，2003年，108页。

［125］河南博物院、台北历史博物馆：《辉县琉璃阁甲乙二墓》，大象出版社，2003年。

［126］山西省考古研究所、太原市文物管理委员会：《太原晋国赵卿墓》，文物出版社，1996年，61页。

［127］郭宝钧：《山彪镇与琉璃阁》，科学出版社，1959年，18页。

［128］容庚：《商周彝器通考》（下），台湾大通书局，1973年，219页，图版四一二；朱凤瀚：《中国青铜器综论》（上），上海古籍出版社，2009年，153页。

［129］程长新：《北京市通县中赵甫出土一组战国青铜器》，《考古》1985年第8期。

［130］廊坊地区文物管理所、三河县文化馆：《河北三河大唐迥、双村战国墓》，《考古》1987年第4期。

［131］河南博物院、台北历史博物馆：《辉县琉璃阁甲乙二墓》，大象出版社，2003年。

［132］河南博物院、台北历史博物馆：《辉县琉璃阁甲乙二墓》，大象出版社，2003年。

［133］河南信阳地区文管会、光山县文管会：《春秋早期黄君孟夫妇墓发掘报告》，《考古》1984年第4期。

［134］朱凤瀚：《中国青铜器综论》（下），上海古籍出版社，2009年，1747、1748页。

［135］朱凤瀚：《中国青铜器综论》（下）中将这种器物与楚墓中出土的尊缶或浴缶相比，将之称为缶，而楚墓中自铭为缶者多小口，有较长的领部，而这种器物大多口较大，束颈下直接形

成肩部，或仅有小直领，与缶还是有较大的差别，称之为罐更为合适。

［136］安徽省文物考古研究所、舒城县文物管理所：《安徽舒城县河口春秋墓》，《文物》1990年第6期。

［137］安徽省文化局文物工作队：《安徽舒城出土的铜器》，《考古》1964年第10期。

［138］怀宁县文物管理所：《安徽怀宁县出土春秋青铜器》，《文物》1983年第11期。

［139］文中关于各青铜器群文化属性与年代的判定均参见朱凤瀚：《中国青铜器综论》（下），上海古籍出版社，2009年，1798～1821页。

［140］朱凤瀚：《中国青铜器综论》（上），上海古籍出版社，2009年，268～274页。

［141］朱凤瀚：《中国青铜器综论》（下），上海古籍出版社，2009年，2126页。

［142］北京市文物研究所：《军都山墓地——玉皇庙》，文物出版社，2007年，901页。

［143］本文所计数量均为原报告中发表有图像资料者，若仅有文字报道但未见图像资料者，本文未计。如怀来甘子堡墓地，原报告称共出土6件铜戈，但发表线图者仅有M3：4和M8：20。

［144］井中伟：《早期中国青铜戈·戟研究》，科学出版社，2011年，247页。

［145］井中伟：《早期中国青铜戈·戟研究》，科学出版社，2011年，247页。

［146］井中伟：《早期中国青铜戈·戟研究》，科学出版社，2011年，247页。

［147］洛阳市文物工作队：《河南洛阳发掘一座战国墓》，《考古》1989年第5期。

［148］据原报告，该墓地出土车軎2件，报告仅介绍了M9：5。

［149］山西省考古研究所、太原市文物管理委员会：《太原晋国赵卿墓》，文物出版社，1996年，117页。

［150］中国社会科学院考古研究所、山西省考古研究所、运城市文物局、临猗县博物馆：《临猗程村墓地》，中国大百科全书出版社，2003年，120页。

［151］山西省考古研究所、太原市文物管理委员会：《太原晋国赵卿墓》，文物出版社，1996年，117页。

［152］山西省考古研究所、山西博物院、长治市博物馆：《长治分水岭东周墓地》，文物出版社，2010年，290页。

［153］据原报告，该軎通长为8.5厘米，但据原报告519页图三一九提供的比例尺测算，该器物通长应为5.8厘米。

［154］中国社会科学院考古研究所、山西省考古研究所、运城市文物局、临猗县博物馆：《临猗程村墓地》，中国大百科全书出版社，2003年，121页。

［155］山西省考古研究所、太原市文物管理委员会：《太原晋国赵卿墓》，文物出版社，1996年，115页。

［156］郭宝钧：《山彪镇与琉璃阁》，科学出版社，1959年，32页。

［157］安徽省文物工作队：《安徽舒城九里墩春秋墓》，《考古学报》1982年第2期。

［158］属于春秋早期的上村岭虢国墓地M1810∶33和M1075∶104，其軎身毂端外撇呈喇叭状，似为后来之折沿底座的发端，不过同时期的大量车軎还是延续了西周时期的长筒状。

［159］参见栖霞县文物管理所：《山东栖霞县松山乡吕家埠西周墓》，《考古》1988年第9期，该墓地共发现两座墓葬，编号为M1和M2，原报告认为两墓的年代为西周时期，后朱凤瀚指出，M1的年代应该在春秋中期晚段，而M2的年代稍早于M1，在春秋中期早段［参见《中国青铜器综论》（下），上海古籍出版社，2009年，1692页］。

［160］中国社会科学院考古研究所、山西省考古研究所、运城市文物局、临猗县博物馆：《临猗程村墓地》，中国大百科全书出版社，2003年，120页。

［161］中国社会科学院考古研究所、山西省考古研究所、运城市文物局、临猗县博物馆：《临猗程村墓地》，中国大百科全书出版社，2003年，121页。

［162］河南省文物研究所、河南省丹江库区考古发掘队、淅川县博物馆：《淅川下寺春秋楚墓》，文物出版社，1991年，211页。

［163］安徽省文物管理委员会、安徽省博物馆：《寿县蔡侯墓出土遗物》，科学出版社，1956年，图版贰柒，1。

［164］山西省考古研究所、山西博物院、长治市博物馆：《长治分水岭东周墓地》，文物出版社，2010年，304页。

［165］赵海洲：《东周秦汉时期车马埋葬研究》，科学出版社，2011年，129～143页。

［166］中国科学院考古研究所编著：《辉县发掘报告》，科学出版社，1956年，94页。

［167］赵慧民、李百勤、李春喜：《山西临猗县程村两座东周墓》，《考古》1991年11期。

［168］原报告此类器物为2件，仅报告M20∶13一件。

［169］河北省文物研究所：《战国中山国灵寿城——1975—1993年考古发掘报告》，文物出版社，2005年，190～193页。

［170］郭宝钧：《山彪镇与琉璃阁》，科学出版社，1959年，图版叁贰。

［171］据原报告，该墓地共出土有6件蛇形镳，但只发表了M18∶5的线图，其余5件蛇形镳的形制与出土墓葬均不明。参见贺勇、刘建中：《河北怀来甘子堡发现的春秋墓群》，《文物春秋》1993年第2期。

［172］山东大学历史文化学院考古系：《长清仙人台五号墓发掘简报》，《文物》1998年第9期。

［173］烟台市博物馆、海阳市博物馆：《海阳嘴子前》，齐鲁书社，2002年，20页。

［174］山东省济宁市文物管理局：《薛国故城勘查和墓葬发掘报告》，《考古学报》1991年第4期。

［175］淄博市博物馆：《山东淄博磁村发现四座春秋墓葬》，《考古》1991年第6期。

［176］原报告未述该器长度，文中所述长度据发表线图所示比例测得。

［177］河北省文物研究所、承德地区文化局、滦平县文物管理所：《滦平县虎什哈炮台山山戎墓地

的发现》，《文物资料丛刊》（7），文物出版社，1983年。

[178] 河北省文物研究所：《燕下都》（上），文物出版社，1996年，673页。

[179] 由于未成年人的墓葬无法鉴定性别，但考虑到在能够鉴定性别的成人墓葬中随葬有动物牌饰者均为男性，因此这些未成年人的性别应该为男性。

[180] 北京市文物研究所：《军都山墓地——玉皇庙》，文物出版社，2007年，1176～1189页。

[181] 西梁垙M1在1965年为当地农民犁地时发现，当时即将墓内出土文物变卖，现发表材料仅为回收的部分器物。

[182] 滕铭予、王春斌：《东周时期三晋地区的北方文化因素》，《边疆考古研究》（第10辑），科学出版社，2011年。

[183] 参见李步青、林仙庭：《山东省长岛县出土一批青铜器》，《文物》1992年第2期，原报告认为该墓年代为战国时期，后王青提出该墓年代在春秋中期（《海岱地区周代墓葬研究》，山东大学出版社，2002年，38页）。

[184] 朱凤瀚：《中国青铜器综论》（下），上海古籍出版社，2009年，2120页。

[185] 关于战国时期三晋两周地区受到的外来文化的影响，参见滕铭予、王春斌：《东周时期三晋地区的北方文化因素》，《边疆考古研究》（第10辑），科学出版社，2011年中的相关论述；关于战国时期燕文化中的外来文化因素，曾有研究者提出燕文化中出现过"军都山类型"（即本文中的玉皇庙文化）陶器（郑君雷：《战国时期燕墓陶器的初步分析》，《考古学报》2001年第3期），但其所指其一为双耳三足罐，笔者著《葫芦沟墓地的年代及相关问题》[《边疆考古研究》（第12辑），科学出版社，2012年]一文，指出这种器物不是玉皇庙文化的传统器物，另有双耳罐，则主要见于陇东及内蒙古岱海地区，亦非玉皇庙文化的传统器物。

[186] 杨建华：《〈春秋〉与〈左传〉中所见的狄》，《史学集刊》1999年第2期。

（原刊于《考古学报》2014年第4期，与张亮合署）

夏家店下层文化遗址中石带功能的探讨

　　1996年至2000年，由中国社会科学院考古研究所、内蒙古自治区文物考古研究所和吉林大学边疆考古研究中心组成的赤峰考古队，在对内蒙古喀喇沁旗大山前遗址进行重点发掘的同时，围绕着大山前遗址群对包括了盔甲山河下游、半支箭河中游大部、清水河中下游和锡伯河部分流域在内的半支箭河中游地区先秦时期的遗址进行了全面详细的田野调查。此次调查工作采用了拉网式搜寻的方法，共发现先秦时期遗址220处。通过对在各遗址采集的遗物进行分析，调查者对各遗址的文化性质和年代进行了说明，调查结果在《半支箭河中游先秦时期遗址》中做了详尽的报道[1]。

　　半支箭河中游调查区共发现有夏家店下层文化遗存的遗址153处，在此项调查的各时期遗址中数量最多。其中9个遗址发现一种被报告作者称为"石带"的遗迹，石带由石块堆积而成，宽度大多为1～1.5米，少数宽3～5米，现高出地表大多在0.5米左右，长度因保存情况不同有别，最短者仅存20多米，长者甚至可达几百米。从原报告作者对石带的描述看，其中3～5米宽的石带与在西拉木伦河流域发现的被称为夏家店下层文化石城址中的石墙相同，1～1.5米左右宽的石带虽然较那些石墙为窄，但也多对遗址的中心区域成环绕之势，亦起到了围墙的作用。原报告对这种石带的功能，以及修建有石带的遗址的性质都未作讨论，不过对于西拉木伦河流域发现的夏家店下层文化石城址的性质，早在20世纪80年代就已引起了学者的广泛关注，由于其中常发现有大量的石砌建筑遗迹，学者多认为属于居住址[2]，也有学者注意到有些石城址修建在并不利于居住的陡坡上[3]，同时有些城址中心有用于祭祀的"台"[4]，因此部分石城址的功能很可能与某些政治或宗教活动有关。对于石城址中石墙的功能则未见异议，均认为属于防御设施[5]。半支箭河中游调查区9个发现有石带的夏家店下层文化遗址中，有8个遗址中都发现了数量不等的石砌建筑遗迹，或石圆圈、或石堆[6]，也发现有位于遗址中心的"台"，这些都表现出与在其他地点已发现的石城址间的共性，由此认为在这些遗址修建的石带，亦是出于防御的需要，似乎应是较为合理的推测。不过对半支箭河中游调查区发现有石带的遗址逐一进行观察，却发现在这些地点修建的石带很可能是出于防御以外的目的。

一

　　半支箭河中游调查区夏家店下层文化遗址中发现有石带的地点分别是KF13、

KF17、KN5、SN1、ST6、SC25、KJ2、KJ6、KJ7（图一）。

　　KF13位于调查区南部庞头沟岱王山东北侧海拔约950米高的低山顶部（图二），山顶为一不规则的长方形平台，长约140米，宽约75米[7]。除西北坡较缓外，其东北、东南和西南三侧都颇为陡峭，其南坡下经一山坳后与其后的高山相依。在平台周边保留有宽约1米的石带，除东北边仅存近北端的小部外，其余保存完好。在西北边中部近北部处有一缺口，可能是门址所在。在石带的外侧还有约4～5米宽的宽带，宽带内地表缓平。在发现了石带的遗址中，有4个遗址都发现有这种宽带，另在调查区内还有18个遗址发现有这种宽带，这些宽带都分布在山坡上，宽带内或平或下凹，从而使山坡上形成了

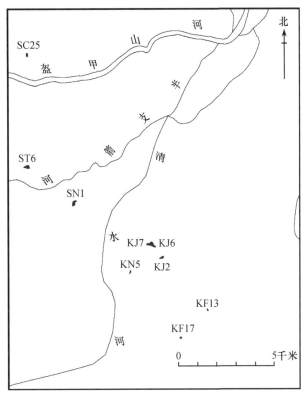

图一　半支箭河中游调查区发现有石带遗迹的夏家店下层文化遗址分布图

一些条状阶面，原报告作者在第一次描述这种宽带时，指出KJ7遗址中的"宽带内缘紧邻陡坡，这些陡坡当是修建宽带时形成的"[8]，表明这种宽带是经过人工修建而成。在石带内发现有7个石圆圈，在石带外的西北方向发现有2个石堆。由于在该遗址只发现有夏家店下层文化的遗存，因此原报告作者判断这些遗迹都属于夏家店下层文化。KF13的石带由于其环绕在山顶平台的周围，恰似一道围墙，似乎形成了对平台的保卫之势。不过KF13周围地势或险峻，或依高山，已形成天然屏障，似乎并不需要在平台周围修建围墙以进一步加强防御。而围绕在石带外的人工修整的宽带，由于是将石带外原本的陡坡修整成宽而平的阶面，因此如果修建石带是出于防御的需要，环绕其外的宽带则削弱了石带外侧原本陡峭的山坡所具有的防御功能。综合以上因素，KF13修建石带的主要目的很可能并不是用于防御。

　　KF13所在地点为高海拔的低山顶部，距其最近的稳定的水资源清水河近5千米，显然这里并非古代居民理想的长期居住地点，因此在这里发现的石圆圈很可能并不是用于日常居住的居址。另外在该地点还发现了2个人工堆砌的石堆，目前虽不能确认其功能，但显然也不是用于居住。综合考虑以上因素，这些石圆圈和石堆，可能是与进行政治或宗教等活动有关。如果KF13的石带并不是用来防御，那么修建石带的主要目

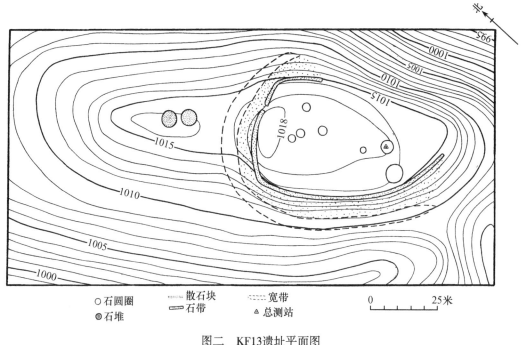

○石圆圈 　散石块 　 ┄┄┄ 宽带 　　　　0 　　　 25米
◎石堆 　　 石带 　 △总测站

图二　KF13遗址平面图
（采自原报告图七〇）

的很可能就是对这些进行特殊活动的区域进行区划或建立标识。从KF13可以看到，7个石圆圈修建在石带所环范围之内，这里应是该遗址的主体部分，2个石堆位于石带外的西北部，这里应为该遗址的附属部分，这表明在石带所环范围内和石带以外进行的活动可能存在差别，石带即起到了将这些区域区划开的功能。

SN1的情况与KF13既相似又有所区别。SN1位于调查区中西部海拔906米的那拉卜罗岱王山山顶（图三），在山顶中部有一个长方形台子，台面下凹，台周围以石块砌筑围墙，墙外围南北长30米，东西宽20米，墙体宽3~4米，高0.7米。沿台西南角向南发现有长70余米的石墙，在该石墙南段向东40米处还发现有一段南北向的长约18米的石带，这2段石带均宽2~3米。在中心台子和向南延伸的石带西侧，有一条人工修整的宽带，宽带的南半部与中心台子外围石墙和向南延伸的石带并行，间距均匀，大体在10米左右，其北端则向北一直延伸到距中心台子约70米的下坡处。在这条宽带外围的南、北两侧，还各自有1条略呈U形的宽带，这2条宽带虽然在东西两侧都未连接，但报告作者认为其在西坡原有可能相连。若将2条宽带相连接，山顶中心的台子则恰好位于这2条宽带连接而成的长方形内的中心点。在SN1共发现有13个石圆圈，其中有3个是分布在中心台子以东石带的北侧，5个石圆圈在中心台子以北由山顶向坡下呈直线分布，还有5个石圆圈分布在遗址西南角第一条宽带与第二条宽带之间的坡地上。从SN1遗址山顶平台、石带、人工修整的宽带以及石圆圈分布的情况看，该遗址至少由石带和两条人工修整的宽带分成几个部分，即山顶平台砌石以内，石带内，第一条宽带内，以及2条宽带之间。由此可知，在SN1遗址，不仅石带具有区划与标识功能，人工修整的宽带也同样具有区划与标识功能。

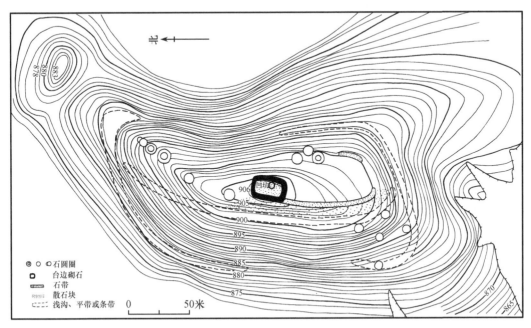

图三　SN1遗址平面图

（采自原报告图一〇一）

KJ7的情况则进一步说明了人工修整的宽带所具有的区划或标识功能。KJ7位于调查区中部偏南的架子山山顶（图四），遗址范围包括了山顶及其向西、向北的山脊，整个遗址呈顶端向北的等腰三角形状。遗址的南缘即等腰三角形的底边极为陡峭，西北与东北两边坡度亦较陡，并被人工修整的宽带所环绕，其由东至西最长处宽约300米。宽带的西北边中部向内凹。宽带长530米，宽5~8米，其内地表或平，或下凹0.5~1.5米。在宽带环绕的坡脊西部，正对着西北边内凹处约25米的地方有一条由西北向东南走向的石带，长35米，宽3~5米，高出地表约0.5米。在KJ7遗址共发现了53个石圆圈，有5个分布在宽带西部外侧的山坡上，48个分布在宽带环绕的范围里。分布在宽带环绕范围内的石圆圈，除4个分布在西北坡外，其余44个都分布在山顶向西蜿蜒的坡脊上，这些石圆圈大都沿坡脊分南、中、北三排由东向西基本呈直线分布，其中南排共有11个石圆圈，分布在由山顶向西延伸约70米的范围内，中间一排共有26个石圆圈，大体起于南排终止处，向西一直延伸到靠近西端的宽带处，石带即分布在这一排靠近中间的位置且南端与一石圆圈相接，两个最大的、直径在10~11米的石圆圈即分布在中排由石带分隔的东西两端。北排有7个石圆圈，最东端的石圆圈距石带约10米，向西亦一直延伸到距西边宽带约20米处。另有5个石圆圈分布在宽带以外的西坡上。从KJ7遗址的整体情况看，显然是由人工修整的宽带将遗址区分为东部的主体部分与西部的附属部分，而主体部分内的石带，尽管现在已不能知其原状，但从其处于中排的中间位置来看，应该与防御无关，很可能也是起到了区划或者标识的作用，即把由宽带环绕的范围进一步区分为两个区域。

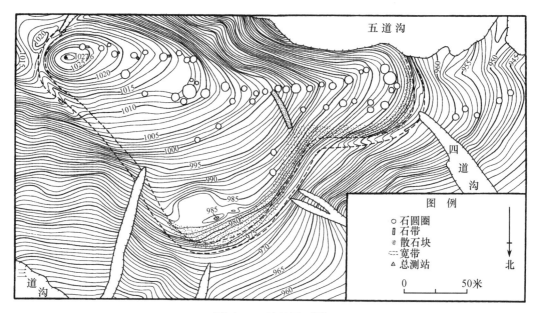

图四　KJ7遗址平面图
（采自原报告图九）

KN5的情况与上述遗址稍有不同。KN5位于半支箭河调查区中南部架子山西南麓海拔约920米的山脊上（图五），遗址由南北2个分别由石带环绕的区域组成。北区其北、西、南三边均由宽1米，高不足0.5米的石带环绕，其中西、南墙呈直线，长度均为27米，北墙向东延伸直到山坡的浅凹处中断。在北墙东端的南部发现有石砌环状遗迹。东边未见有石带。南区的石带在西南坡地上环绕成近椭圆形，其长轴为东北—西南向，约56米，短轴为西北—东南向，约37米，在西南墙的南端有一缺口，可能是门址所在。沿其东南边向东北的延长线上，可见有散石和小段的石带。在西北墙内侧有2个石砌环状遗迹。从KN5遗址的石带以及在石带内或附近发现的遗迹情况看，南、北两区规模相当，难分主次，石带应该是起到了将该遗址的南、北两区分别进行区划和标识的作用。

ST6的情况与KN5相类。ST6位于调查区西部太平庄附近的岱王山山顶（图六），山顶分为东西并列、相距约110米的两个山头，东山头高而宽阔，西山头低且狭小。连接两个山头间的坡脊坡度较均匀，另东山头的北坡和东坡，坡度较缓，东山头的南坡和西山头的北、西、南三面坡陡峭。两个山头顶部均较平，都发现有石圆圈。东山头顶部略呈三角形，在其北面和东面发现有经人工修整的约7～8米宽的宽带，带内地表较平，对山顶的石圆圈呈半环绕之势。西山头顶部呈椭圆形，在其西部发现一段长约

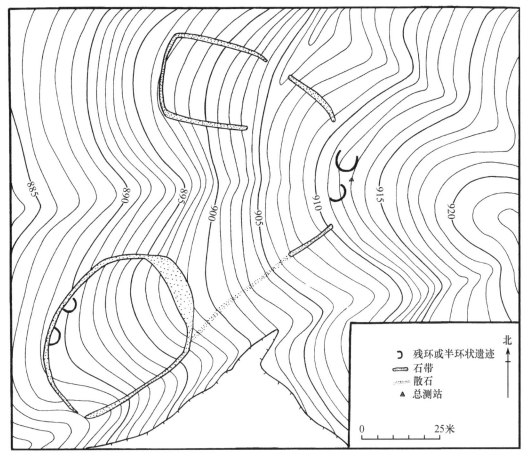

图五　KN5遗址平面图
（采自原报告图三四）

33米、宽1~1.5米，高约0.5米的石带。在西山头发现的石圆圈都分布在石带的东侧。由此ST6与KN5既相似又有区别，相似的是都将一个遗址区划为相距有一定距离的两个部分，不同的是KN5的两个部分都分别由石带进行标识，而ST6则分别用石带和人工修整的宽带进行区划，这也进一步说明石带与人工修整的宽带具有同样的功能。

　　KF17遗址则提供了另外一种将一个遗址区划为两个部分的实证。KF17位于调查区南部岱王山东北侧海拔1085米高的山脊上（图七），与KF13相似，遗址所在地经人工修整为一东北至西南为长轴的长方形平台。平台的西南坡很短，背靠岱王山，东南、西北两坡十分陡峭，只有东北坡较缓。在平台的四周修建有石带，石带宽1.5米左右，其中东南墙78米，西南墙55米，西北墙70米，东北墙52米，面积为4000平方米左右。其中西南和东北两边的墙体最为规整。东北墙和东南墙各有一缺口，原报告作者认为其东南墙的缺口很可能是由于该处山体被冲毁或剥蚀而造成的，对于东北墙中部的缺口则未作说明。由于东北墙保存较好，缺口又在中部，因此很可能这里是当时的城门

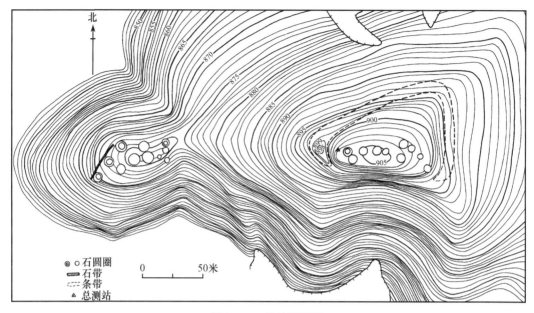

图六　ST6遗址平面图
（采自原报告图一一二）

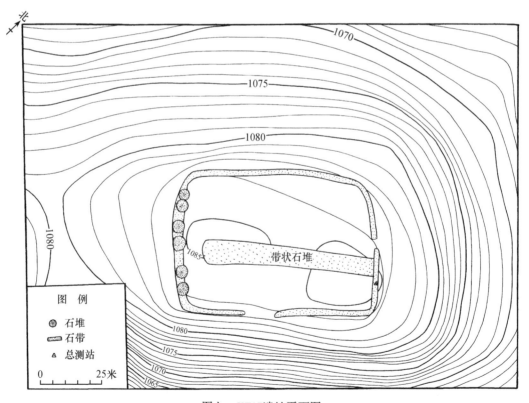

图七　KF17遗址平面图
（采自原报告图六四）

所在。值得注意的是在该城墙内部还有一道宽7～9米的带状石堆，形成一条隔离带将石带内部划分为两区。隔离带的东北端与东北墙内缘相接，西南端距西南墙有7.5米的缺口，可由此进入遗址的东南部。尽管在城内多见散石，但在城内并没有发现明确的遗迹现象，只是在西南墙上发现有6个石堆，因此不能认定由贯穿城内的隔离带所区划出的两区各自都包括了什么内容。KF17与KF13所在地形极为相近，遗址周围亦有险峻的地势作为天然屏障，尽管在石带外没有发现人工修整的宽平的阶面，但考虑到上述遗址中石带的功能，KF17石带的主要功能很可能也不是用来防御，而是对进行特殊活动区域所建立的标识，其内部的隔离带则将石带所环范围进一步区划为两个部分。

其余发现有石带的遗址中，KJ2和KJ6的石带分别仅存26米和27米，SC25仅有4米左右，因此对石带的位置、走向和功能等难做进一步的分析和判断。

二

综合上述各个地点中由石带或人工修整的宽带进行区划或标识的具体形式，大体可分为以下几种。

（1）在KN5和ST6中，是由石带或人工修整的宽带将一个遗址中原本就相隔有一定距离的两区分别进行标识，两区虽然在规模上稍有不同，但从位置看应该是属于一个遗址的两个不同的部分，其间的关系应该是平等的。从ST6区划开的两个区域都发现了数量相近的石圆圈看，在两个区域进行的活动很可能是相同的。

（2）在KF13和KJ7中，由石带或人工修整的宽带将遗址区划后形成的不同区域，可分为由石带或人工宽带环绕以内的区域以及环绕以外的区域，两者之间很可能是主体部分与附属部分的关系。从KF13在石带内和石带外分别分布有石圆圈和石堆的现象看，很可能在主体区域和附属区域进行的活动有所不同。

（3）SN1是由石带和多重人工修整的宽带将其区分为四个区，这四区之间呈现出由外向内，不断递进的关系。最中心的区域是由砌石围成的平台，与其他区域相比具有很强的特殊性，显然在这里进行的活动与在其他区域进行的活动并不相同。KF17则是由人工堆砌的长条形石堆将石带环绕内的区域进一步区分为两个部分，由上文的分析可知两个部分之间的关系亦应是一种由外向内的递进关系。

三

如前文所述，半支箭河中游调查区内夏家店下层文化时期遗址中发现的石带，以及在这些遗址中发现的人工修整的宽带，其功能主要是对一些进行特殊活动区域进行区划或标识，那么在对这样一些地点进行区划和标识的同时，就意味着对进入这些地点并在这里从事特殊活动的人群进行了区分。

上述遗址中，SC25分布在调查区西北角的盔甲山河北岸的高山顶部，ST6分布在西部半支箭河的北岸太平庄岱王山山顶，SN1分布在半支箭河南岸那拉卜罗岱王山山顶，KJ2、KJ7和KN5分布在清水河东岸的架子山山顶及山脊，KF13和KF17则分布在清水河上游以东庞头沟岱王山的山脊上，遗址所在地点都是当地的制高点，其周围都分布着一些夏家店下层文化的遗址。目前尚不清楚是否所有居住在这里的夏家店下层文化居民都可以进入到这些地点进行政治或宗教之类的特殊活动，但是从这些遗址的分布情况看，很可能能够进入这些地点进行政治或宗教活动的人群都是居住在这些遗址附近的聚落中的居民，或者说分别到不同的地点进行这些活动的居民分属于不同的聚落群。这种现象同时也表明在这些地点进行的政治或宗教等特殊活动具有很强的群众性和公开性，很可能与居住在附近的居民息息相关。

如上文所述，这些可以进行政治或宗教等特殊活动的地点，都用石带或人工修整的宽带将其进行了不同程度的区划或标识。当用石带和人工修整的宽带进行区划和标识的地点各部分表现出平等的关系时，表明在区划开的两个区域进行的活动很可能是相同的，只是可以进入到这个地点进行特殊活动的人，可相应的分成两个不同的人群，这两个人群间的关系应该是平等的，很可能是居住在该地点附近的两个不同聚落里的居民。当用石带和人工修整的宽带在这些地点划分出主体部分和附属部分时，不仅表明在主体区域和附属区域进行的活动可能会有所不同，同时也表明在这个地点进行这些特殊活动的人群可能相应的划分为主体人群和附属人群，他们之间的关系应该是一种从属关系，不过还不清楚这种从属关系是源自于他们分别居住在不同等级的聚落，还是由于居住在同一聚落中的人群之间有等级的划分。当用石带或人工修整的宽带把这些地点区划或标识为几个不同的呈递进关系的区域时，不仅表明在这些不同的区域进行的活动可能有所区别，而且还意味着对进入到这些地点从事活动的人群进行了进一步的区分，由外及内的递进关系表明具有可以越过外围区域而一步步接近并进入到中心区域的人群的权力是递增的。如KF17，当人们从位于东北侧的城门进入石城中后，其实他们只是进入了石城的西北部，若想进入石城的东南部，则需通过隔离带与西南墙间的缺口，才能进入城的东南部。因此可以进入KF17的人群，还可因其是否能够进入遗址的东南部而划分为至少两群，即只能进入石城内西北部的人群和可以通过隔墙而进入东南部的人群，显然第二群人较第一群拥有更多的权利。进入SN1的人群则包括了更多的层次：只能进入到该地点最外围的人工宽带内进行活动的人群、可以通过最外围的宽带进入第二层人工宽带以内进行活动的人群、可以通过两重人工宽带而进入到石带内进行活动的人群、可以进入到遗址的中心地——用砌石围起的平台进行活动的人群，以上四种人群中，显然后一种人都较前一种人拥有更多的特殊权力。这些现象都说明在夏家店下层文化的社会中已出现了明显的具有不同权力或地位的人群，他们所拥有的权力或地位在一些具有群众性的公开活动中得以显示。不过目前还难以说明用这种方式所表现出的不同人群所具有的不同权力，是由于他们来自不同等级的聚落，还是源自居住在同一聚落中的人群间的等级划分，或许是二者兼而有之，即当时已经出现了不同等级的聚落，而居住在同一个聚落中的居民本身亦出现了不同等级的划分。

注　释

［1］　国家文物局合组赤峰考古队：《半支箭河中游先秦时期遗址》，科学出版社，2002年。

［2］　徐光冀：《赤峰英金河、阴河流域石城遗址》，《中国考古学研究——夏鼐先生考古五十年纪念论文集》，文物出版社，1986年。

［3］　王惠德、薛志强、吉迪、刘景岚：《阴河中下游石城的调查与研究》，《昭乌达蒙族师专学报（汉文哲学社会科学版）》1998年第4期。

［4］　王惠德、薛志强、吉迪、刘景岚：《阴河中下游石城的调查与研究》，《昭乌达蒙族师专学报（汉文哲学社会科学版）》1998年第4期。

［5］　关于西拉木伦河流域夏家店下层文化石城址的研究，参见徐光冀：《赤峰英金河、阴河流域石城遗址》，《中国考古学研究——夏鼐先生考古五十年纪念论文集》，文物出版社，1986年；王惠德、薛志强、吉迪、刘景岚：《阴河中下游石城的调查与研究》，《昭乌达蒙族师专学报（汉文哲学社会科学版）》1998年第4期。

［6］　虽然有学者提出在夏家店下层文化遗址中发现的石堆遗迹可能是夏家店上层文化的石板墓（参见陈国庆，张全超：《赤峰上机房营子石城址考古发掘与启示》，《吉林大学社会科学学报》2006年第3期），但在本文中所涉及的发现有石堆遗迹的两个地点，均只发现了夏家店下层文化的遗物，因此还没有根据把这些遗址中发现的石堆遗迹的文化性质全部归属于夏家店上层文化。

［7］　原报告未提供该长方形台的具体数据，文中的数据是根据报告发表的测量线图的比例尺计算而得。

［8］　国家文物局合组赤峰考古队：《半支箭河中游先秦时期遗址》，科学出版社，2002年，21页。

（原刊于《徐苹芳先生纪念文集》，上海古籍出版社，2012年）

四、自然科学方法在考古学中的应用

数学方法在考古类型学研究中的实践与思考

一

在考古学研究中加强定量研究的思想已成为当前众多考古学者的共识。定量研究的前提是引进数学方法。而考古类型学研究的基础工作究其大要是对遗存进行分类，分型是分类，分式也是分类，只是不同层次的分类具有不同的分类原则和标准。而分类的目的则是搞清遗存间的各种关系。数学作为一种方法论科学，其本质就是研究事物之间的各种关系。从这个意义上讲，类型学研究的本身亦是一种数学行为。

在中国的考古类型学研究实践中，已有很多学者认识到了加强定量研究的重要性[1]，并且自觉或不自觉地在研究中运用了数学方法。如高明先生对东周时期的铜壶进行的类型学研究[2]，林沄先生对东北系铜剑进行的类型学研究等[3]。这些研究由于其采用的数学方法以计算器物某些部位的比例或数值为主，并按一定的数值的大小进行排序，所以需要计算的数据量不是很大，通过手工操作即可以完成。只是这种方法仅适用于对可以表示遗存特征的若干项数值中的某一项进行计算，若要对遗存的多项特征进行综合分析，就必须运用数理统计中的多元统计分析[4]。而多元统计分析在计算过程中有大量的数据需要进行计算，其计算量之大，不要说由手工操作难以完成，在个人电脑不甚发达的过去，甚至需要在大型计算机上方能进行。不过由于近年来计算机技术的高速发展，现在这种计算在个人电脑上亦能很快完成。由于多元统计分析在社会科学领域的应用非常广泛，现已开发出供社会科学研究使用的多种计算机用多元统计分析软件包[5]，可以说在计算机技术应用如此普及的今天，使用多元统计分析对考古遗存进行定量研究已经具备了较充分的条件。

已有的中国考古学类型学研究中使用多元统计分析进行定量研究的实例，严格地讲只有一例，即陈铁梅和何弩所做的用主成分分析方法对夏商时期的陶豆进行的分类[6]。但由于其所做的陶豆数量过少，只有13件，而且这13件陶豆在外部形态上又存在明显的差别，加之使用的主成分分析方法，其主要的功能在于归纳和描述不同的分类模式，所以其研究的意义与其说是在于对陶豆所进行的分类研究，倒不如说是因为用数学方法和语言正确地表述了用经验观察到的不同陶豆之间的差别，而向考古界展示了多元统计分析用于考古类型学研究的可能性。而本文所要讨论的，则是如何将多元统计分析运用于对陶器的类型学研究，实现计算机技术在考古类型学研究领域的应用，使这种可能性成为可行性。

二

本文分析的材料是山西省侯马乔村墓地1963年到1995年间的发掘资料。之所以选择该墓地作为研究对象有以下几个原因：第一，墓葬中的随葬器物多为完整器物，每件器物作为一个单独的个体其损失的信息量很少，对于进行各种器物的类型学研究提供了较好的基础；第二，每一个墓葬作为一个单位，其中所随葬的器物具有很强的共时性，基本可视为同时生产和同时使用的一组器物，对于利用器物组合判断各种类型器物间的关系提供了较好的条件；第三，在一个墓地中的所有墓葬，其间必然具有其种关系。当然一个墓地中各墓葬间的关系可以通过对其空间分布进行研究而得到解释，如有的墓地存在着明显的空白地带将墓地划分为不同的墓群，有的墓地呈明显的分排现象，因此可通过对墓葬的分布、排列进行分析而获得对其相互间关系的认识[7]。墓地中各墓葬之间的关系还有一部分是通过时间序列反映出来，时间序列尽管也可以在空间分布中有所体现，但大多都需要对其内涵进行分析，排列出各墓间的相对年代，才有可能对其进行深入的研究。目前已有的对墓地的分期研究，还多是划分出大的期段，对同处一期中的各墓间的相对年代，则难以得出较为明确的认识。笔者此次分析的目的之一亦是在对随葬器物进行的类型学研究基础上，排列出墓地各墓间的相对年代序列，只是由于时间和篇幅的关系，容另文讨论。

需要说明的是，这批资料目前正在整理，发掘报告尚未发表，笔者所做的工作亦没有受到整理者对这批材料认识的任何影响，即几乎不存在任何先验的认识于其中。也正是由于这种原因，为尊重我国考古界已有的惯例，本文只就此次工作的方法、过程、结论的可信程度等问题进行分析和讨论，而不涉及任何具体资料，如器物测量图、测量数据、墓葬的各种数据等，希望能够得到读者的理解。

利用多元统计分析对器物进行定量的类型学研究，第一步工作是获取原始数据，此次工作所使用的数据主要有两种[8]。

（1）通过对器物的某些特定部位的测量所获得的数值。

（2）不同部位所测得的数值间的比值。

本次分析所使用的绝大部分数据为现场对器物进行实测所得。部分器物因手工制作而形状不规整，如口不圆、高低不平等，考虑到这样的器物并不是制作者有意而为，而是由于在制作过程中出现某些失误造成的，制作者的初衷亦当为形状规整的器物。所以在测量不规整器物时，采用了取最大值和最小值，然后计其平均数的方法。有些数据因测点位置的关系，在实测时不易操作，采用了测器物图的方法获得数据。

　　本次工作共对喇叭口斜领罐、小口有领罐、折肩（腹）盆、小卷沿有领罐和直口广肩罐共5种器物进行了测量与分析。各种器物的测量部位如图一。

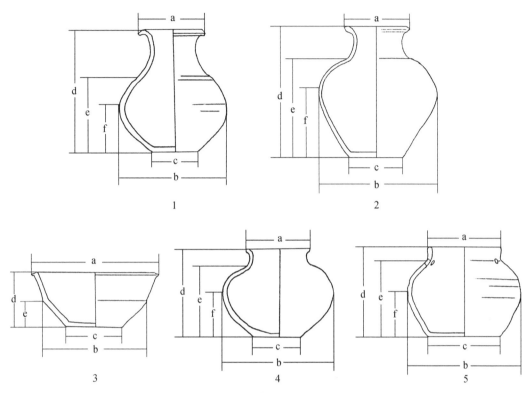

图一　不同种类陶器测量部位示意图

　　1.喇叭口斜领罐：a.口径　b.最大径　c.底径　d.通高　e.领腹分界点高　f.最大径高　2.小口有领罐：a.口径　b.最大径　c.底径　d.通高　e.腹高　f.最大径高　3.折肩（腹）盆：a.口径　b.肩径　c.底径　d.通高　e.肩高　4.小卷沿有领罐：a.口径　b.最大径　c.底径　d.通高　e.腹高　f.最大径高　5.直口广肩罐：a.口径　b.最大径　c.底径　d.通高　e.腹高　f.最大径高

　　第二步工作，对原始测量数据进行分析和整理。从对器物的观察可知，各种器物中不同的个体形体大小虽有不同，但外部形态并没有因形体大小而有明显的差别。考虑到如果直接用测量所得数据进行分析，大小不同的器物会因测量数据出现较大的差值而成为决定分类的主要因素，其结果不仅形态上的差异可能会被忽略，而且在形态上也缺乏可比性[9]。但是若选择各部位测量所得原始数据间能够说明问题的比值进行分析，则可以避免这种偏差。所以在测量原始数据后，还要根据对不同器物的形态进行分析，以确定在分析时所使用的比值。

1. 喇叭口斜领罐

　　154件。喇叭口，较长的斜领，多鼓腹或鼓肩，器高均小于17厘米。通过对其观察发现在形态上的差异主要表现在领的长短和腹部的高矮、腹部最大径的位置、下腹部的收分等部位，据此可以确定下列有意义的比值。

a. 领腹分界点高/通高，可以表示领的长短。

b. 最大径高/领腹分界点高，可以表示腹部最大径突出的位置，若比值小于0.5为垂腹，位于0.5左右为中腹，大于0.5则形成肩部。

c. 最大径/领腹分界点高，可以表示腹部形态是近瘦长还是近方形，抑或是近扁方。

d. 口径/最大径，是以最大径作为比较基点来表示口的大小。

e. 底径/最大径，可以表示下腹部的收分。

f. 最大径/通高，可以表示整体的形状。

2. 小口有领罐

102件。小口，小斜领或直领，较高的腹部，最大腹径多偏上形成鼓肩，器高均大于17厘米，多在20～30厘米之间。其形态上的差异主要表现在整体的形状是矮胖抑或是瘦高。据此可以确定下列比值。

a. 腹高/通高，可表示腹部占整器高的比例。

b. 最大径高/腹高，可表示肩的高度。

c. 最大径/腹高，可表示腹部的形状。

d. 口径/最大径，以最大径作为比较基点表示口部的大小。

e. 底径/最大径，可以表示下腹部的收分。

f. 最大径/通高，可以表示整体形状。

3. 折肩（腹）盆

22件。腹部有明显折棱形成折肩或折腹。其形态上的差异主要表现在口部或直或敞，折肩点的高矮等部位。可确定下列比值。

a. 口径/肩径，可以表示口部形态，比值若大于1，则为敞口；若接近或等于1，则为直口。

b. 底径/肩径，可以表示下腹部的收分。

c. 肩高/通高，可以表示下腹部的深浅。

d. 口径/通高，可以表示相对于口径的盆腹的深浅。

4. 小卷沿有领罐

15件。侈口，沿微卷，有小领，领部或有穿，圆腹或鼓腹。器高均小于15厘米。其形态上的差异主要表现在腹的深浅和腹部最大径的位置。

a. 领长/通高，可以表示领的长短或腹的深浅。

　　b. 最大径高/腹高，可知腹部形态，是有腹，抑或最大径位置偏上形成肩部。

　　c. 最大径/腹高，可知腹部整体形态是近正方体或为扁方体。

　　d. 口径/最大径，可以表示相对于最大腹径的口的大小。

　　e. 底径/最大径，可以表示下腹部的收分。

5. 直口广肩罐

44件。直口接小直领，领部或有穿，平肩或坡肩。其形态的主要差异表现在腹部的深浅及腹部最大径的位置。

　　a. 腹高/通高，可以表示领的长短或腹的深浅。

　　b. 最大径高/腹高，可以表示是鼓腹抑或是有肩。

　　c. 最大径/腹高，可以表示腹部的整体形状。

　　d. 底径/最大径，可以表示下腹部的收分。

　　e. 口径/最大径，可以表示相对于最大腹径的口的大小。

本次分析将把已确定的上述各种器物的各种比值，作为进行分析的原始数据。

第三步工作，以器物的各种比值为基础，计算器物两两间的相似程度。多元统计分析在计算器物间的相似程度时，对于不同性质的数据可以用不同的系数表示。对于本次分析所使用的定量数据，通常多以距离系数表示器物间的相似程度[10]。其基本思想是将每一件器物看成是一个个体，每一个个体的性质是由所观测的多个数值所表现的，这样也可以把每一个个体看成是在多维空间中的一个点，而个体间的相似程度则可以通过点与点之间的距离关系来表述，距离越近，距离系数越小，二者的相似程度越高，反之二者的相似程度越低。距离系数有多种，目前运用最多的是欧氏平方距离系数[11]。

第四步工作，运用多元统计分析进行分析。此次所采用的方法是多元统计分析中的聚类分析法（cluster analysis）[12]。聚类分析的基本思想是首先将每一个个体看成是一类，在定义个体间的距离和类间距离的基础上，选择距离最小的两类将其合并成一个新类，再按类间距离的定义计算新的类与其他类的距离，再将距离最近的类合并，如此继续，直到所有的个体合并成一类为止。

由于类间距离可以有多种定义，此次所选择的类间距离定义为离差平方和法，即以合并后同类内标本数值的离差平方和最小为每一次合并的原则。离差平方和法被认为是聚类效果比较好的方法，应用得也比较广泛[13]。

三

在聚类分析结束后，需要对聚类的结果进行分析。

　　在进行聚类计算的过程中，程序会提供聚类过程表和聚类枝状图，但是二者只提供了所有个体在聚类过程中依次合并的过程和最终聚类的结果，并没有提供把参与分析的所有个体分成多少类的最佳选择。所以要确定最终选择分为多少类，还需要对各种分类的结果进行具体分析。笔者大学时代的老师陈雍先生曾经说过，分类的真谛在于首先要将所有的对象分到不能分为止，然后再将其合并到不能合为止。笔者在过去所进行的考古类型学研究中，曾根据这一分类思想做过充分的实践，深深体会到这一原则的可行性。本着这样一种分类思想，笔者在处理最终选择分成多少类时，主要是观察分类结果是否把所有可能分开的个体全部分开，以此为标准确定基础分类的数量。然后对各类器物进行观察，将若干具有相同或相似特点的类再合并到一起，分成若干组。这种组就是类型学研究中对器物划分式别的基础。

　　由于在聚类时所使用的表示器物间相似程度的系数是欧氏平方距离系数，欧氏平方距离系数所能表现的是器物两两间的相似程度，而没有一个固定的比较基点，所以以此为根据进行聚类的结果只是提供了若干个其内部个体高度相近的类，聚类结果所提供的分类以及各类的序号，并不能反映类与类之间的关系及顺序。但类型学研究对器物进行分类的目的不仅在于把相近的器物聚合在一起，即分成若干式别，还要考察不同式别的器物在该器物发展链条中所占据的环节及最终描述该器物发展的过程。聚类的结果以及在此基础上进行的分组只是提供了分式的基础，确定各组在该器物发展序列中的位置以及这一序列的头和尾，尤其是在没有层位关系检验的情况下，则需通过对器物的观察和认识并参考其他诸多因素才能进行。

1. 喇叭口斜领罐

　　根据聚类分析的结果确定基础分类为22类，综合比较各类的主要特点，并剔除了个别形态特殊者后，将其分为5组，各组所包括原有的基础分类及各组的共同特点如下：

　　第1组，12（此数字为基础分类的序号，下同），其主要的特点是喇叭口较大，小短领，腹部最大径位置位于中部。

　　第2组，18，21，22，喇叭口较大，中领，腹部最大径位于腹中部偏上。

　　第3组，6，9，10，11，14，16，17，19，20，共同特点是斜领较长，腹部最大径位于中部以上，形成明显肩部。

　　第4组，3，4，8，小喇叭口，斜长领，腹部最大径位于腹中部。

　　第5组，1，2，5，小喇叭口，斜长领，腹部最大径位于腹中部以下，形成明显垂腹。

2. 小口有领罐

　　根据聚类分析的结果确定基础分类为12类，综合比较各类的主要特点，并剔除了个别形态特殊者后，将其分为5组，各组所包括原有的基础分类及各组的共同特点如下：

第1组，3，12，圆鼓肩，整体较矮。

第2组，1，2，5，斜领较长，圆鼓肩，整体较1组稍高。

第3组，4，斜领较长，圆肩，肩部最大径位置较2组下移，整体较高。

第4组，6，7，8，9，11，领较3组短，整体较瘦高。

第5组，10，短领，高腹，肩部坡缓，整体瘦高。

3．折肩（腹）盆

根据聚类分析的结果确定基础分类为11类，综合比较各类的主要特点，并剔除了个别形态特殊者后，将其分为4组，各组所包括原有的基础分类及各组的共同特点如下：

第1组，1，侈口，折腹位置偏下。

第2组，2，3，4，7，口微侈，折腹位置居中。

第3组，5，直口，折腹位置居中或稍偏上。

第4组，6，8，9，直口，折肩位置偏上。

4．小卷沿有领罐

根据聚类分析的结果确定基础分类为6类，综合比较各类的主要特点，将其分为3组，各组所包括原有的基础分类及各组的共同特点如下：

第1组，3，4，领较高，球形腹。

第2组，1，2，腹部最大径位置较1组偏上，稍显肩部。

第3组，5，6，有肩，小底，下腹收分明显。

5．直口广肩罐

根据聚类分析的结果确定基础分类为7类，综合比较各类的主要特点，并剔除个别形态特殊者，可将其分为5组，各组所包括原有的基础分类及各组的共同特点如下：

第1组，6，肩部突出，整体为扁方体。

第2组，3，7，肩部及下腹收分更加明显。

第3组，4，最大腹径位于腹上部形成肩部，余同第2组。

第4组，1，底径较小，下腹收分较大，最大腹径位于腹中部偏上，整体近扁方体。

第5组，2，口径与底径均较大，最大腹径位于腹中部，整体呈正方体。

共有40座墓葬出土上述5种器物中的2种以上，根据其组合关系，并结合部分时代特征明显的器物，可以认定以上各种器物的组序分别为其式别，其发展序列依序号顺序由早至晚，器物的发展趋势亦如组序所表述。根据各种器物的式别及组合关系，可将其划分为六期，各期段器物组合情况见表一，该表亦可视为随葬有上述器物的墓葬的分期。

表一　器物分期示意表

分期	喇叭口斜领罐	小口有领罐	折肩（腹）盆	小卷沿有领罐	直口广肩罐
？ *	1？ **	1？ ***	1？ ***	1？ **	1？ **
一	2	1，2	1，2	2	2**
二	3	2，4	2		3，4
三	3，4	2，3	2	2	
四	4	4			5
五	4，5	3，5			4
六	5	3，4，5			4

*表中所排的第一期是就有组合关系的墓葬而言，有些器物就其形态观察很可能早于排在表中第一期中的器物，因此就整个墓地而言，不排除还存在着早于表中第一期的期段。

**没有发现与该类器物中的第1组存在组合关系的墓葬，但不能排除其第1组器物存在早于表中第一期墓葬中的可能性。

***就此类器物而言，其第1组器物与第2组器物共出于表中的第一期中，但不能排除第1组器物亦出现于早于表中第一期墓葬中的可能性。

四

笔者在运用多元统计方法对上述各种器物进行类型学研究的过程中，就每一步工作都曾有过多次的试验分析，因分析条件不同，结果亦有差异，只是由于篇幅有限不能将每一次试验的结果都记录于此。但就具体分析过程而言，有以下问题需要说明。

（1）在测量以及输入原始数据时，一定要保证数据的准确性，因为原始数据是整个分析工作的基础，不论出现任何差错，尽管有些错误所涉及的数值很小，都会给分析结果带来难以解释的混乱。

（2）选择作为分析时使用的比值，一定要具有分类学的意义。如果选择了过多的无意义、或意义不大的比值，不仅不会使分析结果更接近于其所存在的分类，反而会给分析结果带来干扰。

（3）多元统计分析中用于个体分类的方法主要为聚类分析，但聚类分析中亦有多种方法可以选择。笔者在最初曾就一批材料用不同的聚类方法进行分析，并比较其分析结果，以离差平方和法所得结果，其类内个体相近程度最为明显，亦最接近于类型学中分类的原则。但这并不意味着在类型学研究中只能使用聚类分析中的离差平方和法进行分类，应根据分析对象的条件不同和分析目的不同，选择不同的分析方法，当然最好能同时使用多种方法进行试验分析，比较分析结果后再选择其中最适宜者作为主要使用的方法。

（4）在具体分析的过程中，笔者发现并不是每一次都可以得到令人满意的结果，其原因除了有原始数据的错误、选择了不合适的比值外，有时是由于分析对象中包含着一些特殊形态的器物，从而给分析结果带来较大的干扰。所以在分析过程中，应注意剔除特殊形态的器物，以保证分析结果的合理性。

（5）多元统计分析作为一种数学方法，只是为我们提供了一种用不同的手段来说明研究对象间关系的工具，可以提供若干种分析结果，但却不能对分析结果作出合理的解释与说明，更不能提出任何考古学研究的结论。因此使用多元统计分析进行考古类型学的分析和研究，并不意味着对原有的类型学研究的方法和经验的摒弃，其本质只是对原有的对研究对象进行直观的、定性研究方法的一种补充，尤其是对分析结果的解释还需要结合已有的经验和认识，结合对器物形态的观察来进行。实际上，笔者在对基础分类进行归纳划分为不同的组别，以及分析有共存关系的墓葬，并确认各组器物组别的序列时，都是依靠对器物外部形态的观察等定性研究的方法而得出最后的结论。因此，本文可以视为是在考古类型学研究中运用定量研究和定性研究相结合的产物。不过本文所做工作毕竟还只是一种初步的尝试和探索，由于时间和篇幅关系，亦未能将全部工作过程表现出来，其结论正确与否，亦未接受检验。不过正是由于在类型学研究中，运用了数学方法进行了定量研究，并由此而引进了计算机技术在考古学研究领域中的应用，不仅可以快速、准确和清晰地处理大量数据，而且还可以使考古工作者有更多的时间对本来的考古学问题进行更充分、更深入的思考，也许这正是将数学方法和计算机技术引入到考古学研究领域中的魅力所在。

注　释

［1］　陈铁梅：《考古学中的定量研究》，《考古与文物》1993年第6期。

［2］　高明：《中原地区东周时代青铜器研究（中）》，《考古与文物》1981年第3期。

［3］　林沄：《中国东北系铜剑初论》，《考古学报》1980年第2期。

［4］　滕铭予：《多变量分析及其在考古学研究中的应用》，《考古学集刊》（第13集），中国大百科全书出版社，2000年。

［5］　目前国际广泛使用的多元统计分析软件包主要有：SAS（Statistical Analysis System），为大型统计分析系统，由美国SAS公司开发；SPSS（Statistical Package for the Social Sciences），为社会科学统计软件包，由美国SPSS公司开发。二者均可以在各种型号的计算机上运行。

［6］　陈铁梅、何弩等：《计算机技术对河南省二里头二期至人民公园期陶豆分类的尝试》，《考古学文化论集》（二），文物出版社，1989年。

［7］　北京大学历史系考古教研室：《元君庙仰韶墓地》，文物出版社，1983年；山西省考古研究所：《上马墓地》，文物出版社，1994年。

［8］　一般情况下，数据的取值方法有三种：第一种，取值为实数，对于器物来说则是通过对某些

部位的测量而获得的数值，或不同部位的尺寸间的比率。这种数据被称为定量数据；第二种，取值只有序列的关系而没有明确的量的表示，如器物的口沿有敛口、直口和侈口等，这种变量虽然没有明确的数量表示，但可以用具体数据来表示，如不同的口沿可用1、2、3来表示，这种数据被称为定序数据；第三种，有些数据既没有明确的数量表示，又没有序列关系，只是有或无、是或不是的关系，如陶器戳印文字的有无，往往用0和1来表示。这种数据被称为定性数据。本次工作因实地测量的数据比较充分，所以均采用定量数据进行分析。

[9]　笔者曾经使用盆的原始测量数据进行过试验分析，其结果是器体的大小对器物的分类起到了决定性的作用，而器物的形态差异则成为附属于形体大小之下的附属因素。

[10]　在多元统计分析中，常用的表示个体间相似程度的系数有距离系数，多用于定量数据，匹配系数，多用于定性数据。另外还有可以表示变量间相似程度的相关系数、夹角余弦系数等。

[11]　欧氏平方距离（squared Euclidean distance）定义为：

$$d_{ij} = \sqrt{\sum_{k=1}^{m}(x_{ik}-x_{jk})^2}$$

其中 m 为每个个体所观测的变量的数量，x_{ik} 为第 i 个个体所观测到的第 k 个变量值，x_{ji} 为第 j 个个体所观测到的第 k 个变量值。常用的距离系数还有绝对值距离、明考夫斯基距离、切比雪夫距离和马氏距离等。

[12]　在多元统计分析中，根据分析目的不同可以有多种方法，主要包括以下几类：一是预测：回归分析；二是归类：判别分析；三是分类：聚类分析，典型相关分析；四是归纳：主成分分析；五是说明：因子分析；六是检验：方差分析等。

[13]　类间距离是指计算每一新类与其他各类间的距离时所采用的方法，除了本文所使用的离差平方和法外，还有最短距离法，其定义为两类间距离等于两类最近的个体间的距离；最长距离法，其定义为两类间距离等于两类最远的个体间的距离；重心法，或称均值法，是以每一类中所有个体的均值作为类的重心，两类间的距离等于两类个体的重心间的距离；类平均法，是以两类个体两两间的距离平方和的平均值作为两类间的距离等。但不论使用何种方法，在进行每一步的合并时，都是将类间距离最近的两类进行合并。

［原刊于《边疆考古研究》（第2辑），科学出版社，2003年］

GIS在半支箭河中游环境考古中的应用[1]

1996年至2000年，由中国社会科学院考古研究所、内蒙古自治区文物考古研究所和吉林大学边疆考古研究中心组成的赤峰考古队，在对内蒙古喀喇沁旗大山前遗址进行重点发掘的同时，围绕着大山前遗址群对半支箭河中游地区先秦时期的遗址进行了全面详细的田野调查。调查结果在《半支箭河中游先秦时期遗址》中做了详尽的报道[2]。

此次调查范围西起东经118°36′30″，东至东经118°45′55″，北自北纬42°10′45″，南抵北纬42°1′35″，面积约221平方千米[3]。调查区内包括了盔甲山河下游、半支箭河中游的大部，以及清水河中下游和锡伯河流域的一部分（图一）[4]。此次调查工作采用了拉网式搜寻的方法，在半支箭河中游地区共发现先秦时期遗址220处。所调查的遗址大部分都采集了GPS数据，并在1：50000的地图和1：12500的航片上分别绘出遗址的位置和范围。调查者还通过对在各遗址采集的遗物进行分析，对各遗址的文化性质和年代进行了说明。以上工作都为研究半支箭河中游地区先秦时期遗址与环境之间的关系提供了坚实的考古学基础。

由于环境考古所涉及的资料均带有明显的空间特征，因此环境考古研究应建立在定量化的空间分析基础上，才可能对古代人类与环境的关系做出具体的解释与说明。地理信息系统（Geographic Information System，简称GIS）是20世纪60年代中期开始逐渐发展起来的一种地理空间数据的数字处理技术，具有空间数据的采集、存储、管理、分析、可视输出等功能。GIS最初以解决土地资源管理问题而兴起，如今已发展成为一门涉及计算机科学、地理学、测绘学、遥感学、环境学、信息学和管理学等众多学科的新兴交叉学科[5]。利用GIS所具有的空间数据管理和空间数据分析功能进行环境考古学研究，是环境考古研究的一个重要发展趋势[6]。在20世纪90年代，陆续有学者将国外GIS及其在考古学中的应用情况介绍到中国[7]，中国学者自己亦开始尝试将GIS应用于考古研究，并已取得初步的成果[8]。不过到目前为止，尚没有一例是从环境考古的角度，即以古代人类与环境之间的关系为主要目标的研究个案。本文即是运用GIS中一些空间分析的方法，对半支箭河中游调查区内发现的先秦时期遗址与地貌、土壤、地质、海拔高度以及距离水资源等不同环境因素之间的关系所进行的环境考古学研究的初步尝试。

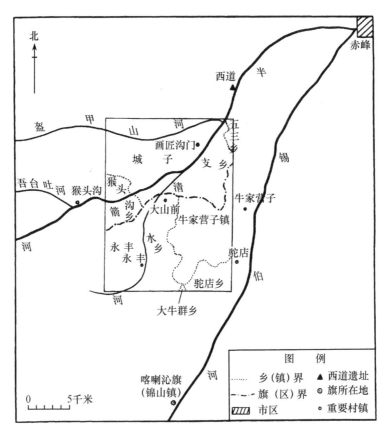

图一　半支箭河中游调查区位置

（选自《半支箭河中游先秦时期遗址》，5页，图二）

一、基础地图与环境因素分类

（1）根据《半支箭河中游先秦时期遗址》提供的各遗址的信息，对全部遗址进行了数字化处理，形成不同时期遗址分布的数字化地图，提供了进行半支箭河中游调查区环境考古研究的考古资料（图二）。

（2）根据《内蒙古自治区赤峰市自然条件与草场资源地图》[9]中的1∶1000000的地貌类型图，对其进行数字化处理后，生成半支箭河中游调查区的地貌类型分布图，并在此基础上，对不同地貌类型的面积在调查区内总面积所占的比例进行了计算。

半支箭河中游调查区共包括3种地貌类型。

① 低山，主要分布在西南部，清水河两岸，半支箭河与盔甲河之间，以及盔甲山河北岸。是半支箭河中游调查区内地势较高的地区，海拔多为800至1000米，最高可达

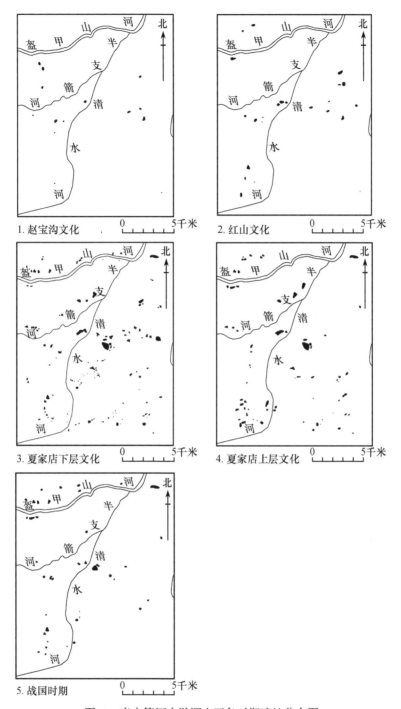

图二 半支箭河中游调查区各时期遗址分布图

1200米。面积约为124.605平方千米，占半支箭河中游调查区总面积的43.721%。

    ② 丘陵，主要分布在半支箭河中游调查区的中部与东北部，海拔在750米到850米。面积约为59.163平方千米，占半支箭河中游调查区总面积的20.759%。

③ 沟谷，主要分布在半支箭河中游调查区全境的河流两岸。面积约为101.232平方千米，占半支箭河中游调查区总面积的35.52%。

（3）根据《内蒙古自治区赤峰市自然条件与草场资源地图》中的1∶1000000的土壤类型图，经过数字化处理后，生成半支箭河中游调查区的土壤类型分布图，并在此基础上，对不同土壤类型的面积在调查区内总面积所占的比例进行了计算。

半支箭河中游调查区共包含5个土壤类型。

① 潮土，主要分布在河流沿岸的低谷地带，成条状分布。面积约为68.3362平方千米，占半支箭河中游调查区总面积的23.978%。潮土地带一般地势平坦，距水源近，有较丰富的养分，适宜农业，但易受旱涝灾害和盐碱化的影响。

② 栗褐土，主要分布在调查区的北半部及东部。面积约为116.272平方千米，占半支箭河中游调查区总面积的40.797%。栗褐土土层较厚，较适宜农业生产。

③ 棕壤性土，在调查区西南部清水河两岸有分布。面积约为32.296平方千米，占半支箭河中游调查区总面积的11.332%。棕壤是在温带森林植被下发育出的山地土壤，分布在较平坦地区者亦适宜农业生产。

④ 粗骨土（钙质），仅在西南端低山地带有小块的分布。粗骨土通常分布在没有森林覆被的山地，土层很薄，水土流失严重，有机质含量很少，肥力水平低。面积约为17.868平方千米，占半支箭河中游调查区总面积的6.27%。

⑤ 粗骨土（硅、铝质），在调查区南端中部的山地有分布。面积约为50.227平方千米，为半支箭河中游调查区总面积的17.623%。

（4）根据赤峰市1∶100000的数字化地质图，生成半支箭河中游调查区的地质类型分布图，并在此基础上，对不同地质类型的面积在调查区内总面积所占的比例进行了计算。

半支箭河中游调查区境内共包含有3种地质类型。

① 更新统冲积层和黄土层，含软泥，黄土等，适宜农业。主要分布在半支箭河中游调查区东部和北半部。集中分布在半支箭河和盔甲河的两岸，在调查区的东南部也有分布。面积约为113.025平方千米，占半支箭河中游调查区总面积的39.66%。

② 全新统的洪冲积层，多含砂砾石和砂，不适宜农业。主要分布在半支箭河和盔甲河两侧，面积约为42.942平方千米，占半支箭河中游调查区总面积的15.068%。

③ 分布有露头的岩石资源，岩石种类以适合制作石器的火山岩、变质岩、闪长岩等为主。主要分布在调查区的西南部，在西北角和东部也有少量的分布。面积约为129.018平方千米，占半支箭河中游调查区总面积的45.272%。

（5）根据1∶250000的赤峰市全要素数字化地形图，在抽取半支箭河中游调查区等高线的基础上，以50米为间隔，生成了半支箭河中游调查区不同海拔高度分区图。半支箭河中游调查区据海拔高度不同分为12个区，各区面积及在调查区总面积中所占比例见表一。

表一　各海拔高度区面积统计

海拔高度（米）	面积（平方千米）	各海拔高度区面积/调查区总面积（%）
700以下	21.101	7.404
700～750	50.936	17.872
750～800	63.736	22.364
800～850	52.704	18.493
850～900	36.189	12.698
900～950	26.517	9.304
950～1000	17.256	6.055
1000～1050	8.110	2.846
1050～1100	5.121	1.797
1100～1150	2.143	0.752
1150～1200	1.026	0.36
1200以上	0.1589	0.056

（6）根据1∶250000的赤峰市全要素数字化地形图，以分布在调查区内的河流为中心，每隔0.5千米向周围依次做与河流间不同距离的缓冲区。半支箭河中游调查区根据河流缓冲区可分为7个区域。各区面积及在调查区总面积中所占比例见表二。

表二　距河流各缓冲区面积统计

距离河流缓冲区（千米）	各缓冲区面积（平方千米）	各缓冲区面积/调查区总面积（%）
0～0.5	64.433	22.6
0.5～1	45.740	16.04
1～1.5	36.551	12.82
1.5～2	30.648	10.754
2～2.5	25.035	8.784
2.5～3	19.947	6.999
3+	62.646	21.981

（2）～（6）提供了进行半支箭河中游调查区环境考古研究中的环境资料。本文所有分析均是在上述数字化地图和数据的基础上进行。

二、遗址在不同环境类型中所占比例的定量考察

半支箭河中游调查区共发现了兴隆洼文化、赵宝沟文化、红山文化、小河沿文化、夏家店下层文化、夏家店上层文化和战国时期的遗址共220处。其中没有发现明确可以认定为属于兴隆洼文化的遗址，仅有1处遗址原报告认为可能属于兴隆洼文化，亦

有可能属于赵宝沟文化；可确认为小河沿文化的遗址数量亦较少，将可以确认为小河沿文化的遗址与可能属于小河沿文化的遗址相加仅有6处[10]。考虑到遗址数量过少可能会导致较多的偶然因素，从而对定量分析的结果带来一定的干扰，因此本文的分析将不涉及兴隆洼文化和小河沿文化。

1. 各时期遗址在不同地貌、土壤与地质类型中的分布

对调查区内已发现的各考古学文化遗址分布在不同地貌类型、不同土壤类型，以及不同地质类型中的比例进行统计，其结果分别见表三～表五，以及图表一。

表三　各时期遗址分布在不同地貌类型中的比例

地貌类型	各类型面积/总面积	赵宝沟*	红山	夏下	夏上	战国
低山	43.721%	49.123%	36.942%	43.398%	37.243%	33.836%
丘陵	20.759%	36.475%	37.077%	25.590%	27.994%	34.652%
沟谷	35.520%	14.402%	25.981%	31.012%	34.763%	31.512%

*从此列起为各时期遗址分布在不同地貌类型中的面积与该时期遗址总面积之比。

表四　各时期遗址分布在不同土壤类型中的比例

土壤类型	各类型面积/总面积	赵宝沟*	红山	夏下	夏上	战国
潮土	23.978%	8.109%	9.899%	17.001%	27.977%	19.585%
栗褐土	40.797%	71.227%	57.668%	61.178%	39.641%	54.133%
棕壤性土	11.332%	19.693%	18.416%	6.939%	12.397%	8.743%
粗骨土（钙质）	6.270%	0.971%	14.017%	6.016%	9.454%	17.200%
粗骨土（硅、铝质）	17.623%	0.000%	0.000%	8.865%	10.531%	0.338%

*从此列起为各时期遗址分布在不同土壤类型中的面积与该时期遗址总面积之比。

表五　各时期遗址分布在不同地质类型中的比例

地质类型	各类型面积/总面积	赵宝沟*	红山	夏下	夏上	战国
冲积层和黄土层	39.660%	56.105%	39.961%	63.278%	40.456%	40.099%
洪冲积层	15.068%	23.388%	24.966%	9.520%	14.392%	36.517%
火山岩、变质岩等	45.272%	20.507%	35.073%	27.202%	45.153%	23.385%

*从此列起为时期遗址分布在不同地质类型中的面积与该时期遗址总面积之比。

从表三和图表一，1可以看到由于在调查区内低山所占比例较大，达到了43.721%，并且有相当一部分的低山都分布在河流两岸，因此从整体上看，从赵宝沟文化到夏家店上层文化，其遗址中分布在低山的面积比例都表现出最高值或接近最高值，只是到了战国时期，分布在丘陵中的遗址面积比例才占据了最高值。沟谷在整个调查区所占比例仅次于低山，为35.52%，不过从各时期遗址在沟谷中的分布比例看，除了夏家店下层文化和夏家店上层文化为仅次于低山的第二峰值以外，其他均为最低值。这种分布状况同时也表现出夏家店下层文化和夏家店上层文化的遗址分布具有向

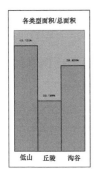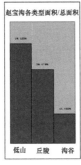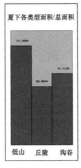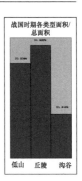

1. 各时期遗址在不同地貌类型中的分布

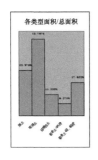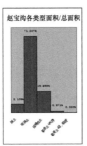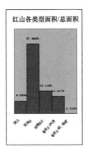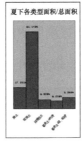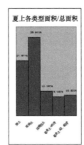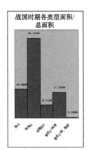

2. 各时期遗址在不同土壤类型中的分布

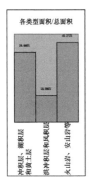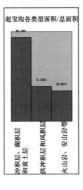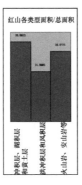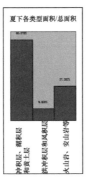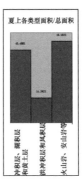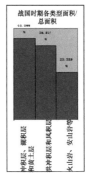

3. 各时期遗址在不同地质类型中的分布

图表一　各时期遗址在不同环境因素中的分布

（以上各图中的左1均为各环境因素中不同类型所占比例的柱状图，从左2至左6依次为赵宝沟文化、红山文化、夏家店下层文化、夏家店上层文化和战国时期的遗址，在不同环境因素各类型中分布比例的柱状图。）

着一高一低两个方向发展的趋势。而分布在丘陵中的遗址在红山文化和战国时期都达到了最高值，其中尤以战国时期最为显著。

　　从表四和图表一，2可以看出，各考古学文化的遗址都是以分布在栗褐土中的面积比例为最高值，这与栗褐土在调查区总面积中所占比例为最高值相符。其余的变化主要发生在对于潮土的利用，从赵宝沟文化开始一直到夏家店上层文化时期，分布在潮土中的遗址面积比例处于上升趋势，到夏家店下层文化时期其比例已经占据第二峰值，到夏家店上层文化时到达了其分布比例的最高峰值，其所占比例亦为仅低于栗褐土的第二峰值，但远远高出其他土壤类型。这也与夏家店上层文化在地貌类型中沟谷所占比例相当高有关。同时也可以看出，在夏家店上层文化时期，对于其他几种土壤类型的利用也都有一定的提高。到了战国时期，分布在栗褐土中的遗址面积比例又远远超出其他土壤类型，而分布在潮土的遗址面积与分布在粗骨土中的面积比例相当。

从表五和图表一，3可以看出，除了夏家店上层文化的遗址以分布在具有岩石资源地区的比例为最高值以外，其余均为分布在适宜进行农业生产的冲积层和黄土层中的遗址面积比例最高，若考虑到其所占比例的绝对值，则以夏家店下层文化为最高值，达到了63.278%，赵宝沟文化次之，为56.105%。战国时期比较引人注目的现象是分布在洪积层中的遗址面积比例相当高，达到了36.517%。

2．各时期遗址在不同海拔高度中的分布

对不同时期遗址在不同海拔高度区中分布的面积进行统计，其结果见表六和图表二。

表六　各时期遗址分布在不同海拔高度区中的比例

海拔高度（米）	各海拔高度区面积/总面积	赵宝沟*	红山	夏下	夏上	战国
700以下	7.404%	0.000%	0.000%	1.661%	1.188%	3.764%
700~750	17.872%	31.340%	13.724%	15.307%	14.435%	17.304%
750~800	22.364%	18.222%	31.052%	20.887%	19.303%	34.192%
800~850	18.493%	41.296%	36.148%	44.935%	35.141%	25.961%
850~900	12.698%	8.673%	12.831%	8.058%	12.616%	14.876%
900~950	9.304%	0.000%	0.978%	2.570%	6.773%	0.651%
950~1000	6.055%	0.000%	5.084%	3.037%	6.469%	1.709%
1000~1050	2.846%	0.000%	0.000%	1.802%	0.884%	1.544%
1050~1100	1.797%	0.470%	0.183%	1.564%	2.042%	0.000%
1100~1150	0.752%	0.000%	0.000%	0.180%	0.931%	0.000%
1150~1200	0.360%	0.000%	0.000%	0.000%	0.219%	0.000%
1200以上	0.056%	0.000%	0.000%	0.000%	0.000%	0.000%

*从此列起为各时期遗址分布在不同海拔高度区中的面积与该时期遗址总面积之比。

从表六和图表二可以看出，海拔高度从700米以下区到750～800米区共3个区呈递增趋势并达到最高峰值，从750～800米区开始到1200米以上区呈递减趋势，1200米以上区面积仅占调查区总面积的0.056%。不同海拔高度区在调查区内分布的整体状况呈现出有规律的正向偏态的右偏分布。

通过各时期遗址在不同海拔高度区分布的面积所占比例观察，值得注意的是各时期分布在海拔高度最低的700米以下区中的遗址面积比例，均呈现出极低的值，这与700米以下区在调查区中所占比例不相符合。同时还可观察到，除了赵宝沟文化在700～750米区和800～850米区呈现出双峰值外，余者均为单峰值，其最高值除了战国

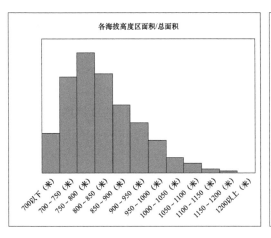

1. 各海拔高度区所占面积比例

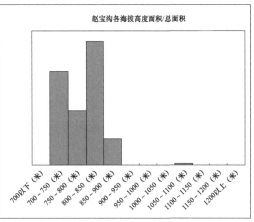

2. 赵宝沟文化遗址分布比例

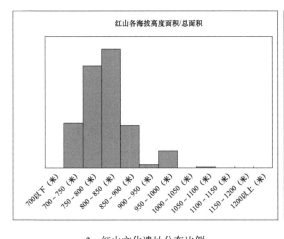

3. 红山文化遗址分布比例

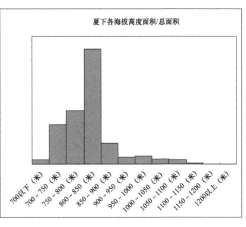

4. 夏家店下层文化遗址分布比例

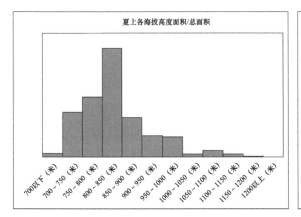

5. 夏家店上层文化遗址分布比例

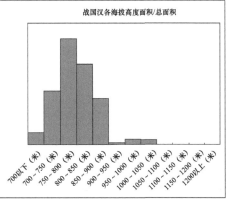

6. 战国时期遗址分布比例

图表二　各时期遗址在不同海拔高度区的分布

时期出现在750~800米区以外，其余各时期均出现在800~850米区，其比例的绝对值也都远远超出800~850米区在调查区总面积中所占比例。因此可以推测在调查区内，大部分考古学文化的居民在选择居址地点时，对于海拔高度在800~850米的区域具有很强的倾向性。另外值得注意的是，在红山文化时，跳过海拔900~950米区，在海拔950~1000米区也出现了少量的分布，到了夏家店下层文化时，在1000米以上的区域也有一定比例的分布，到夏家店上层文化时，其分布在850米以上各区的比例均较夏家店下层文化时有所增加，显示出夏家店上层文化对于海拔较高地区具有一定的倾向。

3. 各时期遗址在与河流间不同距离缓冲区中的分布

对不同时期遗址在与河流间不同距离缓冲区中分布的面积进行统计，其结果见表七和图表三。

表七　各时期遗址分布在不同距河流缓冲区中的比例

距河流缓冲区（千米）	各缓冲区面积/总面积	赵宝沟*	红山	夏下	夏上	战国
0~0.5	22.608%	8.673%	11.719%	11.756%	17.107%	40.281%
0.5~1	16.049%	13.056%	16.791%	18.388%	27.677%	31.165%
1~1.5	12.825%	19.505%	15.691%	22.235%	11.149%	7.251%
1.5~2	10.754%	27.176%	19.858%	19.159%	10.364%	3.903%
2~2.5	8.784%	0.000%	14.310%	12.392%	13.744%	11.215%
2.5~3	6.999%	16.249%	17.573%	3.924%	7.147%	1.084%
3+	21.981%	15.341%	4.057%	12.146%	12.813%	5.100%

*从此列起为各时期遗址分布在不同距河流缓冲区中的面积与该时期遗址总面积之比。

从表七和图表三可以观察到，与河流间不同距离的缓冲区中，以距离河流0~0.5千米区的面积为最高值，随着与河流间距离的加大，其不同缓冲区的面积也逐渐减少，到了距河流3千米以上区时，才又达到了另一个峰值。与河流间不同距离缓冲区在调查区内分布的整体状况呈现出有规律的向左偏移的U形分布。

通过对各时期遗址分布在不同河流缓冲区中的面积所占比例观察，分布在距离河流0~0.5千米区中的遗址面积，只有战国时期表现出最高值，其余各时期均处于较低水平。似乎表明距离河流最近的地点尽管距离水资源最近，其面积所占比例最高，但在战国以前的各考古学文化时期，并不是当时人们在选择聚落址时的首选[11]。其他考古学文化的遗址在不同缓冲区内的分布也都表现出不同的趋势。赵宝沟文化以距河流2~2.5千米为界，在两侧呈现出两个峰值，其中以分布在距离河流1.5~2千米区中的面积为最高峰值，同时在2.5~3千米区，以及3千米以上区也都有较多的分布。红山文化在各河流缓冲区中的分布表现出较为均衡的状态，其中以分布在1.5~2千米区最高，以分布3千米以上区最低。夏家店下层文化的分布从距离河流0~0.5千米区到1~1.5千米区为递增并达到最高峰值，此后一直到2.5~3千米区呈现出递减趋势。不过到3千米以

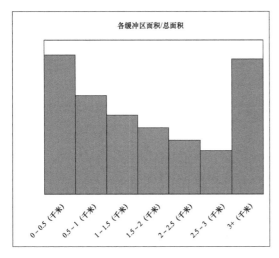

1. 各河流缓冲区面积所占比例

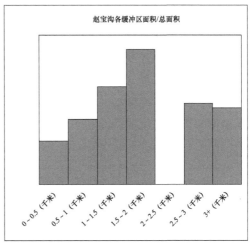

2. 赵宝沟文化遗址分布比例

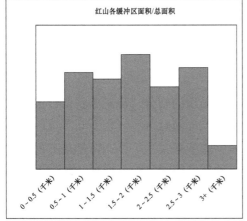

3. 红山文化遗址分布比例

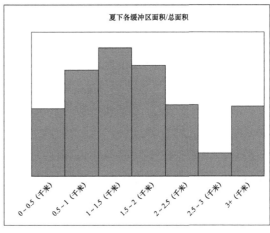

4. 夏家店下层文化分布比例

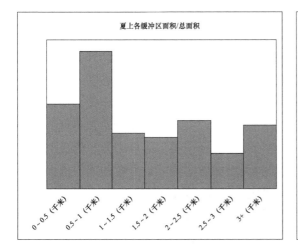

5. 夏家店上层文化遗址分布比例

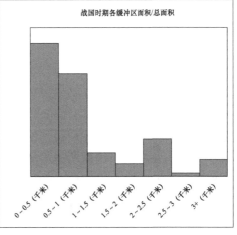

6. 战国时期遗址分布比例

图表三　各时期遗址在不同河流缓冲区的分布

上区又出现新的峰值。夏家店上层文化的分布趋势又有所变化，其分布在0.5～1千米区的面积比例为最高值，分布在其他缓冲区的遗址面积则较为均衡。以上各时期的遗址在距离河流3000米以上区中的分布都达到了一定的比例，表明当时的居民也会对那些距离河流较远的地点具有一定的兴趣。随后的战国时期则表现出较大的变化，在距离河流0～0.5千米区和0.5～1千米区分布的总和达到70%以上，显示出战国时期的居民在选址时对靠近河流地点的倾向。

三、遗址分布地点与环境因素间关系的考察

上文所有分析均是以目前对调查区内地貌、土壤、地质类型，以及海拔高度和距离河流缓冲区的分类为基础，对各考古学文化分布在不同环境类型中的遗址面积进行的统计，其结果提供了不同时期考古学文化的遗址分布在各种环境因素不同类型中的比例，为讨论各时期遗址的分布与环境间的关系，是否对某一类环境类型具有特殊的偏好或倾向性，提供了可供分析的数据。下文将在综合已有环境因素分类的基础上，通过考察各时期遗址分布地点与环境因素之间的关系，以探讨遗址分布中环境因素的作用或影响。

调查区内地貌、土壤和地质等环境因素中不同类型的划分，均基于目前对于这三种环境因素的调查和理解，同时调查区内的每一地点都同时兼有三种不同环境因素，三种环境因素中的不同类型间也都存在着不同程度的依存关系。下文将把这三种环境因素中的不同类型进行组合，以得到每一地点三种环境因素的综合信息，然后再考察各时期遗址在分布地点上与环境因素间的关系。

如前文所述，调查区内的地貌可以分为低山、丘陵和沟谷等3种类型，土壤可以分为潮土、栗褐土、棕壤性土、粗骨土（钙质）和粗骨土（硅、铝质）等5种类型，地质条件可分为更新统冲积层和黄土层、洪冲积层和具有火山岩、变质岩等露头岩石资源地区等3种类型。对调查区内以上三种环境因素不同类型所有可能产生的组合的面积进行计算，同时对各时期分布在不同环境类型组合中的遗址面积进行计算，可以得到各时期遗址在不同环境类型组合中分布的比例。由于这种计算是以调查区内各时期遗址的分布为基础，因此其结果应该与当时的人群选择环境因素的标准相关，而没有加入现在对于某种环境类型组合是否有利于居住的判断。然后以500米为边长将调查区内划分为若干个单位，以此前得到的各时期遗址在不同环境类型组合中分布的比例为基础，计算出每一个单位内所属的环境因素组合类型中各时期遗址分布的期望值面积，同时计算出每一个500米边长的单位内各时期遗址分布的实际面积。将二者相比，如果这一单位内遗址的实际分布面积与此前计算出来的遗址分布的期望值面积相等或相近，则该时期的遗址在这一单位内的分布符合了当时选择环境因素的标准。如果二者

相差较大，则表明在这一单位内，该时期遗址的分布可能还受到了超出以上三种环境因素的其他因素的影响[12]。

将各时期遗址实际分布面积超出该时期遗址分布的期望值面积3倍以上和2倍的单位分别在地图上表现出来，其分布情况见图三。其中超出期望值3倍以上的单位应该是该时期遗址分布最为集中或占有面积最大的地区，超出期望值2倍的单位亦可视为该时期遗址分布的次集中区域。同时还可以把分布有超出期望值面积2至3倍的单位的地点与同时期遗址分布的实际分布地点进行比较，二者在分布地点上表现出的差异越大，表明该时期遗址在不同地点上分布的密集程度或占有面积的差异越大。

赵宝沟文化遗址分布不见有超出期望值2倍的单位，超出期望值3倍以上的单位主要都分布在中部（图三，1），超出期望值3倍以上的地点均为海拔高度适中，距河流有一定的距离，表明除了地貌、土壤和地质条件等环境因素之外，赵宝沟文化居民表现出对于海拔高度适中，距河流有一定距离的地点的倾向。参考赵宝沟文化遗址的实际分布地点（图一，1），除了在西南的高海拔地区和东南角的低海拔地区各有一个遗址，以及中部的个别遗址外，其余地点均在图三，1可以见到，一方面表明赵宝沟文化遗址的分布较为集中，另一方面也表明绝大部分遗址在分布密度和占有面积上相当。

红山文化遗址分布超出期望值3倍以上的单位主要都分布在调查区中部，另外在西北部盔甲山河南岸靠近河流的低平地带，以及调查区西南部的清水河中游西岸的高海拔低山地带也有少量分布。超出期望值2倍的单位主要集中在西北角、西南角和东部，基本与超出期望值3倍的单位分布地点相依（图三，2）。这些现象表明红山文化时期的居民在选择聚落址时，除了延续对那些环境条件很好的海拔适中地带的关注以外，有着向两个方向发展的趋势。其中向靠近河流的低海拔地带发展的趋势，可以认为是由于这些地点满足了人类生活对于水资源的需求，同时那些低海拔平缓地带的环境因素也具备了进行农业生产的基本条件。但是其向高海拔低山地带发展的趋势，却很难被认为出于同样的原因，因此红山文化分布在这些地点的遗址不能用环境因素给予合理的解释，很可能是出于其他方面的考虑。参考红山文化遗址分布情况（图一，2），可以看到红山文化遗址分布的实际地点与超出期望值2至3倍的地点基本相当，表明红山文化遗址在不同地点中的分布在分布密度和占有面积上并没有太大的差别。

夏家店下层文化遗址超出期望值3倍以上的单位，主要分布在调查区中部的半支箭河、盔甲山河和清水河之间的流域，这里多为海拔高度适中、距离河流亦较近的平缓地带，另外在东部低海拔地带也有少量的分布。除了位于最南端的单位以外，其余单位均为低海拔的平缓地带。显然夏家店下层文化的居民仍然主要倾向于选择这些具备适宜人类生活的环境因素的地点。超出期望值2倍的单位分布范围较前者有所扩大，除了在中部和东北部与前者分布地点相依之外，在西北，尤其是西南部的高海拔低山地带有较为集中的分布（图三，3），可以看出夏家店下层文化对于高海拔低山地带的利

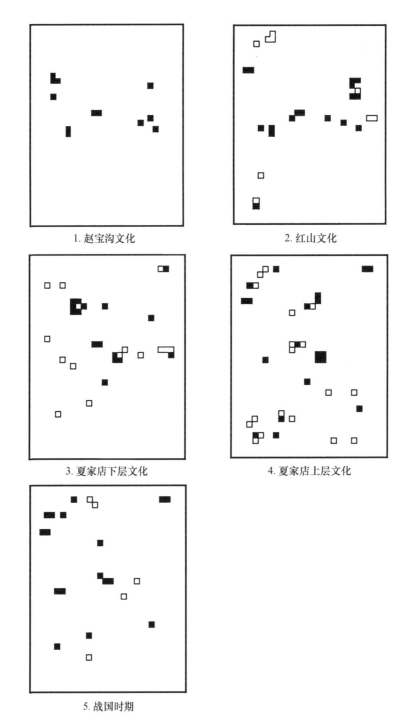

图三　各时期遗址分布面积超出期望值的单位
（□表示超出期望值2倍，■表示超出期望值3倍以上）

用也达到了较高的程度。参考夏家店下层文化遗址的实际分布情况（图一，3），发现许多实际分布有夏家店下层文化遗址的地点在图三，3上并没有表现出来，表明夏家店下层文化遗址在不同地点的分布，在密集程度以及占有面积上具有较大的差别。

夏家店上层文化遗址超出期望值3倍以上的单位，呈现出较为分散的状态，除了半支箭河东岸以外，在调查区全境几乎都有发现。不过其在中部区分布的集中程度与夏家店下层文化相比相对较低，而在调查区西部，尤其是西南部的高海拔低山地带，夏家店上层文化在这一地带分布的集中程度则明显超出了夏家店下层文化。夏家店上层文化遗址超出期望值2倍的单位除了东北角外，其分布与超出期望值3倍的单位相依，进一步表明了夏家店上层文化对于这些地区的倾向（图三，4）。这些现象表明，夏家店上层文化的居民在选择聚落址时，并没有放弃那些海拔高度较低、距河流较近、地势较平缓，具备适宜人类生活环境因素条件的地点，但所占比例有所减少，同时选择高海拔低山地带所占的比例有所增加。对比夏家店上层文化遗址的分布情况，还可以看出夏家店上层文化遗址的实际分布地点与超出期望值2至3倍的地点之间的差异，虽然在中部，东南部都有所表现，但明显低于夏家店下层文化，表明夏家店上层文化遗址于不同地点的分布，在密集程度和占有面积上的差别小于夏家店下层文化。

战国时期遗址超出期望值3倍以上的单位，其分布亦较为分散，除了东部较少外，几乎分散在调查区全境。超出期望值2倍的单位数量很少，在分布上基本与前者相依，应该表明战国时期遗址的分布相对集中（图三，5）。从超出期望值3倍的单位分布地点看，整体格局上与夏家店上层文化相近，但在西南部高海拔低山地带的分布集中程度则远远不及夏家店上层文化。战国时期遗址的分布一方面表现出在单个地点上更加集中，主要是那些海拔高度较低、距河流较近、地势较平缓，具备适宜人类生活环境因素条件的地区；另一方面在分布的地域上则趋于分散与均衡。对比战国时期遗址的分布情况（图一，5），可以看到该时期遗址分布的实际地点与超出期望值2至3倍的地点之间，除南部个别地点外基本对应，表明战国时期遗址分布在不同地点的遗址，在密集程度和占有面积上并没有太大的差别。

综上所述，可知赵宝沟文化时期的居民在选择居址地点时，表现出倾向于那些距离河流相对较远，海拔适中，但又具有一定的进行农业生产条件的地点；看不出分布在不同地点的遗址间在密集程度和占有面积上具有明显的差异。红山文化时期，仍然继续了对于海拔适中、具有一定的适宜进行农业生产条件的地点的选择，与赵宝沟文化相比，则表现出向与河流距离较近的地点和向距离河流较远且海拔较高的低山地带发展的两种倾向；分布于不同地点的遗址间在密集程度和占有面积上不存在明显的层次上的差别。在夏家店下层文化时期，在倾向于集中在那些具有适宜进行农业生产的条件、海拔高度适中的地区以外，同时也对那些高海拔、距离河流很远的地区表现出一定的兴趣；分布在不同地点的遗址在密集程度和占有面积上存在着明显的层次上的差别。夏家店上层文化时期与夏家店下层文化时期相比，在分布上更加趋于分散，在距离河流很远的高海拔地区，以及具有充足的岩石资源的地区，都表现出较夏家店下层文化更多的偏好，同时也保留了对于海拔适中、距离河流较近，具有适宜进行农业生产条件地点的关注；与夏家店下层文化相比，分布在不同地点的遗址在密集程度和占有面积上的差别相对较小。到了战国时期，适中的海拔高度，具有适宜进行农业生产的条件的地带仍是其首选，不过分布在距离河流最近地带的遗址数量超出此前所有时期，似乎也表现出战国时期的居民在选址时，对于水资源的极大关注；分布在不同地点的遗址在密集程度和占有面积上没有明显差别，基本处于相同层次之中。

注　释

[1]　原文发表时，因杂志社排版需求，删去了原稿中以柱状图呈现不同时期遗址分布在不同环境因素中比例的图表，考虑到这些图表可以直观地看到遗址在不同环境因素中分布的变化，因此现将这些图表重新加入文章。同时为了保持与原刊发文章的一致，亦保留了原文中关于不同时期遗址分布在不同环境因素中比例的数据表。

[2]　国家文物局合组赤峰考古队：《半支箭河中游先秦时期遗址》，科学出版社，2002年。

[3]　由于此次调查范围实际上超出上述设定区域（见注2之P6），因此本文在对调查区的各种地图进行处理时，所涉及的范围在设定范围的四周均向外稍有扩展，具体为坐标网中的0632～0647和4655～4674之间，涉及面积为285平方千米。

[4]　国家文物局合组赤峰考古队：《半支箭河中游先秦时期遗址》，科学出版社，2002年，4页。

[5]　高立兵：《时空解释新手段——欧美考古GIS研究的历史、现状和未来》，《考古》1997年第7期。

[6]　滕铭予：《GIS在环境考古研究中应用的若干案例》，《吉林大学社会科学学报》2006年第3期。

[7]　高立兵：《时空解释新手段——欧美考古GIS研究的历史、现状与未来》，《考古》1997年第7期；曹兵武：《GIS与考古学》，《考古与文物》1997年第4期；齐乌云、周成虎、王榕勋：《地理信息系统在考古研究中的应用类型》，《华夏考古》2005年第2期。

[8]　河南省文物考古研究所、美国密苏里州立大学人类学系：《河南颍河上游地区考古调查GPS和GIS的初步报告》，《华夏考古》1998年第1期；刘建国、王霞、张蕾：《洹河流域区域考古信息系统的建设与探索》，《考古》2001年第9期；赤峰中美联合考古研究项目：《内蒙古东部（赤峰）区域考古调查阶段性报告》，科学出版社，2003年；张海：《Arc View地理信息系统在中原地区聚落研究中的应用》，《华夏考古》2004年第1期。

[9]　内蒙古草场资源遥感应用考察队主编：《内蒙古自治区赤峰市自然条件与草场资源地图》，科学出版社，1988年。

［10］ 内蒙古草场资源遥感应用考察队主编：《内蒙古自治区赤峰市自然条件与草场资源地图》，科学出版社，1988年，6页。

［11］ 也不排除距离河流最近的地点由于河水流量或河道位置的变化，而使较早时期的部分遗址被破坏而未能被发现。

［12］ 该计算方法的具体过程，参见Robert D.Drennan.Prehispanic Chiefdoms in the Valle de la Plata，Volume 5 Regional Settlement Patterns，Pittsburgh，2006，131-153；滕铭予：《GIS在环境考古研究中应用的若干案例》，《吉林大学社会科学学报》2006年第3期。

（原刊于《考古与文物》2009年第1期）

半支箭河中游先秦时期遗址的分群与结构

1996年至2000年，由中国社会科学院考古研究所、内蒙古自治区文物考古研究所和吉林大学边疆考古研究中心组成的赤峰考古队，在对内蒙古喀喇沁旗大山前遗址进行重点发掘的同时，对围绕着大山前遗址群的半支箭河中游地区约221平方千米范围内的先秦时期的遗址进行了全面详细的田野调查。调查结果在《半支箭河中游先秦时期遗址》中做了详尽的报道[1]。

调查工作采用了拉网式搜寻的方法，在半支箭河中游地区共发现先秦时期遗址220处。所调查的遗址大部分都采集了GPS数据，并在1：50000的地图和1：12500的航片上分别绘出遗址的位置和范围[2]。调查者还通过对在各遗址采集的遗物进行分析，对各遗址的文化性质和年代进行了说明。以上工作都为从不同的角度、不同的层次对半支箭河中游地区先秦时期遗址的空间分布进行分析提供了坚实的考古学基础。笔者曾运用地理信息系统（Geographic Information System，下文简称GIS）对半支箭河中游调查区发现的先秦时期遗址与地貌、土壤、地质、海拔高度以及距离水资源等不同环境因素之间的关系进行了定量的考察，并对不同时期在选择聚落址的地点时表现出的倾向性，以及不同时期遗址在分布地点上与环境因素的关系进行了初步的讨论[3]。本文在上述研究基础上，运用GIS对半支箭河中游调查区内发现的先秦时期遗址的空间分布模式进行分析与考察，并尝试在此基础上对半支箭河中游地区先秦时期社会组织的发展进程进行讨论。

一、遗址空间分布的直接观察

半支箭河中游调查区西起东经118°36′30″，东至东经118°45′55″，北自北纬42°10′45″，南抵北纬42°1′35″，面积约221平方千米[4]。调查区内包括了盔甲山河下游，半支箭河中游的大部，清水河中下游和锡伯河流域的一小部分（图一）。根据1：250000的赤峰市全要素数字化地形图，在抽取半支箭河中游调查区等高线的基础上，生成调查区数字高程模型（Digital Elevation Model，简称DEM，图二，1）。数字高程模型可清楚地反映调查区内的地形。调查区内的地势大抵西南高东北低，在清水河两岸，半支箭河与盔甲山河之间，以及盔甲山河北岸，是半支箭河中游调查区内地

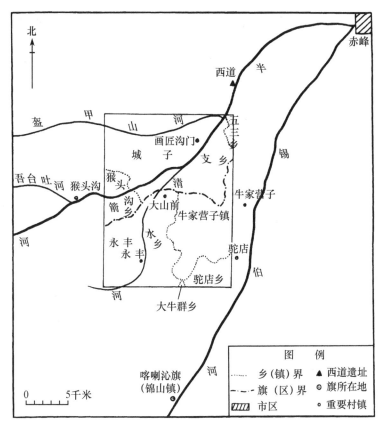

图一　半支箭河中游调查区位置

（选自《半支箭河中游先秦时期遗址》，5页，图二）

势较高的地区，海拔多为800米至1000米，最高可达1200米。调查区的中部与东北部，多为丘陵地带，海拔在750米到850米。调查区内的河流两岸，则为海拔较低的低平地带。

　　半支箭河中游调查区共发现了兴隆洼文化（？）、赵宝沟文化、红山文化、小河沿文化、夏家店下层文化、夏家店上层文化和战国时期的遗址共220处。其中1处遗址原报告认为可能属于兴隆洼文化，亦有可能属于赵宝沟文化；可确认为小河沿文化的遗址数量亦较少，将可以确认为小河沿文化的遗址与可能属于小河沿文化的遗址相加仅有6处[5]（各时期遗址数量见表一）。考虑到遗址数量过少可能会导致较多的偶然因素，从而对定量分析的结果带来一定的干扰，因此本文的分析将不涉及兴隆洼文化和小河沿文化。

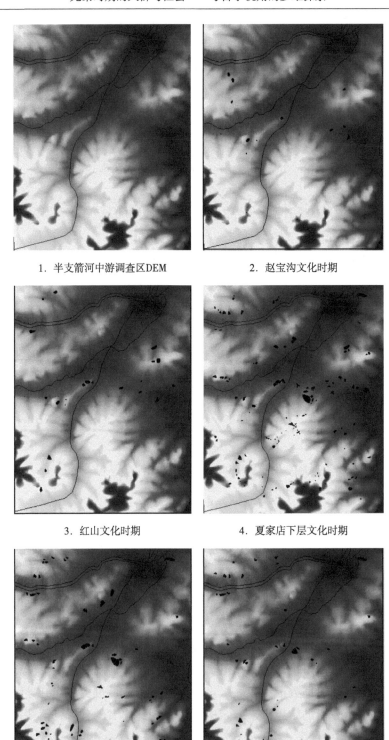

1. 半支箭河中游调查区DEM   2. 赵宝沟文化时期

3. 红山文化时期   4. 夏家店下层文化时期

5. 夏家店上层文化时期   6. 战国时期

图二　半支箭河中游调查区DEM与各时期遗址分布图

表一　半支箭河中游先秦时期遗址数量

考古学文化	年代	遗址数量
兴隆洼文化（？）	公元前6200～前5400年	1
赵宝沟文化	公元前5200～前4500年	14
红山文化	公元前4500～前3000年	23
小河沿文化	公元前3000～前2200年	6
夏家店下层文化	公元前2500～前1600年	153
夏家店上层文化	公元前1000～前600年	79
战国时期	公元前500～前200年	42

将各时期遗址叠加在数字高程模型上绘制的半支箭河中游调查区各时期遗址分布图，可以清楚地看到遗址分布与地形以及河流间的关系。

赵宝沟文化时期的遗址数量较少，主要分布在调查区的中部及偏北部。大多分布在那些距离河流相对较远，海拔适中的地点，分布较为分散（图二，2）。

红山文化时期的遗址分布的范围和数量较赵宝沟文化时期有所增加，除了在调查区中部仍有较多的分布外，在西北部盆甲山河北岸，以及调查区西南部的清水河上游的西岸也有分布。红山文化的遗址在分布上表现出向与河流距离较近的地点和向距离河流较远且海拔较高的低山地带发展的两种倾向。有些遗址的分布表现出相对集中的现象（图二，3）。

夏家店下层文化遗址的分布范围几乎遍及整个调查区，此前几乎没有遗址分布的调查区东北部的低海拔地区，调查区东南部高海拔的低山地带，也都有夏家店下层文化的遗址分布。这些现象表明，夏家店下层文化遗址除了倾向于集中在那些海拔高度适中的地区以外，同时在那些高海拔、距离河流很远的地区也有较多的分布。在出现了一些大型遗址的同时，有些遗址还出现了聚集成群的现象（图二，4）。

夏家店上层文化的遗址数量较夏家店下层文化时期有所减少，但仍然遍及整个调查区，尤其是在西南部清水河西岸距离河流很远的高海拔地区，也有大量的分布，同时也保留了对于海拔适中、距离河流较近地点的关注。与夏家店下层文化相比，分布在不同地点的遗址在聚群程度和占有面积上的差别相对较小（图二，5）。

战国时期遗址的数量与面积均少于夏家店上层文化时期，分布在高海拔低山地带的遗址数量明显减少，而适中的海拔高度仍是其首选，分布在距离河流最近地带的遗址所占比例超出此前所有时期，似乎也表现出战国时期的居民在选址时，对于水资源的极大关注。不同地点的遗址也表现出一定的聚群现象，但在集中程度和占有面积上没有明显差别（图二，6）。

二、通过遗址分布地形图对遗址分群的考察

在调查区内发现的不同时期的遗址，不仅在分布地点上表现出不同的状态，而且遗址的面积、分布的集中与疏密程度也各不相同。而遗址的面积，分布的疏密程度往往与遗址自身的级别以及遗址之间的关系密切相关。遗址的面积越大其所居住的人口数量也越多[6]，其等级也越高[7]，而等级高的遗址往往会对其周围的遗址具有一定的凝聚力，从而使其自身成为一定范围内的地区性中心，同时凝聚在一个地区性中心周围的遗址本身又形成了一定的集群。不同层次的地区性中心和不同程度的集群的出现，则表明社会组织的发展变化。根据上文提供的遗址分布图，虽然可以观察到遗址的分布与地理环境间的关系，但还不能表现出是否存在着地区性的中心以及如何划分遗址的集群。

美国学者Drennan和Peterson提出运用GIS中绘制地形图的方法绘制遗址或人口分布的地形图，并以此作为进行地域性聚落分析的基础，以观察不同地区在不同层次上的人口和社会组织的异同，进而讨论等级社会出现的进程[8]。本文将根据调查区内已发现的不同时期遗址的面积和分布的疏密程度，运用GIS将各时期的遗址以地形图的方式表现出来。这种遗址分布的地形图与单纯的只是绘出发现有遗址区域的遗址分布图相比，可以较后者更为清楚地表现出遗址分布的密度与面积，并可以观察到遗址在空间上的不同层次的集群。遗址分布地形图的表现方式有两种：第一种用表面似地形高低起伏的方式来表示在每一个地点或区域发现的遗址面积和疏密程度，遗址面积越大、分布越密集，在地表凸起程度越高，类似高高凸起的山峰，反之峰顶越低，从而使有遗址分布的地方在地表形成高低不等的山峰。没有发现遗址的地点则是平地。由于面积越大的遗址其等级可能越高，对其周围的遗址的凝聚力也就越强，而通过GIS中的反距离加权法对地形图进行平坦化处理，则可以使大面积的遗址所具有的凝聚力以及由于这种凝聚力而产生的遗址的集群得以表现。这种加权方法的基本原理是对那些原来没有遗址分布的地点，依其与有遗址分布地点间距离的远近，在对其高程进行赋值时分别给予不同的权重，距离越近，权重越大，反之越小。同时原有遗址分布地点的高程值越大，对其周围地点的高程赋值的影响就越大。经过反距离加权处理后的地形图，其地表的高低起伏会发生变化，原本地表上山峰的基底周围会从地表凸起，越靠近山峰基底处的地点凸起越高，同时原有的山峰越高其周围凸起所涉及的范围也越大，其结果恰与遗址面积越大对其周围遗址的凝聚力越强相吻合。随着加权值的增加，一些山峰基底周围从原本平坦的平地中升高时，相邻的高峰会逐渐彼此融合在一起，从而形成不同的山峰群，而不同的山峰群即代表着不同的遗址群。第二种是采用等高线的方法，依遗址分布的面积和密度，在地形图上由高到低用不同的等高线来表现，同理，用等高线表现的地形图亦可进行反距离加权处理，从而得到与第一种

地形图相应的等高线图。在这种用等高线表现的地形图中,遗址面积越大、分布越密集,等高线的值越高、密度越大,反之等高线的值越低、越疏朗。一条较低值的等高线,通常会环绕在遗址面积较大且分布密集地区的周围。因此可以利用一些较低值的等高线,将一些在空间上不相连、但相距很近的遗址聚集成群,从而划出相应的遗址群。

根据反距离加权处理时加权值的不同,利用其聚集的山峰群或其产生的较低的等高线所划分的遗址群的层次也不相同,从而提供了将遗址划分为不同层次集群的参考。图三、图四为加权值为3时的遗址分布地形图中形成的山峰群,并考虑到与河流、地形的关系,对各时期遗址进行分群的结果。

结合图二,2可以看到赵宝沟文化遗址的分布多集中在调查区的北半部,可以河流为界把盔甲山河和半支箭河之间、半支箭河与清水河间、半支箭河东部地区划分为3个集群(图三,1、2)。从整体上看,处在任一集群中的遗址面积大小相近,分布也表现出较为分散的状态。

结合图二,3可以看出,红山文化遗址的分布从整体上看,在中部半支箭河两岸、西北部盔甲山河北岸,以及调查区西南部的清水河中游的西岸等地区都有不同程度的聚集,可以依次从西北到中部区,再到西南区分为4个集群(图三,3、4)。各集群中的遗址从面积和分布密度上看相差并不悬殊,不过也可以在各集群的中心部见到分布较为密集,面积较大的遗址,其周围散布有小型遗址。从各集群遗址空间分布的状态观察,4个群之间都表现出较为相近的状态。

结合图二,4可以看出,夏家店下层文化遗址在调查区中部的分布,在半支箭河北岸、半支箭河和清水河之间,以及清水河西北岸这些低海拔的地区,都存在着一些大面积的大型遗址,有些大型遗址周围分散有较多小遗址的集群,如第4群,第7群、第8群。分布在调查区西北角、西南角和东南部的遗址,虽然没有如上述地点那样大规模的遗址,但也可以看到相对集中分布的状态,并且每一个集群中,也都存在着以一或两个较大型的遗址为主,周围散布着一些小型遗址的现象。据此可以将夏家店下层文化时期的遗址划分为16个不同的集群(图三,5、6)。另外在东北角还分布一个较大型遗址,但因其周围未见遗址分布,因此未将其作为一群。分布在周边地区的几个集群在遗址的数量、面积以及集中程度上,都明显低于中部区,就其在调查区内的情况来看,很难认为周边地区小的集群与中部的集群处于相同的层次。

结合图二,5可以看出,夏家店上层文化时期,在半支箭河北岸、半支箭河与清水河之间的三角地带,以及清水河的东南部等调查区的中北部地区,都分布有较大规模的遗址,其周围也散布有少量的小型遗址。在西北角、西南角以及东南部,也出现了一些中小型遗址的集群。据此可以将夏家店上层文化时期的遗址划分为13个不同的集群(图四,1、2)。东北角仍然分布有一个单独的较大型遗址,未进行分群。与夏家店下层文化时期相比,分布在周边地区的几个集群在遗址的数量、面积以及集中程度

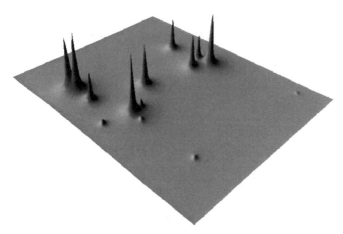

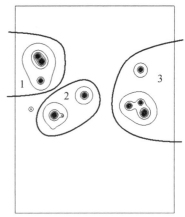

1. 赵宝沟文化时期遗址分布表面图　　　　　2. 赵宝沟文化时期分群示意图

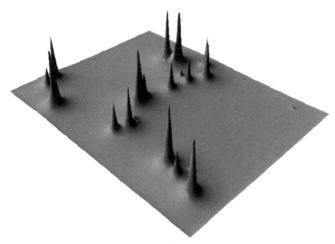

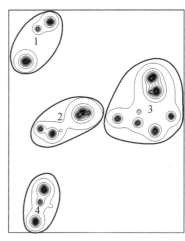

3. 红山文化时期遗址分布表面图　　　　　4. 红山文化时期分群示意图

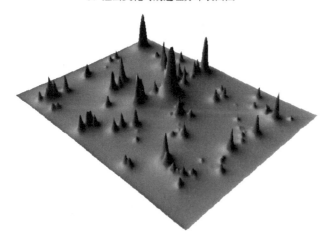

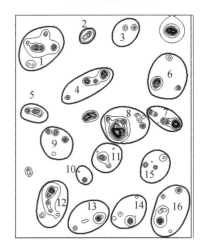

5. 夏家店下层文化时期遗址分布表面图　　　　　6. 夏家店下层文化时期分群示意图

图三　不同时期遗址的分群之一（加权值3）

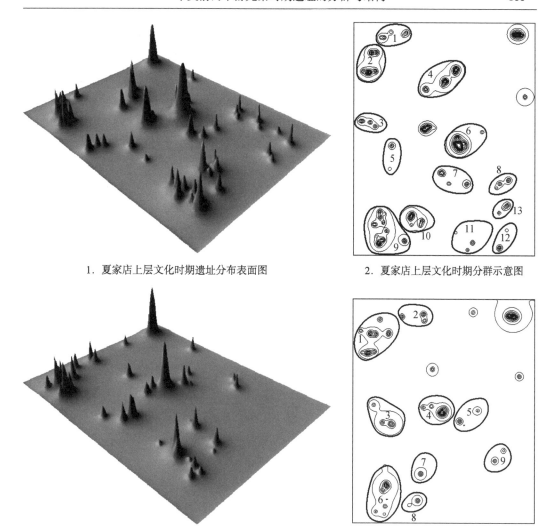

1. 夏家店上层文化时期遗址分布表面图　　　　　2. 夏家店上层文化时期分群示意图

3. 战国时期遗址分布表面图　　　　　　　　4. 战国时期分群示意图

图四　不同时期遗址的分群之二（加权值3）

上，虽然也与中北部地区的集群有一定的差别，但整体上感觉并没有像夏家店下层时期那样表现出非常明显的差别。

　　结合图二，6可以看出，与夏家店上层文化时期相比，战国时期遗址的数量有所减少，在清水河上游东岸的山地中也不见分布。在调查区西北部、中部和西南部也都可以见到相对集聚在一起的遗址群，一共可以分为9个不同的集群（图四，3、4）。除了在中部的第4群发现有较大规模的遗址以外，其他集群中多为中小规模的遗址，且各群在分布状态上都较为接近，基本上处于一种近于平等的关系之中。

　　以上是在反距离加权处理加权值为3时，利用遗址地形图中形成的山峰群，并结合地形与河流的状况划分出的遗址群。根据计算，处于集群两端的遗址间距离基本在3千米~5千米，这样的距离是常人1到1.5小时左右的行走距离，其覆盖面积大体上与20世纪后期中国北方农村中的生产大队、现在农村中的行政村相当。现在的行政村通常是由几个相邻的自然村构成，具有共同的行政管理组织，有些还会有定期举行的集市，以贸易的形式互通有无。据此推测生活在这些遗址群中的居民，虽然不同于生活在一个遗址中的居民间那样可以有经常的面对面的日常交流，但是在某些日常生活的活动中，很可能还存在着较为紧密的联系，亦有学者将这种层次上聚合在一起的遗址群称为社区（districts）[9]。

如上文所述，如果增加反距离加权处理时的加权值，会使利用地表高低方式表现大型遗址的山峰基底更加升高，逐渐与周边遗址形成的山峰融合在一起，使遗址形成更高层次的聚集，从而形成一定的分区。图五、图六是根据加权值为8时对不同时期遗址进行分区的结果。

从图五，1、2可以看出，由于赵宝沟时期的遗址数量很少，分布又较为分散，因此其原有的遗址分群并没有产生太大的变化，只是可以将第1群与第2群合并，最终形成赵宝沟遗址分布的西部区和东部区。由此而产生的两个新的分区在遗址的数量和面积上仍比较相近，并没有表现出明显的差别。

从图五，3、4可以看出，红山时期的遗址原有的分群数量亦较少，可以将原第2群和第3群合并后形成中部区，原有的第1群为西北区，第4群为西南区。从各区中遗址空间分布的状态观察，各区间的差别除了位于中部区的遗址数量较多以外，在遗址的规模以及相互间关系上还是表现出较为相近的状态。似乎并不存在中心区与次中心区、或中心区与边缘区的差别。

从图五，5、6可以看出，夏家店下层时期原有的遗址群经过更高层次的集群后，与原来的分布状态产生了明显的差别。以半支箭河和清水河之间为中心，包括清水河西北岸的低海拔的地区形成了一个以几个大型遗址为中心、周围分散有较多的中小型遗址的新的集群。显然这一新的集群在调查区内夏家店下层文化的分布中具有凌驾于其他集群之上的中心地位，是夏家店下层文化在调查区内分布的中心区。在调查区的东北角、西南角和西北部仍然可以划出着一些小的分区，这些小区在遗址的数量、面积以及集中程度上，都明显低于上述中心区，就其在调查区内的情况来看，很难认为这几个小区与中心区处于相同的层次。位于中心区的遗址两端距离可达7千米~9千米，范围达50平方千米以上，应该是已经形成了一个地域性的中心。从调查区周边那些小的分布区与中心区之间表现出较为离散的状态来看，这几个小区或是附属于中部中心区，是其分布的边缘区域，或是处于调查区以外某个夏家店下层文化遗址分布中心区的边缘地带。

从图六，1、2可以看出，到了夏家店上层时期，在半支箭河北岸、半支箭河与清水河之间的三角地带，以及清水河的东南部等调查区的中部地区，仍然可以划出一个新的集群，形成了夏家店上层文化在调查区中部的中心分布区。但是与夏家店下层

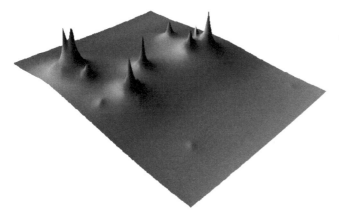

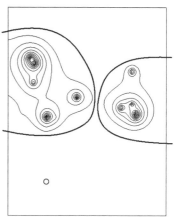

1. 赵宝沟文化时期遗址分布表面图

2. 赵宝沟文化时期分区示意图

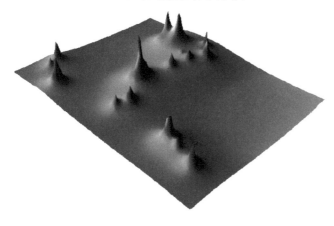

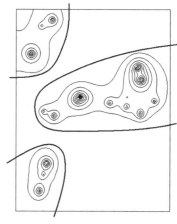

3. 红山文化遗址分布表面图

4. 红山文化时期分区示意图

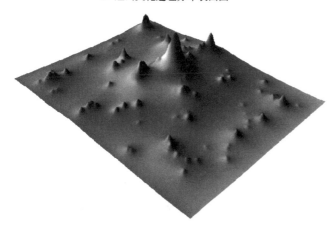

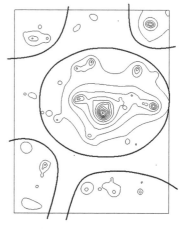

5. 夏家店下层文化遗址分布表面图

6. 夏家店下层文化时期分区示意图

图五　各时期遗址分区示意图之一（加权值8）

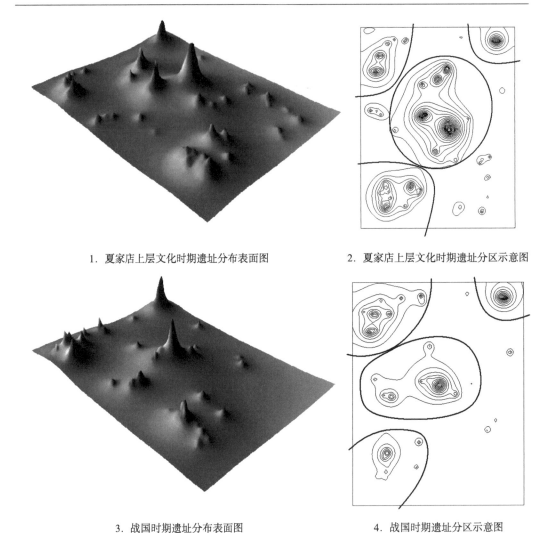

1. 夏家店上层文化时期遗址分布表面图　　　2. 夏家店上层文化时期遗址分区示意图

3. 战国时期遗址分布表面图　　　　　　　4. 战国时期遗址分区示意图

图六　各时期遗址分区示意图之二（加权值8）

时期不同的是，在调查区的西南角海拔较高的低山地带，以及调查区的西北角，都形成了离散于中心区以外的新的分区。在上述各区之间，还有一些小型遗址散落其间。分布在中部中心区的遗址其两端距离在5千米～8千米，范围约40平方千米，亦应属于一个地域性的中心。在西南区和西北区，从所包含的遗址数量、中心遗址的规模看要逊于中部中心区，同时由于其分布区域与中心区主要集中在低海拔地区不同，如西南区分布所在地主要为低山，因此这些分区与中心区间的关系，或者是由于功能不同而与中心区互为补充，或者是属于次一级的中心。正是由于这些分区的出现，使得夏家店上层时期的遗址在调查区内的空间分布与夏家店下层时期中部中心区一枝独秀的分布状态表现出一定的差异，整体上呈现出一种较夏家店下层文化时期要近于均衡的状态。

通过图六，3、4可以看出，经过更高层次的聚集后，战国时期遗址可以划为新的4区。其中位于西北部的盔甲山河北岸、位于中部的清水河两岸，以及西南部的低山地带，都形成了新的分区。尽管在中部区中发现了较大规模的遗址，但是并没有表现出明显超出其他集群的中心地位。这样一种几个分区基本处于均匀的分布状况，很可能表明还有更高层次、或更高地位的地区性中心凌驾于这些集群之上。

利用反距离加权处理时加权值为8时形成的山峰群对半支箭河中游各时期遗址进行的分区，从分区后形成的格局以及新的分区中各自所包含遗址的规模大小等观察，赵宝沟时期与红山时期的分区与此前的分群相比，并没有发生根本的变化。在夏家店下层文化时期和夏家店上层文化时期，都出现了可以涵盖原来几个集群的大区，并且不同的分区之间在范围、所包含的遗址规模等方面也产生了明显的差别。夏家店下层文化时期位于中部的中心区，若将其周边的小的分区视为其边缘区的话，其方圆近100千米，大体与20世纪后期中国北方农村中中等规模的公社，或者现在中等规模的乡、镇相当。生活在这样一个范围里的居民，虽然他们分属于不同的生产大队或行政村，但会有一个凌驾于生产大队或行政村之上的、属于公社一级或乡一级的共同行政管理机构，也会在乡、镇政府所在地定期举办大型的共同集市。有时还会在有寺庙的地点定期举办带有宗教色彩同时也集中进行商贸活动的庙会，参加庙会者有时甚至会超出一个乡、镇的范围。据此推测夏家店下层时期生活在这样一个分区范围里的居民，很可能在政治、经济、宗教等各方面也存在着一定的关系。夏家店上层文化时期和战国时期的分区，其中心区的地位不似夏家店下层文化时期那样突出，但从每一个分区所涵盖的范围大体也在40平方千米左右，其规模大体上与现代农村小型的公社或乡、镇相当，推测居住在这样一个范围里的居民间，很可能也存在着一定的政治、经济或宗教上的联系。

三、通过等级规模曲线分析遗址集群的等级结构

上文通过遗址分布的地形图对遗址不同层次的分群或分区进行了初步的讨论，指出在有些时期的遗址群或分区中出现了围绕着一个大型、或较大型的遗址散布着一些中小型遗址的现象。但这些具有不同规模遗址的、不同层次的分群或分区，其内部不同规模的遗址间是什么样的关系，是否存在等级结构，仅靠上文的观察还难以回答。在区域性聚落考古研究中，通常会使用等级规模规则，讨论处于同一集群中的遗址间是否存在着等级结构，或者一个地区内的遗址间是否存在着等级结构[10]。

等级规模规则，亦称为阶层—规模规则，是把最大的聚落看成是第1等级，即Rank1，第二大的聚落看作是第2等级，即Rank2，第三大的聚落看成是第3等级，即Rank3，以此类推。如果一个聚落系统中已经形成了成熟的等级结构，那么根据经验

性的归纳，聚落的等级和规模符合这样一种关系，即Rank2的规模应该是Rank1的1/2，Rank3的规模则是Rank1的1/3，以此类推。这样的一种等级结构将其进行对数转换后，其结果反映在等级规模曲线（rank-size graghs）上就是一条由左上角向右下角的直线。这种直线模式被称为"对数正态分布"（log-normal）[11]。如果处于第一等级的聚落比预想的要大，而处于低等级的聚落都比预想的要小，等级规模曲线就会呈现出"凹线型"，也称为"独霸型"或"首领型"，这通常会被认为是出现了强势的集权中心。反之如果处于第一等级的聚落比预想的要小，而其他低等级的聚落比预想的要大，等级规模曲线就会呈现出"凸线型"，这表明被分析的区域中大多数聚落处于平等的地位，没有出现明显的地区中心[12]。通过计算曲线与对数正态直线间的面积而得到的A值，则是判断等级规模曲线凸起或凹下程度的量化指标。如果得到的曲线完全符合等级规模规则，将会与对数正态分布的直线重合，A值则等于0。如果曲线为"凸线型"，A值将为正值；若为"凹线型"，A值将为负值。A值的绝对值越大，则表明凸起或下凹的程度越高，反之，则越接近等级规模分布的规则[13]。

图七～图一一分别是半支箭河中游调查区内不同时期遗址的集群和分区，以及各

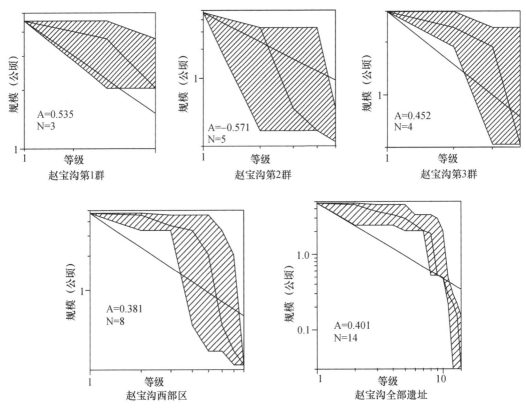

图七　赵宝沟文化时期遗址的分群、分区以及全部遗址的等级规模曲线
（斜线部分为置信度为90%时A值的置信区间）

时期在调查区内发现的全部遗址的等级规模曲线。

　　赵宝沟文化时期遗址的分群、分区以及全部遗址的等级规模曲线（图七），仅仅在第一层次的分群中第2群的A值为负值，其曲线在左上角先是表现出"凸线型"，然后在中部偏左处出现急速下降呈"凹线型"的现象，表明在这一群中，大遗址规模要比预想的小，且处于第1、第2等级的遗址相差不大，在中部或右侧急速下降说明存在着要比预想的小遗址更小的遗址。虽然该群的遗址中已有规模的不同，但并没有形成以一个大规模遗址为中心的独霸模式。第一层次分群中的其余两群，进行分区后形成的西部区，以及赵宝沟时期的全部遗址的曲线，均为"凸线型"。表明在赵宝沟文化时期，虽然已经出现了一定的集群，在较小范围内的集群中出现了一定的层次性，但从整体观察，尚没有形成以一个、或少数几个大规模遗址为中心的分布模式，即并没有出现地域性中心一级的社会单位。

　　红山文化时期遗址的分群、分区以及全部遗址的等级规模曲线（图八），在第一层次的分群中，第4群的A值为负值，第1群的A值也接近0，两者的曲线都出现了与赵宝沟第2群相似的状况，即先凸后凹，表明在这两个群中大遗址和小遗址都比预想的要小，且处于第1、第2等级的遗址相差不大，仍没有形成以一个大规模遗址为中心的分布模式。第一层次分群的其余两群，进行分区后新形成的中部区，以及红山文化时期全部遗址的曲线，均为"凸线型"。红山时期遗址的数量较赵宝沟文化时期为多，分

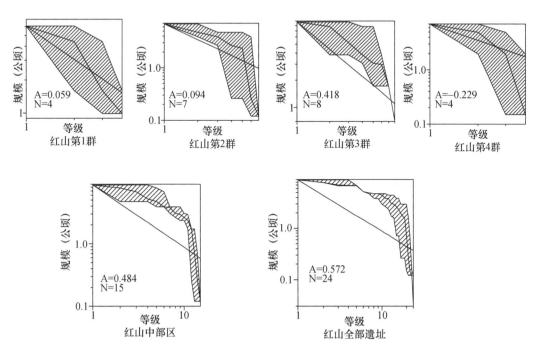

图八　红山文化时期遗址的分群、分区以及全部遗址的等级规模曲线
（斜线部分为置信度为90%时A值的置信区间）

布地域也由原来仅限于中部区扩展到西北和西南区，但从等级规模曲线看，整体上与赵宝沟文化时期遗址分布的模式接近，即在调查区内尚没有形成以一个、或少数几个大规模遗址为中心的分布模式，即并没有出现地域性中心一级的社会单位。

夏家店下层文化时期遗址的分群、分区以及全部遗址的等级规模曲线（图九），在第一层次划分的16个群中，有13个集群的A值为负值，其中第6、7、8、10、11、13、14群都表现出了明显的"凹线型"，第4、5、12、16群的曲线分布也非常接近"直线型"。这种现象说明在夏家店下层文化时期，出现了大量的以一个大规模、或较大规模遗址为中心，周围散布着一些小型遗址的集群。这样每一个集群内的最大的遗址也可称之为中心遗址，可以将其看成是一个小范围的地区中心。进行分区以后形成的中部中心区，以及调查区内全部遗址的曲线，都极为接近"直线型"，这说明夏家店下层文化时期，在形成了众多小范围的地区性中心的基础上，又出现了涉及更大范围的地区性中心。从夏家店下层文化的分布图可以清楚地看到，这个地区性中心就在调查区的中部，以半支箭河和清水河之间为中心，包括清水河东北岸的低海拔的地区。

夏家店上层文化时期遗址的分群、分区以及全部遗址的等级规模曲线（图一〇），在第一层次划分的13个集群中，有7个集群的A值为负值，其中第5、10群为明显的"凹线型"，第6、7、11、12群则非常接近"直线型"，但是也有6个集群的A值为正值，其中第1、2、3、13群都表现出明显的"凸线型"。这种现象说明在夏家店上层文化时期，虽然也出现了一些以一个大规模、或较大规模遗址为中心，周围散布着一些小型遗址的小范围的集群，但同时也还存在着一些遗址规模相当，没有中心遗址的集群。进行分区以后所形成的新的各分区的等级规模曲线，也表现出同样的状态。只有中部区曲线的A值为负值，并且表现为明显的"凹线型"，表明中部区中亦存在着具有凝聚力的大规模的中心性遗址。新划分出的西北区和西南区的曲线，其A值均为正值，曲线都为明显的"凸线型"。这种现象说明在夏家店上层文化时期，虽然也出现了小范围的地区中心遗址，以及更高层次的地域中心，但是从调查区内的整体情况看，在一些区域内，还存在着分层不明显，遗址间关系相对平等的现象。由于调查区的范围有限，还很难说清楚产生这种现象的真正原因，不过至少在调查区内这些具有相对平等关系的集群或分布区，与存在着大规模中心性遗址的中部区间似乎形成了一种抗衡的关系。

战国时期遗址的分群、分区以及全部遗址的等级规模曲线（图一一），在第一层次划分的7个群中，有5个群的A值都是负值，其中第4、7群呈现出非常明显的凹线型，第3、5、6群都接近直线型。另有第1、2两群的A值为正值，亦为明显的凸线型。显然到了战国时期，仍然有较多的小范围的地区性中心遗址，个别集群内遗址间的关系相

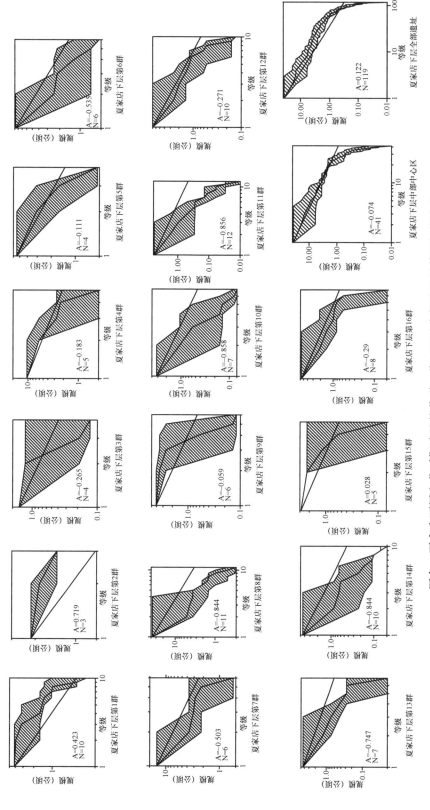

图九 夏家店下层文化时期遗址的分群、分区以及全部遗址的等级规模曲线
（斜线部分为置信度为90%时A值的置信区间）

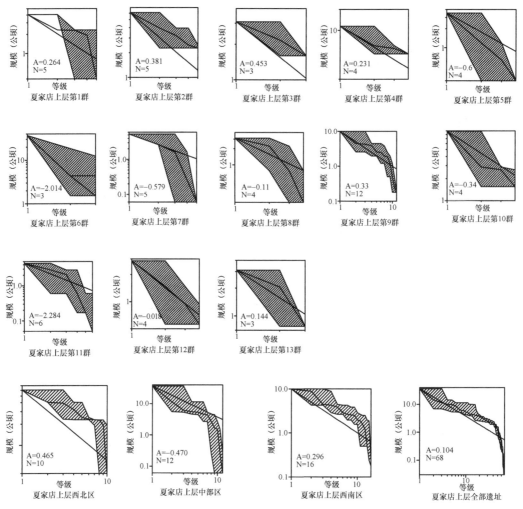

图一〇　夏家店上层文化时期遗址的分群、分区以及全部遗址的等级规模曲线
（斜线部分为置信度为90%时A值的置信区间）

对平等。进行分区后形成的三个分区中，中部区和西南区的A值为负值，但二者都较为接近对数正态直线，只是中部区表现为下凹，而西南区的曲线在中部出现了稍许的平移后急速下降。西北区的曲线则表现出明显的"凸线型"。说明在前三个区内都出现了一定的等级结构。战国时期全部遗址的A值为正值，曲线为"凸线型"，似乎与前述分群和分区中都是以"凹线型"为多相背，不过这种现象通常表明在研究区域内，虽然出现了许多小型的地区性中心，但在此区域内没有出现一个可以将这些小型的地区中心纳入到更高一个层次的社会单位。

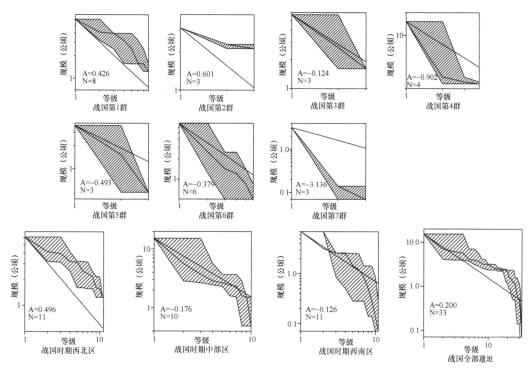

图一一　战国时期遗址的分群、分区以及全部遗址的等级规模曲线
（斜线部分为置信度为90%时A值的置信区间）

四、夏家店下层文化具有特殊遗迹遗址的讨论

半支箭河中游调查区发现的153处夏家店下层文化遗址中，在KF13、KF17、KN5、SN1、ST6、SC25、KJ2、KJ6、KJ7等共9个遗址发现一种"石带"遗迹（图一二），石带由石块堆积而成，宽度大多为1～1.5米，少数宽3～5米，现高出地表大多在0.5米左右，长度因保存情况不同有别，最短者仅存20多米，长者甚至可达几百米。还有一些遗址发现了人工修整的宽带，或环绕于石带外侧，或与石带平行，或单独修建。从原报告作者对石带的描述看，其中3～5米宽的石带与在西拉木伦河流域发现的被称为夏家店下层文化石城址中的石墙相同，1～1.5米左右宽的石带虽然较那些石墙为窄，但也多对遗址的中心区域呈环绕之势，亦起到了围墙的作用。原报告对这种石带的功能，以及修建有石带的遗址的性质都未作讨论，不过对于西拉木伦河流域发现的夏家店下层文化石城址的性质，早在20世纪80年代就已引起了学者的广泛关注，由于其中常发现有大量的石砌建筑遗迹，学者多认为属于居住址[14]，也有学者注意到有些石城址修建在并不利于居住的陡坡上[15]，同时有些城址中心有用于祭祀的"台"[16]，因此部分石城址的功能很可能与某些政治或宗教活动有关。半支箭河中游调查区9个发现有石带的夏家店下层文化遗址中，有8个遗址中都发现了数量不等

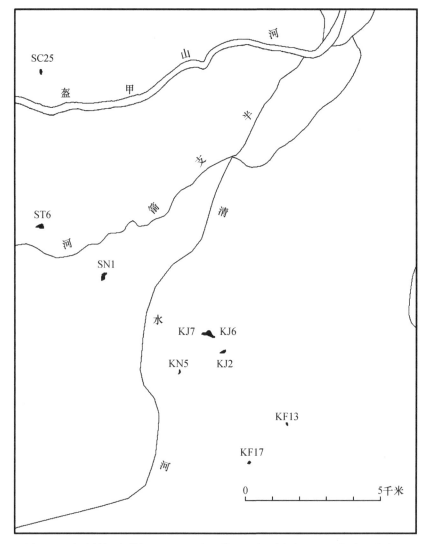

图一二　半支箭河中游调查区发现有石带遗迹的夏家店下层文化遗址分布图

的石砌建筑遗迹，或石圆圈，或石堆[17]，也发现有位于遗址中心用于祭祀的"台"，这些都表现出与在其他地点已发现的石城址间的共性。通过对这些遗址的布局进行分析，可知这些石带以及在部分遗址中发现的人工修整的宽带的功能主要是对一些进行特殊活动区域进行区划或标识[18]。

根据各遗址的布局，由石带和人工修整的宽带区划出的不同区域间的关系大体可分为以下几种。

（1）在KN5和ST6中，是由石带或人工修整的宽带将一个遗址中原本就相隔有一定距离的两区分别进行标识，两区虽然在规模上稍有不同，但从位置看应该属于一个遗址的两个不同的部分，其间的关系应该是平等的。从ST6区划开的两个区域都发现了数量相近的石圆圈看，在两个区域进行的活动很可能是相同的（图一三）。

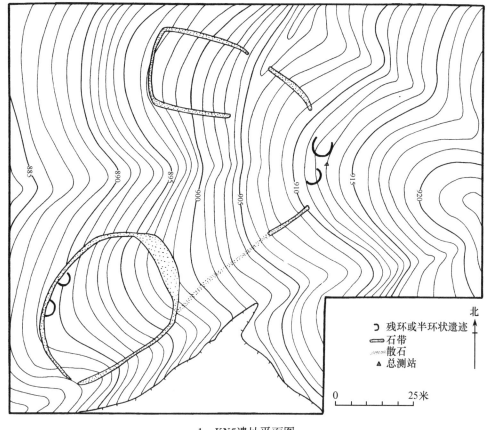

1. KN5遗址平面图
（采自原报告图三四）

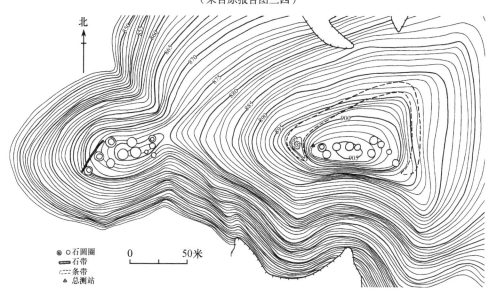

2. ST6遗址平面图
（采自原报告图一一二）

图一三 被区划的区域间具有平等关系的遗址

（2）在KF13和KJ7中，由石带或人工修整的宽带将遗址区划后形成的不同区域，可分为由石带或人工宽带环绕以内的区域以及环绕以外的区域，两者之间很可能是主体部分与附属部分的关系。从KF13在石带内和石带外分别分布有石圆圈和石堆的现象看，很可能在主体区域和附属区域进行的活动有所不同（图一四）。

（3）SN1是由石带和多重人工修整的宽带将其区分为四个区，这四区之间呈现出由外向内，不断递进的关系。最中心的区域是由砌石围成的平台，与其他区域相比具有很强的特殊性，显然在这里进行的活动与在其他区域进行的活动并不相同。KF17则是由人工堆砌的长条形石堆将石带环绕内的区域进一步区分为两个部分，由上文的分析可知两个部分之间的关系亦应是一种由外向内的递进关系（图一五）。

上述9个遗址中有5个分布在前文所讨论的调查区中部中心区的西南边缘，其余4个遗址分别分布在西北区、东南区和未能分区的地点，由于后者所在的分区都靠近调查区边界，很可能与调查区以外的夏家店下层文化遗址相关，因此这里重点讨论与中心区有关的5个遗址。

SN1分布在半支箭河南岸那拉卜罗岱王山山顶，KJ2、KJ7、KJ6和KN5分布在清水河东岸的架子山山顶及山脊上，这些地点都是调查区内西南部的制高点，其东北方向面对着分布在半支箭河和清水河之间，以及清水河东北岸的低海拔地区的大量的夏家店下层文化遗址，距位于中心区中部的大型遗址间的距离最远在5千米左右，最近者仅2千米左右，远远小于与其他边缘区间的距离。很可能居住在中心分布区各聚落的夏家店下层文化居民都可以到这些地点进行政治或宗教之类的特殊活动。其中KJ2和KJ6因发现的遗迹太少不能确知其内部布局，KN5属于平等型，KJ7属于主附型，SN1属于递进型。这些情况表明能够进入这些地点进行政治或宗教活动的人群间的关系亦有所不同。进入KN5进行这些特殊活动的人群由于其在两个区的活动相同，因此这些人很可能是来自于不同的聚落，而这些不同的聚落间的关系是平等的。进入到KJ7进行特殊活动的人群，由于其在主体区域和附属区域进行的活动可能有所不同，因此进入到不同区域的人群或来自于不同层次的聚落，或来自于同一聚落中不同层次的人群，或只是由于活动的内容不同而需要在不同的区域进行。值得注意的是SN1遗址，由于SN1可分为四个区，而四个区之间由外向内，不断递进，直至最中心的由砌石围成的平台，不仅表明在这些不同的区域进行的活动可能有所区别，而且还意味着对进入到这些地点从事活动的人群进行了进一步的区分。由外及内的递进关系表明具有可以越过外围区域而一步步接近并进入到中心区域的人群的权力是递增的，而能够进入平台进行或主持特殊活动的人处于所有人中的最高等级。这些现象都说明在半支箭河中游调查区夏家店下层文化时期已出现了明显的具有不同权力或地位的人群，他们所拥有的权力或地位在一些具有群众性的区域性公开活动中得以显示。由于在SN1遗址所表现出的权力的多层性，很可能具有不同权力的人群来自不同等级的聚落，而其中具有最高权力和地位的人则应来自中心聚落。不过仅据调查的资料还很难判断这些人群所具有的权力

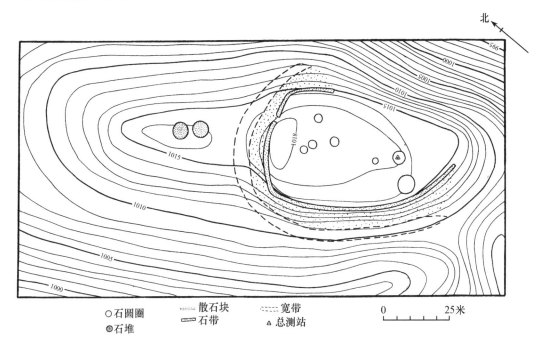

1. KF13遗址平面图
（采自原报告图七〇）

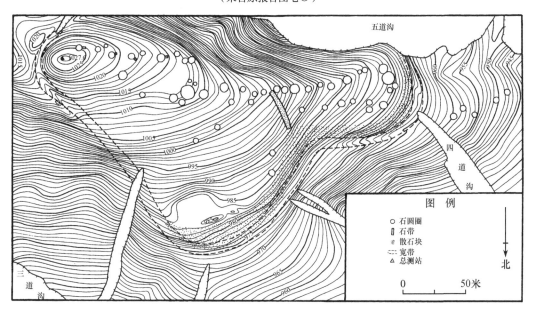

2. KJ7遗址平面图
（采自原报告图九）

图一四　被区划的区域间具有主附关系的遗址

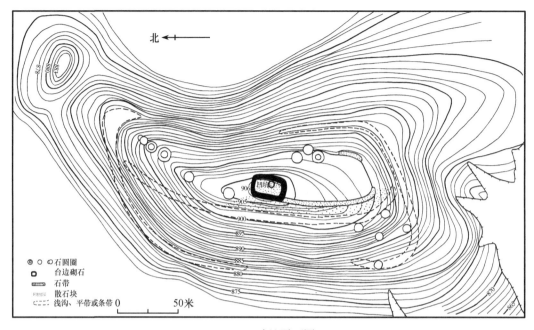

1. SN1遗址平面图

（采自原报告图一〇一）

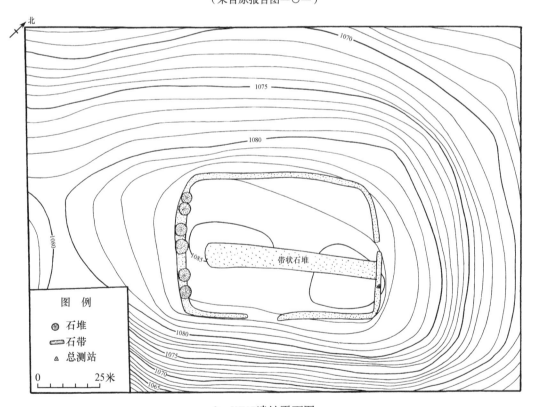

2. KF17遗址平面图

（采自原报告图六四）

图一五　被区划的区域间具有递进关系的遗址

是源于他们个人所拥有的能力或权威，还是来自于已经制度化的权力机制，如来自世袭；同时亦不清楚他们的权力是终身制还是暂时拥有；当然也不清楚中心聚落对于其周边遗址的凝聚力是来自于这些拥有最高权力者自身的个人魅力，还是来自于由他们所主持进行的与政治、经济或宗教相关的特殊活动。

从SN1遗址位于调查区的偏西部并已靠近西部边界来看，也不排除SN1对分布在调查区以外的一部分夏家店下层聚落的居民也具有同样的凝聚作用，也许SN1遗址是更大范围内夏家店下层文化居民共同进行特殊活动的地点。

五、结　语

综上所述，通过对调查区内不同时期遗址空间分布的直接观察，可以了解不同时期遗址分布与地形、海拔高度、河流等之间的关系，而通过遗址分布的地形图，则可以使遗址分布的空间状态更加清晰地表现出来，为划分遗址的不同层次的集群提供了更多的信息。而通过等级规模曲线的分析，则可以了解不同层次的集群、以至于一个地区内遗址间的等级结构。

赵宝沟文化时期遗址的分布较为分散，倾向于那些距离河流相对较远，海拔适中的地点。遗址间距离相当，面积相近，虽然已有聚集成群的现象，亦可划分为两个分布区，但不同的群间以及与不同的分区间都没有表现出明显差别，亦看不出存在着具有不同层次社会单位的等级结构。

红山文化时期的遗址在分布范围和数量上均较赵宝沟文化有所增加，表现出向距离河流较近的地点和向距离河流较远且海拔较高的低山地带发展的两种倾向。尽管各群或各分布区中的遗址在面积上出现了一定的差别，但仍看不出存在着等级上的差别。

夏家店下层文化时期的遗址在分布范围、数量、面积和集中程度上都超出了红山文化，在倾向于集中在那些海拔高度适中的地区以外，同时也对那些高海拔、距离河流很远的地区表现出一定的兴趣。在调查区全境都分布着一些小型的集群，在这些小集群的内部已经出现了一些小范围的地区性中心，从而形成了一定的等级结构。在调查区的中部，可以明显看到在这些小范围地区性中心之上，又集结成一个更高层次的大的中心区，其中存在着以大型的中心性遗址为主，周围散布小型遗址的现象，很可能这里已经出现了极具凝聚力的较大范围的地域中心。在中心区的周边可看到边缘区的存在，在遗址规模、数量等方面都存在着明显的差别。表明夏家店下层文化时期聚落的等级结构较红山文化时期已经有了明显的发展，在小范围的地区性中心之上，已经出现了更大范围的区域性中心。随着聚落等级结构的发展和区域性中心的出现，也出现了拥有特殊权力和地位的人群，这些人群很可能居住在区域性中心，并通过在特殊地点进行的政治或宗教等活动来表现他们的权力和地位，以及其对周围聚落的凝聚力。

夏家店上层文化时期与夏家店下层文化时期相比，在遗址分布的范围和格局上没有太大的变化，保留了对于海拔适中、距离河流较近地点的关注的同时，在距离河流很远的高海拔地区，也表现出较夏家店下层文化更多的偏好。不过夏家店上层文化时期，无论是从低层次的分群，还是更高层次地划分不同的分布区，虽然仍然存在着小范围的地区性中心以及更高层次的区域性中心，但是由于有部分等级结构并不明显的集群存在，似乎表明夏家店上层文化时期的区域性中心并没有非常强势的凝聚作用。若把出现不同层次的等级结构看成是社会发展的一种重要标志，那么从夏家店下层到夏家店上层文化时期，似乎没有表现出明显的发展。当然亦不能排除在夏家店上层文化时期，已不通过修建大规模的聚落来表现地域性中心所具有的中心地位和凝聚作用。

战国时期遗址的分布状态与夏家店上层文化时期较为接近，适中的海拔高度仍是其首选。虽然也出现了一些小范围的地区性中心，但是这些地区性中心都趋于均衡，同时在整个调查区内似乎找不到一个更加强势的区域性中心。这种状况，很可能表明还有更高层次、或更高地位的地区性中心、或政体凌驾于这些小范围的地区性中心之上。

注　释

［1］　国家文物局合组赤峰考古队：《半支箭河中游先秦时期遗址》，科学出版社，2002年。

［2］　在原报告第7页第（2）项说明该调查使用的是1∶12500航片，但在同页第（3）项中又说明航片比例为1∶13500。此处从第（2）项。

［3］　滕铭予：《GIS在半支箭河中游环境考古中的应用》，《考古与文物》2009年第1期。

［4］　由于此次调查范围实际超出上述设定区域（见注1之P6），因此本文在对调查区的各种地图进行处理时，所涉及的范围在设定范围的四周均向外稍有扩展，具体为坐标网中的0632～0647和4655～4674之间，涉及面积为285平方千米。

［5］　国家文物局合组赤峰考古队：《半支箭河中游先秦时期遗址》，科学出版社，2002年，6页。

［6］　通过考古学资料对人口数量进行研究，通常都是以对遗址中单个房屋建筑的人口数量分析作为起点，进而计算出一个遗址（通常是经过全面发掘的遗址）的人口规模。运用田野调查资料进行人口数量的研究，大多是利用在调查中获得的关于遗址和采集点的数量、面积，以及采集到的遗物，主要是陶片的数量，进行人口数量的推算。虽然在半支箭河中游进行的田野考古调查，并没有提供单个遗址的完整资料，也没有在遗址进行系统的陶片采集，但是基于这样的假设，即在其他条件相等的情况下，较多的人口会居住在较大的聚落中，从而会留下

较大面积的遗址，因此遗址面积应该与遗址的人口数量成正比，遗址的面积越大，居住在这里的人口数量就越多，反之则越少。

[7] 在不能获得具体的可说明遗址等级的资料时，通常也会将遗址面积作为划分遗址等级的标准，即遗址面积越大，该遗址的等级越高，反之则越低。相关的研究参见刘莉：《中国新石器时代黄河中下游酋邦社会的发展》，《考古学的历史・理论・实践》，中州古籍出版社，1996年；陈星灿等：《中国文明腹地的社会复杂化进程——伊洛河地区的聚落形态研究》，《考古学报》2003年第2期；方辉等：《鲁东南沿海地区聚落形态变迁与社会复杂化进程研究》，《东方考古》（第4集），科学出版社，2008年。

[8] 在表现遗址分布的平面图上，每个遗址都只具有其所在地点的两个坐标值，而绘制遗址分布地形图的方法是将在各个地点发现的遗址面积或估算的人口数量设定为各个地点的高程值，若没有发现遗址的地点其高程值为0，从而使各个地点都具备了三维的数据，然后据此即可绘制出遗址或人口分布的地形图。参见周南、柯睿思：《早期酋长制群体的聚落形态比较研究》，《吉林大学社会科学学报》2004年第5期。

[9] 周南、柯睿思：《早期酋长制群体的聚落形态比较研究》，《吉林大学社会科学学报》2004年第5期。

[10] 陈星灿：《等级—规模模型在聚落考古研究上的应用》，《学人》（第11辑），江苏文艺出版社，1997年。

[11] Robert D. Drennan, Christian E.Peterson. Comparing archaeological settlement systems with rank-size graphs: a measure of shape and statistical confidence. Journal of Archaeological Science, 2004, 31: 533-549.

[12] 〔美〕格雷戈里・A. 约翰逊著，陈洪波译，方辉校：《考古学区域分析》，《聚落与环境考古学理论与实践》，山东大学出版社，2007年。

[13] Robert D. Drennan, Christian E.Peterson. Comparing archaeological settlement systems with rank-size graphs: a measure of shape and statistical confidence. Journal of Archaeological Science, 2004, 31: 533-549.

[14] 徐光冀：《赤峰英金河、阴河流域石城遗址》，《中国考古学研究——夏鼐先生考古五十年纪念论文集》，文物出版社，1986年。

[15] 王惠德、薛志强、吉迪、刘景岚：《阴河中下游石城的调查与研究》，《昭乌达蒙族师专学报（汉文哲学社会科学版）》1998年第4期。

[16] 王惠德、薛志强、吉迪、刘景岚：《阴河中下游石城的调查与研究》，《昭乌达蒙族师专学报（汉文哲学社会科学版）》1998年第4期。

[17] 虽然有学者提出在夏家店下层文化遗址中发现的石堆遗迹可能是夏家店上层文化的石板墓（参见陈国庆、张全超：《赤峰上机房营子石城址考古发掘与启示》，《吉林大学社会科学

学报》2006年第3期），但在本文中所涉及的发现有石堆遗迹的两个地点，均只发现了夏家店下层文化的遗物，因此还没有根据把这些遗址中发现的石堆遗迹的文化性质全部归属于夏家店上层文化。

[18]　滕铭予：《夏家店下层文化遗址中石带功能的探讨》，《徐苹芳先生纪念文集》，上海古籍出版社，2012年。

（原刊于《中华文明探源工程文集：社会与精神文化卷》，
科学出版社，2009年）

古代气候事件与古代文化间关系的再思考

——以全新世大暖期的赤峰地区为例

近年来随着考古学研究的不断深入，各种自然科学技术手段在考古学中的普遍应用，越来越多的学者在进行不同时期、不同层面、不同角度的考古学研究时，往往都会自觉地把环境的变化作为考古学研究中不可缺少的一个重要因素。在这种学科发展的大趋势下，以研究古代人类与环境之间的关系为主旨的环境考古学，在揭示古代人类社会、经济、政治、文化的发展过程，认识古代人类生存的规律性等方面，都起着越来越重要的作用。同时也有越来越多的考古工作者和环境科学工作者，都对环境考古投入了极大的热情与关注。

由于考古学资料是古代人类活动的遗存，其保留至今又被科学地发掘出来都具有一定的偶然性，这些资料中尽管包含有大量与环境相关的信息，但仅仅依靠考古学资料所提供的这些信息对古代人类与环境间的关系进行研究还远远不够，因此由环境科学工作者进行的对于古环境的特征及演变规律的研究，就为环境考古研究提供了重要的必不可少的基础资料。而在环境演变过程与规律的研究中，古代人类的活动与环境的关系，对环境的影响，通常又被称为文化景观，也是研究环境演变的一个重要组成部分。主要是通过不同的考古学文化的特征，其所反映的经济类型，文化间的消长与更替等，对古代环境进行复原推测。因此在环境考古研究中，考古学与环境科学密不可分，相辅相成。

正是由于在环境考古研究中，考古学与环境科学有着如此密切的关系，因此考古学与环境科学如何正确解读对方已有的研究成果，如何将二者科学地结合、而不是简单地叠合在一起，就成为环境考古中一个非常重要的问题。已有学者认识到这一问题的重要性，指出目前的环境考古研究中环境科学工作者与考古学研究者的结合还不够，存在着将环境与古代文化间的关系进行简单的对应，在研究中重气候而轻地貌，缺少微观的个案研究等[1]。另外有学者指出，在中国的环境考古研究中，环境科学工作者和考古学研究者通常都"对本学科领域的数据和研究成果持批评态度，而对本学科以外的数据和研究成果持'信任'的态度。"其结果是环境研究者"相信'高度发达的古文化表明更适宜的气候条件'……"而考古学家则"得出结论认为'毫无疑问，这样有利的环境有利于解释新石器时代和青铜时代人类文化的发展……'这样的讨论成为一种循环。"[2]。

笔者在对赤峰地区环境考古研究的成果进行梳理的过程中[3]，注意到在对全新世大暖期赤峰地区环境发展变化与古代文化间关系的研究中，除了上文中提出的问题以外，还存在着其他一些不同的看法与意见。如大多学者认为在气候温暖湿润时期，植被生长旺盛，从而使位于赤峰地区东部的沙地收缩，相反在气候干燥寒冷时期，植被凋零，沙地扩展[4]。但也有学者持相反意见，认为在气候温暖湿润时期，农业兴起，人口膨胀，反而会导致沙地的扩展，而气候干燥寒冷期，不宜农业，反而减少对土地的破坏，使沙地收缩[5]。也有的环境科学工作者明确指出，文化的发展与环境变迁虽然密切相关，但它们之间的关系并不存在统一的模式，不能简单地归结为环境适宜则文化兴，环境恶化则文化衰[6]。另外由于环境的变化与重要的气候事件息息相关，因此在赤峰地区全新世大暖期环境考古的研究中，气候事件发生的时间，及其对古代文化的影响就显得尤为重要。不过在目前为止的环境科学研究中，对于全新大暖期重要气候事件发生的时间却还存在着不同的看法，这也影响到对于赤峰地区古代文化发展过程的认识。下文将以全新世大暖期赤峰地区的环境考古研究为例，重点说明古代气候事件与古代文化间的关系。

一、中国全新世大暖期的起讫时间与划分阶段

距今大约10000年之际，随着第四纪更新世晚期的末次冰期结束，进入全新世。进入全新世以后，由于冰期结束，大地回暖，气候开始向有利于人类生存繁衍的温暖湿润方向发展，尤其是进入全新世中期以来，出现了气候最佳适宜期，在我国将这一时期称为"中国全新世大暖期"或"仰韶温暖期"[7]。

环境科学研究者曾根据不同的资料，提出中国全新世大暖期开始时间出入于距今10000~7500年，终止时间出入于距今5000~2000年。20世纪90年代初期在北京举行的中国全新世大暖期学术讨论会上，与会学者围绕着全新世大暖期的时段、幅度和证据进行了充分的讨论，并主要参考对于温度变化最敏感的敦德冰芯记录，提出中国全新世大暖期起于距今8500年前后，止于距今3000年前后[8]。

在全新世大暖期延续的5500年间，又可以根据气候与环境的变化，大体划分为以下几个阶段。

第一阶段，距今8500~7200年，以不稳定的由暖变冷的温度波动为特征。在距今8500年前气温急剧升高而导致降水增加，使得一些湖泊和河流水位增加。不过在距今7800年和距今7200年前后，曾出现两次温度下降。

第二阶段，距今7200~6000年，是大暖期中稳定的暖温阶段，也称为大暖期的鼎盛阶段（Megathermal maxmum）。除个别地点因高温使得蒸发量增加而较为干燥外，各地气候均较暖湿。

第三阶段，距今6000～5000年，是气候波动剧烈、环境较差的阶段。一方面承继着前一阶段暖湿气候特点，另一方面也出现了数次的降温事件。如敦德冰芯记录显示存在着3次降温事件。

第四阶段，距今5000～3000年，距今4000年之前为气候波动和缓的亚稳定暖湿期，气候环境较上个阶段有所改进。距今4000年前后为一多灾时期，部分地区表现出气温和降水突然下降。此后直到距今3000年气候仍然比较暖湿，到距今3000年前后气候开始呈现多次连续的降温波动，大暖期结束[9]。

二、全新世大暖期重要气候事件与古代文化的关系

全新世大暖期的气候变化与赤峰地区古代人类文化密切相关的气候事件主要发生在第三阶段和第四阶段，包括距今5500～5000年、距今4000～3500年、距今3000年前后三个重要的时间段，但到目前为止，对于前两个时间段中发生气候事件的具体时间还有不同的认识，而气候事件发生的时间不同在解释其对古代人类文化所产生的影响也有明显的差异。

1. 距今5500～5000年

距今5500～5000年，相当于红山文化晚期，是赤峰地区古代文化发展过程中非常关键的时期。吴文祥和刘东生指出，在距今5500年发生了全球性的降温事件，中国有许多证据也表明在距今5500年前后有过降温，其中包括内蒙古岱海地区和北京地区的材料。并指出牛河梁这种大型的地区性礼仪中心的出现应与这次降温事件有关[10]。彭晓莹等人根据敦德冰芯的变化提出在距今5300年中国出现过降温事件[11]。莫多闻等人根据对牛河梁遗址群各地点的文化层和阶地剖面的古环境分析，认为牛河梁遗址形成时期气候已经出现干凉化趋势[12]。许靖华也提出在距今5200年发生了全球性的降温事件[13]。不过也有一些研究者认为中国是在距今5000年开始出现降温事件，如李永化、张小咏等人在2003年和2004年分别撰文，认为在辽西地区距今5000年开始发生降温事件[14]。他们所利用的资料主要是在辽西地区哲里木盟科左后旗查日苏乡牧场地点的孢粉分析结果，该地点只提供了3个^{14}C年代数据，其中最早的年代为距今4410±60年，因此在这个地点并没有年代早到距今5500～5000年的地层。黄翡等人于2004年撰文，根据在太仆寺旗的古土壤剖面中的植硅石及孢粉的研究，提出在距今5000年开始气候变为干冷，草原植被退化[15]。该研究地点所涉及的^{14}C年代只有3个，分别为距今9495±50年、距今4830±130年、距今2300±95年，研究者是根据地层深度提出在距今7000～5000年期间气候温暖湿润，距今5000年开始干冷的认识。朱艳、陈发虎等人则提出距今5000年左右全球普遍存在着一次变化幅度较大的突发性环境恶化事件，导致

我国南北各地的新石器时代文化出现衰退或断层[16]。

气候干冷事件发生的时间是距今5500年，或距今5300年，还是距今5000年，对于研究红山文化的发展过程，尤其是红山文化晚期所产生的大规模的地域性礼仪中心，以及红山文化的衰退都具有很重要的意义。研究者通常的解释是距今5000年之前由于气候温暖适宜，为红山文化的经济、政治、宗教等方面的发展提供了非常有利的条件，在此基础上产生了大规模的地域性礼仪中心。到了距今5000年前后，由于气候变冷，环境恶化，加之红山文化社会的高度发展，人口密集，以及超度的开发资源，使得环境资源不负重荷，大批人口迁徙，造成了红山文化的衰落。目前考古学界的多数学者都采用了这种观点[17]。但是环境科学工作者如刘东生等学者指出，气候温暖湿润时由于环境资源丰富，人类多选择居住在较高且较分散的地点，而气候变冷后则迫使人们选择居址的环境条件发生变化，多下降到距离河流较近的地方，并在这些地点产生人口的聚集，正是由于人口的聚集导致资源紧张，才会产生文化上的调整以及私有观念等，从而建立了社会结构向高层次发展的基础[18]。在这种前提下理解红山文化后期社会的高度发展，以及产生大规模的地域性礼仪中心等，则应该是气候变冷和环境转向恶劣的结果，而不是导致环境变化的原因。

笔者曾对赤峰地区红山文化时期的遗址分布在不同地貌类型中的比例进行过定量分析，与赵宝沟文化时期相比，红山文化时期遗址在分布上表现出向海拔更高的低山和更加低平的河谷平地两极发展的趋势[19]。由于笔者所使用的资料并不具备对各红山文化遗址进行分期的条件，因此也无法了解分布在较高海拔的低山上的遗址和分布在低海拔地带的低平谷地的遗址间是否存在着期段的不同，但是若考虑到上文提到的气候变化与人们选择居址地点的关系，红山文化时期遗址在分布上表现出的向更加靠近水源、更适合于人类居住和进行农业生产的低平谷地集中的倾向，以及部分遗址走向较高海拔的低山的现象，很可能与刘东生等学者提出的气候的变冷导致人口向适宜居住的地点集中，以及由此而产生的社会结构向高层次发展并产生出新的社会需求有关。

2. 距今4000～3500年

距今4000～3500年，处于夏家店下层文化的年代范围内[20]，这一期间的气候及环境变化对于理解夏家店下层文化的发展具有十分重要的意义。

目前大部分学者都认为这一阶段的气候发生了不利于人类生存的变化。吴文祥、刘东生，以及许靖华等学者都曾提出，在距今4000年前后发生的降温事件可能是新仙女木事件（Younger Dryas）以来最为寒冷的一次降温过程，是历史时期以来最具影响力的一次小冰期，也是世界上许多地区全新世气候演化过程中的一次重要转变，标志着当地气候最适宜期的结束和全新世后期的开始[21]。由于气候的降温事件，产生了人口压力和地理限制，在中国中原周边地区的文化都衰落了，中原地区崛起产生了国家[22]。夏正楷和杨晓燕则在2003年提出，距今4000年由于出现降温事件导致相对湿度增加而引发了异常洪水事件[23]。彭晓莹等人撰文提出在距今4000～3500年西部地区突然变冷，出现过降温事件[24]。许靖华也提到公元前2000年左右的全球变冷事件带来的对欧亚草原的影响[25]。不过也有少数学者如李永化、张小咏等人则认为在距今5000～4400年期间发生过降温事件，但是在距今4400～2750年期间，气温回升，气候温暖湿润，到距今2750年后气温又逐渐下降[26]。

在距今4000年或距今4000～3500年是否发生了降温事件，对于夏家店下层文化的发展过程以及文化与环境间关系的理解与解释会有不同的意义。赤峰中美联合考古研究项目在1999～2001年的工作中，共对赤峰市西南部765.4平方千米的范围内进行了全面系统的区域性考古调查，共发现夏家店下层文化时期的遗址379处，总面积8.1479平方千米，而小河沿文化时期的遗址仅36处，总面积0.4183平方千米，二者表现出极大的差别[27]。笔者还对《中国文物地图集·内蒙古自治区分册》中记录的遗址进行了统计，赤峰地区夏家店下层文化的遗址数量为2964处，总面积约为38.0544平方千米，而小河沿文化时期的遗址数量仅有84处，总面积约为1.2484平方千米，两者不论在遗址数量还是在总面积上都相差数十倍之多[28]。即使排除后者由于记录遗址方法的不完善而可能出现的误差，这种差别也是不可忽视的。虽然上述资料都不能提供对已发现的夏家店下层文化遗址进行分期的条件，很可能其中有些遗址在使用时间上并不同时，但与小河沿文化时期的遗址相比，在数量和面积都出现如此大规模的激增，应该与夏家店下层文化时期人口的大幅度增加有密切的联系。如果在距今4000年前后或在距今4000～3500年发生了降温事件，那么气候变冷、环境向不适宜于人类生存的方向变化，并没有带来夏家店下层文化时期人口的下降，反之较此前的小河沿文化在人口数量上有大幅度的增加，似乎再一次说明了古代气候变化与人类社会发展间的关系并不能简单地相互对应。另外在夏家店下层文化的晚期阶段，在夏家店文化分布北部区域的阴河流域、英金河流域，出现了大量的修建具有防御功能石墙的居址[29]，这亦可能与在距今4000年或距今3500年发生的降温事件气候有关，由于气候的变化导致夏家店下层文化的人群生存策略的变化，大量人口向相对温暖的海拔较低地带迁徙，使得人口相对集中，导致资源短缺，引发了文化间甚至聚落间对于资源的争夺。值得注意的是在夏家店下层文化分布的较南地区，也出现了一些修建有相类石墙的居址，如半支箭河中游地区[30]。笔者曾对半支箭河中游调查区内发现的修建有石墙的遗址的布局进行分析，可知其功能很可能主要是对一些进行特殊活动区域进行区划或标识，借此区划出处于不同等级、具有不同权利的人群[31]。正如有些学者指出，由于环境的恶化而带来的人群之间为了获取资源而进行的竞争亦可能加速了这一时期的社会复杂化进程[32]，从而使社会出现了处于不同阶层的人群，并在一些进行特殊活动的区域中使其身份得以体现。

不过若依少数学者所言，在距今4400～2750年期间，气候温暖湿润，适合于人类生存，可以促进人口的发展，亦会带来对于资源的压力，也可能会与外部人群产生对资源的争夺，甚至产生战争，同时人口的增长以及战争的需要亦可能促进其自身社会结构的发展，从而产生人群内部的分层。显然这将提供古代文化与环境间互动关系的另一种模式。

3. 距今3000年前后

不同的研究者对于距今3000年前后的气候条件都有相对比较接近的认识。最早是气象学家兼地理学家竺可桢根据《竹书纪年》和诗经中有关的物候、结冰等记载，提出在公元前1000年，即商末周初有一个寒冷期[33]。张小咏提出距今2900～2300年期间发生了降温事件，中国北方以干冷气候为主，也称为西周冷期，或者新冰期等，正是这一降温事件的出现结束了全新世大暖期[34]。许靖华也提到在公元前1000～前800年之间，包括西周晚期，有许多寒冷干燥的年份，干旱与饥饿经常发生[35]。

距今3000年前后正是夏家店上层文化兴起的时间，目前已知夏家店上层文化的分布范围较此前的夏家店下层文化的分布区域更偏向北方。根据在赤峰地区以往的考古工作，可知在西拉木伦河以北发现的夏家店下层文化的遗址数量仅有十几处，而夏家店上层文化的遗址则有近五十处[36]。在赤峰中美联合考古研究项目对赤峰地区进行的区域性调查中，夏家店上层文化的分布亦表现出较夏家店下层文化的分布更倾向于选择西北方向高海拔地区的现象[37]。如果在距今3000年前后出现了降温事件，人们通常会向海拔较低、相对温暖的地区迁徙，而在赤峰地区夏家店上层文化遗址的分布却较此前的夏家店下层文化的遗址表现出向高、向北分布的倾向，这些现象表明夏家店上层文化很可能是从更北的地区由于气候变冷而南下到赤峰地区。当然也不能排除如果在夏家店上层文化原分布区的南部还有更为强大的压迫力量而迫使夏家店上层文化向北部更为寒冷的高海拔地区迁徙。

综上所述，对于全新世大暖期重要气候事件发生时间的不同判断，对于理解赤峰地区古代文化的发展过程可能会存在着不同的影响。当考古工作者试图用气候事件解释古代文化的发展、兴衰时，最好能够充分了解环境科学研究中已有的研究成果与不同的意见，而不是将气候事件与文化的兴衰进行简单的对应。本文的目的并不在于解决发生古代气候事件的确切时间，只是提出问题，并希望该问题能够引起进行环境考古研究的环境科学工作者和考古学工作者的关注。

注　释

[1]　杨晓燕、王涛、夏正楷、张小虎：《全新世气候变化的尺度及其在环境考古中应用的程度》，《东方考古》（3），科学出版社，2006年。

[2]　佟派、王睦：《古代中国的环境研究——关于解释和年代对应方面的问题》，《东方考古》

（2），科学出版社，2005年。

[3] 滕铭予：《赤峰地区环境考古研究的回顾与展望》，《边疆考古研究》（第3辑），科学出版社，2004年。

[4] 夏正楷、邓辉、武弘麟：《内蒙古西拉木沦河流域考古文化演变的地貌背景分析》，《地理学报》2000年第3期。

[5] 宋豫秦：《中国文明起源的人地关系简论》，科学出版社，2002年。

[6] 吴文祥、周扬、胡莹：《甘青地区全新世环境变迁与新石器文化兴衰》，《中原文物》2009年第4期。

[7] 王星光：《中国全新世大暖期与黄河中下游地区的农业文明》，《史学月刊》2005年第4期。

[8] 施雅风、孔昭宸、王苏民、唐领余、王富葆、姚檀栋、赵希涛、张丕远、施少华：《中国全新世大暖期气候与环境的基本特征》，《中国全新世大暖期气候与环境》，海洋出版社，1992年。

[9] 施雅风、孔昭宸、王苏民、唐领余、王富葆、姚檀栋、赵希涛、张丕远、施少华：《中国全新世大暖期气候与环境的基本特征》，《中国全新世大暖期气候与环境》，海洋出版社，1992年。

[10] 吴文祥、刘东生：《5500aBP气候事件在三大文明古国古文明和古文化演化中的作用》，《地学前缘》2002年第1期；吴文祥、葛全胜：《全新世气候事件及其对古文化发展的影响》，《华夏考古》2005年第3期；吴文祥、周扬、胡莹：《甘青地区全新世环境变迁与新石器文化兴衰》，《中原文物》2009年第4期。

[11] 彭晓莹、钟巍、赵引娟、薛积彬：《全新世大暖期气候环境特征及其机制的再认识》，《华南师范大学学报（自然科学版）》2005年第2期。

[12] 莫多闻、杨晓燕、王辉、李水城、郭大顺、朱达：《红山文化牛河梁遗址形成的环境背景与人地关系研究》，《第四纪研究》2002年第2期。

[13] 许靖华：《太阳、气候、饥荒与民族大迁移》，《中国科学（D辑）》1998年第4期。

[14] 张小咏：《5000aB.P.以来辽西地区环境演变与人地关系研究》，辽宁师范大学硕士学位论文，2003年；张小咏、李永化、刘耕年、尹怀宁：《辽西北地区全新世中期以来环境变迁》，《海洋地质与第四纪地质》2004年第4期；李永化、尹怀宁、张小咏、陈占娇：《5000aB.P.以来辽西地区环境灾害事件与人地关系演变》，《冰川冻土》2003年第1期。

[15] 黄翡、K.Lisa、熊尚发、黄凤宝：《内蒙古中东部全新世草原植被、环境与人类活动》，《中国科学（D辑）》2004年第11期。

[16] 朱艳、陈发虎、张家武、安成邦：《距今五千年左右环境恶化事件对我国新石器文化的影响及其原因的初步探讨》，《地理科学进展》2001年第2期。

［17］ 杨志荣、索秀芬：《我国北方农牧交错带人类活动与环境的关系》，《北京师范大学学报
　　　　（自然科学版）》1996年第3期；王立新：《辽西区史前社会的复杂化进程》，《吉林大学
　　　　社会科学学报》2005年第2期。

［18］ 吴文祥、刘东生：《5500aBP气候事件在三大文明古国古文明和古文化演化中的作用》，
　　　　《地学前缘》2002年第1期。

［19］ 滕铭予：《GIS支持下的赤峰地区环境考古研究》，科学出版社，2009年。

［20］ 关于夏家店下层文化的年代范围，基本的认识是相当于夏到早商，参见赵宾福：《辽西山地
　　　　夏至战国时期考古学文化时空框架研究的再检讨》，《边疆考古研究》（第5辑），科学出
　　　　版社，2006年。不过亦有学者认为其年代上限和下限可分别到距今4200年和距今3000年。

［21］ 最近吴文祥等学者撰文指出，过去使用的大量的地质证据所表明的发生气候干冷事件的开始
　　　　时间均为未校正的^{14}C年代，换算成日历年龄就是大约距今4500年，即环境变化从距今4500
　　　　年开始，其后逐渐恶化。参见吴文祥、周扬、胡莹：《甘青地区全新世环境变迁与新石器文
　　　　化兴衰》，《中原文物》2009年第4期。不过由于该文未提供对所提到的^{14}C年代进行校正并
　　　　换算成日历年代的具体数据及文献来源，因此暂列于此作为参考。

［22］ 吴文祥、刘东生：《4000aB.P.前后降温事件与中华文明的诞生》，《第四纪研究》2001年第
　　　　5期；吴文祥、葛全胜：《全新世气候事件及其对古文化发展的影响》，《华夏考古》2005
　　　　年第3期。

［23］ 夏正楷、杨晓燕：《我国北方4 ka B.P.前后异常洪水事件的初步研究》，《第四纪研究》
　　　　2003年第6期。

［24］ 彭晓莹、钟巍、赵引娟、薛积彬：《全新世大暖期气候环境特征及其机制的再认识》，《华
　　　　南师范大学学报（自然科学版）》2005年第2期。

［25］ 许靖华：《太阳、气候、饥荒与民族大迁移》，《中国科学（D辑）》1998年第4期。

［26］ 张小咏：《5000aB.P.以来辽西地区环境演变与人地关系研究》，辽宁师范大学硕士学位
　　　　论文，2003年；张小咏、李永化、刘耕年、尹怀宁：《辽西北地区全新世中期以来环境
　　　　变迁》，《海洋地质与第四纪地质》2004年第4期；李永化、尹怀宁、张小咏、陈占娇：
　　　　《5000aB.P.以来辽西地区环境灾害事件与人地关系演变》，《冰川冻土》2003年第1期。

［27］ 赤峰中美联合考古研究项目：《内蒙古东部（赤峰）区域考古调查阶段性报告》，科学出版
　　　　社，2003年。

［28］ 国家文物局主编：《中国文物地图集·内蒙古自治区分册》，西安地图出版社，2003年；滕
　　　　铭予：《GIS支持下的赤峰地区环境考古研究》，科学出版社，2009年。

［29］ 徐光冀：《赤峰英金河、阴河流域石城遗址》，《中国考古学研究——夏鼐先生考古五十年
　　　　纪念论文集》，文物出版社，1986年。

［30］ 国家文物局合组赤峰考古队：《半支箭河中游先秦时期遗址》，科学出版社，2002年。

〔31〕　滕铭予：《夏家店下层文化遗址中石带功能的探讨》，《徐苹芳先生纪念文集》，上海古籍出版社，2012年。

〔32〕　吴文祥、周扬、胡莹：《甘青地区全新世环境变迁与新石器文化兴衰》，《中原文物》2009年第4期。

〔33〕　竺可桢：《中国近5000年来气候变迁的初步研究》，《考古学报》1972年第1期。

〔34〕　张小咏：《5000aB.P.以来辽西地区环境演变与人地关系研究》，辽宁师范大学硕士学位论文，2003年。

〔35〕　许靖华：《太阳、气候、饥荒与民族大迁移》，《中国科学（D辑）》1998年第4期。

〔36〕　国家文物局主编：《中国文物地图集·内蒙古自治区分册》，西安地图出版社，2003年。

〔37〕　赤峰中美联合考古研究项目：《内蒙古东部（赤峰）区域考古调查阶段性报告》，科学出版社，2003年。

〔原刊于《边疆考古研究》（第9辑），科学出版社，2010年〕

滕铭予论著年表

（前标*号者为未选入文集的论文）

1989

1．*《山西侯马上马墓地发掘简报》，《文物》1989年第6期，第二作者。

2．*《中国早期铜器有关问题的再探讨》，《北方文物》1989第2期。

1992

3．《关中秦墓研究》，《考古学报》1992年第3期。

1993

4．《论关中秦墓中洞室墓的年代》，《华夏考古》1993年第2期。

5．《丰镐地区西周墓葬的若干问题》，《考古学文化论集》（三），文物出版社，1993年。

6．*《试论日本九州地区弥生时代的环壕聚落》，《青果集——吉林大学考古专业成立二十周年考古论文集》，知识出版社，1993年。

7．*《学习日本考古学劄记三则》，〔日〕《西南学院大学国际文化论集》（第八卷第一号），1993年。

1994

8．*《上马墓地》，文物出版社，1994年，（合著）专著。

9．*《上马墓地部分陶鬲制作痕迹的观察》，《上马墓地附录二》，文物出版社，1994年。

1995

10．《论秦釜》，《考古》1995年第8期。

1997

11．《论秦墓中的直肢葬及相关问题》，《文物季刊》1997年第1期。

12．＊《计算机与考古学》，《吉林大学社会科学学报》1997年第3期。

1998

13．＊《中日考古学发展的若干比较与思考》，《青果集——吉林大学考古系建系十周年纪念文集》，知识出版社，1998年。

14．《秦文化的考古学发现与研究》，《华夏考古》1998年第4期。

15．＊《〈中国地下文物基本情况数据库系统〉数据说明》，《文物季刊》1998年第3期。

1999

16．＊《四川奉节县新浦遗址发掘报告》，《考古》1999年第1期。

17．＊《论东周时期秦文化的发展与扩张》，《中国考古学的跨世纪反思》，商务印书馆（香港）有限公司，1999年。

18．＊《中国の王朝と弥生の古代国家》，〔日〕《古代出云——青铜器から坟丘墓へ北东アジアシリーズ‘98报告书》，环日本海松江国际交流会议，1999年。

2000

19．《秦文化起源及相关问题再探讨》，《中国考古学跨世纪的回顾与前瞻》，科学出版社，2000年。

20．＊《多变量分析及其在考古学研究中的应用》，《考古学集刊》（13），中国大百科全书出版社，2000年。

2001

21．＊《侯马乔村墓地随葬陶器研究报告——多元统计分析在考古类型学研究中的运用》，《侯马乔村墓地1959～1996附录一》，科学出版社，2001年。

2002

22．＊《秦文化：从封国到帝国的考古学观察》，学苑出版社，2002年，专著。

23．《中国北方地区两周时期铜鍑的再探讨——兼论秦文化中所见铜鍑》，《边疆考古研究》（第1辑），科学出版社，2002年。

24．《店子墓地的形成与发展及相关问题讨论》，《考古与文物》2002年先秦考古增刊。

25．＊《中国古代从封国到帝国的考古学观察——以秦文化研究为中心》，《中国文物报》2002年4月12日。

2003

26．*《内蒙古东部（赤峰）区域考古调查阶段性报告》，科学出版社，2003年，（合著）专著。

27．*《内蒙古赤峰地区1999年区域性考古调查报告》，《考古》2003年第5期，第一作者。

28．*《考古學から見た漢の四郡設置》，〔日〕《东北亚系列——2002年乐浪文化与古代出云》，环日本海松江国际交流会议，2003年。

29．《秦雍城马家庄宗庙遗址祭祀遗存的再探讨》，《华夏考古》2003年第3期。

30．*《从考古学看中国古代从封国到帝国的转变》，《吉林大学社会科学学报》2003年第5期。

31．《数学方法在考古类型学研究中的实践与思考》，《边疆考古研究》（第2辑），科学出版社，2003年。

2004

32．*《重庆奉节县三峡工程库区崖墓的清理》，《考古》2004年第1期，第一作者。

33．《咸阳塔尔坡秦墓地再探讨》，《北方文物》2004年第4期。

34．《曲村J4区晋国墓地若干问题的讨论》，《庆祝张忠培先生七十岁论文集》，科学出版社，2004年。

35．*《赤峰地区环境考古学研究的回顾与展望》，《边疆考古研究》（第3辑），科学出版社，2004年。

2006

36．*《GIS在环境考古研究中应用的若干案例》，《吉林大学社会科学学报》2006年第3期。

37．*《GIS在赤峰市西南部环境考古研究中的实践与探索》，《边疆考古研究》（第5辑），科学出版社，2006年。

2007

38．*《GIS在西拉木伦河以南地区环境考古研究中的初步应用》，《内蒙古文物考古》2007年第1期。

2008

39．*《额济纳古代遗址测量工作简报》，《边疆考古研究》（第7辑），科学出版社，2008年。

2009

40．*《GIS支持下的赤峰地区环境考古研究》，科学出版社，2009年，专著。

41．《任家咀秦墓地相关问题研究》，《新果集——庆祝林沄先生七十华诞论文集》，科学出版社，2009年。

42．《宝鸡建河墓地的年代及相关问题》，《边疆考古研究》（第8辑），科学出版社，2009年。

43．《GIS在半支箭河中游环境考古中的应用》，《考古与文物》2009年第1期。

44．*《GIS在内蒙古敖汉旗环境考古研究中的初步应用与探索》，《华夏考古》2009年第3期。

45．*《半支箭河中游先秦时期遗址分布的空间考察》，《吉林大学社会科学学报》2009年第4期。

46．《半支箭河中游先秦时期遗址的分群与结构》，《中华文明探源工程论文集：社会与精神文化卷》，科学出版社，2009年。

47．*《运用GIS做一点中国考古学研究》，《中国文物报》2009年11月3日。

2010

48．《古代气候事件与古代文化间关系的再思考——以全新世大暖期的赤峰地区为例》，《边疆考古研究》（第9辑），科学出版社，2010年。

2011

49．《也谈弓形器的形制及相关问题》，《考古》2011年第8期。

50．《东周时期三晋地区的北方文化因素》，《边疆考古研究》（第10辑），科学出版社，2011年，第一作者。

51．*《玉皇庙文化的发现与研究》，《北方文物》2011年第4期，第一作者。

2012

52．《葫芦沟墓地的年代及相关问题》，《边疆考古研究》（第12辑），科学出版社，2012年，第一作者。

53．《夏家店下层文化遗址中石带功能的探讨》，《徐苹芳先生纪念文集》，上海古籍出版社，2012年。

54．*Report on the 2012 Field Season of the Project Origins of Agriculture and Sedentary Communities in Northeast China. *Asian Archaeology*，2012–Volume 1，第二作者.

2013

55．《玉皇庙墓地出土的直刃匕首式短剑研究》，《边疆考古研究》（第13

辑），科学出版社，2013年，第一作者。

56．*《中原地区东周铜器墓分类新论》，《考古》2013年第2期，第一作者。

2014

57．*《东周时期三晋地区与北方地区的文化互动》，《庆祝张忠培先生八十岁论文集》，科学出版社，2014年。

58．*《辽宁阜新地区区域性考古调查阶段性报告（2012—2013）》，《北方文物》2014年第3期，第一作者。

59．《东周时期冀北山地玉皇庙文化中的中原文化因素》，《考古学报》2014年第4期，第一作者。

2016

60．《中国古代从封国到帝国的考古学观察——以秦文化的研究为中心》，《中国史新论——古代文明的形成分册》，联经出版社，2016年。

61．《中山灵寿城东周时期墓葬研究》，《边疆考古研究》（第19辑），科学出版社，2016年。

2018

62．《北京延庆葫芦沟墓地的布局与相关问题》，《考古》2018年第4期。

63．《三晋两周地区出土圆形当卢研究》，《纪念张忠培先生文集·学术卷》，故宫出版社，2018年。

2019

64．*《2015年辽宁省阜新蒙古族自治县塔尺营子遗址试掘报告》，《边疆考古研究》（第25辑），科学出版社，2019年。

65．*《2015年辽宁省阜新蒙古族自治县贾家沟西遗址试掘报告》，《边疆考古研究》（第25辑），科学出版社，2019年。

2020

66．《东周时期刻纹铜器再检讨》，《考古》2020年第9期。

2021

67．*《赤峰地区的聚落形态研究》，文物出版社，2021年，（合著）专著。

68．*《三晋地区东周时期的考古发现与研究》，《中国考古学百年史（1921—2021）》，中国社会科学出版社，2021年。

2022

69. 《长治分水岭墓地铜器墓年代综论》，《边疆考古研究》（第32辑），科学出版社，2022年。

2023

70. 《长治分水岭墓地的分区、年代及相关问题》，《考古学报》2023年第1期。

71. *《淅川和尚岭墓地年代新论》，《边疆考古研究》（第34辑），科学出版社，2023年。

滕铭予译文译著

（所有译文均未选入文集）

1. 〔日〕甲元真之：《中国史前时代的渔捞》，《东南文化》1996年第4期。

2. 〔日〕甲元真之：《东北亚地区的初期农耕文化——以分析自然遗物为中心》，《东北亚历史与考古信息》1997年第2期。

3. 〔日〕高仓洋彰：《水稻耕作技术体系的东传》，《边疆考古研究》（第2辑），科学出版社，2003年。

4. 〔日〕高仓洋彰：《汉代铜镜与东亚世界》，《边疆考古研究》（第3辑），科学出版社，2004年。

5. 〔蒙〕A. OCHIR，A. ENKHTOT：《和日木·登吉古城》，《边疆考古研究》（第5辑），科学出版社，2006年。

6. 〔日〕高仓洋彰：《金印国家群的时代——东亚世界与弥生社会》，上海古籍出版社，2019年，专著。

后　记

　　摆在各位面前的这本论文集收录了我从事先秦考古研究的主要成果，共有31篇学术论文，其中发表年代最早的是《关中秦墓研究》，刊于《考古学报》1992年第3期，最晚的一篇是《长治分水岭墓地的分区、年代及相关问题》，发表于《考古学报》2023年第1期，前后相隔三十一年，可以说是记录了我在这三十多年的时间里学术成长的过程。而我在选编论文的过程中，常常会想到与撰写那些论文有关，但又没有包含在论文中的一些事情，诸如如何选择研究内容，撰写论文的思路，在写作时的思考，以及论文中自认为比较重要的一些闪光点等。现在择其部分记录如下，或许能够成为读者阅读论文时的参考。

　　收入本论文集的31篇论文，分别纳入秦文化研究、中原文化研究、北方文化及其与中原文化的互动和自然科学方法在考古学中的应用等四个主题。在各个主题中论文的排序并非按发表时间的早晚，而是因研究内容的不同，基本循研究史、器物、遗存年代、墓地分析、历史进程等依次排列。

一

　　20世纪80年代中期，我毕业留校后承担"战国秦汉考古"的教学课程，在教学过程中，逐步认识到战国秦汉时期是中国古代国家制度从封国走向帝国的重要变革时期。90年代初，苏秉琦先生发表了关于中国古代国家发展历程的著名学说，指出中国的古代国家经历了古国、方国、帝国三个发展阶段，同时他还特别指出，在中原地区的国家发展过程中，秦是最具典型意义的。苏先生的论述常常引发我的思考，秦原本是一个偏居西隅的附庸小邦，东周初年始封时，其国力远远不能与当时东方的晋、齐、楚等国相比，但是为什么是秦经历了春秋战国时期的发展，最终统一六国，建立了中国历史上第一个中央集权制的帝国？正是带着这样的问题，在我最初的研究中，即对秦文化投入了较多的关注，以至于当我在决定博士学位论文的研究方向时，我的导师张忠培先生和徐苹芳先生都支持我以"秦文化研究"为题，目的是通过对秦文化的考古学研究，结合文献资料及史学研究成果，理清秦文化发生、发展的过程，并在此基础上，解释所能观察到的中国古代国家制度的变革在考古学资料中的反映。因此，对于秦文化的研究是我投入精力最多，收获成果最多的领域，也是这本论文集中收录论文最多的主题。

对于"秦文化研究"这一主题，有以下几点想作一些说明。

（1）我所做的关于秦文化研究史的梳理，并不是在我做秦文化研究之始，而是在我对于秦文化已经有了较为深入的研究并初步形成了自己的研究思路之后，所以在"秦文化的考古学发现与研究"这篇文章中，在将关于秦文化的考古学发现与研究历史划分为不同的阶段时，没有遵照学界通常使用的以重大历史事件作为划分阶段的节点，如中华人民共和国成立、"文革"等，而是依学科发展的进程与规律，根据秦文化考古学研究的内容与层次，将自20世纪30年代有关秦文化的发现开始，一直到写这篇文章时的20世纪末的关于秦文化的考古学发现与研究划分为"发现与界定""分期与编年"和"源流与结构"三个大的阶段，即从与秦文化有关的考古学资料的发现、积累和对其文化属性的认定，到建立秦文化的时空框架，再到追溯秦文化发展链条的两端，以及秦文化的内部结构。实际上这篇文章不仅是从一个新的角度对秦文化这一研究领域的学术史进行了梳理，其所总结出的规律性的认识，若推而广之，也可以看作是一个学科的发展史，或者是一个研究者的学术成长史。因为无论是一个学科，还是一个研究者，其成长的过程都是发端于资料的积累，进而到对于基本问题，如文化属性、年代、分期等问题的认定，再到透过考古学现象看到其所反映的人和社会的活动，以及对于相关历史问题的解读等。

（2）我在尊重和继承学术界已有的学术传统和研究成果的同时，在一些问题上，尝试提出了自己的理解。如对秦文化内部层次结构的解读，并没有遵从学界当时普遍认同的针对文化本身进行的层次划分，而是提出在考古学文化内部由处于不同层次的遗存所形成的层次结构这一概念，如高台建筑和小型居址、大型陵园和中小型墓葬、青铜礼器和日用陶器等，而遗存的层次结构应该是反映了该文化中使用不同层次遗存的人群处于不同的社会阶层之中，即通过对考古学文化内部层次结构的划分，来研究处于不同阶层的人群在社会发展中所处的地位、所起的作用等，而这样一种研究则表达出考古学所要达到的"以物论史，透物见人"的学术境界。

（3）我对秦文化所进行的考古学研究，最终目的是尝试对中国古代国家制度从封国到帝国的转变这一重要的历史过程给予考古学的观察与说明。在我的研究中主要是紧紧抓住了考古学资料中可以观察到的两个方面的转变，即维系社会基本组织成员间的关系从以血缘关系为主向以地缘关系为主的转变，以及进入统治集团的途径从以世袭为主向以选贤为主的转变，首次从考古学的视角对中国古代从封国走向帝国的道路与模式进行了解读。当《秦文化：从封国到帝国的考古学观察》——这部凝聚了我的秦文化研究之主要成果的著作出版后，曾被学界评价"是一部利用秦考古学文化资料探讨秦帝国形成、演变的典范之作，同时也是从考古角度研究中华帝国形成与早期发展这种重大历史问题的著作"（张忠培口述，高蒙河整理：《考古张忠培》，吉林大学出版社，2024年，190页）。我非常欣喜于能够得到学术界的这样的认可，但是我也非常清楚地知道，中国古代从封国向帝国的转变过程是一个非常复杂的过程，它涉及当时社会的政治、军事、经济、物质文化、精神文化等各个方面以及社会的各个层面，而我在秦文化研究中紧紧抓住的两个方面，虽然是中国古代从血缘政治向地缘政治转变的重要基础，但并不能涵盖这一历史过程的全部内容。正如张忠培先生所指出，考古学所研究的对象是古代人们活动留下的物质遗存，而获得的这些古代遗存具有一定的偶然性、不完整性和不确定性，因此考古学研究本身也就具有相当大的局限性（张忠培：《向着接近历史的真实走去》，《中国考古学走近历史真实之道》，科学出版社，1999年，283~301页）。我对秦文化所进行的考古学研究，显然摆脱不了考古学研究所固有的这种局限性，这不能不说是一种遗憾，不过这恰恰表明，在秦文化研究领域，还存在着相当多的学术生长点和宽阔的生长空间，对于从事和即将从事秦文化考古研究的研究者来说，这将是一个充满机遇、挑战和魅力的研究领域。

二

在"中原文化研究"主题收录的论文中，主要包括了特殊遗存、墓地和文化结构等几个方面的研究内容。坦白地讲，对于商周时期的弓形器、东周时期的当卢和刻纹铜器这样一些较为特殊的器物进行研究，主要是出于个人兴趣。这里想着重说明以下两个问题。

（1）《丰镐地区西周墓葬的若干问题》一文是我的硕士学位论文，完成于20世纪80年代后期，这篇文章主要是运用了"文化因素分析"的方法，对丰镐地区西周时期的墓葬所表现出的较为复杂的文化面貌进行了解析，提出了由丰镐地区的西周墓葬所反映的西周文化是一个开放的多元谱系结构，一直到西周中期才形成了独具特点、真正意义上的西周文化，同时也观察到丰镐地区西周墓葬中陶器墓和铜器墓所反映的不同阶层的周人在摆脱商文化影响的进程中，并不同步。这篇文章还指出被很多学者认为是"先周文化"典型器物的高领乳状袋足鬲，在周人建立西周王朝以后，就从丰镐地区销声匿迹，实际上这也是对以高领乳状袋足鬲为代表的文化的性质，即是否属于"先周文化"这一命题提出了一个不可忽视的新视角。尽管我自己并没有从事过"先周文化"的研究，但是通过这篇文章所观察到的现象，对于"高领乳状袋足鬲"属于先周文化这一观点，我基本上是持怀疑态度的。

（2）《长治分水岭墓地的分区、年代及相关问题》一文，主要是通过对分水岭墓地中特殊形制的器物进行分析，对分水岭墓地重新划分区域，建立各区域墓葬的分期与年代，最终是着力于分析墓地的形成与葬入墓地人群的来源与变化。这篇文章提出了与此前学者不同的认识，即分水岭墓地的墓主人是在不同时期分别来自晋、魏和赵的人群，而这些来源不同的人群，他们不仅在死后葬入了同一个墓地，生前在某一时期也应该共同居住在这里，他们或许有各自集中居住的区域，但也存在着交错居住的现象。出现这种现象的根本原因，是这一地区在战国时期曾频繁发生的政权或占领者的变更，这种变更使得生活在这个地区的主体人群发生了变化，但是早已居住在这里的人群仍然会在这里延续一段时间，直到与后来的人群融合在一起。而这种来源不同的人群生前居住在一起，死后埋入同一个墓地，正是战国时期社会基本组织由血缘维系向以地缘关系为主转化的一个重要表现。因此，这篇文章所提出的认识，表明了我在秦文化研究中已经提出的从封国向帝国转变过程中，维系社会基本组织成员间的关系从血缘到地缘的变化，不仅仅是发生在秦文化所代表的秦国社会中，当时在各诸侯国已经普遍出现，这也是秦统一后得以在全国实施以地缘政治为基础的郡县制的重要基础。

三

　　开始从事与北方地区古代文化有关的研究，缘于2000年吉林大学边疆考古研究中心的成立。中心作为教育部重点研究基地，其主要研究对象是中国边疆及毗邻地区的古代人类、文化与环境。由于我之前的研究以秦文化和中原地区为主，与之发生文化交往的边疆及毗邻地区以中国北方地区为主，加之当时参加了林沄先生主持的"夏到战国长城地带游牧文化带形成的历史进程"这一教育部重点研究基地重大项目，遂逐渐开始了对中国北方地区古代文化的研究，主要成果就收录在"北方文化及其与中原文化的互动"这一主题中。由于中国北方地区是历史上中原文化与北方草原文化分布的中间地带，也是以农业为主的经济类型和以牧业为主的经济类型交错存在的地区，因此有关这一地区的考古学研究是国内外很多学者都非常关注的课题。这些学者对于北方地区古代文化的属性、分期、年代、和周边文化的关系、文化的源流等问题，都提出了许多非常重要的观点，这些都是我从事北方地区古代文化考古学研究的基础。不过与此前的研究者不同的是，我在从事北方地区古代文化研究时，延续了研究秦文化的模式——透过考古学现象去看背后的人群、由人群构成的社会，以及社会的阶层与结构等问题，同时也会关注北方地区与中原地区古代居民的交往与人群的流动。

　　（1）在《北京延庆葫芦沟墓地的布局与相关问题》中，我观察到在葫芦沟墓地中，男性墓葬、女性墓葬和未成年人墓葬都有相对集中分布的区域，说明当时在划分社会集团时性别和年龄起到了重要的作用，而出现这种现象的原因很可能是葬入葫芦沟墓地的墓主人在其生前所处的社会中，生活和生产活动都是以居住在里的人群为单位进行的，而由夫妻，或父母加上子女组成的小家庭则相对弱化。在《玉皇庙墓地出土的直刃匕首式短剑研究》中，主要是通过不同类型的直刃匕首式短剑在墓地中的出土地点与环境，提出埋入玉皇庙墓地的人群很可能分属于不同家族的武士集团，而部分家族中具有武士身份的男性家长则轮流成为整个族群的首领性人物。这两篇文章通过对两个玉皇庙文化墓地的研究，尝试对其所反映的社会进行解读，在这个社会中，家庭不受重视，由性别、年龄或者身份形成的社会集团中，其成员间基本平等，族群首领由不同的集团间轮值。显然玉皇庙文化还没有进入到中原地区那种有序、已基本固化的阶层社会。

（2）在《东周时期冀北山地玉皇庙文化中的中原文化因素》中，通过对玉皇庙文化中所见到的中原文化因素进行辨识，揭示了北方地区古代文化在与中原文化接触的过程中，其社会的不同阶层与中原文化所发生的不同程度与性质的交流和融合。在《中山灵寿城东周时期墓葬研究》中，一方面指出作为北方少数族群建立的中山国所经历的中原化过程，是从对于"舶来品"的中原式青铜礼器的喜爱开始，到对中原地区等级制度的认同，以致最后追求进入到中原文化的政治等级体制当中；另一方面则指出在这个中原化的过程中，不仅有文化上的互动与交流，甚至出现来自中原地区的居民和北方文化土著居民共同居住在同一个地域共同体中的现象，这些现象表明在中国北方地区由少数族群所建立的国家中，社会基本组织亦发生了由血缘到地缘的变化。

四

张忠培先生曾经说过，评价一个地区、一个机构、一个学者在考古学研究方面所取得的成就，主要是看他从资料中榨取信息量的多少。而若想从不可再生的考古资料中榨取到比别人更多的信息，除了需要研究者观察材料时所具有的不同的高度与角度，对资料更深刻的理解和认识以外，还需要有一些新的技术或手段。将自然科学的方法和技术应用到考古学研究中，即增加了我们从考古材料中获取信息的手段，所获取的信息在质与量的方面都出现了飞跃式的提升。在20世纪90年代初，我开始尝试将一些自然科学的方法用于考古学研究中，当时主要是运用一些数学方法对器物进行类型学研究。1998年，我参加了由张忠培先生倡导并组织的赤峰国际联合考古研究项目，开始接触和学习地理信息系统（GIS），并尝试运用GIS进行一些中国考古学的研究实践。我在这些领域所取得的主要成果，都收录在"自然科学方法在考古学中的应用"这个主题中。

（1）《数学方法在考古类型学研究中的实践与思考》主要是利用统计学方法对器物进行类型学研究。在这篇论文中，除了讨论用聚类方法进行器物类型学分析的可行性以外，还有两个我非常想传达给读者的理念。第一，当我们决定将自然科学的方法和技术应用于考古学研究时，不能因为运用自然科学技术是现在考古学发展的趋势而盲目地去追逐"时尚潮流"，而是要根据研究的材料、要解决的问题、想达到的目的等方面去选择相应的自然科学技术手段；第二，自然科学方法和技术在考古学研究中的应用，只是为我们提供了一种不同于传统的观察和分析考古学资料的手段和工具，它可以提供若干种分析结果，能够帮助研究者看到一些用传统方法看不出来的有规律、有意义的现象，但是却永远不会给出考古学的解释，对于这些结果，最终还是要由考古学者来完成考古学的思考，得出考古学的答案。

（2）《GIS在半支箭河中游环境考古中的应用》是运用GIS中的空间分析方法对于古代遗址的分布与不同环境因素之间的关系进行定量的分析，尝试去解读古代居民对于环境的理解、选择，以及他们所采取的应对策略等。在撰写这篇论文的过程中，因阅读了大量有关于环境考古方面的论文，对于环境科学和考古学两个学科间的关系有了进一步的思考，也发现了当时在学界存在着将古代环境与古代文化间的关系进行简单对应的倾向，从而出现了环境研究者"相信'高度发达的古文化表明更适宜的气候条件'"，而考古学家则认为"有利的环境有利于解释新石器时代和青铜时代人类文化的发展"这样一种循环证明。《古代气候事件与古代文化间关系的再思考——以全新世大暖期的赤峰地区为例》就是在这样一个前提下撰写出的论文。这篇论文所表述的主要思想是，当考古工作者试图用气候事件解释古代文化的发展、兴衰时，最好能够充分了解环境科学研究中已有的研究成果与不同的意见，而不是将气候事件与文化的兴衰进行简单的对应，同时也希望这个问题能够引起进行环境考古研究的环境科学工作者和考古学工作者的关注。

（3）《半支箭河中游先秦时期遗址的分群与结构》是我参加"中华文明探源工程（二）——3500—1500BC中华文明形成与早期发展阶段的社会与精神文化研究"项目的研究成果，主要是运用GIS的各种空间分析功能和等级规模曲线等考察半支箭河流域先秦时期遗址的空间分布，进一步对其所反映的聚落形态和等级结构的变化进行分析，以此勾勒出先秦时期半支箭河流域社会复杂化的发展进程。这是首次运用GIS对中国北方地区一个区域中的社会复杂化进程进行讨论，从而将GIS在考古学中的应用从原有的以空间分析为主，上升到对于聚落形态、等级结构等所反映的社会发展历史进程进行研究的更高水平。

上述四个研究主题，涉及不同的研究领域，所使用的研究方法，既有运用中国考古学传统研究方法中的地层学、类型学、文化因素分析等，亦有运用统计学、环境科学、地理信息系统等自然科学的方法和技术。不论是哪一个研究主题，不论是使用什么研究方法，都是将先秦时期在中国古代从封国向帝国转变的历史过程中，政权更替与文化传统的关系、人群结构与社会组织的变化等作为学术目标，尝试通过不同的研究视角，运用不同的研究方法对考古学资料进行观察和分析，力求从中获取更多的信息，发现更多的新现象与新规律，最终对中国古代从以宗法制度为基础的血缘政治，转向以非血缘关系为基础的地缘政治，即从封国走向帝国的这一重大历史过程给予考古学的解读。

五

对于这本论文集，还有以下几个问题需要说明。

（1）对论文集进行编辑和校对的过程中，发现有些论文，尤其是写作年代较早的论文中，存在很多不规范、不严谨的地方，如图和注释的使用、文字的表达方式等，但这次出版时都原样保留了下来，因为这也是我个人学术成长道路的真实记录，读者也会从中窥见一个研究者从早年的青涩逐渐走向成熟的过程。不过，如果发现存在着技术上的错误，如明显的笔误、错别字、标点使用错误等，这次都一并进行了修正。

（2）原文发表时由于各刊要求不同，尤其是注释的格式较为多样，这次根据科学出版社的要求统一进行了修改。

（3）有些文章发表时，引用的文献中部分是"待刊"状态，后多正式发表，这种情况则将其全部更改为已发表的信息。

（4）许多文章发表时有附记，主要是说明与该论文研究相关的项目资助情况，参与该项目工作的人员情况等，并向在完成有关工作过程中提供帮助的人员表示感谢。

（5）论文集选入的31篇文章中，有4篇文章是与他人合作完成，其中《玉皇庙墓地出土的直刃匕首式短剑研究》《葫芦沟墓地的年代及相关问题》和《东周时期冀北山地玉皇庙文化中的中原文化因素》与张亮合作完成，《东周时期三晋地区的北方文化因素》与王春斌合作完成。论文写作时，两位均为我的博士研究生，他们在论文的写作过程中都作出了程度不同的贡献。

今年恰逢我的导师张忠培先生诞辰九十周年，我在编辑这本论文集的过程中，不禁又回想起自己三十多年来的学术成长道路，时时处处都充溢着先生对我的培养和教诲，正如我在故宫博物院参加"纪念张忠培先生诞辰90周年座谈会"时讲到，先生虽已离我们远去，但在我们的心中，先生无处不在！谨以这本论文集献给远在天堂的张忠培先生，以表达我对先生永远的敬仰和怀念！

最后，感谢吉林大学边疆考古研究中心资助这本论文集的出版，感谢科学出版社在编辑、出版这本论文集的过程中作出贡献的各位同仁，也要感谢我的学生们，在论文的选取、排序以及对论文集进行命名的过程中，他们都给予我太多的启发和帮助。谢谢你们！

滕铭予

2024年8月28日于长春融创上城